C·H·Beck

PAPERBACK

AF142580

Der Koran ist für Muslime Gottes Wort, das Mohammed in arabischer Sprache offenbart wurde und sich durch besondere Schönheit auszeichnet. Hartmut Bobzin hat den Koran auf der Grundlage des von Muslimen und westlichen Forschern anerkannten «Kairiner Korans» neu übersetzt. Seine philologisch exakte Übertragung beruht auf dem neuesten islamwissenschaftlichen Forschungsstand und bietet dem deutschsprachigen Leser zugleich einen Eindruck von den verschiedenen predigenden, mahnenden, poetischen, teils auch archaisch-dunklen Tonlagen des Originals. Ein ausführliches Register zu Namen, Themen und Begriffen rundet die Neuübersetzung ab.

Hartmut Bobzin ist Professor em. für Semitische Philologie und Islamwissenschaft an der Universität Erlangen-Nürnberg und Mitglied der Bayerischen Akademie der Wissenschaften. Zu seinen Hauptarbeitsgebieten zählt der Koran und seine Druck- und Auslegungsgeschichte in Europa. Bei C.H.Beck erschienen von ihm « Der Koran. Die wichtigsten Texte» (2. Auflage 2017, mit Katharina Bobzin), «Der Koran. Eine Einführung» (10. Auflage 2018) sowie «Mohammed» (5. Auflage 2016).

DER KORAN

Aus dem Arabischen neu übertragen von Hartmut Bobzin
unter Mitarbeit von Katharina Bobzin

Verlag C.H.Beck

Dieses Buch erschien zuerst 2010 in gebundener Form
in der Neuen Orientalischen Bibliothek des Verlags C.H.Beck
(2., überarbeitete Auflage 2017).

Die Übersetzung in der vorliegenden Paperback-Auflage entspricht dem Text
der 2. Auflage (2017) der gebundenen Ausgabe. Erläuterungen zu einzelnen
Koranstellen sowie ein Glossar sind nur in der gebundenen Ausgabe enthalten.

Der Übersetzung liegt folgende Ausgabe zugrunde:
al-Qurʾān al-karīm, al-Qāhira: al-maṭbaʿa al-amīrīya 1375h/1955;
autorisierter Nachdruck der amtlichen Ausgabe, Kairo 1924

Die 119 Kalligraphien wurden
von Shahid Alam für dieses Buch angefertigt.
Für den Umschlag hat er den Anfang von Sure 16, Vers 125 geschrieben:
«Rufe auf zum Wege deines Herrn» (Vorderseite)
«mit Weisheit und mit schöner Predigt» (Rückseite).

1. Auflage in der Beck'schen Reihe. 2012
2. Auflage in C.H.Beck Paperback. 2015
3. Auflage in C.H.Beck Paperback. 2019

4. Auflage in C.H.Beck Paperback. 2022
© Verlag C.H.Beck oHG, München 2010
www.chbeck.de
Satz: Fotosatz Amann, Memmingen
Druck und Bindung: Druckerei C.H.Beck, Nördlingen
Ornament: Koran aus Hamadan (Persien), 1313
Umschlagentwurf: malsyteufel, Willich,
nach einem Entwurf von Uwe Göbel und Jan Riemer, München
Printed in Germany
ISBN 978 3 406 78751 5

ͼmyclimate
klimaneutral produziert
www.chbeck.de/nachhaltig

Im Namen Gottes, des barmherzigen Erbarmers

بِسمِ اللهِ الرَّحمنِ الرَّحِيم

الحَمدُ لِلّهِ رَبِّ العالَمِين

الرَّحمنِ الرَّحِيم مالِك يَومِ الدِّين

إيّاك نَعبُدُ وإيّاك نَستَعِين

اهدِنا الصِّراطَ المُستَقِيم صِراط

الَّذِين أنعَمتَ عَلَيهِم غَير

المَغضُوبِ عَلَيهِم ولا الضّالِّين

سورة الفاتحة

Sure 1 – Die Eröffnung – al-fātiḥa

Mekkanisch, 7 Verse

1 Im Namen Gottes, des barmherzigen Erbarmers.
2 Lobpreis sei Gott, dem Herrn der Weltbewohner,
3 dem barmherzigen Erbarmer,
4 dem Herrscher am Tage des Gerichts!
5 Dir dienen wir, dich rufen wir um Hilfe an.
6 Leite uns den rechten Weg,
7 den Weg derer, denen du gnädig bist,
  nicht derer, denen gezürnt wird,
  noch derer, welche irregehn!

Sure 2 – Die Kuh – al-baqara

Medinensisch, 286 Verse

Im Namen Gottes, des barmherzigen Erbarmers.

1 *Alif Lam Mim.*

2 Dies ist das Buch, in dem kein Zweifel ist –
   es ist Geleit für Gottesfürchtige.

3 Die an das Verborgene glauben, die das Gebet verrichten
   und die von dem, womit wir sie versorgten, spenden,

4 die an das glauben, was auf dich und was vor dir herabgesandt,
   und die Gewissheit übers Jenseits haben,

5 die sind von ihrem Herrn geleitet, und sie sind die, denen es wohlergeht.

6 Siehe, die ungläubig sind, gleich, ob du sie warntest oder nicht, die
       glauben nicht.

7 Versiegelt hat Gott ihre Herzen und ihr Gehör,
   und über ihren Augen liegt ein Schleier.
   Harte Strafe ist ihnen bestimmt.

8 Doch manche Menschen sagen: «Wir glauben an Gott und an den
       Jüngsten Tag.»
   Sie glauben aber nicht.

9 Sie suchen Gott zu betrügen und jene, welche glauben,
betrügen aber nur sich selbst, ohne es zu merken.

10 Eine Krankheit ist in ihren Herzen,
ja, Gott lässt die Krankheit schlimmer werden.
Schmerzhafte Strafe ist ihnen bestimmt – dafür, dass sie gelogen haben.

11 Sagt man zu ihnen: «Richtet auf der Erde kein Unheil an!»,
dann sagen sie: «Wir sind es doch, die Heil bewirken!»

12 Doch sind nicht sie die Unheilstifter, ohne es zu merken?

13 Sagt man zu ihnen: «Glaubt, wie die anderen glauben!»,
so sagen sie: «Sollen wir denn wie die Toren glauben?»
Doch sind nicht sie die Toren, ohne es zu wissen?

14 Und wenn sie jene treffen, welche glauben, so sagen sie: «Wir glauben!»
Doch wenn sie dann mit ihren Satanen alleine sind,
so sagen sie: «Wir sind auf eurer Seite! Wir sind ja doch nur Spötter!»

15 Doch Gott wird seinen Spott mit ihnen treiben
und sie in ihrem Aufruhr verblendet taumeln lassen.

16 Die da den Irrweg kauften statt der Leitung,
so dass ihr Handel kein Gewinn war
und sie nicht rechtgeleitet waren,

17 die gleichen einem Menschen, der ein Feuer entzündete,
und als es alles ringsherum erleuchtet hatte,
nahm Gott ihr Licht hinweg und ließ sie in der Finsternis,
so dass sie nichts mehr sahen.

18 Taub, stumm und blind: Sie können nicht zurück!

19 Oder so wie am Himmel eine Regenwolke,
in der sich Finsternis und Blitz und Donner bergen:
Sie stecken in Todesangst vor Donnerschlägen ihre Finger in die Ohren –
die Ungläubigen hält Gott umfangen.

20 Der Blitz raubt ihnen nahezu ihr Augenlicht.
Sooft er ihnen leuchtet, laufen sie darin,
und wenn es finster über ihnen wird, bleiben sie stehen.
Hätte Gott gewollt, er hätte ihnen ihr Gehör und ihre Sehkraft
weggenommen.
Siehe, Gott ist aller Dinge mächtig!

21 Ihr Menschen, dient eurem Herrn, der euch und die vor euch erschaffen hat
– vielleicht seid ihr ja gottesfürchtig –,

22 der euch die Erde zu einem Teppich machte, zu einem Bau den Himmel,
und der vom Himmel Wasser sandte und daraus Früchte wachsen ließ,
euch zum Lebensunterhalt!
So macht euch keine Wesen, die Gott gleichen, da ihr doch Wissen habt!

23 Wenn ihr im Zweifel darüber seid, was wir auf unseren Knecht
herabgesandt,
dann bringt doch eine Sure gleicher Art herbei,
und ruft an Gottes statt *eure* Zeugen an, wenn ihr wahrhaftig seid!

24 Doch wenn ihr es nicht tut – und ihr *werdet* es nicht tun –,
so hütet euch vor dem Höllenfeuer,
dessen Brennstoff Menschen und Steine sind:
Für die Ungläubigen ist es vorbereitet.

25 Verkünde denen frohe Botschaft, die glauben und gute Werke tun,
dass ihnen Paradiesesgärten bestimmt sind,
unter denen Bäche fließen!
Jedes Mal, wenn ihnen eine Frucht daraus gespendet wird, sagen sie:
«Das ist es, was uns früher schon gespendet wurde!»
Ja, ihnen wird gegeben, was dem ähnlich ist.
Reine Ehefrauen sind dort für sie bestimmt,
ewig werden sie dort weilen.

¼ 26 Siehe, Gott schämt sich nicht,
ein Gleichnis zu prägen mit einer Mücke, ja, noch über sie hinaus.
Was nun die Gläubigen betrifft, so wissen sie, dass es die Wahrheit ist von
ihrem Herrn.
Die Ungläubigen aber sprechen: «Was wollte Gott mit einem solchen
Gleichnis?»
Viele führt er damit in die Irre, und viele leitet er damit recht.
Doch nur die Ruchlosen führt er damit in die Irre.

27 Die da den Bund mit Gott, nachdem sie ihn geschlossen haben, brechen
und zertrennen, was Gott zusammenzufügen geboten hat,
und Unheil im Land anrichten:
Das sind die Verlierer.

28 Wie könnt ihr nur an Gott nicht glauben?
Ihr wart doch tot, und er rief euch ins Leben:
Dann wird er euch sterben lassen und euch erneut ins Leben rufen:
Dann werdet ihr zu ihm zurückgebracht.

29 Er ist es, der für euch erschuf, was alles auf der Erde ist,
der sich darauf zum Himmel hin erhob
und ihn zu sieben Himmeln gestaltete.
Er hat Wissen über alle Dinge.

30 Damals, als dein Herr zu den Engeln sprach:
«Siehe, einen Nachfolger will ich einsetzen auf der Erde!»
Da sprachen sie: «Willst du jemanden auf ihr einsetzen,
der Unheil auf ihr anrichtet und Blut vergießt –

wo *wir* dir Lobpreis singen und dich heiligen?»
Er sprach: «Siehe, ich weiß, was ihr nicht wisst.»

31 Und er lehrte Adam alle Namen, dann führte er sie den Engeln vor
und sprach: «Tut mir ihre Namen kund, wenn ihr wahrhaftig seid!»

32 Sie sprachen: «Gepriesen seist du!
Kein Wissen haben wir – nur das, was du uns lehrtest.
Siehe, du bist der Wissende, der Weise.»

33 Er sprach: «Adam, tu ihnen ihre Namen kund!»
Und als er ihnen ihre Namen kundgetan, sprach er:
«Hab ich's euch nicht gesagt?
Siehe, ich kenne das Verborgene der Himmel und der Erde
und kenne, was ihr offenbar macht und was ihr verborgen haltet.»

34 Damals, als wir zu den Engeln sprachen: «Fallt vor Adam nieder!»
Da fielen alle nieder, außer Iblis,
der sich voll Hochmut weigerte
und einer von den Undankbaren war.

35 Wir sprachen: «Adam! Bewohne du mit deiner Frau den Garten,
und esst daraus in reichem Maß, wo immer ihr nur wollt!
Doch naht euch diesem Baume nicht,
denn sonst gehört ihr zu den Frevlern!»

36 Doch der Satan ließ sie beide an ihm straucheln
und trieb sie dann hinaus aus dem, worin sie waren.
Wir sprachen: «Steigt herab! Ihr seid einander feind!
Auf Erden sei euch eine feste Statt und Lebensgenuss für eine Zeit!»

37 Da wurden Adam Worte von seinem Herrn zuteil, und der kehrte sich
ihm zu.
Siehe, er ist es, der sich gnädig zukehrt, der Barmherzige.

38 Wir sprachen: «Steigt von ihm herab, allesamt!
Wenn dann Rechtleitung von mir zu euch kommt –
wer dann meiner Leitung folgt,
die brauchen keine Furcht zu haben und sollen auch nicht traurig sein!

39 Die aber ungläubig sind und unsere Zeichen Lüge nennen,
die werden Bewohner des Höllenfeuers sein, ewig bleiben sie dort.»

40 Ihr Kinder Israel! Gedenket meiner Gnade, die ich euch erwies!
Haltet ihr den Bund mit mir, so halte ich den Bund mit euch!
Mich allein, mich fürchtet!

41 Glaubt an das, was ich herniedersandte
und das bestätigt, was schon bei euch ist!
Seid nicht die Ersten, die daran *nicht* glauben!
Und lasst euch meine Zeichen nicht für einen kleinen Preis abhandeln!

Mich allein, mich fürchtet!

42 Vermengt die Wahrheit nicht mit Nichtigem, und verbergt sie nicht,
wo ihr doch Wissen habt!

43 Verrichtet das Gebet, und gebt die Armensteuer,
und beugt euch mit den sich Beugenden!

½ 44 Wollt ihr den Menschen Frömmigkeit gebieten
und euch selbst dabei vergessen, wo ihr doch das Buch vortragt?
Wollt ihr denn nicht begreifen?

45 Sucht Hilfe in Geduld und im Gebet!
Siehe, es ist wahrlich schwer, außer für die Demütigen,

46 die der Meinung sind, dass sie ihrem Herrn begegnen
und dass sie zu ihm heimkehren.

47 Ihr Kinder Israel! Gedenket meiner Gnade, die ich euch erwies,
und dessen, dass ich euch erwählte vor den Weltbewohnern!

48 Nehmt euch vor einem Tag in acht,
an welchem niemand für einen anderen etwas ersetzen kann,
von niemandem Fürsprache angenommen wird
und von keinem eine Ausgleichszahlung!
Ihnen wird nicht geholfen.

49 Damals, als wir euch erretteten vor dem Geschlechte Pharaos,
das euch schlimme Pein zufügte,
das eure Söhne abschlachtete und nur eure Frauen leben ließ:
Darin lag eine schwere Prüfung von eurem Herrn.

50 Als wir das Meer zerteilten, als ihr gerade in ihm wart, und euch erretteten
und Pharaos Geschlecht ertrinken ließen – vor euren Augen.

51 Als wir uns mit Mose verabredeten auf vierzig Tage,
da nahmt ihr euch das Kalb, nachdem er weggegangen war,
in frevelhafter Weise.

52 Danach vergaben wir euch – vielleicht seid ihr ja dankbar.

53 Damals, als wir Mose das Buch und die Errettung brachten –
vielleicht lasst ihr euch leiten.

54 Damals, als Mose zu seinem Volke sprach:
«Mein Volk! Gegen euch selbst habt ihr gefrevelt, als ihr das Kalb euch
        nahmt.
So kehrt zu eurem Schöpfer um, und tötet einander!
Das ist für euch bei eurem Schöpfer besser.»
Da wandte er sich euch gnädig wieder zu.
Siehe, er ist es, der sich gnädig zukehrt, der Barmherzige.

55 Als ihr spracht: «Mose! Wir glauben dir nicht eher,
als bis wir Gott leibhaftig schauen!»

Da nahm der Donnerschlag euch hinweg –
und ihr saht es.

56 Darauf erweckten wir euch wieder nach eurem Tod –
vielleicht seid ihr ja dankbar.

57 Wir ließen die Wolken Schatten spenden über euch
und sandten Manna und Wachteln zu euch herab:
«Esst von den guten Dingen, die wir euch bescherten!»
Sie übten Frevel nicht an uns, nein, sie übten Frevel an sich selber.

58 Damals, als wir sprachen: «Tretet ein in diese Stadt,
und esst reichlich dort in ihr, wo ihr nur wollt!
Und tretet ein zum Tor, euch verbeugend, und sprecht: ‹Vergebung!›,
auf dass wir euch vergeben eure Missetaten!
Wir werden aber noch mehr denen geben, die Gutes tun.»

59 Da setzten die, welche frevelten, ein Wort an seine Stelle,
das nicht dem entsprach, was ihnen gesagt war.
Da sandten wir auf jene, welche frevelten,
vom Himmel ein Strafgericht herab dafür, dass sie ruchlos waren.

¾ 60 Damals, als Mose für sein Volk um Regen bat, da sprachen wir:
«Schlag auf den Fels mit deinem Stock!»
Da sprudelten aus ihm zwölf Quellen hervor,
und jeder erkannte seinen Trinkplatz:
«Esst und trinkt von Gottes Gaben!
Und handelt nicht verderblich auf der Erde – als Unheilstifter!»

61 Damals, als ihr spracht: «O Mose, wir halten es nicht aus bei *einer* Speise!
So rufe für uns deinen Herrn an, dass er für uns hervorbringt,
was die Erde wachsen lässt an Kräutern und an Gurken,
an Knoblauch, Linsen und an Zwiebeln!»
Er sprach: «Wollt ihr denn das, was minderwertig ist,
eintauschen gegen das, was besser ist?
Zieht hinab nach Ägypten! Dort habt ihr das, worum ihr batet.»
Da wurden sie geschlagen mit Schmach und Armut
und mussten Gottes Zorn erleiden.
Dies, weil sie Gottes Zeichen leugneten und die Propheten grundlos
    töteten.
Dies, weil sie widerspenstig waren und Übertretungen begingen.

62 Siehe, diejenigen, die glauben, die sich zum Judentum bekennen,
die Christen und die Sabier –
wer an Gott glaubt und an den Jüngsten Tag und rechtschaffen handelt,
die haben ihren Lohn bei ihrem Herrn,
sie brauchen keine Furcht zu haben und sollen auch nicht traurig sein!

63 Damals, als wir den Bund von euch entgegennahmen
und den Berg über euch anhoben:
«Haltet fest, was wir euch bringen, und denkt an das, was darin steht!
Vielleicht seid ihr ja gottesfürchtig.»

64 Doch dann, nachdem das war, wandtet ihr euch ab.
Hätte nicht Gottes Güte über euch gewaltet und seine Barmherzigkeit,
dann wäret ihr bei den Verlierern!

65 Ihr habt doch die von euch gekannt, die das Sabbatgebot übertraten.
Da sprachen wir zu ihnen: «Ihr sollt ausgestoßene Affen sein!»

66 So machten wir es zu einem warnenden Beispiel
für die, die zugegen waren, und für die danach
und zu einer Mahnung für die Gottesfürchtigen.

67 Damals, als Mose zu seinem Volke sprach:
«Siehe, Gott befiehlt euch, eine Kuh zu schlachten.»
Sie sprachen: «Willst du Spott mit uns treiben?»
Er sprach: «Gott behüte, dass ich einer der Unwissenden bin!»

68 Sie sprachen: «Rufe für uns deinen Herrn an,
dass er uns erkläre, wie sie sein soll!»
Er sprach: «Er sagt, es solle eine Kuh sein,
die nicht ganz alt ist und auch nicht ganz jung,
in der Mitte zwischen beidem.
So tut, was euch befohlen wird!»

69 Sie sprachen: «Rufe für uns deinen Herrn an,
dass er uns erkläre, welche Farbe sie haben soll!»
Er sprach: «Er sagt, es solle eine Kuh sein von leuchtend gelber Farbe,
die die Schauenden erfreut.»

70 Sie sprachen: «Rufe für uns deinen Herrn an,
dass er uns erkläre, wie sie sein soll!
Siehe, die Kühe sehen – für uns – alle gleich aus.
Siehe, wenn Gott es will, lassen wir uns rechtleiten.»

71 Er sprach: «Er sagt, es solle eine Kuh sein,
die nicht unterm Joch den Boden umpflügt
und auch den Acker nicht bewässert,
die unversehrt ist und an der kein Makel ist.»
Sie sprachen: «Jetzt kamst du mit der Wahrheit.»
Dann schlachteten sie sie,
beinahe aber hätten sie es nicht getan.

72 Und damals, als ihr eine Menschenseele getötet hattet
und über sie in Streit geraten wart
– Gott wird hervorbringen, was ihr verborgen haltet –,

73 da sprachen wir: «Rührt ihn an mit einem Stück von ihr!»
Auf diese Weise macht Gott die Toten wieder lebendig
und lässt euch seine Zeichen schauen.
Vielleicht begreift ihr ja.

74 Dann, nachdem das war, verhärteten sich eure Herzen,
so dass sie wie Steine waren oder gar noch härter;
und siehe, es gibt Steine, aus denen Wasserläufe sprudeln,
und andere, die sich spalten, so dass aus ihnen Wasser kommt,
und wieder andere, die aus Furcht vor Gott herunterkommen.
Gott lässt, was ihr tut, nicht unbeachtet.

ḥ2 75 Seid ihr denn darauf aus, dass sie euch glauben,
wo einige von ihnen Gottes Wort schon hörten,
dann aber, nachdem sie es verstanden hatten, es verfälschten,
wo sie es doch wissen?

76 Wenn sie jene treffen, welche glauben, sagen sie: «Wir glauben!»
Doch wenn sie dann alleine unter sich sind, sagen sie:
«Wollt *ihr* mit ihnen denn besprechen, was euch Gott eröffnet hat,
damit sie mit euch darüber streiten bei eurem Herrn?
Wollt ihr denn nicht begreifen?»

77 Wissen sie denn nicht, dass Gott weiß,
was sie verbergen und was sie offenlegen?

78 Unter ihnen sind Schriftunkundige,
die vom Buch keine Kenntnis haben, sondern nur Wunschvorstellungen.
Sie gehen nur ihren Mutmaßungen nach.

79 Doch wehe jenen, die das Buch mit eigenen Händen niederschreiben
und dann sagen: «Das kommt von Gott!» –
um dann für einen kleinen Preis damit zu handeln!
Doch wehe ihnen für das, was ihre Hände schrieben,
und wehe ihnen für das, was sie da erwerben!

80 Sie sprechen: «Das Höllenfeuer wird uns nicht erfassen –
mit Ausnahme weniger Tage.»
Sprich: «Habt ihr mit Gott denn einen Bund geschlossen?
Dann wird Gott den Bund gewiss nicht brechen.
Oder sagt ihr etwas über Gott, was ihr nicht wisst?»

81 Nein doch! Wer Böses erwarb und wen seine Sünde umfangen hält –
die werden Bewohner des Höllenfeuers sein, darin sie ewig bleiben.

82 Doch jene, welche glauben und gute Werke tun,
die werden Bewohner des Paradiesesgartens sein, darin sie ewig weilen.

83 Damals, als wir die Verpflichtung von den Kindern Israel entgegennahmen:
«Ihr sollt keinem dienen außer Gott und die Eltern gut behandeln,

die Verwandten, die Waisen und die Armen!
Sprecht nur Gutes zu den Menschen!
Verrichtet das Gebet, und gebt die Armensteuer!»
Darauf habt ihr euch abgekehrt, außer nur wenigen von euch,
und seid nun abgewandt.

84 Damals, als wir die Verpflichtung von euch entgegennahmen:
«Ihr sollt nicht euer Blut vergießen
und euch nicht gegenseitig aus euren Häusern treiben!»
Dann habt ihr es bestätigt, indem ihr es bezeugtet.

85 Doch dann tötet gerade *ihr* euch gegenseitig
und treibt eine Gruppe eurer Leute aus ihren Häusern,
indem ihr euch gegen sie verbündet in Sünde und Feindseligkeit.
Doch kommen sie als Gefangene zu euch, dann kauft ihr sie frei –
wo es euch doch verboten ist, sie zu vertreiben.
Glaubt ihr denn nur an einen Teil des Buches
und leugnet den anderen?
Was ist wohl die Vergeltung für den von euch, der solches tut,
wenn nicht Erniedrigung im Leben hier in dieser Welt?
Am Tag der Auferstehung sind sie dann der strengsten Strafe ausgesetzt.
Gott lässt, was ihr tut, nicht unbeachtet.

86 Die sind es, die das Leben hier in dieser Welt für das Jenseits kauften.
Doch die Strafe wird ihnen nicht erleichtert, und ihnen wird nicht geholfen.

87 Mose brachten wir das Buch und ließen die Gesandten auf ihn folgen.
Und Jesus, Marias Sohn, brachten wir die Beweise
und stärkten ihn mit dem Heiligen Geist.
Doch jedes Mal, wenn ein Gesandter euch etwas überbrachte,
was ihr nicht mochtet, da wurdet ihr überheblich.
Dann nanntet ihr die einen Lügner,
die anderen aber habt ihr umgebracht.

88 Sie sprachen: «Unsere Herzen sind verhüllt.»
Doch nein: Ihres Unglaubens wegen hat sie Gott verflucht.
Wie wenig sie doch glauben!

89 Als ein Buch von Gott zu ihnen kam, das bestätigte, was sie schon hatten –
und zuvor schon hatten sie um Beistand gebeten gegen jene, die nicht
        glauben.
Als nun zu ihnen kam, was sie schon kannten,
da glaubten sie nicht daran.
So komme der Fluch Gottes über die Ungläubigen!

90 Wie schlimm ist das, was ihre Seelen sich erkauften,
dass sie an das nicht glaubten, was Gott herabgesandt,

aus Missgunst, dass Gott etwas von seiner Gnade
auf die von seinen Knechten, die er will, herabschickt!
Zorn über Zorn zogen sie sich zu,
und den Ungläubigen ist erniedrigende Strafe zugedacht.

91 Wenn man ihnen sagt:
«Glaubt an das, was Gott herabgesandt hat!»,
so sagen sie: «Wir glauben doch an das, was zu uns herabgesandt ist.»
Wobei sie aber nicht daran glauben, was *danach* war,
obwohl es doch die Wahrheit ist, bestätigend, was sie schon hatten.
Sprich: «Warum habt ihr denn früher die Propheten Gottes umgebracht,
wenn ihr doch gläubig wart?»

¼ 92 Mose war zu euch gekommen mit den Beweisen.
Doch dann, nach seinem Weggang, nahmt ihr euch das Kalb
in frevelhafter Weise.

93 Damals, als wir den Bund von euch entgegennahmen
und den Berg über euch anhoben:
«Haltet fest, was wir euch bringen, und hört!»
Sie sprachen: «Wir hören, und wir widersetzen uns!»
Und in ihre Herzen wurde ihnen eingeflößt das Kalb,
weil sie ungläubig waren.
Sprich: «Schlimm ist, was euer Glaube euch befiehlt –
sofern ihr gläubig seid!»

94 Sprich: «Wenn euch im Jenseits die Wohnstatt vorbehalten ist bei Gott
vor den anderen Menschen,
dann wünscht euch doch den Tod,
wenn ihr wahrhaftig seid!»

95 Niemals werden sie ihn wünschen
ob dessen, was ihre Hände zuvor taten.
Gott kennt die Frevler.

96 Du wirst sicher finden, dass *sie* die Menschen sind,
die am meisten nach dem Leben gieren –
auch einige von denen, die Beigeseller sind:
Manch einer von ihnen wünscht sich, dass er tausend Jahre lebt.
Doch dass er lange lebt, wendet die Strafe nicht von ihm ab.
Gott sieht, was sie tun.

97 Sprich: «Wer Gabriel feindlich gesinnt ist –
denn siehe, *er* ist es, der ihn in dein Herz hinabgesandt,
mit Erlaubnis Gottes, bestätigend, was vor ihm war,
als rechte Leitung und als frohe Botschaft für die Gläubigen.

98 Wenn jemand Gott feindlich gesinnt ist

und seinen Engeln, seinen Boten, Gabriel und Michael,
dann ist auch Gott den Ungläubigen feindlich gesinnt.»

99   Wir haben ja auf dich herabgesandt klare Zeichen,
und nur die Ruchlosen leugnen sie.

100 Wurde nicht jedes Mal, wenn sie einen Bund geschlossen hatten,
ein Teil von ihnen bundesbrüchig?
Nein! Die meisten von ihnen glauben nicht.

101 Als zu ihnen ein von Gott Gesandter kam,
der das bestätigte, was sie schon hatten,
warfen einige derer, denen das Buch gegeben war,
Gottes Buch hinter ihren Rücken,
als ob sie gar nichts wüssten.

102 Und sie folgten dem, was die Satane vortrugen
zur Zeit der Herrschaft Salomos.
Doch ungläubig war nicht Salomo,
nein, ungläubig waren die Satane:
Sie lehrten die Menschen nämlich Zauberei
und das, was auf Harut und auf Marut herabgesandt ward –
Engel beide zu Babylon.
Sie lehrten keinen, ohne zu sagen:
«Nur eine Anfechtung sind wir,
so werde nicht ungläubig!»
Da erlernten sie von ihnen beiden,
wie man zwischen einem Mann und seiner Frau ein Zerwürfnis stiftet –
doch fügten sie niemandem damit Schaden zu,
es sei denn, mit Erlaubnis Gottes.
Sie lernten, was ihnen schadet und ihnen nichts nützt,
und wussten ja: Wer sich je darauf einlässt,
der hat am Jenseits keinen Anteil.
Wie schlimm ist das, wofür sie ihre Seelen verkauften,
wenn sie's doch wüssten!

103 Doch hätten sie geglaubt und Gott gefürchtet:
dann wäre eine Belohnung von Gott gewiss besser gewesen.
Wenn sie's doch wüssten!

104 O ihr, die ihr glaubt!
Sagt nicht: «Bewahre uns!», sondern sagt: «Schau auf uns!», und gehorcht!
Den Ungläubigen ist schmerzhafte Strafe bestimmt.

105 Nicht mögen es die von den Buchbesitzern, die ungläubig sind,
und auch nicht die Beigeseller,
dass etwas Gutes von eurem Herrn zu euch herabgesandt wird.

Doch Gott erwählt für sein Erbarmen, wen er will.
Gott ist Herr großer Huld.

½ 106 Tilgen wir einen Vers oder stellen ihn dem Vergessen anheim,
so bringen wir einen besseren als ihn oder einen, der ihm gleicht.
Weißt du denn nicht, dass Gott aller Dinge mächtig ist?

107 Weißt du denn nicht,
dass Gott die Herrschaft über die Himmel und die Erde hat?
Ihr habt gegen Gott keinen Freund noch Helfer.

108 Oder wollt ihr euren Gesandten fragen,
wie man vor Zeiten Mose fragte?
Wer Glauben gegen Unglauben tauscht,
der irrt vom geraden Wege ab.

109 Es wollen viele von den Buchbesitzern
euch wieder zu Ungläubigen machen,
nachdem ihr gläubig geworden seid –
aus Neid, der ihnen aus der Seele kommt,
nachdem die Wahrheit ihnen klar geworden ist.
Doch verzeiht, und lasst Nachsicht walten,
bis Gott mit seiner Entscheidung kommt!
Siehe, Gott ist aller Dinge mächtig.

110 Verrichtet das Gebet, und gebt die Armensteuer!
Was ihr für eure Seelen an Gutem vorausschickt,
das werdet ihr bei Gott wiederfinden.
Siehe, Gott sieht, was ihr tut!

111 Sie sprechen: «Nur Juden oder Christen können in den Paradiesesgarten
kommen.»
Das sind jedoch nur ihre Wünsche.
Sprich: «Bringt doch euren Beweis herbei,
wenn ihr wahrhaftig seid!»

112 O nein! Nur wer sich Gott ganz ergibt und dabei Gutes tut,
der wird seinen Lohn bei seinem Herrn empfangen.
Die brauchen keine Furcht zu haben und sollen auch nicht traurig sein.

113 Die Juden sprechen: «Die Christen gründen ihren Glauben ja auf nichts.»
Die Christen sprechen: «Die Juden gründen ihren Glauben ja auf nichts.»
Sie aber tragen das Buch vor.
Ebenso sprechen die, die kein Wissen haben, genau das, was jene sagen.
Doch Gott wird zwischen ihnen richten am Tag der Auferstehung
in dem, worin sie uneins waren.

114 Wer ist frevelhafter wohl als die,
die es verhindern, dass der Name Gottes genannt wird

in seinen Anbetungsstätten,
ja, die nach ihrer Zerstörung trachten?
Die können sie nicht anders wohl betreten als in Furcht.
Schmach trifft sie hier im Diesseits,
und im Jenseits ist ihnen harte Strafe bestimmt.

115 Gottes ist der Osten und der Westen:
Wohin ihr euch auch wendet, dort ist Gottes Angesicht.
Siehe, Gott ist umfassend, wissend.

116 Sie sprechen: «Gott hat einen Sohn angenommen.»
Gepriesen sei er!
Nein, sein ist, was in den Himmeln und auf Erden ist.
Alle sind ihm demütig untertan.

117 Der Schöpfer der Himmel und der Erde!
Beschließt er eine Sache, spricht er zu ihr:
«Sei!» Und dann ist sie.

118 Es sprechen jene, die kein Wissen haben:
«Wenn Gott uns doch ansprache oder ein Zeichen zu uns käme!»
Ebenso sprachen auch die Früheren genau das, was jene sagen.
Ihre Herzen sind einander gleich.
Wir haben die Zeichen bereits erläutert
für Menschen, die voll Gewissheit sind.

119 Siehe, wir sandten dich mit der Wahrheit,
als Künder froher Botschaft und als Warner.
Du wirst nicht befragt nach den Bewohnern der Feuerhölle.

120 Die Juden werden mit dir nicht zufrieden sein,
und auch die Christen nicht,
bis du ihrer Glaubensweise folgst.
Sprich: «Gottes Führung, das ist die rechte Führung.»
Wenn du ihren Neigungen folgen wolltest,
nach dem, was schon vom Wissen zu dir kam,
dann gibt es für dich, Gott gegenüber, weder Freund noch Helfer.

121 Die, denen wir das Buch gebracht
und die es vortragen auf richtige Weise,
die glauben daran.
Wer aber nicht daran glaubt – ja, das sind die Verlierer.

122 Ihr Kinder Israel! Gedenket meiner Gnade, die ich euch erwies,
und dessen, dass ich euch erwählte vor den Weltbewohnern!

123 Nehmt euch vor einem Tag in acht,
an welchem niemand für einen anderen etwas ersetzen kann,
von niemandem eine Ausgleichszahlung angenommen wird

und niemandem Fürsprache nützt!

Ihnen wird nicht geholfen.

¾ 124 Damals, als sein Herr Abraham auf die Probe stellte

durch Worte, die er dann erfüllte.

Da sprach er: «Siehe, ich mache dich zu einem Leitbild für die Menschen.»

Er sprach: «Und auch von meinen Kindeskindern?»

Er sprach: «Mein Bund erstreckt sich nicht auf jene, welche freveln.»

125 Damals, als wir das Haus zu einem Ort der Einkehr für die Menschen

machten

und zu einer Sicherheit:

«Nehmt die Stätte Abrahams zum Betplatz!»

Und wir zur Pflicht es machten Abraham – und Ismael:

«Reinigt mein Haus für die Umkreisenden und darin Weilenden,

für die sich Beugenden und die sich Niederwerfenden!»

126 Damals, als Abraham sprach:

«Mein Herr, mach dies zu einem sicheren Ort,

und beschenke die dort Wohnenden mit Früchten –

die von ihnen, die an Gott glauben und an den Jüngsten Tag!»

Er sprach: «Doch wer ungläubig ist, den werde ich nur weniges genießen

lassen,

dann werde ich ihn in die Qual des Feuers zwingen.»

Welch schlimmes Schicksal!

127 Damals, als Abraham die Fundamente von dem Haus errichtete mit Ismael:

«Unser Herr! Nimm es von uns an!

Siehe, du bist der Hörende, der Wissende.

128 Unser Herr! Mach uns beide zu dir Ergebenen,

und mach aus unseren Kindeskindern eine Gemeinde, die dir ergeben ist!

Zeig uns unsere Opferriten, und wende dich uns zu!

Siehe, du bist es, der sich gnädig zukehrt, der Barmherzige.

129 Unser Herr! Lass unter ihnen einen Gesandten erstehen,

aus ihrer Mitte, der ihnen deine Verse vorträgt,

sie das Buch und die Weisheit lehrt und sie läutert!

Siehe, du bist der Mächtige, der Weise.»

130 Nur der verschmäht die Glaubensweise Abrahams,

der gegen sich selber töricht ist.

Wir erwählten ihn schon in dieser Welt,

und im Jenseits wird er, fürwahr, einer von den Frommen sein.

131 Damals, als sein Herr zu ihm sprach: «Ergib dich!»

Da sprach er: «Ich habe mich ergeben dem Herrn der Weltbewohner.»

132 Abraham trug dies seinen Söhnen auf sowie auch Jakob:

«Meine Söhne! Siehe, Gott hat die Religion für euch erwählt.

Daher dürft ihr nicht sterben, es sei denn, ihr seid Ergebene!»

133   Wart ihr denn damals Zeugen, als der Tod sich Jakob nahte?

Als er zu seinen Söhnen sprach:

«Was werdet ihr nach mir verehren?»

Sie sprachen: «Wir werden *deinen* Gott verehren,

den deiner Väter Abraham und Ismael und Isaak, als einen *einzigen* Gott!

Wir werden ihm ergeben sein!»

134   Das ist eine Gemeinde, mit der verging, was sie begangen hat.

Doch euch kommt zu, was ihr begangen habt.

Ihr werdet nicht nach dem gefragt, was sie zuvor getan.

135   Sie sprechen: «Juden oder Christen müsst ihr sein, dann seid ihr
           rechtgeleitet!»

Sprich: «Nein! Wie die Glaubensweise Abrahams,

eines wahren Gläubigen.

Er gehörte nicht zu den Beigesellern.»

136   Sprecht: «Wir glauben an Gott und was auf uns herabgesandt ward

und was auf Abraham und Ismael, auf Isaak und Jakob

und auf die Stämme herabgesandt ward.

Und an das, was Mose und was Jesus überbracht ward

und was überbracht ward den Propheten von ihrem Herrn.

Wir machen zwischen keinem von ihnen einen Unterschied.

Wir sind ihm ergeben!»

137   Wenn sie an dasselbe glauben, woran auch ihr glaubt,

dann sind sie rechtgeleitet.

Doch wenden sie sich ab, sind sie in einer Zwistigkeit.

Doch wird dich Gott vor ihnen schützen.

Er ist der Hörende, der Wissende.

138   Die Taufe Gottes!

Wer hat eine schönere Taufe wohl als Gott?

Wir verehren ihn.

139   Sprich: «Wollt ihr etwa mit uns streiten über Gott?

Wo er doch unser Herr ist und der eure,

wo wir doch unsere Werke haben und ihr eure!

Wir aber sind ihm treu ergeben.

140   Oder wollt ihr etwa sagen,

dass Abraham und Ismael und Isaak und Jakob und die Stämme

Juden oder Christen waren?»

Sprich: «Seid ihr allwissend oder Gott?

Wer ist wohl frevelhafter als jemand,

der ein Zeugnis, das er von Gott erhalten hat, verhehlt?
Gott lässt, was ihr tut, nicht unbeachtet.»

141 Das ist eine Gemeinde, mit der verging, was sie begangen hat.
Doch euch kommt zu, was ihr begangen habt.
Ihr werdet nicht nach dem gefragt, was sie zuvor getan.

142 Die Törichten unter den Menschen werden sprechen:
«Was brachte sie von ihrer Richtung ab, in der sie bisher gebetet haben?»
Sprich: «Gottes ist der Osten und der Westen.
Er leitet, wen er will, auf einen geraden Weg.»

143 So machten wir euch zu einer Gemeinde, die in der Mitte steht,
auf dass ihr Zeugen für die Menschen seid
und der Gesandte für euch Zeuge sei.
Wir machten die Richtung, in der du bisher gebetet hast, nur deshalb,
um zu unterscheiden, wer dem Gesandten folgt
und wer auf dem Absatz kehrtmacht.
Wenn es tatsächlich schwer ist,
dann nicht für die, die Gott geleitet hat.
Es ist Gott nicht gemäß, dass er euch euren Glauben verlieren lässt.
Siehe, Gott ist zu den Menschen wahrhaft gütig, barmherzig.

144 Wohl sehen wir, wie du dein Angesicht gen Himmel hin- und herbewegst.
So wollen wir dir eine Richtung geben, die dein Gefallen findet.
So wende nun dein Angesicht zur heiligen Anbetungsstätte!
Wo immer ihr auch seid, kehrt euer Angesicht *ihr* zu!
Siehe, denen das Buch gegeben wurde, die wissen wahrlich,
dass es die Wahrheit ist von ihrem Herrn.
Gott lässt, was sie tun, nicht unbeachtet.

145 Kämst du auch mit einem jeden möglichen Zeichen zu den Buchbesitzern,
sie würden deiner Richtung ebenso wenig folgen wie du ihrer,
wo doch keiner von ihnen der Richtung des anderen folgt.
Und wenn du ihren Neigungen folgen wolltest,
nachdem etwas vom Wissen zu dir kam,
so wärst du wahrlich einer von den Frevlern.

146 Denen wir das Buch gebracht haben, die kennen es,
so wie sie ihre Söhne kennen.
Doch einige von ihnen verbergen die Wahrheit,
obwohl sie Wissen haben –

147 die Wahrheit ist von deinem Herrn.
So sei doch nur kein Zweifler!

148 Es hat ein jeder eine Richtung, nach welcher er sich wendet.
Wetteifert daher um das Gute!

Wo immer ihr auch sein mögt, Gott wird euch alle sammeln.
Und siehe, Gott ist aller Dinge mächtig.

149 Von wo immer du auch herkommst,
wende dein Angesicht der heiligen Anbetungsstätte zu!
Siehe, es ist, fürwahr, die Wahrheit von deinem Herrn.
Gott lässt, was ihr tut, nicht unbeachtet.

150 Von wo immer du auch herkommst:
Wende dein Angesicht der heiligen Anbetungsstätte zu!
Wo immer ihr auch seid, so wendet euer Angesicht ihr zu,
damit die Menschen gegen euch nicht einen Vorwand hätten,
nur die von ihnen nicht, die frevelten.
Doch nicht *sie* sollt ihr fürchten, fürchtet *mich!*
Und das, damit ich meine Gnade an euch vollende.
Vielleicht lasst ihr euch leiten.

151 Ebenso sandten wir zu euch, aus eurer Mitte, einen Gesandten,
der euch unsere Verse vorträgt und euch läutert,
euch das Buch lehrt und die Weisheit
und euch lehrt, was ihr nicht wusstet.

152 Gedenkt nun meiner, so will ich euer auch gedenken!
Und dankt mir, und verleugnet mich nicht!

153 O ihr, die ihr glaubt!
Sucht Hilfe in Geduld und im Gebet!
Siehe, Gott ist mit den Geduldigen!

154 Nennt, die auf Gottes Weg getötet wurden, nicht ‹Tote›,
nennt sie vielmehr ‹Lebendige›!
Doch ihr bemerkt es nicht.

155 Wahrlich, wir wollen euch auf die Probe stellen
durch einiges an Furcht und Hunger
und durch Verlust an Gut, an Leben und an Früchten.
Verkünde frohe Botschaft den Geduldigen!

156 Die sprechen, wenn ein Schicksalsschlag sie trifft:
«Siehe, wir sind Gottes, und zu ihm kehren wir zurück» –

157 sie sind es, denen von ihrem Herrn Segenswünsche und Erbarmen
zugedacht sind,
sie sind es, die geleitet sind.

¼ 158 Safa und Marwa gehören zu den Dingen, die Gott heilig sind.
Und wer zum «Hause» pilgert oder es besucht,
der sündigt nicht, wenn er sie beide umkreist.
Wer aus eigenem Antrieb Gutes tut –
siehe, Gott ist dankbar, wissend.

159 Siehe, diejenigen, die das verbergen,
    was wir an Beweisen und Geleit herabgesandt haben –
    nach dem, was wir den Menschen schon im Buch erklärten,
    die wird Gott verfluchen,
    und alle, die nur können, werden sie verfluchen –
160 nur die nicht, die umkehren, sich bessern und Klarheit schaffen;
    denen kehre ich mich dann zu.
    Ich bin es, der sich gnädig zukehrt, der Barmherzige.
161 Siehe, die ungläubig sind und sterben – und noch ungläubig sind,
    auf denen liegt der Fluch Gottes, der Engel und der Menschen insgesamt!
162 Sie bleiben darin ewig.
    Die Strafe wird ihnen nicht erleichtert
    und Aufschub ihnen nicht gewährt.
163 Euer Gott, er ist ein *einziger* Gott.
    Keinen Gott gibt es außer *ihm*,
    dem Erbarmer, dem Barmherzigen.
164 Siehe, in der Erschaffung der Himmel und der Erde
    und im Wechsel von Nacht und Tag
    und in den Schiffen, die auf dem Meere fahren,
    den Menschen zu Nutzen,
    und in dem, was Gott vom Himmel an Wasser herniedersendet
    und damit die Erde nach ihrem Tod belebt
    und auf ihr jede Art von Getier ausbreitet,
    und darin, dass er den Winden freien Lauf lässt
    und den Wolken, die zwischen Himmel und Erde in den Dienst gestellt
         sind:
    Wahrlich, darin sind Zeichen für Menschen, die begreifen.
165 Es gibt Menschen, die sich an Gottes statt andere Wesen gleichen Ranges
         nehmen,
    die sie lieben wie Gott selbst.
    Die jedoch glauben, die lieben Gott weit mehr.
    Wenn doch diejenigen, die frevelten, sähen
    – dann, wenn sie die Strafe sehen! –,
    dass Gott alle Kraft hat und dass Gott streng im Strafen ist!
166 Wenn sich dereinst die Führer lossagen von den Geführten
    und die Strafe sehen und die Verbindungen zu ihnen zerschnitten sind,
167 dann sagen die Geführten:
    «O gäbe es für uns doch eine Rückkehr,
    so dass *wir* uns von ihnen lossagen könnten,
    wie *sie* sich von uns losgesagt!»

Auf diese Weise lässt Gott sie ihre Taten sehen.
Seufzer kommen über sie,
und dem Höllenfeuer werden sie nicht entweichen.

168   Ihr Menschen! Esst von dem, was auf Erden ist,
Erlaubtes und Gutes!
Und folgt nicht den Schritten Satans!
Siehe, er ist für euch ein klarer Feind.

169   Denn er befiehlt euch Böses und Abscheuliches
und dass ihr etwas über Gott aussagt, wovon ihr gar kein Wissen habt.

170   Wenn man zu ihnen sagt: «Folgt dem, was Gott herabgesandt hat!»
Dann sagen sie: «Nein, wir folgen dem, was wir bei unseren Vätern fanden!»
Doch wenn es nun so wäre, dass ihre Väter nichts begriffen hätten
und sich nicht rechtleiten ließen?

171   Die Ungläubigen, sie gleichen einem, der etwas anschreit,
was nur auf Anruf oder Zuruf hört:
taub, stumm und blind –
also begreifen sie nicht!

172   O ihr, die ihr glaubt!
Esst von den guten Dingen, mit denen wir euch bedachten.
Seid Gott dankbar, sofern ihr *ihm* dient!

173   Jedoch verboten hat er euch Verendetes, Blut, Fleisch vom Schwein
und das, worüber ein anderer als Gott gepriesen wurde.
Doch wer dazu genötigt ist, ohne es zu wollen
und ohne eine Übertretung zu begehen –
der macht sich nicht schuldig.
Siehe, Gott ist bereit zu vergeben, barmherzig.

174   Siehe, diejenigen, die das verbergen,
was Gott vom Buch herabgesandt hat,
und damit Handel treiben um einen kleinen Preis,
die fressen sich nichts als Feuer in ihre Bäuche!
Gott wird am Tag der Auferstehung nicht zu ihnen sprechen
und sie auch nicht läutern.
Schmerzhafte Strafe ist ihnen bestimmt.

175   Sie sind es, die den Irrtum kauften statt des Geleits
und die Strafe für die Verzeihung.
Wie standhaft sind sie vor dem Höllenfeuer!

176   Dies deshalb, weil Gott das Buch herabgesandt hat mit der Wahrheit.
Siehe, die im Hinblick auf das Buch verschiedener Meinung sind,
befinden sich in tiefgreifender Zwistigkeit.

½ 177   Die Frömmigkeit besteht nicht darin,

dass ihr euer Angesicht gen Osten oder Westen wendet,
vielmehr ist Frömmigkeit,
an Gott zu glauben und an den Jüngsten Tag
und an die Engel, an das Buch und die Propheten;
und das Geld, auch wenn man's liebt,
für die Verwandten, die Waisen und die Armen auszugeben
und für den ‹Sohn des Weges› und die Bittenden und für den
      Sklavenfreikauf;
und das Gebet zu verrichten und die Armensteuer zu entrichten.
Die den Vertrag einhalten, wenn sie ihn abgeschlossen haben,
und die geduldig sind in Not und Missgeschick und Kriegszeit –
die sind es, die aufrichtig sind,
die sind es, die Gott fürchten.

178 O ihr, die ihr glaubt! Wiedervergeltung ist euch vorgeschrieben für die
      Getöteten:
Der Freie für den Freien, der Sklave für den Sklaven, die Frau für die Frau.
Und wenn jemandem von seinem Bruder eine Sache verziehen wurde,
dann gilt es, nach Billigkeit zu verfahren
und Bezahlung an ihn in gütlicher Weise zu leisten.
Das ist Erleichterung von eurem Herrn und auch Barmherzigkeit.
Doch wer danach noch Übertretungen begeht,
dem ist schmerzhafte Strafe bestimmt.

179 Für euch liegt Leben in der Wiedervergeltung, ihr Einsichtsvollen!
Vielleicht seid ihr ja gottesfürchtig.

180 Es ist euch vorgeschrieben:
Wenn der Tod sich einem von euch naht,
so sei – im Falle, dass er Gutes hinterlässt –
für Eltern und Verwandte ein Vermächtnis da, nach Billigkeit,
als Pflicht für die Gottesfürchtigen.

181 Wenn es jemand ändert, nachdem er es gehört hat,
dann liegt die Schuld daran bei denen, die es verändert haben.
Siehe, Gott ist der Hörende, der Wissende.

182 Doch wer von dem Vererbenden eine Ungerechtigkeit befürchtet oder ein
      Vergehen
und zwischen ihnen schlichtet, der macht sich nicht schuldig.
Siehe, Gott ist bereit zu vergeben, barmherzig.

183 O ihr, die ihr glaubt! Das Fasten ist euch vorgeschrieben,
so wie es denen vorgeschrieben war, die vor euch waren
– vielleicht seid ihr ja gottesfürchtig –,

184 an abgezählten Tagen.

Doch wer von euch erkrankt oder auf Reisen ist,
für den ist eine Anzahl anderer Tage möglich.
Für jene, die es vermögen, ist die Armenspeisung ein Ersatz.
Wer aus eigenem Antrieb Gutes tut, dem kommt es selbst zugute.
Und dass ihr fastet, das ist gut für euch, sofern ihr Wissen habt.

185 Der Monat Ramadan, in dem herabkam der Koran
den Menschen als Geleit
und als Beweis für das Geleit und die Entscheidung –
wer in ihm zugegen ist, soll in ihm fasten,
doch wer von euch erkrankt oder auf Reisen ist,
für den ist eine Anzahl anderer Tage möglich.
Gott will für euch das Leichte,
das Schwere will er nicht für euch.
Die Zahl sollt ihr erfüllen
und Gott dafür rühmen, dass er euch geleitet hat.
Vielleicht seid ihr ja dankbar.

186 Wenn dich meine Knechte nach mir fragen, so bin ich nahe.
Ich erhöre die Bitte des Bittenden, wenn er mich bittet.
So sollen sie mich um Erhörung bitten und an mich glauben.
Vielleicht sind sie ja auf dem rechten Weg.

187 Euch ist erlaubt zur Fastenzeit, dass ihr des Nachts bei euren Frauen schlaft.
Sie sind ein Kleid für euch und ihr ein Kleid für sie.
Gott weiß, dass ihr euch selbst betrogen hattet.
Da wandte er sich euch gütig zu, und er verzieh euch.
Doch nun verkehrt mit ihnen,
und strebt nach dem, was euch Gott beschieden hat.
Esst und trinkt, bis ihr im Morgengrauen
einen weißen von einem schwarzen Faden unterscheiden könnt.
Setzt dann das Fasten bis zum Abend fort!
Doch verkehrt mit ihnen nicht,
wenn ihr in den Anbetungsstätten andächtig verweilt.
Das sind die Schranken Gottes!
Kommt ihnen nicht zu nahe!
So macht Gott den Menschen seine Zeichen klar.
Vielleicht sind sie ja gottesfürchtig.

188 Verzehrt nicht euer Vermögen untereinander auf unrechtmäßige Weise,
und bietet es nicht den Richtern an,
um einen Teil des Vermögens von den Menschen sündhaft zu verzehren,
wo ihr doch Wissen habt!

¾ 189 Sie fragen dich nach den Neumonden.

Sprich: «Festgesetzte Zeiten sind sie für die Menschen und die Pilgerfahrt.»
Die Frömmigkeit besteht nicht darin,
dass ihr die Häuser von hinten her betretet.
Vielmehr ist Frömmigkeit, gottesfürchtig zu sein.
So betretet die Häuser durch ihre Türen,
und fürchtet Gott!
Vielleicht wird's euch dann wohlergehen.

190 Kämpft auf dem Wege Gottes gegen die, die euch bekämpfen!
Doch begeht dabei keine Übertretungen!
Siehe, Gott liebt die nicht, die Übertretungen begehen.

191 Tötet sie, wo immer ihr sie antrefft,
und vertreibt sie, von wo sie euch vertrieben haben!
Denn die Versuchung ist schlimmer als das Töten.
Kämpft jedoch nicht gegen sie bei der heiligen Anbetungsstätte,
bis sie auch dort gegen euch kämpfen;
und wenn sie gegen euch kämpfen, dann tötet sie!
Genauso ist der Lohn der Ungläubigen.

192 Hören sie hingegen auf …
Siehe, Gott ist bereit zu vergeben, barmherzig.

193 Kämpft gegen sie, bis keine Versuchung mehr besteht
und die Verehrung Gott gilt!
Hören sie aber auf, hört auch das Kampfgeschehen auf,
außer gegen die Frevler.

194 Der heilige Monat für den heiligen Monat!
Auch für Geheiligtes gilt die Wiedervergeltung.
Wer euch also angreift, den greift auf gleiche Weise an,
wie er euch angegriffen hat.
Fürchtet Gott!
Und wisst: Gott ist mit den Gottesfürchtigen!

195 Spendet für den Weg Gottes!
Stürzt euch nicht mit eigenen Händen ins Verderben!
Tut Gutes! Siehe, Gott liebt die, die Gutes tun.

196 Vollzieht für Gott die Pilgerfahrt und auch die kleine Wallfahrt!
Doch wenn ihr gehindert werdet,
dann das an Schlachtvieh, was leicht ist!
Schert eure Häupter nicht, bis das Schlachtvieh seinen Opferplatz
    erreicht hat!
Wer von euch aber krank ist oder ein Leiden an seinem Kopf hat,
der leiste Ersatz durch Fasten, Almosen oder Opfer.
Wenn ihr euch in Sicherheit befindet

und dann jemand – bis zur Pilgerfahrt – die kleine Wallfahrt vollziehen will,
dann das an Schlachtvieh, was leicht ist!
Doch wer keines findet, der faste drei Tage während der Pilgerfahrt
und sieben, wenn ihr zurückgekehrt seid.
Das sind zusammen zehn.
Das gilt für den, dessen Familie nicht nahe bei der heiligen Anbetungsstätte
wohnt.
Fürchtet Gott, und wisst, dass Gott streng im Strafen ist!

197 Die Pilgerfahrt ist in den bekannten Monaten.
Wer sich die Pilgerfahrt in ihnen auferlegt,
enthalte sich des Beischlafs, des Lasters und des Streits.
Was ihr an Gutem tut: Gott weiß es.
Nehmt euch Reisevorrat mit!
Der beste Reisevorrat aber ist Gottesfurcht.
Mich fürchtet, ihr Einsichtsvollen!

198 Ihr begeht keine Sünde,
dass ihr nach Gunst von eurem Herrn strebt.
Wenn ihr den Lauf von ʿArafat vollzogen habt,
dann gedenket Gottes bei geweihter Stätte!
Gedenket seiner, wie er euch geführt hat,
ja, früher gehörtet ihr zu den Irrenden.

199 Verrichtet dann von dort den Lauf, wo ihn die anderen verrichten,
und bittet Gott um Vergebung!
Siehe, Gott ist bereit zu vergeben, barmherzig.

200 Habt ihr eure Riten dann vollendet,
dann gedenket Gottes, wie ihr gedachtet eurer Väter –
oder noch stärkeres Gedenken!
Manche Menschen sagen: «Unser Herr, gib uns im Diesseits!»
Doch haben sie am Jenseits keinen Anteil.

201 Manche von ihnen sagen: «Unser Herr, gib uns im Diesseits Gutes
und auch im Jenseits Gutes, und bewahre uns vor der Qual des Feuers!»

202 Die haben einen Anteil an dem, was sie erworben haben.
Gott ist schnell mit der Abrechnung.

ḥ4 203 Gedenket Gottes an abgezählten Tagen!
Wer es in Eile an zwei Tagen tut, der sündigt nicht.
Wer dabei in Verzug gerät, der sündigt nicht.
Das gilt für den, der gottesfürchtig ist.
So fürchtet Gott, und wisst, dass ihr zu ihm versammelt werdet!

204 Manchen Menschen gibt es, dessen Rede über das Leben hier im Diesseits
dir gefällt

und der zum Zeugen Gott anruft für das, was er in seinem Herzen hegt –
und ist dabei im Streit verbissen.

205 Wendet er sich ab, ist er darauf aus, Unheil auf der Erde anzurichten
und Ackerland und Nachkommenschaft zu vernichten.
Gott liebt das Unheil nicht.

206 Wird ihm dann gesagt: «Fürchte Gott!»,
ergreift ihn Stolz auf seine Sünde.
Mit der Hölle muss er sich begnügen –
wahrlich, welch schlimme Lagerstatt!

207 Manchen Menschen gibt es, der seine Seele verkauft
im Bestreben nach Gottes Wohlgefallen.
Gott ist zu seinen Knechten gütig.

208 O ihr, die ihr glaubt! Tretet allesamt ein in das Heil!
Und folgt nicht den Schritten Satans!
Siehe, er ist für euch ein klarer Feind.

209 Doch wenn ihr strauchelt, nachdem doch die Beweise zu euch gekommen
waren,
so wisst: Gott ist mächtig, weise!

210 Halten sie wohl Ausschau nur danach, dass Gott zu ihnen komme
im Schutze von Gewölk mit seinen Engeln?
Entschieden ist die Sache,
und alles wird zu Gott zurückgebracht.

211 Frag doch die Kinder Israel, wie viele klare Zeichen wir ihnen gaben!
Wer die Gnade Gottes vertauscht, nachdem sie doch zu ihm gekommen war –
siehe, Gott ist dann streng im Strafen.

212 Verlockend ist für die, die ungläubig sind, das Leben hier im Diesseits,
und sie spotten über die, welche glauben.
Die Gott fürchten, stehen am Tag der Auferstehung über ihnen.
Gott versieht mit Gaben, ohne abzurechnen, wen er will.

213 Die Menschen waren eine einzige Gemeinde,
dann schickte Gott als Freudenboten und als Warner die Propheten
und sandte mit ihnen herab das Buch mit der Wahrheit,
um zwischen den Menschen über das zu richten, worin sie uneins waren.
Uneins sind nur die, denen das Buch gegeben ward,
nachdem die Beweise zu ihnen gekommen waren,
aus Hass und Neid untereinander.
Da leitete Gott jene, welche glauben, zu jener Wahrheit, über die sie uneins
waren,
mit seinem Einverständnis.
Gott leitet, wen er will, auf einen geraden Weg.

214 Oder rechnet ihr damit, dass ihr in den Paradiesesgarten eingeht,
ohne dass euch Gleiches geschah wie denen, die vor euch dahingegangen
sind?
Not erfasste sie und Missgeschick.
Sie wurden so erschüttert, dass der Gesandte sprach und mit ihm die
Gläubigen:
«Wann kommt die Hilfe Gottes?
Ist die Hilfe Gottes denn nicht nahe?»

215 Sie fragen dich, was sie spenden sollen.
Sprich: «Was ihr an Gutem spendet, soll für die Eltern und Verwandten
sein
und für die Waisen und die Armen und für den ‹Sohn des Weges›.
Und was ihr sonst an Gutem tut, siehe, Gott weiß genau darum.»

216 Das Kämpfen ist euch vorgeschrieben,
ihr aber findet es abscheulich.
Vielleicht aber verabscheut ihr etwas, das gut für euch ist,
und vielleicht liebt ihr etwas, das schlecht für euch ist.
Gott hat Wissen, ihr aber habt kein Wissen.

217 Sie fragen dich nach dem heiligen Monat, nach dem Kampf in ihm.
Sprich: «Kämpfen in ihm wiegt schwer.
Doch vom Wege Gottes abzuhalten
– und dabei nicht an ihn zu glauben –
und von der heiligen Anbetungsstätte
und die dort wohnen aus ihr zu vertreiben,
das wiegt bei Gott viel schwerer.
Die Versuchung aber wiegt noch schwerer als das Töten.
Sie werden euch immer weiter bekämpfen,
bis sie euch von eurem Glauben wieder abgebracht haben – wenn sie's
vermögen.
Wer von euch sich von seiner Religion abkehrt
und dann als Ungläubiger stirbt –
die sind es, deren Werke im Diesseits und im Jenseits zuschanden werden.
Die werden Bewohner des Höllenfeuers sein, darin sie ewig bleiben.»

218 Siehe, die glauben, auswandern und auf dem Wege Gottes kämpfen,
die hoffen auf das Erbarmen Gottes.
Gott ist bereit zu vergeben, barmherzig.

¼ 219 Sie fragen dich nach dem Wein und nach dem Losspiel.
Sprich: «In beidem liegt große Sünde und Nutzen für die Menschen.
Die Sünde aber, die in beidem liegt, ist größer als ihr Nutzen.»
Sie fragen dich, was sie spenden sollen.

Sprich: «Das, was ihr übrig habt!»
So macht euch Gott die Zeichen klar.
Vielleicht denkt ihr ja nach.
220 Im Diesseits und im Jenseits.
Sie fragen dich nach den Waisen.
Sprich: «Sie gut zu behandeln ist gut.
Wenn ihr euch unter sie mischt, so sind sie eure Brüder.
Gott weiß den Unheilstifter vom Wohltäter zu unterscheiden.
Hätte Gott gewollt, so wäre er hart mit euch umgegangen.»
Siehe, Gott ist mächtig, weise.
221 Heiratet keine Frauen, die Gott etwas beigesellen, bis sie gläubig werden!
Wahrlich, eine gläubige Sklavin ist besser als eine Frau, die Gott etwas
    beigesellt,
und sollte sie euch auch gefallen.
Und verheiratet eure Frauen nicht mit Männern,
die Gott etwas beigesellen, bis sie gläubig werden!
Wahrlich, ein gläubiger Sklave ist besser als ein Mann, der Gott etwas
    beigesellt,
und sollte er euch auch gefallen.
Jene laden ein zum Höllenfeuer,
doch Gott lädt ein zum Paradiesesgarten und zur Vergebung –
mit seiner Erlaubnis.
Er macht den Menschen seine Zeichen klar.
Vielleicht lassen sie sich mahnen.
222 Sie fragen dich nach der monatlichen Regel.
Sprich: «Sie ist ein Leiden.
Darum meidet die Frauen, während sie die Regel haben,
und nähert euch ihnen nicht, bis sie rein sind!
Wenn sie sich dann gereinigt haben, geht zu ihnen,
wie Gott es euch geboten hat!»
Siehe, Gott liebt die Bußfertigen,
und er liebt die, die sich reinigen.
223 Eure Frauen sind für euch ein Saatfeld.
So geht zu eurem Saatfeld, wann ihr wollt!
Schickt etwas für euch voraus, fürchtet Gott,
und seid gewiss, dass ihr ihm begegnen werdet!
Verkündige den Gläubigen frohe Botschaft!
224 Macht nicht Gott zu einem Hinderungsgrund für eure Eide,
damit ihr fromm sein könnt und gottesfürchtig
und unter den Menschen schlichten könnt!

Gott ist hörend, wissend.

225 Gott wird euch nicht leeres Gerede bei euren Eiden vorhalten,
sondern euch das vorhalten, was eure Herzen erworben haben.
Gott ist bereit zu vergeben, milde.

226 Denen, die ihren Frauen abschwören, ist eine Wartezeit von vier Monaten
bestimmt.
Und wenn sie zurückkehren –
siehe, dann ist Gott bereit zu vergeben, barmherzig.

227 Wenn sie sich dann zur Scheidung entschließen –
siehe, dann ist Gott hörend, wissend.

228 Die geschiedenen Frauen warten ihrerseits drei Perioden ab,
und ihnen ist es nicht erlaubt, dass sie verbergen,
was Gott in ihrem Schoße schuf –
sofern sie an Gott glauben und an den Jüngsten Tag.
Ihre Männer sind voll dazu berechtigt,
sie während dieser Zeit zurückzuholen,
falls sie Aussöhnung wollen.
Und den Frauen steht dasselbe zu,
wozu sie ihrerseits nach Billigkeit verpflichtet sind.
Die Männer stehen eine Stufe über ihnen.
Gott ist mächtig, weise.

229 Die Scheidung: zweimal.
Dann jedoch: Festhalten nach Billigkeit
oder Entlassung in Gütlichkeit.
Und es ist euch nicht erlaubt, dass ihr etwas von dem nehmt, was ihr
ihnen gabt –
außer wenn beide fürchten, die Schranken Gottes nicht einhalten zu
können.
Doch wenn ihr fürchtet, dass die beiden die Schranken Gottes nicht
einhalten können,
dann liegt für beide keine Sünde in dem, womit sie sich freikauft.
Das sind die Schranken Gottes.
Überschreitet die Schranken Gottes nicht!
Doch wer die Schranken Gottes überschreitet,
das sind die Frevler!

230 Wenn er sie entlässt, ist sie danach für ihn nicht mehr erlaubt,
bis sie einen anderen als ihn zum Mann nimmt.
Wenn dieser sie entlässt,
dann ist es für beide keine Sünde, wenn sie wieder zueinander zurückkehren,
sofern sie beide meinen, dass sie die Schranken Gottes einhalten können.

Das sind die Schranken Gottes.
Er macht sie den Menschen klar, die Wissen haben.

231 Wenn ihr die Frauen entlasst und sie dann ihren Zeitpunkt erreichen,
dann haltet an ihnen fest, nach Billigkeit,
oder entlasst sie, nach Billigkeit!
Haltet aber nicht lediglich aus Niedertracht an ihnen fest,
um so eine Übertretung zu begehen!
Wer das tut, der frevelt an sich selbst.
Macht die Zeichen Gottes nicht zum Gespött,
sondern gedenkt der Gnade Gottes an euch
und dessen, was er euch herabgesandt hat
von dem Buch und von der Weisheit,
um euch damit zu ermahnen!
So fürchtet Gott, und wisst, dass Gott Wissen über alles hat!

232 Wenn ihr die Frauen entlasst und sie dann ihren Zeitpunkt erreichen,
so hindert sie nicht daran, ihre Ehemänner wieder zu heiraten,
wenn sie sich untereinander verständigt haben – nach Billigkeit!
So wird der von euch ermahnt, der an Gott glaubt und an den Jüngsten Tag.
Das ist für euch geziemend und besonders rein.
Gott hat Wissen, ihr aber habt kein Wissen.

½ 233 Die Mütter sollen ihre Kinder zwei volle Jahre stillen –
wer das Stillen zu Ende bringen will.
Und für den, der das Kind gezeugt hat, ist es Pflicht,
sie zu versorgen und zu kleiden nach Billigkeit.
Keiner Seele wird mehr aufgelastet, als sie tragen kann.
Keine Mutter soll wegen ihres Kindes Schaden erleiden,
und wegen seines Kindes auch kein Vater.
Und der Erbe hat dieselbe Verpflichtung.
Und wenn sie beide die Entwöhnung wollen,
im Einvernehmen miteinander und nach gegenseitiger Beratung,
liegt darin keine Sünde für sie beide.
Wenn ihr eure Kinder einer Amme geben wollt,
liegt darin keine Sünde für euch,
wenn ihr das übergebt, was ihr zu geben willens seid – nach Billigkeit.
Fürchtet Gott, und wisst, dass Gott sieht, was ihr tut!

234 Wer von euch abberufen wird und Frauen hinterlässt:
Die sollen im Wartestand verharren vier Monate und zehn Tage.
Erreichen sie dann ihre Frist, so liegt für euch keine Sünde in dem,
was sie für sich selber tun – nach Billigkeit.
Gott ist vertraut mit dem, was ihr tut.

235 Für euch liegt keine Sünde darin,
     dass ihr den Frauen gegenüber Heiratsabsichten zu erkennen gebt
     oder dass ihr das verbergt.
     Gott weiß ja, dass ihr an sie denken werdet.
     Vereinbart aber keine Treffen insgeheim,
     es sei denn, ihr sprecht nur das, was recht und billig ist!
     Plant nicht, eine Ehe abzuschließen,
     ehe die vorgeschriebene Frist erreicht ist.
     Wisst, dass Gott weiß, was in euch vorgeht!
     Seid deshalb vor ihm auf der Hut,
     und wisst, dass Gott bereit ist zu vergeben, milde!

236 Für euch liegt keine Sünde darin, wenn ihr den Frauen die Scheidung
          aussprecht,
     sofern ihr sie noch nicht berührt oder ihnen noch keine Brautgabe
          bestimmt habt.
     Gewährt ihnen dann Lebensunterhalt nach Billigkeit –
     der Begüterte nach seinem Maß,
     und der Bedürftige nach seinem Maß,
     so wie es rechtens ist für Rechtschaffene!

237 Wenn ihr ihnen die Scheidung aussprecht, bevor ihr sie berührt habt,
     und die Brautabgabe ihnen schon bestimmt habt,
     dann die Hälfte dessen, was ihr bestimmt habt,
     es sei denn, sie erlassen es euch
     oder derjenige, in dessen Hand der Heiratsvertrag ist!
     Doch dass ihr Erlass gewährt, ist der Gottesfurcht sehr nahe.
     Vergesst nicht Güte zwischen euch!
     Siehe, Gott hat Einblick in das, was ihr tut.

238 Haltet die Gebete ein, auch das mittlere Gebet!
     Und stellt euch – demütig ergeben – hin vor Gott!

239 Wenn ihr Furcht habt, dann schreitend oder reitend.
     Wenn ihr dann wieder sicher seid, gedenket Gottes so,
     wie er euch lehrte, was ihr zuvor nicht wusstet!

240 Wer von euch abberufen wird und Frauen hinterlässt:
     Verfügung zu ihren Gunsten ist: Lebensunterhalt für ein Jahr,
     nicht Ausweisung.
     Wenn sie selber ausziehen,
     dann liegt für euch keine Sünde in dem, was sie für sich selber tun –
     nach Billigkeit.
     Gott ist mächtig, weise.

241 Und für die Frauen, die geschieden sind:

Lebensunterhalt nach Billigkeit,
als Pflicht für die Gottesfürchtigen.

242 So macht Gott euch seine Zeichen klar.
Vielleicht begreift ihr ja.

¾ 243 Hast du denn jene nicht gesehen, die aus ihren Häusern auszogen
zu Tausenden, in Todesangst?
Da sprach Gott zu ihnen: «Sterbt!»
Dann machte er sie lebendig.
Siehe, Gott ist, den Menschen gegenüber, Herr der Huld,
doch die meisten Menschen sind nicht dankbar.

244 Kämpft auf dem Wege Gottes!
Wisst: Gott ist hörend, wissend!

245 Wer kann denn Gott ein gutes Darlehen geben,
auf dass er es ihm um ein Vielfaches vermehre?
Gott teilt aus, einmal wenig, einmal viel.
Zu ihm werdet ihr zurückgebracht.

246 Hast du denn nicht gesehen die Ältesten der Kinder Israel nach Mose?
Damals, als sie zu einem ihrer Propheten sprachen:
«Schick uns einen König, damit wir auf dem Wege Gottes kämpfen!»
Er sprach: «Wäre es nicht denkbar, dass ihr,
wenn euch zu kämpfen vorgeschrieben ist, dann doch nicht kämpft?»
Sie sprachen: «Warum sollten wir denn nicht auf dem Wege Gottes
kämpfen,
wo wir doch aus unseren Häusern vertrieben wurden
und weg von unseren Kindern?»
Doch als ihnen dann zu kämpfen vorgeschrieben wurde, wandten sie
sich ab,
bis auf wenige von ihnen.
Gott kennt die Frevler genau.

247 Da sprach ihr Prophet zu ihnen: «Siehe, Gott hat Saul als König zu euch
geschickt.»
Sie sprachen: «Woher gebührt denn *ihm* die Herrschaft über uns,
wo *wir* doch mehr Recht auf die Herrschaft haben als er
und ihm doch auch kein reiches Maß an Gütern verliehen wurde?»
Er sprach: «Siehe, Gott erwählte ihn – vor euch –
und verlieh ihm reichlich Wissen und Körperkraft.»
Gott gibt seine Herrschaft, wem er will.
Gott ist umfassend, wissend.

248 Da sprach ihr Prophet zu ihnen: «Siehe, das Zeichen seiner Herrschaft ist,
dass die Bundeslade zu euch kommt

– in ihr ist die Gegenwärtigkeit von eurem Herrn und Güte
sowie etwas von dem, was die Familien von Mose und von Aaron
      hinterließen –,
getragen von den Engeln.
Siehe, darin liegt für euch fürwahr ein Zeichen,
sofern ihr gläubig seid.»

249 Als nun Saul mit seiner Streitmacht auszog, sprach er:
«Siehe, Gott wird euch auf die Probe stellen mit einem Fluss.
Wer daraus trinkt, gehört nicht zu mir.
Und wer davon nicht kostet, gehört zu mir,
außer dem, der eine Handvoll Wasser mit seiner Hand schöpft.»
Da tranken sie daraus – bis auf wenige von ihnen.
Als er ihn mit jenen, die mit ihm gläubig waren, überschritten hatte,
sprachen sie: «Heute sind wir für Goliath und seine Streitmacht nicht
      stark genug.»
Da sprachen jene, die der Meinung waren, dass sie Gott begegnen werden:
«Wie manche kleine Schar hat schon eine große Schar überwältigt –
mit Erlaubnis Gottes.»
Gott ist mit den Geduldigen!

250 Als sie dann Goliath und seiner Streitmacht entgegentraten, sprachen sie:
«Du unser Herr! Gib uns reichlich Geduld,
und festige unseren Schritt!
Steh uns bei gegen das ungläubige Volk!»

251 Und sie besiegten sie – mit Erlaubnis Gottes.
Und David tötete Goliath,
und Gott gab ihm die Herrschaft und die Weisheit
und lehrte ihn etwas von dem, was er wollte.
Hätte Gott die Menschen nicht zurückgehalten,
die einen durch die anderen,
die Erde wäre ganz gewiss verdorben.
Gott aber ist, den Weltbewohnern gegenüber, Herr der Huld.

252 Das sind die Verse Gottes.
Wir tragen sie dir vor, in Wahrheit.
Siehe, du bist wahrhaftig einer der Gesandten.

ǧ3 ḥ5 253 Das sind die Gesandten.
Einigen von ihnen gaben wir den Vorrang vor den anderen.
Einige sind unter ihnen, zu denen Gott redete.
Und einige von ihnen erhöhte er um Stufen.
Jesus, Marias Sohn, brachten wir die Beweise
und stärkten ihn mit dem Heiligen Geist.

Hätte Gott gewollt, so hätten sich die nach ihnen nicht bekämpft,
nachdem doch die Beweise zu ihnen gekommen waren;
sie aber wurden uneins.
Einige von ihnen glaubten, andere jedoch glaubten nicht.
Hätte Gott gewollt, sie hätten sich nicht bekämpft.
Doch Gott tut, was er will.

254 O ihr, die ihr glaubt! Spendet von dem, womit wir euch bedachten,
bevor ein Tag kommt, da es keinen Handel gibt
noch Freundschaft, noch Fürsprache.
Die Ungläubigen, sie sind die Frevler.

255 Gott: Kein Gott ist außer ihm,
dem Lebendigen und Beständigen.
Ihn fasst nicht Schlummer und nicht Schlaf.
Ihm gehört, was in den Himmeln und auf Erden ist.
Wer kann bei ihm Fürsprecher sein,
es sei denn, dass *er* es erlaubt!
Er weiß, was vor und hinter ihnen ist.
Doch sie erfassen nichts von seinem Wissen,
es sei denn, was *er* will.
Sein Thron umgreift die Himmel und die Erde,
sie zu bewahren ist ihm keine Last.
Er ist der Erhabene, Gewaltige!

256 Kein Zwang ist in der Religion.
Der rechte Weg ist klar geworden gegenüber dem Trug.
Wer nicht an die Götzen glaubt, sondern an Gott,
der hat das stärkste Band ergriffen, das nicht reißt.
Gott ist hörend, wissend.

257 Gott ist Freund derer, die glauben.
Die führt er aus der Finsternis ins Licht.
Doch die nicht glauben, deren Freunde sind die Götzen.
Die führen sie aus dem Licht in die Finsternis.
Die werden Bewohner des Höllenfeuers sein, darin sie ewig bleiben.

258 Sahst du denn den nicht, der sich mit Abraham über seinen Herrn stritt –
dass Gott die Herrschaft *ihm* gegeben habe?
Damals, als Abraham sprach: «Mein Herr ist's, der lebendig macht und
tötet»,
sprach er: «*Ich* bin es, der lebendig macht und tötet!»
Abraham sprach: «Siehe, Gott bringt die Sonne aus dem Osten.
So bringe *du* sie aus dem Westen!»
Da war der, der nicht glaubte, verblüfft.

Gott leitet kein frevlerisches Volk.

259 Oder jemanden wie den, der an einer Stadt vorüberging,
die war zerstört bis auf den Grund.
Er sprach: «Wie kann sie Gott nach ihrem Untergang wieder aufleben
lassen?»
Da ließ Gott ihn für hundert Jahre tot sein,
dann erweckte er ihn wieder.
Er sprach: «Wie lang hast du verharrt?»
Er sprach: «Ich habe einen Tag verharrt oder nur einen Teil des Tages.»
Er sprach: «Nein! Du verharrtest hundert Jahre.
Betrachte doch deine Speise und dein Getränk:
Sie sind noch nicht verdorben!
Und betrachte deinen Esel!
Wir wollen dich zu einem Zeichen für die Menschen machen!
Und betrachte die Gebeine, wie wir sie auferstehen lassen
und sie dann mit Fleisch umhüllen!»
Als es ihm klar geworden war, sprach er:
«Jetzt weiß ich: Gott ist aller Dinge mächtig.»

260 Damals, als Abraham sprach: «Mein Herr, lass mich sehen,
wie du die Toten lebendig machst!»
Er sprach: «Glaubst du denn nicht?»
Er sprach: «Doch. Aber mein Herz soll Gewissheit finden.»
Er sprach: «So nimm vier Vögel, und wende sie zu dir!
Dann lege einen Teil von ihnen auf jeden Berg,
dann rufe sie, so werden sie eilends zu dir gelaufen kommen!
Wisse: Gott ist mächtig, weise!»

261 Die ihre Güter spenden für Gottes Weg, die gleichen einem Samenkorn,
das sieben Ähren sprossen lässt, in deren jeder hundert Samenkörner sind.
Gott vervielfacht, wem er will.
Gott ist umfassend, wissend.

262 Die ihre Güter spenden für Gottes Weg
und dann ihren Spenden nicht Prahlerei noch Verletzung folgen lassen,
denen ist ihr Lohn bei ihrem Herrn gewiss,
die brauchen keine Furcht zu haben und sollen auch nicht traurig sein.

¼ 263 Rechtes Wort und Verzeihung sind besser als ein Almosen, dem Verletzung
folgt.
Gott ist auf niemanden angewiesen, milde.

264 O ihr, die ihr glaubt! Macht eure milden Gaben nicht wertlos
durch Prahlerei und Verletzung –
wie jener, der sein Geld hingibt, um von den Menschen gesehen zu werden,

jedoch nicht an Gott glaubt und an den Jüngsten Tag!
Er gleicht einem Felsen, auf dem Erde ist.
Trifft ihn dann ein starker Regenguss, lässt der ihn nackt und kahl zurück.
Sie vermögen nichts gegen das, was sie erwarben.
Gott leitet kein ungläubiges Volk.

265 Die aber ihre Güter spenden im Bestreben nach Gottes Wohlgefallen
und zur Festigung ihrer Seelen,
die gleichen einem Garten auf einem Hügel.
Trifft den ein starker Regenguss, dann bringt er doppelten Ertrag.
Trifft den kein starker Regenguss, dann Tau.
Gott sieht, was ihr tut.

266 Wünscht denn wohl einer von euch, dass er einen Garten habe
– mit Palmen und Rebstöcken –,
unter dem Bäche fließen
und in dem er von allen Früchten hat –
wenn er schon alt geworden ist und noch kleine Kinder hat,
dass ihn dann ein starker Sturm mit Feuer trifft
und er dann abgebrannt ist?
So macht euch Gott die Zeichen klar.
Vielleicht denkt ihr ja nach.

267 O ihr, die ihr glaubt! Spendet von den guten Gaben,
was ihr erworben habt
und was wir aus der Erde für euch wachsen ließen.
Habt es nicht darauf abgesehen, Minderwertiges davon zu spenden,
wo ihr selbst es doch nicht nehmen würdet,
es sei denn, ihr würdet die Augen dabei schließen.
Wisst: Gott ist auf niemanden angewiesen, er ist hoch zu rühmen.

268 Der Satan verspricht euch Armut und befiehlt euch Abscheuliches,
doch Gott verspricht euch Vergebung von sich und Huld.
Gott ist umfassend, wissend.

269 Er gibt Weisheit, wem er will,
und wem Weisheit gegeben wird, dem wird viel Gutes gegeben.
Doch nur die Einsichtsvollen lassen sich ermahnen.

270 Was ihr gespendet habt als Spende
oder gelobt habt als Gelübde,
siehe, Gott weiß es.
Die Frevler aber haben keine Helfer.

271 Gebt ihr Almosen in aller Offenheit, so ist das gut!
Doch wenn ihr sie verheimlicht und sie den Armen gebt,
so ist das für euch besser

und wird von euren Missetaten etwas tilgen.
Gott ist vertraut mit dem, was ihr tut!
½ 272 Nicht *dir* ist aufgetragen, sie zu leiten,
sondern Gott leitet, wen er will.
Was immer ihr an Gutem spendet, ist für euch selbst.
Ihr aber spendet nur für Gott.
Was immer ihr an Gutem spendet
– es wird euch voll zurückerstattet,
und Unrecht wird euch dabei nicht getan –,
273 ist für die Armen, die auf Gottes Weg behindert werden
und sich nicht frei im Land bewegen können.
Der Unwissende hält sie für reich, ihrer Bescheidenheit wegen.
Erkennen kannst du sie an ihrem Gesichtsausdruck.
Beim Betteln bedrängen sie die Menschen nicht.
Was immer ihr an Gutem spendet, Gott weiß es.
274 Die ihre Güter spenden Tag und Nacht,
insgeheim oder in aller Offenheit,
die haben ihren Lohn bei ihrem Herrn,
die brauchen keine Furcht zu haben und sollen auch nicht traurig sein.
275 Die Wucherzinsen nehmen, die stehen nicht anders da als einer,
den der Satan schlug und dann niederstreckte.
Dies, weil sie sagen: «Verkauf ist doch nichts anderes als Wucherzins!»
Doch Gott erlaubte das Verkaufen und verbot den Wucherzins.
Zu wem nun eine Mahnung kommt von seinem Herrn,
so dass er Schluss macht, der kann behalten, was sich bereits ergab,
und die Entscheidung über ihn ist Gott anheimgestellt.
Wer es aber von Neuem tut,
die werden Bewohner des Höllenfeuers sein, darin sie ewig bleiben.
276 Gott macht den Wucherzins zunichte, Almosen jedoch vermehrt er.
Und Gott liebt keinen Gottlosen, keinen Sünder.
277 Siehe, die glauben und gute Werke tun
und das Gebet verrichten und die Armensteuer geben,
denen ist ihr Lohn bei ihrem Herrn gewiss,
die brauchen keine Furcht zu haben und sollen auch nicht traurig sein.
278 O ihr, die ihr glaubt: Fürchtet Gott,
und verzichtet darauf, was vom Wucherzins geblieben ist,
sofern ihr gläubig seid!
279 Wenn ihr es nicht tut, so nehmt zur Kenntnis:
Krieg von Gott und seinem Gesandten!
Doch wenn ihr umkehrt, dann steht euch euer Kapital wieder zu.

Ihr tut kein Unrecht, und auch euch wird kein Unrecht angetan.
280 Wenn einer in Bedrängnis ist, dann sei Aufschub bis zur Erleichterung.
Dass ihr spendet, das ist gut für euch, sofern ihr Wissen habt.
281 Fürchtet einen Tag, an dem ihr zu Gott zurückgebracht werdet!
Dann wird jeder Seele das zurückerstattet, was sie erbracht hat.
Und ihnen wird kein Unrecht angetan.
282 O ihr, die ihr glaubt!
Wenn ihr euch untereinander verschuldet für eine festgelegte Frist,
dann schreibt es auf!
Ein Schreiber schreibe es in eurem Beisein auf, wie es recht ist!
Und kein Schreiber darf sich weigern zu schreiben,
so wie ihn Gott gelehrt hat.
Er soll schreiben, und der Schuldner soll diktieren
und dabei Gott fürchten, seinen Herrn:
Er soll nichts von ihr abziehen!
Wenn der Schuldner schwachsinnig oder minderjährig ist
oder nicht selbst diktieren kann,
dann soll sein Beistand diktieren, wie es recht ist.
Nehmt zwei eurer Männer euch zu Zeugen!
Wenn zwei Männer nicht vorhanden sind,
dann einen Mann und *zwei* Frauen,
von solchen, die euch als Zeugen tauglich dünken:
Irrt eine von den beiden, dass sie die andere erinnern kann.
Die Zeugen dürfen sich nicht weigern, wenn sie gerufen werden.
Lasst es euch nicht verdrießen, es aufzuschreiben, ob Kleines oder Großes,
bis zur Frist dafür!
Vor Gott entspricht das dem Recht eher
und ist geeigneter für die Bezeugung
und naheliegender, damit ihr keine Zweifel hegt.
Doch wenn es sich um Ware handelt,
mit der ihr gerade unter euch ein Geschäft abwickelt,
dann sündigt ihr nicht, wenn ihr sie nicht aufschreibt.
Doch nehmt Zeugen, wenn ihr miteinander Handel treibt!
Und kein Schreiber oder Zeuge soll zu Schaden kommen.
Wenn ihr es dennoch tut, dann ist das eine Schandtat von euch.
Fürchtet Gott! Gott wird euch lehren!
Gott weiß um alle Dinge.
¾ 283 Wenn ihr auf der Reise seid und keinen Schreiber findet,
dann soll ein Pfand genommen werden.
Und wenn der eine von euch dem anderen etwas anvertraut,

dann soll der, dem man etwas anvertraute, das anvertraute Gut auch
    wiedergeben
und dabei Gott fürchten, seinen Herrn.
Verheimlicht nicht das Zeugnis!
Wer es verheimlicht, dessen Herz ist sündhaft.
Gott weiß, was ihr tut.

284 Gottes ist, was in den Himmeln und auf Erden ist.
Ob ihr offenbar macht, was ihr in eurem Inneren hegt,
oder ob ihr es verbergt:
Gott zieht euch dafür zur Rechenschaft.
Und so vergibt er, wem er will, und bestraft, wen er will.
Gott ist aller Dinge mächtig.

285 Der Gesandte glaubt an das, was ihm von seinem Herrn herabgesandt,
und auch die Gläubigen:
Ein jeder glaubt an Gott und seine Engel,
seine Bücher und seine Gesandten –
wir unterscheiden zwischen keinem seiner Gesandten!
Sie sprechen: «Wir hören und gehorchen!
Vergib uns, unser Herr!»
Und: «Zu dir hin ist das Ziel.»

286 Gott lastet keiner Seele mehr auf, als sie tragen kann.
Für sie spricht das, was sie erwarb,
und gegen sie, was sie erwarb.
«Unser Herr! Halte es uns nicht vor,
wenn wir vergaßen oder sündigten!
Unser Herr! Erlege uns keine Bürde auf,
wie du sie denen auferlegtest, die vor uns waren!
Unser Herr! Erlege uns nicht auf, was über unsere Kräfte geht!
Verzeihe uns, vergib uns, und erbarm dich unser!
Du bist unser Schutzherr!
Steh uns bei gegen das ungläubige Volk!»

Sure 3 – Das Haus ʿImran – Āl ʿImrān

Medinensisch, 200 Verse

Im Namen Gottes, des barmherzigen Erbarmers.

1 *Alif Lam Mim.*

2 Gott: Kein Gott ist außer ihm,
   dem Lebendigen, Beständigen.

3 Herabgesandt hat er auf dich das Buch mit der Wahrheit,
   bestätigend, was vor ihm war.
   Herabgesandt hat er Gesetz und Evangelium

4 schon vorher – für die Menschen als Geleit.
   Und die Entscheidung hat er herabgesandt.
   Siehe, denen, die nicht an Gottes Zeichen glauben,
   ist strenge Strafe bestimmt.
   Gott ist mächtig, Herr der Vergeltung.

5 Siehe, Gott bleibt kein Ding verborgen,
   auf Erden nicht und nicht im Himmel.

6 Er ist's, der euch im Mutterleibe formt, wie er will.
   Kein Gott ist außer ihm, dem Mächtigen, dem Weisen.

7 Er ist es, der auf dich das Buch herabgesandt hat.

Einige seiner Verse sind klar zu deuten –
sie sind der Kern des Buches,
andere sind mehrfach deutbar.

Doch die, in deren Herzen Verirrung ist,
die folgen dem, was darin mehrfach deutbar ist,
um Zweifel zu erwecken und um es auszudeuten.

Doch nur Gott kennt dessen Deutung.

Und die im Wissen fest gegründet sind, die sagen:
«Wir glauben daran. Alles kommt von unserem Herrn.»
Doch nur die Einsichtsvollen lassen sich ermahnen.

8   Unser Herr! Lass unsere Herzen nicht abirren,
nachdem du uns geleitet hast!
Schenke uns Barmherzigkeit von dir:
Siehe, du bist der reichlich Schenkende!

9   Unser Herr! Siehe, du wirst die Menschen sammeln
zu einem Tage, über den kein Zweifel herrscht:
Siehe, Gott bricht das Versprechen nicht.

10 Siehe, denen, die ungläubig sind, wird vor Gott nichts helfen,
weder ihre Güter noch ihre Kinder.
Sie sind es, die Brennstoff sein werden für das Höllenfeuer.

11 Wie es dem Geschlecht Pharaos erging und denen, die vor ihm waren.
Sie nannten unsere Zeichen Lüge.
Da nahm sie Gott hinweg mit ihren Sünden.
Gott ist streng im Strafen.

12 Sag denen, die ungläubig sind:
«Ihr werdet besiegt und zur Hölle hingebracht.»
Welch schlimme Lagerstatt!

13 Ihr hattet ein Zeichen an zwei Gruppen, welche aufeinandertrafen:
Die eine kämpfte auf dem Wege Gottes, ungläubig war die andere.
Sie sahen klaren Blicks jene als doppelt so viele an, wie sie selber waren.
Gott stärkt mit seinem Beistand, wen er will.
Siehe, darin liegt wahrlich eine Lehre für die, die sehen können!

14 Verlockend ist es für die Menschen, das zu lieben, wonach es sie gelüstet:
ob Frauen, Söhne oder aufgehäufte Gold- und Silberschätze,
ob geschmückte Pferde, Vieh oder Ackerland.
Das sind die Freuden des Lebens hier auf Erden.
Gott aber ist es, bei dem schöne Heimkehr ist.

ḥ6   15 Sprich: «Soll ich euch Besseres als das verkünden?
Denen, die Gott fürchten, sind Gärten bei ihrem Herrn bestimmt,
unter denen Bäche fließen

– ewig werden sie dort weilen –,
und reine Ehefrauen und Wohlgefallen von Gott.»
Gott schaut auf seine Knechte,

16 die sprechen: «Unser Herr! Siehe, wir glauben.
Daher vergib uns unsere Sünden,
und bewahre uns vor der Qual des Feuers!»

17 Die Geduldigen, Wahrhaftigen, demütig Ergebenen, Spendenden
und im Morgengrauen um Vergebung Flehenden.

18 Gott bezeugt, dass kein Gott ist außer ihm
– so auch die Engel und die das Wissen haben –,
der da die Gerechtigkeit aufrichtet.
Kein Gott ist außer ihm, dem Mächtigen, dem Weisen.

19 Siehe, die Religion bei Gott ist die Ergebenheit.
Uneins wurden die, an die das Buch gegeben ward,
erst dann, als das Wissen zu ihnen gekommen war,
aus Hass und Neid untereinander.
Wer nicht an Gottes Zeichen glaubt –
Gott ist schnell mit der Abrechnung.

20 Wenn sie mit dir streiten, sprich:
«Ich habe mich Gott ganz ergeben, ich und wer mir folgt.»
Und sprich zu denen, denen das Buch gegeben ward, und zu den
       Schriftunkundigen:
«Wollt ihr euch denn nicht ergeben?»
Wenn sie sich ergeben, dann sind sie rechtgeleitet.
Doch wenden sie sich ab, dann bleibt dir die Botschaft aufgetragen.
Gott schaut auf seine Knechte.

21 Siehe, die nicht an Gottes Zeichen glauben
und grundlos die Propheten töten
und jene Menschen töten, die zur Gerechtigkeit aufrufen,
denen verkünde schmerzhafte Strafe!

22 Die sind es, deren Werke im Diesseits und im Jenseits zuschanden werden.
Sie werden keine Helfer haben.

23 Sahst du die nicht, denen ein Teil vom Buch gegeben wurde?
Sie werden zu Gottes Buch gerufen, damit es zwischen ihnen richtet.
Dann aber wendet sich eine Gruppe von ihnen ab,
und sie bleibt abgekehrt.

24 Dies, weil sie sagen:
«Das Höllenfeuer wird uns nicht berühren –
es sei denn eine Zahl von Tagen.»
Betört hat sie in ihrem Glauben,

was sie sich ausgedacht haben.

25 Wie aber, wenn wir sie sammeln
zu einem Tage, über den kein Zweifel herrscht,
und jeder Seele zurückerstattet wird, was sie erbracht hat,
und niemandem Unrecht angetan wird?

26 Sprich: «O Gott! Herrscher über alles!
Du gibst die Herrschaft, wem du willst,
und du entziehst die Herrschaft, wem du willst.
Du stärkst, wen du willst,
und du erniedrigst, wen du willst.
Das Gute liegt in deiner Hand!
Siehe, zu allem hast du die Macht.

27 Du lässt die Nacht hinübergleiten in den Tag
und lässt den Tag hinübergleiten in die Nacht.
Du bringst hervor das Lebende aus dem Toten
und bringst das Tote aus dem Lebenden hervor.
Du versiehst mit Gaben, wen du willst, ohne abzurechnen.»

28 Die Gläubigen sollen sich nicht Ungläubige zu Vertrauten nehmen –
anstelle von Gläubigen!
Wer das aber tut, der hat mit Gott nichts mehr zu tun –
außer wenn ihr sie wirklich fürchtet.
Gott warnt euch vor sich selbst.
Zu Gott hin ist das Ziel.

29 Sprich: «Ob ihr verbergt, was ihr in eurem Innern hegt,
oder ob ihr es kundtut: Gott weiß es doch.»
Er weiß, was in den Himmeln und auf Erden ist.
Gott hat zu allem die Macht.

30 Am Tag, da eine jede Seele vorgebracht findet,
was sie an Gutem getan hat und an Bösem,
da wünscht sie, dass zwischen ihr und ihm ein weiter Raum bestünde.
Gott warnt euch vor sich selbst.
Gott ist zu seinen Knechten gütig.

31 Sprich: «Wenn ihr Gott liebt, dann folgt *mir* nach,
denn dann liebt euch auch Gott
und vergibt euch eure Missetaten!»
Siehe, Gott ist bereit zu vergeben und barmherzig.

32 Sprich: «Gehorcht Gott und dem Gesandten!»
Doch wenn sie sich abwenden, dann –
siehe, Gott liebt die Ungläubigen nicht.

¼ 33 Siehe, Gott erwählte Adam und Noah

und das Haus Abraham und das Haus 'Imran
vor den Weltbewohnern,

34 Nachkommen die einen von den anderen.
Gott ist hörend, wissend.

35 Damals, als 'Imrans Frau sprach: «Mein Herr, siehe, ich gelobe dir,
was ich im Leibe trage, als gottgeweiht.
So nimm es von mir an!
Siehe, du bist der Hörende, der Wissende.»

36 Und als sie es geboren hatte, sprach sie:
«Mein Herr, ich habe es als Mädchen geboren!»
– Gott aber wusste sehr genau, was sie geboren hatte,
denn ein Knabe ist nicht wie ein Mädchen! –
«Siehe, ich nannte sie Maria,
und sie und ihre Kindeskinder, die stelle ich unter deinen Schutz
vor dem verfluchten Satan.»

37 Da nahm ihr Herr sie gütig an
und ließ sie heranwachsen auf schöne Weise
und setzte Zacharias ein zur Pflegschaft über sie.
Sooft nun Zacharias zu ihr in den Tempel eintrat,
fand er bei ihr Speise.
Er sprach: «O Maria, woher hast du das?»
Sie sprach: «Es ist von Gott.
Siehe, Gott versieht mit Gaben, wen er will, ohne zu berechnen.»

38 Da betete Zacharias zu seinem Herrn und sprach:
«Mein Herr, schenke mir gute Nachkommenschaft von dir!
Siehe, du erhörst das Gebet!»

39 Da riefen ihm die Engel zu, als er im Tempel stand und betete:
«Gott kündigt dir Johannes an, der wird ein Wort von Gott bestätigen
und wird ein Herr sein und Asket – und ein Prophet,
einer von den Rechtschaffenen.»

40 Er sprach: «Mein Herr, wie soll mir denn ein Knabe werden,
wo mich das Alter schon erreichte und meine Frau nicht fruchtbar ist?»
Er sprach: «So ist Gott. Er tut, was er will.»

41 Er sprach: «Mein Herr, gib mir ein Zeichen!»
Er sprach: «Dein Zeichen sei, dass du drei Tage lang
nur deutend zu den Menschen sprichst.
Gedenke häufig deines Herrn!
So preise ihn am Abend und in der Morgenfrühe!»

42 Damals, als die Engel sprachen: «O Maria!
Siehe, Gott hat dich erwählt und rein gemacht –

er erwählte dich vor allen Frauen in der Welt.

43 Maria, sei deinem Herrn demütig ergeben,
wirf dich nieder, und neige dich mit den sich Neigenden!»

44 Dies ist eine der verborgenen Geschichten –
dir offenbaren wir sie.
Du warst nicht bei ihnen, als sie ihre Lose warfen,
wer nun von ihnen Pfleger für Maria sei!
Du warst nicht bei ihnen, als sie sich darum stritten!

45 Damals, als die Engel sprachen: «O Maria!
Siehe, Gott verkündet dir ein Wort von sich.
Sein Name sei: ‹Christus Jesus, Sohn der Maria›.
Er soll im Diesseits und im Jenseits angesehen sein
und einer von den Nahestehenden

46 – zu den Menschen wird er sprechen
in der Wiege und als reifer Mann –
und einer von den Rechtschaffenen.»

47 Sie sprach: «Mein Herr, wie soll ich denn ein Kind empfangen,
wo mich ein Mensch niemals berührte?»
Er sprach: «So ist Gott. Er erschafft, was er will!
Beschließt er eine Sache, so spricht er nur zu ihr:
‹Sei!› Und dann ist sie.»

48 Lehren wird er ihn das Buch, die Weisheit, das Gesetz und auch
das Evangelium.

49 Und ein Gesandter zu den Kindern Israel:
«Ich kam zu euch mit einem Zeichen von eurem Herrn,
dass ich für euch aus Ton erschaffe, was die Gestalt von Vögeln hat.
Dann hauche ich es an, so dass es wirklich Vögel werden,
mit Erlaubnis Gottes.
Ich werde Blinde heilen und Aussätzige
und werde Tote lebendig machen,
mit Erlaubnis Gottes.
Ich werde euch verkünden, was ihr esst und was ihr in euren
Häusern speichert.
Siehe, darin liegt für euch fürwahr ein Zeichen,
sofern ihr gläubig seid!

50 Ich kam zu euch, um zu bestätigen, was vor mir war von dem Gesetz,
und um euch zu erlauben manches von dem, was euch verboten war.
Ich kam zu euch mit einem Zeichen von eurem Herrn.
So fürchtet Gott, und leistet mir Gehorsam!

51 Siehe, Gott ist *mein* Herr und *euer* Herr! So dienet ihm!

Das ist ein gerader Weg.»

½ 52 Als aber Jesus den Unglauben bei ihnen spürte, sprach er:
«Wer sind denn meine Helfer hin zu Gott?»
Die Jünger sprachen: «*Wir* sind die Helfer Gottes, wir glauben ja an Gott.
Sei du dafür Zeuge, dass wir Gott ergeben sind!»

53 «Unser Herr! Wir glauben an das, was du herabgesandt,
und folgen dem Gesandten.
So schreib uns ein, mit den Bezeugenden!»

54 Und sie schmiedeten Ränke, und auch Gott schmiedete Ränke.
Gott ist der beste Ränkeschmieder.

55 Damals, als Gott sprach: «Jesus, siehe, ich will dich zu mir nehmen
und dich zu mir erhöhen
und dich von denen, die ungläubig sind, reinigen
und jene, die dir nachfolgen, über jene stellen, die ungläubig sind,
bis zum Tag der Auferstehung.
Dann ist zu mir eure Wiederkehr.
Da will ich richten zwischen euch in dem, worin ihr uneins wart.

56 Die nun, die nicht glauben, die werde ich mit aller Strenge strafen,
im Diesseits und im Jenseits.
Sie werden keine Helfer haben.»

57 Denen aber, welche glauben und gute Werke tun,
wird er ihren Lohn in vollem Maße geben.
Gott liebt die Frevler nicht.

58 Das ist es, was wir dir vortragen von den Zeichen und der weisen Mahnung.

59 Siehe, vor Gott gleicht Jesus Adam.
Aus Staub erschuf er ihn, dann sagte er zu ihm:
«Sei!» Und dann war er.

60 Die Wahrheit ist von deinem Herrn.
So sei kein Zweifler!

61 Wenn darüber jemand mit dir streitet,
nach all dem, was an Wissen zu dir kam, so sprich:
«Kommt her, wir wollen unsere und eure Söhne rufen
und unsere und eure Frauen und uns und euch!
Dann lasst uns einen Eid ablegen
und den Fluch Gottes auf die Lügner wünschen!»

62 Siehe, das hier ist die wahre Kunde.
Es gibt keine Gottheit außer Gott.
Siehe, Gott ist fürwahr der Mächtige, der Weise.

63 Doch wenn sie sich abwenden, dann –
siehe, Gott kennt genau die Unheilstifter.

64 Sprich: «Ihr Buchbesitzer!
Kommt her zu einem Wort zwischen uns und euch auf gleicher Ebene!
Dass wir keinem dienen außer Gott,
dass wir ihm nichts beigesellen
und dass wir uns nicht untereinander zu Herren nehmen neben Gott.»
Und wenn sie sich abwenden, sprecht:
«Bezeugt, dass wir ergeben sind!»

65 Ihr Buchbesitzer! Weshalb streitet ihr über Abraham?
Wo doch Gesetz und Evangelium erst *nach* ihm herabgesandt wurden?
Begreift ihr denn nicht?

66 Ihr da! Ihr habt gestritten über etwas, wovon ihr Wissen habt.
Doch warum streitet ihr nun über etwas, wovon ihr kein Wissen habt?
Gott weiß, ihr aber wisst nicht.

67 Abraham war weder Jude noch Christ,
sondern er war ein wahrer Gläubiger, ein Gottergebener.
Und er war keiner von den Beigesellern.

68 Siehe, die Menschen, die Abraham am nächsten stehen,
das sind diejenigen, die ihm nachfolgten,
und dieser Prophet hier und diejenigen, die gläubig sind.
Gott ist der Vertraute der Gläubigen.

69 Eine Gruppe von den Buchbesitzern wollte euch in die Irre führen.
Doch nur sich selber führen sie in die Irre,
ohne es zu merken.

70 Ihr Buchbesitzer! Warum glaubt ihr nicht an die Zeichen Gottes,
wo ihr sie doch vor euch seht?

71 Ihr Buchbesitzer! Warum vermengt ihr die Wahrheit mit dem Nichtigen
und verbergt die Wahrheit,
wo ihr doch Wissen habt?

72 Eine Gruppe von den Buchbesitzern sprach:
«Glaubt nur zu Beginn des Tages an das,
was auf die, die glauben, herabgesandt worden ist,
doch glaubt nicht an seinem Ende!
Vielleicht kehren sie um.

¾   73 Und glaubt keinem, der nicht eurem Glauben folgt!»
Sprich: «Siehe, die rechte Führung ist die Führung *Gottes*.
... dass jemandem so etwas gegeben wird,
wie das, was euch gegeben wurde,
oder sie mit euch streiten bei eurem Herrn.»
Sprich: «Siehe, die Huld liegt in Gottes Hand,
Er gibt sie, wem er will.

Und Gott ist umfassend, wissend.

74 Gott zeichnet mit seinem Erbarmen aus, wen er will.

Gott ist Herr großer Huld.»

75 Unter den Buchbesitzern gibt es manchen,

der, wenn du ihm einen *Qintar* anvertraust, ihn dir zurückgibt.

Und unter ihnen gibt es manchen,

der, wenn du ihm einen *Dinar* anvertraust, ihn dir nicht zurückgibt –

es sei denn, dass du in ihn dringst.

Dies, weil sie sagen:

«Man kann uns – der Schriftunkundigen wegen – nicht belangen.»

Sie sprechen eine Lüge über Gott, wo sie es doch wissen.

76 Nein! Wenn jemand seine Verpflichtung erfüllt

und gottesfürchtig ist – dann …

siehe, Gott liebt die Gottesfürchtigen.

77 Siehe, diejenigen, die Gottes Bund und ihre Eide um geringen Preis

verkaufen,

die haben am Jenseits keinen Anteil.

Gott spricht am Tag der Auferstehung nicht zu ihnen,

er blickt nicht zu ihnen und erklärt sie nicht für rein.

Schmerzhafte Strafe ist ihnen bestimmt.

78 Siehe, unter ihnen gibt es eine Gruppe,

die ihre Zungen verdrehen, um ein Buch hervorzubringen,

damit ihr es als zum Buch gehörend anseht,

auch wenn es *nicht* ein Teil des Buches ist!

Sie sagen: «Es ist von Gott!», obwohl es nicht von Gott ist.

Sie sprechen eine Lüge über Gott, wo sie es doch wissen.

79 Keinem Menschen steht es zu,

dass Gott ihm das Buch, die Urteilskraft und die Prophetengabe gibt

und er dann zu den Menschen sagt:

«Seid *meine*, nicht nur Gottes Knechte!»

Seid vielmehr Gelehrte Gottes,

weil ihr ja das Buch gelehrt und darin geforscht habt!

80 Und auch nicht, dass er euch befiehlt, die Engel und Propheten

als Herren anzunehmen.

Ja, wird er euch wohl befehlen, vom Glauben abzufallen,

nachdem ihr schon in Gott ergeben wart?

81 Damals, als Gott den Bund mit den Propheten schloss:

«Wann immer ich für euch etwas von einem Buch und Weisheit bringe

und dann ein Gesandter kommt, der das, was bei euch ist, bestätigt,

so sollt ihr an ihn glauben und ihm helfen!»

Er sprach: «Bestätigt ihr das, und nehmt ihr meine Last entsprechend an?»
Sie sprachen: «Wir bestätigen es.»
Er sprach: «Sodann bezeugt es, so will ich es auch mit euch bezeugen.»

82   Doch wer sich danach abkehrt,
das sind die Abtrünnigen.

83   Begehren sie denn eine andere als *Gottes* Religion?
Wo sich doch ihm ergeben hat,
wer in den Himmeln und auf Erden ist,
freiwillig oder gezwungen.
Zu ihm werden sie zurückgebracht.

84   Sprich: «Wir glauben an Gott und was auf uns herabgesandt ward,
und was auf Abraham und Ismael, auf Isaak und Jakob
und auf die Stämme herabgesandt ward.
Und an das, was Mose und was Jesus überbracht ward
und den Propheten von ihrem Herrn.
Wir machen zwischen keinem von ihnen einen Unterschied.
Wir sind ihm ergeben!»

85   Wer eine andere Religion begehrt als den Islam,
so wird die von ihm nicht angenommen werden.
Im Jenseits gehört er dann zu den Verlierern.

86   Wie soll Gott Menschen führen, die ungläubig wurden,
nachdem sie gläubig waren und bezeugt hatten,
dass der Gesandte wahrhaftig ist,
und nachdem die Beweise zu ihnen gekommen waren.
Gott leitet kein frevlerisches Volk.

87   Jene, deren Vergeltung es ist,
dass der Fluch Gottes und der Engel und der Menschen insgesamt auf
   ihnen liegt,

88   die bleiben darin ewig.
Die Strafe wird ihnen nicht erleichtert
und Aufschub ihnen nicht gewährt,

89   es sei denn denen, die danach umkehren und sich bessern.
Siehe, dann ist Gott bereit zu vergeben, barmherzig.

90   Siehe, die ungläubig wurden, nachdem sie gläubig waren,
und dann immer ungläubiger wurden –
niemals wird deren Umkehr angenommen.
Das sind die, die irregehn!

91   Siehe, die ungläubig wurden und als Ungläubige sterben –
niemals wird von einem von ihnen die ganze Erde in Gold angenommen,
auch wenn er sich damit loskaufen wollte.

Jenen ist schmerzhafte Strafe bestimmt,
und sie werden keine Helfer haben.

92 Ihr werdet niemals Frömmigkeit erlangen,
solange ihr nicht von dem spendet, was ihr liebt.
Und was immer ihr auch spendet.
Siehe, Gott weiß es genau.

ġ4ḥ7 93 Jegliche Speise war den Kindern Israel erlaubt
– nur solche nicht, die Israel sich selbst verbot –,
bevor herabgesandt ward das Gesetz.
Sprich: «So bringt doch das Gesetz herbei und tragt es vor,
wenn ihr wahrhaftig seid!»

94 Und wer danach noch gegen Gott Lügen ersinnt,
das sind die Frevler!

95 Sprich: «Gott sagt die Wahrheit.
So folgt der Glaubensweise Abrahams, eines wahren Gläubigen –
und er war keiner von den Beigesellern.»

96 Siehe, das erste Haus, das für die Menschen errichtet wurde,
ist das in Bekka,
als Segen und als Leitpunkt für die Weltbewohner!

97 In ihm sind klare Zeichen: Abrahams Platz.
Wer es betritt, ist sicher.
Es ist von Gott den Menschen aufgetragen,
zum Haus die Pilgerfahrt zu vollziehen –
wer einen Weg dorthin zu finden in der Lage ist.
Doch wer ungläubig ist –
Gott ist nicht auf die Weltbewohner angewiesen!

98 Sprich: «Ihr Buchbesitzer!
Warum glaubt ihr nicht an die Zeichen Gottes,
wo Gott doch Zeuge dessen ist, was ihr tut?»

99 Sprich: «Ihr Buchbesitzer!
Warum haltet ihr die Gläubigen vom Wege Gottes ab,
indem ihr ihn gekrümmt wünscht,
obwohl ihr Augenzeugen seid?
Gott lässt, was ihr tut, nicht unbeachtet.»

100 O ihr, die ihr glaubt! Wenn ihr einer Gruppe derer gehorcht,
denen das Buch gegeben wurde,
so werden sie euch wieder zu Ungläubigen machen –
nachdem ihr doch schon gläubig wart!

101 Wie könnt ihr nur ungläubig werden,
wo euch doch Gottes Verse vorgetragen werden

und sein Gesandter unter euch ist?
Wer an Gott festhält, der wird auf einen geraden Weg geführt.

102 O ihr, die ihr glaubt! Fürchtet Gott, wie man ihn wahrhaft fürchten soll!
Ihr sollt nicht sterben, es sei denn, dass ihr gottergeben seid.

103 Haltet allesamt am Bande Gottes fest, und spaltet euch nicht auf!
Gedenkt der Gnade Gottes über euch, als ihr noch Feinde wart,
er dann Einklang zwischen euren Herzen stiftete
und ihr durch seine Gnade Brüder wurdet!
Ihr standet am Rande einer Feuergrube, und er rettete euch davor.
So macht Gott euch seine Zeichen klar.
Vielleicht lasst ihr euch leiten.

104 Es werde eine Gemeinde aus euch, die zum Guten aufruft,
das Rechte gebietet, das Verwerfliche verbietet.
Denen wird es wohlergehen.

105 Und seid nicht so wie jene, die sich spalteten und uneins wurden,
nachdem zu ihnen die Beweise gekommen waren.
Jenen ist gewaltige Strafe bestimmt.

106 Am Tag, an dem Gesichter weiß und Gesichter schwarz sein werden –
was nun die betrifft, deren Gesichter schwarz werden:
«Wurdet ihr wieder ungläubig, nachdem ihr doch schon gläubig wart?
So schmeckt die Strafe dafür, dass ihr wieder ungläubig wurdet!»

107 Die, deren Gesichter weiß werden,
die sind in Gottes Barmherzigkeit, darin sie ewig bleiben.

108 Das sind die Zeichen Gottes.
Wir tragen sie dir vor gemäß der Wahrheit.
Gott will nicht, dass den Weltbewohnern Unrecht geschieht.

109 Gottes ist, was in den Himmeln und auf Erden ist.
Zu Gott wird alles zurückgebracht.

110 Ihr seid die beste Gemeinschaft,
die jemals für die Menschen geschaffen wurde.
Ihr gebietet das Rechte, verbietet das Verwerfliche und glaubt an Gott!
Wenn auch die Buchbesitzer glauben würden, es wäre gut für sie.
Es gibt ja unter ihnen Gläubige,
doch die meisten von ihnen sind Abtrünnige.

111 Sie werden euch nicht schaden, außer durch Kränkung.
Wenn sie gegen euch kämpfen –
den Rücken werden sie euch kehren!
Dann wird ihnen nicht geholfen.

112 Mit Schmach sind sie geschlagen, wo immer man sie trifft
– nur die nicht, die mit Gott verbunden sind und mit den Menschen –,

und sie mussten Zorn von Gott erleiden und sind mit Armut geschlagen.

Dies, weil sie nicht an Gottes Zeichen glaubten und die Propheten grundlos
    töteten.

Dies, weil sie widerspenstig waren und Übertretungen begingen.

¼ 113 Sie sind jedoch nicht alle gleich.

Unter den Buchbesitzern ist eine Gemeinschaft, die aufrecht steht.

Sie tragen Gottes Verse vor, zur Zeit der Nacht,

und werfen sich dabei nieder.

114 Sie glauben an Gott und an den Jüngsten Tag,

gebieten das Rechte, verbieten das Verwerfliche

und sind schnell bereit zu guten Taten.

Jene gehören zu den Rechtschaffenen.

115 Was sie an Gutem tun, ihren Dank bekommen sie dafür.

Gott kennt die Gottesfürchtigen.

116 Siehe, denen, die ungläubig sind, wird vor Gott nichts helfen,

weder ihre Güter noch ihre Kinder.

Die werden Bewohner des Höllenfeuers sein,

darin sie ewig bleiben.

117 Was sie im Leben hier im Diesseits spenden,

ist zu vergleichen einem eisig kalten Wind,

der über das Ackerland von Leuten fuhr,

die an sich selber frevelten, und es dann vernichtete.

Nicht Gott tat ihnen Unrecht, sondern sie fügten es sich selber zu.

118 O ihr, die ihr glaubt! Nehmt euch nicht Vertraute, die nicht zu euch gehören!

Sie werden nicht von euch ablassen, Verwirrung zu stiften.

Sie haben es darauf abgesehen, dass ihr Schaden leidet.

Schon aus ihrem Munde geht ihr Hass klar hervor,

doch schlimmer noch ist das, was sie im Herzen hegen.

Wir haben euch die Zeichen doch klargemacht,

wenn ihr begreift!

119 Seht doch, *ihr* seid es, die sie lieben, *sie* aber lieben euch nicht.

Ihr glaubt an das ganze Buch.

Wenn sie euch begegnen, so sagen sie: «Wir glauben.»

Doch sind sie wieder unter sich,

dann beißen sie sich euretwegen in die Fingerspitzen vor lauter Groll.

Sprich: «Geht nur an eurem Groll zugrunde!»

Siehe, Gott kennt das Innere der Herzen.

120 Wenn euch etwas Gutes widerfährt, dann missfällt es ihnen.

Und wenn euch etwas Schlechtes trifft, so freuen sie sich dessen.

Wenn ihr jedoch geduldig bleibt und gottesfürchtig –

ihre Machenschaften schaden euch nichts.
Siehe, Gott erfasst, was immer sie auch tun.

121   Damals, als du von den Deinen in der Frühe weggingst,
um den Gläubigen Plätze zuzuweisen für den Kampf –
Gott ist hörend, wissend.

122   Damals, als zwei Trupps von euch nahezu verzweifelten,
wo doch Gott Schutzherr für sie beide war –
allein auf Gott sollen die Gläubigen vertrauen!

123   Gott half euch doch schon bei Badr, als ihr unterlegen wart.
So fürchtet Gott, vielleicht seid ihr ja dankbar!

124   Damals, als du zu den Gläubigen sprachst:
«Wird es euch etwa nicht genügen,
dass euch euer Herr versorgt mit dreitausend herabgesandten Engeln?»

125   Ja! Wenn ihr geduldig seid und gottesfürchtig
und sie euch dann sofort entgegentreten,
dann wird euch euer Herr mit fünftausend Engeln unterstützen,
die Kampfzeichen angelegt haben.

126   Gott tat es nur zu froher Botschaft für euch
und dass eure Herzen dadurch Sicherheit gewinnen,
– doch kommt der Sieg allein von Gott,
dem Mächtigen, dem Weisen –,

127   um einer Gruppe derer, die ungläubig sind, Schaden zuzufügen
oder um sie zu bezwingen,
so dass sie zurückkehren, ohne Erfolg

128   – du hast mit dieser Sache nichts zu tun –,
oder um sich ihnen zuzuwenden oder sie zu strafen,
denn siehe, sie sind Frevler!

129   Gottes ist, was in den Himmeln und auf Erden ist.
Er vergibt, wem er will, und er bestraft, wen er will;
Gott ist bereit zu vergeben, barmherzig.

130   O ihr, die ihr glaubt! Nehmt keinen Wucherzins, doppelt und dreifach!
Fürchtet Gott, vielleicht wird's euch dann wohlergehen!

131   Fürchtet das Feuer, das den Ungläubigen bereitet ist!

132   Gehorcht Gott und dem Gesandten,
vielleicht wird euch Erbarmen zuteil!

½ 133   Begebt euch eilends zur Vergebung von Seiten eures Herrn
und zu einem Garten, breit wie die Himmel und die Erde,
der den Gottesfürchtigen bereitet ist,

134   die im Glück und Unglück spenden,
die ihren Zorn im Zaume halten

und die den Menschen vergeben!
Gott liebt die, die Gutes tun.

135 Jene aber, die, wenn sie etwas Schändliches taten
oder gegen sich selber frevelten,
Gottes gedenken, ihn dann um Vergebung ihrer Sünden bitten
– wer anders wohl als Gott kann Sünden vergeben? –
und nicht auf dem beharren, was sie taten,
wo sie es doch wissen,

136 deren Vergeltung ist Vergebung von ihrem Herrn,
sind Gärten, unter denen Bäche fließen.
Ewig werden sie dort weilen.
Wie trefflich ist der Lohn derer, die so handeln!

137 Schon vor euch wurden Exempel statuiert.
Reist doch nur im Land umher,
und schaut, wie es mit den Leugnern ausging!

138 Das hier ist eine klare Botschaft für die Menschen,
rechtes Geleit und Mahnrede für die Gottesfürchtigen.

139 Ermattet nicht, und seid nicht traurig,
wo ihr doch die Oberhand behaltet, sofern ihr gläubig seid!

140 Wenn euch eine Verwundung ereilte,
dann ereilte ein Gleiches auch den Feind.
Jene Tage lassen wir zwischen den Menschen wechseln –
dass Gott die erkennt, die glauben,
und sich Zeugen aus euch nimmt
– Gott liebt ja nicht die Frevler –

141 und dass Gott die prüft, die glauben,
und die Ungläubigen ausrottet.

142 Oder rechnet ihr damit, den Paradiesesgarten zu betreten,
ohne dass Gott die erkannt hat, die von euch kämpften,
und damit, dass er die Geduldigen erkennt?

143 Ihr habt den Tod gewünscht, bevor ihr ihm begegnet seid.
Jetzt habt ihr ihn gesehen, ja, ihr habt ihn klar vor Augen.

144 Mohammed ist nichts als ein Gesandter,
dem andere Gesandte vorausgegangen sind.
Wenn er nun stirbt oder getötet wird,
macht ihr dann etwa auf eurem Absatz kehrt?
Wer auf seinem Absatz kehrtmacht,
der wird Gott keinen Schaden antun.
Den Dankbaren jedoch wird Gott vergelten.

145 Niemandem ist es vergönnt zu sterben,

es sei denn, mit Erlaubnis Gottes,
entsprechend zeitlich bestimmtem Beschluss.
Wer den Lohn des Diesseits will, dem geben wir von ihm;
und wer den Lohn des Jenseits will, dem geben wir von ihm.
Den Dankbaren werden wir vergelten.

146 Wie viele Propheten gab es schon,
an deren Seite Tausende kämpften.
Sie wurden nicht mutlos vor dem, was sie auf dem Wege Gottes traf,
sie zeigten keine Schwäche und unterwarfen sich nicht.
Gott liebt die Geduldigen.

147 Ihre Rede war nur, dass sie sagten:
«Unser Herr! Vergib uns unsere Sünden
und dass wir maßlos in unserer Sache waren!
Festige unseren Schritt,
und steh uns bei gegen das ungläubigeVolk!»

148 Da gab ihnen Gott den Lohn des Diesseits
sowie den schönen Lohn des Jenseits.
Gott liebt die, die Gutes tun.

149 O ihr, die ihr glaubt! Gehorcht ihr denen, die ungläubig sind,
dann werden sie euch dazu bringen, dass ihr auf dem Absatz kehrtmacht
und zu Verlierern werdet.

150 Nein, Gott ist euer Schutzherr!
Er ist der beste Helfer.

151 Wir werden in die Herzen derer, die ungläubig sind, den Schrecken bringen,
weil sie Gott etwas beigesellten,
wozu er keine Vollmacht herniedersandte.
Ihr Zufluchtsort ist das Feuer.
Wie schlimm ist der Frevler Wohnstatt!

152 Gott hat sein Versprechen an euch wahr werden lassen:
Damals, als ihr sie, mit seiner Erlaubnis, schlugt,
sogar als ihr verzagtet, euch darüber strittet
und euch ungehorsam zeigtet,
nachdem er euch hat sehen lassen, was euch lieb ist.
Die einen von euch streben nach dem Diesseits,
die anderen von euch streben nach dem Jenseits.
Dann brachte er euch von ihnen ab, um euch zu prüfen,
und schließlich verzieh er euch.
Gott ist, den Gläubigen gegenüber, huldreich.

¾ 153 Damals, als ihr hinaufstiegt und euch nach niemandem umwandtet
– und der Gesandte von eurem Ende zu euch rief –,

da belohnte *er* euch mit Gram für Gram,
damit ihr nicht traurig wäret,
weder über das, was euch entgangen ist,
noch über das, was euch getroffen hat.
Gott ist vertraut mit dem, was ihr tut.

154 Dann, nach dem Gram, sandte er Sicherheit auf euch herab,
als Schläfrigkeit, die *eine* Gruppe von euch überkam,
die *andere* Gruppe aber war nur um sich selbst besorgt.
Sie denken über Gott, was nicht die Wahrheit ist,
das Denken der Unwissenheit, indem sie sprechen:
«Haben wir denn etwas mit der Sache zu tun?»
Sprich: «Siehe, die Sache steht allein bei Gott.»
Sie verbergen in ihrem Inneren, was sie dir nicht offen sagen,
indem sie sprechen: «Hätten wir mit der Sache etwas zu tun gehabt,
so wären wir nicht gerade *hier* getötet worden.»
Sprich: «Wärt ihr auch in euren Häusern geblieben,
so wären doch die, denen der Tod bestimmt war,
herausgekommen zu den Plätzen, wo sie liegen –
damit Gott auf die Probe stelle, was in eurem Inneren ist,
und prüfe, was ihr in euren Herzen hegt.»
Gott kennt das Innere der Herzen.

155 Siehe, die sich von euch abwandten an dem Tage,
als die zwei Gruppen aufeinandertrafen,
die hat jedoch der Satan straucheln lassen,
wegen etwas von dem, was sie erwarben.
Gott aber hat ihnen vergeben.
Siehe, Gott ist bereit zu vergeben, milde.

156 O ihr, die ihr glaubt! Seid nicht wie solche, die ungläubig sind
und die von ihren Brüdern sprechen,
wenn diese im Land umhergezogen waren
oder Beutezüge unternommen hatten:
«Wären sie bei uns geblieben,
sie wären nicht gestorben und nicht getötet worden» –
damit dies Gott zum Anlass des Bedauerns in ihren Herzen mache!
Gott macht lebendig und lässt sterben.
Gott schaut auf das, was ihr tut.

157 Wenn ihr getötet werdet auf dem Wege Gottes oder sterbt,
Vergebung von Gott und Barmherzigkeit ist dann besser
als das, was sie anhäufen.

158 Und sterbt ihr oder werdet ihr getötet,

so werdet ihr, fürwahr, zu Gott versammelt.

159 Wegen der Barmherzigkeit von Gott warst du zu ihnen milde.
Doch wärst du grob und harten Herzens gewesen,
sie wären dir davongelaufen.
Daher verzeihe ihnen, und bitte für sie um Vergebung!
Und berate dich mit ihnen in der Sache!
Wenn du dich entschlossen hast, so vertrau auf Gott!
Siehe, Gott liebt die Gottvertrauenden.

160 Wenn Gott euch hilft, kann keiner euch besiegen,
und wenn er euch im Stich lässt, wer ist es, der euch dann noch helfen
könnte?
Allein auf Gott sollen die Gläubigen vertrauen.

161 Es steht einem Propheten nicht an, zu unterschlagen.
Wer unterschlägt, muss das, was er unterschlagen hat,
am Tag der Auferstehung wiederbringen.
Dann wird jeder Seele zurückerstattet, was sie erbracht hat,
und niemandem wird Unrecht angetan.

162 Ist wohl einer, der Gottes Wohlgefallen folgte,
wie einer, der Zorn von Gott auf sich zog
und dessen Zufluchtsort die Hölle ist?
Welch schlimmes Schicksal!

163 Rangstufen haben sie bei Gott,
und Gott schaut auf das, was sie tun.

164 Gott hat den Gläubigen Gnade erwiesen,
da er unter ihnen einen Gesandten von den ihren auftreten ließ,
der ihnen seine Verse vorträgt, der sie läutert
und der sie lehrt die Weisheit und das Buch.
Sie waren ja zuvor in klarem Irrtum!

165 Wie? Als euch ein Unglück traf – ihr hattet Doppeltes zugefügt –,
da spracht ihr: «Woher kommt denn das?»
Sprich: «Das kommt doch von euch selbst!»
Siehe, Gott ist aller Dinge mächtig.

166 Was euch an dem Tage traf,
als die zwei Gruppen aufeinandertrafen,
geschah mit Erlaubnis Gottes
und auch, dass er die Gläubigen erkenne

167 und die erkenne, welche Heuchler sind.
Zu ihnen wurde gesagt: «Kommt her, kämpft auf dem Wege Gottes –
oder schlagt zurück!»
Sie sprachen: «Wenn wir von einem Kampfe wüssten,

dann würden wir euch folgen.»
Sie waren an jenem Tage dem Unglauben näher als dem Glauben,
indem sie mit dem Munde sprachen, was nicht in ihren Herzen war.
Gott kennt sehr genau, was sie verbergen.

168 Die von ihren Brüdern sagten und doch daheimgeblieben waren:
«Hätten sie uns gehorcht, sie wären nicht getötet worden.»
Sprich: «Dann wehrt den Tod doch von euch selber ab,
wenn ihr wahrhaftig seid!»

169 Halte die, die auf dem Wege Gottes getötet wurden, nicht für tot!
O nein! Sie sind am Leben, bei ihrem Herrn, und werden wohlversorgt.

170 Dabei freuen sie sich über das, was ihnen Gott aus seiner Huld beschert hat,
und sind voller Freude schon für die,
die ihnen folgen werden, doch noch nicht da sind:
dass sie keine Furcht zu haben brauchen und nicht traurig sein sollen.

h8 171 Sie sind voller Freude über Gottes Gnade und Huld
und darüber, dass Gott den Lohn der Gläubigen nicht verlorengehen lässt.

172 Die Gott und dem Gesandten Folge leisteten,
nachdem die Wunde sie getroffen hatte –
denen von ihnen, die Gutes taten und gottesfürchtig waren,
ist reicher Lohn bestimmt.

173 Diejenigen, zu denen die Menschen sagten:
«Siehe, die Menschen sammelten sich gegen euch, deshalb fürchtet sie!»
Das aber stärkte sie im Glauben, und sie sprachen:
«Gott genügt uns. Welch guter Anwalt ist er!»

174 Da kehrten sie zurück durch Gottes Gnade und Huld.
Nichts Schlimmes traf sie, und sie folgten dem Wohlgefallen Gottes.
Gott ist Herr großer Huld.

175 Das ist doch nur der Satan, Furcht vor seinen Freunden flößt er ein.
Doch fürchtet nicht *sie*, fürchtet *mich*,
sofern ihr gläubig seid!

176 Traurig stimmen sollen dich nicht die,
die in den Unglauben rennen.
Siehe, sie werden Gott bestimmt nicht schaden.
Gott will ihnen keinen Anteil im Jenseits geben.
Harte Strafe ist ihnen bestimmt.

177 Siehe, die den Unglauben kauften für den Glauben,
die werden Gott bestimmt nicht schaden.
Schmerzhafte Strafe ist ihnen bestimmt.

178 Die ungläubig sind, sollen ja nicht meinen,
dass es für sie selber besser wäre, gewährten wir ihnen Aufschub.

Nur deshalb gewähren wir ihnen Aufschub, damit sich ihre Sünde mehre.
Erniedrigende Strafe ist ihnen bestimmt.

179 Gott kann nicht wollen, dass er die Gläubigen in dem Zustand lässt,
      in dem ihr seid,
   bis er nicht das Böse vom Guten scheidet.
   Und Gott kann nicht wollen, dass er euch über das Verborgene
      Auskunft gibt.
   Sondern aus seinen Gesandten erwählt Gott, wen er will.
   So glaubt an Gott und seine Gesandten!
   Und wenn ihr glaubt und gottesfürchtig seid,
   dann ist euch reicher Lohn bestimmt.

180 Die mit dem geizen, was ihnen Gott in seiner Huld gegeben hat,
   die sollen ja nicht meinen, dass dies besser für sie wäre!
   Nein, schlechter ist es für sie!
   Ihnen wird, am Tag der Auferstehung,
   das um den Hals gehängt, womit sie geizten.
   Gottes ist das Erbe von Himmel und Erde.
   Gott ist dessen kundig, was ihr tut.

181 Gott hat gehört die Rede derer, welche sprachen:
   «Siehe, Gott ist arm, und wir sind reich.»
   Aufschreiben werden wir das, was sie sagten,
   und dass sie die Propheten grundlos töteten.
   Wir werden sagen: «Schmeckt die Strafe des Feuerbrands!»

182 «Das ist für das, was eure Hände früher taten,
   und weil Gott seinen Knechten niemals Unrecht tut.»

183 Diejenigen, die sprechen: «Siehe, Gott hat uns aufgetragen,
   dass wir keinem Gesandten glauben,
   ehe er uns ein Opfer, das vom Feuer aufgezehrt wird, bringt.»
   Sprich: «Schon vor mir kamen Gesandte zu euch mit den Beweisen
   und mit dem, was ihr gesagt habt.
   Warum habt ihr sie dann getötet,
   wenn ihr wahrhaftig seid?»

184 Wenn sie dich einen Lügner nennen,
   so wurden doch schon vor dir Gesandte Lügner genannt,
   die da gekommen waren mit den Beweisen und den Schriften
   und dem erleuchtenden Buch.

185 Jede Seele bekommt den Tod zu schmecken.
   Doch euren Lohn bekommt ihr voll erstattet am Tag der Auferstehung.
   Wer dann vom Höllenfeuer abgewendet wird
   und in den Paradiesesgarten eintreten darf, der hat gewonnen.

Das Leben hier im Diesseits ist nur betörender Genuss.
¼ 186 Wahrlich, ihr werdet geprüft, was euren Besitz und euch selbst betrifft.
Und ihr werdet bestimmt viel Kränkendes vernehmen von denen,
die das Buch vor euch erhielten, und von denen, welche beigesellten.
Doch wenn ihr standhaft bleibt und gottesfürchtig seid,
so gehört das zu der Absicht, die in den Dingen liegt.

187 Damals, als Gott die Verpflichtung derer entgegennahm,
denen das Buch gegeben wurde:
«Auf dass ihr es den Menschen klarmacht und nichts verbergt!»
Da warfen sie es hinter ihren Rücken
und verkauften es zu einem ganz geringen Preis.
Was ist das für ein schlechter Handel, den sie treiben!

188 Du sollst ja nicht meinen, dass diejenigen,
die sich über das freuen, was sie begangen haben,
und die wünschen, für das, was sie nicht taten, gelobt zu werden –
ja, du sollst nicht meinen, dass sie in Sicherheit vor der Strafe sind:
Ihnen ist schmerzhafte Strafe bestimmt.

189 Gottes ist die Herrschaft über die Himmel und die Erde.
Gott ist aller Dinge mächtig.

190 Siehe, in der Erschaffung der Himmel und der Erde
und im Wechsel von Tag und Nacht
sind wahrlich Zeichen für Einsichtsvolle,

191 die Gottes gedenken, im Stehen oder Sitzen
oder auf ihrer Seite liegend,
und die über die Erschaffung von Himmel und Erde sinnen:
«Unser Herr! Du hast das nicht umsonst geschaffen!
Gepriesen seist du! So bewahre uns vor der Qual des Feuers!

192 Unser Herr! Wen du ins Höllenfeuer bringst,
den machst du ganz und gar zuschanden.
Die Frevler haben keine Helfer.

193 Unser Herr! Siehe, wir hörten einen Rufer, der zum Glauben rief:
‹Glaubt an euren Herrn!› Da glaubten wir.
Unser Herr, vergib uns darum unsere Sünden,
und tilge unsere Missetaten,
und nimm uns zu dir, mit den Frommen!

194 Unser Herr! Gib uns, was du uns durch die Gesandten versprochen hast!
Mach uns nicht zuschanden am Tag der Auferstehung!
Siehe, du brichst dein Versprechen nicht.»

195 Darauf erhörte sie ihr Herr:
«Ich lasse keine Tat verlorengehen,

die einer von euch tut, ob Mann, ob Frau: Ihr seid einander zugehörig.
Denen, die auswanderten und die aus ihren Häusern vertrieben wurden
und auf meinem Weg Schaden erlitten und kämpften und getötet wurden,
will ich ihre Missetaten tilgen und sie in Gärten führen,
unter denen Bäche fließen – als Lohn von Gott!»
Und *Gott*, bei ihm ist schöner Lohn.

196 Lass dich doch nicht davon irremachen,
dass diejenigen, die ungläubig sind, umher im Lande wandern:

197 ein geringer Lebensgenuss!
Dann aber ist ihr Zufluchtsort die Hölle.
Welch schlimme Lagerstatt!

198 Denen aber, die ihren Herrn gefürchtet haben,
sind Gärten zugedacht, unter denen Bäche fließen.
Ewig weilen sie dort, als einem Herbergsort von Gott.
Was bei Gott ist, das ist besser für die Frommen.

199 Siehe, unter den Buchbesitzern ist wahrlich mancher,
der an Gott glaubt und an das, was zu euch herabgesandt ward und
        zu ihnen.
Demütig sind sie gegen Gott
und verkaufen Gottes Zeichen nicht für geringen Preis.
Jenen ist ihr Lohn bei ihrem Herrn bestimmt.
Siehe, Gott ist schnell mit der Abrechnung.

200 O ihr, die ihr glaubt! Seid geduldig, wetteifert in Geduld,
seid auf der Hut, und fürchtet Gott,
vielleicht wird es euch dann wohlergehen!

Sure 4 – Die Frauen – an-nisā᾽

Medinensisch, 176 Verse

Im Namen Gottes, des barmherzigen Erbarmers.

½ 1 Ihr Menschen! Fürchtet euren Herrn,
der euch aus *einem* Wesen schuf
und der daraus sein Gegenüber schuf
und der aus beiden viele Männer und Frauen entstehen ließ!
Fürchtet Gott, in dessen Namen ihr einander bittet, und die Verwandten!
Siehe, Gott gibt auf euch acht.

2 Gebt den Waisen ihre Güter, und tauscht nicht Böses gegen Gutes ein,
und verzehrt nicht ihre Güter, indem ihr sie den euren zuschlagt!
Siehe, das wäre dann ein großer Frevel.

3 Und wenn ihr fürchtet, den Waisen gegenüber nicht gerecht zu handeln,
so heiratet von den Frauen, was euch gut dünkt –
zwei, drei oder vier!
Und wenn ihr fürchtet, ihnen nicht gerecht zu werden, dann nur eine
oder was ihr an Sklavinnen besitzt!
So könnt ihr am ehesten Ungerechtigkeit vermeiden.

4 Gebt den Frauen ihre Morgengabe als Geschenk!

Doch wenn es ihnen gut erscheint, euch etwas davon abzugeben,
so verbraucht es unbeschwert und froh!

5 Gebt den Schwachsinnigen nicht euer Gut,
das Gott für euch zum Unterhalt bestimmt hat,
doch versorgt sie davon, bekleidet sie,
und sprecht zu ihnen auf freundliche Art!

6 Prüft die Waisen, bis sie die Heiratsfähigkeit erreichen!
Wenn ihr dann an ihnen Reife bemerkt,
so zahlt ihnen ihr Vermögen aus!
Verbraucht es nicht im Übermaß
und nicht voreilig, ehe sie herangewachsen sind!
Wer reich ist, der suche sich zu enthalten,
und wer arm ist, der verbrauche es angemessen!
Wenn ihr ihnen ihr Vermögen ausbezahlt,
dann nehmt euch ihnen gegenüber Zeugen!
Gott genügt als Aufsicht.

7 Den Männern steht ein Anteil zu von dem,
was Eltern und Verwandte hinterlassen,
und den Frauen steht ein Anteil zu von dem,
was Eltern und Verwandte hinterlassen,
sei es weniger oder mehr von ihm,
als pflichtgemäßer Anteil.

8 Sind beim Verteilen Verwandte, Waisen und Arme zugegen,
dann lasst auch ihnen etwas davon zukommen,
und sprecht zu ihnen auf freundliche Art!

9 Wenn jemand Minderjährige hinterlässt und um sie fürchtet,
dann soll er achtgeben:
Gott soll er fürchten und in korrekter Weise reden.

10 Siehe, die frevlerisch Hab und Gut der Waisen aufzehren,
die verzehren Feuer in ihren Bäuchen.
Sie werden in der Höllenglut sengen.

11 Gott schreibt euch für eure Kinder vor:
Für das männliche ist der gleiche Anteil wie für zwei weibliche bestimmt.
Und wenn es Frauen sind – mehr als zwei,
dann sind für sie zwei Drittel dessen, was er hinterließ, bestimmt.
Und wenn es *eine* ist, dann ist die Hälfte für sie bestimmt.
Und für seine Eltern, und zwar für beide von ihnen,
ist ein Sechstel dessen, was er hinterließ, bestimmt,
sofern er Kinder hatte.
Wenn er aber keine Kinder hatte

und ihn seine Eltern beerben,
dann ist für seine Mutter ein Drittel bestimmt.
Wenn er jedoch Brüder hat,
dann ist für seine Mutter ein Sechstel bestimmt,
nach einer von ihm getroffenen Verfügung oder einer Schuld.
Eure Väter und eure Söhne –
ihr wisst nicht, wer von ihnen euch an Nutzen näher steht,
als Verpflichtung von Seiten Gottes.
Siehe, Gott ist wissend, weise.

¾　12　Und für euch ist die Hälfte dessen bestimmt,
was eure Frauen hinterließen,
wenn sie keine Kinder haben.
Wenn sie aber Kinder haben,
dann ist für euch ein Viertel dessen, was sie hinterließen, bestimmt,
nach einer von ihnen getroffenen Verfügung oder einer Schuld.
Und für sie ist ein Viertel dessen, was ihr hinterlasst, bestimmt,
wenn ihr keine Kinder habt.
Wenn ihr aber Kinder habt,
dann ist für sie ein Achtel dessen, was ihr hinterlasst, bestimmt,
nach einer von ihnen getroffenen Verfügung oder einer Schuld.
Und wenn es ein Mann ist, der beerbt wird aus einer Nebenlinie,
　　　oder eine Frau,
und er Bruder oder Schwester hat,
so ist für jeden von ihnen ein Sechstel bestimmt.
Sind es aber mehrere Geschwister, so teilen sie ein Drittel,
nach einer von ihnen getroffenen Verfügung oder einer Schuld,
ohne dass Schaden zugefügt wird –
als ein Gebot von Gott.
Gott ist wissend, milde.

13　Das sind die Schranken Gottes.
Wer Gott und seinem Gesandten gehorcht,
den führt er in Gärten, unter denen Bäche fließen.
Ewig werden sie dort weilen.
Das ist der große Gewinn.

14　Und wer sich Gott und seinem Gesandten widersetzt
und seine Schranken überschreitet,
den führt er ins Höllenfeuer.
Ewig wird er darin bleiben,
und erniedrigende Strafe ist ihm bestimmt.

15　Und die von euren Frauen, die Unzucht treiben –

fordert vier Zeugen von euch gegen sie!
Wenn sie es dann bezeugen können,
so haltet sie im Hause, bis sie der Tod hinwegnimmt
oder Gott für sie einen Ausweg schafft!

16 Und wenn zwei von euch solches begehen,
dann bestraft sie alle beide!
Kehren beide aber um und bessern sich,
dann wendet euch von beiden ab!
Siehe, Gott kehrt sich wieder zu und ist barmherzig.

17 Doch die Vergebung liegt bei Gott für jene,
die in Unwissenheit Böses tun,
dann aber, noch beizeiten, Reue zeigen:
Das sind jene, denen sich Gott wieder zuwendet.
Gott ist wissend, weise.

18 Doch Vergebung ist nicht denen zugedacht, die Böses tun,
bis einer dann von ihnen, wenn der Tod herannaht, spricht:
«Siehe, jetzt bereue ich!»,
und auch nicht denen, die als Ungläubige sterben.
Für jene halten wir schmerzhafte Strafe bereit.

19 O ihr, die ihr glaubt!
Es ist euch nicht erlaubt, dass ihr Frauen *gegen* deren Willen erbt.
Und bedrängt sie nicht, dass ihr etwas von dem wegnehmt,
was ihr ihnen gabt,
es sei denn, sie betrieben offenkundig Unzucht.
Lebt mit ihnen auf rechtliche Weise!
Und wenn ihr Abscheu gegen sie empfindet,
dann ist es vielleicht so, dass *ihr* etwas verabscheut,
in das *Gott* jedoch viel Gutes legte.

20 Wenn ihr eine Gattin gegen eine andere tauschen wollt
und der einen von ihnen einen *Qintar* gabt,
so nehmt davon nichts wieder weg!
Wollt ihr ihn etwa mit Verleumdung und offenbarer Sünde nehmen?

21 Wie könntet ihr ihn denn nehmen,
wenn ihr einander schon beigewohnt habt
und sie euch gegenüber eine bindende Verpflichtung eingegangen sind?

22 Heiratet keine von den Frauen, die schon eure Väter geheiratet haben,
es sei denn, es geschah bereits zuvor!
Siehe, das wäre schändlich und abscheulich –
ein schlimmer Weg!

23 Verboten sind euch eure Mütter, eure Töchter, eure Schwestern,

die Schwestern eures Vaters, die Schwestern eurer Mutter,
die Töchter des Bruders, die Töchter der Schwester,
eure Ammen, die euch stillten, eure Milchschwestern,
die Mütter eurer Frauen,
die Stieftöchter, die in eurer Obhut sind,
von denen eurer Frauen, denen ihr beigewohnt habt
– wenn ihr ihnen aber nicht beigewohnt habt, so ist es für euch kein
  Vergehen –,
die Frauen eurer leiblichen Söhne
sowie zwei Schwestern zu gleicher Zeit,
es sei denn, es geschah bereits zuvor.
Siehe, Gott ist bereit zu vergeben, barmherzig.

g5 h9 24 Und die keuschen unter den Frauen,
außer, was eure Rechte besitzt.
Das gilt als Vorschrift Gottes für euch.
Über das hinaus ist euch erlaubt,
dass ihr mit eurem Vermögen freit,
als keusche Männer, nicht um Unzucht zu treiben.
Gebt den Frauen, die ihr genossen habt, pflichtgemäß ihren Lohn!
Kein Vergehen liegt für euch in dem,
worin ihr, über die Pflicht hinaus, euch einigt.
Siehe, Gott ist wissend, weise.

25 Und wer von euch nicht die Mittel dazu hat,
keusche gläubige Frauen zu heiraten,
der heirate aus dem Kreis dessen, was eure Rechte besitzt,
eines von euren gläubigen Mädchen!
Gott kennt euren Glauben sehr genau.
Der eine von euch ist wie der andere.
Heiratet sie dann mit der Erlaubnis ihrer Angehörigen,
und gebt ihnen ihren Lohn, so wie es sich gebührt,
als keuschen Frauen, nicht solchen, die Unzucht treiben
und die sich einen Geliebten nehmen!
Wenn sie nun keusch sind, dann aber Unzucht treiben,
dann gebührt ihnen die Hälfte der Strafe für keusche Frauen.
Das gilt für die von euch, die sich vor Bedrängnis fürchten.
Besser ist es jedoch für euch, Geduld zu üben.
Gott ist bereit zu vergeben, barmherzig.

26 Gott will für euch Klarheit schaffen
und euch nach dem Brauche derer, die vor euch lebten, leiten
und sich euch zuwenden.

Gott ist wissend, weise.

27 Gott will sich euch zuwenden.
Die aber ihren Gelüsten folgen, wollen,
dass ihr ganz und gar abweicht.

28 Gott will es euch leicht machen,
denn der Mensch ist schwach erschaffen.

29 O ihr, die ihr glaubt!
Verzehrt nicht euer Vermögen untereinander in unrechtmäßiger Weise,
es sei denn, ihr treibt Handel im Einvernehmen unter euch!
Und tötet einander nicht!
Siehe, Gott ist euch gegenüber voll Erbarmen.

30 Doch wer das tut, aus Feindseligkeit und Frevel,
den werden wir im Höllenfeuer brennen lassen.
Das ist für Gott ein Leichtes.

31 Wenn ihr die schweren Sünden, die euch untersagt sind, meidet,
dann werden wir euch eure Missetaten tilgen
und euch bereiten einen ehrenvollen Eintritt.

32 Und wünscht nicht das,
was Gott den einen von euch als Vorzug vor den anderen gewährte!
Den Männern steht ein Anteil von dem, was sie erwarben, zu,
und den Frauen steht ein Anteil von dem, was sie erwarben, zu.
Bittet Gott um etwas von seiner Huld!
Siehe, Gott hat Wissen über alle Dinge.

33 Einem jeden haben wir Berechtigte bestimmt
für das, was die Eltern oder die Anverwandten hinterlassen.
Die, mit denen ihr eidliche Verpflichtungen eingegangen seid:
Gebt ihnen ihren Anteil!
Siehe, Gott ist Zeuge über alles.

34 Die Männer stehen für die Frauen ein,
deshalb, weil Gott den einen von ihnen den Vorzug vor den anderen
gewährte
und weil sie etwas von ihrem Vermögen aufgewendet haben.
Die frommen Frauen sind demütig ergeben,
hüten das Verborgene, weil auch Gott es hütet.
Die aber, deren Widerspenstigkeit ihr befürchtet, die ermahnt,
haltet euch fern von ihnen auf dem Lager, und schlagt sie.
Wenn sie euch gehorchen, dann unternehmt nichts weiter gegen sie.
Gott ist hoch erhaben, groß.

35 Wenn ihr ein Zerwürfnis zwischen ihnen beiden fürchtet,
dann sucht einen Schlichter aus seiner Verwandtschaft

und einen Schlichter aus ihrer Verwandtschaft!
Wenn beide Versöhnung wollen,
wird Gott es zwischen beiden gelingen lassen.
Siehe, Gott ist wissend, kundig.

¼ 36 Dient Gott, und gesellt ihm nichts bei!
Und die Eltern sollt ihr gut behandeln,
und den Verwandten, die Waise, den Armen,
den verwandten Nachbarn und den fernerstehenden,
den Begleiter und den ‹Sohn des Weges› und die Sklaven.
Siehe, Gott liebt keinen Eingebildeten, Stolzen –

37 alle, die geizig sind und den Menschen Geiz gebieten
und die verbergen, was Gott ihnen gab von seiner Huld
– für die Ungläubigen halten wir erniedrigende Strafe bereit –,

38 und die ihr Vermögen spenden, um von den Menschen gesehen zu werden,
und die nicht an Gott glauben und nicht an den Jüngsten Tag.
Wer den Satan zum Gefährten hat, der hat einen schlimmen Gefährten!

39 Was geschähe ihnen denn, wenn sie an Gott und den Jüngsten Tag glaubten
und von dem spendeten, womit er sie bedachte?
Gott kennt sie genau.

40 Siehe, Gott tut kein Unrecht,
nicht vom Gewicht eines Staubkörnchens.
War es eine gute Tat, dann vervielfacht er sie
und gibt von sich aus reichen Lohn.

41 Wie wäre es? Brächten wir aus jeglicher Gemeinschaft einen Zeugen,
wenn wir dann *dich* als Zeugen brächten gegen diese da?

42 An jenem Tage wünschen die, die ungläubig waren
und sich dem Gesandten widersetzten,
dass die Erde über ihnen eingeebnet würde.
Doch können sie vor Gott kein Wort verborgen halten.

43 O ihr, die ihr glaubt! Naht euch nicht trunken dem Gebet,
auf dass ihr wisst, was ihr zu sagen habt!
Und auch nicht unrein, außer ihr seid unterwegs,
bis ihr die Waschung vorgenommen habt.
Doch wenn ihr krank seid oder auf der Reise,
oder wenn einer von euch vom Abtritt kommt
oder ihr Frauen berührt habt –
wenn ihr dann kein Wasser findet,
dann sucht guten Sand,
und reibt euch damit Gesicht und Hände ab!
Siehe, Gott ist verzeihend und vergebend.

44 Hast du denn jene nicht gesehen, denen ein Teil vom Buch gegeben wurde?
Sie erkaufen den Irrtum und wollen, dass auch ihr vom Weg abirrt.

45 Gott kennt eure Feinde am besten.
Gott genügt als Schutzherr,
und Gott genügt als Helfer!

46 Einige von denen, welche Juden sind,
die rücken Wörter weg von ihrem Platz und sprechen:
«Wir hören und sind widerspenstig!»
und: «Höre, ohne selbst gehört zu werden!»
und: «Bewahre uns!»,
indem sie ihre Zungen verdrehen und den Glauben schmähen.
Doch hätten sie gesagt: «Wir hören und gehorchen!»
Und: «Höre!» Und: «Schau auf uns!»,
so wäre das für sie wahrlich gut und angemessen.
Doch Gott verfluchte sie ihres Unglaubens wegen!
So glauben sie nur wenig.

47 O ihr, denen das Buch gegeben wurde!
Glaubt an das, was wir herabgesandt
als Bestätigung für das, was schon früher bei euch war,
damit wir nicht Gesichter auslöschen und diese nach rückwärts kehren,
oder sie verfluchen, wie wir die ‹Leute des Sabbats› verfluchten.
Gottes Befehl wird ausgeführt.

48 Siehe, Gott vergibt nicht, dass ihm etwas beigesellt wird.
Doch was geringer ist als dies, das vergibt er, wem er will.
Wer Gott etwas beigesellt, der begeht eine ungeheure Sünde.

49 Sahst du denn die nicht, die sich selbst für rein erklären?
Nein, *Gott* erklärt für rein, wen er will,
und ihnen wird kein Quentchen Unrecht getan.

50 Sieh nur, wie sie Lügen gegen Gott ersinnen!
Das genügt als klare Sünde.

51 Sahst du nicht die, denen ein Teil vom Buch gegeben wurde?
Sie glauben an Magie und an die Götzen
und sprechen zu denen, die ungläubig sind:
«Diese da sind eher rechtgeleitet als die, welche glauben.»

52 Jene sind es, welche Gott verfluchte.
Und wen Gott verflucht, für den wirst du keinen Helfer finden.

53 Oder haben sie denn einen Anteil an der Herrschaft?
Ja, dann gäben sie den Menschen nicht einmal einen Dattelkern!

54 Oder beneiden sie die Menschen um das,
was ihnen Gott gab aus seiner Huld?

Wir gaben ja dem Haus Abraham das Buch und die Weisheit
und gaben ihnen gewaltige Herrschaft.
55 Unter ihnen gab es einige, die daran glaubten,
und einige, die davon abzuhalten suchten.
Die Hölle genügt als Flammenmeer.
56 Siehe, diejenigen, die nicht an unsere Zeichen glauben,
die werden wir im Höllenfeuer brennen lassen.
Ist ihre Haut verbrannt, so tauschen wir sie ihnen gegen eine andere,
damit sie die Strafe schmecken.
Siehe, Gott ist mächtig, weise.
57 Die aber glauben und gute Werke tun,
die führen wir in Gärten, unter denen Bäche fließen.
Sie weilen dort für immer und ewig.
Geläuterte Gattinnen haben sie dort.
Wir führen sie an einen schattenreichen Ort.
½ 58 Siehe, Gott befiehlt euch, die euch anvertrauten Güter ihren Eignern
zu übergeben.
Und, wenn ihr zwischen den Menschen richtet,
in Gerechtigkeit zu richten.
Siehe, wie wunderbar ermahnt euch Gott darin!
Siehe, Gott ist hörend, sehend.
59 O ihr, die ihr glaubt! Gehorcht Gott, und gehorcht dem Gesandten
und denen unter euch, die Befehlsgewalt besitzen!
Und wenn ihr über etwas streitet,
dann bringt es vor Gott und den Gesandten,
wenn ihr an Gott glaubt und an den Jüngsten Tag.
Das ist gut und nimmt den besten Ausgang.
60 Sahst du denn die nicht, die behaupten,
dass sie an das glauben, was auf dich herabgesandt wurde
und was vor dir herabgesandt wurde?
Sie suchen die Entscheidung bei den Götzen,
obwohl ihnen befohlen wurde, ihnen nicht zu glauben?
Und der Satan will sie weitab in die Irre führen.
61 Wenn zu ihnen gesagt wird:
«Kommt her zu dem, was Gott herabgesandt hat,
und kommt zum Gesandten!» –
dann siehst du, wie die Heuchler dich entschieden zu behindern suchen.
62 Wie aber ist es, wenn sie ein Unglück trifft für das, was ihre Hände
früher taten,
und sie dann zu dir kommen und bei Gott schwören:

«Wir wollten doch nur Gutes tun und Versöhnung schaffen»?

63 Das sind die, von denen Gott weiß, was in ihren Herzen ist.
So wende dich von ihnen ab, und mahne sie,
und sprich zu ihnen ein klares Wort über sie selbst!

64 Wir sandten niemals einen Gesandten aus,
ohne dass ihm – mit Erlaubnis Gottes – gehorcht werden sollte.
Wenn sie nun, da sie an sich selber frevelten, zu dir kämen
und Gott um Vergebung bäten
und der Gesandte für sie um Vergebung bäte,
dann fänden sie Gott gnädig zugewandt, barmherzig.

65 Aber nein, bei deinem Herrn, sie glauben nicht –
bis sie dich zum Richter machen über das, was zwischen ihnen strittig ist,
und dann bei sich selber keinen Anstoß daran nehmen, was du
  entschieden hast,
und sich gänzlich darein fügen.

66 Wenn wir ihnen vorgeschrieben hätten:
«Tötet einander!» oder: «Zieht aus euren Häusern!»,
dann hätten nur wenige von ihnen es getan.
Und täten sie, wozu sie ermahnt wurden,
wäre es doch gewiss besser für sie und stärkender.

67 Dann würden wir ihnen ganz gewiss reichen Lohn von uns geben

68 und sie, fürwahr, auf den rechten Weg geleiten.

69 Wer Gott gehorcht und dem Gesandten,
wird mit denen zusammen sein, denen Gott Gnade erwies –
mit Propheten, Gerechten, Glaubenszeugen und Rechtschaffenen:
Welch gute Begleiter!

70 Solche Huld ist von Gott,
und Gott genügt als Wissender.

71 O ihr, die ihr glaubt, nehmt euch in acht!
Rückt aus, in Trupps oder alle zusammen!

72 Siehe, unter euch ist mancher, der zurückbleibt;
doch trifft euch dann ein Unglück, so sagt er:
«Gott erwies mir Gnade, denn ich war bei ihnen nicht zugegen!»

73 Doch trifft euch Huld von Gott,
sagt er gewiss – so, als wäre keine Freundschaft zwischen ihm und euch
  gewesen:
«O wäre ich bei ihnen gewesen, dann hätte ich großen Gewinn gemacht!»

¾ 74 So sollen doch die auf dem Wege Gottes kämpfen,
die das Leben hier auf Erden verkaufen um des Jenseits willen!
Wer auf dem Wege Gottes kämpft,

sodann getötet wird oder siegt,
dem werden wir reichen Lohn geben.

75 Was ist mit euch, dass ihr nicht auf dem Wege Gottes kämpft
und für die Unterdrückten von den Männern, Frauen und Kindern,
welche sprechen: «Unser Herr! Bring uns heraus aus dieser Stadt,
deren Bewohner freveln!
Beschaffe uns einen Beistand, der von dir kommt,
und auch einen Helfer, der von dir kommt!»

76 Die glauben, die kämpfen auf dem Wege Gottes,
und die ungläubig sind, die kämpfen auf dem Weg der Götzen.
So bekämpft des Satans Freunde!
Siehe, schwach ist die List des Satans.

77 Sahst du nicht jene, zu denen gesagt wurde:
«Haltet eure Hände zurück, verrichtet das Gebet, und gebt die
        Armensteuer!»
Als ihnen dann zu kämpfen vorgeschrieben wurde,
da fürchtete ein Teil von ihnen die Menschen,
so wie sie Gott fürchten, oder gar noch mehr, und sprachen:
«Unser Herr! Warum schriebst du uns den Kampf vor?
Ach, warum gewährtest du uns nicht Aufschub bis zu einer nahen Frist?»
Sprich: «Der Genuss des Lebens hier auf Erden ist gering,
und besser ist das Jenseits für den, der gottesfürchtig ist!
Euch wird kein Quentchen Unrecht getan.

78 Wo immer ihr auch seid, wird euch der Tod ereilen,
und wenn ihr auch in hochgebauten Türmen wäret!»
Wenn sie Gutes trifft, so sagen sie: «Das ist von Gott.»
Trifft sie aber Schlimmes, so sagen sie: «Das ist von dir.»
Sprich: «Alles ist von Gott.»
Was ist denn nur mit diesen Leuten,
dass sie kaum eine Rede begreifen?

79 Was dich an Gutem trifft, das ist von Gott,
und was dich an Schlimmem trifft, das ist von dir selber.
Wir haben dich als Gesandten zu den Menschen ausgesandt,
und Gott genügt als Zeuge!

80 Wer dem Gesandten gehorcht, gehorcht auch Gott.
Wer sich jedoch abwendet …
Wir sandten dich doch nicht als Hüter über sie!

81 Sie sagen: «Gehorsam!»
Doch wenn sie dich verlassen,
dann beschließt eine Gruppe von ihnen nachts etwas anderes,

als was du sagst.

Doch Gott schreibt auf, was sie nachts beschließen.

So wende dich von ihnen ab, und vertrau auf Gott!

Gott genügt als Sachwalter.

82 Machen sie sich denn keine Gedanken über den Koran?

Wäre er von einem anderen als Gott,

so fänden sie gewiss viel Widersprüchliches in ihm.

83 Wenn etwas zu ihnen dringt, was Sicherheit oder Furcht betrifft,
verbreiten sie es.

Würden sie es zum Gesandten bringen

oder zu denen unter ihnen, die Befehlsgewalt besitzen,

dann würden es sicher die erfahren, die es herauszufinden suchen.

Wäre nicht Gottes Huld auf euch und sein Erbarmen,

so wärt ihr – bis auf wenige – dem Satan gefolgt.

84 So kämpfe auf dem Wege Gottes!

Du wirst für keinen verantwortlich gemacht – nur für dich selbst.

Und ermuntere die Gläubigen!

Vielleicht wird Gott die Gewalttätigkeit der Ungläubigen eindämmen.

Gott hat größere Gewalt, kann stärker strafen.

85 Wer in guter Sache Fürbitte leistet, hat daran einen Anteil.

Und wer in schlechter Sache Fürbitte leistet, hat daran einen Anteil.

Gott hat über alles Macht.

86 Wird ein Gruß an euch gerichtet,

dann grüßt zurück mit einem schöneren oder entgegnet ihn!

Siehe, Gott legt über alles Rechenschaft ab.

87 Gott. Keinen Gott gibt es außer ihm.

Fürwahr, er wird euch versammeln zum Tag der Auferstehung,

über den kein Zweifel herrscht.

Wer ist wahrhaftiger im Reden als Gott?

88 Was ist mit euch, dass ihr, den Heuchlern gegenüber, zwei Parteien seid,

wo Gott sie doch für das, was sie begangen haben, zu Fall gebracht hat?

Wollt ihr wohl den rechtleiten, den Gott in die Irre führte?

Doch wen Gott in die Irre führt, für den wirst du keinen Weg finden.

89 Sie hätten es gerne, dass ihr ungläubig werdet

– so wie sie selber ungläubig wurden –,

so dass ihr dann gleich seid.

Nehmt euch von ihnen deshalb keine Freunde,

bis sie auswandern – auf dem Wege Gottes!

Doch wenden sie sich ab, so ergreift sie

und tötet sie, wo immer ihr sie findet!

Nehmt keinen von ihnen zum Freund und zum Helfer,
90 außer solchen, die zu einem Volk gelangen,
zwischen dem und euch ein Bündnis besteht,
oder solchen, die zu euch kamen,
weil sie davor zurückschreckten, gegen euch oder ihr eigenes Volk zu
  kämpfen!
Hätte Gott gewollt, er hätte ihnen Macht über euch gegeben,
dann hätten sie wahrlich gegen euch gekämpft.
Doch wenn sie sich von euch fernhalten und nicht gegen euch kämpfen,
sondern euch Frieden anbieten,
dann erlaubt euch Gott gegen sie keinen Weg.
91 Ihr werdet andere finden, die vor euch oder vor ihrem Volk in Sicherheit
  sein wollen.
Jedes Mal, wenn sie in Versuchung gebracht werden,
werden sie darin zu Fall gebracht.
Wenn sie sich also nicht von euch fernhalten
und euch keinen Frieden anbieten
und ihre Hände nicht zurückhalten,
so ergreift sie und tötet sie, wo immer ihr auf sie stoßt!
Gerade über solche gaben wir euch klare Macht.
92 Kein Gläubiger darf einen Gläubigen töten,
es sei denn, versehentlich.
Wenn einer nun einen Gläubigen versehentlich getötet hat,
dann ist ein gläubiger Sklave freizulassen
und Blutgeld an seine Angehörigen auszuzahlen,
es sei denn, dass sie sich mildtätig zeigen.
Und wenn er aus einem euch feindlichen Volke stammt,
selbst aber gläubig ist,
dann ist ein gläubiger Sklave freizulassen.
Und wenn er aus einem mit euch verbündeten Volke stammt,
dann ist Blutgeld an seine Angehörigen auszuzahlen
und ein gläubiger Sklave freizulassen.
Wer aber keinen findet,
hat dann dafür in zwei aufeinanderfolgenden Monaten zu fasten,
aus Reue gegenüber Gott.
Gott ist wissend, weise.
93 Wenn aber jemand einen Gläubigen absichtlich tötet,
dann ist sein Lohn die Hölle.
Ewig bleibt er dort.
Gott zürnt ihm und verflucht ihn

und hält harte Strafe für ihn bereit.

94 O ihr, die ihr glaubt! Wenn ihr unterwegs seid auf dem Wege Gottes,
dann gebt acht und sagt nicht zu jemandem, der euch den Friedensgruß
    entbietet:
«Du bist kein Gläubiger!»
Ihr trachtet nach dem Glück des Lebens hier auf Erden,
und so ist bei Gott reichlich Beute.
So wart ihr früher.
Doch Gott erwies euch Gnade, seid euch darüber klar!
Siehe, Gott ist vertraut mit dem, was ihr tut.

95 Die Daheimgebliebenen unter den Gläubigen, außer den Gebrechlichen,
stehen nicht auf einer Stufe mit denen,
die auf dem Wege Gottes mit ihrem Gut und ihrem Leben kämpfen.
Gott stellte die, die auf dem Wege Gottes mit ihrem Gut und ihrem Leben
    kämpfen,
um eine Stufe über die Daheimgebliebenen.
Allen verhieß Gott ‹das Schönste›.
Gott zog die Kämpfer den Daheimgebliebenen vor –
mit reichem Lohn,

96 mit Rangstufen von ihm und Vergebung und Barmherzigkeit.
Gott ist bereit zu vergeben, barmherzig.

97 Siehe, zu denen, die gegen sich selber freveln,
sprechen die Engel, wenn sie sie abberufen haben:
«Wie ist es euch ergangen?»
Sie sprechen: «Wir waren unterdrückt im Lande.»
Sie sprechen: «War Gottes Erde denn nicht weit genug,
so dass ihr hättet auswandern können?»
Doch jene – ihr Zufluchtsort ist die Hölle.
Welch schlimmes Schicksal!

98 Ausgenommen die Unterdrückten von den Männern, Frauen und Kindern,
die über keine Möglichkeit verfügen und auf dem Weg nicht rechtgeleitet
    sind.

99 Jenen wird Gott vielleicht verzeihen.
Gott ist verzeihend, bereit zu vergeben.

¼ 100 Wer auf dem Wege Gottes auswandert,
der findet im Land viele Zufluchtsstätten und weiten Raum.
Wenn jemand sein Haus verlässt, auswandernd zu Gott und seinem
    Gesandten,
und ihn dann der Tod ereilt,
so obliegt seine Belohnung Gott.

Gott ist bereit zu vergeben, barmherzig.

101　Wenn ihr im Lande unterwegs seid,
ist es für euch kein Vergehen, das Gebet abzukürzen,
wenn ihr befürchtet, dass die, die nicht glauben, euch schaden könnten.
Siehe, die Ungläubigen sind für euch ein klarer Feind.

102　Und wenn du unter ihnen bist und das Gebet dann für sie anführst,
soll eine ihrer Gruppen bei dir sein, mit ihren Waffen griffbereit.
Und werfen sie sich betend nieder,
dann sollen sie zurücktreten hinter euch,
und eine andere Gruppe, die noch nicht gebetet hat,
soll vortreten und mit dir beten.
Doch sei sie auf der Hut, die Waffen griffbereit!
Die nicht glauben, möchten gern,
dass ihr auf eure Waffen und Gerätschaft nicht achtgebt,
um über euch mit einem Schlage herzufallen.
Doch ist es kein Vergehen für euch,
eure Waffen, wenn ihr unter Regen leidet oder krank seid, abzulegen.
Doch seid auf der Hut!
Siehe, Gott hält für die Ungläubigen erniedrigende Strafe bereit.

103　Wenn ihr das Gebet ausgeführt habt,
gedenkt dann Gottes im Stehen, Sitzen oder Liegen!
Wenn ihr euch dann wieder sicher fühlt, verrichtet das Gebet!
Siehe, das Gebet ist eine zeitlich festgelegte Vorschrift für die Gläubigen.

104　Lasst nicht darin nach, den Gegner zu verfolgen.
Leidet ihr, so leiden *sie* genauso, wie ihr leidet.
Doch ihr erhofft von Gott, was sie sich nicht erhoffen.
Gott ist wissend, weise.

105　Siehe, wir sandten das Buch mit der Wahrheit auf dich herab,
damit du zwischen den Menschen richten mögest,
entsprechend dem, was Gott dir zeigte.
Sei kein Anwalt für die Verräter!

106　Bitte Gott um Vergebung!
Siehe, Gott ist bereit zu vergeben, barmherzig.

107　Streite nicht zugunsten derer, die sich selbst betrügen!
Siehe, Gott liebt keinen, der verräterisch und sündhaft ist.

108　Sie verbergen sich vor den Menschen.
Vor Gott aber können sie sich nicht verbergen –
ist *er* doch bei ihnen, wenn sie von etwas munkeln,
was ihm an Reden nicht gefällt.
Gott erfasst, was sie tun.

109 Ihr seid es, die zu ihren Gunsten im Leben hier auf Erden gestritten habt.
Wer aber wird zu ihren Gunsten mit Gott am Tag der Auferstehung streiten,
oder wer sonst wird Sachwalter für sie sein?

110 Wer Böses tut oder gegen sich selber frevelt
und dann Gott um Verzeihung bittet,
der findet Gott vergebungsbereit, barmherzig.

111 Wer eine Sünde begeht, begeht sie gegen sich selber.
Gott ist wissend, weise.

112 Und wer eine Verfehlung oder eine Sünde begeht,
und das dann einem Unschuldigen vorwirft,
der lädt Verleumdung auf sich und eine offenbare Sünde.

113 Läge nicht Gottes Huld auf dir und sein Erbarmen,
so hätte eine Gruppe von ihnen es unternommen, dich irrezuleiten.
Sie aber führen nur sich selber in die Irre
und können dir in keiner Hinsicht schaden.
Gott sandte das Buch und die Weisheit auf dich herab
und lehrte dich, was du zuvor nicht wusstest.
Gottes Huld an dir ist groß.

½ 114 Nichts Gutes liegt in vielem, was sie vertraulich sprechen.
Nur wer Almosen befiehlt oder Güte
oder Versöhnung zwischen den Menschen,
und wer das tut, um Gottes Wohlgefallen zu erlangen,
dem werden wir reichen Lohn geben.

115 Wer dem Gesandten zuwiderhandelt,
nachdem die Rechtleitung ihm klar geworden war,
und einem anderen Weg folgt als dem der Gläubigen,
den lassen wir sich dorthin wenden, wohin er sich gewendet hat,
und lassen ihn in der Hölle brennen:
Welch schlimmes Schicksal!

116 Siehe, Gott vergibt es nicht, dass ihm etwas beigesellt wird.
Doch was geringer ist als dies, vergibt er, wem er will.
Wer Gott etwas beigesellt, der ist schon sehr weit abgeirrt.

117 Sie rufen – statt seiner – nur weibliche Wesen an
und rufen nur einen rebellischen Satan an,

118 den Gott verfluchte und der sprach:
«Ich will von deinen Knechten einen bestimmten Teil mir nehmen,

119 sie in die Irre führen, Wünsche in ihnen wecken
und ihnen befehlen, die Ohren der Herdentiere einzuritzen,
und ihnen befehlen, Gottes Schöpfung zu verändern.»
Und wer sich den Satan an Gottes statt zum Freund nimmt,

der hat schon klar verloren!

120   Er macht ihnen Versprechungen und weckt in ihnen Wünsche.
     Doch was ihnen der Satan verspricht, ist nichts als Trug!

121   Für diese ist die Hölle ihr Zufluchtsort,
     und sie finden aus ihr kein Entrinnen!

122   Die glauben und gute Werke tun, die werden wir in Gärten führen,
     unter denen Bäche fließen.
     Für immer und ewig werden sie darin weilen
     als Verheißung Gottes, die in Erfüllung ging.
     Wer ist wahrhaftiger im Reden als Gott?

123   Es geht nicht nach euren Wünschen
     und auch nicht nach den Wünschen der Buchbesitzer.
     Wer Böses tut, dem wird dafür vergolten.
     Er findet gegen Gott weder Freund noch Helfer.

124   Wer da Gutes tut, ob Mann, ob Frau, und dabei gläubig ist –
     die treten in den Paradiesesgarten ein,
     und ihnen wird auch nicht das kleinste Unrecht getan.

125   Wer hat eine bessere Religion als wer sich Gott ergibt
     und dabei Gutes tut
     und der Glaubensweise Abrahams, als eines wahren Gläubigen, folgt.
     Und Gott nahm sich Abraham zum Freund.

126   Gottes ist, was in den Himmeln und auf Erden ist.
     Gott umfasst alle Dinge.

127   Sie bitten dich um Auskunft über die Frauen.
     Sprich: «Gott wird euch Auskunft geben über sie
     und darüber, was euch im Buch vorgetragen wird über die weiblichen
         Waisen,
     denen ihr nicht gebt, was für sie vorgeschrieben ist,
     und die ihr doch zu heiraten wünscht,
     und über die Minderjährigen unter den Kindern
     und dass ihr den Waisen Gerechtigkeit verschafft.»
     Was ihr an Gutem tut,
     siehe, Gott weiß davon sehr genau.

128   Und wenn eine Frau von ihrem Ehemann befürchtet,
     dass er ungeziemend handelt oder sich von ihr abwendet,
     dann ist es für sie beide kein Vergehen,
     wenn sie friedlich zu einer Einigung gelangen.
     Und die Einigung ist besser.
     Doch die Habsucht ist in den Seelen stets gegenwärtig.
     Wenn ihr Gutes tut und gottesfürchtig seid –

siehe, Gott ist mit dem, was ihr tut, vertraut.

129 Ihr werdet die Frauen nicht gerecht behandeln können,
auch wenn ihr euch darum bemüht.
Und wendet eure Zuneigung nicht völlig ab,
so dass ihr sie gleichsam in der Schwebe lasst.
Wenn ihr zu einer Einigung gelangt und gottesfürchtig seid:
Siehe, dann ist Gott bereit zu vergeben, barmherzig.

130 Wenn sich beide trennen,
dann wird Gott einem jeden aus seiner Fülle reichlich geben.
Gott ist umfassend, weise.

131 Gottes ist, was in den Himmeln und auf Erden ist.
Wir geboten denen, die das Buch vor euch erhielten, und euch,
dass ihr Gott fürchtet.
Wenn ihr jedoch ungläubig seid –
siehe, Gottes ist, was in den Himmeln und auf Erden ist;
Gott ist auf keinen angewiesen, er ist hoch zu rühmen.

132 Gottes ist, was in den Himmeln und auf Erden ist.
Gott genügt als Anwalt.

133 Wenn er will, so nimmt er euch hinweg, ihr Menschen,
und bringt dann andere herbei.
Gott hat dazu die Macht.

134 Wer den Lohn des Diesseits begehrt:
Bei Gott ist ja der Lohn des Diesseits und der des Jenseits.
Gott ist hörend, sehend.

¾ 135 O ihr, die ihr glaubt! Steht als Zeugen für Gott ein für die Gerechtigkeit,
auch wenn es gegen euch selber ist oder die Eltern und Verwandten!
Ob es ein Reicher oder Armer ist – Gott ist beiden näher.
Folgt nicht der Neigung – damit ihr gerecht sein könnt.
Und wenn ihr etwas verdreht oder euch von etwas abkehrt –
siehe, Gott ist mit dem, was ihr tut, vertraut.

136 O ihr, die ihr glaubt!
Glaubt an Gott und seinen Gesandten
und an das Buch, das er auf ihn herabgesandt,
und an das Buch, das er zuvor herabgesandt.
Denn wer an Gott nicht glaubt und seine Engel,
seine Bücher, seine Gesandten und den Jüngsten Tag,
der ist schon sehr weit abgeirrt.

137 Siehe, die glauben, dann aber ungläubig werden
und wieder glauben und wieder ungläubig werden,
denen kann Gott nicht vergeben und sie nicht auf den rechten Weg leiten.

138 Verkünde den Heuchlern, dass ihnen schmerzhafte Strafe bestimmt ist,
139 ihnen, die sich die Ungläubigen zu Freunden nehmen.
   Streben sie wohl bei ihnen nach Macht?
   Doch siehe, bei Gott ist alle Macht!
140 Er hat doch im Buch auf euch herabgesandt, dass ihr,
   wenn ihr hört, dass die Zeichen Gottes geleugnet und verspottet werden,
   so lange nicht bei ihnen sitzen sollt,
   bis sie über etwas anderes reden.
   Siehe, sonst seid ihr genau wie sie!
   Siehe, Gott bringt die Heuchler und die Ungläubigen in die Hölle, allesamt,
141 die euch gegenüber abwartend sind:
   Wird euch von Gott ein Sieg gewährt, so sagen sie:
   «Waren wir denn nicht auf eurer Seite?»
   Doch ist das Glück auf Seiten der Ungläubigen, so sagen sie:
   «Waren wir denn nicht auf eurer Seite und haben euch vor den Gläubigen
       geschützt?»
   Doch Gott richtet zwischen euch am Tag der Auferstehung.
   Niemals wird Gott den Ungläubigen ein Mittel verschaffen,
   um über den Gläubigen zu stehen.
142 Siehe, die Heuchler suchen Gott zu täuschen, doch er täuscht sie.
   Wenn sie sich zum Gebet aufstellen, tun sie es nur nachlässig,
   um von den Leuten gesehen zu werden,
   und sie gedenken dabei Gottes kaum,
143 wobei sie dazwischen schwanken – nicht zu diesen hin, nicht zu jenen hin.
   Doch wen Gott in die Irre führt, für den wirst du keinen Weg finden.
144 O ihr, die ihr glaubt! Nehmt euch nicht die Ungläubigen zu Freunden –
   statt der Gläubigen!
   Wollt ihr Gott etwa klare Vollmacht geben gegen euch?
145 Siehe, die Heuchler sind auf dem untersten Grund des Feuers,
   und keinen Helfer wirst du für sie finden,
146 außer für die, die Buße tun, sich bessern,
   an Gott festhalten und Gott allein verehren.
   Die sind dann mit den Gläubigen.
   Gott wird den Gläubigen reichen Lohn geben.
147 Wie sollte Gott euch strafen, wenn ihr dankbar seid und glaubt?
   Gott ist dankbar, wissend.
36 h11 148 Gott liebt es nicht, dass man laut vernehmbar Böses spricht,
   mit Ausnahme dessen, dem Unrecht geschah.
   Gott ist hörend, wissend.
149 Ob ihr Gutes offenlegt oder es verborgen haltet

oder ob ihr Böses verzeiht –
siehe, Gott ist verzeihend und mächtig.

150 Siehe, die an Gott nicht glauben und nicht an seine Gesandten
und die unterscheiden wollen zwischen Gott und seinen Gesandten
und sprechen: «Wir glauben an das eine, doch an das andere glauben
    wir nicht!»,
und einen Weg dazwischen einschlagen wollen,

151 das sind die wahrhaft Ungläubigen.
Für die Ungläubigen halten wir erniedrigende Strafe bereit.

152 Die aber an Gott und seine Gesandten glauben
und keinen Unterschied machen zwischen einem von ihnen,
die sind es, denen er Belohnung geben wird.
Gott ist bereit zu vergeben, barmherzig.

153 Die Buchbesitzer fordern von dir,
dass du ein Buch vom Himmel auf sie herniederkommen lässt.
Doch von Mose forderten sie Größeres als das und sprachen:
«Lass uns Gott leibhaftig schauen!»
Da aber nahm sie der Donnerschlag hinweg – ihres Frevels wegen.
Dann aber nahmen sie das Kalb,
nachdem doch die Beweise zu ihnen gekommen waren.
Wir aber vergaben ihnen das.
Mose gaben wir klare Vollmacht.

154 Wir hoben den Berg über sie an, mit ihrem Bund,
und sprachen zu ihnen: «Geht durch das Tor, euch niederwerfend!»
Wir sprachen zu ihnen: «Übertretet nicht den Sabbat!»
Und wir nahmen von ihnen einen festen Bund entgegen.

155 Weil sie ihren Bund gebrochen hatten
und Gottes Zeichen leugneten und die Propheten grundlos töteten
und sprachen: «Unsere Herzen sind unbeschnitten!»
– doch Gott versiegelte sie wegen ihres Unglaubens,
so dass nur wenige von ihnen glaubten –,

156 und weil sie ungläubig waren und Maria ungeheuerlich verleumdeten

157 und weil sie sprachen: «Wir haben Christus Jesus,
den Sohn Marias, den Gesandten Gottes, getötet!»
Aber sie haben ihn nicht getötet und haben ihn auch nicht gekreuzigt.
Sondern es kam ihnen nur so vor.
Siehe, jene, die darüber uneins sind,
sind wahrlich über ihn im Zweifel.
Kein Wissen haben sie darüber, nur der Vermutung folgen sie.
Sie haben ihn nicht getötet, mit Gewissheit nicht,

158 vielmehr hat Gott ihn hin zu sich erhoben.
Gott ist mächtig, weise.

159 Es gibt keinen von den Buchbesitzern,
der nicht vor seinem Tode an ihn glauben würde.
Er wird Zeuge sein am Tag der Auferstehung gegen sie.

160 Ja, wegen des Frevels derer, die zum Judentum gehören,
haben wir ihnen Gutes verboten, was ihnen einst erlaubt war –
und deswegen, weil sie oft vom Wege Gottes abgehalten haben

161 und weil sie Wucherzinsen nahmen, obwohl es ihnen untersagt war,
und weil sie unrechtmäßig das Vermögen der Menschen verzehrten.
Für die Ungläubigen von ihnen halten wir schmerzhafte Strafe bereit.

162 Doch die von ihnen, die im Wissen festgegründet sind, und die Gläubigen,
die an das glauben, was auf dich herabgesandt und schon vor dir
herabgesandt,
die das Gebet verrichten und die Armensteuer geben,
und die an Gott glauben und an den Jüngsten Tag:
Das sind die, denen wir reichen Lohn geben werden.

¼ 163 Siehe, wir offenbaren dir, so wie wir Noah offenbarten
und den Propheten nach ihm.
Wir offenbarten Abraham und Ismael und Isaak und Jakob;
den Stämmen, Jesus, Hiob, Jona, Aaron, Salomo.
David gaben wir den Psalter.

164 Und Gesandte, von denen wir dir früher schon erzählten,
und andere, von denen wir noch nichts erzählten
– und Gott sprach mit Mose unmittelbar –,

165 Gesandte, als Verkünder froher Botschaft und als Warner,
damit die Menschen keinen Vorwand hätten gegen Gott,
nachdem Gesandte kamen.
Gott ist mächtig, weise.

166 Doch Gott bezeugt das, was er dir herabgesandt hat,
herabgesandt mit seinem Wissen,
und es bezeugen auch die Engel.
Doch Gott genügt als Zeuge.

167 Siehe, die da ungläubig sind
und Gottes Weg den Rücken kehren,
sind schon sehr weit vom Wege abgeirrt.

168 Siehe, die da ungläubig sind und freveln:
Gott kann ihnen nicht vergeben
und sie nicht auf den Weg leiten –

169 nur auf den Weg zur Hölle.

Für immer und ewig werden sie dort bleiben.
Das ist für Gott ein Leichtes.

170 O ihr Menschen!
Der Gesandte ist nunmehr zu euch gekommen mit der Wahrheit von
    eurem Herrn.
So glaubt! Das ist für euch besser.
Doch wenn ihr leugnet –
siehe, Gottes ist, was in den Himmeln und auf Erden ist.
Gott ist wissend, weise.

171 Ihr Buchbesitzer! Geht nicht zu weit in eurer Religion,
und sagt nur die Wahrheit über Gott!
Siehe, Christus Jesus, Marias Sohn, ist der Gesandte Gottes
und sein Wort, das er an Maria richtete,
und ist Geist von ihm.
So glaubt an Gott und seine Gesandten
und sagt nicht: «Drei!»
Hört auf damit, es wäre für euch besser.
Denn siehe, Gott ist *ein* Gott;
fern sei es, dass er einen Sohn habe.
Sein ist, was in den Himmeln und auf Erden ist.
Gott genügt als Anwalt.

172 Christus wird es nie verschmähen,
ein Knecht Gottes zu sein,
und auch die Engel, die ihm nahestehen, nicht.
Wer es jedoch verschmäht, ihm zu dienen,
und sich erhaben dünkt,
die wird er allesamt zu sich versammeln.

173 Doch denen, welche glauben und gute Werke tun,
wird er ihren Lohn in vollem Maße geben
und ihnen noch mehr Huld gewähren.
Die aber, welche es verschmähen und sich erhaben dünken,
wird er mit schmerzhafter Pein bestrafen,
die werden gegen Gott weder Freund noch Helfer finden.

174 O ihr Menschen!
Zu euch kam ein Beweis von eurem Herrn,
und wir sandten zu euch ein klares Licht herab.

175 Was aber die betrifft, die an Gott glauben und an ihm festhalten,
die wird er aufnehmen in seine Barmherzigkeit und Huld
und sie auf geradem Weg zu sich führen.

176 Sie bitten dich um Auskunft.

Sprich: «Gott gibt euch Auskunft über die entferntere Verwandtschaft.
Wenn ein Mann umkommt, der keine Kinder hat, aber eine Schwester,
so steht ihr die Hälfte von dem zu, was er hinterließ.
Er beerbt sie, wenn sie keine Kinder hat.
Sind es zwei Schwestern,
so stehen ihnen zwei Drittel von dem zu, was er hinterließ.
Und wenn es Geschwister sind, Männer und Frauen,
so steht dem Mann der Anteil von zwei Frauen zu.»
Gott schafft euch Klarheit, dass ihr nicht in die Irre geht.
Gott weiß alle Dinge.

Sure 5 – Der Tisch – al-māʾida

Medinensisch, 120 Verse

Im Namen Gottes, des barmherzigen Erbarmers.

½ 1 O ihr, die ihr glaubt, haltet die Verträge ein!
Erlaubt ist euch das Herdenvieh – nur das nicht, worüber euch
    vorgetragen wird –,
das Jagdwild aber sollt ihr nicht als erlaubt betrachten,
wenn ihr im Weihezustand seid.
Siehe, Gott entscheidet, was er will.

2 O ihr, die ihr glaubt, haltet die Kultsymbole Gottes nicht für profan
und nicht den heiligen Monat und nicht die Schlachtopfertiere
und nicht die Tiere, die um den Hals eine Kette tragen,
und nicht die Menschen, die sich zum heiligen Haus begeben
im Bestreben, Huld und Wohlgefallen von ihrem Herrn zu erlangen!
Wenn ihr den Weihezustand aufgegeben habt, dann dürft ihr jagen.
Nicht verleite euch der Hass auf Leute, feindselig zu sein,
da sie euch von der heiligen Anbetungsstätte abzuhalten suchten!
Steht euch einander bei in Frömmigkeit und Gottesfurcht,
nicht in Sünde und in Feindseligkeit!

Und fürchtet Gott!
Siehe, Gott ist streng im Strafen.

3 Verboten ist euch das Verendete, Blut, Schweinefleisch
und das, worüber ein anderer als Gott gepriesen wurde;
dann das Erwürgte, Erschlagene, Gestürzte und Gestoßene
und was ein wildes Tier anfraß – außer ihr schlachtet es –
und was geopfert wurde auf den Opfersteinen,
und dass ihr mit Pfeilen nach dem Schicksal fragt.
All das ist ein Greuel.
Heute verzagen diejenigen, die nicht glauben, an eurer Religion.
Darum fürchtet nicht sie, sondern fürchtet mich!
Heute habe ich euch eure Religion vollständig gemacht
und meine Gnade an euch vollendet
und habe daran Gefallen, dass der Islam eure Religion ist.
Wer jedoch durch Hunger in einer Zwangslage ist,
ohne dabei eine Sünde zu beabsichtigen –
siehe, dann ist Gott verzeihend und erbarmend.

4 Sie fragen dich danach, was ihnen erlaubt ist.
Sprich: «Erlaubt sind euch die guten Dinge
und die Raubtiere, die ihr abgerichtet habt,
indem ihr sie – gleich Hunden – etwas davon lehrtet, was Gott euch lehrte.
So esset das, was sie für euch erbeutet haben!
Doch nennt dabei den Namen Gottes, und fürchtet Gott!»
Siehe, Gott ist bei der Abrechnung schnell.

5 Heute sind euch erlaubt die guten Dinge,
und die Speisen derer, denen das Buch gegeben ward, sind euch erlaubt.
Und eure Speisen sind ihnen erlaubt.
Und die keuschen Frauen von den Gläubigen
und von denen, denen das Buch schon vor euch gegeben wurde,
wenn ihr ihnen ihren Lohn gebt als keusche Männer,
die nicht Unzucht treiben und sich Geliebte halten.
Wer den Glauben leugnet, dessen Werk ist schon verloren,
er gehört im Jenseits zu den Verlierern.

6 O ihr, die ihr glaubt! Wenn ihr euch zum Gebet aufstellt,
dann wascht eure Gesichter und eure Hände, bis zu den Ellenbogen,
und streicht über eure Köpfe,
und wascht eure Füße bis zu den Knöcheln!
Und wenn ihr unrein seid, dann reinigt euch!
Doch wenn ihr krank seid oder auf der Reise,
oder wenn einer von euch vom Abtritt kommt,

oder ihr Frauen berührt habt –
wenn ihr dann kein Wasser findet,
dann sucht guten Sand,
und reibt euch damit Gesicht und Hände ab!
Gott will nicht, dass er etwas Anstößiges für euch macht,
sondern er will euch reinigen und seine Gnade an euch vollenden,
vielleicht seid ihr ja dankbar.

7 O ihr, die ihr glaubt! Gedenkt der Gnade Gottes an euch
und seines Bundes, den er mit euch schloss!
Damals, als ihr spracht: «Wir hören und gehorchen.»
Und fürchtet Gott!
Siehe, Gott kennt das Innere der Herzen.

8 O ihr, die ihr glaubt! Seid standhaft gegenüber Gott als Zeugen für die
    Gerechtigkeit!
Der Hass auf Leute verleite euch nicht dazu, feindselig zu sein,
so dass ihr ungerecht handelt!
Handelt gerecht, das kommt der Gottesfurcht näher.
Und fürchtet Gott!
Siehe, Gott ist vertraut mit dem, was ihr tut.

9 Verheißen hat Gott denen, die glauben und gute Werke tun,
dass ihnen Vergebung und reicher Lohn bestimmt ist.

10 Die aber ungläubig sind und unsere Zeichen Lüge nennen,
die werden Bewohner der Feuerhölle sein.

11 O ihr, die ihr glaubt! Gedenkt der Gnade Gottes an euch!
Damals, als einige Leute die Hand nach euch ausstrecken wollten,
er aber ihre Hände von euch zurückhielt.
Fürchtet Gott! Die Gläubigen sollen auf Gott vertrauen.

¾ 12 Gott nahm den Bund an von den Kindern Israel.
Und wir erweckten unter ihnen zwölf Führer.
Und Gott sprach: «Siehe, ich will mit euch sein!
Wenn ihr das Gebet verrichtet und die Armensteuer gebt
und an meine Gesandten glaubt und sie unterstützt
und Gott ein schönes Darlehen gebt,
dann will ich euch eure Missetaten tilgen
und euch in Gärten führen, unter denen Bäche fließen.
Und wer danach von euch ungläubig wird,
der ist vom geraden Wege abgeirrt.»

13 Wegen ihres Bundesbruches haben wir sie verflucht
und ihre Herzen verhärtet.
Sie rücken Wörter weg von ihrem Platz

und haben einen Teil von dem vergessen, womit sie ermahnt wurden.
Noch immer kannst du Verrat unter ihnen sehen,
mit Ausnahme weniger von ihnen.
So verzeih ihnen, und vergib!
Siehe, Gott liebt diejenigen, die Gutes tun.

14 Auch von denen, die sagen: «Wir sind Christen!», nahmen wir ihren Bund
    entgegen.
Doch auch sie vergaßen einen Teil von dem, womit sie ermahnt wurden.
Da erregten wir Feindschaft und Hass unter ihnen, bis zum Tag der
    Auferstehung.
Gott wird ihnen dann kundtun, was sie je angerichtet haben.

15 Ihr Buchbesitzer! Unser Gesandter ist zu euch gekommen.
um euch viel von dem klarzumachen, was ihr vom Buch verborgen hattet,
und um viel zu tilgen.
Licht und ein klares Buch sind zu euch von Gott gekommen.

16 Gott führt damit, wer seinem Wohlgefallen Folge leistet, Wege des Heils,
und führt sie aus den Finsternissen hinan zum Licht,
mit seiner Erlaubnis, und leitet sie auf einen rechten Weg.

17 Ungläubig sind, die sagen:
«Siehe, Gott ist Christus, Marias Sohn.»
Sprich: «Wer besitzt denn irgendeine Macht gegenüber Gott,
wenn er vernichten wollte Christus, Marias Sohn,
und seine Mutter und wer sonst auf der Erde ist – allesamt?»
Gottes ist die Herrschaft über die Himmel und die Erde
und dessen, was dazwischen ist.
Er erschafft, was er will.
Gott ist aller Dinge mächtig.

18 Die Juden und die Christen sprechen:
«*Wir* sind Gottes Söhne und seine Geliebten!»
Sprich: «Warum bestraft er euch dann für eure Sünden?»
Ihr seid vielmehr Menschen – von denen, die er schuf.
Er vergibt, wem er will, und er bestraft, wen er will.
Gottes ist die Herrschaft über die Himmel und die Erde
und dessen, was dazwischen ist.
Zu ihm hin ist der Lebensgang.

19 Ihr Buchbesitzer! Unser Gesandter ist zu euch gekommen,
um euch während einer Pause unter den Gesandten Klarheit zu
    verschaffen –
damit ihr nicht sagt: «Zu uns kam weder ein Freudenbote noch ein
    Warner.»

Doch nun ist ein Freudenbote und ein Warner zu euch gekommen.
Gott ist aller Dinge mächtig.
20 Damals, als Mose zu seinem Volke sprach:
«Mein Volk! Gedenkt der Gnade Gottes an euch,
damals, als er unter euch Propheten berief
und euch zu Königen machte und euch etwas gab,
was er keinem von den Weltbewohnern zuvor gegeben hatte!
21 Mein Volk! Betretet das Heilige Land, das euch Gott bestimmte!
Macht nicht gleich wieder kehrt,
sonst wandelt ihr euch zu Verlierern!»
22 Sie sprachen: «O Mose! Siehe, dort lebt ein gewalttätiges Volk,
und wir werden das Land nicht eher betreten,
als bis sie es verlassen haben.
Doch wenn sie es verlassen haben,
siehe, dann wollen wir's betreten!»
23 Da sprachen zwei Männer von denen, die furchtsam waren –
Gott hatte beiden Gnade erwiesen:
«Tretet ein durch das Tor – gegen sie,
und wenn ihr eingetreten seid,
siehe, dann werdet ihr siegen!
Auf Gott sollt ihr vertrauen, sofern ihr gläubig seid!»
24 Sie sprachen: «O Mose! Niemals werden wir es betreten, solange sie
darin sind.
Geh du, mit deinem Herrn, und kämpft dann beide!
Siehe, wir werden hier lagern bleiben.»
25 Er sprach: «Mein Herr! Siehe, ich habe nur über mich und meinen Bruder
Macht.
So trenne zwischen uns und dem ruchlosen Volk!»
26 Er sprach: «So soll es vierzig Jahre für sie verboten sein.
Umherirren sollen sie auf der Erde.
Doch betrübe dich des ruchlosen Volkes wegen nicht!»
h12 27 Trag ihnen die Nachricht von den beiden Söhnen Adams vor,
gemäß der Wahrheit,
als sie beide ein Opfer brachten!
Des einen Opfer wurde angenommen, das des anderen hingegen nicht.
Der eine sprach: «Ich will dich töten!»
Der andere sprach: «Gott nimmt nur von den Gottesfürchtigen an.
28 Wenn du nun nach mir deine Hand ausstreckst, um mich zu töten,
so will ich meine Hand doch nicht nach dir ausstrecken, um dich zu töten.
Siehe, ich fürchte Gott, den Herrn der Weltbewohner.

29 Siehe, ich will, dass du die Lasten meiner Schuld und deiner auf dich
nimmst.
Alsdann wirst du zu denen zählen, die Bewohner des Höllenfeuers werden;
denn das ist der Lohn der Frevler.»

30 Da trieb ihn seine Seele, seinen Bruder zu töten,
und er tötete ihn.
So wurde er zu einem der Verlierer.

31 Da sandte Gott einen Raben aus, der im Boden scharrte,
um ihm zu zeigen, wie er die Greueltat an seinem Bruder verbergen könne.
Er sprach: «O wehe mir, vermag ich nicht einmal zu sein wie dieser Rabe,
dass ich die Greueltat an meinem Bruder verbergen könnte?»
So ward er einer derer, die bereuen.

32 Und deshalb schrieben wir den Kindern Israel dies vor:
Wenn jemand einen Menschen tötet, der keinen anderen getötet,
auch sonst kein Unheil auf Erden gestiftet hat,
so ist's, als töte er die Menschen allesamt.
Wenn aber jemand *einem* Menschen das Leben bewahrt,
so ist's, als würde er das Leben *aller* Menschen bewahren.
Zu ihnen kamen unsere Gesandten mit den Beweisen.
Dann aber waren, auch danach, viele von ihnen im Lande maßlos.

33 Doch die Vergeltung derer, die gegen Gott und seinen Gesandten kämpfen
und im Lande auf Unheil aus sind,
die ist, dass sie getötet oder gekreuzigt werden
oder ihnen ihre Hände und Füße abgehauen werden,
wechselweise rechts und links,
oder sie aus dem Land vertrieben werden.
Das ist Erniedrigung für sie hier in diesem Leben.
Im Jenseits aber ist ihnen harte Strafe bestimmt,

34 außer denen, die bereuen, bevor ihr sie in eure Gewalt bekommt.
So wisst, dass Gott bereit ist zu vergeben, barmherzig.

35 O ihr, die ihr glaubt! Fürchtet Gott, und strebt nach seiner Nähe,
und kämpft auf seinem Weg!
Vielleicht wird's euch dann wohlergehen.

36 Wenn die Ungläubigen alles besäßen, was auf Erden ist, und ein Gleiches
noch dazu,
um sich damit von der Strafe des Tags der Auferstehung freizukaufen –
es würde von ihnen nicht angenommen werden,
sondern schmerzhafte Strafe ist ihnen bestimmt.

37 Sie wollen dem Höllenfeuer entkommen, doch kommen sie nicht aus
ihm heraus.

Endlose Pein ist ihnen zugedacht.

38 Der Dieb und die Diebin: Schlagt ihnen die Hände ab
als Vergeltung für das, was sie begangen haben,
als warnendes Exempel von Gott.
Gott ist mächtig, weise.

39 Wer, nachdem er Unrecht tat, bereut und die Dinge wieder richtet,
dem wendet sich auch Gott gnädig wieder zu.
Siehe, Gott ist bereit zu vergeben, barmherzig.

40 Weißt du denn nicht, dass Gott die Herrschaft über die Himmel und
die Erde hat?
Er bestraft, wen er will, und er vergibt, wem er will.
Gott ist aller Dinge mächtig.

¼ 41 Gesandter! Traurig stimmen sollen dich nicht die,
die in den Unglauben rennen –
von denen, die nur mit ihrem Munde sagen: «Wir glauben!»,
deren Herzen jedoch nicht glauben, und von den Juden.
Sie hören beständig auf die Lüge
und nur auf andere Leute, die nicht zu dir kamen.
Sie rücken Wörter weg von ihrem früheren Platz.
Sie sagen: «Wenn euch das gegeben wurde, so nehmt es hin!
Doch wenn es euch nicht gegeben wurde, dann seid auf der Hut!»
Und wenn Gott jemanden in Versuchung führen will,
dann hat der gegen Gott keine Macht.
Diejenigen, von denen Gott nicht will, dass sie ihre Herzen reinigen,
die sind im Leben hier auf Erden erniedrigt,
und im Jenseits ist ihnen harte Strafe bestimmt.

42 Beständig hören sie auf Lüge und verzehren Unrechtmäßiges.
Wenn sie zu dir kommen, dann richte zwischen ihnen
oder wende dich von ihnen ab!
Und wenn du dich von ihnen abwendest, werden sie dir in nichts
schaden können.
Doch wenn du richtest, dann richte zwischen ihnen in Gerechtigkeit!
Siehe, Gott liebt, die Gerechtigkeit üben.

43 Doch wie sollten sie dich zum Schiedsrichter machen,
wo sie doch haben das Gesetz, das Gottes Urteilsspruch enthält,
und sie sich dann, nach diesem, abwenden?
Das sind keine Gläubigen.

44 Siehe, wir haben das Gesetz herabgesandt, worin Rechtleitung ist
und Licht.
Danach richteten die Propheten, die sich ergeben hatten, für die Juden;

und die Rabbinen und die Schriftgelehrten nach dem,
was ihnen von Gottes Buch zum Bewahren anvertraut wurde.
Dafür waren sie Zeugen.
So fürchtet nicht die Menschen, sondern fürchtet mich!
Verkauft nicht meine Zeichen um einen geringen Preis!
Wer nicht danach richtet, was Gott herabgesandt hat,
das sind die Ungläubigen.
45 Wir schrieben ihnen darin vor:
Leben um Leben, Auge um Auge, Nase um Nase,
Ohr um Ohr, Zahn um Zahn
und auch für Verletzungen Wiedervergeltung.
Wenn jemand dafür Almosen gibt,
so gilt das für ihn als Sühne.
Wer nicht danach richtet, was Gott herabgesandt hat,
das sind die Frevler.
46 In ihren Spuren ließen wir Jesus folgen, Marias Sohn;
er bestätigte, was ihm vorlag vom Gesetz.
Ihm gaben wir das Evangelium.
Darin ist Rechtleitung und Licht,
und es bestätigt, was ihm vorlag vom Gesetz,
und ist Rechtleitung und Mahnung für die Gottesfürchtigen.
47 Die Leute des Evangeliums sollen nach dem richten,
was Gott in ihm herabgesandt hat.
Wer nicht nach dem richtet, was Gott herabgesandt hat,
das sind die Verruchten.
48 Und auf *dich* sandten wir herab das Buch mit der Wahrheit;
es bestätigt, was von dem Buch schon vorher da war,
und gibt darüber Gewissheit.
So richte zwischen ihnen nach dem, was Gott herabgesandt hat,
und folge ihren Neigungen nicht,
wenn es von dem abweicht, was von der Wahrheit zu dir kam!
Für einen jeden von euch haben wir Bahn und Weg gemacht.
Hätte Gott gewollt, er hätte euch zu einer einzigen Gemeinde gemacht –
doch wollte er euch mit dem prüfen, was er euch gab.
Wetteifert darum um das Gute!
Euer aller Rückkehr ist zu Gott,
er wird euch dann kundtun, worin ihr immer wieder uneins wart.
49 Und: Richte zwischen ihnen nach dem, was Gott herabgesandt,
und folge ihren Neigungen nicht!
Nimm dich in acht, dass sie dich nicht in Versuchung führen

im Hinblick auf manches, was Gott zu dir herabgesandt!
Doch wenn sie sich abwenden, so wisse,
dass Gott sie mit einigen ihrer Sünden treffen will.
Siehe, viele von den Menschen sind verworfen.

50 Begehren sie denn den Schiedsspruch der ‹Zeit der Unwissenheit›?
Wer kann denn wohl besser als Gott richten,
für Menschen, die Gewissheit haben?

½ 51 O ihr, die ihr glaubt! Nehmt euch die Juden und die Christen nicht zu
      Vertrauten!
Sie sind untereinander Vertraute.
Und wer von euch sie zu Vertrauten nimmt, der gehört fürwahr zu ihnen.
Siehe, Gott leitet die Frevler nicht.

52 Du siehst diejenigen, in deren Herzen Krankheit ist, zu ihnen rennen
und sagen: «Wir fürchten, dass uns ein Missgeschick ereilt.»
Doch vielleicht kommt Gott mit der Entscheidung oder einem Befehl
      von sich,
dann werden sie bereuen, was sie in ihrem Inneren geheimgehalten hatten.

53 Die glauben, werden sagen:
«Sind das die, die bei Gott heilige Eide geschworen haben,
dass sie auf eurer Seite sind?»
Zuschanden werden ihre Werke, und Verlierer werden sie sein.

54 O ihr, die ihr glaubt! Wenn jemand von euch sich von seiner Religion
      abkehren will,
dann wird Gott Menschen bringen, die er liebt und die ihn lieben,
demütig gegen die Gläubigen, streng gegen die Ungläubigen,
die kämpfen werden auf dem Wege Gottes
und sich nicht vor dem Tadel eines Tadlers fürchten.
Das ist die Gnade Gottes – er gibt sie, wem er will.
Gott ist umfassend, wissend.

55 Siehe, euer Freund ist Gott, sein Gesandter und die Gläubigen –
die das Gebet verrichten, die Armensteuer geben
und sich beugen.

56 Wer sich Gott, seinem Gesandten und den Gläubigen anschließt –
siehe, die Partei Gottes, *sie* wird siegreich sein!

57 O ihr, die ihr glaubt! Nehmt euch nicht die zu Freunden,
die mit ihrer Religion nur Spott und Scherz treiben,
– und zwar von denen, die schon vor euch das Buch besaßen –,
und auch nicht die Ungläubigen!
Sondern fürchtet Gott, wenn ihr gläubig seid!

58 Wenn ihr zum Gebet aufruft,

treiben sie damit Spott und Scherz.

Dies darum, weil sie Menschen sind, die nicht begreifen.

59 Sprich: «Ihr Buchbesitzer, hegt ihr nur deshalb Groll gegen uns,
weil wir an Gott glauben
und an das, was zu uns und was schon früher herabgesandt wurde?
Und weil die meisten von euch Veruchte sind?»

60 Sprich: «Soll ich euch noch etwas Schlimmeres als das kundtun,
als Vergeltung bei Gott?
Wen Gott verfluchte, wem er zürnte,
wen er von ihnen zu Affen und Schweinen machte
und wer den Götzen diente:
Denen ergeht es noch schlimmer,
die sind vom rechten Wege völlig abgeirrt.»

61 Wenn sie zu euch kommen, sagen sie: «Wir glauben.»
Doch ungläubig sind sie hereingekommen und auch hinausgegangen.
Gott weiß genau, was sie heimlich hegten.

62 Und du siehst, dass viele von ihnen der Sünde nachlaufen
und der Feindschaft und dass sie Unrechtmäßiges verzehren.
Wie schlimm ist, was sie taten!

63 Warum verbieten ihnen denn nicht die Rabbinen und Schriftgelehrten,
dass sie Sündiges sprechen und Unrechtmäßiges verzehren?
Ja, wie schlimm ist, was sie anrichteten!

64 Und die Juden sagen: «Gottes Hand ist gefesselt.»
Gefesselt sollen ihre Hände sein und sie selbst verflucht ob dessen,
was sie sagen!
Nein, seine Hände sind weit geöffnet, er spendet, wie er will.
Was von deinem Herrn zu dir herabgesandt ward,
das wird viele von ihnen noch bestärken in Aufruhr und Unglauben.
Und wir ließen Feindschaft und Hass aufkommen unter ihnen
bis zum Tag der Auferstehung.
Sooft sie ein Feuer zum Krieg anzünden,
bringt Gott es zum Erlöschen.
Sie sind im Lande auf Unheil aus.
Doch Gott liebt keine Unheilstifter.

65 Wenn die Buchbesitzer glauben würden
und gottesfürchtig wären,
so hätten wir ihnen ihre Missetaten gewiss vergeben
und sie eintreten lassen in die Gärten der Glückseligkeit.

66 Und hätten sie Gesetz und Evangelium eingehalten
und was zu ihnen herabgesandt ward von ihrem Herrn,

so könnten sie von allem essen,

was über ihnen und was unter ihren Füßen ist.

Unter ihnen gibt es eine Gemeinschaft, die maßvoll ist.

Doch zahlreich sind diejenigen von ihnen, die Böses tun.

¾ 67 Gesandter! Übermittle du, was zu dir herabgesandt wurde von
deinem Herrn!

Wenn du es nicht tust, dann hast du deine Botschaft nicht erfüllt.

Und Gott wird dich vor den Menschen beschützen.

Siehe, Gott leitet die ungläubigen Menschen nicht recht.

68 Sprich: «Ihr Buchbesitzer! Ihr gründet euch auf nichts,

solange ihr euch an Gesetz und Evangelium nicht haltet

und an das, was zu euch herabgesandt wurde von eurem Herrn.»

Viele von ihnen wird gewiss das stärken,

was zu dir herabgesandt wurde von deinem Herrn,

in ihrer Widersetzlichkeit und ihrem Unglauben.

Sei jedoch nicht betrübt über die ungläubigen Menschen.

69 Siehe, die glauben, und die Juden und die Sabier und die Christen –

die an Gott glauben und an den Jüngsten Tag

und die rechtschaffen handeln,

die werden keine Furcht empfinden und sollen auch nicht traurig sein.

70 Den Bund der Kinder Israel nahmen wir entgegen

und schickten zu ihnen Gesandte.

Immer, wenn ein Gesandter mit etwas zu ihnen kam,

das ihnen nicht gefiel,

so nannten sie den einen Lügner,

den anderen brachten sie um.

71 Und sie dachten, dass keine Prüfung kommen werde,

so wurden sie blind und taub.

Da aber wandte sich Gott ihnen wieder zu,

und wieder wurden viele unter ihnen blind und taub.

Gott hat Einblick in das, was sie tun.

72 Ungläubig sind, die sagen:

«Siehe, Gott ist Christus, Marias Sohn.»

Denn Christus spricht:

«Ihr Kinder Israel! Dient Gott, meinem Herrn und eurem Herrn!»

Siehe, wer Gott etwas beigesellt,

dem wird Gott den Paradiesesgarten verwehren,

und sein Zufluchtsort wird das Höllenfeuer sein.

Die Frevler haben keine Helfer.

73 Ungläubig sind, die sagen:

«Siehe, Gott ist der Dritte von dreien.»
Kein Gott ist außer *einem* Gott!
Und wenn sie nicht mit dem aufhören, was sie sagen,
so wird die Leugner unter ihnen schmerzhafte Strafe treffen.

74 Wollen sie sich nicht reuevoll Gott zuwenden
und ihn um Vergebung bitten?
Gott ist bereit zu vergeben, barmherzig.

75 Christus, Marias Sohn, ist nichts als ein Gesandter,
vor dem andere Gesandte dahingegangen sind.
Seine Mutter ist eine Gerechte.
Sie beide nahmen Speise zu sich.
Schau, wie wir ihnen die Zeichen klarmachen!
Und noch einmal: Schau, wie können sie nur so verblendet sein?

76 Sprich: «Wollt ihr wohl an Gottes statt verehren,
was euch nicht schadet oder nutzt?»
Gott, *er* ist der Hörende, der Wissende.

77 Sprich: «Ihr Buchbesitzer,
geht in eurem Glauben nicht über das Wahre hinaus,
und folgt nicht den Gelüsten solcher Leute,
die vorher schon vom Weg abirrten
und viele andere abirren ließen
und nun vom geraden Weg abgeirrt sind!»

78 Verflucht wurden die unter den Kindern Israel, die ungläubig waren,
durch die Zunge von David und von Jesus, Marias Sohn.
Dies, weil sie aufsässig waren und Übertretungen begingen.

79 Sie hielten einander nicht vom Verwerflichen ab, das sie taten.
Ja, wie schlimm ist, was sie immer wieder taten!

80 Du siehst, dass viele von ihnen Freunde derer werden, die ungläubig sind.
Ja, wie schlimm ist, was sie früher an sich selber taten,
so dass Gott über sie erzürnte!
Ewig werden sie gepeinigt sein.

81 Hätten sie an Gott geglaubt und an den Propheten
und an das, was auf ihn herabgesandt ward,
dann hätten sie sich diese nicht zu Freunden genommen.
Aber viele von ihnen sind verrucht.

ǧ7 ḥ13 82 Wahrlich, du wirst finden, dass die Menschen,
die den Gläubigen am feindlichsten gesinnt sind,
die Juden sind und die, die beigesellen.
Und du wirst wahrlich finden, dass die Menschen,
die den Gläubigen in Liebe am nächsten stehen,

die sind, die sagen: «Wir sind Christen.»
Dies, weil unter ihnen Priester sind und Mönche
und weil sie nicht überheblich sind.

83 Wenn sie hören, was auf den Gesandten herabgesandt wurde,
siehst du ihre Augen vor Tränen überfließen
angesichts dessen, was sie erkennen als die Wahrheit.
Sie sprechen: «Unser Herr, wir glauben.
So schreib uns unter den Zeugen ein!

84 Warum sollen wir nicht an Gott glauben
und an das, was von der Wahrheit zu uns kam,
und danach streben, dass uns unser Herr eintreten lässt,
zusammen mit den Rechtschaffenen?»

85 Gott wird sie für das belohnen, was sie sprachen,
mit Gärten, unter denen Bäche fließen.
Ewig werden sie dort weilen.
Das ist der Lohn derjenigen, die Gutes tun.

86 Die aber ungläubig sind und unsere Zeichen Lüge nannten,
die sind Bewohner der Feuerhölle.

87 O ihr, die ihr glaubt! Verbietet nicht die guten Dinge, die euch Gott
   erlaubt hat!
Doch begeht dabei keine Übertretungen!
Siehe, Gott liebt die nicht, die Übertretungen begehen.

88 Esst von dem, womit euch Gott bedachte, das, was erlaubt und gut ist!
Und fürchtet Gott, an den ihr glaubt!

89 Gott zieht euch nicht zur Rechenschaft für unbedachte Worte in
   euren Eiden,
wohl aber für das, was ihr eidlich fest abgeschlossen habt.
Die Sühne dafür ist die Speisung von zehn Armen,
entsprechend dem, wie ihr eure Angehörigen speist,
oder ihre Bekleidung oder die Freilassung eines Sklaven.
Wer das aber nicht kann, für den gilt drei Tage Fasten.
Das ist die Sühne für eure Eide, wenn ihr schwört.
Haltet eure Eide ein!
Auf diese Weise macht euch Gott seine Verse klar,
vielleicht seid ihr ja dankbar.

90 Ihr Gläubigen! Siehe, Wein, Losspiel, Opfersteine sowie Pfeile –
sie sind ein Greuel, sind ein Werk des Satans.
So meidet das, vielleicht wird's euch dann wohlergehen.

91 Siehe, der Satan will Feindschaft zwischen euch entstehen lassen
und Hass durch Wein und Losspiel,

und will euch vom Gedenken Gottes und vom Gebet ablenken.
Wollt ihr nicht aufhören?

92 Gehorcht Gott, und gehorcht dem Gesandten!
Seid auf der Hut!
Wenn ihr euch abwendet, so wisst,
dass unserem Gesandten die klare Botschaft aufgetragen ist.

93 Für diejenigen, die glauben und gute Werke tun,
liegt kein Vergehen in dem, was sie als Speise zu sich nehmen,
solange sie gottesfürchtig sind und glauben und gute Werke tun,
dann weiter gottesfürchtig sind und glauben,
dann weiter gottesfürchtig sind und Gutes tun.
Siehe, Gott liebt, die Gutes tun.

94 O ihr, die ihr glaubt! Gott will euch auf die Probe stellen mit etwas,
was eure Hände oder eure Lanzen von der Jagd mitbrachten.
Gott will erkennen, wer ihn im Verborgenen fürchtet
und wer danach Übertretungen begeht.
Denn dem ist schmerzhafte Strafe bestimmt.

95 O ihr, die ihr glaubt! Tötet kein Wild, während ihr im Weihezustand seid!
Und wenn einer von euch es vorsätzlich tötet,
dann soll Strafe dafür sein das dem Getöteten Entsprechende an Vieh,
worüber zwei gerechte Männer entscheiden –
als Opfertiere an der Kaaba,
oder Sühne dafür soll Speisung sein von Armen
oder Entsprechendes an Fasten,
auf dass er die üblen Folgen seiner Tat schmecke.
Gott verzeiht, was vorher war.
Doch wer es wieder tut, an dem übt Gott Vergeltung.
Gott ist mächtig, Herr der Vergeltung.

96 Erlaubt ist euch, was ihr im Meere jagen könnt, und sein Verzehr,
euch und den Reisenden zum Nutzen.
Euch verboten aber ist die Jagd zu Lande,
solange ihr im Weihezustand seid.
Fürchtet Gott, zu dem ihr einst versammelt werdet.

¼ 97 Gott machte die Kaaba, das heilige Haus,
zu einem Standort für die Menschen.
Und den heiligen Monat, die Opfer- und Weihopfertiere.
Dies, damit ihr wisst, dass Gott weiß, was im Himmel und auf Erden ist,
und dass Gott über alles Wissen hat.

98 Erkennt, dass Gott streng im Strafen ist
und dass Gott bereit ist zu vergeben, barmherzig.

99 Dem Gesandten ist nur die Botschaft aufgetragen.
    Gott weiß, was ihr offenbart und was ihr verborgen haltet.

100 Sprich: «Das Böse und das Gute sind nicht von gleichem Wert,
    auch wenn dir die Häufigkeit des Bösen gefällt.»
    Fürchtet Gott, ihr Verständigen!
    Vielleicht wird's euch dann wohlergehen.

101 O ihr, die ihr glaubt! Fragt nicht nach Dingen,
    die euch, wenn sie euch enthüllt werden, betrüben
    und die, wenn ihr zu der Zeit danach fragt, da die Lesung
          herabgesandt wird,
    euch ohnehin enthüllt werden!
    Gott möge über sie hinwegsehen.
    Gott ist bereit zu vergeben, milde.

102 Nach Dingen, nach denen schon vor euch Leute fragten,
    dann aber an ihnen ungläubig wurden.

103 Gott machte keine *bahira* und keine *sa'iba* und keine *wasila* und
          keinen *ham*.
    Die aber ungläubig sind, die ersinnen Lügen gegen Gott,
    und die meisten von ihnen begreifen nicht.

104 Wenn man zu ihnen sagt: «Kommt herbei zu dem, was Gott herabsandte,
    und kommt zum Gesandten!», dann sagen sie:
    «Wir haben unser Genüge an dem, was wir bei unseren Vätern fanden.»
    Doch wenn es nun so wäre, dass ihre Väter gar nichts wussten
    und nicht rechtgeleitet waren?

105 O ihr, die ihr glaubt! Ihr habt für euch selbst zu sorgen.
    Wer vom Wege abirrt, bedeutet für euch keinen Schaden,
    solange ihr selber rechtgeleitet seid.
    Euer aller Rückkehr ist zu Gott.
    Dann wird er euch kundtun, was ihr je getan habt.

106 O ihr, die ihr glaubt! Das Zeugnis unter euch:
    Wenn der Tod zur Zeit des Testaments einem von euch naht –
    zwei gerechte Männer aus eurer Mitte
    oder zwei andere, die nicht von euch sind.
    Wenn ihr im Lande unterwegs seid und euch das Todesverhängnis ereilt,
    haltet sie beide fest nach dem Gebet!
    Dann sollen sie beide bei Gott schwören, wenn ihr Zweifel habt:
    «Wir handeln nicht um einen Preis darum,
    auch wenn er ein Verwandter wäre.
    Und wir verbergen das Zeugnis Gottes nicht.
    Denn sonst wären wir ja Frevler.»

107 Und wenn man darauf stößt, dass sie beide Frevel begangen haben,
dann zwei andere, die an ihre Stelle treten,
aus der Zahl derer, denen eine größere Würdigkeit zukommt.
Sie sollen bei Gott schwören:
«Unser Zeugnis ist wahrhaftiger als das der beiden.
Wir haben keine Übertretung begangen.
Hätten wir das getan, wir wären wahrlich Frevler.»

108 Das ist am ehesten dazu geeignet, dass sie das Zeugnis so vorbringen,
wie es gemeint war,
oder dass sie fürchten, dass von ihnen Eid nach Eid vorgebracht werden
muss.
Fürchtet Gott und hört!
Gott leitet die verruchten Menschen nicht.

½ 109 Am Tag, da Gott die Gesandten versammelt und spricht:
«Was wurde euch geantwortet?»
Da werden sie sagen: «Kein Wissen haben wir.
Siehe, du bist es, der die Verborgenheiten am besten kennt.»

110 Damals, als Gott sprach: «Jesus, Marias Sohn!
Gedenke meiner Gnade, die ich dir und deiner Mutter erwies!
Damals, als ich dich stärkte mit dem Heiligen Geist,
als du zu den Menschen sprechen solltest –
in der Wiege und im Mannesalter.
Damals, als ich dich lehrte –
das Buch, die Weisheit, das Gesetz und das Evangelium.
Und damals, als du aus Ton etwas schufst,
was die Gestalt von Vögeln hatte, mit meiner Erlaubnis,
es dann anbliesest, so dass es wirklich Vögel wurden, mit meiner
Erlaubnis,
und Blinde heiltest und Aussätzige, mit meiner Erlaubnis,
und damals, als du die Toten herausbrachtest, mit meiner Erlaubnis.
Damals, als ich die Kinder Israel von dir fernhielt,
als du mit den Beweisen zu ihnen kamst,
da sprachen die Ungläubigen unter ihnen:
‹Das ist doch nichts als klarer Zauber.›

111 Und damals, als ich den Jüngern eingab:
‹Glaubt an mich und meinen Gesandten!›
Da sprachen sie: ‹Wir glauben. Bezeuge, dass wir gottergeben sind!›»

112 Als nun die Jünger sprachen: «O Jesus, Sohn Marias,
vermag dein Herr, zu uns zu senden einen Tisch vom Himmel?»
Er sprach: «Fürchtet Gott, sofern ihr gläubig seid!»

113 Sie sprachen: «Wir wollen von ihm essen und Herzenssicherheit gewinnen
und uns vergewissern, dass du die Wahrheit zu uns sprachst,
und wollen das bezeugen.»

114 Jesus, der Sohn Marias, sprach: «O Gott, unser Herr!
Schick einen Tisch zu uns herab vom Himmel, auf dass er uns ein Fest sei,
für unseren Anfang und für unser Ende, und Zeichen sei von dir!
Teil uns Gutes zu! Du bist der Beste derer, die versorgen.»

115 Gott sprach: «Siehe, ich sende ihn zu euch herab.
Doch wer danach ungläubig ist von euch, den werde ich so streng bestrafen
wie keinen anderen von den Weltbewohnern.»

116 Und damals, als Gott sprach:
«O Jesus, Sohn Marias, hast du den Menschen denn gesagt:
‹Nehmt mich und meine Mutter zu Göttern neben Gott›?»
Er sprach: «Gepriesen seist du!
Mir steht nicht zu, dass ich etwas sage, wozu ich nicht berechtigt bin.
Und hätte ich es gesagt, so weißt du es;
du weißt ja, was in meinem Inneren ist,
doch ich weiß nicht, was in deinem Inneren ist.
Siehe, du bist es, der die Verborgenheiten am besten kennt.

117 Ich habe ihnen nur gesagt, was du mir aufgetragen hast:
‹Dient Gott, meinem Herrn und eurem Herrn!›
Und ich war Zeuge gegen sie, solange ich bei ihnen war.
Doch als du mich zu dir abberufen hast,
da hast du selber auf sie achtgegeben.
Und du bist über alle Dinge Zeuge.

118 Bestrafst du sie, so sind sie deine Knechte,
und vergibst du ihnen, so bist *du* der Mächtige, Weise.»

119 Gott spricht: «Das ist der Tag, an welchem denen, die wahrhaftig sind,
ihre Wahrhaftigkeit nützt.
Für sie sind Gärten, unter denen Bäche fließen,
für immer und ewig werden sie dort weilen.»
Gott hat an ihnen Wohlgefallen und sie an ihm.
Das ist der große Gewinn.

120 Gottes ist die Herrschaft über die Himmel und die Erde
und was auf ihnen ist.
Er ist aller Dinge mächtig.

Sure 6 – Das Vieh – al-anʿām

Mekkanisch, 165 Verse

Im Namen Gottes, des barmherzigen Erbarmers.

1 Lobpreis sei Gott, der Himmel und Erde schuf
und der die Finsternisse machte und das Licht!
Doch dann stellen diejenigen, die nicht glauben,
etwas ihrem Herrn Gleiches an die Seite.

2 Er ist es, der euch aus Lehm erschuf,
darauf einen Zeitpunkt bestimmte
– bei *ihm* ist ein bestimmter Zeitpunkt –,
ihr aber zieht ihn dann in Zweifel.

3 Er ist Gott, in den Himmeln und auf Erden.
Er weiß, was ihr verborgen haltet und was von euch zutage liegt,
und weiß, was ihr begeht.

4 Niemals kam zu ihnen ein Zeichen ihres Herrn,
von dem sie sich nicht abgewendet hätten.

5 So erklärten sie die Wahrheit, als sie zu ihnen kam, zur Lüge.
Doch werden zu ihnen noch die Berichte kommen,
an denen sie sich immer wieder belustigt hatten.

6   Ja, sahen sie denn nicht, wie viele Geschlechter wir vor ihnen zugrunde
        richteten,
    denen wir auf der Erde Macht gegeben hatten,
    wie wir sie *euch* nicht gaben?
    Wir ließen über sie den Himmel reichlich regnen
    und machten, dass zu ihren Füßen die Bäche flossen.
    Dann richteten wir sie zugrunde wegen ihrer Sünden
    und ließen nach ihnen ein anderes Geschlecht erstehen.

7   Hätten wir eine Schrift auf Papyrus auf dich herabgesandt
    und hätten sie sie berührt mit ihren Händen,
    dann hätten die, die ungläubig sind, gesagt:
    «Das ist nichts anderes als klare Zauberei.»

8   Sie sprechen: «Warum wurde denn kein Engel zu ihm herabgesandt?»
    Doch hätten wir einen Engel herabgesandt,
    wäre die Sache ja entschieden,
    und sie hätten dann keinen Aufschub zu erwarten.

9   Hätten wir ihn zu einem Engel gemacht,
    dann hätten wir ihn in männlicher Gestalt gemacht
    und sie in Verwirrung über das gebracht,
    worüber sie schon in Verwirrung waren.

10 Schon vor dir machte man sich über Gesandte lustig,
    doch da erfasste die, die über jene spotteten,
    das, woran sie sich immer wieder belustigt hatten.

11 Sprich: «Zieht doch nur im Land umher,
    und schaut, wie es mit den Leugnern ausging!»

12 Sprich: «Wem gehört, was in den Himmeln und auf Erden ist?»
    Sprich: «Gott!»
    Er hat sich selber der Barmherzigkeit verschrieben.
    Fürwahr, er wird euch versammeln zum Tag der Auferstehung,
    über den kein Zweifel herrscht.
    Die aber, die sich selbst verloren haben, glauben nicht.

¾ 13 Sein ist, was in der Nacht und auch am Tage ruht.
    Er ist der Hörende, der Wissende.

14 Sprich: «Soll ich zum Beistand nehmen einen anderen als Gott,
    den Schöpfer der Himmel und der Erde?
    Ihn, der ernährt und nicht ernährt wird?»
    Sprich: «Siehe, mir wurde befohlen, der Erste zu sein,
    der sich Gott ergibt!»
    Und: «Sei keiner derer, die beigesellen!»

15 Sprich: «Siehe, ich fürchte, wenn ich meinem Herrn ungehorsam bin,

die Strafe eines gewaltigen Tages.»
16 Wer ihr an jenem Tag entgeht, dessen wird sich Gott erbarmen;
das ist dann der klare Sieg.
17 Wenn dich Gott in Not geraten lässt,
so kann sie niemand wenden außer ihm.
Doch wenn er dich Gutes spüren lässt –
er ist aller Dinge mächtig.
18 Er ist es, welcher über seine Knechte Macht hat.
Er ist der Weise, der Kundige.
19 Sprich: «Was wiegt als Zeugnis schwerer?»
Sprich: «Gott ist Zeuge zwischen mir und euch.
Mir wurde diese Lesung eingegeben,
um euch und wen sie sonst erreicht, damit zu warnen:
Wollt ihr denn wirklich dafür Zeugen sein,
dass es neben Gott noch andere Götter gibt?»
Sprich: «Ich bin nicht Zeuge.»
Sprich: «Nein, er ist nur *ein* Gott.
Siehe, ich habe nichts mit dem zu schaffen, was ihr beigesellt.»
20 Denen wir das Buch gebracht haben, die kennen es,
so wie sie ihre Söhne kennen.
Die sich aber selbst verloren haben, glauben nicht.
21 Wer ist frevelhafter wohl als jener, der Lügen gegen Gott ersinnt
oder seine Zeichen Lügen nennt?
Doch den Frevlern wird es nicht wohlergehen.
22 Am Tage, da wir sie versammeln werden allesamt,
da sagen wir zu denen, die beigesellten:
«Wo sind denn eure Gesellen –
von denen ihr behauptet habt, es gäbe sie?»
23 Dann werden sie in ihrer Anfechtung nur sagen:
«Bei Gott, unserem Herrn! Wir sind doch keine Beigeseller.»
24 Sieh doch, wie sie sich selbst belogen!
Verloren ging für sie, was sie sich je ersonnen hatten.
25 Unter ihnen gibt es einige, die hören dir zu,
doch wir legten über ihre Herzen Hüllen,
dass sie es nicht begreifen,
und in ihre Ohren Taubheit.
Auch wenn sie jedes mögliche Zeichen sehen,
so glauben sie doch nicht daran.
Ja, sogar dann, wenn sie zu dir kommen, streiten sie mit dir.
Die ungläubig sind, sprechen:

«Das sind ja nur Fabeln der Altvorderen!»

26 Sie verbieten es und halten sich davon fern;
aber sie richten nur sich selbst zugrunde, ohne es zu merken.

27 Würdest du sie sehen, vors Höllenfeuer gestellt,
wie sie dann sprechen:
«Weh uns, ach würden wir doch nur zurückgebracht,
dann würden wir die Zeichen unseres Herrn nicht leugnen
und zu den Gläubigen gehören!»

28 Doch nein, es wurde ihnen klar, was sie zuvor geheimgehalten hatten.
Und würden sie zurückgebracht,
dann würden sie nur wieder tun, was ihnen untersagt war.
Siehe, sie sind wahrhaftig Lügner!

29 Sie sprechen: «Das ist ja nur unser Leben hier auf Erden.»
Und: «Wir werden doch nicht wieder auferweckt!»

30 Würdest du sie sehen, vor ihren Herrn gestellt,
der spricht: «Ist dies denn nicht die Wahrheit?»,
wie sie sprechen: «Ja doch, bei unserem Herrn!»
Er spricht: «So schmeckt die Strafe dafür, dass ihr ungläubig wart!»

31 Die haben schon verloren, die die Begegnung mit Gott Lüge nannten,
so dass sie sprechen, wenn ‹die Stunde› unerwartet zu ihnen kommt:
«Wie schade für uns, dass wir nicht auf sie achteten!»
Dann werden sie ihre Lasten auf ihrem Rücken tragen.
Ist es nicht schlimm, was sie zu tragen haben?

32 Das Leben hier auf Erden ist nichts als Spiel und Zeitvertreib,
und die jenseitige Wohnstatt ist wahrlich besser für die,
die gottesfürchtig sind.
Wollt ihr denn nicht begreifen?

33 Wir wissen wohl, dass dich fürwahr betrübt, was sie da sagen.
Doch nicht *dich* erklären sie zum Lügner,
sondern die Frevler bestreiten die Zeichen Gottes.

34 Schon vor dir wurden Gesandte zu Lügnern erklärt,
und sie ertrugen in Geduld,
dass man sie der Lüge zieh und ihnen Leid antat,
bis unsere Hilfe sie erreichte.
Und es gibt keinen, der die Worte Gottes ändern kann –
zu dir kam doch Kunde über die Abgesandten!

35 Auch wenn es schwer für dich ist, dass sie sich abwenden –
und wenn du einen Schacht in die Erde finden könntest
oder eine Leiter in den Himmel,
um ihnen dann ein Zeichen herzubringen –

hätte Gott gewollt, hätte er sie allesamt auf den rechten Weg gebracht.
Doch du sollst ja keiner von den Toren sein!

♭14 36 Eine Antwort geben nur die, die hören.
Die Toten wird Gott erwecken,
dann werden sie zu ihm zurückgebracht.

37 Sie sprechen: «Warum wurde kein Zeichen von seinem Herrn auf ihn
herabgesandt?»
Sprich: «Siehe, Gott hat die Macht, ein Zeichen herabzusenden.»
Doch die meisten von ihnen haben kein Wissen.

38 Weder gibt es ein Tier auf Erden
noch einen Vogel, der mit seinen Flügeln fliegt,
die nicht, gleich euch, Gruppen wären.
Nichts ließen wir im Buch unbeachtet.
Dann werden sie bei ihrem Herrn versammelt.

39 Die unsere Zeichen Lügen nennen,
in Finsternissen sind sie, taub und stumm.
Gott führt in die Irre, wen er will,
und er lässt auf geradem Weg sein, wen er will.

40 So sagt mir doch:
Wenn die Strafe Gottes zu euch kommt,
oder ‹die Stunde› euch erreicht –
gibt es da einen anderen als Gott, den ihr anrufen könnt,
wenn ihr wahrhaftig seid?

41 Nein, *ihn* werdet ihr anrufen!
Dann wird er das beseitigen, was ihr anruft – wenn er will.
Und vergessen werdet ihr, was ihr beigesellt.

42 Schon vor dir sandten wir zu Völkern
und schlugen sie mit Elend und Leid,
auf dass sie sich demütig zeigten.

43 Doch warum zeigten sie keine Demut,
als unser Schlag über sie kam?
Nein, ihre Herzen wurden hart,
und der Satan betörte sie mit dem, was sie taten.

44 Als sie dann vergessen hatten,
wozu sie ermahnt worden waren,
öffneten wir ihnen die Pforten für jederlei.
Als sie sich dann freuten über das, was ihnen gegeben war,
da suchten wir sie unversehens heim,
und plötzlich waren sie verzweifelt.

45 Ausgerottet wurde auch der letzte derjenigen, die frevelten.

Lobpreis sei Gott, dem Herrn der Weltbewohner!

46 Sprich: «Was meint ihr wohl,
wenn Gott euch euer Gehör wegnähme und eure Augen
und wenn er eure Herzen versiegelte?
Wer ist denn ein Gott – außer dem *einen* Gott,
dass er es euch wiedergäbe?»
Sieh doch, wie unterschiedlich wir die Zeichen deuten!
Doch dann wenden sie sich ab.

47 Sprich: «So sagt mir doch:
Wenn die Strafe Gottes zu euch kommt,
ob unversehens oder absehbar,
werden dann auch andere vernichtet außer dem frevelhaften Volk?»

48 Wir senden die Abgesandten nur als Freudenboten und als Warner aus.
Wer dann glaubt und gedeihlich handelt,
der braucht keine Furcht zu haben und soll auch nicht traurig sein.

49 Die aber unsere Zeichen Lüge nannten –
die Strafe wird sie erfassen,
dafür, dass sie Verruchte waren.

50 Sprich: «Ich sage nicht zu euch:
‹Gottes Vorratskammern sind bei mir.›
Auch das Verborgene kenne ich nicht.
Und ich sage nicht zu euch: ‹Ich bin ein Engel.›
Ich folge nur dem, was mir eingegeben wird.»
Sprich: «Stehen der Blinde und der Sehende auf einer Stufe?»
Denkt ihr denn nicht nach?

51 Warne damit die, welche fürchten,
dass sie zu ihrem Herrn versammelt werden!
Sie haben keinen Beistand noch Fürsprecher gegen ihn.
Vielleicht sind sie ja gottesfürchtig.

52 Vertreibe nicht diejenigen,
die ihren Herrn anrufen am Morgen und am Abend,
um seine Nähe zu erstreben!
Dir steht es nicht zu, mit ihnen irgendetwas abzurechnen
– und ihnen steht es nicht zu, mit dir irgendetwas abzurechnen –,
so dass du sie vertreiben könntest.
Denn dann gehörtest du zu den Frevlern.

53 Und ebenso setzten wir die einen von ihnen Anfechtungen durch die
anderen aus,
so dass sie sagten: «Sind das nicht die aus unserer Mitte, denen Gott
Gnade erwies?»

Kennt Gott nicht die am besten, die dankbar sind?

54 Und wenn die zu dir kommen, die an Gottes Zeichen glauben,
so sprich: «Friede sei mit euch!
Euer Herr hat sich selber der Barmherzigkeit verschrieben,
dass er nämlich dann, wenn jemand von euch Böses aus Unwissenheit tat,
hinterher jedoch umkehrte und gedeihlich handelte,
dass er dann bereit ist zu vergeben, barmherzig.»

55 Ebenso legen wir die Zeichen für euch aus,
auch deshalb, damit der Weg der Missetäter deutlich wird.

56 Sprich: «Mir wurde untersagt, dass ich denen diene,
die ihr an Gottes statt anruft.»
Sprich: «Ich folge euren Neigungen nicht.
Dann wäre ich im Irrtum und nicht unter den Rechtgeleiteten.»

57 Sprich: «Siehe, ich berufe mich auf einen Beweis von meinem Herrn,
doch ihr habt das Lüge genannt.
Das, was ihr schnell herbeiwünscht, steht nicht in meiner Macht.
Die Entscheidung liegt allein bei Gott.
Er redet die Wahrheit.
Er ist der Beste derer, die entscheiden.»

58 Sprich: «Wenn das, was ihr schnell herbeiwünscht, in meiner Macht stünde,
dann wäre die Sache zwischen mir und euch entschieden.»
Gott kennt die Frevler am besten.

¼ 59 Bei ihm sind die Schlüssel zum Verborgenen.
niemand kennt sie außer ihm.
Er weiß, was auf dem Festland und im Meer ist.
Kein Blatt fällt herab, er wisse es denn,
und kein Korn ist in der Erde Finsternissen
und nichts Feuchtes und nichts Trockenes,
das nicht in einem klaren Buche stünde.

60 Er ist es, der euch zu sich holt bei Nacht.
Er weiß, was ihr erworben habt am Tage.
Dann weckt er euch bei Tage wieder auf,
damit beendet wird die gesetzte Frist.
Dann kehrt ihr zu ihm zurück,
und er tut euch danach kund, was ihr je getan habt.

61 Er ist es, der über seine Knechte Macht hat
und der Wächter zu euch schickt.
Wenn dann der Tod zu einem von euch kommt,
nehmen ihn unsere Boten zu sich,
und sie versäumen dabei nichts.

62 Dann werden sie zurückgebracht zu Gott, ihrem wahren Herrn.
    Liegt nicht bei ihm der Urteilsspruch?
    Er ist der Schnellste derer, die abrechnen.

63 Sprich: «Wer errettet euch vor den Finsternissen des Landes und des Meeres,
    wenn ihr ihn in Demut anruft, insgeheim:
    ‹Wenn er uns diesmal rettet, dann wollen wir dankbar sein!›»

64 Sprich: «Gott wird euch davor erretten und vor aller Drangsal –
    doch danach werdet ihr Beigeseller.»

65 Sprich: «Er hat die Macht dazu, dass er zu euch eine Strafe schickt,
    von oben über euch und unter euren Füßen,
    oder dass er unter euch – als Parteien – Verwirrung stiftet
    und die einen von euch die Gewalt der anderen spüren lässt.»
    Sieh doch, wie unterschiedlich wir die Zeichen deuten!
    Vielleicht verstehen sie ja.

66 Dein Volk nannte das Lüge – wo es doch die Wahrheit ist.
    Sprich: «Ich trage nicht die Verantwortung für euch.»

67 Eine jede Nachricht hat ihren festen Ort.
    Ihr werdet es dereinst erfahren.

68 Wenn du die siehst, die leichtfertig über unsere Zeichen reden,
    dann wende dich von ihnen ab, bis sie über anderes reden.
    Und wenn der Satan es dich doch vergessen lässt,
    dann sitze nach der Mahnung nicht länger bei den frevlerischen Leuten!

69 Denen, die gottesfürchtig sind, obliegt es nicht,
    sie wegen irgendetwas zur Rechenschaft zu ziehen,
    sondern nur, zu mahnen.
    Vielleicht werden sie ja gottesfürchtig sein.

70 Kümmere dich nicht um jene,
    die ihre Religion als Zeitvertreib und Spiel betrachten
    und die das Leben hier auf Erden betörte!
    Und mahne damit –
    dass der Mensch für das verpfändet wird, was er begangen hat!
    Gegen Gott hat er weder Beistand noch Fürsprecher.
    Selbst wenn er all das aufbietet, was gleichwertig ist,
    wird es von ihm nicht angenommen.
    Das sind diejenigen, die für das verpfändet werden, was sie begangen haben.
    Ihnen ist Trank aus siedend heißem Wasser
    und schmerzhafte Pein bestimmt, dafür, dass sie ungläubig waren.

71 Sprich: «Sollen wir an Gottes statt etwas anrufen,
    das uns weder nützt noch schadet,
    und eine Kehrtwendung machen,

nachdem uns Gott rechtgeleitet hat?
Wie der, den die Satane bezauberten auf der Erde, da er verwirrt war,
der aber Freunde hatte, die ihn zur Rechtleitung riefen:
‹Komm zu uns!›»
Sprich: «Siehe, Gottes Führung, das ist die rechte Führung.»
Und: «Uns ward geheißen, uns dem Herrn der Weltbewohner zu ergeben.»

72 Und: «Verrichtet das Gebet, und fürchtet ihn!
Er ist es, zu dem ihr einst versammelt werdet.»

73 Er ist es, der, in Wahrheit, die Himmel und die Erde erschaffen hat.
Und am Tage, da er spricht: «Sei!» – dann ist es.
Sein Wort ist die Wahrheit.
Sein ist die Herrschaft an dem Tag, da geblasen wird in die Posaune.
Der das Verborgene und Sichtbare kennt,
er ist der Weise, der Kundige.

½ 74 Als Abraham zu seinem Vater Azar sprach:
«Nimmst du Standbilder dir zu Göttern?
Siehe, dich und dein Volk sehe ich in klarem Irrtum!»

75 So zeigten wir Abraham die Herrschaft über die Himmel und die Erde,
damit er zu den Überzeugten gehöre.

76 Als die Nacht über ihn hereinbrach,
sah er einen Stern und sprach:
«Das ist mein Herr!»
Als er aber unterging, da sprach er:
«Ich liebe nicht die Untergehenden!»

77 Und als er den Mond aufgehen sah, da sprach er:
«Das ist mein Herr.»
Als er aber unterging, da sprach er:
«Wenn mich mein Herr nicht leitet,
gehöre ich zu den Menschen, die vom Weg abirren.»

78 Und als er die Sonne aufgehen sah, da sprach er:
«Das ist mein Herr, denn das ist größer.»
Als sie aber unterging, da sprach er:
«Mein Volk, ich habe nichts zu schaffen mit dem, was ihr beigesellt.»

79 Siehe, ich wende mich, als wahrer Gläubiger, dem zu,
der die Himmel und die Erde erschaffen hat.
Und ich bin keiner von den Beigesellern.»

80 Da stritt sein Volk mit ihm.
Er sprach: «Wollt ihr mit mir etwa streiten über Gott –
wo *er* mich doch geleitet hat?
Ich fürchte nicht, was ihr ihm beigesellt,

es sei denn, dass mein Herr irgendetwas will.
Mit seinem Wissen erfasst mein Herr jegliches Ding –
wollt ihr euch nicht mahnen lassen?

81 Wie sollte *ich* wohl das fürchten, was ihr beigesellt habt,
während *ihr* nicht fürchtet, dass ihr Gott etwas beigesellt habt,
wozu er euch keine Vollmacht sandte?
Welche der beiden Gruppen ist denn eher berechtigt, sicher zu sein –
wenn ihr Wissen habt?»

82 Diejenigen, die glauben
und die ihren Glauben nicht mit Frevel vermischen,
die haben Sicherheit und sind rechtgeleitet.

83 Dies ist unser Beweis,
den wir Abraham gegenüber seinem Volk gaben.
Um Stufen erhöhen wir, wen wir wollen.
Siehe, dein Herr ist weise, wissend.

84 Wir schenkten ihm Isaak und Jakob.
Jeden leiteten wir recht,
und Noah leiteten wir schon früher recht;
und aus seiner Nachkommenschaft:
David, Salomo, Hiob, Joseph, Mose und Aaron.
Auf diese Weise belohnen wir die, die Gutes tun.

85 Und Zacharias, Johannes, Jesus und Elia:
Sie alle gehören zu den Frommen.

86 Und Ismael, Elisa, Jona und Lot:
Sie alle zeichneten wir vor den Weltbewohnern aus.

87 Und von ihren Vätern, ihrer Nachkommenschaft und ihren Brüdern:
Wir erwählten sie und führten sie auf einen geraden Weg.

88 Das ist die Führung Gottes.
Mit ihr führt er von seinen Knechten, wen er will.
Hätten sie mehr als einem gedient,
dann wäre, was sie taten, für sie zuschanden geworden.

89 Diese sind es, denen wir das Buch, die Weisheit und die Prophetie gaben.
Und wenn diese hier demgegenüber ungläubig sind,
dann betrauen wir damit ein Volk, das demgegenüber nicht ungläubig ist.

90 Diese sind es, die Gott führte.
So nimm dir ihre Führung zum Vorbild!
Sprich: «Ich verlange von euch keinen Lohn dafür.
Es ist nichts als eine Mahnung für die Weltbewohner.»

91 Sie schätzten Gott nicht richtig ein, als sie sprachen:
«Auf einen Menschen hat doch Gott nichts herabgesandt.»

Sprich: «Wer sandte denn das Buch herab, das Mose brachte,
als Licht und rechte Leitung für die Menschen?»
Ihr macht es zu Blättern aus Papyrus,
die ihr offen zeigt, während ihr doch viel verbergt.
Euch wurde gelehrt, was ihr nicht wusstet,
weder ihr noch eure Väter. –
Sprich: «Gott!»
Lass sie dann in ihrem leichtfertigen Gerede tändeln!

92 Dies ist ein Buch, das wir herabgesandt haben,
es ist voll Segen, Bestätigung dessen, was vor ihm war:
auf dass du der Städte Mutter mahnst und alle, die in ihrem Umkreis sind.
Die an das Jenseits glauben, die glauben daran.
An ihrem Gebet halten sie fest.

93 Wer ist frevelhafter wohl als jener, der Lügen gegen Gott ersinnt
oder der sagt: «Mir ist etwas eingegeben worden»
– doch wurde ihm nichts eingegeben –,
und wer sagt: «Herabsenden werde ich das Gleiche, was Gott herabgesandt
   hat.»
Wenn du doch sehen könntest:
Siehe, die Frevler in Todesnöten,
derweil die Engel ihre Hände ausgebreitet halten:
«Heraus mit euren Seelen!
Heute wird euch vergolten mit der erniedrigenden Strafe,
dafür, dass ihr über Gott nicht die Wahrheit spracht
und euch über seine Zeichen erhaben dünktet.

94 Einzeln seid ihr zu uns gekommen,
so wie wir euch das erste Mal erschufen,
und musstet, was wir euch verliehen hatten, hinter euch lassen.
Eure Fürsprecher sehen wir ja nicht bei euch,
von denen ihr behauptet habt,
sie seien eure Partner.
Eine Trennung vollzog sich zwischen euch,
und verloren ging für euch, was ihr behauptet habt.»

¾ 95 Siehe, Gott ist der Spalter von Korn und Kernen.
Er bringt das Lebendige hervor aus dem Toten
und das Tote hervor aus dem Lebendigen.
Ja, so ist Gott –
wie könnt ihr nur so verblendet sein?

96 Er ist der Spalter der Morgendämmerung.
Er hat die Nacht zu einer Ruhezeit gemacht,

die Sonne und den Mond zur Berechnung.
Das ist des Mächtigen, des Wissenden Vorherbestimmung.

97 Er ist es, der die Sterne für euch machte,
dass ihr euch durch sie leiten lasst –
durch die Finsternisse des Festlands und des Meeres.
Wir legten die Zeichen aus für Menschen, die Wissen haben.

98 Er ist es, der euch aus *einer* Seele entstehen ließ,
dann: sicherer Platz und Niederkunftsort.
Wir legten die Zeichen aus für Menschen, die verständig sind.

99 Er ist es, der vom Himmel Wasser herniedersandte.
Da ließen wir mit ihm Pflanzenwuchs jeglicher Art hervorbrechen
und ließen Grünes aus ihm sprießen,
indem wir aus ihm Korn in dichten Reihen kommen ließen
– aus den Blüten der Dattelpalmen kommen Fruchtbüschel, tief
herunterhängend –
und Gärten mit Weinstöcken, Oliven und Granatäpfeln,
von denen sich manche gleichen, andere nicht.
Wenn sie Frucht tragen, schaut auf ihre Früchte und ihr Reifen!
Siehe, darin sind wahrlich Zeichen für Menschen, welche glauben.

100 Sie machten Gott Gesellen: die Dschinne,
die er doch selbst erschuf,
und dichteten ihm – ohne Wissen zu haben – Söhne und Töchter an.
Gepriesen sei er und erhaben über das, was sie beschreiben!

101 Der Schöpfer der Himmel und der Erde.
Wie sollte er denn einen Sohn haben,
da er nicht einmal eine Gefährtin hatte?
Er schuf doch alle Dinge.
Und er hat Wissen über alle Dinge.

102 Das ist Gott, euer Herr.
Kein Gott ist außer ihm, dem Schöpfer aller Dinge.
So dienet ihm, denn ihm sind alle Dinge anvertraut.

103 Die Blicke erreichen ihn nicht, doch er erreicht die Blicke.
Er ist der Umsichtige, der Kundige.

104 «Es sind doch augenfällige Beweise zu euch gekommen von eurem Herrn.
Wer sieht, tut es zu seinem Wohl,
und wer blind bleibt, tut es zu seinem Schaden.
Ich bin nicht Hüter über euch.»

105 So deuten wir die Zeichen unterschiedlich –
sollen sie doch sagen:
«Du hast ja Schriftstudium betrieben.»

Wir wollen ihn für Menschen erklären, die Wissen haben.

106 Folge dem, was dir von deinem Herrn eingegeben wurde:
«Kein Gott ist außer ihm!»
Und: «Wende dich von den Beigesellern ab!»

107 Hätte Gott gewollt, so hätten sie nicht beigesellt.
Wir bestellten dich nicht zu einem Hüter über sie,
und du trägst keine Verantwortung für sie.

108 Schmäht nicht, wen sie neben Gott anrufen,
auf dass sie nicht Gott schmähen, übermütig, ohne Wissen!
Auf diese Weise ließen wir einem jeden Volk sein Werk im besten Licht
erscheinen,
Dann aber kehren sie zu ihrem Herrn zurück,
und verkünden wird er ihnen dann, was sie getan.

109 Sie schworen bei Gott ihre heiligsten Eide:
Wenn je ein Zeichen zu ihnen käme,
sie würden wahrhaft daran glauben.
Sprich: «Nein, die Zeichen sind bei Gott.
Was lässt euch wissen, dass sie, wenn sie kommen, nicht doch glauben?»

110 Wir wenden ihre Herzen und ihre Augen um,
so wie sie schon das erste Mal nicht daran glaubten,
und lassen sie verblendet in ihrem Aufruhr taumeln.

ğ8 ḥ15 111 Würden wir die Engel zu ihnen herniedersenden,
und sprächen die Toten sie an,
und würden wir alle Dinge gegen sie offen versammeln,
sie wären sie doch nicht bereit zu glauben – außer, Gott wollte es –,
doch die meisten von ihnen sind töricht.

112 So machten wir jedem Propheten einen Feind,
die Satane der Menschen und der Dschinne.
Der eine von ihnen flüstert dem anderen zu,
blendende Rede zur Täuschung.
Hätte dein Herr gewollt, sie hätten es nicht getan.
Doch lass sie nur, und das, was sie erdichten!

113 Zuneigen mögen sich dem die Herzen derer, die nicht ans Jenseits glauben.
Sie mögen damit zufrieden sein und verüben, was immer sie auch wollen.

114 «Soll ich einen anderen als Gott als Richter wünschen,
wo er es doch ist, der das Buch, im Einzelnen erläutert, zu euch
herniedersandte?»
Diejenigen, denen wir das Buch gegeben haben, wissen,
dass es von deinem Herrn herabgesandt ist mit der Wahrheit.
So sei doch nur kein Zweifler!

115 Das Wort deines Herrn ist vollendet,
in Wahrheit und Gerechtigkeit.
Es gibt keinen, der seine Worte abändern könnte.
Er ist der Hörende, der Wissende.

116 Wenn du der Mehrheit derer, die auf Erden sind, gehorchst,
führen sie dich vom Wege Gottes ab.
Sie folgen nur ihrem eigenen Gutdünken
und hegen nichts als nur Vermutungen.

117 Siehe, dein Herr kennt den am besten, der von seinem Weg abirrt,
und auch die Rechtgeleiteten kennt er am besten.

118 Nun esst von dem, worüber Gottes Name gesprochen wurde,
wenn ihr an seine Zeichen glaubt.

119 Was habt ihr denn,
dass ihr nicht von dem esst, worüber Gottes Name gesprochen wurde?
Er hat euch doch genau erklärt, was er euch verboten hat,
sofern ihr euch nicht in einer Not befindet.
Siehe, viele führen mit ihren Gelüsten fürwahr vom Wege ab,
ganz ohne Wissen.
Siehe, dein Herr kennt die Gesetzesbrecher ganz genau.

120 So lasst die offene Sünde und die verborgene!
Siehe, denjenigen, die Sünde begehen, denen wird vergolten werden
für das, was sie jemals verübten.

121 Esst nicht das, worüber der Name Gottes nicht gesprochen wurde!
Denn siehe, das ist fürwahr ein Greuel.
Ja, die Satane reden ihren Vertrauten etwas ein,
um mit euch zu streiten.
Wenn ihr auf sie hört, dann seid ihr Beigeseller.

122 Ist denn jemand, der tot war und den wir wieder lebendig machten
und dem wir ein Licht machten,
mit dem er unter Menschen wandelt,
ist der wie jemand, der in Finsternissen ist,
aus denen er nicht herauskommt?
So erscheint den Ungläubigen in bestem Licht,
was sie je taten.

123 So sorgten wir dafür, dass in jeder Stadt die Missetäter zu Anführern wurden,
um sich ihre Ränkespiele in ihr auszudenken.
Doch ihre Ränkespiele richten sich nur gegen sich selber,
ohne dass sie es bemerken.

124 Wenn ein Zeichen zu ihnen kam, dann sprachen sie:
«Wir werden nicht daran glauben,

bis uns das Gleiche gebracht wird,
was den Gesandten Gottes gebracht wurde.»
Gott weiß sehr wohl, wo er seine Botschaft statthaben lässt.
Erniedrigung bei Gott wird die Missetäter treffen
und eine strenge Strafe für das,
was sie sich je ausdachten an Ränkespielen.

125 Doch wen Gott rechtleiten will,
dem weitet er die Brust für die Gottergebenheit.
Und wen er in die Irre führen will,
dem macht er seine Brust eng und bedrängt,
als ob er hinauf in den Himmel stiege.
So macht Gott die, die nicht glauben, unrein.

126 Das ist der Weg deines Herrn – er ist gerade.
Ausgelegt haben wir die Zeichen für Menschen, die sich mahnen lassen.

¼ 127 Das Haus des Friedens ist ihnen zugedacht bei ihrem Herrn
– er ist ja ihr guter Anwalt – für das, was sie jemals taten.

128 Am Tag, da er sie alle zusammenschart:
«Ihr Schar der Dschinne!
Viele Anhänger habt ihr unter den Menschen gewonnen.»
Und ihre Fürsprecher bei den Menschen werden sagen:
«Du unser Herr! Die einen von uns haben von den anderen Nutzen gehabt.
Und unsere Frist, die du uns gesetzt hast, haben wir erreicht.»
Er wird sagen: «Das Höllenfeuer wird eure Wohnstatt sein.»
Ewig bleiben sie dort –
wenn Gott es nicht anders will.
Siehe, dein Herr ist weise, wissend.

129 So werden wir die Frevler einander anvertrauen
für das, was sie jemals begangen haben.

130 «Ihr Schar der Dschinne und der Menschen!
Kamen denn keine Gesandten aus eurer Mitte zu euch,
die euch meine Verse erzählten
und euch davor warnten, dass dieser euer Tag euch treffen wird?»
Sie sprachen: «Wir zeugen gegen uns selbst.»
Das Leben hier auf Erden verführte sie,
und sie zeugten gegen sich selbst, dass sie ungläubig waren.

131 Dies, weil dein Herr die Städte nicht ungerechterweise zugrunde richten
            wollte,
da ihre Bewohner ja ahnungslos waren.

132 Für alle gibt es Stufen, die dem entsprechen, was sie taten.
Dein Herr lässt nicht unbeachtet, was sie tun.

133   Dein Herr ist reich und voll Barmherzigkeit.
       Wenn er will, dann lässt er euch dahingehn
       und lässt nach euch folgen, was er will,
       so wie er auch euch aus den Nachkommen anderer Menschen erstehen ließ.
134   Siehe, was euch verheißen wird, wird wirklich kommen,
       ihr könnt nichts durchkreuzen.
135   Sprich: «Mein Volk! Handelt nach eurer Möglichkeit,
       siehe, auch ich werde es tun!
       Dann werdet ihr erfahren, wem ‹das letzte Haus› bestimmt ist.»
       Siehe, den Frevlern wird es nicht wohlergehen.
136   Sie machten für Gott einen Anteil von dem,
       was er aus dem Acker wachsen ließ,
       und vom Vieh und sprachen:
       «Das hier ist für Gott.» – nach ihrer Behauptung –
       «Und das hier ist für unsere Gesellen.»
       Was für ihre Gesellen ist, das gelangt nicht zu Gott,
       und was für Gott ist, das gelangt zu ihren Gesellen.
       Wie schlecht ist doch, was sie entscheiden!
137   So verführten ihre Gesellen viele von den Beigesellern,
       dass sie ihre eigenen Kinder töteten,
       um sie ins Verderben zu stürzen
       und ihnen ihre Religion zweifelhaft zu machen.
       Hätte Gott gewollt, sie hätten es nicht getan.
       Doch lass sie nur mit dem, was sie sich da ausdenken!
138   Sie sprachen: «Das Vieh hier und der Ernteertrag sind verboten.
       Nur der darf davon essen, von dem wir es wollen» – nach ihrer Meinung.
       Es ist Vieh, dessen Rücken verboten ist,
       und Vieh, über dem sie den Namen Gottes nicht aussprechen,
       mit aus der Luft geholten Gründen, gegen ihn.
       Er wird ihnen vergelten, was sie sich ausgedacht haben.
139   Sie sprachen: «Was im Bauch von diesem Vieh ist,
       das ist allein für unsere Männer bestimmt
       und verboten für unsere Frauen.
       Und wenn es tot ist, haben sie daran gleichen Anteil.»
       Er wird ihnen ihre Beschreibung vergelten.
       Siehe, er ist weise, wissend.
140   Verloren sind die, die ihre Kinder töteten
       – aus Torheit und ohne Wissen –,
       und die ‹verboten› nannten das, womit sie Gott bedachte –
       mit aus der Luft geholten Gründen, gegen Gott.

Sie gingen in die Irre und waren nicht rechtgeleitet.

½ 141 Er ist es, der Gärten wachsen ließ,
teilweise mit Spalieren, teilweise ohne,
und Palmen und Saaten mit verschiedenen Früchten,
Oliven und Granatapfelbäume,
teilweise einander ähnelnd, teilweise nicht.
Esst von ihren Früchten,
wenn sie Früchte tragen,
und gebt den Anteil davon am Tag ihrer Ernte!
Und seid nicht verschwenderisch!
Siehe, er liebt nicht die Verschwender.

142 Und vom Vieh Großes und Kleines.
Esst von dem, womit euch Gott bedacht hat!
Und folgt den Schritten Satans nicht!
Siehe, er ist für euch ein klarer Feind.

143 Acht paarweise, von den Schafen ein Paar und von den Ziegen ein Paar.
Sprich: «Hat er die Männchen für verboten erklärt oder die Weibchen
oder was die Weibchen im Leibe tragen?
Teilt es mir mit aufgrund von Wissen, wenn ihr wahrhaftig seid!»

144 Und von den Kamelen ein Paar und von den Rindern ein Paar.
Sprich: «Hat er die Männchen für verboten erklärt oder die Weibchen
oder was die Weibchen im Leibe tragen?
Oder wart ihr selbst dabei, als euch Gott das aufgetragen hat?»
Wer ist frevelhafter wohl als jener, der Lügen gegen Gott ersinnt,
um die Menschen, ohne über Wissen zu verfügen, irrezuleiten?
Siehe, Gott leitet das frevlerische Volk nicht recht.

145 Sprich: «In dem, was mir offenbart worden ist,
finde ich nichts, was dem Speisenden zu essen verboten wäre,
mit Ausnahme von Verendetem oder vergossenem Blut;
oder Fleisch vom Schwein – das nämlich unrein ist –
oder Greuliches, über dem ein anderer als Gott angerufen wurde.
Doch wer dazu genötigt ist, ohne es zu wollen
und ohne eine Übertretung zu begehen …
siehe, dein Herr ist bereit zu vergeben, barmherzig.»

146 Und denen, die zum Judentum gehören, verboten wir alles, was Klauen hat,
und wir verboten ihnen das Fett von Rindern und Schafen,
mit Ausnahme dessen, was sie am Rücken tragen
oder was in den Eingeweiden oder am Knochen ist.
Damit haben wir ihnen ihren Frevel vergolten.
Siehe, wir sprechen fürwahr die Wahrheit.

147　Und wenn sie dich einen Lügner nennen, so sprich:
　　　«Euer Herr ist von umfassender Barmherzigkeit.
　　　Doch seine Gewalt macht vor dem verbrecherischen Volk nicht halt.»
148　Die Beigeseller werden sagen:
　　　«Hätte Gott gewollt, so hätten weder wir noch unsere Väter beigesellt,
　　　und wir hätten nichts als ‹verboten› deklariert.»
　　　Genauso leugneten die Früheren,
　　　bis sie unsere Gewalt schmecken mussten.
　　　Sprich: «Habt ihr denn Wissen? Dann macht es uns doch kund!
　　　Ihr folgt doch nichts anderem als eurem eigenen Gutdünken
　　　und hegt nichts anderes als nur Vermutungen.»
149　Sprich: «Bei Gott ist der schlagende Beweis.
　　　Hätte er gewollt, euch alle hätte er geleitet.»
150　Sprich: «Herbei mit euren Zeugen, die bezeugen können,
　　　dass Gott dies verboten hat!»
　　　Wenn sie es bezeugen, so bezeuge du es nicht mit ihnen!
　　　Und folge nicht den Neigungen derer,
　　　die unsere Zeichen Lüge nannten
　　　und die nicht an das Jenseits glauben,
　　　sondern etwas anderes mit ihrem Herrn auf eine Stufe stellen!
¾　151　Sprich: «Kommt herbei, dass ich vortrage,
　　　was euch euer Herr verboten hat:
　　　Gesellt ihm ja nichts bei!
　　　Die Eltern sollt ihr gut behandeln!
　　　Und tötet eure Kinder nicht aus Armut!
　　　Wir versorgen gleichermaßen euch und sie.
　　　Und naht euch nicht dem Schändlichen,
　　　weder dem, was davon offen zutage liegt, noch dem, was verborgen ist!
　　　Und tötet keinen, welchen Gott verboten hat zu töten,
　　　es sei denn, rechtens!
　　　Das hat er euch zu tun geboten.
　　　Vielleicht begreift ihr ja.
152　Und vergreift euch nicht am Gut der Waise –
　　　es sei denn, dass es gutem Zwecke dient,
　　　bis dass sie ihre Reife erreicht hat!
　　　Und haltet Maß und Waage in Gerechtigkeit –
　　　wir lasten keiner Seele mehr auf, als sie tragen kann!
　　　Und wenn ihr etwas aussagt, so seid gerecht,
　　　auch dann, wenn es einen Verwandten betrifft!
　　　Und haltet Gottes Bund!

Das hat er euch zu tun geboten.
Vielleicht lasst ihr euch mahnen.»

153 So wisst: Das ist mein Weg – er ist gerade.
So folgt ihm – und folgt nicht den Nebenpfaden,
die euch von seinem Pfad abbringen!
Das hat er euch zu tun geboten.
Vielleicht seid ihr ja gottesfürchtig.

154 Dann gaben wir Mose das Buch –
als Vollendung für einen, der recht handelte,
und als Darlegung für ein jeglich Ding,
als Führung und Barmherzigkeit.
Vielleicht glauben sie ja an die Begegnung mit ihrem Herrn.

155 Dies ist ein Buch, das wir herniedersandten, das voller Segen ist.
So folgt ihm und übt Gottesfurcht,
vielleicht wird euch ja Erbarmen zuteil!

156 Dass ihr nicht sagt:
«Das Buch wurde doch vor uns nur zu zwei Gruppen herabgesandt,
und wir haben ihrem Schriftstudium keine Aufmerksamkeit geschenkt.»

157 Oder sagt:
«Wenn die Schrift zu uns herabgesandt worden wäre,
dann wären wir auf einem besseren Weg als sie.»
Doch nun kam ein Beweis zu euch von eurem Herrn
und Führung und Barmherzigkeit.
Doch wer ist wohl frevelhafter als jener, der die Zeichen Gottes Lügen nennt
und sich von ihnen abwendet?
Jenen, die sich von unseren Zeichen abwendeten,
werden wir mit schlimmer Strafe vergelten,
dass sie sich abwendeten.

158 Halten sie denn nach etwas anderem Ausschau,
als dass die Engel zu ihnen kommen
oder dein Herr oder irgendein Zeichen deines Herrn?
Am Tag, da irgendein Zeichen deines Herrn kommt,
da nützt ihr Glaube keiner Seele,
die nicht schon vorher glaubte
oder mit ihrem Glauben Gutes erwarb.
Sprich: «Wartet nur ab! Auch wir warten ab.»

159 Siehe, mit denen, die ihren Glauben spalteten und zu Parteien wurden,
hattest du nichts zu schaffen.
Ihr Geschick liegt allein bei Gott;
er wird ihnen dann verkünden, was sie jemals taten.

160 Wer eine gute Tat vorbringt, bekommt dafür zehn gleicher Art.
Und wer eine schlechte vorbringt, dem wird mit einer ebensolchen
     vergolten.
Niemandem wird Unrecht dabei getan.

161 Sprich: «Siehe, mein Herr hat mich auf einen geraden Weg geleitet,
zu einer Religion, die Bestand hat,
zur Glaubensweise Abrahams, als eines wahren Gläubigen.
Der war kein Beigeseller.»

162 Sprich: «Siehe, mein Gebet und mein Opfer,
mein Leben und mein Sterben
sind für Gott, den Herrn der Weltbewohner.

163 Keinen gebe es neben ihm!
Das wurde mir befohlen,
und ich bin der erste Gottergebene.»

164 Sprich: «Soll ich denn einen anderen als Gott als Herrn erstreben?
Er ist doch der Herr aller Dinge.»
Keine Seele erwirbt etwas, außer zu ihrem Nachteil,
und keine lasttragende Seele trägt die Last einer anderen.
Dann kehrt ihr zu eurem Herrn zurück,
und er wird euch verkünden, worüber ihr immer wieder uneins wart.

165 Er ist es, der euch zu Nachfolgern auf Erden machte.
Einige von euch erhöhte er um Stufen über die anderen,
um euch in dem zu prüfen, was er euch gab.
Siehe, dein Herr ist schnell im Strafen.
Doch siehe, er ist bereit zu vergeben, barmherzig.

Sure 7 – Die Höhen – al-aʿrāf

Mekkanisch, 206 Verse

Im Namen Gottes, des barmherzigen Erbarmers.

ḥ16 1 *Alif Lam Mim Sad.*

2 Ein Buch, auf dich herabgesandt
– doch sei in deiner Brust deswegen keinerlei Beklemmung! –,
damit du mit ihm warnst;
als einer Mahnung auch für die Gläubigen:

3 Folgt dem, was euch von eurem Herrn herabgesandt,
und folgt nicht – außer ihm – anderen Freunden!
Wie wenig lasst ihr euch mahnen!

4 Wie viele Städte sind es, die wir zugrunde richteten!
Da kam unser Schlag über sie des Nachts
oder als man zu Mittag rastete.

5 Doch als sie unser Schlag dann traf, da riefen sie nur noch:
«Siehe, wir waren Frevler.»

6 Wahrlich, wir werden sicher jene fragen, zu denen Gesandte geschickt
  wurden,
und gewiss werden wir auch die Abgesandten fragen.

7 Wir werden ihnen dann berichten aufgrund von Wissen.
Wir waren damals ja nicht abwesend.

8 Das Gewicht an jenem Tag, das ist die Wahrheit.
Denn wessen Waagschalen schwer sind, das sind die, denen es wohlergeht.

9 Und wessen Waagschalen leicht sind, das sind die, welche sich selbst
verloren haben,
weil sie an unseren Zeichen frevelten.

10 Wir verliehen euch Macht auf der Erde
und bereiteten darauf für euch Lebensunterhalt;
wie wenig seid ihr dankbar!

11 Wir erschufen euch, dann gestalteten wir euch.
Dann sprachen wir zu den Engeln:
«Werft euch vor Adam nieder!»
Da warfen sie sich nieder, außer Iblis –
er gehörte nicht zu denen, die sich niederwarfen.

12 Er sprach: «Was hielt dich davon ab, niederzufallen, da ich es dir befahl?»
Er sprach: «Ich bin besser als er.
Mich schufst du aus Feuer, ihn schufst du aus Lehm.»

13 Er sprach: «Steige herab aus ihm!
Es steht dir nicht an, dich in ihm hochmütig zu zeigen.
So geh hinaus!
Siehe, du bist einer der Geringgeachteten.»

14 Er sprach: «Gib mir Aufschub
bis zu dem Tag, an dem sie auferweckt werden!»

15 Er sprach: «Siehe, du sollst einer derer sein, denen Aufschub gewährt ist.»

16 Er sprach: «Weil du mich in die Irre führtest,
so will ich ihnen nun besetzen deinen geraden Weg!

17 Dann werde ich sie angreifen, von vorne und von hinten
und von rechts und links.
Du wirst finden, dass die meisten von ihnen nicht dankbar sind.»

18 Er sprach: «Geh hinaus aus ihm, verachtet und verjagt!
Wer dir dann von ihnen folgt –
wahrlich, die Hölle werde ich anfüllen mit euch allen.»

19 Und: «Adam! Wohne du mit deiner Frau im Paradiesesgarten,
und esst von allem, was ihr wollt!
Doch naht euch diesem Baum da nicht,
sonst seid ihr Frevler!»

20 Doch da beschwatzte sie der Satan – beide,
um ihnen offenbar zu machen, was ihnen verborgen war von ihrer Scham,
und sprach: «Nur deshalb hat euch euer Herr von diesem Baum verboten,

damit ihr keine Engel werdet oder gar ewig lebt!»

21 Und er beschwor sie – beide:
«Siehe, ich bin ein guter Ratgeber für euch!»

22 So verführte er sie durch Trug.
Als sie nun von dem Baume kosteten – beide,
wurde ihnen ihre Blöße sichtbar,
und sie begannen, sich mit Blättern aus dem Garten zu bedecken,
die sie zusammenfügten.
Da rief ihr Herr ihnen beiden zu:
«Habe ich euch nicht jenen Baum verboten
und euch nicht gesagt: ‹Der Satan ist für euch ein klarer Feind›?»

23 Sie sprachen: «Unser Herr!
Wir haben an uns selbst gefrevelt.
Wenn du uns nicht vergibst und dich unserer erbarmst,
wahrlich, dann sind wir verloren.»

24 Er sprach: «Steigt herab! Ihr seid einander feind.
Auf Erden sei euch eine feste Statt und Lebensgenuss für eine Zeit!»

25 Er sprach: «Auf ihr sollt ihr leben, und auf ihr sollt ihr sterben,
und aus ihr werdet ihr herausgebracht.»

26 Ihr Kinder Adams! Wir haben Kleidung auf euch herabgesandt,
die eure Blößen decke, und Federn.
Doch das Kleid der Gottesfurcht, das ist besser.
Das gehört zu Gottes Zeichen.
Vielleicht lassen sie sich ermahnen.

27 Ihr Kinder Adams! Der Satan möge euch nicht in Versuchung führen,
so wie er eure Eltern aus dem Paradiesesgarten trieb,
indem er ihnen ihre Kleider auszog, um ihnen ihre Scham zu zeigen.
Siehe, er sieht euch, er und seinesgleichen,
von wo aus ihr sie nicht sehen könnt.
Siehe, wir machten die Satane denen zu Freunden, die nicht glauben.

28 Und wenn sie etwas Schändliches tun, so sagen sie:
«Wir fanden, dass unsere Väter das Gleiche taten;
Gott befahl es uns.»
Sprich: «Wahrlich, Gott befiehlt nichts Abscheuliches.
Wollt ihr etwas über Gott aussagen, wovon ihr gar kein Wissen habt?»

29 Sprich: «Mein Herr hat Gerechtigkeit befohlen.»
Und: «Erhebt euer Angesicht bei einer jeden Anbetungsstätte,
und ruft ihn an, im Glauben ihm allein euch anvertrauend!
So wie er euch ein erstes Mal erschuf, so kehrt ihr zurück.»

30 Eine Gruppe leitete er recht,

für eine andere aber wurde der Irrtum Wahrheit:
Sie nämlich nahmen sich die Satane zu Freunden an Gottes statt
und meinen, dass sie rechtgeleitet sind.

¼ 31 Ihr Kinder Adams! Tragt euren Schmuck bei einer jeden Anbetungsstätte,
und esst und trinkt, seid jedoch nicht verschwenderisch!
Siehe, er liebt nicht die Verschwender.

32 Sprich: «Wer hat Gottes Schmuck verboten,
den er für seine Knechte hervorgebracht hat,
und die guten Dinge von den Lebensgütern?»
Sprich: «Denen sind sie zugedacht, die schon im Leben hier auf Erden
glauben,
allein am Tag der Auferstehung.»
So legen wir die Zeichen Menschen aus, die Wissen haben.

33 Sprich: «Nein, mein Herr hat die Schändlichkeiten verboten,
die offensichtlichen wie die verborgenen,
die Sünde und unrechtmäßige Begehrlichkeit,
und dass ihr Gott etwas beigesellt, wozu er keine Vollmacht sandte,
und dass ihr über Gott etwas aussagt, wovon ihr gar kein Wissen habt.»

34 Jeder Gemeinschaft ist eine Frist gesetzt.
Wenn ihre Zeit gekommen ist, kann sie sie nicht aufschieben,
auch nicht eine Stunde,
noch kann sie sie vorverlegen.

35 Ihr Kinder Adams! Wenn Gesandte aus eurer Mitte zu euch kommen
und euch verkünden meine Zeichen:
Die dann gottesfürchtig sind und gedeihlich handeln,
die haben nichts zu fürchten und müssen auch nicht traurig sein.

36 Die aber unsere Zeichen Lüge nannten und sich erhaben dünkten über sie,
das sind die Bewohner des Höllenfeuers.
Ewig bleiben sie darin.

37 Wer ist frevelhafter wohl als jener, der Lügen gegen Gott ersinnt
oder der seine Zeichen Lüge nennt?
Das sind diejenigen, die ihr Anteil vom Buch erreicht;
wenn unsere Boten zu ihnen kommen, um sie abzuberufen, sagen sie:
«Wo ist denn das, was ihr an Gottes statt anrieft?»
Sie sprechen: «Es ist uns entschwunden!»
Und bezeugen damit gegen sich selbst, dass sie ungläubig waren.

38 Er spricht: «Geht ein ins Höllenfeuer –
zusammen mit den Völkern aus Menschen und aus Dschinnen,
die vor euch dahingegangen sind!»
Jedes Mal, wenn ein Volk hereinkommt,

dann verflucht es sein Schwestervolk.
Und wenn sie allesamt dort eingetroffen sind,
dann sprechen die Letzten von ihnen zu den Ersten:
«Unser Herr! Diese hier führten uns in die Irre,
so verdopple ihnen die Feuerstrafe!»
Er spricht: «Für jeden gilt: Verdoppelung!
Aber ihr wisst es nicht.»

39 Und die Ersten von ihnen sprechen zu den Letzten:
«Was hattet ihr denn für einen Vorzug gegenüber uns?
So schmeckt die Strafe für das, was ihr je begangen habt!»

40 Siehe, die unsere Zeichen Lüge nannten und sich erhaben dünkten über sie,
denen werden die Tore des Himmels nicht geöffnet,
und sie werden den Paradiesesgarten nicht eher betreten,
bis ein Kamel durch ein Nadelöhr geht.
Auf diese Weise vergelten wir den Missetätern.

41 Ihnen ist eine Lagerstatt in der Hölle bestimmt, mit Decken über sich.
Auf diese Weise vergelten wir den Frevlern.

42 Die aber glaubten und gute Werke taten
– wir lasten keiner Seele mehr auf, als sie vermag –,
das sind die Bewohner des Paradiesesgartens,
ewig weilen sie darin.

43 Was sie in ihrem Inneren an Groll noch hegen, werden wir ihnen entziehen.
Unter ihnen fließen Bäche, und sie werden sprechen:
«Lobpreis sei Gott, der uns hierhergeleitet hat;
und wir wären nicht geleitet, wenn uns nicht Gott geleitet hätte.
Die Gesandten unseres Herrn kamen mit der Wahrheit.»
Und ihnen wird zugerufen werden: «Das hier ist der Paradiesesgarten!
Er wurde euch zum Erbe für das gegeben, was ihr je getan habt.»

44 Und die Paradiesesbewohner rufen den Höllenbewohnern zu:
«Wir fanden tatsächlich vor, was uns unser Herr verhieß;
habt auch ihr tatsächlich das vorgefunden, was euch euer Herr verhieß?»
Sie sagen: «Ja.»
Da ruft ein Rufender unter ihnen aus:
«Gottes Fluch über die Frevler,

45 die da Gottes Weg versperren
und wünschen, dass er krumm verläuft.
Sie glauben nicht an das Jenseits.»

46 Und zwischen beiden ist eine Scheidewand,
und auf den Höhen stehen Männer,
die einen jeden an seinem Zeichen erkennen.

Sie rufen den Bewohnern des Paradieses zu: «Friede sei mit euch!»
Sie haben es noch nicht betreten, auch wenn sie es erstreben.

½ 47 Wenn ihre Blicke auf die Bewohner der Hölle gerichtet werden,
sagen sie: «Unser Herr, tu uns nicht hinzu zu dem Volk von Frevlern!»

48 Und die auf den Höhen stehen, rufen solchen Männern zu,
die sie an ihren Zeichen erkennen, und sagen:
«Euer Sammeln hat euch nichts genützt
und auch nicht, dass ihr euch erhaben dünktet!

49 Sind das die, von denen ihr geschworen habt:
‹Gott wird ihnen keine Barmherzigkeit gewähren›?» –
«Geht ein in den Paradiesesgarten!
Ihr habt nichts zu fürchten und müsst nicht traurig sein!»

50 Und die Höllenbewohner rufen den Paradiesesbewohnern zu:
«Gießt etwas Wasser auf uns aus
oder etwas von dem, womit euch Gott bedacht hat!»
Sie sprechen: «Siehe, den Ungläubigen hat Gott beides verboten,

51 die ihren Glauben als Zeitvertreib und Spiel betrachten
und die das Leben hier auf Erden betörte.»
Doch heute vergessen *wir* sie,
so wie *sie* die Begegnung mit diesem ihrem Tag vergaßen
und wie sie unsere Zeichen immer wieder leugneten.

52 Wir brachten ihnen doch ein Buch, das wir auslegten,
im Wissen, dass es eine Rechtleitung ist
und eine Barmherzigkeit für Menschen, welche glauben.

53 Erwarten sie etwas anderes als seine Ausdeutung?
Am Tag, da seine Ausdeutung eintrifft,
da sagen die, die es vorher vergessen hatten:
«Die Gesandten unseres Herrn sind nun gekommen, in Wahrheit!
Gibt es für uns noch Fürsprecher, dass sie dann für uns sprechen können?
Oder werden wir zurückgebracht,
um anders zu handeln, als wir sonst immer handelten?»
Sie sind ihres Lebens verlustig gegangen,
und verloren ging für sie, was sie sich je ersonnen hatten.

54 Siehe, euer Herr ist Gott, der die Himmel und die Erde in sechs Tagen schuf,
sich dann hoch oben auf dem Throne niederließ.
Er lässt die Nacht den Tag bedecken, ihn eilig fordernd;
und er schuf Sonne, Mond und Sterne, dienstbar seinem Geheiß.
Kommt denn nicht ihm die Schöpfung zu und das Geheiß?
Voller Segen ist Gott, der Herr der Weltbewohner!

55 Ruft euren Herrn in Demut an und im Verborgenen!

Siehe, er liebt die nicht, die Übertretungen begehen.

56 Richtet auf Erden kein Unheil an, nachdem sie heil war!
Ruft ihn an in Furcht und in Verlangen!
Siehe, Gottes Barmherzigkeit ist denen nahe, die Gutes tun.

57 Er ist es, der die Winde ausschickt als frohe Botschaft
– seiner Barmherzigkeit voraus –,
bis wir, wenn sie schwere Wolken aufgeschichtet haben,
diese auf ausgedörrtes Land hinlenken
und dann mit ihrer Hilfe Wasser herniedersenden
und so hervorgehn lassen alle Art von Früchten.
Auf eben diese Weise holen wir die Toten hervor.
Vielleicht lasst ihr euch mahnen!

58 Und das gute Land: Seine Pflanzen gehen aus ihm hervor,
mit der Erlaubnis seines Herrn;
das aber schlecht ist: Aus dem geht nichts hervor, außer mit Mühe.
Auf diese Weise deuten wir die Zeichen unterschiedlich,
für Menschen, die dankbar sind.

59 Einst sandten wir Noah aus zu seinem Volk.
Er sprach: «Mein Volk! Dient Gott!
Ihr habt keinen Gott außer ihm.
Siehe, ich fürchte für euch die Strafe eines gewaltigen Tages.»

60 Da sprachen die Ältesten aus seinem Volk:
«Siehe, wir sehen dich in klarem Irrtum.»

61 Er sprach: «Mein Volk! Kein Irrtum ist an mir,
sondern ich bin ein Gesandter vom Herrn der Weltbewohner.

62 Ich überbringe euch die Botschaften meines Herrn
und gebe euch Rat.
Denn ich weiß von Gott, was ihr nicht wisst.

63 Oder erstaunt es euch, dass zu euch Mahnung kommt von eurem Herrn,
durch einen Mann aus eurer Mitte,
dass er euch warne
und dass ihr Gott fürchten sollt?
Vielleicht findet ihr ja Erbarmen.»

64 Doch sie erklärten ihn zum Lügner.
Da erretteten wir ihn und die mit ihm im Schiff
und ließen die ertrinken, die unsere Zeichen Lüge nannten.
Siehe, ein Volk von Blinden waren sie!

¾ 65 Und zu den ʿAd sandten wir ihren Bruder Hud:
Er sprach: «Mein Volk! Dient Gott!
Ihr habt keinen Gott außer ihm.

Wollt ihr nicht gottesfürchtig sein?»

66   Da sprachen die Ältesten aus seinem Volk, die ungläubig waren:
     «Siehe, wir sehen dich in einer Torheit
     und glauben wirklich, dass du ein Lügner bist.»

67   Er sprach: «Mein Volk! An mir ist nichts von Torheit,
     vielmehr bin ich ein Gesandter vom Herrn der Weltbewohner.

68   Ich überbringe euch die Botschaften meines Herrn,
     und ich bin für euch ein redlicher Berater.

69   Oder erstaunt es euch, dass zu euch Mahnung kommt von eurem Herrn,
     durch einen Mann aus eurer Mitte,
     dass er euch warne?
     So erinnert euch daran, wie er euch zu Nachfolgern nach dem Volke Noahs
          machte
     und wie er euch in eurer Gestalt an Größe mehrte!
     Und erinnert euch an die Gnadengaben Gottes;
     vielleicht wird es euch dann wohlergehen!»

70   Sie sprachen: «Bist du zu uns gekommen, dass wir einzig Gott verehren?
     Und das, was unsere Väter verehrten, aufgeben sollen?
     So schaffe uns herbei, was du uns verheißt,
     wenn du die Wahrheit sprichst!»

71   Er sprach: «Greuel und Zorn von eurem Herrn sind über euch gefallen.
     Wollt ihr denn mit mir über Namen streiten,
     die ihr geprägt habt, ihr und eure Väter?
     Gott sandte keine Vollmacht für sie herab.
     So wartet ab! Siehe, ich werde mit euch warten!»

72   Da retteten wir ihn und die mit ihm, aus Barmherzigkeit von uns,
     und rotteten mit Stumpf und Stiel die aus, die unsere Zeichen Lüge nannten
     und die nicht gläubig waren.

73   Und zu den Thamud sandten wir ihren Bruder Salih.
     Er sprach: «Mein Volk! Dient Gott!
     Ihr habt keinen Gott außer ihm.
     Zu euch kam ein Beweis von eurem Herrn:
     Hier ist die Kamelin Gottes, für euch als Zeichen.
     So lasst sie weiden auf der Erde Gottes, und rührt sie nicht aus Bosheit an,
     denn sonst erfasst euch schmerzhafte Strafe!

74   So erinnert euch daran, wie er euch zu Nachfolgern machte nach den ʿAd
     und euch im Land ansiedelte,
     so dass ihr in seinen Ebenen Schlösser gebaut
     und aus den Bergen Häuser gemeißelt habt.
     Erinnert euch an die Gnadengaben Gottes,

und handelt nicht verderblich auf der Erde – als Unheilstifter!»

75 Die Ältesten aus ihrem Volk, die sich erhaben dünkten,
sprachen zu den Schwachen ihres Volkes – denen von ihnen, die glaubten:
«Wisst ihr, dass Salih ein Abgesandter seines Herrn ist?»
Sie sprachen: «Siehe, wir glauben an das, womit er gesandt ist.»

76 Die sich erhaben dünkten, sprachen:
«Siehe, wir glauben nicht an das, woran ihr glaubt.»

77 Und sie zerschnitten die Sehnen der Kamelin
und widersetzten sich dem Befehl ihres Herrn
und sprachen «Salih! Schaff uns herbei, was du uns verheißt,
wenn du ein Abgesandter bist!»

78 Da erfasste sie das Beben,
und am Morgen lagen sie hingestreckt in ihrem Haus.

79 Da wandte er sich ab von ihnen und sprach:
«Mein Volk! Die Botschaft meines Herrn trug ich euch vor
und gab euch guten Rat.
Jedoch, ihr liebt die nicht, die guten Rat erteilen.»

80 Und wir sandten Lot.
Damals, als er zu seinem Volke sprach:
«Wollt ihr denn etwas so Schändliches begehen,
worin noch niemand euch zuvorkam von den Weltbewohnern?

81 Siehe, aus Lust verkehrt ihr mit den Männern statt mit Frauen.
Nein, ihr seid ein Volk, das es zu weit treibt.»

82 Und die Antwort seines Volkes war nichts anderes, als dass sie sprachen:
«Treibt sie aus eurer Stadt hinaus!
Siehe, das sind Menschen, die sich für rein halten!»

83 Da erretteten wir ihn mit den Seinen – nicht aber seine Frau,
sie war unter den Zurückgelassenen.

84 Und wir ließen starken Regen über sie niedergehen.
So schau doch, wie das Ende der Übeltäter war!

85 Und zu den Midianitern sandten wir ihren Bruder Schuʿaib.
Er sprach: «Mein Volk! Dient Gott!
Ihr habt keinen Gott außer ihm.
Zu euch kam ein Beweis von eurem Herrn:
So haltet Maß und Waage ein,
und betrügt die Menschen nicht um ihre Sachen!
Richtet auf Erden kein Unheil an, nachdem sie heil war.
Das ist für euch besser, sofern ihr gläubig seid.

86 Und sitzt nicht an jeder Straße, um zu drohen
und den Weg Gottes denen abzusperren, die an ihn glauben,

und ihn gekrümmt zu wünschen!
Erinnert euch daran, wie ihr wenige wart und er euch zahlreich machte!
Schaut, wie das Ende der Unheilstifter war!

87 Wenn eine Gruppe von euch an das glaubt, womit ich gesandt bin,
und eine andere Gruppe nicht glaubt,
so geduldet euch, bis Gott zwischen uns richtet;
ist er doch der beste Richter.»

ǧ9 ḥ17 88 Die Ältesten aus seinem Volk, die hochmütig waren, sprachen:
«Wahrlich, wir werden dich, Schuʿaib, und die mit dir glauben
aus unserer Stadt vertreiben,
oder aber du kehrst zurück zu unserer Glaubensweise!»
Er sprach: «Doch wenn wir uns nun dagegen sträuben?

89 Wir müssten doch Lügen gegen Gott ersinnen,
wollten wir zurückkehren zu eurer Glaubensweise,
nachdem uns Gott aus ihr errettet hat.
Es steht uns nicht zu, zu ihr zurückzukehren,
es sei denn, dass Gott, unser Herr, es will.
Unser Herr umfasst mit seinem Wissen alles.
Auf Gott vertrauen wir.
Du unser Herr, richte zwischen uns und unserem Volk nach der Wahrheit!
Du bist der beste Richter.»

90 Die Ältesten aus seinem Volk, die ungläubig waren, sprachen:
«Wenn ihr nun wirklich Schuʿaib folgen wollt,
siehe, dann seid ihr Verlierer!»

91 Da erfasste sie das Beben,
und am Morgen lagen die hingestreckt in ihrem Haus,

92 die Schuʿaib einen Lügner nannten,
als ob sie nie darin gewesen wären.
Die Schuʿaib einen Lügner nannten,
sie wurden die Verlierer.

93 Da wandte er sich von ihnen ab und sprach:
«Mein Volk! Ich überbrachte euch die Botschaften meines Herrn
und gab euch Rat.
Wie sollte ich betrübt sein über ein ungläubiges Volk?»

94 Keinen Propheten sandten wir in eine Stadt,
deren Bewohner wir nicht mit Elend und mit Leid geschlagen hätten,
auf dass sie sich demütig zeigten.

95 Dann setzten wir an den Platz des Bösen Gutes, bis sie vergesslich wurden
und sprachen: «Schon über unsere Väter kam Leid und Freud.»
Doch da ergriffen wir sie unversehens, ohne dass sie es merkten.

96 Hätten die Bewohner der Städte geglaubt und Gottesfurcht gehabt,
hätten wir ihnen Segnungen aufgetan, vom Himmel und der Erde.
Sie aber leugneten.
Doch da ergriffen wir sie ob dessen, was sie je begangen hatten.

97 Sind die Bewohner der Städte sich denn sicher,
dass unser Schlag nicht nachts über sie kommt, derweil sie schlafen?

98 Oder sind die Bewohner der Städte sich sicher,
dass unser Schlag nicht morgens über sie kommt, derweil sie spielen?

99 Fühlen sie sich sicher vor dem Planen Gottes?
Doch sicher fühlen sich vor Gottes Planen nur die Leute, die Verlierer sind.

100 Die das Land danach von seinen Bewohnern erbten,
kann es für die nicht eine Richtschnur sein,
dass wir sie, wenn wir wollten, um ihrer Sünden willen treffen könnten?
Doch wir versiegeln ihre Herzen, so dass sie nicht hören.

101 Das sind die Städte, deren Geschichten wir dir erzählen.
Zu ihnen waren ihre Gesandten gekommen mit den Beweisen,
doch sie konnten an das nicht glauben,
was sie früher Lüge genannt hatten.
So versiegelt Gott die Herzen der Ungläubigen.

102 Bei den meisten von ihnen fanden wir keine Treue vor,
vielmehr fanden wir, dass die meisten von ihnen ruchlos sind.

103 Dann sandten wir, nach ihnen, Mose mit unseren Zeichen
zu Pharao und seinen Ältesten.
Da frevelten sie – an ihnen.
Schau, wie das Ende der Unheilstifter war!

104 Mose sprach: «Pharao!
Siehe, ich bin Gesandter vom Herrn der Weltbewohner –

105 verpflichtet, nichts als die Wahrheit über Gott zu sagen.
Ich kam zu euch mit einem Beweis von eurem Herrn:
Lass die Kinder Israel daher mit mir ziehen!»

106 Er sprach: «Wenn du mit einem Zeichen gekommen bist,
so bringe es herbei,
wenn du die Wahrheit sprichst!»

107 Da warf er seinen Stab, und siehe da, er ward zu einer Schlange, klar
    sichtbar!

108 Und er zog seine Hand heraus, und siehe da, weiß war sie für die Sehenden.

109 Es sprachen die Ältesten vom Volke Pharaos:
«Siehe, das ist fürwahr ein Zauberer, der kundig ist.

110 Er will euch aus eurem Land vertreiben.
Was ratet ihr denn nun?»

111 Sie sprachen: «Lass ihn und seinen Bruder warten,
und sende Boten in die Städte,

112 dass sie dir alle kundigen Zauberer bringen!»

113 Da kamen die Zauberer zu Pharao. Sie sprachen:
«Wenn wir es sind, die siegen, dann werden wir gewiss belohnt?»

114 Er sprach: «Ja – und ihr sollt mir dann auch nahestehen!»

115 Sie sprachen: «Mose! Wirf entweder du, oder wir werden werfen!»

116 Er sprach: «Werft ihr!»
Als sie nun geworfen hatten, verzauberten sie der Menschen Augen,
versetzten sie in Schrecken und boten gewaltiges Zauberwerk.

¼ 117 Und wir befahlen Mose: «Wirf du deinen Stab!»
Und siehe da, rasch fing er ihren Trug ein.

118 Da ward die Wahrheit sichtbar,
und zunichte wurde, was sie geschaffen hatten.

119 So wurden sie besiegt und wandten sich demütig ab.

120 Und die Zauberer fielen anbetend nieder.

121 Sie sprachen: «Wir glauben an den Herrn der Weltbewohner,

122 den Herrn von Aaron und von Mose.»

123 Pharao sprach: «Glaubt ihr denn an *ihn* –
noch ehe *ich* euch das gestattet habe?
Siehe, das ist ein Ränkespiel, das ihr euch ausgedacht habt in der Stadt,
um ihre Einwohner aus ihr wegzutreiben.
Ihr werdet es noch erfahren.

124 Wahrlich, Hände und Füße haue ich euch ab, wechselweise rechts und links,
dann werde ich euch kreuzigen – allesamt.»

125 Sie sprachen: «Siehe, zu unserem Herrn kehren wir zurück.

126 Du zürnst uns ja nur deshalb,
weil wir an die Zeichen unseres Herrn glaubten,
als sie zu uns kamen.»
«Du unser Herr! Gib uns reichlich Geduld,
und nimm uns als Gottergebene zu dir!»

127 Es sprachen die Ältesten aus dem Volke Pharaos:
«Willst du denn zulassen, dass Mose und sein Volk Unheil im Land
anrichten
und dass er dich verlässt und deine Götter?»
Er sprach: «Wir werden ihre Söhne töten und nur ihre Frauen am Leben
lassen.
Siehe, wir haben Macht über sie!»

128 Mose sprach zu seinem Volk: «Ruft Gott um Hilfe an, und seid geduldig!
Siehe, das Land gehört ja Gott,

er vererbt es denen seiner Knechte, die er will.
Das gute Ende gehört den Gottesfürchtigen.»

129 Sie sprachen: «Uns wurde schmerzhaft zugesetzt,
bevor du zu uns kamst und auch danach.»
Er sprach: «Vielleicht richtet euer Herr euren Feind zugrunde
und macht euch zu Nachfolgern im Land,
um dann zu sehen, wie ihr handelt.»

130 Wir hatten das Geschlecht Pharaos heimgesucht
mit Dürre und Mangel an Früchten,
auf dass sie sich mahnen ließen.

131 Wenn dann Gutes zu ihnen kam, sprachen sie: «Das steht uns zu.»
Und wenn Schlimmes über sie hereinbrach,
gaben sie Mose und die Seinen als Omen an.
Doch ist ihr Omen nicht bei Gott?
Doch die meisten von ihnen haben kein Wissen.

132 Sie sprachen: «Mit welchem Zeichen du auch zu uns kommst,
um uns damit zu bezaubern, wir werden dir doch nicht glauben.»

133 Wir sandten über sie die Flut, Heuschrecken, Läuse, Frösche und das Blut
als Zeichen unterschiedlicher Art.
Doch sie gebärdeten sich hochmütig und waren ein verbrecherisches Volk.

134 Als das Strafgericht über sie hereinbrach, sprachen sie:
«Mose, rufe für uns deinen Herrn an,
aufgrund des Bundes, den er mit dir geschlossen hat!
Wenn du dann die Strafe von uns nimmst, dann wollen wir dir glauben
und werden die Kinder Israel mit dir ziehen lassen!»

135 Als wir dann die Strafe von ihnen genommen hatten,
bis zu einer Frist, die sie erreichen würden,
siehe, da wurden sie wortbrüchig.

136 Da nahmen wir an ihnen Rache und ließen sie im Meer ertrinken,
dafür, dass sie unsere Zeichen Lüge nannten und nicht beachtet hatten.

137 Und wir ließen das Volk, das unterdrückt war,
das Land erben, auf dem unser Segen ruht –
von Osten bis nach Westen.
Und das gute Wort deines Herrn über die Kinder Israel traf ein,
darum, dass sie geduldig waren.
Und wir zerstörten, was Pharao und sein Volk geschaffen und errichtet
hatten.

138 Und wir ließen die Kinder Israel das Meer überqueren.
Da kamen sie zu einem Volk, das hing eigenen Götterbildern an.
Sie sprachen: «Mose, mach uns einen Gott so wie seine Götter!»

Er sprach: «Siehe, ihr seid ein Volk, das unverständig ist!
139 Siehe, das, woran sich dieses Volk da hält, ist dem Untergang geweiht,
und nichtig ist das, was sie taten.»
140 Er sprach: «Soll ich für euch einen anderen Gott wünschen als den
einen Gott?
Wo er euch doch vor den Weltbewohnern ausgezeichnet hat?»
141 Damals, als wir euch erretteten vor dem Geschlecht des Pharao,
das euch schlimme Pein zufügte,
das eure Söhne mordete und nur eure Frauen leben ließ:
Darin lag eine Prüfung von eurem Herrn, gar gewaltig.
½ 142 Und wir verabredeten uns mit Mose auf dreißig Tage
und ergänzten sie um zehn weitere.
So betrug die vollständige Zeit bei seinem Herrn vierzig Tage.
Und Mose sprach zu seinem Bruder Aaron:
«Tritt du an meine Stelle bei meinem Volk, und sorge für Ordnung,
und folge nicht dem Weg der Unheilstifter!»
143 Und als Mose zu unserer Verabredung gekommen war
und sein Herr ihn angesprochen hatte, sprach er:
«Mein Herr, zeig dich mir, dass ich dich sehen kann!»
Er sprach: «Du sollst mich nicht sehen!
Doch schau zum Berg, und wenn er unverrückt an seinem Platz bleibt,
dann wirst du mich sehen!»
Als sich dann sein Herr dem Berge zeigte,
machte er ihn zu Staub.
Und Mose fiel zu Boden, wie vom Blitz getroffen.
Als er wieder zu sich gekommen war, sprach er:
«Gepriesen seist du! Dir wende ich mich zu
und bin der erste Gläubige.»
144 Er sprach: «Mose! Siehe, ich habe dich vor den Menschen auserwählt
durch meine Botschaften und durch meine Worte.
So nimm entgegen, was ich dir übergebe!
Und sei dankbar!»
145 Wir schrieben ihm von allen Dingen auf die Tafeln,
als Mahnung und Erläuterung für alle Dinge.
«So nimm sie mit Entschlossenheit entgegen,
und befiehl deinem Volk, dass sie das Vortreffliche, das darin liegt,
annehmen!
Und ich werde euch die Stätte der Verworfenen zeigen.»
146 Ich werde von meinen Zeichen die abwenden,
die sich hochmütig gebärden im Lande, ohne Recht.

Wenn sie ein jedes Zeichen sehen, glauben sie nicht daran.
Und wenn sie den Weg der rechten Führung sehen,
dann schlagen sie ihn als Weg nicht ein.
Doch wenn sie den Weg des Truges sehen,
dann schlagen sie ihn ein als Weg.
Dies, weil sie unsere Zeichen Lüge genannt und nicht beachtet hatten.

147 Die unsere Zeichen leugnen und die Begegnung mit dem Jenseits –
zuschanden werden deren Werke.
Wird ihnen nicht nur das vergolten, was sie immer wieder taten?

148 Und das Volk Moses machte sich, nachdem er fort war,
aus seinem Schmuck ein leibhaftiges Kalb, das blökte.
Sahen sie denn nicht, dass es nicht zu ihnen sprechen
und sie auch nicht einen Weg führen konnte?
Sie nahmen es an und waren Frevler.

149 Als es ihnen klar geworden war und sie sahen, dass sie abgeirrt waren,
sprachen sie: «Wenn unser Herr sich unserer nicht erbarmt und uns
  vergibt,
dann, wahrlich, gehören wir zu den Verlierern!»

150 Als Mose zu seinem Volk zurückkam, voll Zorn und Kummer,
sprach er: «Wie schlecht habt ihr mich vertreten, nachdem ich fort war!
Wolltet ihr den Befehl eures Herrn beschleunigen?»
Und er warf die Tafeln hin,
packte seinen Bruder am Kopf und zog ihn zu sich.
Der sprach: «Mein Bruder! Das Volk setzte mir heftig zu –
fast hätten sie mich getötet.
Lass doch nicht zu, dass die Feinde sich meinetwegen freuen,
und erkläre mich nicht zum Frevler!»

151 Er sprach: «Mein Herr! Vergib mir und auch meinem Bruder!
Und führ uns ein in dein Erbarmen!
Du bist der barmherzigste Erbarmer.»

152 Siehe, die das Kalb annahmen, die wird Zorn von ihrem Herrn
und Erniedrigung im Leben hier auf Erden treffen.
So vergelten wir denen, die sich Lügen ersinnen.

153 Diejenigen, die Böses tun, dann aber – nach ihren Taten – umkehren und
  glauben –
siehe, dein Herr ist – nach ihren Taten – bereit zu vergeben und
  barmherzig.

154 Als der Zorn von Mose gewichen war, hob er die Tafeln wieder auf.
Und in dem, was darauf geschrieben steht,
liegt Rechtleitung und Barmherzigkeit für solche, die ihren Herrn fürchten.

155 Mose wählte aus seinem Volk siebzig Männer aus für die Verabredung
mit uns.
Als dann das Beben sie erfasste, sprach er:
«Mein Herr, hättest du gewollt,
du hättest sie und mich vorher schon vernichtet.
Willst du uns denn für das vernichten,
was die Toren unter uns angerichtet haben?
Siehe, das ist nur deine Prüfung:
Du führst damit in die Irre, wen du willst,
und leitest auf dem rechten Wege, wen du willst.
Du bist unser Freund.
So vergib uns, und erbarm dich unser!
Du kannst am trefflichsten vergeben.

¾ 156 Und schreibe für uns Gutes auf im Diesseits und im Jenseits!
Siehe, wir sind – dir gegenüber – Juden.»
Er sprach: «Mit meiner Strafe treffe ich, wen ich will,
und mein Erbarmen ist weit genug für alle Dinge.
Und aufschreiben werde ich sie für die,
welche Gott fürchten, die Armensteuer geben
und an unsere Zeichen glauben.»

157 Die dem Gesandten folgen, dem schriftunkundigen Propheten,
von dem geschrieben finden sie bei sich in Gesetz und Evangelium,
der ihnen das Gute gebietet und das Verwerfliche verbietet,
der ihnen die guten Dinge erlaubt und die niederträchtigen verwehrt
und der ihnen ihre Last abnimmt und die Fesseln, die auf ihnen lagen.
Die also an ihn glauben und ihm helfend zur Seite stehen
und dem Licht folgen, das mit ihm herabgesandt ist,
das sind die, denen es wohlergeht.

158 Sprich: «O ihr Menschen!
Siehe, ich bin der Gesandte Gottes zu euch allen.
Sein ist die Herrschaft über die Himmel und die Erde.
Kein Gott ist außer ihm.
Er macht lebendig und lässt sterben.
So glaubt an Gott und seinen Gesandten,
den schriftunkundigen Propheten,
der an Gott und seine Worte glaubt,
und folgt ihm nach!
Vielleicht seid ihr dann rechtgeleitet.»

159 Aus dem Volke Moses stammt eine Gemeinschaft,
die mit der Wahrheit auf den rechten Weg führt

und die mit ihr wandelt in Gerechtigkeit.

160 Wir teilten sie auf in zwölf Stämme, als Gemeinschaften.

Und wir befahlen Mose, als ihn sein Volk um Regen bat:
«Schlag auf den Stein mit deinem Stock!»
Da brachen zwölf Quellen aus ihm hervor,
und jedermann erkannte seinen Trinkplatz.

Und wir ließen Wolken Schatten spenden über sie
und sandten Manna und Wachteln zu ihnen herab:
«Esst von den guten Dingen, mit denen wir euch versorgen!»
Und sie begingen Frevel nicht an uns,
nein, sie begingen Frevel an sich selber.

161 Als zu ihnen gesagt ward: «Bewohnt nun diese Stadt
und esst in ihr, wo immer ihr es wollt!
Und sprecht: ‹Vergebung!›, und tretet ein zum Tor, euch verbeugend,
auf dass wir euch vergeben eure Missetaten!
Wir werden aber noch mehr denen geben, die Gutes tun.»

162 Da setzten die Frevler unter ihnen ein Wort an seine Stelle,
das nicht dem entsprach, was ihnen gesagt war.
Worauf wir ein Strafgericht auf sie herab vom Himmel sandten
für das, worin sie gefrevelt hatten.

163 Und frag sie nach der Stadt, die nah am Meer liegt!
Damals, als sie den Sabbat nicht einhielten,
als ihre Fische zu ihnen am Tage ihrer Sabbatruhe nach oben geschwommen
    kamen,
und am Tage, als sie nicht von der Arbeit ruhten, nicht zu ihnen kamen.
Auf diese Weise stellen wir sie auf die Probe, weil sie ruchlos waren.

164 Damals, als ein Stamm von ihnen sagte:
«Warum ermahnt ihr denn Leute, die Gott zugrunde richten
oder hart bestrafen wird?»
Sie sprachen: «Als Entschuldigung im Hinblick auf euren Herrn,
und weil sie vielleicht noch gottesfürchtig werden.»

165 Doch als sie vergaßen, woran sie gemahnt worden waren,
retteten wir die, die sich vom Bösen fernhielten,
und ergriffen die Frevler mit einer elenden Strafe,
dafür, dass sie ruchlos gehandelt hatten.

166 Als sie sich dem widersetzten, was ihnen verboten war,
sprachen wir zu ihnen: «Ihr sollt ausgestoßene Affen sein!»

167 Damals, als dein Herr ankündigte, er werde, bis zum Tag der Auferstehung,
Leute zu ihnen schicken, die ihnen schlimme Qual antun ...
Siehe, dein Herr ist wahrlich schnell im Strafen,

doch ist er auch bereit zu vergeben, barmherzig.

168 Und wir teilten sie im Land in Stämme auf,
darunter rechtschaffene und darunter auch andere.
Und wir stellten sie auf die Probe, mit Gutem und mit Bösem,
auf dass sie umkehren.

169 Auf sie folgte eine Nachkommenschaft, die das Buch erbte.
Sie ergriff, was an Gütern hier in dieser Welt begegnet,
und sprach: «Uns wird vergeben werden.»
Und wenn gleiche Güter zu ihr kamen, ergriff sie die auch.
Ist ihnen nicht die Verpflichtung abgenommen worden,
wie sie das Buch enthält,
dass sie gegen Gott nichts als die Wahrheit sagen sollen?
Sie haben doch genau studiert, was in ihm steht.
Das Jenseits jedoch ist besser für die Gottesfürchtigen.
Wollt ihr denn nicht begreifen?

170 Die sich aber halten an das Buch und das Gebet verrichten –
siehe, wir lassen den Lohn der Rechtschaffenen nicht verlorengehen.

ḥ18 171 Damals, als wir den Berg über ihnen schüttelten,
als ob er eine Hütte wäre,
und sie dachten, er werde auf sie fallen:
«Nehmt mit Entschlossenheit entgegen, was wir euch hiermit geben!
Und gedenket dessen, was in ihm steht, damit ihr gottesfürchtig werdet!»

172 Damals, als dein Herr aus Adams Kindern, ihren Lenden,
ihre Kindeskinder nahm und sie gegen sich zeugen ließ:
«Bin ich nicht euer Herr?»
Da sprachen sie: «So ist's; hiermit bezeugen wir's.»
Damit ihr nicht am Tag der Auferstehung sagt:
«Siehe, wir wussten nichts davon.»

173 Oder dass ihr sagt: «Unsere Väter betrieben früher Beigesellung,
und wir sind nun ihre Nachkommenschaft nach ihnen.
Willst du uns für das vernichten, was die taten, die Nichtiges sprachen?»

174 So erklären wir die Zeichen.
Vielleicht kehren sie ja um.

175 Trage ihnen die Geschichte von dem vor, dem wir unsere Zeichen gaben,
der sich dann aber von ihnen lossagte!
Da holte ihn der Satan in sein Gefolge, und er irrte ab.

176 Hätten wir gewollt, so hätten wir ihn durch sie erhoben.
Er aber blieb der Erde zugewandt und folgte seiner Neigung.
So ist er dem Hund zu vergleichen:
Ob du ihn angreifst oder in Ruhe lässt, er lässt die Zunge hängen.

Das ist den Leuten zu vergleichen, die unsere Zeichen Lüge nennen.
Darum erzähle die Geschichte!
Vielleicht denken sie darüber nach.

177 Wie übel sind die Leute dran, die unsere Zeichen Lüge nannten
und dabei an sich selber frevelten.

178 Wen Gott leitet, der ist rechtgeleitet;
und wen er in die Irre führt, das sind die Verlierer.

179 Viele Dschinne und Menschen erschufen wir für die Hölle;
sie haben Herzen, mit denen sie nicht verstehen,
und Augen, mit denen sie nicht sehen,
und Ohren, mit denen sie nicht hören.
Sie sind wie das Vieh – nein, noch verlorener.
Sie sind es, die auf nichts achtgeben.

180 Und Gott hat die Schönen Namen – ruft ihn damit an!
Und achtet nicht auf jene, die seine Namen leugnen!
Denn ihnen wird vergolten, was sie taten.

181 Unter denen, die wir geschaffen haben, stammt eine Gemeinschaft,
die mit der Wahrheit auf den rechten Weg führt
und die mit ihr wandelt in Gerechtigkeit.

182 Die unsere Zeichen Lüge nannten,
die werden wir allmählich dorthin bringen, wovon sie nicht wissen.

183 Und ich gewähre ihnen Aufschub.
Siehe, fest steht, was ich plane.

184 Haben sie denn nicht nachgedacht?
Euer Gefährte ist nicht besessen.
Er ist nichts als ein klarer Warner.

185 Haben sie denn die Herrschaft über die Himmel und die Erde nicht
betrachtet
und all die Dinge, die Gott erschaffen hat,
und dass ihr Zeitpunkt vielleicht schon nahe herbeigekommen ist?
An was für einen Bericht nach ihm sollten sie denn glauben?

186 Wen Gott abirren lässt, der hat keinen Führer.
Er lässt sie verblendet in ihrem Aufruhr taumeln.

187 Sie fragen dich nach ‹der Stunde›: «Wann trifft sie ein?»
Sprich: «Das Wissen um sie liegt bei meinem Herrn;
niemand gibt ihre Zeit preis, außer er allein.
Sie lastet auf den Himmeln und der Erde.
Ganz unverhofft und plötzlich kommt sie über euch!»
Sie fragen dich so, als wüsstest du es ganz genau.
Sprich: «Das Wissen um sie liegt bei Gott,

doch die meisten Menschen haben kein Wissen.»

188 Sprich: «Ich kann mir selber weder nutzen noch schaden,
es sei denn, Gott wollte es.
Hätte ich Wissen über das Verborgene,
dann würde ich über Gutes im Übermaß verfügen,
und Schlechtes träfe mich nicht.
Doch ich bin nichts als ein Warner und ein Freudenbote für Menschen,
die glauben.»

¼ 189 Er ist es, der euch erschuf aus einem einzigen Wesen
und der daraus eine Partnerin für ihn machte, dass er bei ihr wohne.
Nachdem er mit ihr Umgang hatte, wurde sie auf leichte Weise schwanger
und blieb dann so; als sie aber schwer geworden war,
riefen sie zu Gott, ihrem Herrn:
«Wenn du uns einen trefflichen Jungen bekommen lässt,
dann werden wir dankbar sein.»

190 Und als er beide einen trefflichen Jungen hatte bekommen lassen,
da machten sie beide ihm Gesellen in dem, was er ihnen gegeben hatte.
Doch Gott ist erhaben über das, was sie da beigesellen.

191 Wollen sie denn etwas beigesellen,
was nichts erschaffen kann, sondern selbst erschaffen ist?

192 Die können ihnen keine Hilfe bieten und auch sich selbst nicht helfen.

193 Wenn ihr sie anruft zur Führung, folgen sie euch nicht.
Es ist für euch gleich, ob ihr zu ihnen ruft oder schweigt.

194 Siehe, die ihr an Gottes statt anruft, die sind, wie ihr selbst, Knechte.
So ruft sie doch an, dass sie euch Antwort geben,
wenn ihr wahrhaftig seid!

195 Haben sie Füße, mit denen sie gehen,
oder Hände, mit denen sie greifen,
oder Augen, mit denen sie sehen,
oder Ohren, mit denen sie hören können?
Sprich: «Ruft eure Gesellen an,
dann macht eure Pläne gegen mich,
und gebt mir keinen Aufschub!»

196 Siehe, mein Freund ist Gott, der das Buch herabgesandt hat,
und er nimmt sich als Freund der Frommen an.

197 Doch die ihr an seiner statt anruft, die können euch nicht helfen
und können sich selbst nicht helfen.

198 Wenn ihr sie anruft zur Führung, hören sie nicht;
du siehst zwar, wie sie zu dir schauen, doch sie sehen nicht.

199 Sei nachsichtig, und gebiete, was recht ist!

Und meide die Unwissenden!
200 Wenn der Satan dich anstacheln will,
dann nimm zu Gott deine Zuflucht!
Siehe, er ist hörend, wissend.
201 Siehe, die Gottesfürchtigen lassen sich mahnen,
wenn sie ein Gespinst vom Satan überkommt,
und siehe da, sie sehen.
202 Doch ihre Brüder bestärken sie nur in der Täuschung
und lassen dann nicht ab.
203 Wenn du nicht mit einem Zeichen zu ihnen kommst, so sprechen sie:
«Warum hast du keines ausgewählt?»
Sprich: «Nein, ich folge nur dem, was mir von meinem Herrn eingegeben
wird.
Das hier sind sichtbare Beweise von eurem Herrn
und eine Leitung und Barmherzigkeit für Menschen, welche glauben.
204 Und wenn euch die Lesung vorgetragen wird,
so hört ihr aufmerksam zu.
Vielleicht wird euch dann Erbarmen zuteil.»
205 Gedenke deines Herrn bei dir, in Demut insgeheim
und ohne lautes Wort,
am Morgen und am Abend,
und sei keiner, der das vernachlässigt!
206 Siehe, die bei deinem Herrn sind,
die sind nicht zu stolz, ihm zu dienen.
Sie loben ihn und werfen sich vor ihm nieder.

Sure 8 – Die Beute – al-anfāl

Medinensisch, 75 Verse

Im Namen Gottes, des barmherzigen Erbarmers.

½ 1 Sie fragen dich nach der Beute.
Sprich: «Die Beute steht Gott und dem Gesandten zu.
So fürchtet Gott, schlichtet zwischen euch,
und gehorcht Gott und seinem Gesandten,
sofern ihr gläubig seid!»

2 Die Gläubigen, das sind jene, deren Herzen sich ängstigen,
wenn Gott genannt wird, und deren Glaube zunimmt,
wenn ihnen seine Verse vorgetragen werden,
und die auf ihren Herrn vertrauen,

3 die das Gebet verrichten
und von dem, womit wir sie bedachten, spenden.

4 Das sind die wahrhaft Gläubigen.
Rangstufen haben sie bei ihrem Herrn,
Vergebung und großzügige Versorgung.

5 Wie dich dein Herr aus deinem Haus mit Recht herausgeführt hat –
doch eine Gruppe von den Gläubigen,

die zeigt sich wahrlich widerstrebend,

6 sie streiten mit dir über das Recht, nachdem es klar geworden ist,
als ob sie in den Tod geführt würden – sehenden Auges.

7 Damals, als euch Gott verhieß,
dass eine von den beiden Gruppen für euch sein solle;
und als ihr wünschtet, dass es doch die sein möge ohne Kampfeskraft –
Gott will durch seine Worte dem Recht zum Recht verhelfen
und will die Ungläubigen ausrotten,

8 um dem Recht zum Rechte zu verhelfen und das Nichtige zu vernichten,
selbst wenn es den Missetätern zuwider ist.

9 Als ihr euren Herrn um Hilfe riefet und er euch da erhörte:
«Siehe, ich helfe euch mit tausend Engeln,
dicht aufgereiht.»

10 Gott tat es nur zu froher Botschaft
und dass eure Herzen dadurch Ruhe finden,
– doch kommt der Sieg allein von Gott.
Siehe, Gott ist mächtig, weise.

11 Damals, als er den Schlaf euch übermannen ließ,
um euch – von sich aus – Sicherheit zu gewähren,
und als er Wasser über euch herab vom Himmel sandte,
um euch damit zu reinigen
sowie des Satans Unreinheit von euch zu nehmen;
und um eure Herzen zu stärken
sowie die Schritte zu festigen.

12 Damals, als dein Herr den Engeln eingab:
«Ich bin mit euch; so stärkt die Gläubigen!
Ich werde in die Herzen derer, die ungläubig sind, Schrecken werfen!
So haut sie auf den Nacken,
und haut auf alle ihre Finger!»

13 Dies darum, weil sie Gott und seinem Gesandten zuwiderhandelten.
Und wenn jemand Gott und seinem Gesandten zuwiderhandelt –
siehe, dann ist Gott streng im Strafen.

14 So ist es. Darum schmeckt es nun!
Und dass den Ungläubigen die Strafe des Feuers bestimmt ist.

15 O ihr, die ihr glaubt! Wenn ihr die Ungläubigen auf dem Vormarsch
antrefft,
dann nehmt vor ihnen nicht Reißaus!

16 Doch wer an jenem Tag Reißaus vor ihnen nimmt
– außer, wer ausweicht, in Kampfesabsicht,
oder sich zu einer Kampfesgruppe schlägt –,

den trifft Zorn von Gott.
Sein Zufluchtsort ist die Hölle –
welch schlimmes Schicksal!

17   Nicht ihr habt sie getötet, sondern Gott.
Nicht du hast, als du warfst, geworfen, sondern Gott,
und zwar, um die Gläubigen auf gute Weise einer Prüfung auszusetzen.
Siehe, Gott ist hörend, wissend.

18   So ist es.
Und dass Gott die List der Ungläubigen zunichte macht.

19   Wenn ihr eine Entscheidung begehrt,
dann ist die Entscheidung für euch schon eingetroffen.
Und wenn ihr aufhört, dann ist das besser für euch.
Wenn ihr wieder anfangen wollt, tun wir es auch.
Doch eure Schar wird euch nichts nutzen, auch wenn sie zahlreich ist.
Und dass Gott mit den Gläubigen ist …

20   O ihr, die ihr glaubt! Gehorcht Gott und seinem Gesandten!
Kehrt euch nicht von ihm ab, da ihr doch hört!

21   Seid nicht wie die, welche sagen:
«Wir hören», aber doch nicht hören.

¾ 22   Siehe, die schlimmsten Tiere für Gott sind jene,
die taub und stumm sind und die nicht begreifen.

23   Wenn Gott an ihnen etwas Gutes erkannt hätte,
hätte er ihnen Gehör verliehen.
Doch wenn er ihnen Gehör verliehen hätte,
dann hätten sie Reißaus genommen und wären abgewandt geblieben.

24   O ihr, die ihr glaubt! Schenkt Gott und seinem Gesandten Gehör,
wenn er euch zu etwas aufruft, was euch Leben spendet!
Und wisset, dass Gott zwischen den Mann und sein Herz tritt
und dass ihr zu ihm versammelt werdet.

25   Fürchtet euch vor einer Prüfung,
die nicht alleine die unter euch treffen wird, die Unrecht taten!
Und wisst, dass Gott streng im Strafen ist!

26   Erinnert euch daran, wie ihr wenige wart und unterdrückt im Lande,
und fürchtetet, dass euch die Menschen ergreifen!
Doch er bereitete euch eine Zuflucht,
stärkte euch mit seiner Hilfe
und versorgte euch mit guten Gaben.
Vielleicht seid ihr ja dankbar.

27   O ihr, die ihr glaubt! Betrügt nicht Gott und den Gesandten,
und vergeht euch nicht an den euch anvertrauten Gütern,

wo ihr es doch wisst!

28 Wisst, dass eure Güter und eure Kinder eine Versuchung sind
und dass Gott es ist, bei dem reicher Lohn ist!

29 O ihr, die ihr glaubt! Wenn ihr Gott fürchtet, dann wird er euch Hilfe
schaffen
und euch eure bösen Taten tilgen und euch verzeihen.
Gott ist voll großer Huld.

30 Damals, als die Ungläubigen Ränke gegen dich schmiedeten,
um dich festzusetzen oder gar zu töten oder zu vertreiben.
Ja, sie schmieden Ränke, und auch Gott schmiedet Ränke.
Gott ist der beste Ränkeschmied.

31 Wenn ihnen unsere Verse vorgetragen werden, sagen sie:
«Wir haben schon gehört!
Wenn wir wollten, könnten wir das Gleiche sagen.
Das sind ja nur Fabeln der Altvorderen!»

32 Damals, als sie sagten: «O Gott! Wenn das die Wahrheit von dir ist,
dann lass doch Steine regnen über uns vom Himmel,
oder bring eine schmerzhafte Strafe über uns!»

33 Doch Gott war es nicht möglich, sie zu bestrafen,
während du noch unter ihnen warst.
Und Gott hätte sie auch nicht bestraft,
während sie um Verzeihung baten.

34 Doch was spricht für sie, dass Gott sie nicht bestrafe,
da sie von der heiligen Anbetungsstätte abhalten,
wo sie doch deren Beschützer nicht sind?
Deren Beschützer sind allein die Gottesfürchtigen.
Doch die meisten von ihnen haben kein Wissen.

35 Ihr Gebet beim ‹Haus› ist nichts als Gepfeife und Geklatsche.
So schmeckt die Strafe dafür, dass ihr ungläubig wart.

36 Siehe, die Ungläubigen geben ihre Güter dafür aus, vom Wege Gottes
abzuhalten,
und sie geben es weiterhin dafür aus.
Dann werden sie es bedauern.
Dann werden sie überwältigt.
Die Ungläubigen werden zur Hölle versammelt.

37 Gott will das Böse vom Guten scheiden,
das Böse zueinanderbringen,
es zusammen zu einem Haufen machen
und es in die Hölle schaffen.
Das sind die Verlierer.

38 Sprich zu den Ungläubigen: Wenn sie aufhören,
dann wird ihnen das vergeben, was voraufging.
Doch wenn sie rückfällig werden –
vorgefallen ist doch schon das Beispiel der Altvorderen.

39 Kämpft gegen sie, bis es keine Versuchung mehr gibt
und der Kult insgesamt dem *einen* Gott gilt.
Wenn sie aufhören – siehe, Gott sieht genau, was sie tun.

40 Wenn sie den Rücken kehren,
dann wisst, dass Gott euer Schutzherr ist –
wie gut ist er als Schutzherr und als Helfer!

ğ10 ḥ19   41 Und wisst, wenn ihr Beute macht,
dann gehört ein Fünftel davon Gott und dem Gesandten,
den Verwandten, Waisen, Armen und dem ‹Sohn des Weges›,
wenn ihr an Gott glaubt und an das,
was wir auf unseren Knecht herabgesandt haben am Tage der
          Entscheidung –
dem Tag, da die beiden Gruppen aufeinandertrafen!
Gott ist aller Dinge mächtig.

42 Damals, als ihr auf der näheren Seite des Tales wart und sie auf der
          entfernteren
und die Reiter unterhalb von euch waren;
und wenn ihr etwas verabredet hättet,
wäret ihr darüber verschiedener Meinung gewesen.
Doch es fand statt, auf dass Gott etwas entscheide, was getan werden sollte –
auf dass jeder, der umkam, aus klarem Grund umkam,
und jeder, der am Leben blieb, aus klarem Grund am Leben blieb.
Siehe, Gott ist wahrlich hörend, wissend.

43 Damals, als Gott sie dir als gering erscheinen ließ,
während du schliefest.
Hätte er sie dir als zahlreich erscheinen lassen,
gewiss, dann wäret ihr mutlos geworden und in Streit geraten.
Gott aber hat bewahrt.
Siehe, er kennt das Innere der Herzen.

44 Damals, als er sie euch, als ihr aufeinandertraft,
in euren Augen gering erscheinen ließ
und euch in ihren Augen gering machte –
auf dass Gott etwas entscheide, was getan werden sollte.
Zu Gott wird alles zurückgebracht.

45 O ihr, die ihr glaubt! Wenn ihr auf eine Gruppe trefft, dann bleibt fest!
Gedenkt reichlich Gottes!

Vielleicht wird's euch dann wohlergehen!

46 Gehorcht Gott und seinem Gesandten!
Geratet miteinander nicht in Streit,
denn sonst verzweifelt ihr, und euch verlässt der Mut!
Seid geduldig, denn Gott ist mit den Geduldigen!

47 Seid nicht wie die, die ihre Wohnstätten aus Dünkelhaftigkeit verließen
und um von den Menschen gesehen zu werden
und die abhalten vom Wege Gottes!
Gott erfasst, was immer sie auch tun.

48 Damals, als der Satan sie mit ihren Taten betörte und sprach:
«Heute gibt es keinen Menschen, der über euch die Oberhand gewinnen
    könnte.
Siehe, ich bin für euch Nachbar.»
Doch als die beiden Gruppen einander sahen,
da machte er auf der Stelle kehrt und sprach:
«Siehe, ich sage mich von euch los.
Denn ich sehe, was ihr nicht seht.
Ich fürchte mich vor Gott.
Denn Gott ist streng im Strafen.»

49 Damals, als die Heuchler und die, in deren Herzen eine Krankheit ist,
    sprachen:
«Ihr Kult hat diesen da den Kopf verdreht!»
Doch wer auf Gott vertraut –
siehe, Gott ist mächtig, weise.

50 Wenn du nur sehen könntest,
wie die Engel jene zu sich nehmen, die nicht glauben,
und sie in ihre Angesichter schlagen und auf ihren Rücken:
«Schmeckt die Qual des Feuerbrands!

51 Das ist für das, was eure Hände früher taten,
und weil Gott seinen Knechten niemals Unrecht tut.»

52 Wie es dem Geschlechte Pharaos erging und denen, die davor gelebt:
Sie glaubten nicht an die Zeichen Gottes.
Da raffte sie Gott hinweg mit ihren Sünden.
Siehe, Gott ist mächtig, streng im Strafen.

53 Das geschieht deshalb, weil Gott niemals eine Gnade ändern würde,
die er einem Volk einst verliehen hatte,
ehe es sich nicht ändert bei sich selbst;
und weil Gott hörend, wissend ist.

54 Wie es dem Geschlechte Pharaos erging und denen, die davor gelebt:
Sie nannten die Zeichen ihres Herrn Lüge.

Da richteten wir sie zugrunde samt ihren Sünden
und ließen das Geschlecht Pharaos ertrinken.
Sie alle waren Frevler.

55 Siehe, die schlimmsten Tiere für Gott sind jene, die ungläubig sind;
und sie werden auch nicht glauben –
56 diejenigen von ihnen, mit denen du einen Bund geschlossen hattest
und die dann ihren Bund brachen, jedes Mal,
und nicht gottesfürchtig waren.
57 Wenn du im Kriege auf sie triffst,
dann vertreibe mit ihnen auch die hinter ihnen;
vielleicht lassen sie sich mahnen.
58 Wenn du jedoch von Leuten Verrat befürchtest,
dann sei ihnen gegenüber in gleicher Weise vertragsbrüchig.
Siehe, Gott liebt die Verräter nicht.
59 Diejenigen, die ungläubig sind, sollen ja nicht meinen, dass sie vorne sind:
Sie können nichts verhindern.
60 Macht für sie bereit, was ihr an Streitmacht und Kriegsreiterei aufbringen
könnt,
um damit Gottes Feind und euren Feind zu erschrecken –
und noch andere als sie,
von denen ihr noch nichts wisst, die Gott aber kennt!
Was immer ihr auf dem Wege Gottes spendet, wird euch zurückerstattet,
und euch wird kein Unrecht angetan.
¼ 61 Wenn sie zum Friedensschluss neigen, so tue das auch du!
Vertrau auf Gott!
Siehe, er ist der Hörende, der Wissende.
62 Wenn sie dich betrügen wollen, siehe, dann hast du an Gott Genüge.
Er ist es doch, der dich mit seiner Hilfe und mit den Gläubigen gestärkt
63 und zwischen ihren Herzen Versöhnung gestiftet hat.
Hättest du alles, was es auf der Erde gibt, aufgewendet,
du hättest zwischen ihren Herzen nicht Versöhnung stiften können.
Gott aber hat unter ihnen Versöhnung gestiftet.
Siehe, er ist mächtig, weise.
64 O Prophet! Du hast an Gott Genüge
und an denen, die dir folgen von den Gläubigen.
65 O Prophet! Feure die Gläubigen zum Kampfe an!
Wenn unter euch zwanzig standhaft sind,
werden sie zweihundert besiegen,
und wenn es hundert von euch sind, dann tausend Ungläubige,
da das ja Menschen sind, die nichts verstehen.

66 Nun aber hat euch Gott Erleichterung gewährt,
weiß er doch, dass bei euch auch Schwachheit ist.
Wenn nun unter euch hundert Standhafte sind,
dann werden sie zweihundert besiegen.
Und wenn unter euch tausend sind, dann werden sie zweitausend besiegen,
mit Erlaubnis Gottes.
Gott ist mit den Standhaften.

67 Einem Propheten steht es nicht an, Kriegsgefangene zu haben,
solange er das Land nicht ganz bezwungen hat.
Ihr wollt das Glück des Diesseits,
Gott aber will das Jenseits.
Gott ist mächtig, weise.

68 Gäbe es nicht eine frühere Vorschrift von Gott,
träfe euch für das, was ihr genommen, harte Strafe.

69 So esst von dem, was ihr erbeutet habt, Erlaubtes, Gutes!
Und fürchtet Gott!
Siehe, Gott ist bereit zu vergeben, barmherzig.

70 O Prophet! Sprich zu den Kriegsgefangenen, die in eurer Hand sind:
«Wenn Gott in euren Herzen etwas Gutes erkennt,
so wird er euch Besseres geben als das, was euch genommen wurde,
und er wird euch vergeben.»
Gott ist bereit zu vergeben, barmherzig.

71 Wenn sie Verrat an dir begehen wollen –
sie haben doch schon früher an Gott Verrat geübt.
Er verlieh Macht über sie.
Gott ist wissend, weise.

72 Diejenigen, die glaubten, die auswanderten
und mit ihrem Gut und ihrem Leben kämpften auf dem Wege Gottes
und die Asyl und Hilfe gewährten,
die sind füreinander Freunde.
Die aber glaubten und nicht auswanderten,
denen steht von ihrer Freundschaft nichts zu, bis sie auswandern.
Doch wenn sie euch in Fragen der Religion um Hilfe bitten,
so seid ihr zur Hilfe verpflichtet –
doch nicht gegen Leute, zwischen denen und euch ein Vertrag besteht.
Gott schaut auf das, was ihr tut.

73 Die aber ungläubig sind, die sind auch untereinander Freunde.
Doch wenn ihr es nicht tut, dann gibt es im Land Versuchung
und großes Verderben.

74 Die aber glaubten, auswanderten und auf dem Wege Gottes kämpften,

und diejenigen, die Asyl und Hilfe gewährten,
das sind die wahrhaft Gläubigen.
Für sie ist Vergebung und großzügige Versorgung.
75 Die aber danach glaubten, auswanderten und mit euch kämpften,
die gehören zu euch.
Die Blutsverwandten aber stehen einander am nächsten –
wie es im Buche Gottes steht.
Siehe, Gott hat über alles Wissen.

Sure 9 – Die Buße – at-tauba

Medinensisch, 129 Verse

½ 1 Eine Aufkündigung von seiten Gottes und seines Gesandten
an jene Beigeseller, mit denen ihr einen Bund geschlossen hattet.

2 Zieht frei im Land umher, vier Monate!
Doch wisst, dass ihr Gottes Tun nicht vereiteln könnt
und dass Gott die Ungläubigen erniedrigen wird.

3 Eine Ansage von Gott und seinem Gesandten an die Menschen
am Tag der großen Wallfahrt:
Gott und sein Gesandter haben sich von den Beigesellern losgesagt.
Kehrt ihr um, dann ist es gut für euch.
Doch wendet ihr euch ab, dann wisst,
dass ihr Gottes Tun nicht vereiteln könnt!
Verkünde denen, die ungläubig sind, schmerzhafte Strafe!

4 Mit Ausnahme der Beigeseller, mit denen ihr einen Bund geschlossen
habt,
die euch gegenüber daran nichts geschmälert
und niemanden gegen euch unterstützt haben.
Erfüllt also ihnen gegenüber ihren Bund bis zu ihrer Frist!

Siehe, Gott liebt die Gottesfürchtigen.

5 Sind die heiligen Monate abgelaufen,
dann tötet die Beigeseller, wo immer ihr sie findet,
ergreift sie, belagert sie, und lauert ihnen auf aus jedem Hinterhalt!
Doch wenn sie sich bekehren, das Gebet verrichten
und die Armensteuer geben, dann lasst sie laufen!
Siehe, Gott ist bereit zu vergeben, barmherzig.

6 Wenn einer von den Beigesellern dich um ein Nachbarschaftsbündnis
bittet,
so gewähre es ihm, auf dass er das Wort Gottes hören kann,
dann lasse ihn an einen Ort gelangen, der für ihn sicher ist!
Dies, weil sie Menschen sind, die kein Wissen haben.

7 Wie sollten denn die Beigeseller einen Bund mit Gott und seinem
Gesandten haben –
mit Ausnahme derjenigen, mit denen ihr bei der heiligen Anbetungsstätte
einen Bund geschlossen habt?
Was sie euch gegenüber eingehalten haben,
das haltet auch ihr ihnen gegenüber ein!
Siehe, Gott liebt die Gottesfürchtigen.

8 Wie? Und wenn sie über euch siegen
und weder Vertrag noch Schutzverhältnis euch gegenüber beachten?
Sie stellen euch mit ihrer Rede zufrieden,
doch ihre Herzen lehnen ab.
Die meisten von ihnen sind ruchlos.

9 Sie verkauften die Zeichen Gottes um geringen Preis
und hielten von seinem Wege ab.
Wie schlimm ist, was sie immer wieder taten!

10 Sie achten einem Gläubigen gegenüber weder Vertrag noch
Schutzverhältnis.
Sie sind es, die Übertretungen begehen.

11 Doch wenn sie sich bekehren, das Gebet verrichten
und die Armensteuer geben, dann sind sie eure Brüder in der Religion.
Wir legen die Zeichen Menschen aus, die Wissen haben.

12 Doch wenn sie, nachdem sie einen Bund geschlossen haben, ihre Eide
brechen
und eure Religion angreifen,
dann bekämpft die Anführer des Unglaubens!
Siehe, für sie gelten keine Eide.
Vielleicht lassen sie ja ab.

13 Wollt ihr nicht gegen Leute kämpfen, die ihre Eide gebrochen haben

und den Gesandten zu vertreiben suchten?
Sie haben doch gegen euch ein erstes Mal begonnen.
Fürchtet ihr euch vielleicht vor ihnen?
Gott verdient es eher, dass ihr ihn fürchtet, wenn ihr gläubig seid.

14 Bekämpft sie, so wird sie Gott durch eure Hände strafen und erniedrigen
und euch gegen sie helfen
und die Herzen gläubiger Leute heilen

15 und den Zorn ihrer Herzen vergehen lassen!
Gott wendet sich gnädig zu, wem er will,
und Gott ist wissend, weise.

16 Oder rechnet ihr damit, dass ihr in Frieden gelassen werdet,
ohne dass Gott wüsste, wer von euch gekämpft hat
und keinen außer Gott, seinem Gesandten und den Gläubigen sich zum
   Vertrauten nahm?
Gott ist kundig dessen, was ihr tut.

17 Den Beigesellern steht es mitnichten zu,
die Anbetungsstätten Gottes zu unterhalten,
da sie den Unglauben gegen sich selbst bezeugen.
Das sind die, deren Werke zuschanden werden;
ewig werden sie im Höllenfeuer bleiben.

18 Die Anbetungsstätten Gottes soll nur unterhalten,
wer an Gott und den Jüngsten Tag glaubt,
wer das Gebet verrichtet und die Armensteuer entrichtet
und keinen fürchtet außer Gott.
Vielleicht gehören jene zu denen, die sich leiten lassen.

¾ 19 Wollt ihr denn die Tränkung der Pilger
und den Unterhalt der geheiligten Anbetungsstätte
auf die gleiche Stufe stellen wie die Werke dessen,
der an Gott und den Jüngsten Tag glaubt
und auf dem Wege Gottes kämpft?
Bei Gott sind sie nicht gleich.
Gott leitet frevlerische Menschen nicht recht.

20 Doch die glaubten, auswanderten und auf dem Wege Gottes kämpften,
mit ihrem Gut und ihrem Leben,
die haben den höchsten Rang bei Gott.
Das sind die Gewinner.

21 Ihr Herr verkündet ihnen sein Erbarmen und Wohlgefallen.
Gärten sind ihnen zugedacht, in denen Glückseligkeit herrscht.

22 Sie weilen dort für immer und ewig.
Siehe, bei Gott ist reicher Lohn.

23 O ihr, die ihr glaubt! Nehmt euch nicht eure Väter und Brüder zu
        Vertrauten,
     wenn sie dem Unglauben den Vorzug geben vor dem Glauben!
     Wer von euch sie zu Helfern nimmt, das sind die Frevler.

24 Sprich: «Wenn eure Väter und Söhne, eure Brüder und Frauen,
     euer Stamm und der Besitz, den ihr erworben habt,
     und der Handel, von dem ihr eine Flaute fürchtet,
     und die Wohnungen, an denen ihr Gefallen habt,
     euch lieber sind als Gott und sein Gesandter und Kampf auf seinem Weg,
     dann wartet ab, bis Gott mit seinem Befehl kommt!»
     Gott führt ruchlose Menschen nicht auf dem rechten Weg.

25 Gott hat euch vielerorten schon geholfen,
     auch am ‹Tag von Hunain›,
     als ihr Gefallen an eurer Vielzahl gefunden hattet,
     sie euch jedoch nichts nutzte
     und euch das Land trotz seiner Weite eng wurde
     und ihr darauf die Flucht ergriffen hattet.

26 Da sandte Gott hernieder seine ‹Ruhe›,
     auf seinen Gesandten und die Gläubigen,
     und schickte Heerscharen herab, die ihr nicht saht,
     und bestrafte die Ungläubigen.
     Das ist der Lohn derer, die nicht glauben.

27 Danach aber wendet sich Gott gnädig zu, wem er will.
     Gott ist bereit zu vergeben, barmherzig.

28 O ihr, die ihr glaubt!
     Die Beigeseller sind doch unrein.
     Daher sollen sie sich, nach Ablauf dieses Jahres,
     nicht der geheiligten Anbetungsstätte nahen.
     Wenn ihr Verarmung fürchtet –
     Gott wird euch gewiss aus seiner Huld Reichtum schenken,
     wenn er will.
     Siehe, Gott ist wissend, weise.

29 Kämpft gegen die, die nicht an Gott glauben
     und auch nicht an den Jüngsten Tag,
     die das, was Gott und sein Gesandter verboten haben, nicht verbieten
     und die nicht der Religion der Wahrheit angehören
     – unter den Buchbesitzern –,
     bis sie erniedrigt den Tribut aus der Hand entrichten!

30 Die Juden sagen: «Esra ist Gottes Sohn.»
     Die Christen sagen: «Christus ist Gottes Sohn.»

Das ist es, was sie mit ihren Mündern reden!

Sie ahmen die Rede der Ungläubigen vor ihnen nach.

Gott verfluche sie!

Wie können sie nur so verblendet sein!

31 Sie nahmen sich ihre Schriftgelehrten und Mönche zu Herren statt Gott
allein –

und Christus, Marias Sohn.

Doch wurde ihnen befohlen, nur *einem* Gott zu dienen:

Kein Gott ist außer ihm!

Gepriesen sei er! Erhaben ist er gegenüber dem, was sie beigesellen.

32 Sie wollen Gottes Licht mit ihren Mündern auslöschen.

Doch Gott will nur sein Licht vollkommen machen,

mag es den Ungläubigen auch zuwider sein.

33 *Er* ist es, der seinen Gesandten mit der rechten Leitung sandte

und mit der Religion der Wahrheit,

um ihr zum Siege zu verhelfen über alle Religion,

mag es den Beigesellern auch zuwider sein.

ḥ20 34 O ihr, die ihr glaubt!

Viele Schriftgelehrte und Mönche verzehren unrechtmäßig den Besitz der
Menschen

und halten ab vom Wege Gottes.

Wer aber Gold und Silber hortet und es nicht für Gottes Weg ausgibt,

denen verkünde schmerzhafte Strafe –

35 an dem Tag, da es in der Feuersglut der Hölle heiß gemacht

und mit ihm ihre Stirn, ihre Seite und ihr Rücken gebrandmarkt wird:

«Das ist es, was ihr für euch selbst gehortet habt.

So schmeckt nun, was ihr gehortet habt!»

36 Siehe, die Zahl der Monate bei Gott ist zwölf –

Vorschrift Gottes, vom Tage an,

da er die Himmel und die Erde erschaffen hat.

Unter ihnen sind vier heilig.

Das ist die Religion, die Bestand hat.

Tut euch selber in ihnen kein Unrecht an!

Kämpft gegen die Beigeseller insgesamt,

wie sie euch insgesamt bekämpfen!

Wisst, dass Gott auf Seiten derer ist, die gottesfürchtig sind!

37 Der Schaltmonat ist ein Übermaß an Ungläubigkeit.

Die ungläubig sind, werden dadurch in die Irre geführt.

Sie erklären ihn das eine Jahr für erlaubt,

das andere Jahr für verboten,

um die Anzahl dessen, was Gott für heilig erklärt hat, anzupassen
und dann für erlaubt zu erklären, was Gott verwehrt hat.
Die Bosheit ihrer Taten erschien ihnen in schönstem Licht.
Gott leitet ungläubige Menschen nicht auf dem rechten Weg.

38 O ihr, die ihr glaubt! Was ist mit euch?
Wenn euch gesagt wird: «Zieht aus zum Kampf auf Gottes Weg!»,
dann bleibt ihr schwerfällig am Boden hocken.
Wollt ihr euch mit dem Leben hier auf Erden zufriedengeben angesichts
　　　des Jenseits?
Der Genuss des Lebens hier auf Erden ist doch nur gering –
verglichen mit dem Jenseits.

39 Wenn ihr nicht zum Kampf auszieht, wird er euch schmerzhaft strafen
und durch ein anderes Volk ersetzen,
ohne dass ihr ihm schaden könntet.
Gott ist aller Dinge mächtig.

40 Wenn ihr ihm nicht helft …
Gott hat ihm ja schon geholfen,
als die, die ungläubig waren, ihn mit einem weiteren Gefährten vertrieben
　　　hatten
– als beide in der Höhle waren –,
als er zu seinem Gefährten sprach:
«Sei nicht betrübt! Siehe, Gott ist mit uns!»
Da schickte Gott seine ‹Ruhe› auf ihn herab
und stärkte ihn mit Heerscharen, die ihr nicht sehen konntet.
Er machte das Wort der Ungläubigen gering,
doch Gottes Wort, es ist das höchste.
Gott ist mächtig, weise.

41 Zieht in den Kampf hinaus, leicht und schwer,
und setzt euch ein mit eurem Gut und eurem Leben auf Gottes Weg!
Das ist gut für euch, wenn ihr Wissen habt.

42 Wenn es ein nahes Ziel und eine unbeschwerte Reise wäre,
würden sie dir sicher Folge leisten.
Doch die mühselige Unternehmung ist für sie zu weit entfernt,
und sie werden bei Gott schwören:
«Wenn wir es könnten, würden wir mit euch ausziehen.»
Sie richten nur sich selbst zugrunde.
Gott weiß, dass sie wahrhaftig Lügner sind.

43 Gott möge dir verzeihen.
Warum hast du sie nur freigestellt,
ehe dir klar geworden war, wer von ihnen die Aufrichtigen sind,

und du die Lügner erkennen konntest?

44   Wer an Gott und an den Jüngsten Tag glaubt,
 der bittet dich nicht darum,
 ihn davon zu entbinden, mit seinem Gut und Leben zu kämpfen.
 Gott kennt die Gottesfürchtigen genau.

45   Wer jedoch an Gott und an den Jüngsten Tag nicht glaubt,
 der bittet dich darum, ihn freizustellen.
 Deren Herzen sind im Zweifel,
 und in ihrem Zweifel schwanken sie hin und her.

¼   46   Hätten sie hinausziehen wollen,
 hätten sie dafür Vorbereitungen getroffen.
 Gott aber wollte nicht, dass sie ausgesendet würden,
 und hielt sie zurück.
 Es wurde gesagt: «Bleibt daheim mit denen, die daheim bleiben!»

47   Würden sie mit euch zusammen hinausziehen,
 würden sie euch in nichts anderem verstärken als in Verwirrung
 und würden Risse unter euch erzeugen,
 um so Zwietracht unter euch zu säen.
 Unter euch sind Leute, die ihnen hörig sind.
 Gott kennt die Frevler genau.

48   Sie wollten ja schon früher Zwietracht säen
 und haben alles, was dich betraf, auf den Kopf gestellt,
 bis die Wahrheit kam und Gottes Sache siegte,
 auch wenn es ihnen zuwider war.

49   Manche von ihnen sagen:
 «Stelle mich frei, und führe mich nicht in Versuchung!»
 Sind sie denn nicht schon in Versuchung geraten?
 Siehe, die Hölle wird die Ungläubigen umgeben.

50   Wenn dich Gutes trifft, dann betrübt es sie.
 Und wenn dich Unglück trifft, dann sagen sie:
 «Wir haben unser Schicksal schon früher gemeistert»,
 und wenden sich ab, hocherfreut.

51   Sprich: «Nur das wird uns treffen, was uns Gott bestimmt hat.»
 Er ist unser Schutzherr,
 und auf ihn sollen die Gläubigen vertrauen.

52   Sprich: «Erwartet ihr anderes für uns als eines der beiden guten Dinge?
 Für euch jedoch erwarten wir, dass euch Gott mit einer Strafe heimsucht –
 entweder direkt durch ihn selbst oder durch unsere Hände.
 So wartet nur ab!
 Siehe, wir werden mit euch zusammen warten.»

53 Sprich: «Ob ihr freiwillig oder gegen euren Willen spendet:
Von euch wird nichts angenommen werden.
Siehe, ihr seid verruchte Leute!»

54 Nur das verhindert, dass ihre Gaben angenommen werden,
dass sie nicht an Gott und seinen Gesandten glauben,
dass sie das Gebet nur nachlässig verrichten
und nur widerwillig spenden.

55 Ihr Vermögen und ihre Kinder sollen dich nicht in Erstaunen versetzen.
Eben damit will sie Gott bestrafen im Diesseits
und sie selbst hinschwinden lassen, während sie noch ungläubig sind.

56 Sie schwören bei Gott, dass sie doch zu euch gehören,
obwohl sie nicht zu euch gehören.
Aber sie sind Menschen, die furchtsam sind.

57 Fänden sie einen Zufluchtsort oder Höhlen oder sonst einen Platz,
würden sie sich eilends dorthin wenden.

58 Manche von ihnen ziehen wegen der Almosen über dich her.
Bekommen sie von ihnen etwas ab, sind sie zufrieden.
Bekommen sie aber nichts von ihnen ab, werden sie ungehalten.

59 Wären sie doch mit dem zufrieden, was Gott und sein Gesandter ihnen
gaben,
und sagten: «Gott genügt für uns!
Gott wird uns geben aus seiner Huld, und sein Gesandter.
Siehe, unser Sinnen geht auf Gott.»

½ 60 Die Almosen sind bestimmt für Arme und Bedürftige
und die sich um sie kümmern;
für Leute, deren Herz gewonnen werden soll;
für Sklavenfreikauf und für Schuldner
und für den Kampf und für den ‹Sohn des Weges› –
als Pflicht von Seiten Gottes.
Gott ist wissend, weise.

61 Manche von ihnen kränken den Propheten, indem sie sagen:
«Er ist ein Ohr.»
Sprich: «Ein gutes Ohr für euch, der an Gott glaubt und den Gläubigen
glaubt,
ein Erbarmen für die unter euch, die glauben.»
Denen, die den Gesandten Gottes kränken, ist schmerzhafte Strafe
zugedacht.

62 Sie schwören euch bei Gott, um euch zufriedenzustellen.
Doch sie sollten eher Gott zufriedenstellen – und seinen Gesandten,
wenn sie Gläubige sind.

63 Wissen sie denn nicht, dass dem,
der gegen Gott und seinen Gesandten handelt,
das Feuer der Hölle zugedacht ist, worin er ewig bleibt?
Das ist die große Erniedrigung.

64 Die Heuchler haben Angst davor,
dass eine Sure auf sie herniederkommt,
die ihnen kundtut, was in ihren Herzen ist.
Sprich: «Macht euch nur lustig!
Siehe, Gott wird offenbar werden lassen, wovor ihr Angst habt.»

65 Wenn du sie fragst, so sagen sie bestimmt:
«Wir haben nur dahergeredet und getändelt.»
Sprich: «Habt ihr euch etwa lustig gemacht
über Gott und seine Zeichen und seinen Gesandten?

66 Entschuldigt euch nicht!
Ungläubig wurdet ihr, nachdem ihr gläubig wart!
Wenn wir einer Gruppe von euch verzeihen,
werden wir eine andere dafür bestrafen, dass sie Missetäter waren.»

67 Die Heuchler und die Heuchlerinnen, sie sind vom selben Schlag:
Sie gebieten das Verwerfliche und verbieten das Rechte,
und ihre Hände halten sie geschlossen.
Vergessen haben sie Gott, und er hat sie vergessen.
Ja, die Heuchler, das sind die Veruchten.

68 Den Heuchlern, den Heuchlerinnen und den Ungläubigen –
das Feuer der Hölle hat ihnen Gott verheißen,
darin sie ewig bleiben.
Das ist genug für sie.
Gott möge sie verfluchen!
Endlose Pein ist ihnen zugedacht.

69 Wie diejenigen, die vor euch waren.
Sie waren stärker als ihr, hatten mehr Vermögen und mehr Kinder.
Sie nutzten ihren Anteil.
Ihr nutztet euren Anteil, wie die vor euch ihren Anteil nutzten.
Ihr habt so dahergeredet, wie sie dahergeredet haben.
Das sind die, deren Werke zuschanden wurden im Diesseits und im
    Jenseits.
Das sind die Verlierer.

70 Kam denn zu ihnen nicht die Kunde derer, die vor ihnen waren:
das Volk von Noah, die ʿAd und die Thamud,
das Volk von Abraham, die Leute von Midian und ‹die ganz
    Umgestürzten›?

Zu ihnen allen kamen die Gesandten mit den Beweisen.
Es war nicht Gottes Wille, ihnen Unrecht zu tun,
sondern sie taten sich selber Unrecht an.

71 Die Gläubigen, die Männer wie die Frauen, die stehen einander bei.
Sie gebieten das Rechte und verbieten das Verwerfliche,
sie verrichten das Gebet und entrichten die Armensteuer,
und sie gehorchen Gott und seinem Gesandten.
Sie sind es, derer sich Gott erbarmen wird.
Siehe, Gott ist mächtig, weise.

72 Den Gläubigen, den Männern wie den Frauen,
hat Gott Gärten verheißen, unter denen Bäche fließen
– ewig werden sie dort weilen –,
und gute Wohngefilde in den Gärten Eden.
Doch Wohlgefallen von Gott ist größer.
Das ist der große Gewinn.

73 O Prophet! Bekämpfe die Ungläubigen und die Heuchler,
und setze ihnen hart zu!
Ihr Zufluchtsort ist die Hölle.
Welch schlimmes Schicksal!

74 Sie schwören bei Gott, das nicht gesagt zu haben.
Doch haben sie die Sprache des Unglaubens gesprochen
und wurden ungläubig, nachdem sie den Islam schon angenommen hatten.
Sie trachteten nach etwas, was sie nicht erreichen konnten.
Sie wurden nur darüber ärgerlich,
dass Gott sie bereichert hatte aus seiner Huld – und sein Gesandter.
Kehrten sie um, es wäre für sie besser,
doch kehren sie sich ab, würde Gott sie schmerzhaft strafen,
im Diesseits wie im Jenseits.
Auf Erden haben sie weder Schutzherrn noch Helfer.

¾ 75 Manche von ihnen haben eine Abmachung mit Gott getroffen: «Wenn er
uns aus seiner Huld etwas gibt,
dann werden wir Almosen geben und zu den Frommen zählen!»

76 Doch als er ihnen aus seiner Huld gegeben hatte, geizten sie damit.
Sie kehrten sich ab und sind nun abgewandt.

77 Da brachte er Heuchelei in ihre Herzen,
bis zu dem Tag, da sie ihm begegnen werden,
dafür, dass sie, was sie Gott versprachen, gebrochen
und dass sie gelogen haben.

78 Wissen sie denn nicht, dass Gott ihr Geheimstes kennt
und ihr vertrauliches Gespräch?

Und dass Gott die Verborgenheiten am besten kennt?

79 Die über die Gläubigen lästern, die freiwillig Spenden geben,
und über die, die nichts anderes als ihren Eifer geben können,
und dann über sie spotten:
über die wird Gott spotten.
Schmerzhafte Strafe ist ihnen bestimmt.

80 Ob du für sie um Vergebung bittest oder nicht,
ob du siebzigmal für sie um Vergebung bittest,
Gott wird ihnen nicht vergeben.
Dies deshalb, weil sie nicht an Gott und seinen Gesandten glaubten.
Gott führt verruchte Menschen nicht auf dem rechten Weg.

81 Die Zurückgelassenen freuen sich darüber, dass sie sitzen bleiben konnten,
anders als der Gesandte Gottes.
Sie haben einen Abscheu dagegen, mit ihrem Gut und ihrem Leben
zu kämpfen auf dem Wege Gottes.
Sie sprachen: «Zieht nicht in der Hitze aus!»
Sprich: «Das Feuer der Hölle ist noch viel heißer.»
Hätten sie doch nur Verstand!

82 Nur wenig werden sie zu lachen, viel jedoch zu weinen haben,
als Vergeltung für das, was sie begangen haben.

83 Wenn dich Gott zu einer Gruppe von diesen zurückkehren lässt,
dann werden sie dich um Erlaubnis bitten, auszuziehen zu dürfen.
Dann sprich: «Niemals sollt ihr mit mir ausziehen
und niemals mit mir einen Feind bekämpfen!
Das erste Mal habt ihr es vorgezogen, daheim zu bleiben,
so bleibt auch jetzt daheim mit den Zurückbleibenden!»

84 Sprich niemals den Segen für einen von ihnen, wenn er gestorben ist,
und stehe nicht an seinem Grab!
Sie haben ja an Gott und seinen Gesandten nicht geglaubt
und sind als Verworfene gestorben.

85 Ihr Vermögen und ihre Kinder sollen dich nicht in Erstaunen versetzen.
Eben damit will sie Gott bestrafen im Diesseits
und sie selbst hinschwinden lassen, während sie noch ungläubig sind.

86 Wenn eine Sure herabgesandt wird:
«Glaubt an Gott, und kämpft zusammen mit seinem Gesandten!»,
dann werden die Reichen unter ihnen dich darum bitten, sie freizustellen,
und sagen: «Lass uns hierbleiben mit den Daheimgebliebenen!»

87 Sie sind zufrieden, dass sie mit den Zurückbleibenden sind.
Versiegelt ist ihr Herz, sie verstehen nicht.

88 Doch der Gesandte und die mit ihm glauben,

die kämpfen mit ihrem Gut und ihrem Leben.
Für sie sind die guten Dinge,
und sie sind es, denen es wohlergeht.

89 Gott hält Gärten für sie bereit, unter denen Bäche fließen.
Ewig weilen sie dort.
Das ist der große Gewinn.

90 Da kommen die von den Beduinen, die Vorwände vorbringen,
um Freistellung für sich zu erwirken.
Und daheim bleiben die, die Gott und seinen Gesandten belügen.
Schmerzhafte Strafe wird die von ihnen treffen, die ungläubig waren.

91 Für die Schwachen, für die Kranken und für die, die nichts spenden
    können,
gibt es nichts Anstößiges,
sofern sie Gott und seinem Gesandten aufrichtig ergeben sind.
Gegen diejenigen, die Gutes tun, gibt es nichts vorzubringen
– Gott ist bereit zu vergeben, barmherzig –,

92 und auch nicht gegen die, denen du,
wenn sie zu dir kommen, damit du ihnen beim Aufsitzen hilfst, sagst:
«Ich finde nichts, worauf ich euch aufsitzen lassen könnte!» –
und die sich dann abwenden mit Augen, die vor Tränen überfließen,
voll Traurigkeit, dass sie nichts finden, was sie spenden könnten.

ğ11 b21   93 Aber vorzubringen gibt es etwas gegen jene,
die dich um Freistellung bitten, obwohl sie reich sind.
Sie sind zufrieden, bei den Zurückbleibenden zu sein.
Gott hat ihre Herzen versiegelt,
so haben sie kein Wissen.

94 Sie entschuldigen sich bei euch, wenn ihr zu ihnen zurückkehrt.
Sprich: «Entschuldigt euch nicht.
Wir werden euch doch nicht glauben.
Gott hat uns einiges über euch kundgetan.
Und Gott wird euer Tun sehen – und sein Gesandter.
Dann werdet ihr zurückgebracht zu dem,
der das Geheime und das Offenbare kennt,
und er wird euch kundtun, was ihr je getan habt.»

95 Beschwören werden sie euch bei Gott, wenn ihr heimgekehrt sein werdet,
dass ihr euch von ihnen abwenden möget.
So wendet euch von ihnen ab! Siehe, sie sind unrein.
Ihr Zufluchtsort ist die Hölle
als Vergeltung für das, was sie begangen haben.

96 Sie beschwören euch, ihr möget doch mit ihnen zufrieden sein.

Mögt ihr mit ihnen auch zufrieden sein –
Gott ist nicht zufrieden mit diesen verruchten Leuten!

97 Die Beduinen sind am wenigsten gläubig und am heuchlerischsten.
Sie kennen am schlechtesten die Schranken,
die Gott auf seinen Gesandten herniedersandte.
Gott ist wissend, weise.

98 Manche Beduinen betrachten das, was sie spenden, als Zahlungsschuld
und erwarten für euch Unglücksfälle.
Über sie wird schlimmes Unglück kommen.
Gott ist hörend, wissend.

99 Manche Beduinen glauben an Gott und an den Jüngsten Tag.
Sie betrachten das, was sie gespendet haben, als Mittel, Gott zu nahen,
genauso die Segensworte des Gesandten.
Doch ist das nicht eine Sühnegabe für sie selber?
Gott wird sie in sein Erbarmen aufnehmen.
Siehe, Gott ist bereit zu vergeben, barmherzig.

100 Die ‹Vorauseilenden›, das sind die ersten Auswanderer und Helfer
und die, die ihnen in Aufrichtigkeit folgten.
Gott hat an ihnen Wohlgefallen, und sie an ihm.
Er hält Gärten für sie bereit, unter denen Bäche fließen.
Sie weilen dort für immer und ewig.
Das ist der große Gewinn.

101 Manche von den Beduinen um euch herum sind Heuchler
und auch manche von den Bewohnern Medinas.
Beständig üben sie sich in Heuchelei.
Du kennst sie nicht: Wir kennen sie!
Zweimal werden wir sie bestrafen,
dann werden sie zu einer harten Strafe gebracht.

102 Und andere gestanden ihre Sünden ein.
Sie vermischten gutes Werk mit anderem, schlechtem.
Vielleicht wendet sich Gott ihnen wieder gnädig zu.
Gott ist bereit zu vergeben, barmherzig.

103 Nimm von ihrem Besitz eine Almosengabe,
mit der du sie reinigst und läuterst!
Und sprich den Segen über sie!
Siehe, deine Segensworte sind eine Beruhigung für sie.
Gott ist hörend, wissend.

104 Wissen sie denn nicht, dass Gott die Umkehr von seinen Knechten
annimmt
und Almosengaben entgegennimmt?

Und dass Gott der gnädig Zugewandte, Barmherzige ist?

105 So sprich: «Handelt! Dann wird Gott euer Tun sehen,
sowie auch sein Gesandter und die Gläubigen,
und ihr werdet zurückgebracht zu dem,
der das Verborgene und das Sichtbare kennt,
und dann wird er euch kundtun, was ihr je getan habt.»

106 Und andere gibt es, bei denen auf Gottes Befehl gewartet wird:
Entweder wird er sie bestrafen oder sich ihnen gnädig zuwenden.
Gott ist wissend, weise.

107 Die sich eine Anbetungsstätte errichtet haben,
um Schaden anzurichten, aus Unglauben
und um Spaltung unter den Gläubigen anzurichten,
und als Beobachtungsposten für den,
der früher gegen Gott und seinen Gesandten kämpfte –
und sie werden sicher schwören: «Wir wollten nur das Beste!»
Doch Gott bezeugt, dass sie wahrhaftig Lügner sind.

108 Stell dich niemals in ihr auf!
Eine Anbetungsstätte, die vom ersten Tage an auf Gottesfurcht
gegründet ist,
ist geeigneter, dass man in ihr steht.
In ihr sind Männer, die es lieben, sich zu reinigen.
Gott liebt die, die sich reinigen.

109 Wer ist denn besser –
wer sein Bauwerk auf Furcht vor Gott und auf Wohlgefallen gründete
oder am Rande einer Klippe, die einstürzen könnte
und dann mit ihm hinabstürzt in der Hölle Feuer?
Gott leitet frevlerische Menschen nicht auf dem rechten Weg.

110 Ihr Bauwerk, das sie errichtet haben, wird als Zweifel in ihren Herzen
bleiben,
bis ihre Herzen auseinanderspringen.
Gott ist wissend, weise.

¼ 111 Gott kaufte den Gläubigen ihr Leben und ihre Güter ab,
dafür, dass sie den Paradiesesgarten bekommen –
indem sie auf dem Wege Gottes kämpfen, töten und getötet werden.
Ein Versprechen, an das er, als Wahrheit, gebunden ist
in Gesetz und Evangelium und im Koran.
Und wer hält seine Verpflichtung eher ein als Gott?
So freut euch an dem Handel, den ihr abgeschlossen habt:
Das ist der große Gewinn!

112 Die bußfertig sind, die dienen und die preisen,

die sich kasteien, sich beugen und sich niederwerfen,
die das Rechte gebieten, das Verwerfliche verbieten
und die Schranken Gottes wahren …
Und verkündige den Gläubigen frohe Botschaft!

113 Der Prophet und die Gläubigen können für die Beigeseller nicht um
Vergebung bitten,
auch dann nicht, wenn es Verwandte sind,
nachdem ihnen klar geworden war,
dass sie ja Bewohner der Feuerhölle werden.

114 Dass Abraham für seinen Vater um Vergebung bat,
geschah nur eines Versprechens wegen, das er ihm gegeben hatte.
Als ihm aber klar geworden war, dass er ein Feind Gottes ist,
sagte er sich von ihm los.
Siehe, Abraham war voller Güte, milde.

115 Es kann nicht Gottes Wille sein, ein Volk in die Irre zu führen,
wenn er es schon einmal auf den rechten Weg geführt hat,
ehe er ihm nicht erklärt hat, was sie fürchten sollen.
Siehe, Gott weiß alle Dinge.

116 Siehe, Gottes ist die Herrschaft über die Himmel und die Erde.
Er macht lebendig und lässt sterben.
Gegen Gott habt ihr weder Freund noch Helfer.

117 Gott hat sich dem Propheten gnädig wieder zugewandt
und den Auswanderern und Helfern,
die ihm in der Stunde der Bedrängnis Folge geleistet hatten,
nachdem die Herzen einer Gruppe von ihnen beinahe abgeirrt wären.
Dann aber wandte er sich ihnen gnädig wieder zu
– siehe, er ist zu ihnen gütig, barmherzig –

118 und den dreien, die zurückgelassen wurden,
bis ihnen die Erde – wie weit sie auch sei – eng wurde
und es ihnen selber eng wurde
und sie dachten, dass es keinen Zufluchtsort vor Gott mehr gäbe,
außer bei ihm selbst.
Da wandte er sich ihnen gnädig wieder zu, damit auch sie Buße täten.
Siehe, Gott ist der gnädig Zugewandte, Barmherzige.

119 O ihr, die ihr glaubt! Fürchtet Gott,
und seid auf Seiten derer, die die Wahrheit sagen.

120 Den Bewohnern von Medina und den Beduinen der Umgebung steht es
nicht zu,
sich dem Gesandten Gottes nicht anzuschließen
und ihre eigenen Wünsche den seinen vorzuziehen.

Dies deshalb, weil nicht Durst, Anstrengung oder Hunger
sie auf dem Wege Gottes trifft
und sie keinen Raubzug unternehmen, der die Ungläubigen erzürnen
könnte,
und sie von keinem Feinde etwas erlangen,
wofür ihnen nicht eine gute Tat aufgeschrieben würde.
Siehe, Gott lässt den Lohn derer, die Gutes tun, nicht verlorengehen.

121 Sie wenden keine kleine und keine große Spende auf
und durchqueren kein Tal, ohne dass es für sie aufgeschrieben würde,
auf dass sie Gott belohne für das Gute, das sie je taten.

½ 122 Es war den Gläubigen nicht möglich, vollständig auszurücken.
Warum zog dann nicht aus jeder Gruppe von ihnen eine Untergruppe aus,
dass sie sich in der Religion belehren lasse
und ihre Leute warne, wenn sie zurück zu ihnen kommt?
Vielleicht nehmen sie sich ja in acht!

123 O ihr, die ihr glaubt! Bekämpfet die von den Ungläubigen, die euch
nahestehen.
Sie sollen bei euch Unnachgiebigkeit finden
und wissen, dass Gott mit den Gottesfürchtigen ist.

124 Immer wenn eine Sure herabgesandt wird,
sprechen einige von ihnen: «Wen von euch hat sie in seinem Glauben
bestärkt?»
Die nun, die glauben, die hat sie noch bestärkt im Glauben,
und sie freuen sich.

125 Die aber, in deren Herzen Krankheit ist,
die hat sie noch unreiner gemacht, als sie schon waren.
Als Ungläubige werden sie sterben.

126 Sehen sie denn nicht, dass sie in jedem Jahr auf die Probe gestellt werden,
einmal oder zweimal?
Sie aber kehren nicht um und lassen sich auch nicht mahnen.

127 Immer wenn eine Sure herabgesandt wird,
schauen sie einander an: «Sieht euch wohl einer?»,
und wenden sich dann ab.
Gott wende ihre Herzen ab,
da sie Menschen sind, die nicht verstehen!

128 Zu euch ist ein Gesandter gekommen aus eurer Mitte;
hart ist es für ihn, was ihr erduldet.
Er sorgt sich um euch.
Zu den Gläubigen ist er gütig, barmherzig.

129 Doch wenn sie sich abwenden,

dann sprich: «Ich lasse mir an Gott genügen.
Kein Gott ist außer ihm.
Auf ihn vertraue ich.
Er ist der Herr des unermesslich großen Throns.»

Sure 10 – Jona – Yūnus
Mekkanisch, 109 Verse

Im Namen Gottes, des barmherzigen Erbarmers.
1 *Alif Lam Ra.*
   Dies sind die Zeichen des weisen Buchs.
2 War es denn für die Menschen etwas Staunenswertes,
   dass wir einem Mann aus ihrer Mitte offenbarten:
   «Warne die Menschen, und verkünde denen, die glauben,
   dass ihnen bei ihrem Herrn ein ehrenhafter Rang zuteil wird!»
   Die Ungläubigen sprechen: «Siehe, das hier ist wahrhaft ein klarer
       Zauberer!»
3 Siehe, euer Herr ist Gott, der Himmel und Erde in sechs Tagen schuf,
   sich dann hoch oben auf dem Throne niederließ   ı
   und alles in die Hand nahm.
   Keinen Fürsprecher gibt es, außer mit seiner vorherigen Erlaubnis.
   Das ist Gott, euer Herr.
   So dienet ihm!
   Wollt ihr euch nicht ermahnen lassen?
4 Zu ihm ist euer aller Rückkehr –

Verheißung Gottes, die in Erfüllung geht!
Siehe, er vollbringt die Schöpfung ein erstes Mal,
dann wiederholt er sie,
um denen in Gerechtigkeit zu vergelten,
die glaubten und gute Werke taten.
Denen, die ungläubig waren, ist Trank aus siedend heißem Wasser
und schmerzhafte Pein bestimmt, dafür, dass sie ungläubig waren.

5 Er ist es, der die Sonne zu einer Leuchte
und den Mond zu einem Licht gemacht hat;
ihm hat er Stationen abgemessen,
dass ihr die Zahl der Jahre und das Rechnen kennenlernt.
Gott hat das – allein in Wahrheit – erschaffen.
Er legt die Zeichen Menschen aus, die Wissen haben.

6 Siehe, im Wechsel von Nacht und Tag
und in dem, was Gott im Himmel und auf Erden erschaffen hat,
darin sind wahrlich Zeichen für Menschen, die Gott fürchten.

7 Siehe, die nicht die Begegnung mit uns erhoffen,
sondern mit dem Leben hier auf Erden zufrieden sind
und darauf ihr Vertrauen setzen,
und die unseren Zeichen keine Beachtung schenken,

8 deren Zufluchtsort ist das Feuer,
für das, was sie je begangen haben.

9 Siehe, die glaubten und gute Werke taten,
während ihr Herr sie in ihrem Glauben leitete,
unter denen werden, in Gärten der Glückseligkeit, Bäche fließen.

10 Ihr Gebet dort lautet: «Gelobt seist du, o Gott!»
Und ihr Gruß dort lautet: «Frieden!»
Und am Ende des Gebetes heißt es:
«Lobpreis sei Gott, dem Herrn der Weltbewohner!»

¾ 11 Und wenn Gott das Schlechte über die Menschen bringen würde
in der *gleichen* Eile, wie sie sich das Gute wünschen,
dann wäre ihre Frist für sie bereits entschieden.
So lassen wir diejenigen, die nicht die Begegnung mit uns wünschen,
umherirren in ihrem Aufruhr.

12 Und wenn der Mensch in Not gerät,
ruft er zu uns, ob auf der Seite liegend, sitzend oder stehend.
Doch wenn wir seine Not behoben haben, dann macht er weiter so,
als ob er uns nicht angerufen hätte wegen der Not, in die er geraten war.
So erscheint den Maßlosen verlockend, was sie je taten.

13 Wir richteten die Geschlechter vor euch zugrunde,

nachdem sie gefrevelt hatten.
Ihre Gesandten waren mit Beweisen zu ihnen gekommen,
doch sie vermochten nicht zu glauben.
Auf diese Weise vergelten wir dem verbrecherischen Volk.

14 Dann machten wir euch nach ihnen zu Nachfolgern auf der Erde,
um zu sehen, wie ihr handelt.

15 Wenn ihnen nun unsere Verse als Beweise vorgetragen werden,
so sprechen jene, die nicht die Begegnung mit uns wünschen:
«Bring eine andere Lesung als diese herbei, oder tausche sie um!»
Sprich: «Es steht mir nicht an, sie von mir aus umzutauschen.
Ich folge nur dem, was mir eingegeben wurde.
Siehe, ich fürchte, wenn ich meinem Herrn ungehorsam bin,
die Strafe eines großen Tages.»

16 Sprich: «Hätte Gott gewollt, dann hätte ich sie euch nicht vorgetragen,
und er hätte euch nicht mit ihr bekanntgemacht.
Ich weile doch schon ein Lebensalter vor ihr unter euch.
Wollt ihr denn nicht begreifen?»

17 Wer ist frevelhafter wohl als jener, der Lügen gegen Gott ersinnt
oder der seine Zeichen Lügen nennt?
Siehe, den Missetätern wird es nicht wohlergehen.

18 Sie verehren außer Gott, was ihnen weder schadet noch nützt,
und sagen: «Das sind unsere Fürsprecher bei Gott.»
Sprich: «Wollt ihr denn Gott berichten von etwas in den Himmeln und
auf Erden,
worüber er nichts weiß?
Gepriesen sei er! Er ist erhaben über das, was sie beigesellen.»

19 Die Menschen waren nur eine einzige Gemeinschaft,
doch dann wurden sie uneins.
Und gäbe es nicht ein Wort von deinem Herrn, das schon gesagt ist,
dann wäre zwischen ihnen schon entschieden, worin sie uneins waren.

20 Sie sprechen: «Warum wurde kein Zeichen von seinem Herrn auf ihn
herabgesandt?»
Dann sprich: «Wahrlich, das Verborgene ist Gott zu eigen.
So wartet ab! Siehe, ich werde mit euch warten.»

21 Lassen wir die Menschen nach einer Not, die über sie kam, Erbarmen
spüren,
siehe, dann haben sie sogleich, gegen unsere Zeichen, Ränke.
Sprich: «Gott ist an Ränken schneller.»
Siehe, unsere Gesandten schreiben auf, was ihr an Ränken schmiedet.

22 Er ist es, der euch auf dem Festland und dem Meere reisen lässt.

Seid ihr nun auf den Schiffen
und fahren sie bei gutem Wind mit den Reisenden dahin
und freuen sie sich an ihm,
kommt dann aber stürmischer Wind über sie
und kommen Wogen von überall zu ihnen
und denken sie, dass sie ganz und gar verloren sind,
dann rufen sie Gott an, im Glauben ihm allein sich anvertrauend:
«Wenn du uns hieraus errettest, dann werden wir ganz sicher dankbar sein!»

23 Wenn er sie dann errettet hat,
siehe, dann begehen sie im Land Untaten ohne Grund.
Ihr Menschen! Eure Habgier richtet sich doch gegen euch selbst,
zum Genuss des Lebens hier in dieser Welt.
Dann jedoch wird zu uns eure Rückkehr sein,
und dann werden wir euch kundtun, was ihr je getan habt.

24 Das Leben hier in dieser Welt, es gleichet Wasser,
das wir vom Himmel herniederkommen lassen,
so dass sich die Pflanzen der Erde mit ihm mischen,
wovon die Menschen und das Vieh sich nähren.
Doch wenn die Erde ihren Prunk angelegt und sich schön gemacht hat
und ihre Bewohner meinen, sie hätten über sie die Macht,
kommt unsere Entscheidung über sie, nachts oder tags,
und wir ernten sie so gründlich ab,
als wäre sie gestern nicht da gewesen.
So legen wir die Zeichen aus für Menschen, die sich Gedanken machen.

25 Gott ruft auf zum Haus des Heils
und leitet, wen er will, auf einen geraden Weg.

h22 26 Denen, die schön handelten, ist Schönstes bestimmt – ja, noch mehr!
Weder Staub noch Schmach bedrücken ihr Angesicht.
Sie sind die Bewohner des Paradiesesgartens,
ewig weilen sie dort.

27 Doch denen, die Böses begangen haben,
ist Lohn für Böses in gleicher Art bestimmt.
Schmach bedrückt sie, und sie haben keinen, der sie vor Gott beschützt,
als ob ihr Angesicht von Nacht bedeckt ist, undurchdringlich dunkel.
Sie sind die Bewohner des Feuers,
ewig bleiben sie dort.

28 Am Tag, an dem wir sie allesamt zusammenscharen,
da werden wir zu denen, die Beigesellung trieben, sprechen:
«Auf euren Platz, ihr und eure Gesellen!»
Dann werden wir sie voneinander trennen,

und ihre Gesellen werden sprechen:
«Uns habt ihr nicht verehrt.

29 Gott genügt als Zeuge zwischen uns und euch.
Eure Verehrung haben wir nicht wahrgenommen.»

30 Jeder wird dort erfahren, was er früher getan hat.
Sie werden zurückgebracht zu Gott, ihrem wahren Herrn.
Verloren ging für sie, was sie sich je ersonnen hatten.

31 Sprich: «Wer versorgt euch denn aus dem Himmel und der Erde?
Oder wer verfügt über Gehör und Augenlicht?
Wer bringt das Lebendige hervor aus dem Toten
und das Tote aus dem Lebendigen?
Und wer hat alles in der Hand?
Sie werden sagen: «Gott.»
So sprich: «Wollt ihr nicht gottesfürchtig sein?»

32 Das ist Gott, euer wahrer Herr.
Was kann es nach der Wahrheit denn anderes als Irrtum geben?
Wie könnt ihr euch nur so verleiten lassen?

33 So ist deines Herrn Wort wahr geworden an jenen, welche abtrünnig
      wurden –
dass sie *nicht* glauben!

34 Sprich: «Gibt es denn unter euren Gesellen einen,
der die Schöpfung ein erstes Mal vollbringt
und sie dann wiederholt?»
Sprich: «Gott vollbringt die Schöpfung ein erstes Mal,
dann wiederholt er sie.
Wie könnt ihr nur so verblendet sein?»

35 Sprich: «Gibt es denn unter euren Teilhabern einen, der hin zur Wahrheit
      führt?»
Sprich: «Gott führt hin zur Wahrheit!
Hat, wer zur Wahrheit hinführt, mehr Anspruch darauf, dass man ihm folgt,
als jener, der nicht hinführt, es sei denn, dass er selbst geführt wird?
Was ist mit euch? Wie urteilt ihr?»

36 Die meisten von ihnen folgen nur einer Ahnung.
Siehe, die Ahnung kann die Wahrheit in nichts ersetzen.
Siehe, Gott weiß genau, was sie tun.

37 Diese Lesung hier, sie ist doch nicht ersonnen – ganz ohne Gottes Zutun.
Sie ist vielmehr Bestätigung für das, was vorher war,
sowie Auslegung des Buches – daran ist kein Zweifel –
vom Herrn der Weltbewohner.

38 Oder sie sprechen: «Er hat sie frei erfunden.»

Sprich: «So bringt doch eine Sure gleicher Art herbei,
und ruft die an, welche ihr an Gottes statt anrufen könntet –
wenn ihr wahrhaftig seid!»

39 Doch nein! Sie nennen das, was sie vollständig nicht begreifen, Lüge,
obwohl doch dessen Deutung noch nicht zu ihnen kam.
Genauso leugneten die Früheren.
So schau doch, wie es mit den Frevlern ausging!

40 Unter ihnen gibt es einige, die daran glauben,
und andere, die nicht daran glauben.
Dein Herr kennt sehr wohl die Unheilstifter.

41 Wenn sie dich Lügner nennen, dann sprich:
«Mir mein Werk, und euch das eure.
Ihr habt nichts mit dem zu schaffen, was ich tue,
und ich nicht mit dem, was ihr tut.»

42 Unter ihnen gibt es einige, die dir zuhören.
Willst du denn die Tauben hören machen,
auch wenn sie nicht begreifen?

43 Unter ihnen gibt es einige, die zu dir schauen.
Willst du denn die Blinden führen,
auch wenn sie gar nicht sehen?

44 Siehe, Gott fügt den Menschen keinerlei Unrecht zu,
sondern sich selber fügen die Menschen Unrecht zu.

45 An dem Tage, da er sie zusammenschart –
als wären sie nur eines Tages Stunde ausgeblieben,
erkennen sie einander wieder.
Verloren haben die, welche die Begegnung mit Gott Lüge nannten.
Sie waren nicht rechtgeleitet.

46 Ob wir dich selber noch etwas von dem schauen lassen,
was wir ihnen verheißen haben,
oder ob wir dich abberufen –
zu *uns* ist ihre Rückkehr.
Dann ist Gott Zeuge für das, was sie tun.

47 Jeder Gemeinschaft ist ein Gesandter bestimmt.
Wenn dann der Gesandte zu ihnen kommt,
wird zwischen ihnen in Gerechtigkeit entschieden,
und ihnen wird kein Unrecht angetan.

48 Und sie sprechen: «Diese Verheißung – wann kommt sie denn,
wenn ihr wahrhaftig seid?»

49 Sprich: «Ich kann mir selber weder nutzen noch schaden,
es sei denn, Gott wollte es.»

Jeder Gemeinschaft ist eine Frist gesetzt.
Wenn ihre Frist gekommen ist, kann sie sie nicht aufschieben,
auch nicht eine Stunde,
noch kann sie sie vorverlegen.

50 Sprich: «Was meint ihr wohl, wenn seine Strafe über euch kommt,
bei Nacht oder am Tag,
was werden die Übeltäter wohl von ihr zu beschleunigen versuchen?

51 Doch wenn sie hereingebrochen ist, glaubt ihr denn dann daran?
Jetzt vielleicht? Und dabei wolltet ihr sie doch vorverlegen?»

52 Dann wird zu den Frevlern gesagt: «Schmeckt die ewige Strafe!
Wird euch denn wohl etwas anderes vergolten
als das, was ihr je begangen habt?»

¼ 53 Und sie bitten dich um Auskunft: «Ist das wahr?»
Sprich: «O ja, bei meinem Herrn, das ist wirklich wahr!
Und ihr könnt nichts durchkreuzen.»

54 Besäße jeder Frevler, was es auf Erden gibt, kaufte er sich damit frei.
Sie fühlen tiefe Reue, wenn sie die Strafe sehen.
Zwischen ihnen wird dann in Gerechtigkeit entschieden,
und ihnen wird kein Unrecht angetan.

55 Ist denn nicht Gottes, was in den Himmeln und auf Erden ist?
Und ist die Verheißung Gottes nicht wahr?
Doch die meisten von ihnen haben kein Wissen.

56 Er macht lebendig und lässt sterben,
und zu ihm werdet ihr zurückgebracht.

57 Ihr Menschen! Zu euch kam eine Mahnung von eurem Herrn
und Heilung für das, was ihr in eurem Inneren tragt,
und Rechtleitung und Erbarmen für die Gläubigen.

58 Sprich: «Über Gottes Huld und sein Erbarmen,
darüber sollen sie sich freuen.
Das ist besser als das, was sie anhäufen.»

59 Was meint ihr wohl: «Was euch Gott an Gaben niedersandte,
daraus habt ihr Verbotenes und Erlaubtes gemacht.»
Sprich: «Hat Gott euch das erlaubt,
oder habt ihr das – gegen Gott – ersonnen?»

60 Diejenigen, die Lügen gegen Gott ersinnen,
was ist wohl deren Meinung am Tag der Auferstehung?
Siehe, Gott ist den Menschen gegenüber gütig,
aber die meisten von ihnen sind nicht dankbar.

61 Mit keiner Angelegenheit bist du beschäftigt
und trägst darüber nichts an Lesung vor,

und ihr tut kein einziges Werk,
für das wir nicht Zeugen für euch wären,
wenn ihr damit beschäftigt seid.
Deinem Herrn entgeht nicht das Gewicht eines Stäubchens,
weder auf Erden noch im Himmel.
Ja, es gibt nichts Kleineres als das und auch nichts Größeres,
das nicht in einem klaren Buche stünde.

62 Ist es nicht so, dass Gottes Freunde keine Furcht zu haben brauchen
und auch nicht traurig sein werden,

63 da sie doch glaubten und immer gottesfürchtig waren?

64 Frohe Botschaft ist für sie bestimmt
im Leben hier auf Erden und im Jenseits.
Gottes Worte sind unabänderlich.
Das ist der große Gewinn.

65 Ihre Rede soll dich nicht traurig stimmen.
Siehe, bei Gott ist alle Macht.
Er ist der Hörende, der Wissende.

66 Ist es nicht so, dass Gott gehört, wer in den Himmeln und auf Erden ist?
Diejenigen, die an Gottes statt zu Gottesgesellen rufen,
folgen nichts anderem als ihrem eigenen Gutdünken
und hegen nichts als nur Vermutungen.

67 Er ist es, der die Nacht für euch gemacht hat, damit ihr darin ruht;
und den Tag als etwas, das sehen lässt.
Siehe, darin sind wahrlich Zeichen für Menschen, die hören.

68 Sie sprechen: «Gott hat einen Sohn angenommen.»
Gepriesen sei er! Er ist es, der auf nichts angewiesen ist.
Sein ist, was in den Himmeln und auf Erden ist.
Ihr habt dazu keine Vollmacht.
Wollt ihr etwas über Gott aussagen, wovon ihr kein Wissen habt?

69 Sprich: «Siehe, denen, die Lügen gegen Gott ersinnen,
wird es nicht wohlergehen.»

70 Lebensgenuss in dieser Welt –
dann ist zu *uns* ihre Rückkehr.
Dann lassen wir sie strenge Strafe schmecken,
dafür, dass sie ungläubig waren.

½ 71 Und trage ihnen den Bericht über Noah vor!
Damals, als er zu seinem Volk sprach: «Mein Volk!
Wenn es euch lästig wird, dass ich auftrete und an die Zeichen Gottes
    erinnere,
dann setze ich mein Vertrauen auf Gott –

ihr mögt euch in eurer Angelegenheit mit euren Gesellen zusammentun.
Dann möge eure Angelegenheit keinen Gram für euch bedeuten.
Dann entscheidet über mich, und lasst mich nicht mehr warten!

72 Falls ihr euch dann abwendet –
ich habe keinen Lohn von euch verlangt.
Meine Belohnung obliegt nur Gott allein;
und mir ward befohlen, ein Gottergebener zu sein.»

73 Da nannten sie ihn einen Lügner.
Darauf erretteten wir ihn und alle mit ihm auf dem Schiff
und machten sie zu Nachfolgern.
Doch wir ertränkten jene, die unsere Zeichen Lügen nannten.
So schau doch, wie es mit den Gewarnten ausging!

74 Dann, nach ihm, schickten wir Gesandte, jeweils zu ihrem Volk,
und sie kamen zu ihnen mit den Beweisen,
sie aber konnten nicht an das, was sie vorher Lüge nannten, glauben.
Auf diese Weise versiegeln wir die Herzen der Übertreter.

75 Nach ihnen sandten wir Mose und Aaron mit unseren Zeichen
zu Pharao und seinen Ältesten, und die gebärdeten sich überheblich.
Sie waren verbrecherische Leute.

76 Als die Wahrheit von uns zu ihnen kam,
da sprachen sie: «Siehe, das ist ja klare Zauberei!»

77 Mose sprach: «Wollt ihr die Wahrheit, nachdem sie zu euch kam,
bezeichnen als –
ja, ist sie etwa Zauberei?
Doch den Zauberern wird es nicht wohlergehen.»

78 Sie sprachen: «Kamst du zu uns, um uns von dem abzubringen,
was unsere Väter – wie wir fanden – schon immer taten,
damit euch beiden die Vormacht im Land zufalle?
Doch wir glauben euch beiden nicht.»

79 Da sprach Pharao: «Bringt mir alle kundigen Zauberer!»

80 Als die Zauberer gekommen waren, sprach Mose:
«Werft, was ihr werfen wollt!»

81 Als sie geworfen hatten, sprach Mose:
«Was ihr da geboten habt, das ist ja Zauber.
Siehe, Gott wird es zunichte machen.
Siehe, Gott lässt das Werk der Unheilstifter nicht gelingen.

82 Gott setzt die Wahrheit mit seinen Worten durch,
auch wenn es den Frevlern zuwider ist.»

83 Und nur ein Geschlecht aus seinem Volk glaubte Mose,
aus Furcht vor Pharao und seinen Ältesten,

dass er sie prüfen würde.
Und siehe, Pharao war hochmütig im Lande,
ja, er war einer derer, die es zu weit treiben.

84 Mose sprach: «Mein Volk! Wenn ihr an Gott glaubt,
müsst ihr ihm vertrauen,
wenn ihr gottergeben seid.»

85 Da sprachen sie: «Auf Gott vertrauen wir.
Unser Herr, unterwirf uns nicht der Prüfung durch das frevlerische Volk!

86 Errette uns durch dein Erbarmen vor dem ungläubigen Volk!»

87 Und wir offenbarten Mose und seinem Bruder:
«Besetzt für euer Volk in Ägypten Häuser,
richtet eure Häuser in die Gebetsrichtung aus,
und verrichtet das Gebet!
Verkündige den Gläubigen frohe Botschaft!»

88 Mose sprach: «Unser Herr!
Siehe, du hast Pharao und seinen Ältesten Pracht und Reichtum verliehen –
hier in diesem Leben, unser Herr,
damit sie in die Irre führen, weg von deinem Weg.
Unser Herr, vernichte ihren Reichtum,
und übe Druck auf ihre Herzen aus,
damit sie erst dann glauben,
wenn sie die schmerzhafte Strafe sehen!»

89 Er sprach: «Euer beider Bitte ist erhört.
So wandelt auf dem rechten Weg,
und folgt ja nicht dem Wege derer, die kein Wissen haben!»

¾ 90 Wir ließen die Kinder Israel das Meer überqueren.
Da folgte ihnen Pharao mit seinen Truppen,
aus Raubgier und Gesetzesübertretung,
bis er, als er zu ertrinken drohte, sprach:
«Ich glaube, dass es keinen Gott gibt außer dem,
an den die Kinder Israel glauben.
Und ich gehöre zu den Gottergebenen.»

91 «Jetzt? Früher hast du dich doch aufgelehnt
und gehörtest zu den Unheilstiftern.

92 Doch heute werden wir dich erretten – mit deinem Körper,
auf dass du zu einem Zeichen werdest für die nach dir.»
Doch siehe, viele Menschen achten nicht auf unsere Zeichen.

93 Wir gaben den Kindern Israel eine rechtmäßige Wohnstatt
und bedachten sie mit guten Dingen.
Uneins wurden sie erst, als das Wissen zu ihnen kam.

Siehe, dein Herr entscheidet zwischen ihnen am Tag der Auferstehung
über das, worin sie uneins waren.

94 Bist du im Zweifel über das, was wir zu dir herniedersandten,
dann frag doch die, die schon vor dir das Buch vorgetragen haben!
Nun ist die Wahrheit von deinem Herrn zu dir gekommen –
so sei nur ja kein Zweifler!

95 Sei keinesfalls einer, der die Zeichen Gottes Lüge nennt,
denn dann wirst du zu den Verlierern gehören!

96 Siehe, diejenigen, über die Gottes Wort wahr geworden ist, die glauben
nicht,

97 auch wenn alle Zeichen zu ihnen kommen werden,
bis sie die schmerzhafte Strafe zu sehen bekommen.

98 Und warum gab es keine Stadt, die gläubig wurde
und der ihr Glauben Nutzen brachte –
außer dem Volke Jonas?
Als es glaubte, nahmen wir von ihnen
die Strafe der Erniedrigung im Leben hier auf Erden,
und wir gewährten ihnen noch für eine Weile Lebensgenuss.

99 Hätte dein Herr gewollt,
so würden alle auf der Erde gläubig werden, insgesamt.
Willst du die Menschen etwa zwingen, dass sie gläubig werden?

100 Kein Mensch kann gläubig werden,
es sei denn, mit Erlaubnis Gottes.
Unreinheit legt er auf jene, die nicht begreifen.

101 Sprich: «Schaut doch nur, was in den Himmeln und auf Erden ist!»
Aber die Zeichen und Warnungen helfen Menschen, die nicht glauben,
nicht.

102 Erwarten sie denn etwas anderes als das,
was den ‹Tagen› derer gleicht, die vor ihnen lebten?
So wartet ab! Siehe, ich werde mit euch warten.»

103 Dann erretten wir unsere Gesandten und die Gläubigen.
Auf diese Weise müssen wir die Gläubigen erretten.

104 Sprich: «Ihr Menschen! Seid ihr im Zweifel darüber, was mein Glaube ist,
so wisst: Ich verehrte die nicht, die ihr außer Gott verehrt,
sondern ich verehre Gott, der euch abberuft.
Befohlen wurde mir, ein Glaubender zu sein.»

105 So richte nun dein Antlitz auf die Religion, im rechten Glauben!
Sei keiner von den Beigesellern!

106 Rufe an Gottes statt nichts an, was dir nicht nützt und dir nicht schadet!
Wenn du es aber tust, siehe, dann bist du einer von den Frevlern.

107 Und wenn dich Gott Not spüren lässt,
so kann sie niemand wenden, außer ihm;
und wenn er Gutes für dich will,
dann gibt es keinen, der seine Huld abweisen kann.
Er lässt sie denen seiner Knechte zukommen, die er will.
Er ist der, der bereit ist zu vergeben, der Barmherzige.

108 Sprich: «Ihr Menschen! Nun ist die Wahrheit von eurem Herrn zu euch
gekommen.
Wer nun der Rechtleitung folgt, der folgt ihr zum eigenen Nutzen,
und wer in die Irre geht, siehe, der irrt nur zum eigenen Nachteil.
Ich aber bin es nicht, der verantwortlich für euch ist.»

109 Folge dem, was dir eingegeben wird!
Und gedulde dich, bis Gott richtet –
ist er doch der beste Richter!

Sure 11 – *Hud* – *Hūd*

Mekkanisch, 123 Verse

Im Namen Gottes, des barmherzigen Erbarmers.

1 *Alif Lam Ra.*
 Ein Buch, dessen Verse wohlgefügt sind,
 dann ausgelegt von Seiten eines Weisen, Kundigen:

2 «Verehrt keinen außer Gott!
 Siehe, von *ihm* bin ich für euch ein Warner und Verkünder.»

3 Und: «Bittet euren Herrn um Vergebung,
 dann kehrt reumütig wieder um zu ihm!
 So wird er euch schönen Lebensgenuss gewähren,
 bis zu einer bestimmten Frist,
 und einem jeden, der Huld verdient, seine Huld erweisen.
 Doch wenn ihr euch abwendet,
 siehe, dann fürchte ich für euch die Strafe eines großen Tages.

4 Zu Gott ist eure Rückkehr.
 Er ist aller Dinge mächtig.»

5 Falten sie denn nicht ihre Brust zusammen, um sich vor ihm
 zu verbergen?

Weiß er wohl nicht, wenn sie sich verhüllen in ihren Kleidern,
was sie verbergen und was sie offenlegen?
Siehe, er kennt das Innere der Herzen.

12 b 23   6   Es gibt kein Tier auf Erden, dessen Versorgung nicht Gott obliegt.
Er kennt dessen sicheren Ort und dessen Lagerplatz.
Alles steht in einem klaren Buch.

7   Er ist es, der die Himmel und die Erde in sechs Tagen schuf
– indes sein Thron auf dem Wasser ruhte –,
um euch zu prüfen, wer von euch am besten handelt.
Wenn du sprichst: «Siehe, ihr werdet nach dem Tod wieder auferweckt»,
dann sagen die, die ungläubig sind, bestimmt:
«Das ist ja nichts als klare Zauberei.»

8   Wenn wir die Strafe für sie aufschieben bis zu einer bestimmten Frist,
dann sagen sie bestimmt: «Was hält sie denn zurück?»
Ist es nicht so, dass die Strafe an dem Tag, da sie zu ihnen kommt,
nicht von ihnen abzuwenden ist
und *das* über sie hereinbricht, worüber sie sich immer wieder lustig
machten?

9   Wenn wir den Menschen Erbarmen von uns spüren lassen,
dies aber darauf wieder von ihm nehmen –
siehe, wie ist er dann verzweifelt, undankbar!

10   Wenn wir ihn Gnade spüren lassen,
nach einer Not, die ihn betraf,
dann sagt er ganz bestimmt: «Das Schlimme ist von mir gegangen!»
Siehe, dann ist er froh und stolz –

11   nur die nicht, die geduldig sind und gute Werke tun,
ihnen ist Vergebung und großer Lohn bestimmt.

12   Doch vielleicht willst du manches von dem beiseitelassen,
was dir eingegeben wurde,
und vielleicht bist du bedrückt darüber,
dass sie sagen: «Warum wurde nicht ein Schatz auf ihn herabgesandt
oder kam zusammen mit ihm nicht ein Engel?»
Jedoch – du bist nur ein Warner.
Gott sind alle Dinge anvertraut.

13   Oder sie sagen: «Er hat es sich nur ausgedacht.»
Sprich: «Bringt doch zehn selbsterdachte Suren von seiner Art herbei!
Und ruft an Gottes statt an, wen ihr vermögt –
wenn ihr wahrhaftig seid!»

14   Doch wenn sie euch nicht Antwort geben, dann sollt ihr wissen:
Er wurde herabgesandt mit Gottes Wissen.

Und: Kein Gott ist außer ihm.

Wollt ihr euch ergeben?

15   Wer das diesseitige Leben erstrebt und seinen schönen Schein,

dem werden wir darin noch seine Taten lohnen,

und in nichts wird ihm daran Abbruch getan.

16   *Sie* sind es, denen im Jenseits nichts anderes bestimmt ist als das Feuer,

zuschanden wird für sie, was sie in ihm zustande brachten,

und zunichte, was sie jemals taten.

17   Ist denn derjenige, der einen klaren Beweis von seinem Herrn besitzt,

während ihn ein Zeuge von ihm vorträgt,

dem schon vorher das Buch von Mose als Leitbild und Erbarmen

       diente …

Die sind es, die an ihn glauben.

Wer aber, von den Gruppen, nicht an ihn glaubt,

dessen ihm verheißener Ort ist das Höllenfeuer.

Du aber sei nicht im Zweifel über ihn,

denn siehe, er ist die Wahrheit von deinem Herrn.

Die meisten Menschen jedoch glauben nicht.

18   Wer ist frevelhafter wohl als jener, der Lügen gegen Gott ersinnt?

Vorgeführt werden sie vor ihren Herrn,

während die Zeugen sprechen:

«Das hier sind die, die ihren Herrn belogen.

Kommt nicht Gottes Fluch über die Frevler?»

19   Sie, die von Gottes Weg abbringen und ihn krumm wünschen

und die nicht an das Jenseits glauben,

20   *die* vermochten nichts auf Erden zu durchkreuzen

und hatten keine Helfer gegen Gott.

Verdoppelt wird ihre Strafe sein.

Sie konnten weder hören noch jemals sehen.

21   Das sind die, die sich selbst verloren,

und verloren ging für sie, was sie sich je ersonnen hatten.

22   Fest steht: *Sie* sind im Jenseits die großen Verlierer!

23   Siehe, die glauben und gute Werke tun

und sich vor ihrem Herrn demütig zeigen,

das sind die Bewohner des Paradiesesgartens –

ewig werden sie darin weilen.

¼   24   Die zwei Gruppen sind wie der Blinde und der Taube,

wie der Sehende und der Hörende:

Sind sie einander gleichzusetzen?

Wollt ihr euch denn nicht mahnen lassen?

25 Einst sandten wir Noah aus zu seinem Volk:
«Siehe, ich bin für euch ein klarer Warner,

26 dass ihr nur Gott anbeten sollt.
Siehe, ich fürchte sonst für euch die Strafe eines schmerzhaften Tages.»

27 Da sprachen die Ältesten aus seinem Volk, die ungläubig waren:
«Wir sehen, dass du genauso ein Mensch bist wie wir.
Und wir sehen, dass dir nur jene folgen, die bei uns verachtet sind –
auf bloßen Anschein hin.
Wir sehen nicht, dass *ihr* uns gegenüber einen Vorzug habt,
sondern sind der Meinung, dass ihr Lügner seid!»

28 Er sprach: «Mein Volk! Was meint ihr wohl,
hätte ich einen klaren Beweis von meinem Herrn
und hätte er mir Erbarmen von sich verliehen,
das euch jedoch unsichtbar geblieben wäre –
sollten wir es euch dann aufzwingen,
auch wenn es euch zuwider ist?»

29 Und sprach: «Mein Volk! Ich fordere kein Geld dafür.
Mein Lohn liegt nur bei Gott.
Ich bin keiner, der die Gläubigen vertreibt.
Siehe, sie werden ihrem Herrn begegnen.
Doch sehe ich, dass ihr törichte Leute seid.»

30 Und sprach: «Mein Volk! Wer könnte mir gegen Gott Beistand leisten,
wenn ich sie denn vertreiben würde?
Wollt ihr euch nicht mahnen lassen?

31 Ich sage ja nicht zu euch, dass ich die Schätze Gottes habe,
und kenne auch das Verborgene nicht.
Ich sage auch nicht: ‹Ich bin ein Engel›,
und sage nicht von denen, welche ihr verachtet,
dass ihnen Gott nie Gutes geben wird.
Gott weiß am besten, was in ihren Seelen ist.
Siehe, ich wäre ja sonst einer von den Frevlern.»

32 Sie sprachen: «O Noah, du hast mit uns gestritten –
und hast es oft mit uns getan.
So bring uns, was du uns versprochen hast –
wenn du die Wahrheit sagst!»

33 Er sprach: «Gott wird es euch nur bringen, wenn *er* will,
und *ihr* könnt nichts durchkreuzen.

34 Und keinen Nutzen bringt mein Rat für euch
– sofern ich euch raten wollte –,
wenn Gott euch in die Irre führen will.

Denn *er* ist euer Herr, und zu ihm werdet ihr zurückgebracht.»

35 Oder sie sagen: «Er hat ihn sich nur ausgedacht.»

Sprich: «Hätte ich ihn mir selber ausgedacht, so käme mein Vergehen
   auf mich.

An dem jedoch, was ihr an Missetaten begangen habt, bin ich nicht
   schuldig.»

36 Noah wurde eingegeben:

«Von deinem Volk wird keiner glauben –
außer denen, die schon gläubig waren.

So gräme dich nicht über das, was sie immer wieder taten!

37 Bau das Schiff vor unseren Augen
und entsprechend unserer Weisung!

Und sprich mich nicht zugunsten derer an, die frevelten!

Siehe, sie sollen untergehen.»

38 Da erbaut er nun das Schiff.

Sooft die Ältesten aus seinem Volk an ihm vorüberkamen,
spotteten sie über ihn.

Er sprach: «Wenn *ihr* über uns spottet,
dann werden *wir* so über euch spotten, wie ihr über uns.

39 Dann werdet ihr erkennen,
zu wem eine Strafe kommt, die ihn erniedrigt,
und über wen endlose Pein hereinbricht.»

40 Als schließlich unser Entscheid gekommen war und der Ofen wallte,
da sprachen wir: «Lade es voll mit einem Paar von jeder Art
und deinen Angehörigen
– nur mit dem nicht, über den der Spruch bereits erging –
sowie mit allen Gläubigen!»

Es waren aber nur wenige, die mit ihm glaubten.

½ 41 Er sprach: «Steigt ein ins Schiff!

Im Namen Gottes sei die Ausfahrt und die Landung!

Siehe, mein Herr ist bereit zu vergeben, barmherzig.»

42 Es fuhr dahin mit ihnen auf Wogen wie die Berge.

Und Noah rief zu seinem Sohn, der abseits stand:

«Mein Sohn, steig bei uns ein, und bleibe nicht bei den Ungläubigen!»

43 Er sprach: «Ich will mich flüchten auf einen Berg,
der mich vor dem Wasser schützt.»

Er sprach: «Heute gibt es nichts, was vor der Entscheidung Gottes schützt –
außer für den, dessen *er* sich erbarmt.»

Da brachten die Wogen beide auseinander,
und er war einer derer, die untergingen.

44 Da ward gesagt: «O Erde, verschlinge dein Wasser!»
Und: «O Himmel, lass ab!»
Da floss das Wasser ab, und der Befehl ward ausgeführt.
Und es lief auf den Dschudi auf.
Da ward gesagt: «Fort mit dem frevelhaften Volk!»

45 Noah rief zu seinem Herrn:
«Mein Herr, siehe, mein Sohn gehört doch zu den Meinen.
Und siehe, dein Versprechen ist wahr.
Du bist der gerechteste Richter.»

46 Er sprach: «Noah, siehe, er gehört nicht zu den Deinen.
Das ist kein rechtes Handeln.
So bitte mich nicht um etwas, worüber du kein Wissen hast.
Siehe, ich ermahne dich, dass du nicht töricht handelst.»

47 Er sprach: «Mein Herr, ich nehme meine Zuflucht zu dir,
dass ich dich um etwas bitte, worüber ich kein Wissen habe.
Wenn du mir nicht verzeihst
und dich meiner nicht erbarmst,
dann bin ich einer der Verlierer.»

48 Es ward gesagt: «Noah! Steig nun aus,
mit unserem Frieden
und Segenswünschen über dich und jene Völkerschaften, die bei dir sind!»
Es gibt Völkerschaften, die wir versorgen werden;
dann aber wird sie eine Strafe von uns treffen, die schmerzhaft ist.

49 Dies ist eine der verborgenen Geschichten – *dir* offenbaren wir sie.
Weder du noch dein Volk haben sie vorher gekannt.
So sei geduldig!
Siehe, der Ausgang ist zugunsten derer, die gottesfürchtig sind.

50 Und zu den ʿAd sandten wir ihren Bruder Hud.
Er sprach: «Mein Volk! Dient Gott!
Ihr habt keinen Gott außer ihm.
Ihr denkt euch da nur etwas aus.

51 Ich verlange keinen Lohn von euch dafür,
siehe, meine Belohnung obliegt allein dem, der mich schuf.
Wollt ihr denn nicht begreifen?»

52 Und: «Mein Volk! Bittet euren Herrn um Vergebung,
dann kehrt reumütig wieder um zu ihm,
dass er den Himmel über euch reichlich regnen lasse
und eure Kraft noch mehre!
Wendet euch nicht ab als Missetäter!»

53 Sie sprachen: «Hud! Keinen Beweis brachtest du uns vor.

Wir werden unsere Götter nicht aufgeben, nur wegen deiner Rede,
und schenken dir auch keinen Glauben.

54 Wir sagen nur, dass einer unserer Götter dich mit Bösem geschlagen hat.»
Er sprach: «Siehe, ich rufe Gott zum Zeugen an
– und ihr seid dessen Zeuge –,
dass ich nichts zu schaffen habe mit dem, was ihr beigesellt

55 neben ihn. So überlistet mich doch allesamt!
Dann lasst mich nicht warten!

56 Siehe, auf Gott vertraue ich, meinen Herrn und euren Herrn.
Es gibt kein Tier, das er nicht am Schopf packt.
Siehe, mein Herr ist auf einem geraden Weg.

57 Doch wenn ihr euch abwendet,
dann habe ich euch hiermit überbracht,
womit ich zu euch ausgesandt wurde.
Mein Herr wird zum Nachfolger ein anderes Volk als euch bestimmen,
und ihr könnt ihm in nichts schaden.
Siehe, mein Herr wacht über alle Dinge.»

58 Als dann unser Entscheid eintraf,
erretteten wir Hud und die Gläubigen mit ihm,
aus Barmherzigkeit von uns,
und retteten sie vor einer harten Strafe.

59 Das waren nun die ʿAd, sie leugneten die Zeichen ihres Herrn,
widersetzten sich seinen Gesandten
und folgten dem Befehl eines jeden gesetzlosen Gewaltmenschen.

60 Sie wurden hier in diesem Leben von einem Fluch verfolgt –
und auch am Tag der Auferstehung.
Ja, waren die ʿAd nicht ihrem Herrn undankbar?
Fort also mit den ʿAd, dem Volke Huds!

¾ 61 Und zu den Thamud ihren Bruder Salih.
Er sprach: «Mein Volk! Dient Gott!
Ihr habt keinen Gott außer ihm.
Er hat euch aus der Erde entstehen und auf ihr wohnen lassen,
so bittet ihn um Vergebung, dann kehrt euch ihm reumütig zu!
Siehe, mein Herr ist nahe, er gibt Antwort.»

62 Sie sprachen: «Salih, vorher warst du bei uns wohlgelitten.
Willst du uns verbieten zu verehren, was schon unsere Väter verehrten?
Siehe, wir sind in starkem Zweifel über das, wozu du uns aufrufst!»

63 Er sprach: «Mein Volk! Was meint ihr wohl,
wenn ich mich auf einen Beweis von meinem Herrn beziehe
und er mir von sich Barmherzigkeit verliehen hat,

wer hilft mir dann gegen Gott, falls ich mich gegen ihn auflehne?
Was könnt ihr anderes für mich tun, als meinen Schaden nur zu mehren?»

64 Und: «Mein Volk! Hier ist die Kamelin Gottes, für euch als Zeichen.
So lasst sie auf der Erde Gottes weiden, und rührt sie nicht aus Bosheit an,
sonst erfasst euch eine nahe Strafe!»

65 Sie aber schnitten ihre Sehnen durch.
Da sprach er: «Genießt drei Tage noch in eurem Haus!
Das ist eine Verheißung, die nicht erlogen ist.»

66 Als dann unser Entscheid eintraf,
erretteten wir Salih und die Gläubigen mit ihm,
aus Barmherzigkeit von uns,
auch vor der Demütigung an jenem Tag.
Siehe, dein Herr ist der Starke, der Mächtige.

67 Da raffte ‹der Schrei› die Frevler hinweg,
und am Morgen lagen sie hingestreckt in ihren Häusern,

68 als ob sie nie darin gewesen wären.
Ja, waren die Thamud nicht ihrem Herrn undankbar?
Fort also mit den Thamud!

69 Unsere Boten kamen zu Abraham mit der frohen Botschaft.
Sie sprachen: «Frieden!»
Er sprach: «Frieden!»
Und alsbald brachte er ein gebratenes Kalb.

70 Als er nun sah, dass sie es nicht anrührten,
hegte er Argwohn gegen sie und empfand Furcht vor ihnen.
Sie sprachen: «Fürchte dich nicht! Siehe, wir sind zum Volke Lots
gesandt.»

71 Seine Frau stand da und lachte.
Da kündigten wir ihr Isaak an und nach Isaak Jakob.

72 Sie sprach: «Weh mir, soll ich gebären, da ich doch schon alt bin
und mein Gatte hier ein Greis ist?
Siehe, das ist fürwahr ein wunderliches Ding.»

73 Sie sprachen: «Seid ihr über Gottes Befehl verwundert?
Gottes Erbarmen und sein Segen seien über euch, ihr ‹Leute des Hauses›!
Siehe, er ist zu loben und zu rühmen.»

74 Als der Schreck von Abraham gewichen war
und die gute Kunde zu ihm kam,
begann er mit uns über das Volk Lots zu streiten.

75 Siehe, Abraham ist wahrlich milde, mitfühlend und bereit zur Buße.

76 «Abraham! Wende dich davon ab!
Die Entscheidung deines Herrn ist gefallen.

Siehe, über sie wird eine Strafe kommen, die unabwendbar ist.»

77 Als unsere Boten zu Lot kamen,
   wurde er ihretwegen ganz bekümmert,
   geriet durch sie in Bedrängnis und sprach:
   «Das ist ein Tag, der schwer zu ertragen ist.»

78 Da kam sein Volk eilends zu ihm gelaufen;
   doch hatten sie zuvor immer wieder Schlimmes getan.
   Er sprach: «Mein Volk! Hier, da sind meine Töchter,
   sie sind besonders rein für euch.
   Fürchtet Gott, und bringt nicht Schande über mich!
   Ist unter euch denn kein aufrechter Mann?»

79 Sie sprachen: «Du weißt doch wohl,
   dass wir kein Recht an deinen Töchtern haben;
   und weißt doch ganz genau, was wir wollen.»

80 Er sprach: «O hätte ich doch nur Macht gegen euch
   oder könnte Zuflucht suchen bei einer starken Stütze!»

81 Sie sprachen: «O Lot, wir sind die Boten deines Herrn.
   Sie werden dir nichts antun können.
   Brich daher auf mit deinen Angehörigen tief in der Nacht,
   und keiner von euch wende sich nach hinten,
   bis auf deine Frau!
   Siehe, ihr Schicksal wird das sein, was sie getroffen hat.
   Siehe, der für sie festgesetzte Zeitpunkt ist der Morgen,
   und ist der Morgen nicht schon nahe?»

82 Als dann unser Entscheid eintraf,
   da kehrten wir das Oberste von ihr zuunterst
   und ließen geschichtete Ziegelsteine auf sie regnen,

83 gekennzeichnet bei deinem Herrn.
   Und sie liegt nicht weit weg von den Missetätern.

h24 84 Und zu den Midianitern ihren Bruder Schuʿaib. Er sprach:
   «Mein Volk! Dient Gott!
   Ihr habt keinen Gott außer ihm.
   Verkürzt nicht das Maß, und mindert nicht die Waage!
   Siehe, ich sehe, dass es euch gutgeht.
   Doch siehe, ich fürchte für euch die Strafe eines allumfassenden ‹Tages›.»

85 Und: «Mein Volk, so haltet Maß und Waage ein, in Gerechtigkeit,
   und betrügt die Menschen nicht um ihre Dinge,
   und handelt nicht verderblich auf der Erde – als Unheilstifter!

86 Gottes Güte ist besser für euch, wenn ihr gläubig seid.
   Denn ich bin kein Hüter über euch.»

87 Sie sprachen: «Schuʿaib! Gebietet dir dein Gebet,
dass wir das aufgeben, was unsere Väter verehrten,
oder mit unserem Vermögen nicht mehr verfahren können, wie wir wollen?
Siehe, du bist ja doch der Milde, der Aufrichtige.»

88 Er sprach: «Mein Volk! Was meint ihr wohl,
wenn ich mich auf einen Beweis von meinem Herrn beziehe
und er mich von sich aus reichlich versorgt hat?
Ich will euch doch nicht nur widersprechen,
in dem, was ich euch verboten habe,
vielmehr will ich nur Recht und Ordnung schaffen, soweit ich kann.
Und mein Erfolg liegt allein bei Gott.
Auf ihn vertraue ich, und ihm wende ich mich bußfertig zu.»

89 Und: «Mein Volk! Meine Gegnerschaft soll euch ja nicht in die Lage bringen,
dass euch etwas trifft, wie es das Volk von Noah
oder das Volk von Hud oder das Volk von Salih traf.
Das Volk von Lot liegt nicht weit entfernt von euch.

90 So bittet euren Herrn um Vergebung,
dann kehrt reumütig zu ihm zurück!
Siehe, mein Herr ist barmherzig, liebevoll.»

91 Sie sprachen: «Schuʿaib! Wir verstehen nicht viel von dem, was du sagst.
Doch siehe, wir sehen, dass du unter uns wirklich ohne Einfluss bist,
und wenn deine Sippschaft nicht wäre, dann würden wir dich steinigen,
denn du selber bist bei uns nicht angesehen.»

92 Er sprach: «Mein Volk, gilt euch meine Sippschaft mehr als Gott?
Wollt ihr ihn betrachten wie etwas, das ihr hinter euch geworfen habt?
Siehe, mein Herr erfasst das, was ihr tut.»

93 Und: «O ihr, mein Volk, handelt ihr nach eurem Gutdünken,
siehe, so werde auch ich handeln.
Ihr werdet sicherlich erkennen, über wen eine Strafe kommt, die ihn
      erniedrigt,
und wer ein Lügner ist.
Bleibt wachsam! Siehe, ich bin mit euch wachsam.»

94 Als dann unser Entscheid eintraf,
erretteten wir Schuʿaib und die Gläubigen mit ihm,
aus Barmherzigkeit von uns.
Da raffte ‹der Schrei› die Frevler hinweg,
und am Morgen lagen sie hingestreckt in ihren Häusern,

95 als ob sie nie darin gewesen wären.
Fort also mit den Midianitern, so wie die Thamud fortgenommen wurden.

96 Wir sandten Mose mit unseren Zeichen und klarer Vollmacht

97 zu Pharao und seinen Ältesten.
Da leisteten sie dem Geheiß Pharaos Folge.
Doch Pharaos Geheiß war nicht recht.

98 Vorangehen wird er seinem Volk am Tag der Auferstehung
und wird sie dann hinab in das Feuer führen.
Was für eine schlimme Tränke, zu der hinabgeführt wird!

99 Sie wurden hier in diesem Leben von einem Fluch verfolgt –
und auch am Tag der Auferstehung.
Was für ein schlimmes Geschenk, das da kredenzt wird!

100 Das ist nur einiges von dem, was man an Kunde von den Städten hat.
Wir erzählen sie dir.
Von ihnen gibt es, was noch steht und was zerstört ist.

101 Nicht wir fügten ihnen Unrecht zu,
sondern sie taten sich das selber an.
Und nichts halfen ihnen ihre Götter,
die sie an Gottes statt anriefen,
als die Entscheidung deines Herrn eintraf.
Sie trugen nur noch mehr bei zu ihrem Untergang.

102 So ist der Zugriff deines Herrn,
wenn er die Städte, im Falle ihres Frevels, wegrafft.
Siehe, sein Zugriff ist schmerzhaft, gewaltsam.

103 Siehe, darin ist fürwahr ein Zeichen für den, der die Jenseitsstrafe fürchtet.
Das ist dann ein Tag, zu dem die Menschen versammelt sind,
und das ist dann ein Tag, an dem man zugegen ist.

104 Wir verschieben ihn nur um eine abzählbare Frist.

105 An dem Tag, an dem er kommt, spricht niemand –
außer mit seiner Erlaubnis.
Und unter ihnen sind: Unglückliche und Glückliche.

106 Was nun die Unglücklichen betrifft: ins Höllenfeuer!
Dort stöhnen sie und heulen.

107 Ewig bleiben sie darin –
so lange, wie die Himmel und die Erde währen,
wenn es dein Herr nicht anders will.
Siehe, dein Herr tut ganz gewiss das, was er will.

¼ 108 Was nun die Glücklichen betrifft: in den Paradiesesgarten!
Ewig weilen sie darin –
so lange, wie die Himmel und die Erde währen,
wenn es dein Herr nicht anders will,
als eine Gabe, die ununterbrochen währt.

109 Sei nicht im Zweifel über das, was diese da verehren!

Sie verehren nichts anderes, als was früher schon ihre Väter verehrten.
Siehe, wir werden ihnen ihren Anteil – unverkürzt – zukommen lassen.
110 Einst gaben wir Mose das Buch.
Da wurde man darüber uneins.
Und gäbe es nicht ein früheres Wort von deinem Herrn,
dann wäre zwischen ihnen schon entschieden.
Doch siehe, sie zweifeln daran, voll Argwohn.
111 Siehe, einem jeden hat dein Herr seine Taten noch nicht zurückbezahlt.
Siehe, er ist mit dem, was sie tun, wohlvertraut.
112 Und wandle auf dem rechten Weg, wie dir befohlen ist,
und mit dir alle, die umkehrten.
Und seid nicht aufsässig!
Siehe, er sieht, was ihr tut.
113 Und lehnt euch nicht an die Frevler an, damit euch das Feuer nicht ereilt!
Gegen Gott habt ihr keine Freunde –
dann wird man euch auch nicht helfen.
114 Verrichte das Gebet an den Tagesenden
sowie zu früher Zeit der Nacht.
Siehe, die guten Taten nehmen die schlechten hinweg.
Das ist eine Mahnung für die, die Gottes gedenken.
115 Und sei geduldig!
Siehe, Gott lässt den Lohn der Rechtschaffenen nicht verlorengehen.
116 Warum gab es denn, unter den Geschlechtern vor euch,
nicht Leute mit Gewicht, die dem Verderben auf der Erde Einhalt geboten –
außer den wenigen unter ihnen, die wir erretteten?
Die Frevler folgten dem, was ihnen zum bequemen Leben verhalf –
sie waren Missetäter.
117 Es konnte nicht die Absicht deines Herrn sein,
die Städte unrechtmäßig zu vernichten,
während ihre Bewohner aufrecht waren.
118 Hätte Gott gewollt, hätte er die Menschen zu einer einzigen Gemeinde
gemacht,
doch sind sie noch immer untereinander uneins,
119 bis auf die, derer sich dein Herr erbarmte.
Dafür hat er sie erschaffen.
Erfüllt ist das Wort deines Herrn:
«Ich will die Hölle insgesamt mit Menschen und mit Dschinnen füllen!»
120 Einen jeden von den Berichten über die Gesandten werden wir dir erzählen,
wodurch wir dein Herz festigen.
In diesen kam die Wahrheit zu dir,

eine Mahnung und Erinnerung für die Glaubenden.

121 Sprich zu denen, die nicht glauben: «Handelt ihr nach eurem Gutdünken,
siehe, auch wir werden handeln.

122 Und wartet ab! Siehe, auch wir warten ab.»

123 Und Gottes ist das Verborgene der Himmel und der Erde,
und zu ihm wird alles zurückgebracht.
So diene ihm, und vertrau auf ihn!
Dein Herr ist nicht achtlos gegenüber dem, was ihr tut.

Sure 12 – Joseph – Yūsuf

Mekkanisch, 111 Verse

Im Namen Gottes, des barmherzigen Erbarmers.

1 *Alif Lam Ra.*
   Dies sind die Zeichen des klaren Buchs.

2 Siehe, wir sandten es herab als Lesung auf Arabisch,
   vielleicht begreift ihr ja.

3 Wir erzählen dir aufs Schönste
   durch das, was wir als diese Lesung dir offenbarten.
   Wahrlich, früher warst du einer derer,
   die nicht darauf achteten.

4 Damals, als Joseph zu seinem Vater sprach:
   «Mein Vater! Siehe, ich sah elf Sterne, die Sonne und den Mond –
   ich sah, wie sie sich vor mir niederwarfen.»

5 Da sprach er: «Mein Sohn!
   Erzähl dein Traumgesicht nicht deinen Brüdern,
   sonst ersinnen sie gegen dich eine List!
   Siehe, der Satan ist dem Menschen ein klarer Feind.

6 Denn ebenso wird dich dein Herr erwählen,

wird dich das Deuten von Geschichten lehren
und an dir und Jakobs Haus vollenden seine Gnade,
wie er sie früher schon vollendete an deinen Vätern Abraham und Isaak.
Siehe, dein Herr ist wissend, weise.»

½ 7 In Joseph und seinen Brüdern liegen Zeichen für die Fragenden.

8 Damals, als sie sprachen:
«Wahrlich, Joseph und sein Bruder sind unserem Vater lieber als wir,
wo wir doch eine Schar sind!
Siehe, unser Vater ist in klarem Irrtum.

9 So tötet Joseph oder treibt ihn aus dem Lande,
damit das Antlitz eures Vaters auf euch allein sich richtet
und ihr hernach rechtschaffene Leute seid!»

10 Einer von ihnen sprach: «Tötet Joseph nicht!
Werft ihn hinunter auf den Grund des Brunnens,
damit ihn jemand von der Karawane mit sich nehme –
wenn ihr es tun wollt!»

11 Sie sprachen: «Vater!
Was ist mit dir, dass du uns Joseph nicht anvertraust?
Wir sind ihm wirklich zugetan.

12 Schick ihn morgen mit uns hinaus,
damit er sich vergnüge und spiele!
Wir werden ihn gewiss in unsere Obhut nehmen.»

13 Er sprach: «Es betrübt mich wirklich,
dass ihr ihn mit euch nehmen wollt.
Ich fürchte, dass ihn ein Wolf frisst,
wenn ihr nicht auf ihn achtgebt.»

14 Sie sprachen: «Wenn ihn ein Wolf frisst,
wo wir doch eine Schar sind,
siehe, dann wären wir wahrlich Verlierer.»

15 Als sie nun mit ihm fortgegangen und übereingekommen waren,
ihn auf den Grund des Brunnens hinabzutun,
da gaben wir ihm ein:
«Gewiss wirst du ihnen diese ihre Tat dereinst verkünden,
ohne dass sie es merken.»

16 Am Abend kamen sie dann weinend zu ihrem Vater.

17 Sie sprachen: «Vater! Siehe, wir gingen und liefen um die Wette
und ließen Joseph zurück bei unserer Habe,
doch da hat ihn der Wolf gefressen.
Du aber wirst uns nicht glauben –
selbst dann, wenn wir die Wahrheit sprächen.»

18 Sein Hemd aber hatten sie mit falschem Blut versehen.
    Er sprach: «Nein, nein! Eure Triebseele hat euch verleitet.
    Da heißt es schön geduldig sein
    und Gott ob dessen anflehen, was ihr da berichtet.»

19 Da kam eine Karawane, und man schickte einen Wasserträger,
    und der ließ seinen Eimer hinunter auf den Grund.
    Er sprach: «O frohe Botschaft, da ist ein junger Mann!»
    Und sie verbargen ihn als Ware.
    Gott weiß, was sie tun.

20 Dann verkauften sie ihn zu einem sehr geringen Preis,
    für abgezählte Dirhams;
    sie achteten ihn nur gering.

21 Der aus Ägypten, der ihn kaufte, sprach zu seiner Frau:
    «Mach seine Wohnstatt ehrenvoll!
    Vielleicht ja kann er uns noch nützlich sein,
    oder wir nehmen ihn als Sohn an.»
    So sicherten wir Joseph seinen Platz im Lande,
    auch um das Deuten von Geschichten ihn zu lehren.
    Und Gott obsiegt in dem, was er gebietet,
    doch die meisten Menschen haben kein Wissen.

22 Und als er volle Manneskraft erlangte,
    verliehen wir ihm Urteilskraft und Wissen.
    Auf diese Weise belohnen wir diejenigen, die Gutes tun.

23 Da trachtete die Frau, in deren Haus er war, ihn zu verführen.
    Sie verriegelte die Türen und sprach: «Herbei mit dir!»
    Er sprach: «Behüte Gott!
    Mein Herr hat ja meine Wohnstatt wohlbereitet.
    Siehe, den Frevlern wird es nicht wohlergehen.»

24 Sie aber trug nach ihm Verlangen,
    und auch *er* hätte sie wohl begehrt,
    wäre nicht die Erleuchtung von seinem Herrn gekommen.
    So wendeten wir Böses und Abscheuliches von ihm,
    denn siehe, er ist einer unserer ergebenen Knechte.

25 Da liefen beide eilends hin zur Tür,
    und sie zerriss sein Hemd von hinten,
    und sie trafen an der Tür auf ihren Herrn.
    Sie sprach: «Die Vergeltung für den, der den Deinen Böses antun wollte,
    kann nur Gefängnis sein oder schlimme Pein.»

26 Er sprach: «*Sie* war es, die mich zu verführen suchte.»
    Und ein Augenzeuge aus ihrem Haus bezeugte:

«Wenn sein Hemd von vorn zerrissen ist,

spricht *sie* die Wahrheit, und *er* ist einer von den Lügnern;

27 doch wenn sein Hemd von hinten zerrissen ist,

hat *sie* gelogen, und *er* ist einer, der die Wahrheit spricht.»

28 Als er nun sah, dass sein Hemd von hinten zerrissen war, sprach er:

«Siehe, das ist eins der Ränkespiele von euch Frauen!

Ja, eure Ränkespiele sind gewaltig.

29 Joseph! Wende dich ab davon!

Und du, Frau, bitte um Verzeihung wegen deiner Schuld!

Denn siehe, du warst eine von den Sündigen!»

¾ 30 Da sprachen Frauen in der Stadt:

«Die Frau des Mächtigen sucht ihren Burschen zu verführen.

Er entflammte sie zu Liebesleidenschaft.

Siehe, wir sehen sie in klarem Irrtum.»

31 Als sie von deren Arglist hörte, da sandte sie zu ihnen

und richtete ein Gastmahl für sie aus.

Sie legte einer jeden ein Messer hin

und sprach: «So komm heraus zu ihnen!»

Und als sie ihn erblickten, da rühmten sie ihn,

schnitten sich in die Hände und sprachen:

«Gott bewahre, das ist kein Mensch,

das ist vielmehr ein edler Engel.»

32 Sie sprach: «Genau der ist es ja, um dessentwillen ihr mich getadelt habt.

Ich wollte ihn verführen, doch er blieb standhaft.

Und wenn er nun nicht tut, was ich ihm befehle,

so wird er eingesperrt und ist dann einer der Erniedrigten.»

33 Er sprach: «Herr! Der Kerker ist mir lieber

als das, wozu die Frauen mich bewegen wollen.

Und wenn du ihre Ränkespiele nicht von mir wendest,

dann könnte ich ihnen verfallen und einer von den Toren sein.»

34 Da erhörte ihn sein Herr und wendete ihre Ränkespiele von ihm ab.

Siehe, er ist der Hörende, der Wissende.

35 Darauf, nachdem sie die Zeichen gesehen hatten,

erschien es ihnen gut, ihn eine Zeitlang einzukerkern.

36 Mit ihm in den Kerker kamen zwei junge Burschen.

Der eine sprach: «Ich sehe, wie ich Wein keltere.»

Der andere sprach: «Ich sehe, wie ich auf meinem Haupt Brot trage,

von welchem dann die Vögel fressen.

Verkünde uns, was das bedeutet!

Wir sehen nämlich, dass du einer derer bist, die sich darauf verstehen.»

37 Er sprach: «Noch ehe zu euch beiden Speise kommt, durch die man euch
   versorgt,
   werd' ich euch dieses deuten – bevor sie bei euch eintrifft.
   Denn das gehört zu dem, was mich mein Herr gelehrt hat.
   Siehe, ich verließ die Glaubensweise eines Volkes, das an Gott nicht glaubt,
   und seine Menschen sind es, die noch dazu nicht an das Jenseits glauben.

38 Ich folgte der Glaubensweise meiner Väter –
   Abraham, Isaak und Jakob.
   Es steht uns nicht an, Gott etwas beizugesellen.
   Das gehört zur Gnade Gottes an uns und an den Menschen.
   Doch dankbar sind die meisten Menschen nicht.

39 Ihr meine Mitgefangenen!
   Sind mannigfache Herren besser –
   oder nicht doch Gott, der *Eine*, der Bezwinger?

40 Was ihr da neben Gott verehrt, das sind doch nichts als Namen,
   die ihr und eure Väter so benanntet;
   Gott sandte keine Vollmacht für sie herab.
   Die Entscheidung liegt allein bei Gott:
   Befohlen hat er, einzig *ihm* zu dienen:
   Das ist die Religion, die Bestand hat.
   Doch die meisten Menschen haben kein Wissen.

41 Ihr meine Mitgefangenen!
   Was nun den einen von euch angeht,
   so wird er seinem Herrn Wein kredenzen,
   doch was den anderen angeht, der wird gekreuzigt werden,
   und Vögel werden von seinem Haupte fressen.
   Beschlossen ist die Sache, in der ihr mich um Rat befragt.»

42 Er sprach zu dem, von dem er glaubte, er käme frei:
   «Erwähne mich bei deinem Herrn!»
   Doch der Satan ließ ihn die Erwähnung bei seinem Herrn vergessen.
   So blieb er noch im Kerker ein paar Jahre.

43 Der König sprach:
   «Siehe, ich sah sieben fette Kühe, doch fressen sieben magere sie auf;
   und sieben grüne Ähren und andere, verdorrte.
   Ihr Ältesten, gebt mir nun Auskunft über mein Traumgesicht,
   wenn ihr euch auf das Deuten eines Traumgesichts versteht!»

44 Sie sprachen: «Wirre Träume!
   Wir wissen die Träume nicht zu deuten.»

45 Jener von den beiden, der freigekommen war
   und sich, nach einer Frist, erinnerte, der sprach:

«Ich bin es, der euch seine Deutung kundtun kann: So schickt mich los!»

46 «Joseph, du Wahrheitsliebender!
Gib uns Aufschluss über sieben fette Kühe,
doch fressen sieben magere sie auf,
und über sieben grüne Ähren und andere, verdorrte!
Vielleicht ja kehre ich zu den Menschen zurück,
so dass sie es vielleicht erfahren.»

47 Er sprach: «Ihr werdet sieben Jahre nach gewohnter Weise säen,
doch was ihr erntet, sollt ihr in den Ähren lassen,
bis auf ein weniges, wovon ihr esst.

48 Sodann, wenn das vorbei ist, kommen sieben harte,
die das aufzehren, was ihr dafür zurückgelegt habt,
bis auf weniges, das ihr verwahren sollt.

49 Sodann, wenn das vorbei ist, kommt ein Jahr,
da Gott es für die Menschen regnen lässt
und in dem sie wieder keltern.»

50 Der König sprach: «Bringt ihn zu mir!»
Und als der Bote zu ihm kam, sprach er:
«Kehr um zu deinem Herrn! Dann frage ihn:
‹Wie steht es mit den Frauen, die sich in die Hände schnitten?
Siehe, mein Herr kennt ihre Ränkespiele.›»

51 Er sprach: «Was hattet ihr im Sinn,
als ihr versuchtet, Joseph zu verführen?»
Sie sprachen: «Gott bewahre! Nichts Böses gegen ihn ist uns bekannt.»
Da sprach die Frau des Mächtigen:
«Jetzt kommt die Wahrheit an den Tag:
Ich trachtete danach, ihn zu verführen –
doch siehe, er ist wahrlich einer von den Ehrlichen.»

52 «Und das, damit er wisse, dass ich ihn nicht insgeheim hinterging
und dass Gott das Ränkespiel der Betrüger nicht zum Gelingen führt.

ǧ13ḥ25 53 Ich spreche meine Seele nicht frei.
Die Seele lenkt ja hin zum Bösen,
nur dann nicht, wenn mein Herr Erbarmen zeigt.
Siehe, mein Herr ist bereit zu vergeben, barmherzig.»

54 Der König sprach: «Bringt ihn zu mir,
ich will ihn für mich auserwählen!»
Als er zu ihm gesprochen hatte, sprach er:
«Siehe, ab heute bist du bei uns hoch angesehen und vertrauenswürdig.»

55 Er sprach: «So setz mich an die Spitze der Vorratshäuser hier im Land!
Siehe, ich bin ein kluger Hüter.»

56 So sicherten wir Joseph seinen Platz im Land,
er ließ sich darin nieder, wo immer er nur wollte.
Mit unserem Erbarmen bedenken wir nur, wen wir wollen,
und lassen den Lohn derer, die Gutes tun, nicht verlorengehen.

57 Wahrlich: Der Lohn des Jenseits ist besser
für alle, welche glauben und gottesfürchtig sind.

58 Da kamen Josephs Brüder und traten bei ihm ein.
Er erkannte sie, doch sie vermochten ihn nicht zu erkennen.

59 Als er sie mit allem, was sie brauchten, ausgerüstet hatte, sprach er:
«Bringt mir von eurem Vater noch einen Bruder von euch mit!
Seht ihr denn nicht, dass ich das Maß reichlich fülle
und der beste Herbergsgeber bin?

60 Doch wenn ihr ihn nicht zu mir bringt,
so wird euch bei mir nichts mehr zugemessen,
und ihr sollt mir nicht mehr nahekommen.»

61 Sie sprachen: «Wir werden seinen Vater zu überreden suchen –
das werden wir wahrhaftig tun.»

62 Er sprach zu seinen Burschen: «Steckt ihnen ihre Ware in ihre Satteltaschen!
Sie werden sie vielleicht, wenn sie zu ihren Leuten heimgezogen sind,
erkennen – und dann vielleicht ja wiederkommen.»

63 Als sie zurück zu ihrem Vater kamen, sprachen sie:
«Vater! Verweigert wurde uns, dass man uns zumisst.
So schicke unseren Bruder mit uns, damit wir volles Maß erhalten!
Siehe, wir werden ihn gewiss beschützen.»

64 Er sprach: «Soll ich ihn euch anders anvertrauen,
als ich euch früher seinen Bruder anvertraute?»
Doch Gott ist als Beschützer besser,
er ist der barmherzigste Erbarmer.

65 Als sie ihr Gepäck dann öffneten,
da fanden sie, dass ihnen ihre Ware zurückgegeben war.
Sie sprachen: «Vater! Was sollen wir noch wünschen?
Hier, unsere Ware wurde uns zurückgegeben.
Die Unseren werden wir versorgen,
auf unseren Bruder werden wir achtgeben
und überdies eine Kamellast gewinnen:
Das ist ein leichtes Maß.»

66 Er sprach: «Ich werde ihn nur mit euch schicken,
wenn ihr mir – bei Gott – fest versprecht, ihn mir zurückzubringen,
außer, ihr seid ganz und gar verloren.»
Als sie es ihm fest versprochen hatten,

sprach er: «Gott waltet über das, was wir da sprechen.»

67 Und er sprach: «Meine Söhne! Tretet nicht durch nur *ein* Tor ein,
nein, tretet durch verschiedene Tore ein!
Ich aber kann euch vor Gott in nichts nützen.
Denn die Entscheidung liegt allein bei Gott.
Auf ihn vertraue ich,
und auf ihn sollen die Vertrauenden vertrauen.»

68 Als sie nun so eingetreten waren,
wie es ihr Vater ihnen geboten hatte,
da nützte es ihnen vor Gott in nichts.
Es war nur ein Bedürfnis in Jakobs Seele, dem er nachkam.
Siehe, er hatte wirklich Wissen, weil wir es ihn lehrten,
doch die meisten Menschen haben kein Wissen.

69 Als sie bei Joseph eintraten, da nahm er seinen Bruder beiseite.
Er sprach: «Siehe, ich bin dein Bruder.
Sei daher nicht mehr traurig über das, was sie einst taten!»

70 Als er sie dann mit allem, was sie brauchten, ausgerüstet hatte,
tat er sein Trinkgefäß in seines Bruders Satteltasche.
Darauf rief ein Ausrufer aus: «He, ihr da von der Karawane,
ihr seid wahrhaftig Diebe!»

71 Sie sagten, indem sie sich zu ihnen wandten:
«Was vermisst ihr denn?»

72 Sie sprachen: «Das Trinkgefäß des Königs vermissen wir.
Wer es wiederbringt, bekommt eine Kamellast.
Und ich bin dafür Bürge.»

73 Sie sprachen: «Bei Gott, ihr wisst doch, dass wir nicht gekommen sind,
um im Lande Unheil anzurichten.
Auch sind wir keine Diebe!»

74 Sie sprachen: «Und was ist die Strafe dafür, wenn ihr Lügner seid?»

75 Sie sprachen: «Die Strafe dafür sei, dass der,
in dessen Satteltasche es gefunden wird,
selber die Strafe dafür ist.»
So vergelten wir den Frevlern.

76 Und er begann mit ihren Satteltaschen –
noch vor der Tasche seines Bruders.
Dann zog er es heraus aus seines Bruders Tasche.
So wandten wir zugunsten Josephs eine List an.
Nach den Gesetzen des Königs war es nicht erlaubt,
den Bruder in Besitz zu nehmen,
hätte Gott es nicht gewollt.

Im Rang erhöhen wir, wen wir wollen.
Und über einem jeden, der Wissen hat, steht ein Wissender.

¼ 77 Sie sprachen: «Wenn er gestohlen hat,
dann hat auch früher schon ein Bruder von ihm gestohlen.»
Doch das hielt Joseph verborgen in seiner Seele
und ließ es sie nicht wissen.
Er sprach: «Schlimm steht's um euch,
und Gott weiß ganz genau, was ihr da beschreibt.»

78 Sie sprachen: «Ehrenwerter Herr! Siehe, er hat einen sehr alten Vater,
so nimm an seiner Stelle einen von uns!
Siehe, wir sehen, dass du einer von denen bist, die Gutes tun!»

79 Er sprach: «Gott behüte, dass wir einen anderen nehmen
als den, bei dem man unsere Gerätschaft fand.
Siehe, dann wären wir wahrhaftig Frevler.»

80 Als sie nun die Hoffnung bei ihm aufgegeben hatten,
berieten sie sich abseits und vertraulich.
Der Älteste von ihnen sprach: «Wisst ihr denn nicht,
dass euer Vater euch ein Versprechen abnahm gegenüber Gott?
Und dass ihr früher schon auf Joseph nicht achtgabt?
Nicht eher werde ich dieses Land verlassen,
bis es mein Vater mir erlaubt
oder Gott für mich darüber die Entscheidung trifft.
Er weiß am besten zu entscheiden.

81 Kehrt heim zu eurem Vater und sprecht:
‹Vater! Siehe, dein Sohn hat gestohlen,
und wir haben nur bezeugt, wovon wir Kenntnis hatten,
und konnten das Verborgene nicht wenden.

82 Frag in der Stadt, in der wir waren, nach,
und bei der Karawane, mit der wir angekommen sind!
Fürwahr, die Wahrheit sprechen wir.›»

83 Er sprach: «Nein, nein! Ihr habt euch etwas eingeredet.
Da heißt es schön geduldig sein.
Vielleicht bringt Gott sie allesamt mir wieder her.
Er ist der Wissende, der Weise.»

84 Und er wandte sich von ihnen ab und sprach:
«O Jammer über Joseph!»
Und seine Augen wurden trüb vor Trauer,
und er war stumm vor Gram.

85 Sie sprachen: «Bei Gott, du wirst nicht davon lassen, Josephs zu gedenken,
bis dass du siech wirst

oder einer derer bist, die dem Sterben nah sind.»

86 Er sprach: «O nein, ich klage Gott mein Leid und meine Traurigkeit,
    wo ich doch weiß von Gott, was ihr nicht wisst.

87 Ihr meine Söhne! Geht los und forscht nach Joseph und nach seinem
        Bruder!
    Und zweifelt nicht an Gottes Güte!
    An Gottes Güte zweifeln nur die, die nicht glauben.»

88 Als sie bei ihm eingetreten waren, sprachen sie:
    «Ehrenwerter Herr! Uns und die Unseren traf Not,
    darum kommen wir mit Ware von geringem Wert.
    Doch fülle uns das Maß, und gib uns milde Gaben!
    Denn Gott belohnt die, welche milde Gaben geben.»

89 Er sprach: «Wisst ihr, was ihr Joseph und seinem Bruder angetan habt,
    da ihr Toren wart?»

90 Sie sprachen: «Siehe, du selber bist wohl Joseph!?»
    Er sprach: «Ich bin Joseph, und das hier ist mein Bruder.
    Gott war voll Güte gegen uns.
    Wer gottesfürchtig und geduldig ist –
    wahrlich, Gott lässt den Lohn derer, die Gutes tun, nicht verlorengehen.»

91 Sie sprachen: «Bei Gott, Gott hat dir den Vorzug vor uns gegeben,
    und wir, fürwahr, wir waren Sünder.»

92 Er sprach: «Kein Tadel sei auf euch an diesem Tag!
    Vergeben wird euch Gott, denn er ist der barmherzigste Erbarmer.

93 Geht los, mit diesem meinem Hemd,
    und legt es meinem Vaters aufs Gesicht,
    damit er wieder sehend wird!
    Und kommt zu mir mit allen euren Anverwandten!»

94 Als die Karawane aufgebrochen war, sprach ihr Vater:
    «Fürwahr, ich bemerke den Geruch von Joseph,
    auch wenn ihr mich für töricht haltet.»

95 Sie sprachen: «Bei Gott, du bist fürwahr in deinem alten Irrtum.»

96 Als der Freudenbote gekommen war,
    da legte er es ihm auf das Gesicht,
    so dass er wieder sehend wurde.
    Er sprach: «Sagte ich denn nicht zu euch:
    ‹Siehe, ich weiß von Gott, was ihr nicht wisst›?»

97 Sie sprachen: «Vater!
    Bitte für uns um Vergebung wegen unserer Missetaten!
    Siehe, wir waren Sünder.»

98 Er sprach: «Ich werde meinen Herrn für euch um Vergebung bitten.

Siehe, er ist der Vergebungsbereite, Barmherzige.»

99 Als sie bei Joseph eintraten, nahm er seine Eltern beiseite und sprach:
«Betretet nun Ägypten, so Gott will, in Sicherheit!»

100 Und seine Eltern hob er auf zum Thron,
und alle warfen sich in Demut ihm zu Füßen.
Er aber sprach: «Vater!
Das ist die Deutung meines Traumgesichts von früher.
Zur Wirklichkeit ließ es mein Herr jetzt werden.
Mir hat er Gutes angetan, als er mich aus dem Kerker holte,
und euch führte er aus der Wüste,
nachdem der Satan zwischen mir und meinen Brüdern Zwietracht säte.
Siehe, mein Herr ist fürsorglich in dem, was er will.
Siehe, er ist der Wissende, der Weise.

½ 101 Mein Herr! Du gabst mir Macht
und lehrtest mich das Deuten von Geschichten.
Schöpfer der Himmel und der Erde!
Du bist mein Schutzpatron im Diesseits wie im Jenseits.
Nimm mich als Gottergebenen zu dir,
und reihe mich bei den Rechtschaffenen ein!»

102 Das ist eine der verborgenen Geschichten,
dir offenbaren wir sie.
Du warst nicht bei ihnen, als sie zusammenkamen,
um Ränke auszudenken.

103 Die meisten Menschen sind nicht gläubig,
du magst dich noch so sehr darum bemühen.

104 Du verlangst ja keinen Lohn dafür von ihnen.
Denn siehe: Nichts als eine Mahnung ist es für die Weltbewohner.

105 Wie viele Zeichen sind in den Himmeln und auf Erden,
an denen sie vorübergehen, wobei sie sich davon abwenden.

106 Die meisten von ihnen glauben nicht an Gott –
nur dann, wenn sie beigesellen.

107 Sind sie denn davor sicher, dass von der Strafe Gottes
eine Heimsuchung zu ihnen kommt
oder, ganz unverhofft, ‹die Stunde› zu ihnen kommt,
ohne dass sie es bemerken?

108 Sprich: «Das ist mein Weg!
Ich rufe auf zu Gott, aufgrund eines sichtbaren Beweises,
ich und wer mir folgt.
Gelobt sei Gott!
Ich bin keiner derer, die beigesellen.»

109 Auch vor dir sandten wir nur solche Männer,
denen wir eine Offenbarung gaben –
sie waren aus ‹den Städten›.
Sind sie denn nicht durchs Land gezogen,
so dass sie sahen, wie das Ende derer war, die vor ihnen lebten?
Wahrlich, das Haus des Jenseits ist besser für die, die gottesfürchtig sind.
Wollt ihr denn nicht begreifen?

110 So dass, als die Gesandten dann verzweifelten
und meinten, dass man sie belogen hätte, Hilfe von uns zu ihnen kam.
Und die, von denen wir es wollten, wurden gerettet.
Doch unsere Gewalt wird vom Volk der Frevler nicht abgewendet.

111 In dem, was man über sie erzählt,
liegt eine Lehre für die, die es beherzigen.
Es ist keine frei erfundene Geschichte,
vielmehr Bestätigung für das, was vorher war,
und Auslegung aller Dinge,
Rechtleitung dann und Erbarmen für Menschen, welche gläubig sind.

Sure 13 – Der Donner – ar-ra‘d

Medinensisch, 43 Verse

Im Namen Gottes, des barmherzigen Erbarmers.

1 *Alif Lam Mim Ra.*
Dies sind die Verse des Buches.
Was zu dir von deinem Herrn herabgesandt ward, ist die Wahrheit.
Die meisten Menschen jedoch glauben nicht.

2 Gott ist es, der die Himmel aufgerichtet hat,
ganz ohne Stützen, die ihr sehen könnt,
sich dann hoch oben auf dem Throne niederließ
und die Sonne und den Mond dienstbar machte:
beide laufen bis zu benannter Frist.
Alles hat er in der Hand.
Er legt die Verse aus.
Vielleicht seid ihr ja sicher, dass ihr eurem Herrn begegnen werdet.

3 Er ist es, der die Erde ausgebreitet hat,
der Berge, festgegründet, auf ihr machte, und Flüsse,
und der von allen Früchten je ein Paar auf ihr machte.
Er lässt die Nacht den Tag bedecken.

Darin sind, wahrlich, Zeichen für Menschen, die sich Gedanken machen.

4 Auf der Erde gibt es Ländereien, aneinandergrenzend,
Weingärten und Getreidefelder,
Palmen mit Einzel- und mit Doppelstämmen,
getränkt aus *einer* Wasserquelle.
In der Ernte geben wir den einen den Vorzug vor den anderen.
Darin sind, wahrlich, Zeichen für Menschen, die begreifen.

¾ 5 Wenn *du* dich wunderst, so ist doch *ihre* Rede verwunderlich:
«Können wir denn, wenn wir zu Staub geworden sind,
wirklich neu erschaffen werden?»
Jene sind es, die an ihren Herrn nicht glauben,
und jene werden Ketten haben an ihrem Hals
und Bewohner des Höllenfeuers sein, darin sie ewig bleiben.

6 Sie dringen in dich, das Schlimme möge doch *vor* dem Guten kommen.
Schon vor ihnen hat sich ja Beispielhaftes zugetragen,
doch dein Herr ist wahrlich voll Vergebung für die Menschen,
trotz ihres Frevelns,
doch dein Herr ist auch streng im Strafen.

7 Die ungläubig sind, die sprechen:
«Warum wurde kein Zeichen von seinem Herrn auf ihn herabgesandt?»
Du bist nur ein Warner, doch jedes Volk hat einen Leiter.

8 Gott weiß, was jedes weibliche Geschöpf zu tragen hat
und wie der Mutterschoß sich dann verkleinert und vergrößert.
Alles ist im Maß bei ihm,

9 der das Verborgene und das Sichtbare kennt,
der Große, der Erhabene.

10 Gleich ist es, wer von euch das Wort geheimhält und wer es offen ausspricht,
wer sich des Nachts versteckt hält und bei Tag herumreist:

11 Er hat Behüter, vor und hinter sich, die ihn beschützen
auf Geheiß von Gott.
Siehe, Gott ändert an einem Volke nichts,
ehe *sie* nicht ändern, was in ihren Seelen ist.
Will Gott einem Volke Schlimmes tun, dann kann ihm niemand wehren,
und es hat keinen anderen Beschützer als nur ihn.

12 Er ist es, der euch Blitze sehen lässt, in Furcht und in Verlangen,
und der die schweren Wolken entstehen lässt.

13 Der Donner rühmt und preist ihn
und ebenso die Engel – aus Furcht vor ihm.
Er sendet Blitz- und Donnerschläge
und trifft mit ihnen, wen er will.

Sie aber streiten über Gott.

Er ist von unendlich großer Klugheit.

14 Ihm gebührt das wahrhaftige Gebet.

Die aber, die sie im Gebet an seiner statt anrufen, antworten ihnen nichts.

Nicht anders als jemandem ähnlich, der seine Hände nach Wasser ausstreckt,

damit es seinen Mund erreiche, ihn aber nicht erreicht.

Ja, das Beten der Ungläubigen führt nur in die Irre.

15 Vor Gott wirft sich nieder, wer in den Himmeln und auf Erden ist

und deren Schatten, ob sie wollen oder nicht,

in der Morgenfrühe und zur Abendzeit.

16 Sprich: «Wer ist der Herr der Himmel und der Erde?»

Sprich: «Gott.»

Sprich: «Nahmt ihr denn außer ihm noch Helfer an,

die sich selber weder Nutzen noch Schaden bringen?»

Sprich: «Sind der Blinde und der Sehende einander gleichzusetzen?

Oder sind Finsternis und Licht einander gleichzusetzen?

Oder machten sie denn Gott Gesellen, die erschaffen konnten so wie er,

so dass die Schöpfung doppeldeutig für sie wurde?»

Sprich: «Gott ist der Schöpfer aller Dinge.

Er ist der Eine, der Bezwinger.»

17 Er schickte Wasser herab vom Himmel,

da flossen Ströme in ihrem Maß,

und die Wasserflut trug Schaum nach oben, mehr und mehr.

Und von dem, was sie im Feuer schmieden,

um Schmuck oder Hausrat herzustellen,

entsteht in gleicher Weise Schaum.

So verdeutlicht Gott das Wahre und das Nichtige.

Was nun den Schaum betrifft, geht er dahin – nutzloses Treibgut!

Doch was den Menschen nützt, bleibt auf der Erde.

So prägt Gott die Gleichnisse.

18 Denen, die ihrem Herrn gehorchten, ist ‹das Schönste› zugedacht,

die ihm aber nicht gehorchten –

wenn sie alles hätten, was es auf der Erde gibt, und ein Gleiches noch dazu,

wahrlich, freikaufen würden sie sich damit.

Doch eben diese sind es, auf die schlimme Abrechnung wartet

und deren Zufluchtsort die Hölle sein wird.

Welch schlimme Lagerstatt!

ḥ26   19 Ist denn derjenige, der weiß, dass das die Wahrheit ist,

was zu dir von deinem Herrn herabgesandt ward,

gleich dem, der blind ist?

Doch nur die Verständigen lassen sich ermahnen,
20   die den Bund mit Gott einhalten und die Verpflichtung nicht verletzen,
21   die das verbinden, was Gott zu verbinden geboten hat,
      die sich vor ihrem Herrn fürchten
      und sich vor schlimmer Abrechnung ängstigen
22   und die geduldig sind im Bestreben, ihrem Herrn zu gefallen,
      die das Gebet verrichten und von dem spenden, womit wir sie bedacht,
      verborgen oder offen,
      und die das Böse mit dem Guten bannen,
      denen sind – als letzte Wohnstatt – zugedacht:
23   die Gärten Eden – sie werden sie betreten
      mit jenen ihrer Väter, Frauen und Nachkommen,
      welche fromm gewesen,
      während durch jedes Tor die Engel herein zu ihnen treten:
24   «Friede sei mit euch, dafür, dass ihr geduldig wart!»
      Welch treffliche letzte Wohnstatt!
25   Die jedoch den Bund mit Gott,
      nachdem sie sich auf ihn verpflichtet hatten, brechen
      und das zertrennen, was Gott zu verbinden geboten hat,
      und Verderben im Lande stiften,
      jenen gilt die Verfluchung,
      und ihnen ist die schlimme Wohnstatt bestimmt.
26   Gott teilt die Lebensgüter reichlich aus, an wen er will,
      und er beschränkt sie.
      Sie erfreuen sich am Leben hier im Diesseits;
      doch ist das Leben hier im Diesseits,
      verglichen mit dem Jenseits, nur vorübergehender Genuss.
27   Die ungläubig sind, die sprechen:
      «Warum wurde kein Zeichen von seinem Herrn auf ihn herabgesandt?»
      Sprich: «Siehe, Gott lässt abirren, wen er will,
      doch wer sich ihm zukehrt, den führt er zu sich.
28   Die aber glauben und deren Herzen im Gedenken Gottes Ruhe finden
      – ja, finden nicht die Herzen im Gedenken Gottes Ruhe? –,
29   die glauben und gute Werke tun, sind seligzupreisen
      und haben gute Heimkehr.
30   So sandten wir dich zu einer Gemeinschaft,
      vor der schon andere Gemeinschaften vergangen sind,
      damit du ihnen vorträgst, was wir dir offenbaren.
      Doch sie glauben nicht an den Erbarmer.
      Sprich: «Er ist mein Herr. Kein Gott ist außer ihm.

Auf ihn vertraue ich, und ihm wende ich mich zu.»

31 Gäbe es eine Lesung, wodurch die Berge bewegt werden könnten
oder die Erde dadurch gespalten
oder die Toten dadurch angesprochen würden:
Nein, das letzte Wort läge ganz und gar bei Gott!
Sind denn die glauben, nicht daran verzweifelt,
dass Gott die Menschen doch hätte leiten können allesamt –
hätte er nur gewollt?
Die Ungläubigen wird immer wieder ein Schlag treffen
für das, was sie taten,
oder ganz in der Nähe ihrer Wohnstatt herniederkommen,
bis die Verheißung Gottes eintrifft.
Siehe, Gott bricht das Versprechen nicht.

32 Schon vor dir wurden Gesandte verspottet.
Ich gewährte denen, die ungläubig waren, zwar eine Frist, raffte sie dann
    aber fort.
Wie war da meine Strafe!

33 Ist etwa einer, der über jeder Seele steht für das, was sie begangen hat –
und sie machten Gott Gesellen!
Sprich: «Gebt ihnen doch Namen –
oder wollt ihr ihm berichten, was er nicht kennt auf Erden
oder was ganz offen schon gesagt ist?»
Nein, denen, die ungläubig waren, erschien ihr Ränkespiel in bestem Licht,
und abgehalten wurden sie vom Weg.
Wen Gott abirren lässt, der hat keinen Führer.

34 Ihnen ist schon im Leben hier im Diesseits eine Strafe bestimmt,
doch fürwahr, die im Jenseits ist noch härter,
und es gibt niemanden für sie, der sie vor Gott beschützen könnte.

¼ 35 Das Bild des Gartens, der den Gottesfürchtigen verheißen ist:
Bäche fließen unter ihm dahin,
seine Früchte und den Schatten gibt es immerzu.
Jener Garten ist das Endziel derer, die gottesfürchtig sind.
Doch das Endziel der Ungläubigen ist das Höllenfeuer.

36 Die aber, denen wir das Buch brachten,
die freuen sich über das, was zu dir herabgesandt wurde.
Unter den Gruppen gibt es einige, die einen Teil davon ablehnen.
Sprich: «Befohlen wurde mir, dem *einen* Gott zu dienen und ihm nichts
    beizugesellen.
Zu ihm bete ich, und zu ihm ist meine Heimkehr.»

37 So sandten wir sie herab als arabische Weisheit.

Und wenn du ihren Neigungen folgen wolltest,
nachdem etwas vom Wissen zu dir kam,
dann gibt es für dich, Gott gegenüber, weder Freund noch Beschützer.

38 Schon vor dir hatten wir Gesandte ausgesandt
und gaben ihnen Frauen und Kinder.
Keinem Gesandten kommt es zu, dass er ein Zeichen bringt,
es sei denn, mit Erlaubnis Gottes.
Für jede Frist gibt es ein Buch.

39 Gott löscht aus und setzt fest, was er will.
Bei ihm ist das Urbuch.

40 Ob wir dich nun etwas schauen lassen von dem, womit wir sie bedrohen,
oder ob wir dich abberufen,
dir obliegt die Botschaft, uns die Endabrechnung.

41 Sahen sie denn nicht, dass wir zum Land hinkommen
und es von seinen Grenzen her verkleinern?
Gott richtet, und es gibt keinen, der seinen Spruch anfechten kann.
Schnell ist er im Abrechnen.

42 Schon die vor ihnen schmiedeten Ränke,
doch bei Gott liegt alles Ränkeschmieden!
Er weiß, was jeder Mensch begeht.
Die Ungläubigen werden erfahren, für wen die letzte Wohnstatt ist.

43 Die ungläubig sind, sprechen: «Du bist nicht ausgesandt!»
Sprich: «Gott genügt als Zeuge zwischen mir und euch
und wer das Wissen des Buches besitzt!»

Sure 14 – Abraham – Ibrāhīm

Mekkanisch, 52 Verse

Im Namen Gottes, des barmherzigen Erbarmers.

1 *Alif Lam Ra.*
Ein Buch, wir sandten es zu dir herab,
dass du die Menschen aus der Finsternis zum Licht führst,
mit der Erlaubnis ihres Herrn,
zum Weg des Mächtigen, des Rühmenswerten,

2 des *einen* Gottes, dem das gehört, was in den Himmeln und auf Erden ist.
Und wehe den Ungläubigen vor einer harten Strafe,

3 denen, die das Leben hier auf Erden mehr als das Jenseits lieben,
den Weg zu Gott absperren und ihn krumm wünschen!
Sie sind in einem großen Irrtum.

4 Wir sandten keinen Abgesandten, außer in der Sprache seines Volkes,
um ihnen Klarheit zu verschaffen.
So führt Gott in die Irre, wen er will,
und führt auf dem rechten Wege, wen er will.
Er ist der Mächtige, der Weise.

5 Einst sandten wir Mose mit unseren Zeichen:

«Führe dein Volk aus der Finsternis zum Licht,
und rufe ihnen die Tage Gottes in Erinnerung!»
Siehe, darin liegen wahrlich Zeichen
für einen jeden, der sich standhaft zeigt und dankbar ist.

6 Damals, als Mose zu seinem Volke sprach:
«Gedenket der Huld Gottes, die er euch erwies,
damals, als er euch errettete vor dem Geschlecht Pharaos,
das euch schlimme Qual antat,
das eure Söhne abschlachtete und nur eure Frauen leben ließ.
Darin lag schwere Prüfung von eurem Herrn.

7 Als euer Herr ankündigte: ‹Wenn ihr dankbar seid,
will ich euch noch mehr erweisen,
wenn ihr jedoch undankbar seid,
dann wird meine Strafe wahrlich streng sein.›»

8 Mose sprach: «Wenn ihr und die im Lande sind, allesamt undankbar seid –
Gott ist auf keinen angewiesen, er ist hoch zu rühmen.»

9 Kam zu euch nicht die Kunde derer, die vor euch lebten,
des Volks von Noah und der ʿAd und der Thamud?
Und derer, die nach ihnen lebten, die Gott allein nur kennt?
Ihre Gesandten kamen zu ihnen mit den Beweisen,
da taten sie ihre Hände auf den Mund und sprachen:
«Siehe, wir glauben nicht an das, womit ihr zu uns gesandt wart.»
Und: «Siehe, wir sind in starkem Zweifel über das, wozu ihr uns aufruft.»

½ 10 Ihre Gesandten sprachen: «Gibt es denn Zweifel über Gott,
den Schöpfer der Himmel und der Erde?
Er ruft euch, dass er euch vergebe eure Sünden
und euch Aufschub gewähre bis zu festgelegter Frist.»
Sie sprachen: ‹Ihr seid nichts anderes als Menschen wie wir!
Wollt ihr uns von dem abbringen, was unsere Väter immer schon verehrten?
So bringt uns klare Vollmacht!»

11 Zu ihnen sprachen ihre Gesandten: «Wir sind – wie ihr – nur Menschen;
doch Gott erweiset, wem er will von seinen Knechten, Gnade.
Uns kam es nicht zu, mit einer Vollmacht zu euch zu kommen,
außer mit Erlaubnis Gottes.
Darum sollen die Gläubigen auf Gott vertrauen.

12 Uns kommt es nicht zu, auf Gott nicht zu vertrauen,
da er uns auf unserem Wege rechtgeleitet hat.
Wir wollen dem gegenüber geduldig sein,
was ihr uns an Kränkungen zugefügt habt.
Auf Gott sollen die vertrauen, die Vertrauen haben.»

13 Die ungläubig waren, sprachen zu ihren Gesandten:
«Wahrlich, wir wollen euch aus unserem Lande weisen –
oder ihr kehrt zurück zu unserer Glaubensweise.»
Da gab ihr Herr ihnen ein: «Wahrlich, vernichten werden wir die Frevler.

14 Wahrlich, nach ihnen werden wir euch das Land bewohnen lassen.
Das für den, welcher meinen Auftritt fürchtet und meine Drohung.»

15 Sie baten um Entscheidung,
doch jeder hartnäckige Gewaltmensch scheiterte.

16 Hinter ihm liegt die Hölle,
und er bekommt von eitriger Flüssigkeit zu trinken.

17 Er trinkt sie, und fast verschluckt er sie;
da kommt der Tod zu ihm von jedem Platz,
und doch ist er nicht wirklich tot,
hinter ihm ist eine harte Strafe.

18 Die Werke derer, die ihrem Herrn nicht glaubten,
die gleichen Asche, in die der Wind an einem Sturmtag heftig bläst.
Sie haben keine Macht mehr über das, was sie begangen haben.
Das ist der große Irrtum.

19 Hast du nicht gesehen, dass Gott, in Wahrheit, die Himmel und die Erde
schuf?
Wenn er es will, dann nimmt er euch hinweg und kommt mit einer neuen
Schöpfung.

20 Das ist für Gott nicht schwer.

21 Heraus zu Gott kommen sie dann allesamt,
und die Schwachen sprechen zu denen, die hochmütig waren:
«Siehe, Gefolgsleute waren wir für euch;
könnt ihr uns denn nun irgend schützen vor der Strafe Gottes?»
Sie sprechen: «Hätte Gott uns rechtgeleitet, hätten auch wir euch
rechtgeleitet.
Uns ist es gleich, ob wir erschüttert werden oder standhaft bleiben.
Nichts gibt es für uns, wohin wir fliehen könnten.»

22 Sprechen wird der Satan, nachdem die Sache entschieden ist:
«Siehe, Gott gab euch die Verheißung, die in Erfüllung ging.
Und ich verhieß euch etwas, aber ich brach an euch mein Versprechen.
Ich hatte keine Macht über euch.
Ich rief euch nur, und ihr seid mir gefolgt.
Tadelt daher nicht mich, sondern euch selbst!
Ich bin nicht euer Helfer, und ihr seid nicht meine Helfer.
Ja, ich leugne, dass ihr mich früher beigesellt habt.»
Siehe, den Frevlern ist eine schmerzhafte Strafe bestimmt.

23 Die glaubten und gute Werke taten, die werden in Gärten geführt,
unter denen Bäche fließen; ewig weilen sie dort,
mit der Erlaubnis ihres Herrn.
Sie begrüßen sich darin mit: «Frieden!»

24 Sahst du denn nicht, wie Gott ein Gleichnis prägte?
Ein gutes Wort ist wie ein guter Baum:
Fest steht seine Wurzel, und sein Gezweig reicht in den Himmel.

25 Er bringt seine Frucht zu jeder Zeit, mit der Erlaubnis seines Herrn.
Gott prägt die Gleichnisse für die Menschen,
vielleicht lassen sie sich mahnen.

26 Ein schlechtes Wort ist wie ein schlechter Baum,
der aus dem Boden entwurzelt wird, da er keinen festen Halt hat.

27 Gott bestärkt, die glauben, mit dem festen Wort,
im Leben hier auf Erden und im Jenseits.
Gott führt die Frevler in die Irre.
Gott tut, was er will.

¾ 28 Sahst du die nicht, welche Gottes Gnade gegen Unglauben eintauschten
und ihr Volk im Hause des Verderbens wohnen ließen,

29 in der Hölle? Sie brennen darin.
Was für ein schlimmer Ort!

30 Sie stellten neben Gott Wesen, die ihm gleichen,
um von seinem Wege abzubringen.
Sprich: «Genießet! Doch siehe, euer Schicksal führt in das Höllenfeuer.»

31 Sprich zu meinen Knechten, welche glauben,
sie mögen das Gebet verrichten und von dem spenden,
womit wir sie bedachten, heimlich oder offen,
bevor ein Tag anbricht, an dem es weder Handel noch freundschaftlichen
      Wandel gibt.

32 Gott ist es, der die Himmel und die Erde schuf
und der vom Himmel Wasser herniedersandte
und daraus Früchte wachsen ließ, zum Unterhalt für euch.
Er machte euch die Schiffe dienstbar,
dass sie auf dem Meere fahren nach seinem Geheiß,
und machte euch die Flüsse dienstbar

33 und machte euch die Sonne dienstbar und den Mond, in stetem Wirken,
und machte euch die Nacht dienstbar und den Tag.

34 Er gab euch von allem, worum ihr ihn batet.
Wenn ihr die Gnade Gottes aufzählen solltet,
ihr könntet sie doch nicht berechnen.
Siehe, der Mensch ist wahrlich frevlerisch und gottlos.

35 Damals, als Abraham sprach: «Mein Herr, gib diesem Ort Sicherheit!
Bewahre mich und meine Söhne davor, dass wir den Götzenbildern dienen!

36 Mein Herr, sie haben viele Menschen fehlgeleitet;
doch wer mir nachfolgt, der gehört zu mir;
und wer sich auflehnt gegen mich –
siehe, Gott ist bereit zu vergeben, barmherzig.

37 Unser Herr, siehe, ich habe von meinen Nachkommen einige angesiedelt
in einem unfruchtbaren Tal bei deinem Heiligtum,
unser Herr, auf dass sie das Gebet verrichten.
Mach du, dass Menschenherzen sich hin zu ihnen neigen,
und schenke ihnen Früchte für den Lebensunterhalt,
vielleicht sind sie ja dankbar.

38 Unser Herr, du weißt, was wir verbergen und offenlegen.
Gott bleibt kein Ding verborgen,
auf Erden nicht und nicht im Himmel.

39 Gelobt sei Gott, der mir trotz meines Alters
noch Ismael und Isaak geschenkt hat.
Siehe, mein Herr erhört das Gebet.

40 Mein Herr, lass mich verrichten das Gebet
und mit mir meine Kindeskinder,
unser Herr, und nimm mein Beten an!

41 Unser Herr, vergib mir wie auch meinen Eltern und den Gläubigen
an dem Tag, da die Abrechnung erfolgt!»

42 Glaube ja nicht, dass Gott nicht beachtet, was die Frevler tun!
Aufschub gewährt er ihnen nur bis zu einem Tag, an dem die Blicke starr
werden,

43 sie mit gesenktem Haupte hasten, ohne dass ihr Blick zurück zu ihnen kehrt,
und ihre Herzen leer sind.

44 Warne die Menschen vor einem Tag, da über sie die Strafe kommt!
Da sagen diejenigen, die frevelten:
«Unser Herr, gib uns Aufschub bis zu einer nahen Frist!
Wir werden deinem Ruf entsprechen und den Gesandten Folge leisten.»
Habt ihr denn früher nicht geschworen, dass es für euch keinen Untergang
gibt?

45 Ihr wohntet in den Wohnstätten derer, die an sich selber frevelten,
und euch wurde klar, wie wir an ihnen handelten.
Wir prägten Gleichnisse für euch.

46 Sie schmiedeten ihre Ränke;
doch ihr Ränkeschmieden liegt bei Gott,
selbst wenn ihre Ränke darauf zielten,

dass Berge deshalb weichen müssten.

47   Glaube ja nicht, dass Gott seine Verheißung an die Gesandten bricht.
      Siehe, Gott ist mächtig, Herr der Vergeltung.

48   Am Tage, da die Erde ersetzt wird durch eine andere, und auch die Himmel,
      und sie vortreten vor Gott, den Einen, den Bezwinger –

49   an jenem Tag siehst du die Missetäter in Fesseln aneinandergebunden,

50   ihre Gewänder sind aus Teer, und Feuer bedeckt ihr Gesicht.

51   Auf dass Gott einer jeden Seele das vergelte, was sie beging.
      Siehe, Gott ist schnell bei der Abrechnung.

52   Dies ist eine Mitteilung für die Menschen,
      dass sie sich durch sie warnen lassen
      und erkennen, dass er ein *einziger* Gott ist,
      und dass sich die Verständigen mahnen lassen.

Sure 15 – al-Hidschr – al-Ḥiǧr

Mekkanisch, 99 Verse

Im Namen Gottes, des barmherzigen Erbarmers.

ğ14h27 1 *Alif Lam Ra.*
Dies sind die Zeichen des Buches und einer klaren Lesung.

2 Vielleicht wünschen jene, die ungläubig sind, sie wären Gottergebene
gewesen.

3 Lass sie nur essen und genießen, und mag die Hoffnung sie ergötzen!
Nur zu bald werden sie erkennen.

4 Wir ließen keine Stadt zugrunde gehen, der es nicht vorherbestimmt war.

5 Keine Gemeinschaft kommt ihrer Frist zuvor,
noch bleibt sie hinter ihr zurück.

6 Sie sprechen: «O du, auf den herabgesandt ward die Ermahnung,
bestimmt bist du besessen!

7 Warum bringst du denn nicht die Engel zu uns,
wenn du zu den Wahrhaftigen gehörst?»

8 Nur mit der Wahrheit senden wir die Engel nieder,
und dann wird kein Aufschub gewährt.

9 Siehe, wir haben die Ermahnung herabgesandt –

und werden sie gewiss wohlbehüten.

10 Schon vor dir sandten wir zu den Gruppen der Früheren.

11 Doch kein Gesandter kam zu ihnen, über den sie nicht gespottet hätten.

12 Ebenso bringen wir sie den Missetätern in die Herzen.

13 Sie glauben nicht daran.
Vergangen ist ja schon der Brauch der Früheren.

14 Hätten wir ihnen ein Tor vom Himmel her geöffnet
und hätten sie weiterhin zu ihm aufsteigen können,

15 dann hätten sie gesagt: «Unsere Blicke sind ja berauscht.
Nein, wir sind ein Volk, das verzaubert ist.»

16 Am Himmel machten wir Sternbilder
und schmückten ihn für die Betrachtenden.

17 Und wir beschützten ihn vor einem jeden verfluchten Satan,

18 außer dem, der heimlich lauscht;
doch dem wird eine deutlich sichtbare Sternschnuppe folgen.

19 Die Erde – wir breiteten sie aus und senkten in sie Berge ein
und ließen auf ihr wachsen von jeder abgewogenen Art.

20 Wir machten auf ihr, was euch zum Leben dient
und denen, für die ihr nicht Versorger seid.

21 Nichts gibt es, von dem sich nicht Vorräte bei uns befinden,
und nichts senden wir hernieder, denn in festgesetztem Maß.

22 Die Winde schickten wir aus, schwanger,
und sandten herab vom Himmel Wasser, um euch damit zu tränken –
horten könnt ihr es nicht.

23 Siehe, *wir* sind es, die lebendig machen und sterben lassen,
und wir sind die Erbenden.

24 Wir kennen die von euch, die vorangehen,
und wir kennen die, welche hinten bleiben.

25 Siehe, dein Herr ist es, der sie zusammenschart.
Siehe, er ist weise, wissend.

26 Aus Ton erschufen wir den Menschen,
aus wohlgeformtem Lehm.

27 Doch die Dschinne schufen wir schon früher
aus des Gluthauchs Feuer.

28 Damals, als dein Herr zu den Engeln sprach:
«Siehe, einen Menschen will ich schaffen aus Ton,
aus wohlgeformtem Lehm.

29 Wenn ich ihn dann wohlgestaltet
und von meinem Geist in ihn geblasen habe –
dann fallt vor ihm, euch niederwerfend, nieder!»

30 Da warfen sich die Engel – alle zusammen – nieder,
31 außer Iblis –
er lehnte ab, bei denen zu sein, die sich niederwerfen.
32 Er sprach: «Iblis! Was ist mit dir,
dass du nicht bei denen bist, die sich niederwerfen?»
33 Er sprach: «Es steht mir nicht an,
dass ich mich vor einem Menschen niederwerfe,
den du aus Ton erschaffen hast,
aus wohlgeformtem Lehm.»
34 Er sprach: «Dann geh aus ihm hinaus!»
Und: «Gesteinigt sollst du werden!»
35 Und: «Fluch liegt auf dir bis zum Tage des Gerichts!»
36 Er sprach: «Mein Herr, dann gib mir Aufschub
bis zu dem Tag, an dem sie auferweckt werden!»
37 Er sprach: «Dann sollst du einer derer sein, denen Aufschub gewährt ist
38 bis zum Tag der festgesetzten Zeit.»
39 Er sprach: «Mein Herr, weil du mich verleitet hast,
werde ich ihnen auf der Erde alles im schönsten Licht erscheinen lassen
und sie allesamt verleiten,
40 bis auf deine Knechte, die aus ihnen auserlesen sind.»
41 Er sprach: «Das ist für mich ein gerader Weg.
42 Siehe, über meine Knechte hast du keine Macht,
außer über die Verführer, die dir nachfolgen.
43 Und siehe, die Hölle ist ihrer aller Ziel.»
44 Sie hat sieben Tore.
Jedem Tor ist ein Teil von ihnen zugeteilt.
45 Siehe, die Gottesfürchtigen, sie sind in Gärten und an Quellen:
46 «Tretet sicher und in Frieden in sie ein!»
47 Herausziehen werden wir, was sie an Groll in ihrem Inneren hegen,
als Brüder liegen sie auf Betten einander gegenüber.
48 Keine Anstrengung spüren sie dort,
und sie werden nicht aus ihnen vertrieben werden.
¼ 49 Verkünde meinen Knechten: «Ich bin der Vergebende, Barmherzige.»
50 Und: «Meine Strafe, das ist die schmerzhafte Strafe.»
51 Berichte ihnen von den Gästen Abrahams!
52 Als sie bei ihm eintraten und ihn begrüßten,
sprach er: «Wir fürchten uns vor euch.»
53 Sie sprachen: «Fürchte dich nicht!
Siehe, wir verkündigen dir einen Knaben, begabt mit Wissen.»
54 Er sprach: «Verkündigt ihr mir das, obwohl das Alter mich schon erfasst hat?

Doch was verkündigt ihr dann?»

55 Sie sprachen: «Wir verkündigen dir die Wahrheit!

So sei nicht einer derer, die verzagen!»

56 Er sprach: «Wer sollte wohl die Hoffnung auf das Erbarmen seines
Herrn aufgeben?

Nur die Irrenden!»

57 Er sprach: «Was ist mit euch, ihr Abgesandten?»

58 Sie sprachen: «Siehe, wir sind gesandt zu einem Volk von Missetätern,

59 außer dem Hause Lots; siehe, wir werden sie gewiss erretten, allesamt –

60 nur nicht seine Frau.

Wir beschlossen, dass sie unter den Zurückgelassenen sein soll.»

61 Als die Abgesandten zum Hause Lots gekommen waren,

62 sprach er: «Siehe, ihr seid unbekannte Leute!»

63 Sie sprachen: «Nein, wir sind zu dir mit dem gekommen,
woran sie immer wieder zweifelten,

64 und bringen dir nun die Wahrheit;
siehe, wir sind fürwahr aufrichtig.

65 Brich daher auf mit den Deinen tief in der Nacht,
und folge ihnen nach,
und keiner von euch wende sich nach hinten,
und geht, wohin man es euch befiehlt!»

66 Wir führten jene Sache für ihn aus,
dass am Morgen jene ausgerottet würden.

67 Und die Leute der Stadt kamen daher voll Freude.

68 Er sprach: «Das hier sind meine Gäste.
Stellt mich daher nicht bloß!

69 Und fürchtet Gott, und bringt nicht Schande über mich!»

70 Sie sprachen: «Haben wir dir denn nicht verboten die Weltbewohner?»

71 Er sprach: «Hier sind meine Töchter, wenn ihr entschlossen seid.»

72 Bei deinem Leben! Siehe, sie wussten in ihrem Rausch weder ein noch aus.

73 Da raffte sie, bei Sonnenaufgang, ‹der Schrei› hinweg.

74 Und wir kehrten das Oberste von ihr zuunterst
und ließen Ziegelsteine auf sie regnen.

75 Siehe, darin liegen wahrlich Zeichen für sorgfältige Betrachter.

76 Und siehe, sie liegt wahrlich an einem bleibenden Weg.

77 Siehe, darin liegt ein Zeichen für die Glaubenden.

78 Die Leute des Dickichts, ja, sie waren wahrlich Frevler.

79 Da nahmen wir an ihnen Rache.
Und siehe, beide sind ein klares Beispiel.

80 Die Leute von al-Hidschr nannten die Abgesandten Lügner.

81 Wir brachten ihnen unsere Zeichen,
   doch sie wandten sich von ihnen ab.
82 Sie meißelten sich aus den Bergen Häuser, sich sicher fühlend.
83 Doch da raffte sie, in der Frühe, ‹der Schrei› hinweg.
84 Da wurde für sie ohne Nutzen, was sie erworben hatten.
85 Wir erschufen, in Wahrheit, die Himmel und die Erde und was
   dazwischen ist.
   Siehe, ‹die Stunde› wird wahrhaftig kommen.
   So gewähre schöne Verzeihung!
86 Siehe, dein Herr ist der Schöpfer, der Wissende.
87 Wir verliehen dir sieben Erzählungen und den gewaltigen Koran.
88 Lasse deine Augen nicht nach dem schweifen,
   was wir Einzelnen von ihnen zum Genusse gaben.
   Sei nicht traurig über sie,
   und senke deinen Fittich über die Gläubigen!
89 Sprich: «Siehe, ich bin ein klarer Warner.»
90 Wie wir herabsandten auf die Verteiler,
91 die den Koran in Stücke teilten …
92 Bei deinem Herrn! Wir werden sie allesamt zur Rede stellen
93 für das, was sie immer wieder taten.
94 So führe aus, was dir befohlen wurde,
   und wende dich von den Beigesellern ab!
95 Siehe, wir bieten dir Schutz gegen die Spötter,
96 die neben Gott eine andere Gottheit setzen.
   Nur zu bald werden sie erkennen.
97 Wir wissen, dass es dir eng ums Herz ist
   ob dessen, was sie sprechen.
98 So lobpreise deinen Herrn,
   und sei einer derer, die sich niederwerfen!
99 Und diene deinem Herrn, bis die Gewissheit zu dir kommt!

Sure 16 – Die Bienen – an-naḥl
Mekkanisch, 128 Verse

Im Namen Gottes, des barmherzigen Erbarmers.

½ 1 Gottes Entscheid wird kommen,
so trachtet nicht, ihn zu beschleunigen!
Gepriesen sei er!
Erhaben ist er über das, was sie beigesellen.

2 Er schickt die Engel mit dem Geist herab, auf sein Geheiß,
zu jenen seiner Knechte, die er will,
auf dass sie warnend künden:
«Es gibt nur *mich* als Gott, so fürchtet mich!»

3 Er schuf, in Wahrheit, die Himmel und die Erde:
Er ist erhaben über das, was sie beigesellen.

4 Er schuf den Menschen aus einem Tropfen,
und siehe da, er ist ein klarer Gegner.

5 Das Vieh: Er schuf's für euch.
Wärme und Nutzen sind in ihm, von ihm könnt ihr essen.

6 Und Schönheit liegt in ihm für euch,
wenn ihr es heimtreibt und wenn ihr es hinaustreibt.

7 Eure Lasten trägt es in ein Land,
das ihr sonst nur mit Mühe erreichen könntet.
Siehe, euer Herr ist wahrhaft gütig, barmherzig.
8 Und die Pferde, die Maultiere und die Esel.
Auf dass ihr darauf reitet und als Zierde.
Er erschafft auch das, was ihr nicht kennt.
9 Bei Gott liegt das Ziel des Weges.
Von ihm weicht mancher ab.
Hätte er gewollt, hätte er euch rechtgeleitet – allesamt.
10 Er ist es, der vom Himmel Wasser sandte, von dem ihr trinken könnt,
und Sträucher sind daraus, darin ihr weiden lasst.
11 Er lässt damit die Saaten für euch wachsen,
Oliven, Datteln, Wein, auch Früchte aller Art.
Siehe, darin liegt fürwahr ein Zeichen für Menschen, die sich Gedanken
machen.
12 Er machte dienstbar euch die Nacht, den Tag, die Sonne und den Mond;
dienstbar gemacht sind auch die Sterne, seinem Geheiß gemäß.
Siehe, darin liegen wahrlich Zeichen für Menschen, die begreifen.
13 Auch was er auf der Erde für euch schuf an mannigfachen Farben –
ja, wahrlich, darin liegt ein Zeichen für Menschen, die sich mahnen lassen.
14 Er ist es, der das Meer dienstbar machte,
auf dass ihr frisches Fleisch aus ihm verzehrt
und Schmuck aus ihm gewinnt, um ihn zu tragen.
Du siehst, dass Schiffe es durchfahren,
auf dass ihr von seiner Huld zu gewinnen sucht.
Vielleicht seid ihr ja dankbar.
15 Er setzte auf die Erde Berge, festgegründet,
damit sie nicht mit euch ins Schwanken komme,
und Flüsse und Wege
– vielleicht lasst ihr euch leiten –
16 und Wegmarken; und von den Sternen werden sie geleitet.
17 Ist denn der Schöpfer einem gleichzusetzen, der nicht erschafft?
Wollt ihr euch nicht mahnen lassen?
18 Wollt ihr Gottes Gnade zählen, ihr könntet sie nicht berechnen.
Siehe, Gott ist fürwahr bereit zu vergeben, barmherzig.
19 Gott weiß, was ihr verbergt und was ihr offenlegt.
20 Wen sie an Gottes statt anrufen, die können nichts erschaffen.
Sie sind ja selbst erschaffen.
21 Tot sind sie, ohne Leben,
und bemerken nicht, wann sie auferweckt werden.

22 Euer Gott, er ist ein einziger Gott.
    Jene, welche nicht ans Jenseits glauben,
    leugnen mit ihren Herzen und sind voller Hochmut.

23 Gewiss, Gott weiß, was sie verbergen und was sie offenlegen.
    Siehe, er liebt die Hochmütigen nicht.

24 Wenn man zu ihnen sagt: «Was hat denn euer Herr herabgesandt?»,
    so sprechen sie: «Fabeln der Altvorderen.»

25 All ihre Lasten sollen sie am Tag der Auferstehung tragen,
    dazu noch von den Lasten derer, die sie, ohne Wissen, in die Irre führten.
    Ist es nicht schlimm, was sie sich da aufladen?

26 Schon die vor ihnen trieben Ränkespiele.
    Da kam Gott über ihren Bau von den Fundamenten her,
    so dass das Dach von oben über ihnen zusammenstürzte,
    und die Strafe erreichte sie von dort,
    wo sie es nicht vermuteten.

27 Dann, am Tag der Auferstehung, beschämt er sie und sagt:
    «Wo sind denn meine Gesellen, um deretwillen ihr euch so entzweit habt?»
    Sprechen werden die, denen das Wissen gegeben wurde:
    «Siehe, Erniedrigung und Unheil kommen heute über die Ungläubigen,

28 welche die Engel zu sich nehmen,
    da sie Frevler waren gegen sich selbst.»
    Sie geben sich dann geschlagen:
    «Wir taten doch nie etwas Böses.»
    «O doch! Gott weiß genau, was ihr immer wieder tatet.

29 So geht durch die Tore in die Hölle ein!
    Ewig sollt ihr dort bleiben!»
    Fürwahr, welch schlimme Bleibe für die Hochmütigen!

¾ 30 Zu denen, die gottesfürchtig waren, wird gesagt:
    «Was sandte euer Herr herab?»
    Sie sagen: «Gutes.»
    Denen, die hier im Diesseits Gutes taten, kommt Gutes zu.
    Das Haus des Jenseits aber ist noch besser.
    Wie köstlich ist das Haus der Gottesfürchtigen:

31 die Gärten Eden, die sie betreten, unter denen Bäche fließen –
    zuteil wird ihnen dort, was sie wollen.
    So belohnt dann Gott die Gottesfürchtigen,

32 welche die Engel zu sich nehmen, da sie gut gewesen waren,
    und sagen: «Friede sei mit euch!
    Tretet in den Paradiesesgarten ein, für das, was ihr getan habt!»

33 Schauen sie nach etwas anderem,

als dass die Engel zu ihnen kommen
oder dass deines Herrn Entscheid eintrifft?
So taten es schon die vor ihnen.
Nicht Gott tat ihnen Unrecht, sondern sie fügten es sich selber zu.

34   So traf sie all das Böse dessen, was sie taten,
und es erfasste sie das, worüber sie sich immer wieder lustig machten.

35   Da sprachen die Beigeseller:
«Hätte Gott gewollt, dann hätten wir nichts außer ihm verehrt,
weder wir noch unsere Väter,
und hätten außer ihm auch nichts als heilig angesehen.»
So taten es schon die vor ihnen.
Obliegt denn den Gesandten anderes als die klare Botschaft?

36   Zu jeder Gemeinschaft schickten wir einen Gesandten:
«Dient Gott, und meidet Götzen!»
Manche unter ihnen leitete Gott,
und für manche wurde der Irrweg Wirklichkeit.
Zieht doch nur im Land umher,
und seht, wie es mit den Leugnern ausging!

37   Wenn du bestrebt bist, sie zu leiten –
siehe, Gott leitet die nicht, die er in die Irre führt,
und sie haben keine Helfer.

38   Sie haben bei Gott heilige Eide geschworen,
dass Gott den, der stirbt, nicht auferwecken wird.
O doch! Das ist ein Versprechen, an das er, als Wahrheit, gebunden ist –
doch die meisten Menschen haben kein Wissen,

39   damit er ihnen klarmacht, worin sie uneins waren,
und diejenigen, die ungläubig sind, erkennen,
dass sie Lügner waren.

40   Vielmehr ist unsere Rede, wenn wir irgendetwas wollen,
dass wir zu ihm sagen: «Sei!» – und dann ist es.

41   Denen, die um Gottes willen auswanderten,
nachdem sie Unrecht erlitten,
werden wir schon im Diesseits Gutes zukommen lassen –
doch größer ist der Lohn des Jenseits,
wenn sie doch nur wüssten!

42   Die geduldig sind und auf ihren Herrn vertrauen.

43   Vor dir sandten wir nur solche Männer, denen wir offenbarten.
So fragt doch die ‹Leute der Mahnung›, wenn ihr kein Wissen habt –

44   mit den Beweisen und den Büchern.
Wir sandten die Mahnung zu dir herab,

damit du den Menschen klarmachst, was zu ihnen herabgesandt ward.
Vielleicht denken sie ja nach.

45 Die hinterhältig Böses planen, sind sie denn davor sicher,
dass Gott sie im Erdboden versinken lässt
oder die Strafe sie von dort erreicht, wo sie es nicht vermuteten,

46 oder sie hinwegrafft, während sie umherziehen
und es nicht verhindern können,

47 oder sie hinwegrafft, obwohl Furcht eingeflößt wurde?
Siehe, Gott ist bereit zu vergeben, barmherzig.

48 Schauten sie denn nicht auf das, was Gott an Dingen schuf,
deren Schatten sich wenden von rechts nach links,
sich vor Gott demütig niederwerfend?

49 Vor Gott wirft sich nieder, was an Tieren in den Himmeln und auf Erden ist –
und die Engel; die sind nicht hochmütig.

50 Sie fürchten ihren Herrn, der über ihnen ist,
und tun, was ihnen aufgetragen wird.

ḥ28 51 Gott sprach: «Nehmt euch nicht zwei zu Göttern!
Denn *eine* Gottheit gibt es nur.
Darum fürchtet einzig *mich*!»

52 Sein ist, was in den Himmeln und auf Erden ist.
Ihm gebührt Anbetung – immerdar.
Wollt ihr denn einen andern fürchten als Gott?

53 Was euch an Huld erwiesen wird, das kommt von Gott.
Dann aber, wenn ihr in Not geratet, da schreit ihr laut zu ihm.

54 Hernach, wenn er die Not von euch genommen hat,
gleich dann gibt eine Gruppe von euch ihrem Herrn Gesellen bei,

55 um undankbar für das zu sein, was wir ihnen gaben.
Genießt ihr nur, bald werdet ihr erkennen!

56 Sie machen von dem, womit wir sie bedachten,
einen Anteil für das, worüber sie kein Wissen haben.
Bei Gott, ihr werdet ganz gewiss danach gefragt,
was ihr euch da ausdachtet!

57 Für Gott machen sie die Töchter – gepriesen sei er! –
und für sich selber das, wonach es sie gelüstet.

58 Wenn einem von ihnen ein Mädchen angekündigt wird,
bleibt seine Miene finster, und er ist voller Gram und Groll.

59 Er zieht sich vor den Menschen zurück,
des Schlimmen wegen, was ihm da angekündigt wurde.
Soll er an ihm festhalten, trotz der Schande,
oder soll er es im Staube vergraben?

Ist es nicht schlimm, wie sie urteilen?

60 Jene, die nicht an das Jenseits glauben, sind als böse zu beschreiben,
Gott aber als höchst vollkommen.
Er ist der Mächtige, der Weise.

61 Würde Gott die Menschen für ihren Frevel strafen,
so beließe er kein Tier auf ihr.
Doch gewährt er ihnen Aufschub bis zu einer festgelegten Frist.
Wenn ihre Frist kommt,
dann können sie diese nicht verschieben um eine Stunde
oder vorverlegen.

62 Sie machen für Gott, was sie selber hassen,
und ihre Zungen malen Lüge aus, dass für sie ‹das Schönste› ausersehen sei.
Fest steht: Das Feuer ist ihnen bestimmt
und dass sie als Allererste hingebracht werden.

63 Bei Gott! Wir sandten schon vor dir zu Gemeinschaften,
da ließ der Satan ihnen ihre Taten im schönsten Licht erscheinen.
Und heute ist er ihr Vertrauter.
Doch schmerzhafte Strafe ist ihnen bestimmt.

64 Wir sandten das Buch nur darum zu dir herab,
damit du ihnen deutlich machst, worin sie uneins sind,
und als Rechtleitung und Barmherzigkeit für Menschen, welche glauben.

65 Gott sandte aus dem Himmel Wasser hernieder
und belebte damit die Erde nach ihrem Tod.
Siehe, darin liegt fürwahr ein Zeichen für Menschen, welche hören!

66 Siehe, eine Lehre für euch liegt fürwahr im Vieh:
Wir geben euch zu trinken von dem, was sie in ihren Bäuchen haben,
von dem, was zwischen Blut und Magen entsteht als reine Milch:
köstlich zu trinken!

67 Und aus den Dattelfrüchten und den Trauben
gewinnt ihr Rauschgetränk und schöne Nahrung.
Siehe, darin liegt fürwahr ein Zeichen für Menschen, die begreifen.

68 Dein Herr gab den Bienen ein:
«Mach dir in den Bergen etwas zu Häusern,
dazu von den Bäumen und dem, was sie errichten!

69 Dann iss von allen Früchten, und folge den gebahnten Wegen deines Herrn!»
Aus ihren Leibern kommt ein Saft, verschiedenartig in den Farben.
In ihm liegt Heilkraft für die Menschen.
Siehe, darin liegt fürwahr ein Zeichen für Menschen, die sich Gedanken
machen.

70 Gott erschuf euch, dann nimmt er euch zu sich,

und mancher von euch kommt ins verächtliche Alter,
damit er nichts mehr von dem weiß, was er zuvor gewusst.
Siehe, Gott ist wissend, mächtig.

71 Gott bevorzugte die einen von euch vor den anderen mit Gütern.
Doch die bevorzugt wurden, geben von ihren Gütern nichts an ihre Sklaven
    zurück,
so dass sie darin gleich wären.
Wollen sie etwa Gottes Gnade leugnen?

72 Gott hat euch aus euch selber Gattinnen gemacht
und aus euren Gattinnen Söhne und Enkel
und mit guten Gaben euch bedacht.
Wollen sie denn da an das Nichtige glauben
und undankbar für Gottes Gnade sein

73 und außer Gott verehren, was sie nicht versorgen kann,
mit irgendetwas aus den Himmeln und der Erde,
ja, was gar nichts vermag?

74 Prägt keine Gleichnisse für Gott!
Siehe, Gott hat Wissen, ihr aber habt kein Wissen.

¼ 75 Gott prägte ein Gleichnis: Ein Knecht, der versklavt ist und Macht über
    nichts hat,
und einer, den wir von uns aus gut versorgten.
Dieser spendet davon, heimlich und öffentlich.
Sind sie einander gleichzusetzen?
Lobpreis sei Gott!
Nein doch, die meisten von ihnen haben kein Wissen.

76 Gott prägte ein Gleichnis: Zwei Männer,
der eine von ihnen ist stumm und hat Macht über nichts.
Er ist eine Last für seinen Herrn:
Wohin er ihn auch schickt, nichts Gutes bringt er mit.
Ist er gleichzusetzen mit jenem, der Gerechtigkeit befiehlt
und der sich auf dem rechten Weg befindet?

77 Gott ist zu eigen das Verborgene der Himmel und der Erde.
Und die Sache ‹der Stunde› ist nichts wie ein rascher Blick oder noch
    kürzer.
Siehe, Gott ist aller Dinge mächtig.

78 Gott hat euch herausgeholt aus dem Leibe eurer Mütter:
Da wusstet ihr noch nichts.
Er machte euch Gehör, Augenlicht und Herzen.
Vielleicht seid ihr ja dankbar.

79 Sahen sie denn nicht zu den Vögeln: dienstbar in den Lüften des Himmels,

keiner hält sie außer Gott.

Siehe, darin sind fürwahr Zeichen für Menschen, die gläubig sind.

80 Gott machte euch aus euren Häusern einen Ort der Ruhe,

und machte euch aus der Haut der Herdentiere Zelte, die ihr leicht bewegen
könnt,

am Tage, da ihr aufbrecht, und am Tag, da ihr euch niederlasst,

und aus ihrer Wolle, ihren Fellen und aus ihren Haaren

Ausstattungsgegenstände und Hausgerät für eine Zeit.

81 Gott machte Schatten für euch aus dem, was er erschuf,

und machte für euch aus den Bergen Zufluchtsorte.

Und er machte euch Gewänder, die euch vor der Hitze schützen,

und Gewänder, die euch schützen vor eurer Gewalt.

Auf diese Weise vollendet er seine Gnade an euch.

Vielleicht ergebt ihr euch ja.

82 Doch wenden sie sich ab,

so bleibt dir die klare Botschaft aufgetragen.

83 Sie kennen Gottes Gnade, dann aber streiten sie sie ab.

Die Ungläubigen sind die Mehrheit von ihnen.

84 Am Tag, da wir aus einem jeden Volk einen Zeugen auferwecken –

dann wird denen, die ungläubig sind, keine Erlaubnis erteilt,

und sie können nicht verhandeln.

85 Und sehen die, die frevelten, die Strafe,

so wird sie ihnen nicht erleichtert,

und auch Aufschub wird ihnen nicht gewährt.

86 Wenn die Beigeseller ihre Gesellen sehen, dann sprechen sie:

«Du unser Herr! Das hier sind unsere Gesellen, die wir statt deiner
angerufen haben.»

Dann richten sie das Wort an sie: «Siehe, ihr seid wirklich Lügner!»

87 Gott unterwerfen sie sich an jenem Tag,

und ihnen ging verloren, was sie sich je ersonnen hatten.

88 Den Ungläubigen und denen, die von Gottes Weg abhielten,

erhöhen wir die Strafe über das Gewöhnliche hinaus,

dafür, dass sie Unheil stifteten.

89 An dem Tag, da wir in jedem Volk aus ihren eigenen Leuten

einen Zeugen gegen sie auferwecken,

werden wir mit dir als Zeugen kommen gegen diese hier.

Wir sandten das Buch auf dich herab zur Klärung aller Dinge,

als rechte Leitung, als Erbarmen und frohe Botschaft für die Gottergebenen.

½ 90 Siehe, Gott gebietet Gerechtigkeit und dass man Gutes tut

und dem Verwandten spendet.

Und er verbietet Abscheuliches, Verwerfliches und Freveltat.
Er ermahnt euch.
Vielleicht lasst ihr euch mahnen.

91 Und haltet Gottes Bund, wenn ihr ihn eingegangen seid,
und brecht die Eide nicht, nachdem sie bekräftigt wurden!
Ihr habt doch Gott zum Bürgen gegen euch gemacht.
Siehe, Gott weiß, was ihr tut.

92 Seid nicht wie eine, die ihr Gesponnenes zu Fädchen wieder auftrennt,
nachdem sie es mit aller Kraft gesponnen –
indem ihr nämlich eure Eide zu Mitteln für Intrigen zwischen euch macht,
dass eine Gemeinschaft zahlreicher sei als eine andere!
Gott jedoch will euch nur prüfen,
und gewiss wird er euch am Tag der Auferstehung Klarheit geben,
worin ihr uneins wart.

93 Hätte Gott gewollt, er hätte euch zu einer einzigen Gemeinde gemacht.
Aber Gott führt in die Irre, wen er will,
und wen er will, führt er den rechten Weg.
Ihr werdet mit Gewissheit danach gefragt, was ihr tatet.

94 Macht eure Eide nicht zu Mitteln für Intrigen zwischen euch,
so dass ein Fuß ausgleitet, nachdem er fest gestanden hat,
und ihr das Böse spürt,
dafür, dass ihr vom Wege Gottes abgehalten habt.
Euch erwartet eine harte Strafe.

95 Verkauft den Bund mit Gott nicht um geringen Preis!
Was bei *Gott* ist, das ist für euch besser, wenn ihr denn Wissen habt.

96 Was bei *euch* ist, kann zur Neige gehen,
doch was bei *Gott* ist, bleibt.
Wir werden denen, die geduldig waren, ihren Lohn zukommen lassen
für all das Gute, was sie taten.

97 Wer Gutes tut, sei es Mann oder Frau, und dabei gläubig ist,
den werden wir, fürwahr, ein gutes Leben leben lassen.
Wir werden ihnen ihren Lohn zukommen lassen
für all das Gute, was sie taten.

98 Und trägst du die Lesung vor,
so bitte Gott um Zuflucht vor dem verfluchten Satan!

99 Siehe, er hat keine Macht über die Gläubigen
und über die, die auf ihren Herrn vertrauen.

100 Seine Macht erstreckt sich nur auf die, die seine Freunde werden –
und auf die, die *ihm* beigesellen.

101 Wenn wir einen Vers austauschen gegen einen anderen

– und Gott weiß am besten, was er herniedersendet –,
dann sagen sie: «Das erfindest du doch nur!»
Doch die meisten von ihnen haben kein Wissen.

102 Sprich: «Herabgesandt hat ihn der Heilige Geist von deinem Herrn mit der
Wahrheit,
auf dass er die, die glauben, stärke –
als rechte Leitung und als frohe Botschaft für die Gottergebenen.»

103 Wahrlich, wir wissen, dass sie sagen: «Es lehrt ihn ja doch ein Mensch.»
Die Sprache dessen, auf den sie da anspielen, ist fremd.
Diese Sprache aber ist klares Arabisch.

104 Siehe, die nicht an Gottes Zeichen glauben,
die leitet Gott nicht recht,
und ihnen ist schmerzhafte Strafe bestimmt.

105 Lügen ersinnen, die nicht an die Zeichen Gottes glauben –
und *das* sind die Lügner.

106 Wer nicht mehr an Gott glaubt, nachdem er gläubig war
– außer, wer gezwungen wurde, jedoch im Herzen weiter gläubig ist –,
wer aber seine Brust dem Unglauben öffnet,
über den kommt Zorn von Gott
und den erwartet eine harte Strafe.

107 Dies deshalb, weil sie das Leben hier auf Erden mehr lieben als das Jenseits
und weil Gott ungläubiges Volk nicht rechtleitet.

108 Das sind die, denen Gott ihre Herzen, Ohren, Augen versiegelt hat.
Sie sind die Unachtsamen.

109 Fest steht, dass *sie* im Jenseits die Verlierer sind.

110 Dann – siehe, dein Herr ist zu denen, die ausgewandert sind,
nachdem sie auf die Probe gestellt waren,
dann kämpften und standhaft blieben –
siehe, dein Herr ist nach alledem bereit zu vergeben, barmherzig.

¾ 111 Am Tag, da eine jede Seele für sich selber streitet
und einer jeden Seele das zurückerstattet wird, was sie getan hat,
und ihnen dabei kein Unrecht angetan wird.

112 Gott prägte ein Gleichnis: Eine Stadt, die sicher war und wohlbehütet,
deren Versorgung zu ihr kam in Fülle, aus jedem Ort.
Da ward sie undankbar gegen die Wohltaten Gottes,
und Gott ließ sie fühlen das Kleid des Hungers und der Furcht –
für das, was sie vollbrachten.

113 Da kam zu ihnen ein Gesandter aus ihrer Mitte,
doch nannten sie ihn einen Lügner.
Da raffte die Strafe sie hinweg, da sie Unrecht taten.

114 Esst nun von dem, womit euch Gott bedachte, als erlaubt und gut!
    Danket für die Gnade Gottes, sofern ihr *ihn* verehrt!
115 Doch das Verendete, Blut und Fleisch vom Schwein verbot er euch
    und das, worüber ein anderer als Gott angerufen wurde.
    Doch wer dazu genötigt ist, ohne es zu wollen
    und ohne eine Übertretung zu begehen –
    siehe, Gott ist bereit zu vergeben, und barmherzig.
116 Sagt nicht zu dem, was eure Zungen so lügenhaft behaupten:
    «Das ist erlaubt und das verboten» –
    um damit gegen Gott Lügen zu ersinnen.
    Siehe, die Lügen gegen Gott ersinnen, die werden nicht gedeihen.
117 Nur ein geringer Lebensgenuss
    und schmerzhafte Strafe ist für sie bestimmt.
118 Denen, die sich zum Judentum bekennen,
    verboten wir, was wir dir früher schon berichteten.
    Nicht wir fügten ihnen Unrecht zu,
    sondern sie taten sich das selber an.
119 Siehe, dein Herr ist denen gegenüber, die unwissend Böses taten,
    danach aber umkehrten und sich besserten …
    Siehe, dein Herr ist nach alledem bereit zu vergeben, barmherzig.
120 Siehe, Abraham war eine Leitgestalt,
    demütig Gott ergeben, ein wahrer Gläubiger,
    war keiner der Beigeseller,
121 dankbar gegenüber seinen Gnadengaben.
    Er erwählte ihn und leitete ihn auf einen geraden Weg.
122 Und wir verliehen ihm Gutes in dieser Welt,
    und siehe, im Jenseits gehört er wahrlich zu den Rechtschaffenen.
123 Dann gaben wir dir ein: «Folge der Glaubensweise Abrahams
    als eines wahren Gläubigen.
    Er war keiner der Beigeseller.»
124 Siehe, der Sabbat wurde nur für die gemacht,
    welche darüber uneins waren.
    Siehe, dein Herr wird ja entscheiden zwischen ihnen am Tag der
        Auferstehung,
    worin sie uneins waren.
125 Rufe auf zum Wege deines Herrn mit Weisheit und mit schöner Predigt,
    und streite mit ihnen auf gute Weise!
    Siehe, dein Herr kennt die am besten, die von seinem Weg abirren,
    und er kennt die am besten, die sich rechtleiten lassen.
126 Wenn ihr straft, dann straft genauso, wie man euch bestrafte.

Doch fürwahr, wenn ihr geduldig seid –
dann ist das wahrhaft besser für die Geduldigen.

127 Sei geduldig! Doch deine Geduld – sie liegt bei Gott allein.
Sei nicht traurig über sie, und sei auch nicht bedrückt
ob dessen, was sie sich an Ränkespiel ausdenken!

128 Siehe, Gott ist mit denen, die Gott fürchten,
und denen, die rechtschaffen handeln.

Sure 17 – Die Nachtreise – al-isrā'
Mekkanisch, 111 Verse

Im Namen Gottes, des barmherzigen Erbarmers.

ǧ15 ḥ29 1 Gepriesen sei, der seinen Knecht nachts reisen ließ
von der heiligen Anbetungsstatt zur fernsten,
um die herum wir Segen spendeten,
um ihm von unseren Zeichen einige zu zeigen!
Siehe, er ist der Hörende, der Sehende.

2 Wir gaben Mose das Buch
und machten es für die Kinder Israel zur Weisung:
«Nehmt euch neben mir niemanden zum Anwalt,

3 ihr Nachkommen derer, die wir mit Noah einst verluden!»
Siehe, er war ein Knecht voll des Dankes.

4 Und wir bestimmten für die Kinder Israel im Buch:
«Zweimal werdet ihr Verderben anrichten auf Erden
und werdet einen hohen Rang erringen.

5 Wenn dann die erste der beiden Verheißungen kommt,
so schicken wir über euch Knechte von gewaltiger Kraft,
sie streifen durch die Häuser:

und wahr wird die Verheißung.

6 Dann werden wir euch wieder den Sieg gegen sie geben
und euch mit Gut und Söhnen versorgen
und euch an Truppen stärker machen.

7 Wenn ihr Gutes tut, so tut ihr es für euch selber,
und wenn ihr Böses tut, ist es gegen euch.
Wenn die zweite Verheißung kommt,
sollen sie euch Übles tun
und sollen den Tempel so betreten wie das erste Mal
und ganz und gar zerstören, worüber sie die Macht erlangen.

8 Vielleicht wird euer Herr sich über euch erbarmen,
und wenn ihr umkehrt, kehren auch wir um
und machen die Hölle zum Gefängnis für die Ungläubigen.»

9 Siehe, diese Lesung leitet zu dem, was recht und richtig ist,
und verheißt den Gläubigen, die fromme Werke tun,
dass ihnen großer Lohn bestimmt ist

10 und dass wir denen, die nicht ans Jenseits glauben,
schmerzhafte Strafe bereitet haben.

11 Der Mensch bittet für Böses so wie er für Gutes bittet;
und der Mensch ist von Hast getrieben.

12 Wir machten Nacht und Tag zu zwei Zeichen;
da löschten wir das Zeichen der Nacht
und machten das Zeichen des Tags klar sichtbar,
auf dass ihr nach der Huld eures Herrn strebt,
die Zahl der Jahre kennenlernt und das Rechnen.
Alle Dinge haben wir genau erklärt und ausgelegt.

13 Jedem Menschen haben wir sein Omen am Hals befestigt;
und am Tag der Auferstehung werden wir ihm ein Buch bringen,
das er ausgebreitet vorfinden wird:

14 «Lies dein Buch!
Heute genügst du dir selbst als jemand, der mit dir abrechnet.»

15 Wer sich rechtleiten lässt, lässt sich zu eigenem Nutzen leiten,
und wer in die Irre geht, siehe, der irrt nur zu seinem Nachteil.
Keine lasttragende Seele trägt die Last einer anderen,
und wir straften niemals, ehe wir nicht einen Gesandten schickten.

16 Und wenn wir eine Stadt zugrunde richten wollen,
erteilen wir denen, die in ihr im Überflusse leben, einen Befehl,
dann sündigen sie in ihr, und dann trifft das Wort ein über sie,
und wir werden sie ganz und gar zerstören.

17 Wie viele Geschlechter ließen wir – nach Noah – zugrunde gehen!

Dein Herr kennt und schaut die Sünden seiner Knechte zur Genüge.

18 Wer ‹das schnell Dahineilende› will,
dem verleihen wir ganz schnell darin, was wir wollen –
für wen wir wollen.
Dann bereiten wir ihm die Hölle,
in der er brennen wird – verachtet und verjagt.

19 Doch wer das Jenseits begehrt
und als Gläubiger nach Kräften danach strebt,
das sind die, deren Streben Dank findet.

20 Alle versorgen wir – diese und jene – mit den Gaben deines Herrn.
Die Gaben deines Herrn sind nicht beschränkt.

21 Sieh doch, wie wir die einen vor den anderen bevorzugt haben.
Wahrlich, das Jenseits hat noch mehr an Stufen und an Gnadengaben.

22 Setze neben Gott nicht einen andern Gott!
Du sitzt sonst da, getadelt und verlassen.

¼ 23 Beschlossen hat dein Herr, dass ihr ihm allein dienen sollt
und dass ihr eure Eltern gut behandelt.
Wenn sie alt geworden sind bei dir,
gleichviel ob einer oder beide,
so sag nicht «Pfui!» zu ihnen, und fahre sie nicht an!
Gebrauche ihnen gegenüber nur edle Worte.

24 Und senke über sie herab die Fittiche der Demut, aus Erbarmen,
und sprich: «Mein Herr! Erbarm dich ihrer,
so wie sie mich von klein an aufgezogen!»

25 Was ihr in euren Seelen hegt, weiß euer Herr sehr wohl.
Wenn ihr rechtschaffen seid, wird er bereit sein,
denen, die sich zu ihm kehren, zu vergeben.

26 Gewähre dem Verwandten sein Recht,
ebenso dem Armen und dem ‹Sohn des Weges›!
Und du sollst nicht verschwenden.

27 Denn die Verschwender sind die Brüder der Satane.
Undankbar war Satan seinem Herrn gegenüber.

28 Wendest du dich von ihnen ab,
im Streben nach Barmherzigkeit von deinem Herrn, die du erhoffst,
gebrauche ihnen gegenüber nur verheißungsvolle Worte!

29 Sei nicht knauserig,
doch öffne deine Hand auch nicht zu weit!
Du sitzt sonst da, getadelt und verarmt.

30 Siehe, dein Herr teilt den Lebensunterhalt reichlich aus,
an wen er will,

und teilt ihn maßvoll aus.
Siehe, er ist vertraut mit seinen Knechten
und schaut auf sie.
31 Tötet eure Kinder nicht aus Furcht vor Armut!
Denn wir versorgen *sie* und *euch.*
Sie zu töten ist wahrlich eine schwere Sünde.
32 Naht euch nicht der Unzucht!
Das ist etwas Schändliches –
was für ein schlimmer Weg.
33 Und tötet keinen, den Gott zu töten verboten hat –
es sei denn, rechtens!
Wenn jemand unrechtmäßig getötet ist,
so geben wir die Vollmacht seinem Rechtsvertreter,
doch überschreite er im Töten nicht das Maß!
Ihm ist ja schon geholfen.
34 Vergreift euch nicht am Gut der Waise
– es sei denn, dass es gutem Zwecke dient –,
bis dass sie ihre Reife erreicht hat!
Haltet ein, was ihr versprecht!
Denn das Versprochene wird eingefordert.
35 Wenn ihr zumesst, haltet ein das Maß
und wiegt mit rechter Waage!
Denn das ist gut und führt zum besten Ziel.
36 Folge dem nicht nach, wovon du gar nichts weißt;
denn Ohren, Augen, Herz,
nach allem diesen wird dereinst gefragt.
37 Gehe nicht einher auf Erden voll Überschwang;
du kannst die Erde nicht durchqueren
und kannst, in ihrer Höhe, die Berge nicht erreichen.
38 All dieses Böse ist verhasst bei deinem Herrn.
39 Das ist von dem, was dir dein Herr an Weisheit eingegeben hat.
Und setze neben Gott nicht einen anderen Gott!
Denn dann wirst du in die Hölle geworfen,
gescholten und verstoßen.
40 Hat euer Herr für euch die Söhne auserkoren
und sich aus den Engeln Töchter erwählt?
Siehe, ihr sprecht da eine gewaltige Sache an.
41 Wir haben in dieser Lesung Abwandlungen vorgenommen,
damit sie sich mahnen lassen;
aber das hat sie in ihrer Abneigung nur bestärkt.

42 Sprich: «Wenn neben ihm noch Götter wären, wie sie sagen,
    dann hätten sie zum Herrn des Throns sich einen Weg gewünscht.»

43 Gepriesen sei er!
    Hoch erhaben ist er über das, was sie da sagen.

44 Es lobpreisen ihn die sieben Himmel und die Erde und wer darinnen ist.
    Es gibt nichts, was nicht sein Lob preist.
    Aber ihr versteht ihren Lobpreis nicht.
    Doch er ist milde, bereit zu vergeben.

45 Wenn du die Lesung vorliest,
    dann machen wir einen unsichtbaren Vorhang
    zwischen dir und denen, die nicht an das Jenseits glauben.

46 Wir legten über ihre Herzen Hüllen,
    dass sie es nicht verstehen,
    und in ihre Ohren Taubheit.
    Wenn du bei der Lesung deinen Herrn *allein* erwähnst,
    dann wenden sie sich voller Abneigung ab.

47 Wir wissen sehr wohl, was sie hören, wenn sie dir zuhören
    und wenn sie vertraulich miteinander sprechen,
    wenn die Frevler sagen: «Siehe, sie folgen nur einem verzauberten Mann.»

48 Schau nur, wie sie dir Gleichnisse prägten,
    dann jedoch abirrten und keinen Ausweg kannten.

49 Sie sprechen: «Werden wir denn zu einer neuen Schöpfung auferweckt,
    wenn wir schon Gebeine und sterbliche Reste waren?»

½ 50 Sprich: «Ob ihr Steine seid oder Eisen

51 oder etwas, was in eurem Denken schwer zu erschaffen ist.»
    Doch sie werden sagen: «Wer bringt uns denn zurück?»
    Sprich: «Der euch ein erstes Mal gebildet hat.»
    Dann werden sie ihre Köpfe schütteln über dich
    und sprechen: «Wann wird das sein?»
    Sprich: «Vielleicht schon bald.»

52 Am Tag, da er euch ruft, da werdet ihr mit seinem Lob antworten
    und werdet denken, dass ihr nur eine geringe Zeit verweilt habt.

53 Sprich zu meinen Knechten, dass sie auf besonders schöne Weise reden
        sollen.
    Siehe, der Satan stiftet zwischen ihnen Zank.
    Siehe, der Satan ist für den Menschen ein klarer Feind.

54 Euer Herr hat von euch genaue Kenntnis.
    Wenn er will, erbarmt er sich euer,
    oder er bestraft euch, wenn er will.
    Wir haben dich nicht als Sachwalter über sie geschickt.

55 Dein Herr hat genaue Kenntnis über die,
die in den Himmeln und auf Erden sind.
Einige Propheten haben wir vor den anderen ausgezeichnet.
Und David gaben wir eine Schrift.

56 Sprich: «Ruft die an, von denen ihr behauptet, es gäbe sie außer ihm!
Abwehren können sie von euch keinen Schaden
und auch sonst nichts wenden.»

57 Die sie anrufen, suchen ja selber einen Weg zu ihrem Herrn,
wer unter ihnen ihm am nächsten komme.
Sie hoffen auf sein Erbarmen und fürchten seine Strafe.
Siehe, vor der Strafe deines Herrn sei man auf der Hut!

58 Es gibt keine Stadt, die wir nicht vernichten vor dem Auferstehungstag
oder die wir gewaltig strafen werden.
Das steht im Buch geschrieben.

59 Nichts anderes hielt uns davon ab, Zeichen herabzusenden,
als dass die Früheren sie für Lug und Trug erklärten.
Und den Thamud brachten wir vor aller Augen die Kamelin;
da frevelten sie an ihr.
Wir senden die Zeichen nur, um Furcht einzuflößen.

60 Damals, als wir zu dir sprachen: «Siehe, dein Herr hält die Menschen
umzingelt.»
Und wir machten die Vision, die wir dich schauen ließen,
zu nichts als einer Anfechtung für die Menschen –
und ebenso ‹den verfluchten Baum› bei der Lesung.
Wir flößen ihnen damit Furcht ein.
Jedoch verstärkt das nur ihre starke Widersetzlichkeit.

61 Damals, als wir zu den Engeln sprachen: «Fallt vor Adam nieder!»
Da fielen alle nieder, außer Iblis; der sprach:
«Soll ich vor einem niederfallen, den du aus Lehm geschaffen hast?»

62 Er sprach: «Sieh dir den da an, den du mehr in Ehren hältst als mich!
Wenn du mir eine Frist gewährst bis zum Tag der Auferstehung,
dann will ich seinen Nachwuchs vertilgen, bis auf wenige.»

63 Er sprach: «Geh fort! Doch wer von ihnen dir dann folgt,
da ist die Hölle euer Lohn – ein reicher Lohn!

64 Und scheuche von ihnen mit deiner Stimme auf, wen du kannst,
und fahre über sie dahin mit deinen Rossen und mit deinen Mannen,
und beteilige dich an ihrem Gut und an ihren Kindern,
und mache ihnen Versprechungen!»
Der Satan aber kann ihnen nichts als Täuschungen versprechen.

65 «Doch siehe, über meine Knechte hast du keine Macht.»

Und dein Herr genügt als Sachwalter.

66 Euer Herr ist es, der für euch die Schiffe auf dem Meer antreibt,
auf dass ihr seine Huld zu gewinnen sucht.
Siehe, er ist euch gegenüber voll Erbarmen.

67 Wenn euch ein Unglück auf dem Meere trifft,
dann führt euch in die Irre, wen ihr anruft außer ihm;
wenn er euch dann errettet hat ans Festland, dann wendet ihr euch ab.
Ja, voller Undank ist der Mensch.

68 Seid ihr denn davor sicher, dass er euch nicht auf dem Festland irgendwo
versinken lassen
oder einen Sturm über euch entfachen wird,
und ihr dann keinen Beistand für euch findet?

69 Oder seid ihr davor sicher, dass er euch nicht ein andermal dorthin
zurückführt
und dann über euch einen heftigen Orkan entfesselt
und euch ertrinken lässt
– darum, dass ihr undankbar wart –
und ihr dabei dann keinen Helfer gegen uns für euch findet?

¾ 70 Wir erwiesen den Kindern Adams Ehre
und trugen sie auf Meer und Festland, versorgten sie mit guten Dingen
und zeichneten sie besonders aus vor vielen, die wir erschaffen haben.

71 Am Tage, da wir alle Menschen zusammenrufen mit ihrem Führer:
Wem dann sein Buch in seine rechte Hand gegeben ist,
die lesen dann aus ihren Büchern vor,
und ihnen wird kein Haar gekrümmt.

72 Wer im Diesseits blind ist, der ist auch blind im Jenseits
und irrt vom Wege ab.

73 Fast hätten sie verführerisch dich von dem abgebracht, was wir dir
offenbarten,
dass du dir etwas anderes als ihn ausdenkst gegen uns,
und hätten dich als Freund dann angenommen.

74 Hätten wir dir nicht Festigkeit verliehen,
dann hättest du dich fast ein wenig bei ihnen angedient.

75 Dann hätten wir dich zweifach schmecken lassen Leben und Tod,
und keinen Helfer gegen uns hättest du dann für dich finden können.

76 Fast hätten sie dich fortgejagt aus dem Land,
um dich aus ihm zu entfernen;
doch dann wären sie nach dir nur kurz geblieben,

77 nach der Weise der Gesandten, die wir vor dir entsandten;
und du wirst keine Abänderung darin finden, wie wir verfahren.

78 Verrichte das *Gebet* vom Niedergang der Sonne bis hin zur Finsternis
  der Nacht
  und die Lesung der Morgendämmerung;
  siehe, die Lesung der Morgendämmerung ist bezeugt;
79 und einen Teil der Nacht, den bleibe bei ihr wach
  als Gnadengabe für dich!
  Vielleicht erweckt dich ja dein Herr zu lobenswertem Rang.
80 Und sprich: «Führe mich ein in Wahrhaftigkeit,
  und führe mich heraus in Wahrhaftigkeit,
  und verschaffe mir von dir Vollmacht und Helfer!»
81 Und sprich: «Gekommen ist die Wahrheit, verfallen ist der Trug.»
  Siehe, der Trug ist zum Verfall bestimmt.
82 Und von der Lesung senden wir herab,
  was Heilung und Barmherzigkeit ist für die Glaubenden.
  Den Frevlern aber mehret sie nur ihren Schaden.
83 Wenn wir dem Menschen Gnade erweisen,
  dann wendet er sich ab und weicht zur Seite.
  Und wenn ihn Böses trifft, ist er voll Verzweiflung.
84 Sprich: «Ein jeder ist auf seine Weise tätig.
  Euer Herr weiß sehr genau, wer auf dem Wege wohlgeleitet ist.»
85 Sie fragen dich nach dem Geist. Sprich:
  «Der Geist geht aus auf das Geheiß von meinem Herrn.
  Doch euch ist nur gegeben ein geringes Maß an Wissen.»
86 Wenn wir wollen, nehmen wir hinweg von dir, was wir dir offenbaren;
  dann fändest du darin für dich keinen Sachwalter gegen uns –
87 außer aus Erbarmen von deinem Herrn.
  Siehe, seine Huld an dir ist groß.
88 Sprich: «Wenn Mensch und Dschinn sich darin träfen,
  etwas beizubringen, was dieser Lesung gleichkommt,
  sie könnten nichts beibringen, was ihr gleichkommt,
  auch wenn sie einander dabei Helfer wären.»
89 Und in dieser Lesung haben wir jede Art von Gleichnis abgewandelt für die
  Menschen;
  die meisten Menschen aber wollten ungläubig bleiben.
90 Und sie sprachen: «Wir werden dir nicht eher glauben,
  als bis du aus der Erde eine Quelle für uns sprudeln lässt
91 oder bis du einen Garten hast mit Dattelpalmen und Weinstöcken
  und dann bewirkst, dass zwischen ihnen Bäche sprudeln;
92 oder bis du den Himmel – wie du behauptet hast – in Stücken über uns
  fallen lässt

oder bis du Gott und die Engel beibringst als Bürgen

93 oder bis du ein Haus hast voller Prunk oder gar in den Himmel aufsteigst.

Und deinem Aufstieg werden wir nicht eher Glauben schenken,

bis du ein Buch zu uns herniedersendest, das wir lesen können.»

Sprich: «Preis sei Gott!

Bin ich etwas anderes als ein menschlicher Gesandter?»

94 Es hinderte die Menschen nichts daran zu glauben,

als die Rechtleitung zu ihnen kam,

als dass sie sagten: «Hat Gott uns etwa einen Menschen als Gesandten

hergeschickt?»

95 Sprich: «Wenn auf der Erde Engel sicher wandelten,

dann hätten wir zu ihnen einen Engel als Gesandten vom Himmel

herabgeschickt.»

96 Sprich: «Gott genügt als Zeuge zwischen mir und euch.»

Siehe, er ist vertraut mit seinen Knechten und schaut auf sie.

97 Wen Gott leitet, der ist rechtgeleitet;

und wen er in die Irre führt, für jene wirst du gegen ihn keine Helfer finden.

Am Tag der Auferstehung werden wir sie, auf ihrem Antlitz liegend,

sammeln,

blind, stumm und taub;

die Hölle ist ihr Zufluchtsort.

Stets, wenn sie erlischt, fachen wir ihnen die Höllenglut wieder an.

98 Das ist ihr Lohn dafür, dass sie unseren Zeichen keinen Glauben schenkten

und sprachen: «Werden wir denn, wenn wir schon Gebeine und sterbliche

Reste waren,

zu einer neuen Schöpfung auferweckt?»

99 Sehen sie denn nicht, dass Gott, der die Himmel und die Erde schuf,

die Macht hat, auch ihresgleichen zu erschaffen?

Er setzte ihnen eine Frist, an der es keinen Zweifel gibt.

Die Frevler aber wollten ungläubig bleiben.

100 Sprich: «Wenn ihr die Schätze an Erbarmen meines Herrn besitzen würdet,

festhalten würdet ihr sie dann, aus Furcht, sie auszugeben.»

Siehe, der Mensch ist voller Geiz.

101 Wir hatten Mose mit neun klaren Wunderzeichen ausgestattet.

So frage doch die Kinder Israel, weil er zu ihnen kam.

Zu ihm sprach damals Pharao: «Siehe, Mose, du scheinst mir wie

verzaubert.»

102 Er sprach: «Du weißt, dass diese kein anderer herabgesandt hat

als der Herr der Himmel und der Erde, als augenfällige Beweise.

Siehe, Pharao, du scheinst mir schon dem Untergang geweiht!»

103 Da wollte er sie aus dem Lande jagen,
doch da ließen wir ihn und alle, die mit ihm waren, ertrinken.

104 Danach sagten wir zu den Kindern Israel: «Nehmt im Lande Wohnung!
Wenn dann die Verheißung des Jenseits kommt,
dann bringen wir euch in einer gemischten Gruppe.»

105 Mit der Wahrheit haben wir sie herabgesandt,
und mit der Wahrheit kam sie hernieder.
Dich haben wir nur als Boten guter Nachricht und als Warner ausgesandt.

106 Wir haben es in eine Lesung aufgeteilt, damit du sie den Menschen vorträgst
in Bedachtsamkeit, und wir haben sie wahrhaftig herabgesandt.

107 Sprich: «Ihr möget an sie glauben oder nicht.»
Siehe, wem das Wissen schon vor ihr gegeben wurde,
die fallen, wenn sie ihnen vorgetragen wird, anbetend auf ihr Antlitz nieder

108 und sprechen: «Preis sei unserem Herrn!
Siehe, die Verheißung unseres Herrn ist wahrlich eingetroffen»,

109 und fallen weinend nieder auf ihr Antlitz,
und das bestärkt sie in der Demut.

110 Sprich: «Ruft Gott an, oder ruft den Erbarmer an:
Wie immer ihr ihn nennt, sein sind die Schönen Namen.»
Sei beim Beten nicht zu laut und nicht zu leise!
Nein, finde zwischen beidem einen Weg!

111 Und sprich: «Gelobt sei Gott, der keinen Sohn annahm
und der mit keinem seine Macht geteilt hat
und der nicht wegen seiner Schwäche eines Freunds bedarf!»
So preise ihn ohne Unterlass!

Sure 18 – Die Höhle – al-kahf

Mekkanisch, 110 Verse

Im Namen Gottes, des barmherzigen Erbarmers.

1 Lobpreis sei Gott, der auf seinen Knecht das Buch herniedersandte
und nichts Abweichendes hineintat

2 als Richtschnur, um vor heftiger Gewalt von ihm zu warnen
und um den Glaubenden, die gute Werke tun, zu verkündigen,
dass ihnen schöner Lohn bestimmt ist,

3 worin sie ewig weilen,

4 und jene zu warnen, die sagen: «Gott hat einen Sohn!»

5 Kein Wissen haben sie darüber, noch ihre Väter.
Welch unerhörtes Wort, das da aus ihrem Munde kommt!
Sie sprechen nichts als Lüge.

6 Doch vielleicht wirst du, ihnen folgend, niedergeschlagen sein,
wenn sie an die Geschichte, die hier folgt, nicht glauben.

7 Siehe, wir machten das, was auf der Erde ist, für sie zu einer Zierde,
um sie einer Prüfung auszusetzen, wer von ihnen am besten handelt.

8 Wahrlich, wir werden zu verdorrtem Hochland machen, was auf ihr ist.

9 Denkst du wohl, die Leute der Höhle und der Inschrift

wären unter unseren Zeichen etwas Staunenswertes?

10 Damals, als die jungen Männer in der Höhle Zuflucht suchten
und sprachen: «Unser Herr, gewähre uns von dir Erbarmen,
und lass uns einen Ausweg aus unserer Lage finden!»

11 Da betäubten wir sie in der Höhle, für viele Jahre.

12 Dann weckten wir sie wieder auf, um zu erfahren,
welche der beiden Gruppen genauer berechnen konnte,
wie lange sie darin geblieben waren.

13 Wir wollen dir ihre Kunde der Wahrheit gemäß berichten.
Siehe, sie waren junge Männer, die an ihren Herrn glaubten.
Wir gaben ihnen noch mehr rechte Leitung

14 und stärkten ihre Herzen.
Damals, als sie sich erhoben und sprachen:
«Unser Herr ist Herr der Himmel und der Erde.
Wir werden keinen Gott anrufen außer ihm,
sonst sprächen wir Abwegiges.

15 Diese unsere Leute hier haben zusätzlich zu ihm Götter angenommen.
Warum bringen sie denn keine klare Vollmacht für sie?
Wer ist frevelhafter wohl als jener, der Lügen gegen Gott ersinnt?

16 Nachdem ihr euch nun von ihnen getrennt habt
und von dem, was sie außer Gott verehren,
so nehmt eure Zuflucht zu der Höhle,
damit euch euer Herr etwas von seinem Erbarmen gewährt
und euch Erleichterung verschafft aus eurer Lage!»

¼ 17 Wenn die Sonne aufgeht, so siehst du,
dass sie sich, abgewandt von ihrer Höhle, nach rechts neigt
und dass sie, wenn sie untergeht, an ihnen links vorüberzieht,
obwohl sie sich in einem Spalt von ihr befinden.
Das ist eines von den Zeichen Gottes.
Wen Gott leitet, der ist rechtgeleitet;
und wen Gott in die Irre führt,
für den wirst du keinen Freund finden, der ihn führt.

18 Du glaubst, sie seien wach, sie aber ruhen.
Wir wenden sie herum, nach rechts und links.
Ihr Hund liegt auf der Schwelle, die Vorderpfoten ausgebreitet.
Würdest du auf sie blicken, so würdest du vor ihnen die Flucht ergreifen,
ja, würdest über sie erschrecken!

19 So erweckten wir sie wieder, dass sie einander fragen könnten.
Einer von ihnen sprach: «Wie lang seid ihr geblieben?»
Sie sprachen: «Wir blieben einen Tag oder den Teil eines Tages.»

Sie sprachen: «Euer Herr weiß ganz genau, wie lange ihr geblieben seid.
Schickt einen von euch in die Stadt mit diesen euren Münzen hier,
damit er sehe, wer dort die reinste Nahrung hat,
und davon euch dann Vorrat bringe.
Er soll sich so geschickt verhalten,
dass er ja keinen etwas von euch merken lässt.

20 Denn siehe, wenn ihnen klar wird, wer ihr seid,
dann steinigen sie euch oder bringen euch zurück zu ihrem Glauben,
und dann wird es euch nie mehr wohlergehen.»

21 So fügten wir es, dass man sie entdeckte,
damit sie wüssten, dass die Verheißung Gottes wahr wird
und dass es an ‹der Stunde› keinen Zweifel gibt.
Damals, als sie miteinander stritten über ihre Angelegenheit, da
    sprachen sie:
«Errichtet über ihnen ein Gebäude!
Euer Herr kennt sie am besten.»
Es sprachen, die in ihrer Angelegenheit die Oberhand gewannen:
«Wohlan, lasst uns über ihnen einen Andachtsort errichten!»

22 Sie werden sagen: «Drei! Der vierte war ihr Hund.»
Oder: «Fünf! Der sechste war ihr Hund.»
Ein Herumrätseln über das Verborgene.
Oder: «Sieben! Der achte war ihr Hund.»
Sprich: «Mein Herr kennt ihre Zahl am besten.»
Nur wenige wissen etwas über sie.
So streite über sie nur mit Argumenten, die offenkundig sind,
und hole keine Auskunft ein über sie, bei niemandem von ihnen!

23 Sage nie von einer Sache: «Ich tue das morgen»,

24 ohne hinzuzufügen: «Gott mag es wollen!»
Gedenke deines Herrn, wenn du es vergessen hast, und sprich:
«Vielleicht wird mich mein Herr zu etwas leiten,
das näher liegt am rechten Weg als dies.»

25 Dreihundert Jahre lang verweilten sie in ihrer Höhle
und noch neun dazu.

26 Sprich: «Gott weiß am besten, wie lange sie verweilten.»
Ihm ist zu eigen das Verborgene der Himmel und der Erde.
Wie vortrefflich sieht er,
und wie vortrefflich hört er!
Sie haben keinen anderen Vertrauten als ihn,
und er lässt keinen an seiner Herrschaft Anteil nehmen.

27 Trage vor, was dir aus dem Buch deines Herrn eingegeben wurde!

Keinen gibt es, der seine Worte ändern könnte,
und vor ihm kannst du keinen Ort der Zuflucht finden.

28 Harre geduldig aus mit denen,
die ihren Herrn anrufen am Morgen und am Abend,
um seine Nähe anzustreben!

Wende deine Augen nicht von ihnen ab,
um zu streben nach dem schönen Schein des Lebens hier auf Erden!

Und gehorche nicht dem, dessen Herz wir vergessen ließen, unser zu
  gedenken,
der seiner Lust und Laune folgt und maßlos handelt!

29 Sprich: «Die Wahrheit kommt von eurem Herrn.
Wer will, der glaube, und wer da will, der bleibe ohne Glauben!»

Siehe, für die Frevler halten wir ein Feuer bereit,
das sie, wie eine Zeltbahn, ganz bedeckt.

Und wenn sie dann um Hilfe rufen, so hilft man ihnen
mit Wasser, das, wie heißes Öl, die Gesichter sengt.

Welch schlimmer Trunk und welch grauenvolle Bleibe!

30 Siehe, für diejenigen, die glauben und fromme Werke tun
– wir lassen ja doch nicht den Lohn dessen verfallen, der Gutes tut –,

31 denen sind die Gärten Eden bestimmt,
unter denen Bäche fließen.

Mit goldenen Armspangen sind sie dort geschmückt
und tragen grüne Gewänder, aus Seide und Brokat.

Sie lehnen dort auf Ruhepolstern.

Welch angenehmer Lohn
und welch schöne Bleibe!

½ 32 Präge für sie ein Gleichnis von zwei Männern,
dem einen machten wir zwei Gärten mit Weinstöcken,
säumten sie mit Palmen und säten Korn aus zwischen ihnen!

33 Jeder der beiden Gärten erbrachte seine Frucht
und ließ es an nichts mangeln.

Einen Bach ließen wir zwischen beiden sprudeln.

34 Und er zog daraus Nutzen.

Da sprach er zu seinem Gefährten, während er sich mit ihm unterhielt:
«Ich habe mehr Besitz als du und eine stärkere Gefolgschaft.»

35 Und er ging, gegen sich selber frevelnd, in seinen Garten.

Er sprach: «Ich glaube nicht, dass dieser je vergeht,

36 und glaube auch nicht, dass ‹die Stunde› eintreffen wird.

Werde ich zu meinem Herrn zurückgebracht,
dann finde ich als Heimkehrort bestimmt noch Besseres als ihn.»

37 Da sprach sein Gefährte zu ihm, während er sich mit ihm unterhielt:
«Glaubst du denn nicht an den, der dich aus Erde schuf,
sodann aus einem Tropfen,
sodann dich ebenmäßig formte zu einem Mann?

38 Für mich jedoch ist *er*, Gott, mein Herr,
und ich geselle meinem Herrn niemanden bei.

39 Warum hast du nicht, als du in deinen Garten gingst, gesagt:
‹Was Gott will, geschehe! Es gibt keine Macht außer bei Gott!›?
Wenn du nun meinst, dass ich geringeren Besitz
und weniger Nachkommen habe,

40 so wird mein Herr mir vielleicht Besseres geben als deinen Garten
und eine Abrechnung über ihn vom Himmel schicken,
so dass er eine kahle Anhöhe wird

41 oder sein Wasser ganz versickert
und du nicht mehr danach suchen kannst.»

42 Sein Ertrag ging ganz und gar verloren,
und es kam so weit, dass er die Hände rang
all dessen wegen, was er für ihn aufgewendet hatte
– da er nun zerstört war bis auf den Grund –, und sprach:
«O hätte ich doch meinem Herrn niemanden beigesellt!»

43 Er hatte keinen, der ihm hätte helfen können gegen Gott –
so war er ganz ohne Helfer.

44 In dieser Lage ist die Hilfe bei Gott, dem Wahren;
er belohnt am besten und sorgt für den besten Ausgang.

45 Präge für sie das Gleichnis des Lebens hier auf Erden!
Es ist wie Wasser, das wir vom Himmel herabkommen lassen,
so dass die Pflanzen der Erde sich mit ihm mischen,
doch wird das schließlich dürres Zeug, das die Winde fortwehen.
Gott ist aller Dinge mächtig.

46 Besitz und Söhne sind schöner Schein des Lebens hier auf Erden.
Doch das, was bleibt, die guten Taten,
das ist bei deinem Herrn die bessere Belohnung
und die bessere Hoffnung.

47 An dem Tag, da wir die Berge in Bewegung setzen
und du die Erde siehst, wie sie hervorkommt,
da werden wir sie versammeln und keinen von ihnen übergehen.

48 Sie werden deinem Herrn in Reihen vorgeführt:
«Ihr kommt zu uns so, wie wir euch das erste Mal erschufen.
Ihr aber habt behauptet, wir würden keine Frist für euch festlegen.»

49 Das Buch wird vorgelegt, und du wirst sehen,

wie die Missetäter in Sorge um das sind, was darin steht,
und sprechen: «O wehe uns! Was ist mit diesem Buch?
Es lässt nichts Kleines und nichts Großes aus, sondern hat alles
　　aufgezeichnet!»
Sie werden darin all das verzeichnet finden, was sie taten,
und keinem fügt dein Herr Unrecht zu.

50　Damals, als wir zu den Engeln sprachen: «Fallt vor Adam nieder!»
Da fielen alle nieder, außer Iblis, der zu den Dschinnen zählte
und sich dem Geheiß seines Herrn verweigerte.
Wollt ihr euch denn ihn und seine Sippschaft statt meiner zu Freunden
　　nehmen –
wo sie euch doch feind sind?
Welch schlechter Tausch ist das wohl für die Frevler!

¾　51　Ich habe sie nicht zu Zeugen der Erschaffung von Himmel und Erde
　　gemacht,
noch ihrer eigenen Erschaffung.
Ich habe keinen zum Helfer genommen, der in die Irre führt.

52　Am Tage, da er sprechen wird:
«Ruft doch zu denen, die ihr zu meinen Gesellen erklärt habt!»
Da werden sie zu ihnen beten, doch jene schenken ihnen kein Gehör.
Wir werden einen Abgrund machen zwischen ihnen.

53　Die Missetäter werden das Feuer sehen und sind sich dann gewiss,
dass sie hineinfallen werden und vor ihm keinen Ausweg finden.

54　Wir wandelten ja in dieser Lesung Sprüche aller Art für die Menschen ab.
Jedoch ist der Mensch meistens auf Streit aus.

55　Es hinderte die Menschen nichts daran zu glauben
– als die Rechtleitung zu ihnen kam –
und ihren Herrn um Vergebung zu bitten,
als dass sie wünschten, der Brauch der Altvorderen möge für sie gelten
oder die Strafe möge ganz offensichtlich über sie kommen.

56　Wir senden die Gesandten nur als Freudenboten und als Warner aus.
Doch die ungläubig sind, streiten mit dem Trug,
um damit die Wahrheit zu entkräften,
sie machen sich über meine Zeichen lustig
und über das, wovor sie gewarnt wurden.

57　Wer ist frevelhafter wohl als jener,
der, mit den Zeichen seines Herrn ermahnt,
sich von ihnen dann abwendet
und vergisst, was seine Hände früher taten?
Siehe, wir legten über ihre Herzen Hüllen,

dass sie es nicht begreifen,
und in ihre Ohren Taubheit.
Auch wenn du sie zur Rechtleitung aufrufst,
so werden sie sich nie und nimmer leiten lassen.

58 Dein Herr ist es, der bereit ist zu vergeben, voller Barmherzigkeit.
Wenn er sie für das, was sie begangen haben, bestrafen wollte,
so müsste er sie rasch bestrafen.
Doch ihnen ist eine Frist gesetzt,
vor der sie keine Zuflucht finden können.

59 Jene Städte richteten wir zugrunde, als sie gefrevelt hatten.
Für ihren Untergang setzten wir eine Zeit fest.

60 Damals, als Mose zu seinem Burschen sprach:
«Ich werde keine Ruhe geben, bis ich den Ort erreiche,
wo sich die beiden Ströme treffen,
auch wenn ich Jahre wandern müsste.»

61 Als sie beider Zusammenfluss erreichten,
vergaßen sie ihren Fisch, doch der nahm eilends seinen Weg ins Meer.

62 Als sie dann vorbeigezogen waren, sprach er zu seinem Burschen:
«Bring uns unser Mahl!
Diese unsere Reise hat uns Kraft gekostet.»

63 Er sprach: «Hast du gesehen?
Als wir unsere Zuflucht bei dem Felsen suchten,
vergaß ich doch den Fisch.
Nur Satan hat mich ihn vergessen lassen,
dass ich mich an ihn erinnerte.
Da nahm er seinen Weg ins Meer auf wundersame Weise.»

64 Er sprach: «Das ist es, was wir haben wollten!»
So kehrten sie zurück, indem sie ihren Spuren folgten.

65 Da fanden sie einen unserer Knechte.
Wir hatten ihm Barmherzigkeit von uns gewährt
und ihn Wissen von uns gelehrt.

66 Mose sprach zu ihm: «Darf ich dir folgen,
damit du mich über das belehrst,
worin du Belehrung vom rechten Weg empfingst?»

67 Er sprach: «Bestimmt kannst du mit mir nicht geduldig sein.

68 Wie willst du denn etwas, was du nicht verstehst, in Geduld ertragen?»

69 Er sprach: «Du wirst mich – so Gott will – geduldig finden,
und ich werde dir in keiner Sache den Gehorsam verweigern.»

70 Er sprach: «Wenn du mir nun folgst, so frage mich nach nichts,
bevor ich nicht zu dir darüber spreche.»

71 Da machten sie sich beide auf.
   Als sie dann das Schiff bestiegen, da bohrte er es an.
   Er sprach: «Bohrtest du es etwa an, um die Leute, die darauf sind,
      zu ertränken?
   Da tatest du etwas Entsetzliches.»
72 Er sprach: «Sagte ich nicht, dass du bestimmt nicht geduldig mit mir sein
      kannst?»
73 Er sprach: «Rechne mir nicht an, was ich vergaß!
   Und lass mir keine Schwierigkeiten daraus erwachsen!»
74 Da machten sie sich beide wieder auf, bis sie auf einen Jungen trafen.
   Da tötete er ihn.
   Er sprach: «Tötest du eine unschuldige Seele ohne Grund?
   Da hast du etwas Schreckliches getan!»
ǧ16 ḥ31 75 Er sprach: «Sagte ich nicht, dass du bestimmt nicht geduldig mit mir sein
      kannst?»
76 Er sprach: «Wenn ich dich noch einmal etwas frage, dann begleite mich
      nicht mehr;
   von meiner Seite bist du dann entschuldigt.»
77 Da machten sie sich beide wieder auf.
   Als sie zu den Bewohnern eines Dorfes kamen
   und sie um Essen baten, da lehnten die es ab, die beiden zu bewirten.
   Da fanden beide dort eine Mauer, die einzustürzen drohte,
   und er richtete sie auf.
   Er sprach: «Hättest du gewollt, du hättest Lohn dafür bekommen können!»
78 Er sprach: «Das bedeutet die Trennung zwischen mir und zwischen dir.
   Ich werde dir die Deutung dessen sagen,
   was du nicht in Geduld abwarten konntest.
79 Was das Schiff betrifft, so war es im Besitz von Armen,
   die auf dem Meere ihre Arbeit taten,
   und ich wollte es beschädigen, weil ein König sie verfolgte,
   der jedes Schiff gewaltsam an sich nahm.
80 Und was den Jungen angeht, so waren seine Eltern gläubig,
   da fürchteten wir, dass er sie mit Tyrannei und Gottlosigkeit bedrücken
      werde,
81 und wünschten, dass ihr Herr ihnen im Tausch einen gebe,
   der lauterer und zärtlicher als jener wäre.
82 Und was die Mauer angeht, so gehörte sie zwei Waisenknaben in der Stadt.
   Unter ihr lag ein Schatz für sie, und ihr Vater war fromm.
   Dein Herr nun wünschte, dass sie erst ihre Volljährigkeit erreichen
   und dann ihren Schatz ausheben sollten –

aus Barmherzigkeit von deinem Herrn.

Ich tat es also nicht aus eigenem Antrieb.

Das ist die Deutung dessen, was du nicht in Geduld abwarten konntest.»

83 Sie werden dich nach dem ‹mit den zwei Hörnern› fragen.

Sprich: «Ich werde euch einen Bericht über ihn vortragen.»

84 Siehe, Macht verliehen wir ihm auf der Erde

und gaben ihm zu allem einen Weg.

85 Da schlug er einen Weg ein,

86 bis er zum Untergang der Sonne kam, da fand er,

dass sie in einer moderigen Quelle versinkt.

Und er fand bei ihr ein Volk. Wir sprachen:

«Du ‹mit den zwei Hörnern›! Entweder verhängst du eine Strafe,

oder du tust ihnen Gutes!»

87 Er sprach: «Wer frevelte, den werden wir bestrafen.

Dann wird er zu seinem Herrn zurückgebracht,

und der wird ihn fürchterlich bestrafen.

88 Wer aber glaubt und Gutes tut, dem ist als Vergeltung Schönes zugedacht,

und wir werden ihm von uns aus Freundliches sagen.»

89 Da ging er weiter seines Wegs,

90 bis er zum Aufgang der Sonne kam, da fand er,

dass sie über einem Volk aufgeht,

dem wir keinen Schutz vor ihr gegeben hatten.

91 So war es. Und wir wissen genau, wie es um ihn stand.

92 Da ging er weiter seines Wegs,

93 bis er an die Stelle zwischen den zwei Dämmen kam,

da fand er hinter ihnen ein Volk,

das fast keine Sprache verstehen konnte.

94 Sie sprachen: «Du ‹mit den zwei Hörnern›!

Siehe, Gog und Magog richten Unheil im Lande an.

Sollen wir dir etwas dafür zahlen,

dass du zwischen uns und ihnen einen Damm errichtest?»

95 Er sprach: «Besser ist, wozu mein Herr mir Macht gegeben hat.

So helft mir kräftig, dass ich ein Bollwerk zwischen euch und ihnen schaffe!

96 Bringt mir Eisenstücke!»

Als er zwischen beiden Hängen gleiche Höhe geschaffen hatte,

sprach er: «Blast an!»

Und als er es feurig gemacht hatte, sprach er:

«Bringt es zu mir her, dass ich flüssiges Metall darüber gieße!»

97 Da konnten sie es nicht mehr überwinden

und konnten es auch nicht durchbrechen.

98 Er sprach: «Das ist eine Barmherzigkeit von meinem Herrn.
Wenn dann die Verheißung meines Herrn kommt,
macht er es zu einem flachen Hügel.
Die Verheißung meines Herrn geht in Erfüllung.»

¼ 99 An jenem Tage werden wir sie gegeneinander wogen lassen,
und geblasen wird in die Posaune,
dann werden wir sie allzumal versammeln.

100 Dann werden wir, an jenem Tage,
die Hölle klar erkennbar machen für die Ungläubigen,

101 deren Augen unter einer Decke lagen,
so dass sie meiner nicht gedachten,
und die zu hören nicht vermochten.

102 Die ungläubig sind, glauben sie denn,
sie könnten sich meine Knechte zu Helfern nehmen – außer mir?
Siehe, wir halten die Hölle als Herberge für die Ungläubigen bereit.

103 Sprich: «Sollen wir euch von denen berichten,
die durch ihre Taten die großen Verlierer sind?

104 Deren Bestreben hier im Leben in die Irre geht,
auch wenn sie glauben, dass sie vortrefflich handeln?»

105 Das sind diejenigen, die an die Zeichen ihres Herrn nicht glaubten
und nicht an die Begegnung mit ihm.
Zuschanden wurden ihre Werke,
und am Tag der Auferstehung werden wir ihnen kein Gewicht beilegen.

106 Das ist ihr Lohn: Die Hölle – dafür, dass sie ungläubig waren
und Spott mit meinen Zeichen und Gesandten trieben.

107 Siehe, diejenigen, die glauben und gute Werke tun,
für die sind die Gärten des Paradieses als Herberge bestimmt,

108 ewig werden sie dort weilen
und wünschen nichts dafür einzutauschen.

109 Sprich: «Wenn das Meer Tinte wäre für die Worte meines Herrn,
würde das Meer versiegen, ehe die Worte meines Herrn versiegen,
sogar, wenn wir ein Gleiches noch zu Hilfe nehmen würden.»

110 Sprich: «Siehe, ich bin ein Mensch wie ihr.
Mir wurde eingegeben: Euer Gott ist *ein* Gott;
und wer die Begegnung mit seinem Herrn wünscht,
der tue frommes Werk
und geselle dem Dienst an seinem Herrn niemanden bei!»

Sure 19 – Maria – Maryam

Mekkanisch, 98 Verse

Im Namen Gottes, des barmherzigen Erbarmers.

1 *Kaf Ha Ya 'Ayn Sad.*

2 Gedenken an deines Herrn Barmherzigkeit an seinem Knechte Zacharias.

3 Damals, als er im Geheimen seinen Herrn anrief.

4 Er sprach: «Mein Herr, sieh doch, schwach ward mir das Gebein,
schlohweiß das Haupt.
Doch im Gebet zu dir, mein Herr, war ich nicht glücklos.

5 Siehe, ich fürchte die Verwandten nach mir,
da meine Frau nicht fruchtbar ist.
So schenke mir von deiner Seite einen Nahestehenden,

6 der Erbe sei von mir und auch vom Hause Jakobs!
Und mach, mein Herr, ihn wohlgefällig!» –

7 «O Zacharias, siehe, wir kündigen dir einen Knaben an.
Sein Name sei Johannes, womit wir früher noch niemanden benannten!»

8 Er sprach: «Mein Herr, wie soll mir denn ein Knabe werden,
da meine Frau nicht fruchtbar ist und ich schon hochbetagt bin?»

9 Er sprach: «So ist es.

Dein Herr spricht: ‹Das ist mir ein Leichtes,
da ich dich früher schon erschuf, als du noch nichts warst.›»

10 Er sprach: «Mein Herr, mach mir ein Zeichen!»
Er sprach: «Dein Zeichen sei, dass du nicht zu den Menschen sprichst
drei Tage ohne Unterbrechung.»

11 Da trat er aus dem Tempel vor seine Leute und machte ihnen kund:
«Sprecht das Gotteslob in der Morgenfrühe und am Abend!»

12 «Johannes! Nimm das Buch mit Kraft entgegen!»
Wir verliehen ihm schon im Knabenalter Weisheit,

13 Mitgefühl von uns und Lauterkeit
– und er war gottesfürchtig –

14 und Ehrerbietung gegen seine Eltern.
Er war kein Gewaltmensch, nicht widerspenstig.

15 Friede über ihn am Tag, da er geboren,
am Tag, an dem er sterben wird,
und am Tag, da er zum Leben wird auferweckt!

16 Und gedenke der Maria im Buch!
Damals, als sie sich zurückzog an einen Ort im Osten

17 und sich abschirmte vor ihnen.
Da sandten wir unseren Geist zu ihr.
Der trat vor sie als Mensch hin, wohlgestaltet.

18 Sie sprach: «Siehe, ich nehme meine Zuflucht vor dir beim Erbarmer,
sofern du gottesfürchtig bist.»

19 Er sprach: «Ich bin Gesandter deines Herrn,
auf dass ich dir einen lauteren Knaben schenke.»

20 Sie sprach: «Wie soll mir denn ein Knabe werden,
da mich ein Mensch niemals berührte
und ich auch keine Dirne bin?»

21 Er sprach: «So spricht dein Herr:
‹Das ist mir ein Leichtes.›»
Auf dass wir ihn zu einem Zeichen machen für die Menschen –
und solches als Barmherzigkeit von uns.
Da wurde es beschlossene Sache.

½ 22 So ward sie mit ihm schwanger
und zog sich zurück mit ihm an einen weit entfernten Ort.

23 Da ließen die Wehen sie zum Stamm der Dattelpalme kommen.
Sie sprach:
«Weh mir! Ach wäre ich zuvor doch schon gestorben
und ganz und gar vergessen!»

24 Da rief es ihr von unten zu:

«Bekümmere dich nicht!

Dein Herr ließ unter dir ein Wasser fließen.

25 Rüttle den Stamm der Dattelpalme – hin zu dir,
damit sie frische Früchte auf dich fallen lasse!

26 Dann iss und trink, und sei guten Mutes!
Wenn du dann irgendeinen Menschen siehst, so sprich:
‹Siehe, ich gelobte dem Erbarmer ein Fasten;
so kann ich heute zu keinem menschlich Wesen sprechen.›»

27 Dann kam sie mit ihm zu den Ihren, ihn tragend.
Sie sprachen: «O Maria, da hast du etwas Unerhörtes getan!

28 O Schwester Aarons, dein Vater war kein schlechter Mann
und deine Mutter keine Dirne.»

29 Da deutet sie auf ihn. Sie sprachen:
«Wie sollen wir zu einem sprechen, der noch ein Kind ist in der Wiege?»

30 Er sprach: «Siehe, ich bin der Knecht Gottes!
Er gab mir das Buch und machte mich zum Propheten.

31 Er verlieh mir Segen, wo immer ich auch war,
und trug mir das Gebet auf und die Armensteuer,
solange ich am Leben bin.

32 Und Ehrerbietung gegen meine Mutter!
Er machte mich zu keinem unglückseligen Gewaltmensch.

33 Und Friede über mich am Tag, da ich geboren ward,
am Tag, an dem ich sterben werde,
und am Tag, da ich zum Leben werde auferweckt!»

34 Das ist Jesus, Sohn Marias, als Wort der Wahrheit,
über das sie uneins sind.

35 Es steht Gott nicht an, einen Sohn anzunehmen –
gepriesen sei er!
Beschließt er eine Sache, so spricht er nur zu ihr:
«Sei!» Und dann ist sie.

36 Siehe, Gott ist *mein* Herr und *euer* Herr, so dienet ihm!
Das ist ein gerader Weg.

37 Die Gruppen aber waren unter sich zerstritten.
Doch wehe denen, die nicht glauben an einen gewaltigen Tag!

38 Lass sie den Tag, an dem sie zu uns kommen, hören und schauen!
Heute aber sind die Frevler in klarem Irrtum.

39 Warne sie vor dem Tag des Seufzens,
denn die Sache ist entschieden,
sie aber sind sorglos, und sie glauben nicht!

40 Siehe, *wir* sind es, die die Erde erben und alle, die auf ihr sind,

und zu uns werden sie zurückgebracht.

41 Gedenke im Buch des Abraham!
Siehe, er war gerecht und ein Prophet.

42 Damals, als er zu seinem Vater sprach:
«Mein Vater! Warum verehrst du etwas, was nicht hört und sieht
und dir auch nichts hilft?

43 Mein Vater! Siehe, zu mir gelangte Wissen, das noch nicht zu dir kam.
So folge mir, dass ich dich führe einen geraden Weg!

44 Mein Vater! Diene nicht dem Satan!
Siehe, der Satan widersetzt sich dem Erbarmer.

45 Mein Vater! Ich fürchte, dass dich eine Strafe vom Erbarmer trifft
und du ein Gefolgsmann des Satans wirst.»

46 Er sprach: «Willst du meine Götter verlassen, Abraham?
Wenn du nicht endlich aufhörst, werde ich dich steinigen.
Doch nun meide mich für längere Zeit.»

47 Er sprach: «Friede sei mit dir!
Ich werde meinen Herrn für dich um Vergebung bitten.
Siehe, er ist mir wohlgeneigt.

48 Ich halte mich von euch getrennt
und von dem, was ihr an Gottes statt anruft,
und rufe einzig meinen Herrn an.
Vielleicht werde ich dadurch, dass ich meinen Herrn anrufe, nicht
unglücklich.»

49 Als er sich von ihnen und dem, was sie an Gottes statt verehrten, trennte,
schenkten wir ihm Isaak und Jakob
und machten beide zu Propheten.

50 Wir schenkten ihnen von unserer Barmherzigkeit
und gaben ihnen einen hohen Leumund der Wahrhaftigkeit.

51 Gedenke im Buch des Mose!
Siehe, er war erwählt und war Gesandter und Prophet.

52 Wir riefen zu ihm von des Berges rechter Seite
und ließen ihn uns nahekommen zu vertraulichem Gespräch.

53 Wir schenkten ihm aus unserer Barmherzigkeit
seinen Bruder Aaron, einen Propheten.

54 Gedenke im Buch des Ismael!
Siehe, er war der Verheißung treu und war Gesandter und Prophet.

55 Er gebot den Seinen Gebet und Armensteuer
und stieß bei seinem Herrn auf Wohlgefallen.

56 Gedenke im Buch des Idris!
Siehe, er war gerecht und ein Prophet.

57 Wir erhoben ihn zu einem hohen Ort.

58 Das sind die, denen Gott Gnade erwiesen hat –
Propheten, die von Adam abstammen
und von denen, die wir mit Noah retteten,
und von denen, die von Abraham und Israel abstammen,
und von denen, die wir führten und auserwählten.
Trägt man ihnen die Verse des Erbarmers vor,
fallen sie nieder, betend und weinend.

¾ 59 Nach ihnen folgten solche, die das Gebet missachteten
und ihren Lüsten folgten.
Doch werden sie auf Irrtum treffen –

60 bis auf die, die umkehren, glauben und Gutes tun:
Die gehen in den Paradiesesgarten ein,
und ihnen wird kein Unrecht angetan –

61 die Gärten Eden,
die der Erbarmer seinen Knechten insgeheim verheißen hat.
Siehe, seine Verheißung trifft ein.

62 Sie hören dort kein Geschwätz, nur: «Friede!»
Was sie brauchen, kommt zu ihnen, am Morgen und am Abend.

63 Das ist der Paradiesesgarten,
den wir nur jene unserer Knechte erben lassen,
die gottesfürchtig waren.

64 «Wir steigen nur auf den Befehl deines Herrn herab;
sein ist, was vor uns, hinter uns und dazwischen liegt.
Dein Herr ist keiner, der vergisst,

65 der Herr der Himmel und der Erde und dessen, was dazwischen ist:
So diene ihm, und bete ihn beständig an!
Kennst du wohl einen, der den gleichen Namen hat?»

66 Es spricht der Mensch: «Wenn ich gestorben bin,
werde ich dann lebend hervorgehen?»

67 Ja, denkt der Mensch denn nicht daran,
dass wir ihn vorher schufen und er nichts war?

68 Bei deinem Herrn!
Wir werden sie gewiss zusammenscharen, sie und die Satane.
Dann werden wir sie aufrufen, derweil sie um die Hölle knien,

69 und werden dann aus jeder Gruppe die herausziehen,
die sich am heftigsten dem Erbarmer widersetzten.

70 Dann werden wir aufs genaueste die kennenlernen,
denen am ehesten Recht geschieht, dass sie dort brennen.

71 Es gibt keinen unter euch, der nicht zu ihr herabsteigen müsste;

das ist bei deinem Herrn endgültig beschlossen.

72 Darauf erretten wir die, die gottesfürchtig waren,
und lassen die Frevler in ihr, auf den Knien liegend.

73 Wenn ihnen unsere Verse als Beweise vorgetragen werden,
sprechen die Ungläubigen zu den Gläubigen:
«Welche der beiden Gruppen hat denn einen höheren Rang
und ist – als Gesellschaft – schöner?»

74 Wie viele Geschlechter ließen wir vor ihnen zugrunde gehen,
die besser eingerichtet und schöner anzuschauen waren?

75 Sprich: «Wer sich im Irrtum befindet,
den bestärke der Erbarmer noch darin!»
Wenn sie schließlich sehen, was ihnen angedroht wird,
entweder die Strafe oder ‹die Stunde›,
dann werden sie erkennen, wer die schlechtere Stellung hat
und wer die schwächeren Truppen.

76 Gott bestärkt die, die sich leiten lassen, in der rechten Leitung.
Doch das, was bleibt, die guten Taten,
sie sind bei deinem Herrn die bessere Belohnung
und das bessere Ende.

77 Hast du wohl den gesehen, der unsere Zeichen leugnete
und sprach: «Man wird mir Gut und Kinder geben»?

78 Hat er wohl das Verborgene ergründet
oder mit dem Erbarmer einen Bund geschlossen?

79 Nein doch! Aufschreiben werden wir, was er sagt,
und werden ihm die Strafe noch verlängern.

80 Was er sagt, werden *wir* erben,
und er wird ganz allein zu uns kommen.

81 Sie nahmen außer Gott noch Götter:
Sie sollten ihnen eine Stärkung sein.

82 Nein doch! Sie werden leugnen, dass sie ihnen dienten,
und werden ihnen Gegner sein.

83 Sahst du denn nicht, dass wir die Satane gegen die Ungläubigen entsandten,
um sie heftig anzustacheln?

84 Beeile dich nicht gegen sie!
Wir jedoch zählen genau für sie ab.

85 Am Tag, da wir die Gottesfürchtigen zusammenscharen werden,
als Abordnung zum Barmherzigen,

86 und wir die Übeltäter in die Hölle treiben
– wie zur Tränke,

87 da besitzen sie keinen, der Fürsprache einlegen könnte –,

nur die nicht, die einen Bund mit dem Erbarmer schlossen.

88 Sie sprechen: «Der Erbarmer hat einen Sohn angenommen.»

89 Da habt ihr etwas Furchtbares getan.

90 Es zerbersten deshalb fast die Himmel,
und die Erde tut sich auf,
und die Berge brechen zusammen,

91 dass sie dem Erbarmer einen Sohn zuschreiben.

92 Es steht dem Erbarmer nicht an,
dass er einen Sohn annimmt.

93 Im Himmel und auf Erden gibt es keinen,
der nicht als Knecht zum Erbarmer kommt.

94 Er hat sie errechnet und genau abgezählt.

95 Sie alle müssen zu ihm kommen,
einzeln, am Tag der Auferstehung.

96 Siehe, denen, die glauben und gute Werke tun,
wird der Erbarmer Liebe erzeigen.

97 Wir haben sie ja leicht gemacht – in deiner Sprache,
auf dass du damit den Gottesfürchtigen gute Botschaft bringst
und ein widerspenstiges Volk damit warnst.

98 Wie viele Geschlechter ließen wir vor ihnen zugrunde gehen –
spürst du denn eine einzige von ihnen,
oder hörst du von ihnen einen Laut?

Sure 20 – Ta-Ha – Ṭā-Hā

Mekkanisch, 135 Verse

Im Namen Gottes, des barmherzigen Erbarmers.

1 Ta-Ha.

2 Die Lesung sandten wir dir nicht herab,
dass du dich elend fühlst,

3 sondern als Mahnung für den, der Gott fürchtet,

4 herabgesandt von dem, der die Erde und die hohen Himmel schuf.

5 Der Erbarmer ließ sich hoch oben auf dem Throne nieder.

6 Sein ist, was in den Himmeln und auf Erden ist,
was zwischen beiden sich befindet
und was unter dem Erdreich ist.

7 Und wenn du die Rede auch offenbar machst,
siehe, er kennt das Geheime und noch Verborgeneres.

8 Gott – kein Gott ist außer ihm.
Sein sind die Schönen Namen.

9 Kam zu dir der Bericht von Mose?

10 Damals, als er ein Feuer sah und zu den Seinen sprach:
«Bleibt! Siehe, ich nahm ein Feuer wahr;

vielleicht bringe ich euch davon ein brennendes Scheit
oder finde, durch das Feuer, den rechten Weg.»
11 Als er dann zu ihm kam, wurde er gerufen: «Mose!
12 Siehe, ich bin dein Herr.
So ziehe deine Schuhe aus,
denn du bist im heiligen Tale Tuwa!
13 Ich habe dich erwählt,
so höre dem, was offenbart wird, zu!
14 Siehe, ich bin Gott.
Kein Gott ist außer mir.
So diene mir, und verrichte das Gebet, mir zum Gedenken!
15 Siehe, ‹die Stunde› kommt
– ich halte sie kaum mehr verborgen –,
dass eine jede Seele belohnt wird nach dem, was sie erstrebte.
16 So möge dich von ihr nicht der abhalten,
der an sie nicht glaubt und seiner Neigung nachgeht;
denn sonst gehst du zugrunde.
17 Was ist das da in deiner Rechten, Mose?»
18 Er sprach: «Das ist mein Stock, auf welchen ich mich stütze,
mit dem ich meiner Herde Laub abschlage
und den ich noch für anderes benutze.»
19 Er sprach: «Mose, wirf ihn hin!»
20 Da warf er ihn, und siehe da –
er wurde eine Schlange, die dahinlief.
21 Er sprach: «Ergreife sie, hab keine Angst!
Wir werden sie in ihre Ursprungsform zurückverwandeln.
22 Und stecke deine Hand in deine Seite!
So kommt sie weiß hervor und ohne Schaden –
als ein weiteres Zeichen,
23 um dir einige von unseren großen Zeichen zu zeigen.
24 Geh hin zu Pharao! Siehe, er ist aufsässig.»
25 Er sprach: «Mein Herr, so weite mir meine Brust,
26 mach mir meine Sache leicht,
27 und löse mir den Knoten in der Zunge,
28 damit sie mich verstehen!
29 Und gib mir einen Helfer von meinen Leuten,
30 Aaron, meinen Bruder!
31 Verstärke meine Kraft durch ihn,
32 und lass ihn teilhaben an meinem Tun,
33 dass wir dich oftmals rühmen

34 und deiner oft gedenken!
35 Siehe, du schaust in uns hinein.»
36 Er sprach: «Was du erbeten hast, ist dir gegeben, Mose!»
37 Wir gewährten dir Gnade ein zweites Mal,
38 als wir deiner Mutter dies eingaben:
39 «Leg ihn in den Kasten, und wirf ihn in den Strom,
   dass dieser ihn an das Ufer schwemme
   und ihn ein Feind von mir und ihm aufnehme!
   Liebe von mir ließ ich dir angedeihen,
   damit du unter meinen Augen aufgezogen würdest.»
40 Damals, als deine Schwester hinging und sprach:
   «Soll ich euch jemanden zeigen, der für ihn sorgen kann?»
   Da brachten wir dich wieder hin zu deiner Mutter,
   damit sie sich erfreue und nicht traurig sei.
   Und du brachtest einen Menschen um,
   da erretteten wir dich aus der Trübsal
   und stellten dich auf eine harte Probe;
   du bliebest Jahre bei den Midianitern,
   dann kamst du zu festgesetzter Zeit, Mose,
41 und ich bereitete dich für mich vor.
42 «Du und dein Bruder, geht mit meinen Zeichen,
   und seid nicht müde, meiner zu gedenken!
43 Geht hin zu Pharao, siehe, er ist aufsässig!
44 Redet sanft zu ihm,
   vielleicht lässt er sich mahnen oder fürchtet sich.»
45 Sie sprachen: «Unser Herr, siehe, wir fürchten,
   er könnte uns Gewalt antun,
   vielleicht auch Willkür üben.»
46 Er sprach: «Fürchtet euch nicht!
   Siehe, ich bin mit euch,
   ich höre, und ich sehe.
47 So geht nun beide zu ihm hin und sprecht:
   ‹Siehe, wir sind die Gesandten deines Herrn.
   Schick die Kinder Israel mit uns fort, und peinige sie nicht!
   Wir sind zu dir gekommen mit einem Zeichen von deinem Herrn;
   Friede sei mit dem, der dem rechten Wege folgt!
48 Siehe, uns wurde offenbart, dass Strafe auf den kommt,
   der leugnet und sich abkehrt.›»
49 Er sprach: «Mose, wer ist denn euer Herr?»
50 Er sprach: «Unser Herr ist der,

der allen Dingen Form und Dasein gab
und der dann führte auf den rechten Weg.»

51 Er sprach: «Und was ist mit den früheren Zeiten?»

52 Er sprach: «Das Wissen über sie ist bei meinem Herrn in einem Buch.
Mein Herr irrt nicht vom Wege ab,
und er vergisst auch nicht.

53 Der euch die Erde zu einem Lager machte
und für euch Wege auf ihr bahnte
und der vom Himmel Wasser fließen ließ.»
Damit brachten wir mannigfache Pflanzenarten hervor.

54 Esst und weidet euer Vieh!
Siehe, darin sind wahrlich Zeichen für Leute mit Verstand.

¼ 55 Aus ihr erschufen wir euch,
und in sie bringen wir euch zurück,
und aus ihr bringen wir euch abermals hervor.

56 Alle unsere Zeichen ließen wir ihn sehen,
doch er leugnete und lehnte ab.

57 Er sprach: «Mose, kamst du zu uns,
um uns mit deiner Zauberei aus unserem Lande zu vertreiben?

58 Wir wollen dir mit Zauberei gleicher Art begegnen;
so lege einen Zeitpunkt fest zwischen uns und dir,
den wir nicht brechen werden, weder wir noch du,
an einem Ort, der beiden genehm ist.»

59 Er sprach: «Der Zeitpunkt sei für euch der Festtag!
In der Morgenfrühe sollen sich die Menschen versammeln.»

60 Da wandte Pharao sich ab, dachte sich eine List aus und kam herbei.

61 Mose sprach zu ihnen: «Wehe euch!
Ersinnt keine Lügen gegen Gott,
sonst rottet er euch durch eine Strafe aus!
Scheitern wird, wer das ersinnt.»

62 Da stritten sie in ihrer Sache unter sich
und redeten vertraulich, insgeheim.

63 Sie sprachen: «Das sind fürwahr zwei Zauberer,
die wollen euch mit ihrer Zauberei aus eurem Lande zaubern
und eure gute Lebensweise rauben.

64 So denkt euch eine List aus,
und kommt hernach heraus in einer Reihe!
Gewonnen hat dann heute, wer die Oberhand behält.»

65 Sie sprachen: «Mose! Entweder wirfst *du*,
oder *wir* sind die Ersten, welche werfen.»

66 Er sprach: «Werft *ihr* zuerst!»
Da kamen ihm – wegen ihres Zaubers –
die Stricke und die Stöcke vor, als ob sie liefen.
67 Da wurde es Mose ganz angst und bange.
68 Wir sprachen: «Fürchte dich nicht!
Siehe, *du* hast die Oberhand.
69 Wirf hin, was du in deiner Rechten hast,
damit es rasch ergreife, was sie machten!
Denn was sie machten, siehe, es ist ein Zaubertrick.
Niemals wird der Zauberer erfolgreich sein,
wo immer er auch hinkommt.»
70 Da warfen sich die Zauberer anbetend nieder.
Sie sprachen: «Wir glauben an den Herrn von Aaron und von Mose!»
71 Er sprach: «Glaubt ihr denn *ihm*, noch ehe *ich* es euch gestattet habe?
Es ist doch euer Meister, der den Zauber lehrte.
Wahrlich, Hände und Füße haue ich euch ab,
wechselweise rechts und links,
und ich werde euch an Palmenstämmen kreuzigen.
Dann werdet ihr wahrhaftig wissen,
wer von uns am stärksten straft und wessen Strafe dauert.»
72 Sie sprachen: «Nie werden wir dir vor dem den Vorzug geben,
was an Beweisen zu uns kam, und vor dem, der uns schuf.
Entscheide *du* nun, wie du willst!
Siehe, *du* entscheidest nur über dieses Erdenleben.
73 Siehe, wir glauben an unsern Herrn,
auf dass er uns verzeihe unsere Sünden
und auch die Zauberei, zu welcher du uns zwangst.»
Gott ist gut und beständig.
74 Doch wahrlich, wer zu seinem Herrn als Missetäter kommt,
dem ist die Hölle zugedacht.
In ihr kann er nicht sterben und nicht leben.
75 Wer aber zu ihm kommt als Glaubender, der Gutes tat,
dem sind die höchsten Stufen zugedacht:
76 die Gärten Eden, unter denen Bäche fließen.
Ewig weilen sie dort.
Das ist der Lohn dessen, der sich geläutert hat.
77 Wir gaben Mose ein: «Brich auf des Nachts mit meinen Knechten,
und bahne ihnen einen trocknen Weg im Meer!
Du brauchst nicht zu fürchten, eingeholt zu werden,
und keine Angst zu haben.»

78 Und Pharao verfolgte sie mit seinen Truppen.
Da überwältigte sie das Meer ganz und gar.

79 Und Pharao ließ sein Volk irregehen,
er führte es nicht auf den rechten Weg.

80 Ihr Kinder Israel! Wir haben euch errettet vor eurem Feind
und an des Berges rechter Seite ein Treffen mit euch abgemacht
und euch herabgesandt das Manna und die Wachteln.

81 «Esst von den guten Dingen, mit denen wir euch bedachten,
und seid darin nicht trotzig, damit mein Zorn nicht über euch kommt!
Denn der, über den mein Zorn kommt, ist schier verloren.

82 Siehe, ich bin stets bereit, dem zu vergeben, der Buße tut
und Gutes tut und sich dann meiner Führung anvertraut.»

½ 83 «Mose, was hat dich fort von deinen Leuten eilen lassen?»

84 Er sprach: «Die, die mir auf der Spur sind.
Da eilte ich zu dir, mein Herr, damit du wohlgefällig seist.»

85 Er sprach: «Siehe, wir stellten deine Leute auf die Probe, als du fort warst;
da hat der Samiri sie auf den falschen Weg gebracht.»

86 Da kam Mose voll Zorn und Kummer zurück zu seinem Volk
und sprach: «Mein Volk! Verhieß euch euer Herr nicht etwas Schönes?
Ist euch die Zeit zu lang geworden,
oder wolltet ihr, dass Zorn von eurem Herrn euch trifft,
da ihr die Verabredung mit mir gebrochen habt?»

87 Sie sprachen: «Wir brachen die Verabredung mit dir nicht eigenmächtig,
vielmehr lud man uns Lasten vom Schmuck der Leute auf.
Den warfen wir dann weg, und Gleiches tat der Samiri.»

88 Da brachte er für sie ein leibhaftiges Kalb herbei, das blökte.
Sie sprachen: «Das ist euer Gott.
Der Gott von Mose, der hat euch vergessen.»

89 Ja, sehen sie denn nicht, dass es ihnen keine Antwort gibt
und ihnen weder Schaden bringen kann noch Nutzen?

90 Schon vorher sprach Aaron zu ihnen:
«Ihr Leute, siehe, ihr wurdet nur mit ihm geprüft!
Doch siehe, euer Herr ist der Erbarmer.
So folget mir, und höret auf mein Wort!»

91 Sie sprachen: «Wir werden nicht ablassen, ihm zu dienen,
ehe Mose zu uns zurückgekehrt ist.»

92 Er sprach: «Aaron, als du sie irregehen sahst,
was hielt dich davon ab,

93 dass du mir folgtest?
Wolltest du dich meiner Weisung widersetzen?»

94 Er sprach: «Sohn meiner Mutter! Fass meinen Bart nicht an
und auch nicht meinen Kopf!
Siehe, ich fürchte, dass du sagst:
‹Du hast die Kinder Israel gespalten
und hast auf mein Wort nicht achtgegeben.›»

95 Er sprach: «Und du, o Samiri, was ist mit dir?»

96 Er sprach: «Ich sah etwas, was sie nicht sahen;
und ich nahm eine Handvoll von der Fußspur des Gesandten
und warf sie weg; so überredete mich meine Seele.»

97 Er sprach: «So geh! Dir ist im Leben aufgetragen zu sagen:
‹Rührt mich nicht an!›
Und siehe, dir ist ein Termin gesetzt, den man nicht aufheben wird.
Und schau auf deinen ‹Gott›, dem du so hingegeben dienst!
Wir werden ihn gewiss verbrennen
und dann den Staub im Meer verstreuen.

98 Denn euer Gott ist nur der *eine* Gott.
Kein Gott ist außer ihm!
Er umfasst mit seinem Wissen alles.»

99 So erzählen wir dir einiges von den Geschichten, die sich früher zugetragen
haben,
und brachten dir von uns Ermahnung.

100 Wer sich davon abwendet, siehe, der trägt am Tag der Auferstehung eine
Bürde

101 – ewig tragen sie daran –,
welch schlimme Last für sie am Tag der Auferstehung!

102 Am Tage, da geblasen wird in die Posaune,
an jenem Tage werden wir die Missetäter mit trüben Augen sammeln.

103 Sie sprechen mit gedämpfter Stimme miteinander: «Ihr verweiltet nicht
länger als zehn Tage.»

104 Wir wissen sehr wohl, was sie sprechen,
wenn der auf dem Wege Vorbildlichste spricht:
«Nur einen Tag verweiltet ihr.»

105 Sie fragen dich nach den Bergen.
Sprich: «Mein Herr wird sie zu Staub zerstäuben,

106 dann wird er sie zu einer platten Fläche machen.

107 Du wirst daran weder etwas Krummes noch Holpriges sehen.»

108 An jenem Tage folgen sie dem Rufer,
es gibt kein Ausweichen vor ihm,
und die Stimmen senken sich vor dem Erbarmer,
so dass man nichts als Flüstern hört.

109 Fürsprache nützt an jenem Tage nichts,
außer wem es der Erbarmer erlaubt und wessen Rede ihm gefällt.

110 Er weiß, was vor und hinter ihnen ist,
doch sie erfassen es mit Wissen nicht.

¾ 111 Die Angesichter neigen sich vor dem Lebendigen, Beständigen.
Und gescheitert ist, wer Frevel mit sich trägt.

112 Doch wer Gutes tut und dabei gläubig ist,
der hat kein Unrecht und keine Willkür zu befürchten.

113 So sandten wir es herab als Lesung auf Arabisch
und stellten darin auf verschiedene Weise dar,
was zu verheißen oder anzudrohen war.
Vielleicht sind sie gottesfürchtig,
oder er erneuert ihnen eine Mahnung.

114 Doch Gott ist hoch erhaben, der König, der Wahrhafte.
Du übereile dich nicht mit der Lesung,
ehe ihre Eingebung an dich nicht abgeschlossen ist!
Sprich: «Mein Herr, mehre du mein Wissen!»

115 Wir hatten früher schon mit Adam einen Bund geschlossen,
doch er vergaß ihn;
wir fanden bei ihm keinen festen Willen.

116 Als wir zu den Engeln sprachen:
«Werft euch vor Adam nieder!»
Da warfen sie sich nieder,
außer Iblis, der weigerte sich.

117 Da sprachen wir:
«Adam, siehe, dieser da, der ist ein Feind von dir und deiner Frau.
Dass er euch nur nicht aus dem Paradiesesgarten treibe
und du dann ins Elend gerätst.

118 Siehe, dir ist bestimmt:
Du brauchst dort nicht zu hungern und auch nicht nackt zu sein;

119 du brauchst dort nicht zu dürsten und keine Sonnenhitze zu leiden.»

120 Da flüsterte ihm Satan zu:
«Adam, soll ich dich zum Baum des ewigen Lebens führen
und zu einer Herrschaft, welche nie vergeht?»

121 Da aßen beide von ihm, und ihre Blöße wurde ihnen bewusst.
Und sie begannen, sich mit Blättern aus dem Garten zu bedecken,
die sie zusammenfügten.
So trotzte Adam seinem Herrn und irrte ab.

122 Doch dann erwählte ihn sein Herr, kehrte sich ihm zu und leitete ihn recht.

123 Er sprach: «So steigt gemeinsam von ihm herab;

ihr seid einander feind.»
Wenn dann von mir Rechtleitung zu euch kommt,
so wird der, welcher meiner Leitung folgt,
nicht in die Irre gehn und auch nicht elend sein.

124 Doch wer sich von meiner Mahnung abwendet,
der hat ein karges Leben.
Blind werden wir ihn zum Tag der Auferstehung einberufen.

125 Er wird sprechen: «Mein Herr, weshalb hast du mich blind einberufen,
wo ich doch sehend war?»

126 Und er wird sprechen: «So ist es.
Unsere Zeichen kamen zu dir,
und du hast sie vergessen.
Also bist du heute auch vergessen.»

127 So vergelten wir dem, welcher maßlos war
und nicht an seines Herrn Zeichen glaubte.
Die Strafe dort im Jenseits ist, fürwahr, besonders hart und dauernd.

128 Konnte es nicht ein Leitsatz für sie sein,
wie viele Geschlechter wir vor ihnen schon zugrunde richteten,
in deren Stätten sie einherwandeln?
Siehe, darin sind wahrlich Zeichen für Leute mit Verstand.

129 Gäbe es nicht ein Wort von deinem Herrn, das schon gesagt ist,
und eine genannte Frist, wäre es wahrlich unvermeidlich.

130 So ertrage, was sie sagen, und lobpreise deinen Herrn,
bevor die Sonne aufgeht und bevor sie untergeht!
Zu bestimmten Zeiten von der Nacht, da preise, und an den Tagesenden!
Vielleicht wirst du zufrieden sein.

131 Richte deine Augen nicht auf das, was wir Einzelnen von ihnen verliehen
haben
zum Glanz des Lebens hier auf Erden, um sie damit in Versuchung zu
führen!
Womit dich dein Herr versorgt, das ist besser und beständiger.

132 Gebiete deinen Leuten das Gebet!
Und sei darin beständig!
Wir fordern von dir keinen Unterhalt, vielmehr versorgen *wir* dich.
Alles läuft auf Gottesfurcht hinaus.

133 Sie sprechen: «Warum bringt er uns nicht ein Zeichen von seinem Herrn?»
Ist zu ihnen denn nicht der Beweis dessen gekommen,
was auf den ersten Blättern stand?

134 Hätten wir sie vor ihm durch eine Strafe vernichtet, dann sprächen sie:
«Unser Herr! Warum hast du keinen Gesandten zu uns gesandt,

so dass wir deinen Zeichen hätten folgen können,
bevor wir gedemütigt und beschämt würden?»
135   Sprich: «Ein jeder wartet ab. So wartet auch ihr ab!
Dann werdet ihr wissen, wer die auf dem rechten Wege sind
und wer rechtgeleitet ist.»

Sure 21 – Die Propheten – al-anbiyāʾ

Mekkanisch, 112 Verse

Im Namen Gottes, des barmherzigen Erbarmers.

ğ17 ḥ33 1 Die Abrechnung ist genaht den Menschen,
doch sind sie dem abgewandt in Ahnungslosigkeit.

2 Keine neue Mahnung von ihrem Herrn kam zu ihnen,
als dass sie sich, wenn sie diese hörten, darüber lustig machten,

3 ihre Herzen abgewandt.
Und die Frevler tuscheln heimlich miteinander:
«Ist das nicht nur ein Mensch wie ihr?
Wollt ihr, sehenden Auges, euch auf Zauberei einlassen?»

4 Er sprach: «Mein Herr weiß, was im Himmel und auf Erden gesprochen
wird.
Er ist der Hörende, der Wissende.»

5 Doch nein, sie sprechen: «Wirre Träume!
Nein, er hat sie sich nur ausgedacht.
Nein, er ist ein Dichter.
Soll er doch mit einem Zeichen zu uns kommen,
ganz so, wie die früheren gesandt wurden.

6 Keine der Städte vor ihnen, die wir zugrunde richteten, kam zum Glauben.
Ja, werden *sie* denn glauben?

7 Vor dir sandten wir nur solche Männer,
denen wir eine Offenbarung gaben.
So fragt doch die ‹Leute der Mahnung›, wenn *ihr* kein Wissen habt!

8 Wir machten sie nicht zu Körpern, die keine Speise zu sich nehmen,
und auch unsterblich waren sie nicht.

9 Dann ließen wir an ihnen die Verheißung wahr werden
und erretteten sie und wen wir wollten.
Die es zu weit getrieben hatten, ließen wir zugrunde gehen.

10 Wir sandten ein Buch zu euch herab, worin Mahnung für euch ist.
Wollt ihr denn nicht begreifen?

11 Wie viele frevlerische Städte zermalmten wir
und ließen, nach ihnen, ein anderes Volk erstehen!

12 Als sie unseren Schlag bemerkten,
siehe, da waren sie dabei, aus ihr herauszulaufen.

13 «Lauft nicht weg, sondern kehrt dorthin zurück,
wo ihr ein bequemes Leben führen konntet,
und in eure Wohnungen!
Vielleicht werdet ihr befragt.»

14 Sie sprachen: «O wehe uns! Wahrlich, wir waren Frevler.»

15 Dieses ihr Rufen hörte nicht eher auf,
bis wir sie ganz und gar vernichtet hatten
und sie erloschen waren.

16 Wir erschufen den Himmel und die Erde
und was dazwischen ist nicht aus Spielerei.

17 Hätten wir uns etwas zum Zeitvertreib nehmen wollen,
hätten wir das von uns selbst genommen –
wenn wir es tun wollen.

18 Nein, wir schleudern die Wahrheit auf das Nichtige,
so dass sie es zermalmt, und siehe, es ist verschwunden.
Wehe euch ob dessen, was ihr da beschreibt!

19 Sein sind alle, die in den Himmeln und auf Erden sind;
und die in seiner Nähe sind, sind nicht zu stolz, ihm zu dienen.
Sie werden nicht darin müde,

20 bei Nacht zu preisen, und auch bei Tage werden sie nicht schlaff.

21 Oder haben sie sich Götter aus der Erde genommen,
so dass diese auferwecken könnten?

22 Gäbe es in beiden Götter außer Gott,
dann würden beide verfallen.

Lobpreis sei Gott, dem Herrn des Thrones!
Er ist erhaben über das, was sie da behaupten.

23 Er wird nicht gefragt nach dem, was er tut.
Sie aber werden gefragt.

24 Oder nehmen sie sich Götter neben ihm?
Sprich: «Bringt euren Beweis herbei!
Das hier ist Mahnung derer, die mit mir und die vor mir lebten.»
Die meisten von ihnen aber kennen die Wahrheit nicht.
Sie wenden sich von ihr ab.

25 Vor dir sandten wir keinen Gesandten, dem wir nicht offenbart hätten:
«Kein Gott ist außer mir. So dienet mir!»

26 Und sie sprechen: «Der Erbarmer hat Kinder angenommen.»
Gepriesen sei er! Nein, es sind hochgeehrte Knechte.

27 Beim Reden kommen sie ihm nicht zuvor
und handeln nur auf sein Geheiß.

28 Er weiß, was vor und hinter ihnen ist.
Sie legen nur für *den* Fürsprache ein, an dem er Wohlgefallen hat.
Und dabei ängstigen sie sich aus Furcht vor ihm.

¼ 29 Wer von ihnen spricht: «Siehe, ich bin Gott neben ihm.»
Dem vergelten wir mit der Hölle.
Auf diese Weise vergelten wir den Frevlern.

30 Sahen denn nicht die, die ungläubig sind,
dass die Himmel und die Erde einst eine Einheit waren?
Wir rissen beide auseinander
und machten aus dem Wasser alles, was lebendig ist.
Wollt ihr denn da nicht glauben?

31 Wir machten auf der Erde Berge, festgegründet,
dass sie nicht mit ihnen schwanke.
Und wir machten auf ihr Pfade zu Wegen.
Vielleicht lassen sie sich leiten.

32 Wir machten den Himmel zu einem wohlbewachten Dache.
Sie aber wenden sich von ihren Zeichen ab.

33 Er ist es, der die Nacht und den Tag erschuf,
die Sonne und den Mond.
Alle schweben auf einer Himmelsbahn.

34 Wir gewährten keinem Menschen vor dir Unsterblichkeit;
wenn du nun stirbst, werden sie denn dann ewig leben?

35 Jede Seele bekommt den Tod zu schmecken.
Wir stellten euch mit Bösem und mit Gutem auf die Probe,
und zu uns werdet ihr zurückgebracht.

36 Wenn die, die ungläubig sind, dich sehen,
    machen sie dich nur zum Gespött:
    «Ist das der, der über eure Götter spricht?»
    Doch sind sie es, die der Mahnung des Barmherzigen nicht glauben.

37 Erschaffen ward der Mensch in Hast.
    Ich werde euch noch meine Zeichen zeigen,
    treibt mich daher nicht zur Hast!

38 Sie sprechen: «Diese Verheißung – wann kommt sie denn,
    wenn ihr wahrhaftig seid?»

39 Wenn doch die, die ungläubig sind, um die Zeit wüssten,
    da sie weder ihr Antlitz noch ihren Rücken dem Feuer entziehen können
    und keine Hilfe finden!

40 Nein, es kommt ganz plötzlich über sie und bringt sie in Verwirrung,
    zurückdrängen können sie es nicht,
    und Aufschub wird ihnen nicht gewährt.

41 Schon vor dir machte man sich über Gesandte lustig,
    doch da erfasste diejenigen, die über jene spotteten,
    das, worüber sie sich lustig machten.

42 Sprich: «Wer schützt euch in der Nacht und am Tag vor dem Erbarmer?»
    Nein, sie wenden sich von der Mahnung ihres Herrn ab.

43 Oder haben sie Götter, die ihnen vor uns Schutz gewähren könnten?
    Sie haben keine Macht, sich selbst zu helfen,
    und auch gegen uns haben sie keine Helfer.

44 Nein, diesen hier und ihren Vätern gewährten wir Lebensgenuss,
    bis in ihr hohes Alter.
    Sehen sie denn nicht, dass wir das Land heimsuchen
    und es von seinen Grenzen her verringern?
    Sind denn *sie* die Sieger?

45 Sprich: «Ich jedoch warne euch mit der Offenbarung.»
    Doch die Tauben, werden sie gewarnt, hören nicht den Ruf.

46 Doch wenn sie nur ein Hauch von der Strafe deines Herrn berührt,
    dann sagen sie bestimmt: «O wehe uns, siehe, wir waren Frevler!»

47 Gerechte Waagen werden wir aufstellen für den Tag der Auferstehung,
    und keiner Seele wird dann Unrecht angetan.
    Wenn es nur das Gewicht eines Senfkorns ist,
    wir werden es berücksichtigen.
    Wir sind genau genug, wenn wir abrechnen.

48 Mose und Aaron gaben wir einst ‹die Unterscheidung›
    und eine Leuchte und eine Mahnung für die Gottesfürchtigen,

49 die ihren Herrn im Verborgenen fürchten

und besorgt sind vor ‹der Stunde›.

50   Dies ist eine Mahnung voller Segen, die wir herabgesandt.

Wollt ihr sie wohl verleugnen?

½   51   Abraham hatten wir seine Reife schon früher gegeben und kannten ihn.

52   Als er zu seinem Vater und zu seinem Volke sprach:

«Was sind das hier für Götterbilder, die ihr verehrt?»

53   Sie sprachen: «Wir fanden, dass ihnen schon unsere Väter dienten.»

54   Er sprach: «Ihr und eure Väter seid in klarem Irrtum.»

55   Sie sprachen: «Kamst du mit ernster Botschaft zu uns,

oder treibst du nur Scherz mit uns?»

56   Er sprach: «Keineswegs! Euer Herr ist Herr der Himmel und der Erde,

der sie erschuf – und ich bin dafür Zeuge.

57   Bei Gott, ich werde eure Götzen überlisten,

wenn ihr ihnen den Rücken zugewandt habt.»

58   Da haute er sie kurz und klein, bis auf den ‹Großen›, den sie hatten;

vielleicht würden sie sich zu ihm wenden.

59   Sie sprachen: «Wer hat das unseren Göttern angetan?

Das ist fürwahr ein Frevler!»

60   Sie sprachen: «Wir hörten einen jungen Mann mit Namen Abraham sie

nennen!»

61   Sie sprachen: «Bringt ihn herbei vor aller Leute Augen,

dass sie vielleicht es bezeugen können!»

62   Sie sprachen: «Abraham, hast *du* das unseren Göttern angetan?»

63   Er sprach: «Keineswegs! Der ‹Große› unter ihnen da, der hat es getan!

So fragt sie doch, wenn sie sprechen können!»

64   Da wandten sie sich einander selbst zu und sprachen:

«Siehe, *ihr* seid die Frevler.»

65   Dann wandelten sie ihren Sinn:

«Du wusstest doch, dass diese da nicht sprechen können.»

66   Er sprach: «Wollt ihr denn außer Gott verehren,

was euch nichts nützt und auch nicht schadet?

67   O Schande über euch und über das, was ihr außer Gott verehrt!

Könnt ihr denn nicht begreifen?»

68   Sie sprachen: «Verbrennt ihn, und helft euren Göttern,

wenn ihr entschlossen seid!»

69   Wir sprachen: «Feuer, sei kalt und taste Abraham nicht an!»

70   Sie wollten eine List gegen ihn anwenden,

doch wir machten sie zu Verlierern.

71   Da retteten wir ihn und Lot in jenes Land,

das wir für die Weltbewohner segneten.

72 Und wir schenkten ihm Isaak und Jakob als Gnadengabe
und machten alle zu Rechtschaffenen.

73 Wir machten sie zu Vorbildern, die nach unserem Geheiß rechtleiten,
und gaben ihnen ein, Gutes zu tun,
das Gebet zu verrichten und die Armensteuer zu entrichten;
sie waren uns zu Diensten.

74 Und Lot verliehen wir Weisheit und Wissen
und retteten ihn aus der Stadt, die Schändliches tat.
Siehe, sie waren böse, ruchlose Leute.

75 Und wir nahmen ihn in unsere Barmherzigkeit auf.
Siehe, er war einer von den Rechtschaffenen.

76 Und Noah, als er vormals zu uns rief.
Da erhörten wir ihn
und retteten ihn und sein Haus aus der großen Not.

77 Wir halfen ihm gegen das Volk, das unsere Zeichen Lügen nannte.
Siehe, es war ein böses Volk.
Daher ertränkten wir sie allesamt.

78 Und David und Salomo.
Damals, als sie über den Acker richteten,
als Schafe fremder Leute auf ihm grasten.
Wir waren bei ihrem Richtspruch Zeugen.

79 Und Salomo verliehen wir dafür Verständnis,
und allen gaben wir Weisheit und Wissen.
Zusammen mit David machten wir die Berge dienstbar,
so dass sie – und die Vögel – lobsangen.
Ja, wir taten das.

80 Und wir lehrten ihn, Kettenpanzer für euch herzustellen,
auf dass sie euch vor eurer Gewalt schützen.
Seid ihr denn dankbar?

81 Und Salomo: Den Wind, als Sturm,
der auf sein Geheiß zu dem Land hinweht, das wir segneten.
Wir wussten alle Dinge.

82 Und einige von den Satanen: Sie tauchten für ihn
und verrichteten noch andere Arbeiten.
Und wir behüteten sie.

¾ 83 Und Hiob. Damals, als er zu seinem Herrn rief:
«Siehe, mich erfasste Unglück,
du aber bist der barmherzigste Erbarmer.»

84 Da erhörten wir ihn und nahmen, was an Unglück an ihm war, von ihm
und gaben ihm seine Familie zurück, und mit ihr noch einmal so viel,

aus Barmherzigkeit von uns und als Mahnung für die Dienenden.

85 Und Ismael und Idris und Dhu l-Kifl.

Sie alle waren geduldig.

86 Und wir nahmen sie in unsere Barmherzigkeit auf.

Siehe, sie waren Rechtschaffene.

87 Und den mit dem Fisch. Damals, als er erzürnt von dannen ging
und dachte, dass wir nichts wider ihn vermöchten.

Da rief er in der Finsternis: «Keinen Gott gibt es außer dir.

Gepriesen seist du! Siehe, ich war, fürwahr, ein Frevler.»

88 Da erhörten wir ihn und retteten ihn aus der Not.

So retten wir die Gläubigen.

89 Und Zacharias. Damals, als er zu seinem Herrn rief:
«Mein Herr! Lass mich nicht allein!

Du bist der beste Erbe.»

90 Da erhörten wir ihn, schenkten ihm Johannes
und machten seine Frau für ihn bereit.

Siehe, sie suchten das Gute zu erreichen
und riefen zu uns, aus Verlangen und aus Furcht.

Sie waren uns ergeben voller Demut.

91 Und die, die ihre Scham hütete.

Da bliesen wir von unserem Geist in sie
und machten sie und ihren Sohn zu einem Zeichen für die Weltbewohner.

92 Siehe, das ist eure Gemeinde, eine einzige Gemeinde.

Und ich bin euer Herr, so dient mir!

93 Doch fielen sie in dem, was sie betraf, auseinander.

Sie alle kehren zu uns zurück.

94 Wer gute Taten tut und dabei gläubig ist,
dem wird bei seinem Streben kein Undank zuteil.

Siehe, wir schreiben es ihm auf.

95 Verboten ist es der Stadt, die wir zugrunde richteten,
dass man je zurückkehrt,

96 bis dass Gog und Magog losgelassen werden
und sie von jedem Hügel eilen

97 und die wahrhaftige Verheißung nahe herangekommen ist.

Und siehe da, starr sind die Blicke derer, die ungläubig waren:
«O wehe uns, wir beachteten das nicht!

Nein, wir waren Frevler!»

98 Siehe, ihr und das, was ihr außer Gott verehrt,
seid Brennholz für die Hölle.

Hinabsteigen werdet ihr zur ihr.

99 Wären diese da tatsächlich Götter,
dann müssten sie nicht zu ihr hinab.
Alle werden dort für ewig bleiben.

100 Nur Stöhnen gibt es dort für sie,
und sie können dort nichts hören.

101 Siehe, die, denen schon früher das ‹Schönste› von uns bestimmt war,
sind weit entfernt von ihr.

102 Ihr Getöse können sie nicht hören,
und sie weilen für ewig dort, wo sie sich erfreuen können.

103 Der große Schrecken kann sie nicht traurig machen,
und die Engel nehmen sie in Empfang:
«Das ist euer Tag, der euch verheißen wurde,

104 der Tag, an dem wir den Himmel zusammenrollen,
wie man Aufgeschriebenes zu Schriften zusammenrollt.
Wie wir die erste Schöpfung begonnen haben,
so werden wir sie wiederholen,
als Verheißung, die uns obliegt:
Siehe, wir tun es ganz gewiss.

105 Wir schrieben im Psalter, nach der Mahnung,
dass meine frommen Knechte das Land zum Erbe bekommen werden.

106 Siehe, darin ist eine Botschaft für Menschen, die dienen.

107 Und wir sandten dich nur aus Barmherzigkeit zu den Weltbewohnern.

108 Sprich: «Mir wurde offenbart, dass euer Gott *ein* Gott ist.»
Wollt ihr Gottergebene sein?

109 Und wenn sie sich abwenden, dann sprich:
«Ich habe euch Nachricht gegeben, für alle gleich.
Ich weiß nicht, ob nah ist oder fern, was euch verheißen wurde.»

110 Siehe, er weiß, was laut geäußert wird, und weiß, was ihr verbergt.

111 Ich weiß nicht, ob es für euch eine Erprobung ist
und Lebensgenuss für eine Zeit.

112 Er sprach: «Mein Herr! Richte du nach der Wahrheit!»
Unser Herr ist der Erbarmer.
Ihn muss man um Hilfe bitten gegen das, was ihr beschreibt.

Sure 22 – Die Pilgerfahrt – al-ḥaǧǧ

Mekkanisch, 78 Verse

Im Namen Gottes, des barmherzigen Erbarmers.

ḥ34 1 Ihr Menschen, fürchtet euren Herrn!
Siehe, ‹der Stunde› Beben ist ein gewaltig Ding.

2 Am Tag, da ihr sie sehen werdet,
wird jeder Stillenden gleichgültig werden, was sie stillte,
und jede Schwangere wird ihre Leibesfrucht verlieren.
Die Menschen siehst du als betrunken an,
doch sind sie nicht betrunken.
Hart aber ist die Strafe Gottes.

3 Mancher Mensch streitet ohne Wissen über Gott
und folgt einem jeden aufrührerischen Satan.

4 Über ihn ist geschrieben: Wer sich ihn zum Herrn erwählt,
den bringt er ab vom Weg
und leitet ihn geradewegs zur Strafe des Höllenbrandes.

5 Ihr Menschen! Wenn ihr im Zweifel über die Auferweckung seid:
Wir schufen euch aus Erde,
sodann aus einem Samentropfen,

sodann aus einem Klumpen,
sodann aus einer Körpermasse,
geformt und ungeformt,
um euch Klarheit zu verschaffen.
Wir lassen im Mutterleibe ruhen, was wir wollen,
bis zu benannter Frist.
Dann holen wir euch hervor als Kinder,
bis ihr eure Reife erreicht habt.
Manch einer von euch wird abberufen,
ein anderer kommt ins verächtliche Alter,
damit er nichts mehr von dem weiß, was er zuvor gewusst.
Du siehst die Erde in Erstarrung.
Doch wenn wir Wasser auf sie niedergehen lassen,
dann gerät sie in Bewegung,
sie mehrt sich und lässt Pflanzen sprießen,
von jeglicher prächtigen Art.

6 So ist es – weil Gott die Wahrheit ist,
weil er die Toten wieder lebendig macht
und weil er die Macht zu allem hat

7 und weil ‹die Stunde› kommen wird – an ihr besteht kein Zweifel –
und Gott die auferstehen lässt, die in den Gräbern sind.

8 Mancher Mensch streitet ohne Wissen über Gott,
ohne rechte Leitung und ein Buch, das Licht verbreitet,

9 indem er sich zur Seite wendet, um vom Wege Gottes abzubringen.
Erniedrigung ist ihm in dieser Welt bestimmt,
am Tag der Auferstehung aber lassen wir ihn schmecken die Strafe des
       Feuerbrands:

10 «Das ist für das, was deine Hände früher taten!»
Denn Gott tut seinen Knechten niemals Unrecht an.

11 Mancher Mensch dient Gott nur halb.
Wenn ihn nun Gutes trifft, verlässt er sich darauf,
doch wenn ihn eine Anfechtung trifft,
kehrt er zurück zu seiner Art.
Verloren hat er das Diesseits und das Jenseits.
Das ist der klare Verlust.

12 Statt zu dem *einen* Gott betet er zu etwas,
was ihm weder Schaden bringt noch Nutzen.
Das ist der große Irrtum.

13 Er betet zu dem, dessen Schaden näher liegt als sein Nutzen.
Wahrlich, was für ein schlechter Schutzherr,

was für ein schlimmer Freund!

14 Siehe, Gott führt diejenigen, die glauben und gute Werke tun,
in Gärten, unter denen Bäche fließen.
Siehe, Gott tut, was er will.

15 Wer denkt, dass Gott ihm nicht helfen werde in dieser und in jener Welt,
der spanne doch ein Seil zur Decke aus,
dann schneide er es durch und sehe zu,
ob seine List wohl das, was erzürnt, zu beseitigen vermag!

16 So sandten wir es herab in klaren Versen –
und dass Gott leitet, wen er will.

17 Siehe, diejenigen, die glauben, die Juden sind,
die Sabier, die Christen, die Zoroastrier
und die beigesellen –
siehe, Gott entscheidet zwischen ihnen am Tag der Auferstehung.
Siehe, Gott ist Zeuge über alles.

18 Hast du nicht gesehen, dass sich niederwirft vor Gott,
wer im Himmel und wer auf Erden ist,
und die Sonne, der Mond und die Sterne
und die Berge, die Bäume und die Tiere
und viele von den Menschen?
Für viele wird die Strafe Wahrheit.
Wenn Gott jemanden erniedrigt, dann gibt es keinen, der ihn ehrt.
Siehe, Gott tut, was er will.

¼ 19 Das sind zwei Widersacher, die um ihren Herren streiten.
Denen, die ungläubig sind, werden Kleider aus Feuer zugeschnitten.
Über ihren Köpfen wird heißes Wasser ausgegossen.

20 Geschmolzen wird dadurch, was in ihren Leibern ist, und die Haut.

21 Geschirr aus Eisen wird ihnen angelegt.

22 Jedes Mal, wenn sie vor Angst aus ihr entweichen wollen,
werden sie wieder in sie zurückgebracht.
«Schmeckt die Strafe des Feuerbrands!»

23 Siehe, Gott führt die, die glauben und gute Werke tun,
in Gärten, unter denen Bäche fließen;
dort werden sie geschmückt mit Ringen aus Gold und Perlen,
und ihre Kleidung dort ist aus Seide.

24 Geleitet werden sie zu guter Rede
und geleitet zu dem Weg des Rühmenswerten.

25 Siehe, denjenigen, die leugnen,
die von Gottes Weg abhalten
und der heiligen Anbetungsstätte,

die wir für die Menschen errichtet haben,
sowohl für den dort Wohnenden
als auch für den, der in der Wüste lebt.
Wer frevelhaft dort Ketzerei betreibt,
den lassen wir schmerzhafte Strafe schmecken.

26 Damals, als wir Abraham den Platz des Hauses zugewiesen hatten:
«Du sollst mir nichts beigesellen!
Reinige mein Haus für alle, die es umkreisen,
die zum Gebet stehen und sich zum Beten niederknien!

27 Und rufe unter den Menschen zur Wallfahrt auf,
auf dass sie zu dir kommen, sei es zu Fuß,
sei es auf mageren Reittieren jeder Art,
die da aus allen tiefen Schluchten kommen,

28 damit sie für sich Nutzen sehen
und an bestimmten Tagen Gottes Namen nennen über dem Vieh,
mit dem er sie versorgt hat!
‹Esst davon, und speist den Armen und Bedürftigen!›

29 Dann sollen sie sich wieder pflegen,
die Gelübde erfüllen
und dann das Haus aus alter Zeit umkreisen.»

30 So soll es sein.
Wer die Weiheregeln Gottes ehrt,
für den steht es gut bei seinem Herrn.
Freigegeben ist für euch das Vieh,
nur das nicht, welches euch genannt wird:
So meidet Greuel von den Götzenbildern,
und meidet lügnerisches Wort!

31 Seid rechtgläubig gegenüber Gott,
gesellt ihm nichts bei!
Doch wenn einer Gott etwas beigesellt,
so ist's, als ob er vom Himmel stürzt und Vögel ihn ergreifen
oder ihn der Wind mit sich reißt an einen weit entfernten Ort.

32 So ist es.
Wenn jemand die Kultsymbole Gottes ehrt,
gehört das zu der Frömmigkeit der Herzen.

33 Für euch liegt darin Nutzen für eine festgesetzte Frist;
doch dann ist ihre Opferstätte beim Haus aus alter Zeit.

34 Für jede Gemeinschaft haben wir einen Ritus gemacht,
dass sie den Namen Gottes ausspreche über jedem Stück Vieh,
mit dem er euch versorgte.

Euer Gott ist ein *einziger* Gott.
Darum seid ihm ergeben!
Bringe frohe Botschaft denen, die sich demütigen,
35 deren Herzen zittern, wenn Gott genannt wird,
die geduldig sind in dem, was sie getroffen,
die das Gebet verrichten
und von dem, womit wir sie versorgten, spenden!
36 Wir machten die Opferkamele für euch zu Kultsymbolen Gottes;
an ihnen habt ihr Gutes.
Sprecht den Namen Gottes über ihnen aus, wenn sie in Reihen stehen!
Wenn sie tot niedergesunken sind, dann esst von ihnen
und speist den Genügsamen und bescheiden Wartenden!
So haben wir sie euch zu Diensten gemacht.
Vielleicht seid ihr ja dankbar.
37 Ihr Fleisch und auch ihr Blut gelangen nicht zu Gott;
zu ihm gelangt vielmehr die Gottesfurcht von euch.
Auf diese Weise machte er sie euch zu Diensten,
damit ihr Gott dafür preist, dass er euch geleitet hat.
Bringe frohe Botschaft denen, die Gutes tun!
½ 38 Siehe, Gott verteidigt diejenigen, die glauben.
Siehe, Gott liebt keinen, der Verräter ist und undankbar.
39 Denen, die bekämpft werden, wurde es erlaubt, weil man ihnen
Unrecht tat
– siehe, Gott hat die Macht, ihnen beizustehen –,
40 die ohne Recht aus ihrer Wohnstatt vertrieben wurden,
nur weil sie sprachen: «Unser Herr ist der *eine* Gott.»
Und hätte Gott nicht die Menschen, die einen durch die anderen,
zurückgehalten,
zerstört worden wären dann Klausen, Kirchen, Bethäuser und
Anbetungsstätten,
in denen man des Namens Gottes oft gedenkt.
Gott wird fürwahr dem helfen, der ihm hilft.
Siehe, Gott ist stark und mächtig.
41 Die, wenn wir ihnen Macht im Land gegeben haben, das Gebet verrichten,
die Armensteuer entrichten,
gebieten, was recht ist, und verbieten, was verwerflich ist –
bei Gott liegt dann der Dinge Ausgang.
42 Und wenn sie dich Lügner nennen,
so haben schon früher geleugnet das Volk von Noah, die ʿAd und die
Thamud,

43 das Volk von Abraham und Lot
44 und die Leute von Midian.
Mose wurde Lügner genannt.
Da gewährte ich den Ungläubigen eine Frist,
raffte sie dann aber fort.
Wie war da mein Tadel!
45 Wie viele Städte ließen wir zugrunde gehen, da sie frevelten,
so dass sie nun verwüstet sind!
Und wie viele verlassene Brunnen und hochgebaute Schlösser!
46 Sind sie nicht im Land umhergezogen,
ja, haben sie nicht Herzen, mit denen sie begreifen,
und Ohren, mit denen sie hören könnten?
Doch siehe, nicht ihre Augen sind blind,
blind sind die Herzen, die in ihrer Brust sind.
47 Und sie bitten dich, die Strafe zu beschleunigen.
Niemals wird Gott seine Verheißung brechen.
Siehe, ein Tag bei deinem Herrn ist wie tausend Jahre nach eurer
Rechenart.
48 Wie viele Städte sind es, denen ich eine Frist gewährte,
da sie frevelten, nahm sie dann aber hinweg.
Zu mir hin ist der Lebensgang.
49 Sprich: «Ihr Menschen, ich bin für euch nur ein klarer Warner!»
50 Die aber glauben und gute Werke tun,
denen ist Vergebung und großzügige Versorgung bestimmt.
51 Die aber, die unsere Zeichen zu entkräften suchen,
die werden Bewohner des Höllenfeuers sein.
52 Und vor dir sandten wir keinen Gesandten – und auch keinen Propheten –,
dem nicht, wenn er etwas wünschte,
der Satan seinem Wunsch etwas hinzugefügt hätte,
so dass Gott aufhob, was der Satan hinzugefügt hatte,
und Gott dann seine Zeichen richtete
– und Gott ist wissend und ist weise –,
53 um dann das, was der Satan eingeworfen hatte, zu einer Erprobung zu
machen
für diejenigen, in deren Herzen eine Krankheit ist und deren Herzen
hart sind
– und siehe, die Frevler sind fürwahr in tiefgreifender Zwistigkeit –,
54 und damit die, denen das Wissen gegeben wurde, wissen,
dass es die Wahrheit von deinem Herrn ist, und sie daran glauben
und ihre Herzen sich vor ihm neigen.

Siehe, Gott ist fürwahr der Leiter derer, die glauben, auf einen geraden Weg.

55 Noch immer sind diejenigen, die nicht glauben, darüber im Zweifel,
bis ‹die Stunde› ganz unversehens zu ihnen kommt
oder die Strafe eines Tages der Verheerung.

56 An jenem Tag hat Gott die Herrschaft, er richtet zwischen ihnen.
Die aber glaubten und gute Werke taten, die sind in Gärten der
Glückseligkeit.

57 Und die ungläubig waren und unsere Zeichen Lüge nannten,
denen ist eine erniedrigende Strafe bestimmt.

58 Die auf dem Wege Gottes auswanderten,
dann getötet wurden oder starben,
die wird Gott auf die beste Art versorgen.
Wahrlich, Gott ist der beste Versorger.

59 Er wird sie zum Eingang eines Ortes führen, der ihr Gefallen findet.
Siehe, Gott ist wahrlich wissend, milde.

¾ 60 So ist es. Wer in gleicher Weise straft, wie man ihn strafte,
und wenn ihm dann Gewalt angetan wird,
so wird Gott ihm sicher helfen.
Siehe, Gott ist verzeihend, bereit zu vergeben.

61 Das ist so, weil er die Nacht zum Tag hinübergleiten lässt,
und den Tag zur Nacht,
und weil Gott hört und sieht.

62 Das ist so, weil Gott die Wahrheit ist
und das, was sie an seiner statt anrufen, das Nichtige,
und weil Gott der Erhabene ist, der Große.

63 Sahst du denn nicht, dass Gott vom Himmel Wasser sendet,
so dass die Erde grün wird?
Siehe, Gott ist umsichtig, erfahren.

64 Sein ist, was in den Himmeln, was auf Erden ist.
Er ist auf keinen angewiesen, er ist hoch zu rühmen.

65 Sahst du denn nicht, dass Gott euch dienstbar machte, was auf der Erde ist?
Die Schiffe auf dem Meere fahren nach seinem Geheiß,
und er hält den Himmel fest, dass er nicht auf die Erde fällt,
außer mit seiner Erlaubnis.
Siehe, Gott ist zu den Menschen wahrhaft gütig, barmherzig.

66 Er ist es, der euch lebendig machte,
der euch dann sterben lässt und dann wieder lebendig macht.
Siehe, der Mensch ist wahrlich undankbar.

67 Für jede Gemeinschaft haben wir einen Ritus gemacht,
den sie verrichten sollen; und sie sollen nicht darüber mit dir streiten!

Rufe zu deinem Herrn, siehe, du bist geführt auf geradem Weg!

68 Und wenn sie mit dir streiten, so sprich:
«Gott weiß am besten, was ihr tut!»

69 Gott richtet zwischen euch am Tag der Auferstehung
in dem, worin ihr uneins wart.

70 Weißt du denn nicht, dass Gott weiß, was im Himmel geschieht und auf
der Erde?
Siehe, das steht in einem Buch.
Siehe, das ist für Gott ein Leichtes.

71 Sie verehren neben Gott, wozu er keine Vollmacht sandte
und worüber sie kein Wissen haben.
Für die Frevler gibt es keinen Helfer.

72 Wenn ihnen unsere Verse als Beweise vorgetragen werden,
kannst du in den Gesichtern derer, die ungläubig sind, Leugnung erkennen;
fast wollen sie herfallen über die, die ihnen unsere Verse vortragen.
Sprich: «Soll ich euch noch Schlimmeres als das kundtun?
Das Höllenfeuer! Gott verhieß es denen, die ungläubig waren.»
Was für ein schlimmes Schicksal!

73 Ihr Menschen! Ein Gleichnis wurde geprägt, so hört darauf!
Siehe, die ihr an Gottes statt anruft, die können keine Fliege schaffen,
auch wenn sie alle sich zusammentäten.
Und wenn die Fliege ihnen etwas wegnimmt,
so können sie es ihr nicht wieder nehmen.
Schwach ist der Suchende und das Gesuchte.

74 Sie haben Gott nicht richtig eingeschätzt.
Siehe, Gott ist wahrlich stark und mächtig.

75 Gott erwählt Gesandte aus den Engeln und auch aus den Menschen.
Siehe, Gott hört und sieht.

76 Er weiß, was vor ihnen ist und hinter ihnen.
Zu Gott wird alles zurückgebracht.

77 O ihr, die ihr glaubt!
Beugt eure Knie, und werft euch nieder,
und dienet eurem Herrn, und tut das Gute!
Vielleicht wird's euch dann wohlergehen.

78 Und müht euch um Gott, wie es ihm zukommt;
denn er hat euch erwählt
und hat euch in der Religion nichts auferlegt, was euch beschwert:
Die Glaubensweise eures Vaters Abraham;
er hat euch Gottergebene genannt, schon vorher und nun hier,
dass der Gesandte Zeuge sei für euch und ihr die Zeugen für die Menschen.

So haltet das Gebet, und gebt die Armensteuer!
Und haltet fest an Gott!
Er ist euer Herr.
Welch guter Herr, welch guter Helfer!

Sure 23 – Die Gläubigen – al-muʾminūn

Mekkanisch, 118 Verse

Im Namen Gottes, des barmherzigen Erbarmers.

1 Den Gläubigen ergeht es wohl,
2 die bei ihrem Gebet demütig sind,
3 die sich von Geschwätz abwenden,
4 die die Armensteuer geben,
5 die ihre Scham bewahren –
6 außer gegenüber ihren Ehefrauen oder dem, was ihre Rechte besitzt,
dann sind sie nicht zu tadeln.
7 Wer darüber hinaus begehrt, das sind die Gesetzesbrecher –
8 die das ihnen anvertraute Gut
und die von ihnen eingegangene Verpflichtung bewahren
9 und die ihre Gebete einhalten,
10 das sind die Erben,
11 die das Paradies erben werden.
Ewig weilen sie darin.
12 Den Menschen schufen wir aus einem Extrakt aus Lehm
13 und machten ihn zu einem Samentropfen an einem sicheren Platz.

14 Dann formten wir den Samentropfen um zu einem Klumpen,
dann formten wir den Klumpen um zu einem Fötus,
dann formten wir den Fötus um zu Knochen,
um dann die Knochen mit Fleisch zu umkleiden.
Dann ließen wir ihn als andere Schöpfung erstehen.
Voller Segen ist Gott, der beste Schöpfer.

15 Und siehe, danach müsst ihr dann sterben

16 und werdet dann, am Tag der Auferstehung, wieder auferweckt.

17 Wir schufen über euch sieben Wege
und waren nicht achtlos bei der Schöpfung.

18 Wir sandten herab vom Himmel maßvoll Wasser
und ließen es in der Erde ruhen.
Siehe, wir sind in der Lage, es wieder abfließen zu lassen.

19 Wir ließen dadurch Gärten für euch entstehen,
mit Palmen und mit Trauben, an denen ihr viele Früchte habt
und wovon ihr euch ernähren könnt.

20 Und einen Baum, der am Berge Sinai herauskommt
und Öl und Tunke für die Essenden hervorbringt.

21 Siehe, im Herdenvieh habt ihr ein Beispiel:
Wir geben euch zu trinken von dem, was in seinem Bauch ist,
und auch sonst habt ihr in ihm mancherlei Nutzen,
und von ihm könnt ihr euch ernähren.

22 Auf dem Vieh und auf den Schiffen werdet ihr getragen.

23 Einst sandten wir Noah aus zu seinem Volk.
Er sprach: «Mein Volk! Dient Gott!
Ihr habt keinen Gott außer ihm.
Wollt ihr nicht gottesfürchtig sein?»

24 Da sprachen die Ältesten seines Volkes, die ungläubig waren:
«Dieser hier ist nur ein Mensch wie ihr;
er beansprucht den Vorrang vor euch.
Doch hätte Gott gewollt, er hätte Engel herabgesandt.
Wir haben so etwas nie gehört bei unseren früheren Vorfahren.

25 Er ist nichts als ein Mann im Zustand der Besessenheit,
gebt deshalb eine Weile acht auf ihn!»

26 Er sprach: «Mein Herr! Steh mir dagegen bei, dass sie mich Lügner
    nennen!»

27 Da gaben wir ihm ein: «Bau das Schiff vor unseren Augen
und entsprechend unserer Weisung!
Wenn dann der Befehl von uns kommt und der Ofen wallt,
dann führe je ein Paar von allem sowie die Deinen in es hinein –

nur die von ihnen nicht, über die der Spruch bereits erging!
Und sprich mich nicht zugunsten derer an, die frevelten!
Siehe, sie sollen untergehen.

28 Und wenn du mit den Deinen auf dem Schiff Platz genommen hast,
dann sprich:
‹Gelobt sei Gott, der uns errettet hat vor dem Volk der Frevler!›

29 Und sprich: ‹Mein Herr, lass mich landen an einem segensreichen
Landeplatz,
denn du kannst das am besten tun.›»

30 Siehe, darin sind wahrlich Zeichen.
Wir haben, fürwahr, eine Probe angestellt.

31 Dann ließen wir, nach ihnen, ein anderes Geschlecht erstehen

32 und schickten zu ihm einen Gesandten aus seiner Mitte:
«Dient Gott!
Ihr habt keinen Gott außer ihm.
· Wollt ihr nicht gottesfürchtig sein?»

33 Da sprachen die Ältesten seines Volkes, die ungläubig waren
und die Begegnung mit dem Jenseits leugneten
und denen wir das Leben hier auf Erden bequem gemacht hatten:
«Dieser da ist doch nur ein Mensch wie ihr,
der dieselbe Nahrung zu sich nimmt wie ihr
und dasselbe trinkt wie ihr.

34 Wenn ihr einem Menschen euresgleichen Gehorsam leistet,
siehe, dann seid ihr verloren.

35 Wenn ihr gestorben und Staub und Gebein geworden seid –
verspricht er euch vielleicht, dass ihr dann wiederkehrt?

¼ 36 Wie weit gefehlt ist doch, was euch verheißen wird!

37 Es gibt nur dieses unser Leben hier auf Erden:
Wir sterben, und wir leben und werden nicht wieder auferweckt!

38 Dieser da ist ein Mann, der nichts als Lügen gegen Gott erdachte,
und wir werden ihm nicht glauben.»

39 Er sprach: «Mein Herr, hilf mir dagegen, dass sie mich Lügner nennen!»

40 Er sprach: «Nach kurzer Zeit werden sie es noch bereuen.»

41 Da erfasste sie ‹der Schrei›, wahrhaftig.
Wir machten sie zu Treibgut.
«Fort mit dem frevelhaften Volk!»

42 Dann ließen wir, nach ihnen, andere Geschlechter erstehen.

43 Keine Gemeinschaft kommt der ihr gesetzten Frist zuvor,
noch bleibt sie hinter ihr zurück.

44 Dann schickten wir Gesandte aus, den einen nach dem anderen.

Jedes Mal, wenn zu einer Gemeinschaft ihr Gesandter kam,
nannten sie ihn Lügner.
Wir ließen den einen auf den anderen folgen
und ließen sie zu Redensarten werden.
Daher: Fort mit einem Volk, das nicht glaubt!

45 Dann sandten wir Mose und seinen Bruder Aaron
mit unseren Zeichen und einer klaren Vollmacht

46 zu Pharao und seinen Ältesten.
Doch sie waren voller Hochmut und hochfahrend

47 und sprachen: «Sollen wir denn zwei Menschen wie unsresgleichen
glauben,
da ihre Volksgenossen uns als Sklaven dienen?»

48 Sie nannten beide Lügner und waren so dem Untergang geweiht.

49 Wir brachten Mose das Buch;
vielleicht würden sie sich leiten lassen.

50 Wir machten den Sohn Marias und seine Mutter zu einem Zeichen
und ließen sie Zuflucht finden auf einer Höhe
mit einem Ruheplatz und einer Quelle.

51 «Ihr Gesandten! Esst von den guten Dingen,
und tut Gutes! Siehe, ich weiß, was ihr tut.

52 Und siehe, diese eure Gemeinschaft ist eine einzige,
und ich bin euer Herr. So fürchtet mich!»

53 Doch fielen sie in dem, was sie betraf, auseinander – nach Büchern;
erfreut war jede Gruppe über das, was ihr eigen war.

54 So lass sie eine Zeitlang in ihrer Not!

55 Rechnen sie wohl damit, dass wir sie versorgen mit Gut und Söhnen?

56 Dass wir in den guten Dingen für sie wetteifern?
Nein, sie merken es nicht.

57 Siehe, diejenigen, die aus Furcht vor ihrem Herrn besorgt sind

58 und die an die Zeichen ihres Herrn glauben

59 und die ihrem Herrn nichts an die Seite stellen

60 und die spenden, was sie spenden können,
wobei ihre Herzen davor zittern, dass sie zu ihrem Herrn zurückkehren;

61 das sind die, die um die guten Dinge wetteifern
und darin voraus sind.

62 Wir lasten keiner Seele mehr auf, als sie vermag.
Bei uns ist ein Buch, das die Wahrheit aussagt.
Ihnen wird kein Unrecht zugefügt.

63 Vielmehr sind ihre Herzen davon verwirrt,
und sie sind – abgesehen davon – in Taten verwickelt,

die sie weiterhin verfolgen.

64 Wenn wir dann mit der Strafe die im Überfluss Lebenden erfassen,
siehe, dann schreien sie um Hilfe:

65 «Schreit heute nicht um Hilfe!
Siehe, ihr werdet bei uns keine Hilfe finden.

66 Euch sind meine Verse doch schon vorgetragen worden,
doch ihr habt immer gleich auf dem Absatz kehrtgemacht.

67 Indem ihr es hoch geachtet habt,
seid ihr einem Geschichtenerzähler aus dem Weg gegangen.»

68 Haben sie denn die Rede nicht bedacht,
oder ist zu ihnen etwas gekommen,
das zu ihren früheren Vorfahren noch nicht gekommen war?

69 Oder haben sie ihren Gesandten nicht erkannt
und ihn daher verleugnet?

70 Oder sagen sie: «Er ist von einem Dschinn besessen»?
Nein, mit der Wahrheit ist er zu ihnen gekommen,
aber die meisten von ihnen haben einen Widerwillen gegen die Wahrheit.

71 Wenn die Wahrheit sich nach ihren Neigungen richten würde,
würden die Himmel und die Erde und wer dort lebt zugrunde gehen.
Wir jedoch brachten ihnen ihre Mahnung,
sie aber wenden sich von ihrer Mahnung ab.

72 Oder verlangst du von ihnen einen Lohn?
Besser ist die Belohnung deines Herrn,
und er ist der beste Versorger.

73 Siehe, du rufst sie auf einen geraden Weg!

74 Doch die nicht an das Jenseits glauben,
die weichen ab vom Weg.

½ 75 Würden wir uns ihrer erbarmen und die Not, in der sie sind, beheben,
dann würden sie, umherirrend, in ihrem Aufruhr trotzig verharren.

76 Und wir erfassten sie mit der Strafe,
doch sie unterwarfen sich nicht ihrem Herrn
und wurden nicht demütig.

77 Als wir ihnen dann das Tor einer strengen Strafe öffneten,
siehe, da waren sie darüber ganz verzweifelt.

78 Er ist es, der für euch das Gehör, die Augen und die Herzen entstehen ließ;
wie wenig seid ihr dankbar!

79 Er ist es, der euch auf der Erde vermehrte,
zu ihm werdet ihr versammelt.

80 Er ist es, der lebendig macht und sterben lässt,
und bei ihm liegt der Wechsel von Nacht und Tag;

wollt ihr denn nicht begreifen?
81 Aber nein, sie sagen das Gleiche, was die Früheren sagten.
82 Sie sprechen: «Wenn wir dann gestorben und Staub und Gebein geworden
      sind,
   werden wir dann wieder auferweckt?
83 Das wurde uns und unseren Vätern doch früher schon verheißen.
   Das sind ja nur Fabeln der Altvorderen.»
84 Sprich: «Wem gehört die Erde und was auf ihr ist,
   wenn ihr es wisst?»
85 Sie werden sagen: «Gott!»
   Sprich: «Wollt ihr euch nicht mahnen lassen?»
86 Sprich: «Wer ist der Herr der sieben Himmel und der Herr des großen
      Throns?»
87 Sie werden sagen: «Gott gehört es!»
   Sprich: «Wollt ihr nicht gottesfürchtig sein?»
88 Sprich: «In wessen Hand ist die Herrschaft über alle Dinge,
   der da Schutz gewährt und selbst des Schutzes nicht bedarf,
   wenn ihr es wisst?»
89 Sie werden sagen: «In der von Gott.»
   Sprich: «Wie konntet ihr euch nur betören lassen?»
90 Nein, wir brachten ihnen doch die Wahrheit,
   doch siehe, sie sind wahrhaftig Lügner.
91 Gott hat keinen Sohn angenommen,
   und neben ihm ist kein anderer Gott.
   Denn dann würde jeder Gott mit dem davongehen, was er schuf,
   und der eine von ihnen würde sich über den anderen erheben.
   Gott ist erhaben über das, was sie da behaupten.
92 Der Kenner des Verborgenen und des Sichtbaren!
   Ja, er ist hoch erhaben über das, was sie beigesellen.
93 Sprich: «Mein Herr, wenn du mich noch sehen lässt, was ihnen verheißen
      wird,
94 dann, mein Herr, lass mich nicht in einem Volk von Frevlern leben!»
95 Siehe, wir sind imstande, dir zu zeigen, was ihnen verheißen ist.
96 Vertreibe das Böse mit dem, was besser ist!
   Wir kennen ganz genau, was sie erzählen.
97 Und sprich: «Mein Herr, ich suche meine Zuflucht bei dir
   vor den Anstiftungen der Satane.
98 Und ich suche meine Zuflucht bei dir, mein Herr,
   davor, dass sie zu mir kommen!»
99 Wenn dann der Tod zu einem von ihnen kommt, dann spricht er:

«Mein Herr, hole mich zurück,
100 dass ich vielleicht noch Gutes tue in dem, was ich zurückgelassen habe!»
O nein! Das ist nur ein Wort, das er so daherspricht.
Hinter ihnen ist eine Scheidewand bis zum Tag, da sie auferweckt werden.
101 Wenn dann geblasen wird in die Posaune,
dann gibt es keine Bande der Verwandtschaft mehr,
und man fragt nach einander nicht mehr.
102 Wessen Waagschalen dann viel wiegen,
das sind die, denen es wohlergeht.
103 Und wessen Waagschalen dann wenig wiegen,
das sind die, die ihres Lebens verlustig gehen.
Ewig bleiben sie in der Hölle.
104 Ihre Gesichter versengt das Feuer, und sie blecken die Zähne.
105 «Wurden euch nicht immer wieder meine Verse vorgetragen?
Ihr aber habt sie stets als Lügen abgetan.»
106 Sie sprechen: «Unser Herr, unser elender Charakter hat über uns gesiegt,
und wir waren Menschen, die vom rechten Weg abirrten.
107 Unser Herr! Hole uns aus ihr heraus!
Wenn wir es wieder tun, wahrlich, dann sind wir Frevler.»
108 Er spricht: «Fort mit euch, in sie hinein!
Und sprecht mich nicht mehr an!»
109 Siehe, es gab eine Gruppe unter meinen Knechten, die sprachen:
«Unser Herr! Wir glauben.
So vergib uns, und erbarm dich unser!
Du bist doch der beste Erbarmer.»
110 Da machtet ihr sie zum Gegenstand des Spotts,
bis sie euch vergessen ließen, meiner zu gedenken,
da ihr über sie nur lachtet.
111 Siehe, ich belohne sie heute, weil sie geduldig waren,
damit, dass sie die Sieger sind.
112 Er spricht: «Wie viele Jahre seid ihr auf der Erde geblieben?»
113 Sie sprechen: «Wir blieben einen Tag – oder den Teil eines Tages.
Frag die, die rechnen können!»
114 Er spricht: «Ihr seid nur kurz geblieben, hättet ihr es nur gewusst!»
115 Glaubt ihr wohl, dass wir euch nur zum Scherz erschaffen hätten?
Und dass ihr nicht zu uns zurückgebracht werdet?
116 Ja, Gott ist hoch erhaben, der wahrhaftige König.
Es gibt keinen Gott außer ihm, dem Herrn des edlen Thrones.
117 Wer außer Gott noch eine andere Gottheit anruft,
für die er keinen Beweis beibringen kann,

für den gibt es die Abrechnung bei seinem Herrn.
Siehe, den Ungläubigen wird es nicht wohlergehen.

118 Sprich: «Mein Herr, vergib, und erbarme dich!
Du bist der beste Erbarmer.»

Im Namen Gottes, des barmherzigen Erbarmers.

¾ 1 Eine Sure, die wir herabgesandt und verordnet,
in der wir klare Verse herabgesandt haben –
vielleicht lasst ihr euch mahnen.

2 Die Ehebrecherin und der Ehebrecher,
peitscht einen jeden von ihnen mit hundert Peitschenhieben aus!
Und es ergreife euch kein Mitgefühl mit ihnen, im Dienste Gottes,
wenn ihr an Gott glaubt und an den Jüngsten Tag.
Bei ihrer Bestrafung soll eine Gruppe von Gläubigen zugegen sein.

3 Der Ehebrecher darf nur eine Ehebrecherin oder eine Beigesellerin heiraten,
und die Ehebrecherin – nur ein Ehebrecher oder ein Beigeseller darf sie
heiraten.
Den Gläubigen ist das verboten.

4 Die ehrbare Ehefrauen beschuldigen,
dann aber nicht vier Zeugen beibringen,
denen gebt achtzig Peitschenhiebe,
und nehmt nie mehr eine Zeugenaussage von ihnen an

– sie sind die Verworfenen –,

5 es sei denn, dass sie danach umkehren und sich bessern!

Dann ist Gott bereit zu vergeben, barmherzig.

6 Die aber ihre Ehefrauen verdächtigen und nur sich selbst als Zeugen dafür
haben,

von denen muss jeder viermal vor Gott bezeugen, dass er die Wahrheit sagt,

7 und ein fünftes Mal, dass Gottes Fluch über ihn komme, falls er ein
Lügner ist.

8 Und sie kann die Strafe von sich wenden, indem sie viermal vor Gott
bezeugt,

dass *er* ein Lügner ist,

9 und ein fünftes Mal, dass Gottes Zorn über sie komme, falls er die
Wahrheit sagt.

10 Wenn nicht über euch Gottes Gnade und Erbarmen wären

und Gott nicht zuwendungsbereit und weise wäre …

11 Wer da Lügenhaftes aufgebracht hat, das ist nur eine Gruppe unter euch.

Denkt nicht, dass dies böse für euch ausgeht, nein, es ist gut für euch.

Jedem Einzelnen von euch kommt zu, was er an Missetat begangen hat.

Und wer den Großteil davon auf sich genommen hat,

den erwartet harte Strafe.

12 Als ihr es gehört hattet,

warum haben da die gläubigen Männer und Frauen nicht Gutes bei sich
gedacht

und gesagt: «Das ist eine klare Lüge»?

13 Warum haben sie dafür nicht vier Zeugen beigebracht?

Weil sie keine Zeugen beigebracht haben, sind *sie* für Gott die Lügner.

14 Wenn nicht über euch Gottes Gnade und Erbarmen wären

in dieser Welt und im Jenseits,

dann würde euch für das, worauf ihr euch da eingelassen habt,

harte Strafe erwarten,

15 als ihr das nämlich mit euren Zungen aufgeschnappt

und mit euren Mündern gesagt habt, wovon ihr kein Wissen habt,

und das für belanglos hieltet, was bei Gott bedeutend ist.

16 Warum habt ihr nicht, als ihr es hörtet, gesagt:

«Es steht uns nicht an, darüber zu reden!

Gepriesen seist du!

Das ist eine gewaltige Verleumdung!»

17 Gott ermahnt euch, so etwas niemals zu wiederholen, wenn ihr gläubig seid.

18 Gott macht euch die Zeichen klar.

Gott ist wissend, weise.

19 Denen, die wünschen, dass die Schändlichkeit unter den Gläubigen
       verbreitet wird,
 ist – im Diesseits und im Jenseits – schmerzhafte Strafe zugedacht.
 Gott hat Wissen, ihr aber habt kein Wissen.

20 Wenn nicht über euch Gottes Gnade und Erbarmen wären
 und Gott nicht gütig und barmherzig wäre …

ḥ36   21 O ihr, die ihr glaubt!
 Folgt nicht den Schritten Satans!
 Wer Satans Schritten folgt, dem befiehlt er Abscheuliches und Verwerfliches.
 Wenn nicht über euch Gottes Gnade und Erbarmen wären,
 dann wäre keiner von euch jemals rein.
 Gott aber reinigt, wen er will.
 Gott ist hörend, wissend.

22 Diejenigen von euch, die begünstigt und reich begütert sind, sollen nicht
       schwören,
 dass sie Verwandten, Armen und Auswanderern auf Gottes Weg nichts
       geben.
 Verzeihen sollen sie und Nachsicht üben!
 Möchtet ihr denn nicht, dass euch Gott vergibt?
 Gott ist bereit zu vergeben, barmherzig.

23 Wer ehrbare, arglose und gläubige Ehefrauen beschuldigt,
 soll im Diesseits und im Jenseits verflucht sein.
 Harte Strafe ist ihnen zugedacht

24 an dem Tag, da ihre Zungen, Hände und Füße wider sie zeugen
 durch das, was sie je taten.

25 An jenem Tage wird ihnen Gott ihre wahre Schuld erstatten,
 und sie werden erkennen, dass Gott die offenbare Wahrheit ist.

26 Die bösen Frauen den bösen Männern, und die bösen Männer den bösen
       Frauen!
 Und die guten Frauen den guten Männern, und die guten Männer den
       guten Frauen!
 Diese sind von dem, was man da sagt, freigesprochen.
 Vergebung und großzügige Versorgung ist ihnen zugedacht.

27 O ihr, die ihr glaubt! Betretet keine Häuser – außer euren eigenen –,
 ohne euch danach zu erkundigen, ob es genehm ist,
 und den Friedensgruß über seine Bewohner zu sprechen!
 Das ist für euch besser.
 Vielleicht lasst ihr euch mahnen.

28 Wenn ihr keinen darin antrefft, so tretet nicht ein,
 bis man es euch erlaubt.

Und wenn man euch sagt: «Kehrt um!», so kehrt um!
Das ist angemessener für euch.
Gott weiß sehr wohl, was ihr tut.

29 Für euch ist es kein Vergehen, wenn ihr in unbewohnte Häuser geht,
in denen sich Dinge befinden, die für euch zu gebrauchen sind.
Gott kennt, was ihr offenlegt, und das, was ihr verborgen haltet.

30 Sprich zu den gläubigen Männern, dass sie ihre Blicke senken
und ihre Scham bewahren sollen!
Das ist geziemender für sie.
Ja, Gott weiß sehr wohl, was sie tun.

31 Und sprich zu den gläubigen Frauen, dass sie ihre Blicke senken
und ihre Scham bewahren und ihren Schmuck nicht zeigen sollen,
bis auf das, was ohnehin zu sehen ist,
und dass sie sich ihren Schal um den Ausschnitt schlagen
und dass sie ihren Schmuck nur ihren Gatten zeigen sollen,
den Vätern und den Schwiegervätern, den Söhnen und Stiefsöhnen,
den Brüdern und den Söhnen ihrer Brüder oder Schwestern,
dann ihren Frauen oder ihren Sklavinnen
und den Eunuchen und den Kindern,
die die Scham der Frauen noch nicht kennen!
Ihre Beine sollen sie nicht eins auf das andere legen,
so dass man ihren dort verborgenen Schmuck bemerke.
Und wendet euch alle Gott reumütig zu, ihr Gläubigen!
Vielleicht wird es euch dann wohlergehen.

32 Verheiratet die Ledigen unter euch,
auch die von euren Sklaven und Sklavinnen, die rechtschaffen sind!
Wenn sie arm sind, wird ihnen Gott von seiner Huld reichlich zuteilen.
Gott ist umfassend, wissend.

33 Wer keinen Ehevertrag zustande bringt, der sei enthaltsam,
bis Gott ihm reichlich von seiner Huld zuteilt.
Doch wer von euren Sklaven einen Freibrief begehrt, dem stellt ihn aus,
wenn ihr Gutes über ihn wisst!
Und gebt ihnen von dem Reichtum Gottes, den er euch gegeben hat!
Nötigt eure Sklavinnen nicht zur Prostitution,
wenn sie ein keusches Leben führen wollen,
nur damit *ihr* das Glück im Leben hier auf Erden erlangt!
Doch wer sie nötigt –
siehe, nach ihrer Nötigung ist Gott bereit zu vergeben, barmherzig.

34 Klärende Verse haben wir zu euch herabgesandt,
und ein Beispiel derer, die vor euch dahingegangen,

und eine Mahnung für die Gottesfürchtigen.

¼ 35 Gott ist das Licht der Himmel und der Erde.

Sein Licht ist einer Nische gleich, in welcher eine Leuchte steht.

Die Leuchte ist in einem Glas, das Glas gleicht einem funkelnden Gestirn,

entflammt von einem segensreichen Ölbaum, nicht östlich und nicht
westlich.

Sein Öl scheint fast zu leuchten, auch wenn das Feuer es noch nicht
berührte.

Licht über Licht! Gott leitet, wen er will, zu seinem Licht.

Gott prägt Gleichnisse für die Menschen, und Gott weiß alle Dinge –

36 in Häusern, die Gott erlaubte zu erbauen und seines Namens darin zu
gedenken;

es preisen ihn darin am Morgen und am Abend

37 Männer, welche weder Handel noch Verkauf

ablenken können vom Gedenken Gottes

noch davon, das Gebet zu verrichten,

noch davon, die Armensteuer zu entrichten:

Sie fürchten sich vor einem Tag,

an dem die Herzen und die Augen umgewendet werden,

38 dass ihnen Gott vergelte, was sie an Gutem taten,

und ihnen mehr von seiner Huld verleihe.

Gott versieht mit Gaben, ohne abzurechnen, wen er will.

39 Die ungläubig sind, deren Werke sind wie eine Luftspiegelung in einer
Ebene,

die der Durstige für Wasser hält:

Wenn er dann zu ihr kommt, findet er nichts davon vor.

Gott findet er bei sich selbst,

und der rechnet in vollem Maße mit ihm ab.

Gott ist schnell mit der Abrechnung.

40 Oder wie Finsternis in einem abgrundtiefen Meer,

das eine Woge bedeckt, über der eine Woge ist und darüber eine Wolke.

Finsternis über Finsternis.

Wenn man seine Hand ausstreckt, sieht man sie kaum.

Und wem Gott kein Licht macht, der hat kein Licht.

41 Sahst du denn nicht, dass alles, was in den Himmeln und auf Erden ist,
Gott preist?

Auch die Vögel, wenn sie ihre Schwingen ausbreiten.

Alle wissen, wie sie zu beten und zu preisen haben.

Gott weiß um das, was sie tun.

42 Gottes ist die Herrschaft über die Himmel und die Erde.

Zu Gott hin ist der Lebensgang.

43 Sahst du denn nicht, dass Gott die Wolken auseinandertreibt,
sie wieder zusammenfügt und dann zu einem Haufen macht?
Mitten aus ihm heraus siehst du den Regen kommen.
Wolkenberge schickt er herab vom Himmel, darin ist Hagel.
Er trifft damit, wen er will, und hält ihn ab, von wem er will.
Fast nimmt das Aufleuchten ihrer Blitze das Augenlicht hinweg.

44 Gott lässt die Nacht abwechseln mit dem Tag.
Siehe, darin liegt wahrlich eine Lehre für die Sehenden.

45 Gott erschuf aus Wasser alle Tiere.
Einige davon kriechen auf ihrem Bauch, andere laufen auf zwei Füßen,
und wieder andere laufen auf vier.
Gott erschafft, was er will.
Siehe, Gott hat zu allem die Macht.

46 Klärende Verse haben wir herabgesandt.
Gott leitet, wen er will, auf einen geraden Weg.

47 Sie sagen: «Wir glauben an Gott und den Gesandten und gehorchen.»
Danach wendet sich eine Gruppe von ihnen ab.
Das sind keine Gläubigen.

48 Wenn sie zu Gott und seinem Gesandten gerufen werden,
damit er zwischen ihnen richte,
dann wendet sich eine Gruppe von ihnen ab.

49 Wenn das Recht auf ihrer Seite ist,
kommen sie aus freiem Willen her zu ihm.

50 Ist in ihren Herzen eine Krankheit, oder zweifeln sie,
oder befürchten sie, dass Gott und sein Gesandter sie ungerecht behandeln?
Sie jedoch sind die Ungerechten.

51 Die Gläubigen jedoch, die zu Gott und seinem Gesandten gerufen wurden,
damit er zwischen ihnen richte, die sprachen:
«Wir hören und gehorchen.»
Das sind die, denen es wohlergeht.

52 Wer Gott und seinem Gesandten gehorcht,
Gott fürchtet und sich vor ihm in acht nimmt,
der gehört zu den Gewinnern.

½ 53 Sie hatten bei Gott heilige Eide geschworen,
dass sie ausziehen würden, wenn du es ihnen befiehlst.
Sprich: «Schwört nicht!
Gehorsam, wie er üblich ist!
Gott weiß sehr wohl, was ihr tut.»

54 Sprich: «Gehorcht Gott, und gehorcht dem Gesandten!

Wenn ihr euch abwendet, dann obliegt ihm, was ihm aufgebürdet ist,
und obliegt euch, was euch aufgebürdet ist.
Wenn ihr ihm gehorcht, werdet ihr rechtgeleitet.
Dem Gesandten ist nichts anderes aufgetragen als die klare Botschaft.»

55 Verheißen hat Gott denen von euch, welche glauben und gute Werke tun,
dass er sie ganz gewiss zu Nachfolgern machen werde auf der Erde,
so wie er die vor ihnen schon zu Nachfolgern machte,
dass er ihrer Religion, die er für sie für gut befunden habe, Macht verleihen
    werde
und dass er für sie, nachdem sie in Furcht lebten, Sicherheit eintauschen
    werde.
Sie verehren mich und gesellen mir nichts bei.
Wer danach ungläubig ist, das sind die Verworfenen.

56 Verrichtet das Gebet, entrichtet die Armensteuer,
und gehorcht dem Gesandten!
Vielleicht findet ihr Erbarmen.

57 Denke nicht, dass die Ungläubigen etwas auf der Erde vereiteln können!
Ihr Zufluchtsort ist das Höllenfeuer.
Welch schlimmes Schicksal!

58 O ihr, die ihr glaubt!
Eure Sklaven und wer von euch die Mannbarkeit noch nicht erreicht hat,
die sollen euch bei drei Gelegenheiten um Erlaubnis fragen:
Vor dem Frühgebet, wenn ihr eure Kleider um die Mittagszeit ablegt
und nach dem Nachtgebet – für euch drei Blößen.
Danach jedoch ist es kein Vergehen, weder für euch noch für sie,
wenn ihr mit ihnen Umgang habt.
So erläutert euch Gott die Verse.
Gott ist wissend, weise.

59 Wenn eure Kinder die Mannbarkeit erreicht haben,
dann sollen sie ebenso wie die vor ihnen um Erlaubnis fragen.
So erläutert euch Gott die Verse.
Gott ist wissend, weise.

60 Was die alt gewordenen Frauen betrifft, die auf Heirat nicht mehr
    hoffen können,
so ist es für sie kein Vergehen, ihre Kleider abzulegen,
es sei denn, sie haben sich mit Schmuck herausgeputzt.
Besser ist jedoch für sie, sich zu enthalten.
Gott ist hörend, wissend.

61 Für den Blinden, den Lahmen, den Kranken und für euch selber
besteht kein Anstoß darin, in euren Häusern zu essen

oder in den Häusern eurer Väter, eurer Mütter,
eurer Brüder, eurer Schwestern,
eurer Vatersbrüder, eurer Vatersschwestern,
eurer Mutterbrüder, eurer Mutterschwestern
oder in denen, für die ihr einen Schlüssel habt,
oder in denen eurer Freunde!
Es ist für euch kein Vergehen, zusammen oder getrennt zu essen.
Wenn ihr in die Häuser geht, dann sprecht über euch gegenseitig einen
    Gruß aus,
der von Gott kommt und gut und voller Segen ist!
So erläutert euch Gott die Verse.
Vielleicht begreift ihr ja.

62   Die Gläubigen sind nur die, die an Gott und seinen Gesandten glauben
und, wenn sie mit ihm zusammen etwas unternehmen,
nicht gehen, ohne ihn um Erlaubnis gebeten zu haben.
Die dich um Erlaubnis bitten, das sind diejenigen,
die an Gott und seinen Gesandten glauben.
Wenn sie dich um Erlaubnis bitten um irgendeiner ihrer Sachen willen,
so erteile die Erlaubnis, wem du willst von ihnen.
Bitte Gott für sie um Vergebung!
Siehe, Gott ist bereit zu vergeben, barmherzig.

63   Stellt den Aufruf des Propheten unter euch nicht auf die gleiche Stufe
wie den Aufruf von euch untereinander.
Gott kennt die von euch, die sich davonstehlen, um Schutz zu suchen.
In acht nehmen sollen sich die, die seinem Befehl nicht Folge leisten,
dass sie keine Heimsuchung oder schmerzhafte Strafe trifft.

64   Gehört nicht Gott, was in den Himmeln und auf Erden ist?
Gott weiß sehr wohl, wie es um euch steht.
Am Tag, an dem sie zu ihm zurückgebracht werden,
wird er ihnen kundtun, was sie taten.
Gott weiß um alle Dinge.

Sure 25 – Die Offenbarung – al-furqān

Mekkanisch, 77 Verse

Im Namen Gottes, des barmherzigen Erbarmers.

¾ 1 Voller Segen ist *er*,
der die Offenbarung auf seinen Knecht herniedersandte,
auf dass er Warner werde für die Weltbewohner;

2 der die Herrschaft über die Himmel und die Erde hat,
der keinen Sohn annahm und mit niemandem die Herrschaft teilte,
der alles schuf und alles trefflich maß.

3 Sie aber nahmen Götter an außer ihm,
die nichts erschaffen können, vielmehr selbst erschaffen sind;
die es nicht vermögen, sich selbst zu schaden oder zu nützen,
und die auch keine Macht über Tod und Leben und Auferstehung haben.

4 Die nicht glauben, sprechen:
«Siehe, dies ist nur Trug, den er sich ausgedacht hat –
andere Leute halfen ihm dabei.»
Doch sie begehen Unrecht und Betrug.

5 Sie sprechen: «Fabeln der Altvorderen sind es, die er da aufgeschrieben hat!
Sie werden ihm diktiert am Morgen und am Abend.»

6 Sprich: «*Der* sandte ihn herab, der das Geheime in den Himmeln und auf
Erden kennt.
Siehe, er ist bereit zu vergeben, barmherzig.»

7 Sie sprechen: «Was hat es wohl mit diesem Abgesandten auf sich?
Er nimmt Speise zu sich und wandelt auf den Märkten.
Warum wurde denn kein Engel zu ihm herabgesandt,
dass er zusammen mit ihm Warner sei?

8 Oder ein Schatz auf ihn herabgeworfen
oder ein Garten ihm zuteil, aus dem er essen könnte?»
Die Frevler sprechen: «Siehe, ihr folgt nur einem verzauberten Manne.»

9 Schau nur, wie sie Gleichnisse auf dich prägten!
Da irrten sie aber und fanden keinen Weg.

10 Voller Segen ist *er*, der, wenn er will, dir Besseres als das bereitet:
Gärten, unter denen Bäche fließen.
Auch Schlösser kann er dir bauen.

11 Nein, sie nannten ‹die Stunde› Lüge.
Doch für alle, die ‹die Stunde› Lüge nennen,
halten wir ein Flammenmeer bereit:

12 Wenn es sie von einem weit entfernten Ort erblickt,
dann hören sie ein zorniges Aufheulen und Brüllen von ihm.

13 Wenn sie gefesselt an einen drangvoll engen Ort von ihm geworfen werden,
rufen sie: «Dort ist nur Verderben!»

14 Ruft an dem Tage nicht: «Ein einziges Verderben!»,
sondern ruft: «Verderben über Verderben!»

15 Sprich: «Ist dies wohl besser oder der Garten der Ewigkeit,
der den Gottesfürchtigen verheißen ist?
Lohn war er für sie und Ziel.»

16 Für sie ist darin, was sie wollen, für ewig.
Das ist eine Verheißung, die bei deinem Herrn einzufordern ist.

17 Am Tage, da er sie und das, was sie außer Gott verehren, zusammenschart,
da wird er sprechen: «Habt *ihr* diese meine Knechte vom rechten Wege
abgeführt,
oder sind sie selbst abgeirrt vom Weg?»

18 Sie sprechen: «Preis sei dir!
Es kam uns nicht zu, außer dir noch Helfer anzunehmen,
doch du gewährtest ihnen und auch ihren Vätern Lebensgenuss,
so dass sie die Mahnung vergaßen;
sie waren verdorbene Menschen!»

19 «So haben sie euch in Bezug auf das, was ihr gesagt habt, Lügner genannt.
Ihr seid weder in der Lage, etwas abzuwenden noch Hilfe zu bekommen.

Wer von euch frevelte, den werden wir harte Strafe schmecken lassen!»

20 Vor dir sandten wir keine Abgesandten aus,
die nicht Speise zu sich nahmen und auf den Märkten wandelten.
Und die einen von euch machten wir zu einem Prüfstein für die anderen,
ob sie wohl standhaft blieben.
Dein Herr sieht.

ǧ19ḥ37 21 Die die Begegnung mit uns nicht erhoffen, sprechen:
«Warum wurden die Engel nicht zu uns gesandt?
Sollten wir unseren Herrn nicht sehen?»
Sie kamen sich selber groß vor und sind äußerst widerspenstig.

22 Und am Tag, da sie die Engel sehen,
an jenem Tage gibt es keine frohe Botschaft für die Missetäter.
Sie sprechen: «Ein Sakrileg, verboten!»

23 Und wir schreiten dann zu dem, was sie an Taten vollbracht haben,
und machen es zu verstreutem Staub.

24 Die Bewohner des Gartens haben an jenem Tag einen besseren Rastplatz
und einen schöneren Ruheort.

25 An dem Tag, da der Himmel sich in Wolken auflöst
und die Engel herabgesandt werden,

26 an jenem Tag hat der Erbarmer die wahre Herrschaft,
und für die Ungläubigen wird das ein schwerer Tag.

27 An dem Tag, an dem der Frevler in seine Hände beißt
und dabei spricht: «Hätte ich doch den Weg mit dem Gesandten
eingeschlagen!

28 Weh mir, hätte ich doch nicht nur einen ganz Beliebigen zum Freund
genommen!

29 Er hat mich abgebracht vom rechten Weg, weg von der Mahnung,
nachdem sie doch zu mir gekommen war.»
Der Satan lässt den Menschen ganz allein.

30 Und der Gesandte spricht: «Mein Herr!
Siehe, mein Volk hält diesen Vortrag für etwas, von dem man sich fernhalten
muss.»

31 So ließen wir jedem Propheten aus den Missetätern einen Feind erstehen.
Doch dein Herr genügt als Führer und als Helfer.

32 Die ungläubig sind, sprechen:
«Warum wurde der Koran nicht in einem Stück auf ihn herabgesandt?»
Das geschah so, um mit ihm dein Herz zu stärken,
und wir tragen ihn getragen vor.

33 Sie kommen mit keinem Ausspruch zu dir,
ohne dass wir dir die Wahrheit brächten und die beste Deutung.

34 Die auf ihren Gesichtern liegend zur Hölle versammelt werden,
haben den schlechtesten Platz
und sind vom rechten Weg am weitesten abgeirrt.

35 Einst gaben wir Mose das Buch
und stellten seinen Bruder Aaron als Helfer ihm zur Seite.

36 Wir sprachen: «Geht zu dem Volk, das unsere Zeichen Lügen nannte!»
Und dann vernichteten wir es ganz und gar.

37 Und das Volk Noahs – als sie die Gesandten Lügner nannten,
ließen wir es ertrinken und machten es zu einem Zeichen für die Menschen.
Den Frevlern haben wir schmerzhafte Strafe bereitet.

38 Und die ʿAd und die Thamud und die ‹Leute des Brunnens›
und dazwischen viele Geschlechter –

39 alle ließen wir zum Sprichwort werden,
und alle ließen wir ganz und gar zugrunde gehen.

40 Sie waren an der Stadt vorbeigekommen,
auf die der schlimme Regen herabgekommen war.
War es ihnen denn nicht immer wieder möglich, sie zu sehen?
Nein, sie haben ja niemals eine Auferstehung erwartet.

41 Wenn sie dich sehen, dann machen sie dich nur zum Gespött:
«Ist es dieser da, den Gott als Gesandten geschickt hat?

42 Fast hätte er uns – weg von unseren Göttern – vom rechten Weg abirren
lassen,
wenn wir nicht bei ihnen standhaft ausgeharrt hätten.»
Sie sollen es noch wissen, wenn sie die Strafe derer sehen,
die am weitesten vom rechten Wege abgeirrt sind.

43 Was hältst du wohl von dem, der seine Laune zu seinem Gott gemacht hat,
würdest du für ihn Anwalt sein?

44 Oder rechnest du damit, dass die meisten von ihnen hören oder begreifen?
Siehe, sie sind nicht anders als das Vieh,
sie sind sogar am weitesten vom rechten Wege abgeirrt.

45 Schautest du nicht zu deinem Herrn, wie er den Schatten lang werden ließ?
Hätte er gewollt, so hätte er ihn ruhen lassen.
Dann machten wir die Sonne zu einem Hinweis auf ihn.

46 Dann ergriffen wir ihn wieder mit aller Leichtigkeit.

47 Er ist es, der für euch die Nacht zu einem Kleide machte
und den Schlaf zu tiefer Bewusstlosigkeit
und der den Tag zum Wachsein machte;

48 und er ist es, der die Winde als frohe Botschaft schickte,
seiner Barmherzigkeit voraus.
Wir sandten vom Himmel reines Wasser herab,

49 um damit totes Land zum Leben zu erwecken
und reichlich zu tränken, was wir an Vieh und Menschen erschaffen hatten.

50 Wir stellten es unter ihnen verschieden dar, dass sie sich mahnen ließen,
die meisten Menschen aber wollten ungläubig bleiben.

51 Hätten wir gewollt, hätten wir in jeder Stadt einen Warner auftreten lassen.

52 Gehorche den Ungläubigen nicht,
sondern bekämpfe sie heftig mit ihm!

¼ 53 Er ist es, der die beiden Ströme hat fließen lassen,
den einen süß und frisch, den anderen salzig, brennend;
der zwischen beiden eine Trennung setzte und ein striktes Verbot.

54 Er ist es, der aus Wasser einen Menschen erschaffen
und ihm Abstammung und Verwandtschaft gegeben hat.
Dein Herr ist voller Macht.

55 Sie verehren außer Gott, was ihnen weder nützt noch schadet,
und der Ungläubige wird zum Helfer gegen seinen Herrn.

56 Dich haben wir nur als Freudenboten und als Warner gesandt.

57 Sprich: «Ich verlange keinen Lohn von euch dafür,
nur dann, wenn jemand einen Weg zu seinem Herrn einschlagen will.»

58 Vertrau auf den Lebendigen, der nicht stirbt, und lobpreise ihn!
Er ist zur Genüge mit den Sünden seiner Knechte vertraut.

59 Der die Himmel und die Erde und was dazwischen ist in sechs Tagen schuf,
sich dann hoch oben auf dem Throne niederließ – der Erbarmer.
Frag doch einen Kundigen nach ihm!

60 Wenn man ihnen sagt: «Werft euch vor dem Erbarmer nieder!»,
dann sagen sie: «Was ist denn ‹der Erbarmer›?
Sollen wir uns vor etwas niederwerfen, weil ihr es uns befehlt?»
Es bestärkt sie in ihrer Abneigung nur.

61 Voller Segen ist, der am Himmel Sternbilder machte
und an ihm eine Leuchte machte und einen strahlenden Mond.

62 Und er ist es, der es so machte,
dass die Nacht und der Tag stets aufeinanderfolgen,
für den, der sich ermahnen lassen oder Dank abstatten will.

63 Die Knechte des Barmherzigen sind jene,
die sanftmütig auf Erden wandeln
und die, wenn Unwissende zu ihnen sprechen, «Frieden!» sagen.

64 Und jene, die die Nacht derart verbringen,
dass sie sich vor ihrem Herrn niederwerfen und stehen.

65 Die sprechen: «Unser Herr! Wende die Höllenstrafe von uns ab!
Denn das ist eine harte Strafe.

66 Siehe, wie schlimm ist sie als Aufenthalt und Standort!»

67 Die, wenn sie etwas spenden,
nicht zu verschwenderisch sind und auch nicht geizen,
wo es doch zwischen beidem ein rechtes Maß gibt.

68 Die neben Gott nicht einen anderen Gott anrufen
und keinen töten, welchen Gott verboten hat zu töten,
es sei denn, rechtens.
Die nicht die Ehe brechen;
denn wer das tut, den wird Bestrafung treffen.

69 Verdoppelt wird ihm die Strafe am Tag der Auferstehung,
ewig erniedrigt wird er in ihr verharren.

70 Nur die nicht, die umkehren, die glauben und gute Werke tun,
denn deren böse Taten verwandelt Gott in gute.
Gott ist bereit zu vergeben, barmherzig.

71 Und der, der umkehrt und das Gute tut,
nur der kehrt wirklich wieder um zu Gott.

72 Die kein falsches Zeugnis sagen
und, wenn sie an nichtigem Geschwätz vorübergehen,
in edelmütiger Gesinnung vorübergehen.

73 Die, wenn sie mit Versen ihres Herrn ermahnt werden,
nicht taub und blind dabei zu Boden fallen.

74 Und die, die sagen: «Unser Herr, verleih uns Freude
an unseren Frauen und an unseren Kindern,
und mache uns zum Vorbild für die Gottesfürchtigen!»

75 All denen wird das ‹obere Gemach› als Lohn zuteil
dafür, dass sie geduldig waren.
Und sie empfangen darin Gruß und Heil.

76 Auf ewig werden sie dort weilen.
Schön ist es dort als Aufenthalt und Standort.

77 Sprich: «Mein Herr würde sich nicht um euch kümmern,
wenn euer Gebet nicht wäre! Ihr aber habt geleugnet.
So wird es unvermeidlich sein.»

Sure 26 – Die Dichter – aš-šuʿarāʾ

Mekkanisch, 227 Verse

Im Namen Gottes, des barmherzigen Erbarmers.

½ 1 *Ta Sin Mim.*

2 Dies sind die Verse des deutlichen Buchs.

3 Vielleicht wirst du niedergeschlagen sein, dass sie nicht gläubig sind.

4 Wenn wir es wollen, senden wir vom Himmel ein Zeichen auf sie herab,
vor dem sie ihre Nacken gebeugt halten müssen.

5 Was an Mahnung vom Barmherzigen neu zu ihnen kam,
davon wandten sie sich nur ab.

6 Und sie sprachen: «Lüge!»
Doch werden noch davon Nachrichten zu ihnen kommen,
worüber sie immer wieder gespottet haben.

7 Schauten sie denn nicht auf die Erde,
wie viel wir auf ihr sprießen ließen von einer jeden edlen Art?

8 Siehe, darin liegt wahrlich ein Zeichen;
doch die meisten von ihnen glauben nicht.

9 Siehe, dein Herr, er ist fürwahr der Starke, der Barmherzige.

10 Als dein Herr zu Mose rief: «Geh zu dem frevlerischen Volk,

11 dem Volke Pharaos, ob sie nicht gottesfürchtig sein wollen?»

12 Er sprach: «Mein Herr, ich fürchte, dass sie mich einen Lügner nennen
     werden.

13 Mir wird eng ums Herz, und ich kann nicht frei sprechen;
     schicke deshalb zu Aaron!

14 Auch liegt eine Schuld auf mir ihnen gegenüber,
     so dass ich fürchten muss, dass sie mich töten.»

15 Er sprach: «O nein! So geht beide mit unseren Zeichen;
     siehe, wir werden mit euch hören.

16 Kommt beide zu Pharao und sprecht:
     ‹Siehe, wir sind Gesandte des Herrn der Weltbewohner:

17 ‹Schicke mit uns die Kinder Israel!›»

18 Er sprach: «Haben wir dich nicht als Kind bei uns aufgezogen?
     Und bist du nicht einige Jahre deines Lebens unter uns geblieben?

19 Du hast deine Tat begangen, die du begangen hast,
     und warst einer der Undankbaren.»

20 Er sprach: «Ich beging sie.
     Daher bin ich einer der Verirrten.

21 Und dann floh ich, nachdem ich vor euch Furcht bekommen hatte.
     Da gab mir mein Herr Weisheit und machte mich zu einem der Gesandten.

22 Ist das eine Gnade, die du mir gewährt hast –
     dass du die Kinder Israel versklavt hast?»

23 Pharao sprach: «Und was bedeutet ‹Herr der Weltbewohner›?»

24 Er sprach: «Herr der Himmel und der Erde und dessen, was dazwischen ist,
     wenn ihr überzeugt seid.»

25 Er sprach zu denen, die um ihn waren: «Hört ihr nicht?»

26 Er sprach: «Euer Herr und der Herr eurer Vorväter.»

27 Er sprach: «Siehe, euer Gesandter, der zu euch gesandt ist,
     er ist fürwahr besessen!»

28 Er sprach: «Herr des Ostens und des Westens und dessen, was
         dazwischen ist,
     wenn ihr begreift.»

29 Er sprach: «Wahrlich, wenn du außer mir noch einen Gott annimmst,
     dann werde ich dich zum Gefangenen machen.»

30 Er sprach: «Und wenn ich dir etwas bringen würde, was Klarheit bringt?»

31 Er sprach: «So bringe es, wenn du die Wahrheit sprichst!»

32 Da warf er seinen Stab, und siehe da, er ward zu einer Schlange, klar
         sichtbar.

33 Und er zog seine Hand heraus, und siehe da, weiß war sie für die Sehenden.

34 Er sprach zu den Ältesten um ihn herum:

«Siehe, das ist fürwahr ein Zauberer, der kundig ist.
35 Er will euch mit seiner Zauberei aus eurem Lande vertreiben.
Was ratet ihr denn nun?»
36 Sie sprachen: «Lass ihn und seinen Bruder warten,
und sende in die Städte Herolde,
37 dass sie dir alle kundigen Zauberer bringen!»
38 Da wurden die Zauberer versammelt zum Zeitpunkt eines bekannten Tages.
39 Man sagte zu den Leuten: «Wollt ihr euch versammeln,
40 auf dass wir den Zauberern folgen können,
wenn sie die Oberhand gewinnen!»
41 Als dann die Zauberer gekommen waren, sprachen sie zu Pharao:
«Wenn wir es sind, die siegen, dann werden wir gewiss belohnt?»
42 Er sprach: «Ja – und ihr sollt mir dann auch nahestehen!»
43 Mose sprach zu ihnen: «Werft, was ihr werfen wollt!»
44 Da warfen sie ihre Stricke und Stäbe und sprachen:
«Bei Pharaos Größe, siehe, wir sind Sieger.»
45 Da warf Mose seinen Stab, und siehe da, rasch fing er ihren Trug ein,
46 so dass die Zauberer anbetend niederfielen.
47 Sie sprachen: «Wir glauben an den Herrn der Weltbewohner,
48 den Herrn von Aaron und von Mose.»
49 Er sprach: «Glaubt ihr denn *ihm*, noch ehe *ich* es euch gestattet habe?
Siehe, es ist doch euer Meister, der euch den Zauber lehrte,
und ihr werdet es noch erfahren.
Wahrlich, Hände und Füße haue ich euch ab, wechselweise rechts und links,
und ich werde euch kreuzigen – allesamt.»
50 Sie sprachen: «Das kann nicht schaden.
Siehe, zu unserem Herrn kehren wir zurück.
51 Siehe, wir streben danach, dass unser Herr uns unsere Verfehlungen vergibt,
dass wir die ersten der Gläubigen sind.»
¾ 52 Wir gaben Mose ein: «Brich auf des Nachts mit meinen Knechten!
Siehe, ihr werdet verfolgt.»
53 Da sandte Pharao Häscher in die Städte aus:
54 «Siehe, diese da sind doch fürwahr nur ein kleines Häuflein,
55 und dennoch reizen sie uns auf.
56 Doch siehe, wir sind die große Mehrheit und wohl auf der Hut.»
57 Da vertrieben wir sie aus den Gärten und von den Quellen,
58 den Schätzen und einer edlen Stätte.
59 So war es. Und wir gaben es den Kindern Israel zum Erbe.
60 Da setzten sie ihnen nach bei Sonnenaufgang.
61 Als die beiden Scharen einander sahen,

sprachen die Gefährten Moses: «Siehe, wir werden noch eingeholt!»
62 Er sprach: «Durchaus nicht! Siehe, mit mir ist mein Herr,
er wird mich geleiten.»
63 Wir gaben Mose ein: «Schlage mit deinem Stab das Meer!»
Da spaltete es sich, und jeder Teil wurde wie eine riesige Sanddüne.
64 Dann brachten wir die anderen heran.
65 Und Mose und wer bei ihm war, die retteten wir allesamt.
66 Dann ließen wir die anderen ertrinken.
67 Siehe, darin liegt wahrlich ein Zeichen;
doch die meisten von ihnen sind nicht gläubig.
68 Siehe, dein Herr, er ist fürwahr der Mächtige, der Barmherzige.
69 Trag ihnen die Nachricht von Abraham vor!
70 Als er zu seinem Vater und zu seinem Volke sprach:
«Was verehrt ihr?»
71 Sie sprachen: «Wir verehren Bilder und bleiben ihnen ergeben.»
72 Er sprach: «Hören sie euch denn, wenn ihr zu ihnen ruft?
73 Oder nützen sie euch, oder bringen sie Schaden?»
74 Sie sprachen: «Nein, wir fanden, dass schon unsere Väter so handelten.»
75 Er sprach: «Was meint ihr wohl zu dem, was ihr stets verehrt habt,
76 ihr und eure Väter früher.
77 Siehe, sie sind mir feind – doch nicht der Herr der Weltbewohner,
78 der mich erschaffen hat, denn er ist es, der mich leitet,
79 der mir Nahrung gibt und mich tränkt,
80 der mich, wenn ich erkranke, heilt,
81 der mich sterben lässt und dann wieder lebendig macht
82 und von dem ich hoffe, dass er mir meine Sünde am Tag des Gerichts
vergibt.»
83 «Mein Herr, verleih mir Weisheit,
und nimm mich in den Kreis der Frommen auf!
84 Schaffe mir einen gerechten Ruf unter den Späteren,
85 und mache mich zu einem Erben des Gartens der Glückseligkeit!
86 Vergib meinem Vater, denn er war ein Irrender!
87 Beschäme mich nicht am Tag, da sie auferweckt werden,
88 am Tag, da weder Besitz noch Söhne nützen,
89 außer dem, der zu Gott mit lauterem Herzen kommt!»
90 Der Paradiesesgarten wird für die Gottesfürchtigen herbeigebracht,
91 und das Höllenfeuer wird den Irrenden gezeigt.
92 Zu ihnen wird gesagt: «Wo ist denn das, was ihr verehrt habt,
93 außer Gott – helfen sie euch, oder bedürfen sie selbst der Hilfe?»
94 Und kopfüber werden sie dort hineingeworfen, sie und die Irrenden

95 und die Heerscharen von Iblis, allesamt.

96 Sie sprechen, während sie dort miteinander streiten:

97 «Bei Gott, wir waren fürwahr in klarem Irrtum,

98 als wir euch auf *eine* Stufe stellten mit dem Herrn der Weltbewohner.

99 Allein die Missetäter haben uns in die Irre geführt.

100 Da ist kein Fürsprecher für uns

101 und kein enger Freund.

102 Wenn es für uns doch eine Umkehr gäbe,
so wären wir unter den Gläubigen.»

103 Siehe, darin liegt wahrlich ein Zeichen;
doch die meisten von ihnen sind nicht gläubig.

104 Siehe, dein Herr ist fürwahr der Mächtige, Barmherzige.

105 Das Volk von Noah nannte die Abgesandten Lügner.

106 Als ihr Bruder Noah zu ihnen sprach: «Wollt ihr nicht gottesfürchtig sein?

107 Siehe, ich bin für euch ein redlicher Gesandter.

108 So fürchtet Gott, und leistet mir Gehorsam!

109 Keinen Lohn verlange ich von euch dafür,
siehe, meine Belohnung obliegt allein dem Herrn der Weltbewohner.

110 So fürchtet Gott, und leistet mir Gehorsam!»

ḥ38 111 Da sprachen sie: «Sollen wir dir etwa glauben –
wo doch nur die Allerniedrigsten dir folgen?»

112 Er sprach: «Wie kann ich denn wissen, was sie je taten?

113 Mit ihnen abzurechnen obliegt nur meinem Herrn,
wärt ihr euch dessen doch bewusst!

114 Ich bin keiner, der die Gläubigen vertreibt,

115 ich bin nichts anderes als ein klarer Warner.»

116 Sie sprachen: «Wenn du nicht aufhörst, Noah, wirst du gewiss gesteinigt!»

117 Er sprach: «Mein Herr, siehe, mein Volk nennt mich einen Lügner;

118 daher entscheide du nun klar zwischen mir und ihnen,
und rette mich und die von den Gläubigen, die bei mir sind!»

119 So retteten wir ihn und die, die bei ihm waren auf dem beladenen Schiff.

120 Danach ließen wir die Restlichen ertrinken.

121 Siehe, darin liegt wahrlich ein Zeichen;
doch die meisten von ihnen sind nicht gläubig.

122 Siehe, dein Herr ist fürwahr der Mächtige, Barmherzige!

123 Die ʿAd nannten die Abgesandten Lügner,

124 als ihr Bruder Hud zu ihnen sprach: «Wollt ihr nicht gottesfürchtig sein?

125 Siehe, ich bin für euch ein redlicher Gesandter.

126 So fürchtet Gott, und leistet mir Gehorsam!

127 Keinen Lohn verlange ich von euch dafür,

siehe, meine Belohnung obliegt allein dem Herrn der Weltbewohner.

128 Wollt ihr auf jeder Bergeshöhe ein Zeichen bauen, um euch zu belustigen?

129 Und wollt ihr euch Bauwerke errichten, dass ihr vielleicht ewig lebt?

130 Und wenn ihr Gewalt anwendet, wendet ihr sie als Tyrannen an?

131 So fürchtet Gott, leistet mir Gehorsam,

132 und fürchtet den, der euch mit dem versorgte, was ihr kennt,

133 euch mit Vieh und Söhnen versorgte,

134 mit Gärten und mit Wasserquellen!

135 Siehe, ich fürchte für euch die Strafe eines gewaltigen Tages.»

136 Sie sprachen: «Es ist uns gleich, ob du uns mahnst oder kein Mahner bist.

137 Das ist doch nichts als die Wesensart der Altvorderen –

138 wir werden keine Bestrafung erleiden.»

139 Sie nannten ihn einen Lügner, und da ließen wir sie zugrunde gehen.
Siehe, darin liegt wahrlich ein Zeichen;
doch die meisten von ihnen sind nicht gläubig.

140 Siehe, dein Herr ist fürwahr der Mächtige, Barmherzige!

141 Die Thamud nannten die Abgesandten Lügner,

142 als ihr Bruder Salih zu ihnen sprach: «Wollt ihr nicht gottesfürchtig sein?

143 Siehe, ich bin für euch ein redlicher Gesandter.

144 So fürchtet Gott, und leistet mir Gehorsam!

145 Keinen Lohn verlange ich von euch dafür,
siehe, meine Belohnung obliegt allein dem Herrn der Weltbewohner.

146 Wird man euch denn in dem, was hier ist, in Frieden lassen?

147 In Gärten und an Wasserquellen,

148 mit Saatfeldern und Palmen, deren Pollen zart sind?

149 Und wollt ihr euch behende aus den Bergen Häuser meißeln?

150 So fürchtet Gott, und leistet mir Gehorsam!

151 Gehorcht nicht dem Befehl derer, die es zu weit treiben,

152 die im Lande Unheil und nicht Frieden stiften.»

153 Sie sprachen: «Du bist doch ein Verzauberter,

154 nichts anderes bist du als ein Mensch wie wir.
So bring ein Zeichen, wenn du wahrhaftig bist.»

155 Er sprach: «Diese Kamelin hier, ihr kommt ein Trank zu,
und euch kommt ein Trank zu, an einem festgesetzten Tag.

156 Berührt sie nicht auf üble Weise!
Sonst wird euch die Strafe eines gewaltigen Tages erfassen.»

157 Doch sie zerschnitten ihre Flechsen,
und am nächsten Morgen erwachten sie voll Reue.

158 Da erfasste sie die Strafe.
Siehe, darin liegt wahrlich ein Zeichen;

doch die meisten von ihnen sind nicht gläubig.

159 Siehe, dein Herr ist fürwahr der Mächtige, Barmherzige!

160 Das Volk von Lot nannte die Abgesandten Lügner.

161 Als ihr Bruder Lot zu ihnen sprach: «Wollt ihr nicht gottesfürchtig sein?

162 Siehe, ich bin für euch ein redlicher Gesandter.

163 So fürchtet Gott, und leistet mir Gehorsam!

164 Keinen Lohn verlange ich von euch dafür,
siehe, meine Belohnung obliegt allein dem Herrn der Weltbewohner.

165 Wollt ihr denn nur mit Männern verkehren

166 und das beiseitelassen, was euch euer Herr an Gattinnen für euch erschuf?
Nein, ihr seid ein Volk, das Gesetze bricht.»

167 Sie sprachen: «Wenn du nicht aufhörst, Lot,
wird man dich ganz gewiss ausweisen.»

168 Er sprach: «Siehe, ich bin jemand, der euer Tun verabscheut!

169 Mein Herr, errette mich und meine Angehörigen vor dem, was sie treiben!»

170 Da erretteten wir ihn mit den Seinen, allesamt,

171 bis auf eine alte Frau unter den Zurückgelassenen.

172 Darauf vernichteten wir die anderen.

173 Wir ließen Regen über sie niedergehen.
Schlimm war der Regen für die Gewarnten.

174 Siehe, darin liegt wahrlich ein Zeichen;
doch die meisten von ihnen glauben nicht.

175 Siehe, dein Herr ist fürwahr der Mächtige, Barmherzige!

176 Die Leute des Dickichts nannten die Abgesandten Lügner.

177 Als Schuʿaib zu ihnen sprach: «Wollt ihr nicht gottesfürchtig sein?

178 Siehe, ich bin für euch ein redlicher Gesandter.

179 So fürchtet Gott, und leistet mir Gehorsam!

180 Keinen Lohn verlange ich von euch dafür,
siehe, meine Belohnung obliegt allein dem Herrn der Weltbewohner.

¼ 181 Haltet ein das Maß, und seid keine Schwindler!

182 Wiegt ab im korrekten Maß!

183 Betrügt die Menschen nicht um ihre Sachen,
und handelt nicht verderblich auf der Erde – als Unheilstifter!

184 Fürchtet den, der euch erschuf und die früheren Geschöpfe!»

185 Sie sprachen: «Du bist doch ein Verzauberter,

186 nichts anderes bist du als ein Mensch wie wir.
Wir sind der Meinung, dass du ein Lügner bist.

187 Lass doch Stückchen vom Himmel über uns fallen,
wenn du wahrhaftig bist!»

188 Er sprach: «Mein Herr weiß sehr wohl, was ihr tut.»

189 Da nannten sie ihn einen Lügner,
und es erfasste sie die Strafe des Schattentages.
Siehe, es war die Strafe eines gewaltigen Tages.

190 Siehe, darin liegt wahrlich ein Zeichen;
doch die meisten von ihnen glauben nicht.

191 Siehe, dein Herr ist fürwahr der Mächtige, Barmherzige!

192 Siehe, er ist fürwahr herabgesandt vom Herrn der Weltbewohner.

193 Mit ihm herab kam der getreue Geist

194 in dein Herz, damit du Warner seist,

195 in klarer arabischer Sprache.

196 Siehe, es ist fürwahr schon in den Büchern der Altvorderen.

197 War das für sie denn nicht ein Zeichen,
dass die Gelehrten der Kinder Israel von ihm schon wussten?

198 Hätten wir ihn auf einen Nichtaraber herabgesandt,

199 und hätte er ihn dann vorgetragen,
dann hätten sie nicht an ihn geglaubt.

200 Auf diese Weise brachten wir ihn in die Herzen der Missetäter.

201 Sie glauben nicht an ihn, bis sie die schmerzhafte Strafe sehen.

202 Die kommt dann unversehens über sie, ohne dass sie es merken.

203 Dann sprechen sie: «Wird uns Aufschub gewährt?»

204 Haben sie es denn mit unserer Strafe eilig?

205 Was meinst du denn, wenn wir ihnen Jahre zu genießen gäben,

206 dann das zu ihnen käme, was ihnen verheißen wurde:

207 Nutzen brächte ihnen das nicht, was man sie genießen ließe.

208 Und wir haben keine Stadt zugrunde gerichtet, ohne dass es für sie
Warner gab

209 zur Mahnung. Wir waren es nicht, die Unrecht taten.

210 Die Satane kamen nicht mit ihm herab,

211 es gehört sich nicht für sie, und sie können es nicht.

212 Siehe, sie sind vom Hören abgesondert.

213 Rufe nicht neben Gott eine andere Gottheit an!
Sonst gehörst du zu denen, die bestraft werden.

214 Warne die Nächsten aus deinem Stamm!

215 Senke deinen Fittich über den, der dir von den Gläubigen Folge leistet!

216 Wenn sie sich gegen dich auflehnen, sprich:
«Ich habe nichts mit dem zu tun, was ihr tut!»

217 Vertraue auf den Mächtigen, Barmherzigen,

218 der dich sieht, wenn du stehst

219 und wenn du herumgehst unter denen, die sich niederwerfen!

220 Siehe, er ist der Hörende, der Wissende.

221   Soll ich dir berichten, auf wen die Satane herabsteigen?

222   Sie steigen herab auf jeden sündigen Lügner.

223   Sie spitzen die Ohren, doch die meisten von ihnen sind Lügner.

224   Und die Dichter – die Irrenden folgen ihnen.

225   Hast du nicht gesehen, dass sie in allerlei Wadis umherirren.

226   und dass sie sagen, was sie nicht tun?

227   Außer denen, die glauben und gute Werke tun und Gottes oft gedenken
       und die sich helfen, nachdem man ihnen Unrecht tat.
       Die Unrecht taten, werden wissen, auf welche Weise sie heimkehren werden.

Sure 27 – Die Ameisen – an-naml

Mekkanisch, 93 Verse

Im Namen Gottes, des barmherzigen Erbarmers.

½   1   *Ta Sin.*
Dies sind die Zeichen der Lesung und des klaren Buches

2   als Geleit und frohe Botschaft für die Gläubigen,

3   die das Gebet verrichten, die Armensteuer entrichten
und fest vom Jenseits überzeugt sind.

4   Siehe, die nicht ans Jenseits glauben,
denen ließen wir ihre Werke schön erscheinen, und sie irren umher.

5   Sie sind es, denen schlimme Strafe bestimmt ist,
sie sind im Jenseits die großen Verlierer.

6   Wahrlich, du empfängst die Lesung von einem Weisen, Wissenden.

7   Als Mose zu den Seinen sprach:
«Siehe, ich habe ein Feuer wahrgenommen.
Ich werde euch von ihm Kunde bringen oder eine Flamme, ein Scheit.
Vielleicht könnt ihr euch wärmen.»

8   Als er zu ihm kam, wurde gerufen:
«Gesegnet sei, wer im Feuer ist und darum herum!»

Und: «Gott sei gepriesen, der Herr der Weltbewohner!»

9   «Mose! Siehe, ich bin Gott, der Mächtige, der Weise.

10 So wirf deinen Stock!»
    Als er sah, dass er wie eine Schlange zitterte,
    machte er auf der Stelle kehrt, ohne sich umzuschauen.
    «Mose! Fürchte dich nicht!
    Siehe, bei mir fürchten sich die Abgesandten nicht,

11 außer wer frevelte, dann aber Gutes für Böses tauschte –
    siehe, dann bin ich bereit zu vergeben, barmherzig.

12 Stecke deine Hand in deinen Hemdschlitz,
    dann kommt sie weiß hervor, ohne Schaden!» –
    Eines unter neun Zeichen für Pharao und sein Volk.
    Siehe, sie waren verdorbene Leute.

13 Als ihnen unsere Zeichen vor die Augen kamen,
    sprachen sie: «Das ist klare Zauberei.»

14 Aber sie bestritten sie, obwohl sie sich Gewissheit über sie verschafft hatten,
    aus Frevel und aus Hochmut.
    Schau, wie das Ende der Unheilstifter war!

15 David und Salomo haben wir Wissen verliehen.
    Sie sprachen: «Lobpreis sei Gott, der uns bevorzugt hat vor vielen seiner
           Knechte!»

16 Und Salomo beerbte David. Er sprach:
    «Ihr Menschen! Der Vögel Sprache wurde uns gelehrt.
    Ja, von allen Dingen wurde uns verliehen.
    Siehe, das ist fürwahr die klare Huld.»

17 Die Heerscharen Salomos, aus Dschinnen, Vögeln, Menschen,
    wurden versammelt und aufgestellt in Reih und Glied,

18 bis sie in das Tal der Ameisen kamen.
    Da sprach eine Ameise: «Ameisen! Geht hinein in eure Wohnungen,
    auf dass euch Salomo und seine Heerscharen nicht zertreten,
    ohne es zu bemerken!»

19 Da lächelte er heiter über ihre Worte und sprach:
    «Mein Herr, sporne mich an, dir zu danken für die Gnade,
    die du mir und meinen Eltern gewährt hast,
    und Frommes zu tun, woran du Wohlgefallen findest!
    Nimm mich auf durch dein Erbarmen in deiner frommen Knechte Schar!»

20 Er musterte die Vögel und sprach:
    «Warum kann ich den Wiedehopf nicht sehen?
    Zählt er vielleicht zu den Abwesenden?

21 Ich werde ihn in aller Strenge strafen oder gar töten,

es sei denn, dass er eine klare Vollmacht bringt.»

22 Er aber blieb nicht lange fern und sprach:
«Erfahren habe ich, was du nicht erfahren hast.
Aus Saba komme ich zu dir mit sicherer Kunde.

23 Siehe, dort fand ich eine Frau, die Königin über sie ist.
Von allen Dingen wurde ihr gegeben,
und sie besitzt einen großartigen Thron.

24 Ich fand heraus, dass sie und ihr Volk die Sonne und nicht Gott anbeten.
Satan betörte sie mit ihren Werken und hielt sie ab vom Weg.
So waren sie nicht rechtgeleitet.

25 Wollen sie nicht vor Gott niederfallen,
der das Verborgene in den Himmeln und auf Erden zutage bringt
und der weiß, was ihr verbergt und was ihr offenlegt?

26 Gott. Kein Gott ist außer ihm.
Er ist der Herr des großen Throns.»

¾ 27 Er sprach: «Wir werden sehen, ob du die Wahrheit sprachst oder ein
Lügner warst.

28 Geh hin mit diesem Brief von mir, und wirf ihnen den zu!
Dann ziehe dich zurück von ihnen, und sieh, was sie erwidern!»

29 Sie sprach: «Ihr Edlen! Mir wurde ein ehrenvoller Brief zugeworfen.

30 Siehe, er ist von Salomo und lautet:
‹Im Namen Gottes, des barmherzigen Erbarmers.

31 Erhebt euch nicht gegen mich, und kommt als Gottergebene zu mir!›»

32 Sie sprach: «Ihr Ältesten! Gebt mir in meiner Sache einen Rat!
Ich habe noch nie etwas entschieden, ehe ihr zugegen wart.»

33 Sie sprachen: «Wir haben Macht und große Schlagkraft.
Bei dir liegt die Befehlsgewalt, sieh zu, was du befehlen willst!»

34 Sie sprach: «Siehe, wenn Könige in eine Stadt eindringen,
dann stürzen sie sie ins Verderben und machen ihre Oberschicht zu
Unterworfenen.
Genauso werden sie es tun.

35 Doch ich werde ein Geschenk zu ihnen senden,
dann sehe ich, womit die Abgesandten wiederkommen.»

36 Und als er zu Salomo kam, sprach der:
«Wollt ihr mich etwa mit Geld überhäufen?
Was Gott *mir* gab, ist besser als das, was er *euch* gab.
Vielmehr sollt ihr euch selbst an dem Geschenk von euch erfreuen.

37 Kehre zurück zu ihnen!
Wir werden ganz gewiss mit Heerscharen zu ihnen kommen,
gegen die sie nichts vermögen,

und sie aus ihrer Stadt vertreiben als Unterworfene, Erniedrigte.»

38 Er sprach: «Ihr Ältesten! Wer von euch kann mir ihren Thron herbringen,
ehe sie als Gottergebene zu mir kommen?»

39 Ein Starker aus dem Kreis der Dschinne sprach:
«Ich werde ihn dir bringen, noch eh du dich von deinem Platz erhebst.
Siehe, ich bin stark genug dafür und zuverlässig.»

40 Es sprach derjenige, der Wissen aus dem Buch besaß:
«*Ich* bringe ihn dir sofort!»
Als er ihn bei sich stehen sah, sprach er:
«Das hier gehört zur Huld meines Herrn,
mich zu erproben, ob ich dankbar oder undankbar bin.
Wer dankbar ist, tut sich das selbst zugute, doch wer undankbar ist –
siehe, mein Herr ist auf keinen angewiesen, edelmütig.»

41 Er sprach: «Macht ihren Thron für sie unkenntlich!
Wir wollen sehen, ob sie rechtgeleitet ist
oder zu denen gehört, die sich nicht rechtleiten lassen.»

42 Als sie kam, wurde gesagt: «Ist so dein Thron?»
Sie sprach: «Als ob er es wäre.»
«Schon vor ihr wurde uns Wissen gebracht, und wir waren Gottergebene.

43 Abgehalten hat sie das, was sie an Gottes statt verehrte.
Siehe, sie gehörte zu einem Volk Ungläubiger.»

44 Es wurde zu ihr gesagt: «Tritt ein in den Palast!»
Als sie ihn sah, dachte sie, er sei ein Wasser, und entblößte ihre Beine.
Er sprach: «Es ist nur ein Palast, mit Glas vertäfelt.»
Sie sprach: «Mein Herr, ich habe an mir selbst gefrevelt.
Mit Salomo ergebe ich mich Gott, dem Herrn der Weltbewohner.»

45 Einst sandten wir zu den Thamud ihren Bruder Salih:
«Dient Gott!»
Da wurden sie zwei Gruppen, die in Streit gerieten.

46 Er sprach: «Mein Volk! Warum stürzt ihr euch übereilt ins Böse vor dem
    Guten?
Warum bittet ihr Gott nicht um Vergebung?
Vielleicht wird euch Barmherzigkeit zuteil.»

47 Sie sprachen: «Wir sehen in dir und denen, die bei dir sind, ein böses
    Omen.»
Er sprach: «Euer Omen liegt bei Gott.
Ihr seid ein Volk, das man auf die Probe stellt.»

48 Eine Bande von neun Männern war in der Stadt,
die im Land Verderben anrichteten und nichts Gutes taten.

49 Sie sprachen: «Verschwört euch bei Gott!

Wir wollen ihn und seine Angehörigen nachts überfallen;
dann wollen wir zu seinem Schutzpatron sagen:
‹Wir waren keine Augenzeugen beim Untergang seiner Angehörigen!
Siehe, wir sagen gewiss die Wahrheit!›»

50 Sie schmiedeten Ränke, und auch wir schmiedeten Ränke,
ohne dass sie es bemerkten.

51 Schau nun, wie das Ende ihrer Ränke war:
dass wir sie und ihr Volk allesamt zugrunde richteten.

52 Da sind nun ihre Häuser, ganz verwüstet,
darum, dass sie frevelten.
Siehe, darin liegt fürwahr ein Zeichen für Menschen, die Wissen haben.

53 Wir erretteten die, die glaubten und gottesfürchtig waren.

54 Und Lot. Als er zu seinem Volke sprach:
«Wollt ihr denn eine solche Abscheulichkeit begehen,
obwohl ihr Einsicht habt?

55 Ist es nicht so, dass ihr aus Begierde zu den Männern statt zu den Frauen
geht?
Nein, ihr seid ein Volk, das unwissend ist.»

ğ20 h39 56 Da war die Antwort seines Volkes nichts anderes, als dass sie sprachen:
«Treibt die Sippe Lots aus eurer Stadt hinaus;
siehe, das sind Menschen, die sich für rein halten!»

57 Da erretteten wir ihn und die Seinen – nicht aber seine Frau:
Wir beschlossen, sie solle unter den Zurückgelassenen sein.

58 Wir ließen Regen über sie niedergehen.
Schlimm war der Regen für die Gewarnten!

59 Sprich: «Lobpreis sei Gott und Friede über seine Knechte, die er erwählt hat!
Ist Gott besser oder das, was sie beigesellen?»

60 Oder wer erschuf die Himmel und die Erde
und sandte euch herab vom Himmel Wasser?
Wir ließen dadurch Gärten wachsen voller Schönheit,
deren Bäume ihr nicht wachsen lassen könnt.
Gibt es denn noch eine Gottheit neben Gott?
Nein, sie sind Menschen, die eine abweichende Meinung haben.

61 Oder wer machte die Erde zu einem festen Grund,
machte in ihren Zwischenräumen Flüsse,
machte für sie Berge, festgegründet,
und eine Sperre zwischen den zwei Meeren?
Etwa eine Gottheit neben Gott?
Nein, die meisten von ihnen haben kein Wissen.

62 Oder wer antwortet dem in Not Geratenen, wenn er zu ihm ruft,

und entfernt das Übel und macht euch zu Nachfolgern auf der Erde?

Etwa eine Gottheit neben Gott?

Wie wenig lasst ihr euch mahnen!

63 Oder wer leitet euch durch die Finsternisse des Festlands und des Meeres,
und wer schickt die Winde – als frohe Botschaft –
seiner Barmherzigkeit voraus?
Etwa eine Gottheit neben Gott?
Gott ist erhaben über das, was sie beigesellen.

64 Oder wer vollbringt die Schöpfung ein erstes Mal
und wiederholt sie dann,
und wer versorgt euch denn aus dem Himmel und der Erde?
Etwa eine Gottheit neben Gott?
Sprich: «Bringt doch euren Beweis herbei, wenn ihr wahrhaftig seid!»

65 Sprich: «Niemand in den Himmeln und auf Erden kennt das Verborgene –
außer Gott.»
Sie merken nicht, zu welcher Zeit sie auferweckt werden.

66 Nein, ihr Wissen über das Jenseits ist voreilig.
Nein, sie sind darüber im Zweifel,
mit Blindheit geschlagen darüber.

67 Die ungläubig sind, die sagen:
«Wenn wir und unsere Väter zu Erde geworden sind,
können wir dann wirklich wieder hervorgebracht werden?

68 Uns und früher unseren Vätern wurde das verheißen.
Das sind ja nur Fabeln der Altvorderen.»

69 Sprich: «Zieht doch nur im Land umher,
und seht, wie es mit den Missetätern ausging!»

70 Sei nicht traurig über sie und nicht bedrückt
über das, was sie an Ränken schmieden.

71 Sie sprechen: «Diese Verheißung – wann kommt sie denn,
wenn ihr wahrhaftig seid?»

72 Sprich: «Vielleicht ist euch ja einiges schon nahe, womit ihr es eilig habt.»

73 Und siehe, dein Herr ist, den Menschen gegenüber, huldreich;
doch die meisten von ihnen sind nicht dankbar.

74 Siehe, dein Herr weiß, was ihre Herzen bergen und was sie offenbaren.

75 Es gibt nichts Verborgenes im Himmel und auf Erden,
das nicht in einem klaren Buche stünde.

76 Siehe, dieser Koran erzählt den Kindern Israel das meiste von dem,
worüber sie uneinig sind.

77 Siehe, er ist Rechtleitung und Barmherzigkeit für die Gläubigen.

78 Siehe, dein Herr entscheidet zwischen ihnen durch seinen Urteilsspruch.

Er ist der Mächtige, der Wissende.

79 So vertraue nun auf Gott!

Siehe, du bist auf der Seite der klaren Wahrheit.

80 Siehe, du kannst die Toten nicht hören machen

und auch die Tauben nicht den Ruf hören lassen,

wenn sie sich abkehren.

81 Und du vermagst die Blinden nicht aus ihrem Irrtum herauszuführen.

Nur den, der an unsere Zeichen glaubt, kannst du hörend machen,

Sie sind gottergeben.

¼ 82 Wenn dann der Spruch über sie ergeht,

holen wir ihnen ein Tier heraus aus der Erde, das zu ihnen sagt,

dass die Menschen von unseren Zeichen nicht überzeugt gewesen sind.

83 Am Tag, da wir aus jedem Volk eine Gruppe derer sammeln,

die unsere Zeichen Lügen nannten, und sie in Reih und Glied aufgestellt

sind –

84 wenn sie dann kommen, sagt er:

«Habt ihr meine Zeichen Lügen genannt, ohne sie erfasst zu haben?

Oder was sonst habt ihr getan?»

85 Und der Spruch ergeht über sie, darum dass sie frevelten,

doch haben sie nichts zu entgegnen.

86 Sahen sie denn nicht, dass wir die Nacht dafür machten,

dass sie in ihr ruhten, und den Tag zum Sehen?

Siehe, darin sind wahrlich Zeichen für Menschen, die glauben.

87 Am Tage, da geblasen wird in die Posaune,

da erschrecken alle, die in den Himmeln und auf Erden sind,

so es Gott nicht anders will;

alle kommen zu ihm, unterwürfig.

88 Du siehst die Berge, die du für bewegungslos hältst,

wie sie wie die Wolken vorüberziehen.

Gottes Werk ist das, der alles wohlgefügt hat.

Siehe, er ist wohlvertraut mit dem, was ihr tut.

89 Denen, die Gutes bringen, denen steht noch Besseres zu als das.

An jenem Tage sind sie vor dem Entsetzen sicher.

90 Die mit Schlechtem kommen, deren Angesichter werden ins Feuer

geworfen.

«Wird euch nicht nur für das vergolten, was ihr je getan habt?»

91 «Mir aber ward befohlen, dem Herrn dieser Stadt zu dienen,

die er geheiligt hat.

Alles gehört ihm.

Und mir ward befohlen, Gottergebener zu sein

92 und die Lesung vorzutragen.»
Wer dann der Rechtleitung folgt, der folgt ihr zu seinem eigenen Nutzen.
Wenn aber jemand in die Irre geht, so sprich:
«Ich bin nur einer von den Warnern!»

93 Sprich: «Lobpreis sei Gott! Er wird euch seine Zeichen zeigen,
und ihr werdet sie erkennen.»
Dein Herr achtet genau auf das, was ihr tut.

Sure 28 – Die Geschichte – al-qaṣaṣ

Mekkanisch, 88 Verse

Im Namen Gottes, des barmherzigen Erbarmers.

1 *Ta Sin Mim.*

2 Dies sind die Verse des deutlichen Buches.

3 Vortragen wollen wir dir – nach der Wahrheit –
von dem, was mit Mose und Pharao geschah,
für Menschen, welche glauben.

4 Siehe, hochmütig herrschte Pharao im Land
und machte dessen Volk zu Parteien,
indem er eine ihrer Gruppen unterdrückte
und ihre Söhne abschlachtete, doch ihre Frauen am Leben ließ.
Siehe, er war einer, der Unheil stiftete.

5 Wir aber wollten den Schwachen im Lande Huld erweisen
und sie zu Anführern und zu Erben machen

6 und ihnen Macht im Lande geben
und Pharao und Haman und ihren Heerscharen durch sie zeigen,
wovor sie immer auf der Hut gewesen waren.

7 Wir gaben Moses Mutter ein: «Nähre ihn an deiner Brust!

Wenn du aber um ihn fürchtest, dann wirf ihn in den Strom!

Und fürchte dich nicht, und sei nicht traurig!

Siehe, wir werden ihn dir wiedergeben und ihn zu einem der Gesandten
machen!»

8   Da nahmen ihn Leute aus dem Hause Pharaos mit sich,

auf dass er ihnen zu einem Feind und Grund zur Trübsal werde.

Siehe, Pharao, Haman und ihre Heerscharen, die waren Missetäter.

9   Pharaos Frau sprach: «Eine Freude ist er für mich und dich!

Tötet ihn nicht! Vielleicht ist er uns noch von Nutzen,

oder wir nehmen ihn als Sohn an!»

Und dabei ahnten sie nichts.

10   Das Herz der Mutter Moses wurde leer,

und fast hätte sie ihn preisgegeben,

wenn wir nicht ihr Herz gefestigt hätten,

damit sie zu den Gläubigen gehöre.

11   Sie sprach zu seiner Schwester: «Folge ihm!»

Da schaute sie von weitem zu ihm,

ohne dass sie es merkten.

½   12   Wir hatten ihm zuvor die Mutterbrust verwehrt.

Da sprach sie: «Soll ich euch zu Leuten eines Hauses führen,

die an eurer Stelle für ihn sorgen und ihm wohlgesinnt sind?»

13   So brachten wir ihn seiner Mutter wieder,

damit sie sich erfreue und nicht traurig sei

und damit sie wisse, dass die Verheißung Gottes wahr wird.

Doch die meisten von ihnen haben kein Wissen.

14   Als er ausgewachsen und reif geworden war,

verliehen wir ihm Urteilskraft und Wissen.

So belohnen wir die, welche Gutes tun.

15   Und er betrat die Stadt zu einer Zeit, da deren Leute nicht achtsam waren.

Er fand zwei Männer dort, die miteinander kämpften;

der eine war von seiner Partei, der andere von der seines Feindes.

Da rief ihn der von seiner Partei um Hilfe an

gegen den aus der Partei seines Feindes.

Mose streckte ihn mit einem Faustschlag nieder und tötete ihn.

Er sprach: «Das ist ein Werk des Satans!»

Siehe, er ist ein klarer Feind, der in die Irre führt.

16   Er sprach: «Mein Herr, siehe, ich habe gegen mich gefrevelt.

So vergib mir!» Und er vergab ihm.

Siehe, er ist es, der bereit ist zu vergeben, der Barmherzige.

17   Er sprach: «Mein Herr, da du mir gnädig warst,

werde ich den Missetätern niemals ein Helfer sein!»

18 Da ergriff ihn in der Stadt Furcht, und er blieb auf der Hut.
Der ihn um Hilfe gebeten hatte am Tag zuvor, der rief nach ihm.
Mose sprach zu ihm: «Siehe, du bist gewiss nicht auf dem rechten Weg.»

19 Als er den angreifen wollte, der ihrer beider Feind war,
sprach er: «Mose, willst du mich etwa töten,
so wie du gestern einen Menschen getötet hast?
Siehe, nichts als ein Tyrann willst du im Lande sein
und nicht einer derer, die Frieden stiften.»

20 Ein Mann kam hergelaufen vom Äußersten der Stadt.
Er sprach: «Mose, siehe, die Ältesten beraten über dich, dass sie dich töten!
Geh daher fort. Siehe, ich bin dir wohlgesinnt!»

21 Da ging er fort von dort, voller Furcht und ständig auf der Hut.
Er sprach: «Mein Herr, rette mich vor dem frevlerischen Volk!»

22 Und als er sich gen Midian wandte, sprach er:
«Vielleicht wird mich mein Herr ja leiten auf einen geraden Weg.»

23 Als er zum Wasser von Midian hinabstieg,
da fand er eine große Schar von Menschen dort beim Tränken,
und er fand, abseits von ihnen, zwei Frauen,
die ihr Vieh im Zaume hielten.
Er sprach: «Was ist mit euch?»
Sie sprachen: «Wir können nicht eher tränken, als bis die Hirten fertig sind,
denn unser Vater ist ein hochbetagter Greis.»

24 Da tränkte er für sie. Dann ging er in den Schatten und sprach:
«Mein Herr, ich bedarf des Guten, das du zu mir herabgeschickt hast.»

25 Da trat die eine schüchtern zu ihm hin und sprach:
«Siehe, mein Vater bittet dich zu sich,
damit er dich dafür belohnen kann, dass du für uns getränkt hast.»
Als er zu ihm kam und ihm die Geschichte erzählte,
sprach er: «Fürchte dich nicht! Du bist dem frevlerischen Volk
      entkommen.»

26 Eine der beiden sprach: «Mein Vater! Nimm ihn in deinen Dienst!
Siehe, der Beste, den du in deinen Dienst nehmen kannst,
ist stark und treu.»

27 Er sprach: «Siehe, ich will dich mit einer von meinen beiden Töchtern
      verheiraten,
vorausgesetzt, dass du acht Jahre bei mir dienst!
Willst du zehn vollenden, so liegt das bei dir.
Doch will ich dir nicht lästig fallen.
So Gott will, wirst du finden, dass ich zu den Redlichen gehöre.»

28 Er sprach: «Abgemacht sei es zwischen mir und dir!
Und welche der beiden Fristen ich erfülle,
es soll gegen mich keine Feindseligkeit geben!
Gott waltet über das, was wir sagen.»

¾ 29 Als Mose die Frist erfüllt hatte und mit den Seinen fortgezogen war,
nahm er ein Feuer an der Seite des Berges wahr.
Er sagte zu den Seinen: «Bleibt! Siehe, ich nahm ein Feuer wahr.
Vielleicht bringe ich euch von ihm Kunde oder ein brennendes Scheit.
Vielleicht könnt ihr euch wärmen.»

30 Als er zu ihm kam, wurde er gerufen vom rechten Rand des Tales aus,
auf dem gesegneten Platz, aus dem Gesträuch:
«Mose! Siehe, ich bin Gott, der Herr der Weltbewohner.»

31 Und: «Wirf deinen Stock!»
Und als er sah, dass er wie eine Schlange zitterte,
machte er auf der Stelle kehrt, ohne sich umzuschauen.
«Mose! Komm herbei, und fürchte dich nicht!
Siehe, du gehörst zu denen, die sicher sind.

32 Stecke deine Hand in deinen Hemdschlitz,
dann kommt sie weiß hervor und ohne Schaden!
Fasse dir ein Herz, und sei nicht furchtsam!
Denn dies sind zwei Beweise von deinem Herrn
für Pharao und seine Ältesten.»
Siehe, sie sind verdorbene Leute.

33 Er sprach: «Mein Herr, siehe, ich tötete einen von ihnen
und fürchte daher, dass sie mich nun töten.

34 Doch mein Bruder Aaron hat eine gewandtere Zunge als ich;
so sende ihn mit mir als Stütze, die mich stärkt.
Siehe, ich fürchte, dass sie mich einen Lügner nennen.»

35 Er sprach: «Wir werden deinen Arm durch deinen Bruder stärken
und euch beiden Vollmacht geben
– dann können sie euch beiden nichts anhaben –
durch unsere Wunderzeichen:
Ihr zwei – und die euch folgen – werdet Sieger sein.»

36 Als nun Mose mit unseren klaren Zeichen zu ihnen kam,
da sprachen sie: «Das ist ja nichts als vorgetäuschter Zauber,
und wir hörten nichts dergleichen von unseren Vorvätern.»

37 Mose sprach: «Mein Herr weiß sehr wohl,
wer mit der Rechtleitung von ihm kommt
und wem ‹das letzte Haus› bestimmt ist.»
Siehe, den Frevlern wird es nicht wohlergehen.

38 Pharao sprach: «Ihr Ältesten!
Ich kenne für euch keinen anderen Gott als mich.
Brenne mir, Haman, Ziegelsteine, und mache mir ein hochgebautes
     Schloss,
dass ich vielleicht aufsteigen kann zum Gott von Mose!
Doch siehe, ich halte ihn wahrhaftig für einen Lügner.»

39 Und er und seine Heerscharen wurden überheblich im Land, ohne Recht,
und dachten, sie würden nicht zu uns zurückgebracht.

40 Da ergriffen wir ihn und seine Heerscharen und warfen sie ins Meer.
Darum schau, wie das Ende der Frevler war!

41 Wir machten sie zu Anführern, die zum Höllenfeuer rufen.
Am Tag der Auferstehung wird ihnen nicht geholfen.

42 Wir ließen ihnen in dieser Welt Verfluchung folgen,
und am Tag der Auferstehung sind sie bei den Ausgestoßenen.

43 Wir gaben Mose das Buch, nachdem wir die früheren Geschlechter
     vernichtet hatten –
als sichtbare Zeichen für die Menschen und als Rechtleitung und
     Barmherzigkeit.
Vielleicht lassen sie sich ja ermahnen.

44 Du warst nicht an der westlichen Seite,
als wir Mose den Auftrag gaben,
und warst auch nicht unter den Augenzeugen.

45 Wir aber ließen Geschlechter erstehen, und das Leben wurde lang für sie.
Und du verweiltest bei den Midianitern nicht, um ihnen unsere Verse
     vorzutragen.
Wir aber schickten Abgesandte aus.

46 Du warst nicht an der Flanke des Berges, damals, als wir riefen.
Doch es ist eine Barmherzigkeit von deinem Herrn,
dass du ein Volk warnst, zu dem vor dir kein Mahner kam.
Vielleicht lassen sie sich ja ermahnen.

47 Und träfe sie für das, was ihre Hände früher taten, kein Unglück,
dann sprächen sie: «Unser Herr! Warum sandtest du keinen Gesandten
     zu uns?
Dass wir deinen Zeichen hätten folgen können
und zu den Gläubigen gehören könnten?»

48 Als die Wahrheit von uns zu ihnen kam, sprachen sie:
«Warum ward nichts gebracht wie das, was auch Mose gebracht ward?»
Aber leugneten sie denn nicht das, was Mose zuvor gebracht ward?
Sie sprachen: «Es sind zwei Zauberwerke, die einander stützen.»
Und sie sprachen: «An keines glauben wir.»

49 Sprich: «Bringt doch ein Buch von Gott herbei, das besser als die beiden
 leiten könnte,
 damit ich ihm folge, wenn ihr wahrhaftig seid!»

50 Wenn sie dir nicht Folge leisten,
 dann wisse, dass sie nur ihren Launen folgen.
 Und wer ist mehr im Irrtum, als wer seinen eigenen Launen folgt,
 ohne das Geleit von Gott.
 Siehe, Gott leitet das frevlerische Volk nicht.

♮40 51 Wir ließen ja das Wort zu ihnen hingelangen –
 vielleicht lassen sie sich ja ermahnen.

52 Denen wir das Buch schon vor ihm brachten, die glauben daran.

53 Und wird es ihnen vorgetragen, sagen sie:
 «Wir glauben daran.
 Siehe, es ist die Wahrheit von unserem Herrn.
 Siehe, schon vor ihm waren wir Gottergebene.»

54 Jene bekommen zweimal ihren Lohn dafür, dass sie geduldig waren.
 Sie wehren mit dem Guten das Böse ab
 und spenden von dem, womit wir sie bedachten.

55 Hören sie nichtiges Gerede, wenden sie sich davon ab
 und sagen: «Uns unsere Werke und euch eure!
 Friede sei mit euch!
 Wir streben nicht hin zu den Unwissenden.»

56 Siehe, du kannst nicht leiten, wen du möchtest;
 aber Gott leitet, wen er will.
 Er kennt die am besten, die sich leiten lassen.

57 Sie sprechen: «Wenn wir mit dir der Leitung folgen,
 dann werden wir aus unserem Lande fortgerissen.»
 Gaben wir ihnen denn nicht Macht über ein sicheres Heiligtum,
 für das Früchte aller Art gesammelt werden – als Versorgung von uns?
 Doch die meisten von ihnen haben kein Wissen.

58 Wie viele Städte ließen wir zugrunde gehen,
 die sich ihrer Lebensweise rühmten;
 und das sind ihre Wohnstätten –
 nur wenige wurden nach ihnen noch bewohnt.
 Und wir wurden die Erben.

59 Dein Herr hätte die Städte nicht zugrunde gerichtet,
 ehe er nicht einen Gesandten in ihre Hauptstadt geschickt hätte,
 um ihnen unsere Verse vorzutragen.
 Niemals hätten wir die Städte zugrunde gerichtet,
 wenn ihre Bewohner nicht Frevler gewesen wären.

60 Was euch an Dingen gegeben ward, das ist Genuss des Lebens hier auf Erden
und dessen schöner Schein.
Doch was bei Gott liegt, ist besser und für immer bleibend.
Wollt ihr denn nicht begreifen?

61 Ist der, dem wir eine schöne Verheißung machten
und der sie dann auch erhalten wird,
dem gleichzusetzen, den wir das Leben hier auf Erden genießen lassen
und der am Tag der Auferstehung unter denen sein wird, die vorgeführt
werden?

62 Am Tag, da er sie ruft, da wird er sagen:
«Wo sind denn meine Gesellen, von denen ihr behauptet habt, es gäbe sie?»

63 Es sprechen die, an denen der Spruch Wahrheit wurde:
«Unser Herr, diese da, die wir verführt haben, haben wir so verführt,
wie wir verführt wurden.
Wir sagen uns los und wenden uns dir zu:
Sie haben uns nicht gedient!»

64 Und es wird gesagt: «Ruft eure Gesellen an!»
Da rufen sie zu ihnen, doch die geben ihnen keine Antwort.
Sie werden ihre Strafe sehen.
Hätten sie sich doch leiten lassen!

65 Am Tag, da er sie ruft, wird er sagen:
«Was habt ihr den Gesandten zur Antwort gegeben?»

66 Doch an jenem Tag sind die Geschichten für sie verdunkelt,
und sie fragen einander nicht.

67 Doch wer dann reumütig ist und glaubt und Gutes tut,
der wird dann vielleicht einer derer sein, denen es wohlergeht.

68 Dein Herr erschafft, was er will, und er wählt aus,
sie aber haben keine Wahl.
Gott sei gepriesen! Er ist erhaben über das, was sie beigesellen.

69 Dein Herr weiß, was ihre Herzen bergen und was sie offenbaren.

70 *Er* ist Gott, kein Gott ist außer ihm.
Ihm gebührt das Lob, im Diesseits und im Jenseits;
Sein ist das Urteil, und zu ihm werdet ihr zurückgebracht.

71 Sprich: «Was meint ihr wohl, wenn Gott über euch die Nacht dauern ließe
bis zum Tag der Auferstehung,
welche Gottheit außer Gott brächte euch dann Licht?
Wollt ihr denn nicht hören?»

72 Sprich: «Was meint ihr wohl, wenn Gott über euch den Tag dauern ließe
bis zum Tag der Auferstehung,
welche Gottheit außer Gott brächte euch dann Nacht, in der ihr ruht?

Wollt ihr denn nicht sehen?»

73 In seiner Barmherzigkeit machte er für euch die Nacht und den Tag,
dass ihr in ihr ruht und nach seiner Gunst trachtet.
Vielleicht seid ihr ja dankbar.

74 Am Tag, da er sie ruft, da wird er sagen:
«Wo sind denn meine Gesellen, von denen ihr behauptet habt, es gäbe sie?»

75 Aus jedem Volk werden wir einen Zeugen ausersehen
und dann sagen: «Bringt euren Beweis herbei!
Dann werden sie wissen, dass die Wahrheit auf Gottes Seite ist,
und ihnen wird verlorengehen, was sie sich je ersonnen haben.

¼ 76 Siehe, Korah gehörte zu Moses Volk, doch er unterdrückte es.
Wir gaben ihm so viele Schätze,
dass die Kisten dafür zu schwer für eine Schar starker Männer waren.
Als seine Leute zu ihm sprachen: «Frohlocke nicht!
Siehe, Gott liebt die Frohlockenden nicht.

77 Trachte mit dem, was dir Gott gegeben hat, nach dem Jenseits,
und vergiss nicht deinen Anteil an dieser Welt!
Tue Gutes, so wie Gott dir Gutes tat!
Und trachte nicht danach, Unheil im Land zu stiften!
Siehe, Gott liebt die Unheilstifter nicht.»

78 Er sprach: «Das wurde mir gegeben aufgrund von Wissen, das ich habe.»
Weiß er denn nicht, dass Gott schon vor ihm Geschlechter untergehen ließ,
die größere Kraft als er besaßen und mehr gesammelt hatten?
Die Missetäter werden nicht nach ihren Sünden gefragt.

79 Er ging in seinem Prunk zu seinem Volk hinaus.
Die nach dem Leben hier im Diesseits streben, sprachen:
«Ach hätten wir doch das Gleiche, was Korah gegeben wurde!
Siehe, er hat wahrlich großes Glück!»

80 Jene, denen das Wissen gegeben war, sprachen:
«Wehe euch! Der Lohn Gottes ist besser für den, der glaubt und Gutes tut.
Nur den Geduldigen wird es zuteil.»

81 Da ließen wir ihn und sein Haus versinken in der Erde.
Er hatte keine Schar, die ihm gegen Gott hätte helfen können –
und er war keiner von denen, die Hilfe fanden.

82 Die aber, die am Tag zuvor an seine Stelle hätten treten wollen,
sprachen am Morgen: «O weh! Gott teilt die Lebensgüter reichlich aus,
an jene seiner Knechte, die er will, und er beschränkt sie.
Wäre Gott uns nicht gnädig gewesen, hätte er uns versinken lassen.
O weh, den Ungläubigen wird es nicht wohlergehen.»

83 Jenes ist das Haus des Jenseits.

Wir bereiten es denen, die nicht nach Hoffart auf der Erde streben
und nicht danach, Unheil zu stiften.
Das Ende ist zugunsten der Gottesfürchtigen.

84 Wer Gutes hervorbringt, dem ist noch Besseres bestimmt.
Und wer Böses hervorbringt – denen, die böse Dinge tun,
wird nur das vergolten, was sie taten.

85 Siehe, der dir die Lesung auftrug,
der bringt dich wahrlich zum Ort der Wiederkehr zurück.
Sprich: «Mein Herrn weiß am besten, wer die Rechtleitung bringt
und wer in klarem Irrtum ist.»

86 Du hast nicht erwartet, dass das Buch auf *dich* herabkommt;
es geschah nur aus Barmherzigkeit von deinem Herrn.
So sei kein Helfer für die Ungläubigen.

87 Sie sollen dich von den Zeichen Gottes nicht abbringen,
nachdem sie zu dir herabgekommen sind.
Rufe zu deinem Herrn, und sei ja nicht einer von den Beigesellern!

88 Rufe neben Gott nicht noch zu einem anderen Gott!
Es gibt keinen Gott außer ihm.
Alles vergeht – nur sein Antlitz nicht.
Sein ist das Urteil, und zu ihm werdet ihr zurückgebracht.

Im Namen Gottes, des barmherzigen Erbarmers.

½ 1 *Alif Lam Mim.*

2 Rechnen die Menschen etwa damit, dass man sie sagen lässt:
«Wir glauben!», ohne dass sie geprüft würden?

3 Dabei prüften wir doch jene, die vor ihnen lebten.
Wahrlich, Gott erkennt die genau, die aufrichtig sind,
und er erkennt genau die Lügner.

4 Oder rechnen die, welche Böses tun, damit, dass sie uns entkommen?
Wie schlecht urteilen sie!

5 Wer darauf hofft, Gott zu begegnen –
siehe, Gottes Frist kommt bestimmt.
Er ist der Hörende, der Wissende.

6 Wer sich müht, der müht sich für sich selber.
Siehe, Gott ist nicht angewiesen auf die Weltbewohner.

7 Denen, die glauben und gute Werke tun, werden wir ihre Missetaten tilgen
und ihnen das Gute, was sie taten, vergelten.

8 Dem Menschen haben wir ans Herz gelegt, seine Eltern gut zu behandeln,

doch wenn sie dich bedrängen, mir etwas beizugesellen,
wovon du kein Wissen hast, so gehorche ihnen nicht!
Zu mir ist eure Rückkehr.
Ich werde euch dann kundtun, was ihr je getan habt.

9 Die glauben und gute Werke tun,
die werden wir zu den Rechtschaffenen eintreten lassen.

10 Es gibt Menschen, welche sagen: «Wir glauben an Gott.»
Doch wenn sie Ungemach erleiden um Gottes willen,
dann halten sie die Prüfung durch die Menschen für eine Strafe Gottes.
Kommt aber Hilfe von deinem Herrn, dann sagen sie bestimmt:
«Wir waren doch auf eurer Seite!»
Ist es denn nicht Gott, der am besten weiß,
was vor sich geht in den Herzen der Weltbewohner?

11 Wahrlich, Gott kennt diejenigen, die glauben,
und kennt die Frevler ganz genau.

12 Die ungläubig sind, sagen zu denen, die glauben:
«Folgt unserem Weg!
Wir nehmen eure Sünden auf uns!»
Doch sie nehmen nichts von deren Sünden auf sich –
siehe, sie sind wahrhaftig Lügner!

13 Wahrlich, sie müssen ihre Lasten tragen,
ja, andere Lasten noch mit ihren eigenen Lasten!
Am Tag der Auferstehung werden sie nach dem gefragt,
was sie je sich ersonnen haben.

14 Einst sandten wir Noah zu seinem Volk.
Er weilte neunhundertfünfzig Jahre unter ihnen,
und weil sie Frevler waren, raffte sie die Flut hinweg,

15 doch ihn und alle auf dem Schiff retteten wir
und machten es zu einem Zeichen für die Weltbewohner.

16 Und Abraham.
Damals, als er zu seinem Volke sprach: «Dient Gott und fürchtet ihn!
Das ist für euch besser, wenn ihr Wissen habt.

17 Aber ihr dient Götzenbildern neben Gott, und ihr schafft Lügenwerk.
Siehe, jene, denen ihr da neben Gott dient, können euch nicht versorgen.
So sucht von Gott selbst Versorgung!
Und dient ihm, und seid ihm dankbar!
Zu ihm werdet ihr zurückgebracht.»

18 Wenn ihr leugnet – schon vor euch leugneten ja Völker.
Dem Gesandten ist nichts anderes aufgetragen als die klare Botschaft.

19 Sahen sie denn nicht, wie Gott die Schöpfung zum ersten Mal vollbringt

und sie dann wiederholt?
Siehe, das ist für Gott ein Leichtes.

20 Sprich: «Zieht im Land umher, und schaut, wie er die Schöpfung zum ersten
Mal vollbracht hat!
Darauf bringt Gott hervor die letzte Schöpfung.
Siehe, Gott ist aller Dinge mächtig.

21 Er bestraft, wen er will, und erweist Barmherzigkeit, wem er will.
Zu ihm werdet ihr zurückgebracht.

22 Ihr könnt auf der Erde und im Himmel nichts vereiteln
und habt gegen Gott keinen Beschützer und keinen Helfer.

23 Die nicht an Gottes Zeichen glauben
und daran, dass sie ihm begegnen werden,
die können nicht auf mein Erbarmen hoffen,
und ihnen ist schmerzhafte Strafe bestimmt.»

24 Da war die Antwort seiner Leute nur, dass sie sprachen:
«Tötet ihn, oder verbrennt ihn!»
Da errettete ihn Gott aus dem Feuer.
Siehe, darin sind wahrlich Zeichen für Menschen, welche glauben.

25 Er sprach: «Ihr habt neben Gott noch Götzenbilder angenommen,
weil ihr einander zugeneigt seid im Leben hier auf Erden.
Dann, am Tag der Auferstehung, werdet ihr einander nicht mehr glauben
und euch verfluchen gegenseitig.
Euer Zufluchtsort wird das Höllenfeuer sein,
und ihr werdet keine Helfer haben.»

¾ 26 Da glaubte ihm Lot und sprach:
«Siehe, auswandern werde ich zu meinem Herrn.
Siehe, er ist der Mächtige, der Weise.»

27 Wir schenkten ihm Isaak und Jakob.
Unter seinen Nachkommen stifteten wir das Prophetentum und das Buch.
Wir gaben ihm im Diesseits seinen Lohn,
und im Jenseits ist er fürwahr unter den Rechtschaffenen.

28 Und Lot. Als er zu seinem Volke sprach:
«Siehe, wollt ihr denn wirklich eine solche Schändlichkeit begehen,
wie sie keiner von den Weltbewohnern vor euch tat?

29 Siehe, wollt ihr denn wirklich zu den Männern gehen,
den Weg versperren und, wenn ihr zusammenkommt, Verwerfliches
begehen?»
Die Antwort seines Volkes war nichts anderes, als dass sie sprachen:
«Bring uns doch die Strafe Gottes herbei, wenn du die Wahrheit sagst!»

30 Er sprach: «Mein Herr, hilf mir gegen ein Volk von Unheilstiftern!»

31 Als unsere Gesandten zu Abraham mit der frohen Kunde kamen,
sprachen sie: «Siehe, wir werden die Bewohner dieser Stadt zugrunde
richten;
siehe, ihre Bewohner sind Frevler.»

32 Er sprach: «Siehe, Lot ist doch in ihr.»
Sie sprachen: «Wir wissen ganz genau, wer in ihr ist.
Wir werden ihn erretten mit den Seinen – nicht aber seine Frau;
sie soll unter den Zurückgelassenen sein.»

33 Als unsere Gesandten zu Lot gekommen waren,
bekümmerte er sich ihretwegen und geriet durch sie in Bedrängnis.
Da sprachen sie: «Fürchte dich nicht, und sei nicht traurig!
Siehe, wir werden dich und die Deinen retten– nicht aber deine Frau;
sie soll unter den Zurückgelassenen sein.

34 Siehe, wir senden auf die Bewohner dieser Stadt ein Strafgericht vom
Himmel nieder,
dafür, dass sie immerfort Lasterhaftes taten.»

35 Wir ließen von ihr ein klares Zeichen zurück
für Menschen, die begreifen.

36 Und zu den Midianitern sandten wir ihren Bruder Schuʿaib.
Der sprach: «Mein Volk! Dient Gott, und wartet auf den Jüngsten Tag!
Und handelt nicht verderblich auf der Erde – als Unheilstifter!»

37 Doch sie nannten ihn einen Lügner.
Da erfasste sie das Beben, und am Morgen lagen sie in ihren Häusern
hingestreckt.

38 Und die ʿAd und die Thamud.
An ihren Wohnstätten ward es euch klar ersichtlich.
Der Satan betörte sie mit ihren Taten und versperrte ihnen den Weg.
Sie hätten doch klar sehen können!

39 Und Korah und Pharao und Haman.
Mose kam zu ihnen mit den Beweisen.
Sie aber wurden im Lande überheblich,
doch konnten sie nicht entrinnen.

40 Und einen jeden rafften wir für seine Schuld hinweg.
Auf einige von ihnen schickten wir einen Sandsturm,
einige von ihnen raffte ‹der Schrei› hinweg,
einige von ihnen ließen wir versinken in der Erde,
und einige von ihnen ließen wir ertrinken.
Es war nicht Gottes Wille, ihnen Unrecht anzutun:
sondern sie taten sich selber Unrecht an.

41 Das Gleichnis derer, die sich Helfer nehmen neben Gott,

ist wie das der Spinne, die ein Netz gesponnen;
siehe, die schwächste aller Wohnstätten ist fürwahr das Netz der Spinne!
Wenn sie doch nur wüssten!

42   Gott aber weiß, was sie noch außer ihm anrufen.
Er ist der Mächtige, der Weise.

43   Gleichnisse wie diese prägen wir für die Menschen,
doch nur die Wissenden begreifen sie.

44   Gott schuf, in Wahrheit, die Himmel und die Erde.
Siehe, darin liegt ein Zeichen für die Gläubigen.

45   Trag vor, was dir aus dem Buch eingegeben wurde,
und verrichte das Gebet!
Siehe, das Gebet hält ab vom Abscheulichen und vom Verwerflichen.
Doch das Gedenken Gottes ist wahrlich noch bedeutender.
Gott weiß, was ihr tut.

ǧ21 ḥ41   46   Streitet mit den Buchbesitzern nur auf schöne Art,
doch nicht mit denen von ihnen, die freveln.
Sprecht: «Wir glauben an das, was auf uns herabgesandt ward
und auf euch.
Unser Gott und euer Gott sind *einer*.
Ihm sind wir ergeben.»

47   Also sandten wir das Buch auf dich herab.
Jene, denen wir das Buch gegeben haben, glauben daran.
Auch unter diesen hier sind einige, die daran glauben.
Alleine die Ungläubigen bestreiten unsere Zeichen.

48   Nie vorher trugst du aus einem Buche vor
und schriebst es nicht mit deiner Rechten ab.
Sonst würden die daran zweifeln, die es für Trug erklären.

49   Nein, er stellt klare Zeichen dar in den Herzen derer,
denen das Wissen gegeben wurde.
Allein die Frevler bestreiten unsere Zeichen.

50   Sie sprechen: «Warum wurden keine Zeichen von seinem Herrn auf ihn
herabgesandt?»
Sprich: «Die Zeichen sind allein bei Gott,
und ich bin nur ein klarer Warner.»

51   Genügt es ihnen nicht, dass wir auf dich das Buch herniedersandten,
damit es vorgetragen werde?
Siehe, darin liegt fürwahr Barmherzigkeit und eine Mahnung
für Menschen, die glauben.

52   Sprich: «Gott genügt als Zeuge zwischen mir und euch.
Er weiß, was in den Himmeln und auf Erden ist.

Die an das Nichtige glauben und nicht an Gott,
das sind die Verlierer!»

53 Sie drängen dich zur Eile, im Hinblick auf die Strafe;
und gäbe es keine festgesetzte Frist,
dann wäre die Strafe schon über sie gekommen.
Sie wird zu ihnen unversehens kommen, ohne dass sie es merken.

54 Sie drängen dich zur Eile, im Hinblick auf die Strafe:
Doch siehe, die Hölle wird die Ungläubigen alle in sich fassen.

55 Am Tag, da die Strafe sie von oben und von unten her bedeckt
und er sagt: «Schmeckt, was ihr getan habt!»

56 Ihr meine Knechte, die ihr glaubt!
Siehe, weit ist die Erde, darum dient nur mir!

57 Jede Seele bekommt den Tod zu schmecken.
Dann werdet ihr zu uns zurückgebracht.

58 Die nun glauben und gute Werke tun,
denen werden wir Gemächer im Paradiesesgarten bereiten,
unter denen Bäche fließen.
Ewig werden sie dort weilen.
Welch schöner Lohn für die, die tätig waren,

59 die standhaft waren und ihrem Herrn vertrauten!

60 Wie viele Tiere gibt es, die sich nicht selbst versorgen können!
Gott versorgt sie – und euch!
Er ist der Hörende, der Wissende.

61 Fürwahr, wenn du sie fragst:
«Wer schuf die Himmel und die Erde?
Wer machte die Sonne dienstbar und den Mond?»
So sagen sie: «Der *eine* Gott!»
Wie können sie nur so verblendet sein!

62 Gott teilt die Lebensgüter reichlich aus
an jene seiner Knechte, die er will, und er beschränkt sie.
Siehe, Gott weiß um jedes Ding.

63 Fürwahr, wenn du sie fragst:
«Wer ließ herab vom Himmel Wasser fließen,
dass er damit belebe die Erde nach ihrem Tod?»
So sagen sie: «Der *eine* Gott!»
Sprich: «Lobpreis sei Gott!»
Doch die meisten von ihnen begreifen nicht.

64 Dieses Leben hier auf Erden ist nur Zeitvertreib und Spiel,
denn nur das Jenseits ist das wahre Leben.
Wenn sie es doch nur wüssten!

65   Wenn sie dann ein Schiff besteigen, so rufen sie Gott an,
     im Glauben ihm allein sich anvertrauend.
     Doch wenn er sie ans Land gerettet hat:
     Siehe da, sie dienen wieder anderen neben ihm,

66   um undankbar für das zu sein, was wir ihnen gaben,
     und sich dem Genuss hinzugeben.
     Doch werden sie es noch erkennen.

67   Ja, haben sie denn nicht gesehen,
     dass wir ein sicheres Heiligtum geschaffen haben,
     während die Menschen rings umher hinweggerafft werden?
     Wollen sie denn an Nichtiges glauben und Gottes Gnade leugnen?

68   Wer ist frevelhafter wohl als jener, der Lügen gegen Gott ersinnt
     oder die Wahrheit Lüge nennt, nachdem sie zu ihm kam?
     Ist denn nicht in der Hölle eine Wohnstatt für die Leugner?

69   Doch die für uns streiten,
     die wollen wir auf unseren Wegen leiten.
     Denn siehe, Gott ist fürwahr mit denen, die Gutes tun.

Sure 30 – Die Byzantiner – ar-Rūm

Mekkanisch, 60 Verse

Im Namen Gottes, des barmherzigen Erbarmers.

¼ 1 *Alif Lam Mim.*

2 Besiegt sind die Byzantiner

3 im nächstgelegenen Land.
Doch siegen werden sie nach ihrer Niederlage

4 in ein paar Jahren.
Bei Gott liegt die Entscheidung –
vorher und nachher.
Freuen werden sich die Gläubigen an diesem Tag

5 über Gottes Hilfe.
Er hilft dem, dem er helfen will.
Denn er ist der Mächtige, der Barmherzige.

6 Die Verheißung Gottes! Gott bricht seine Verheißung nicht.
Doch die meisten Menschen haben kein Wissen.

7 Sie kennen nur das Äußere vom Leben hier auf Erden,
doch kümmern sie sich nicht ums Jenseits.

8 Haben sie denn nicht selber nachgedacht?

Gott schuf die Himmel und die Erde und was dazwischen ist,
nicht anders als in Wahrheit und für eine festgelegte Zeit.
Doch siehe, viele Menschen glauben wahrlich nicht daran,
dass sie ihrem Herrn begegnen.

9   Sind sie denn nicht durchs Land gezogen,
so dass sie sahen, wie das Ende derer, die vor ihnen lebten, war?
Sie waren mächtiger als sie, pflügten das Land
und bebauten es mehr, als sie es bebauten.
Zu ihnen kamen die Gesandten mit den Beweisen.
Es war nicht Gottes Wille, ihnen Unrecht anzutun,
sondern sie taten sich selber Unrecht an.

10   Dann war das Ende derer, die Schlimmes taten, das Allerschlimmste,
dass sie nämlich Gottes Zeichen leugneten
und immerfort ihren Spott damit trieben.

11   Gott vollbringt die Schöpfung ein erstes Mal,
dann wiederholt er sie,
dann werdet ihr zu ihm zurückgebracht.

12   An dem Tage, da ‹die Stunde› anbricht,
sind die Missetäter ganz verzweifelt.

13   Keiner ihrer Gesellen kann für sie Fürsprecher sein,
da sie an die Gesellen nicht mehr glauben.

14   An dem Tage, da ‹die Stunde› anbricht,
an jenem Tage trennen sie sich voneinander:

15   Die nämlich glaubten und gute Werke taten,
die werden dann in einem Garten ergötzt.

16   Die aber, die nicht glaubten und unsere Zeichen leugneten
– und die Begegnung mit dem Jenseits –,
die werden zur Strafe vorgeführt.

17   So sei denn Gott gelobt, am Abend wie am Morgen!

18   Lobpreis sei ihm in den Himmeln und auf Erden,
am Abend und zur Mittagszeit!

19   Er bringt aus dem Toten das Lebende hervor
und aus dem Lebenden das Tote.
Er belebt die Erde nach ihrem Tod.
Auf die gleiche Weise werdet ihr hervorgeholt.

20   Zu seinen Zeichen gehört, dass er aus Erde euch erschuf,
dann wart ihr plötzlich Menschen und habt euch ausgebreitet.

21   Und zu seinen Zeichen gehört, dass er euch Gattinnen aus euch selber schuf,
damit ihr bei ihnen Ruhe findet.
Und er stiftete unter euch Liebe und Barmherzigkeit.

Siehe, darin liegen wahrlich Zeichen für Menschen, die nachdenklich sind.

22 Und zu seinen Zeichen gehört die Erschaffung der Himmel und der Erde
und die Verschiedenheit eurer Sprachen und eurer Farben.
Siehe, darin sind wahrlich Zeichen für die Wissenden.

23 Und zu seinen Zeichen gehört euer Schlafen bei Nacht und bei Tage –
und euer Trachten nach seiner Gunst.
Siehe, darin sind wahrlich Zeichen für Menschen, die hören.

24 Und zu seinen Zeichen gehört, dass er euch sehen lässt den Blitz
in Furcht und in Verlangen
und dass er Wasser vom Himmel herniedersendet,
so dass er damit die Erde nach ihrem Tod belebt.
Siehe, darin sind wahrlich Zeichen für Menschen, die begreifen.

25 Und zu seinen Zeichen gehört, dass Himmel und Erde beständig sind –
auf sein Geheiß!
Dann, wenn er euch herbeiruft aus der Erde –
siehe, plötzlich kommt ihr hervor!

26 Sein ist, wer in den Himmeln und auf Erden ist.
Alles ist ihm demütig untertan.

27 Er ist es, der die Schöpfung ein erstes Mal vollbringt
und sie dann wiederholt –
das ist für ihn ganz leicht.
Ihm ist das Höchste zu vergleichen in den Himmeln und auf Erden,
denn er ist der Mächtige, der Weise.

28 Er prägte euch ein Gleichnis von euresgleichen:
Habt ihr denn unter euren Sklaven Teilhaber an dem, womit wir euch
versorgten,
so dass ihr darin gleich seid, indem ihr sie so fürchtet, wie ihr euch selber
fürchtet?
So legen wir die Zeichen Menschen aus, die begreifen.

29 Doch nein, die frevelten, die folgten ihrer Neigung ohne Wissen.
Doch wer soll die rechtleiten, die Gott in die Irre leitet?
Für sie gibt es keine Helfer.

30 Und richte nun dein Antlitz auf die Religion, im rechten Glauben,
als göttlicher Begabung, mit welcher er die Menschen schuf!
Keinen Ersatz gibt es für die Schöpfung Gottes.
Das ist die Religion, die Bestand hat.
Jedoch die meisten Menschen haben kein Wissen.

½ 31 Wenn ihr euch, bereit zur Buße, zu ihm wendet –
fürchtet ihn, und haltet das Gebet,
und seid nicht solche, die beigesellen,

32 die ihre Religion aufspalten und zu Parteien werden!
    Eine jede Gruppe ist froh darüber, was ihr eigen ist.

33 Wenn die Menschen in Not geraten, rufen sie zu ihrem Herrn,
    bereit zur Buße sich zu ihm wendend; wenn er sie dann sein Erbarmen
        schmecken lässt,
    dann wird eine Gruppe von ihnen ihrem Herrn etwas beigesellen,

34 um undankbar für das zu sein, was wir ihnen gaben.
    So genießt, ihr werdet es bald wissen.

35 Oder sandten wir ihnen eine Vollmacht herab,
    die davon spricht, was sie ihm immer wieder beigesellten?

36 Wenn wir die Menschen Erbarmen schmecken lassen,
    dann freut es sie.
    Doch wenn sie etwas Schlimmes trifft ob dessen, was sie früher taten,
    dann sind sie plötzlich ganz verzweifelt.

37 Sehen sie denn nicht, dass Gott die Lebensgüter reichlich zuteilt,
    an wen er will, und dass er sie beschränkt?
    Siehe, darin sind wahrlich Zeichen für Menschen, welche glauben.

38 So gib dem Verwandten, was ihm zusteht,
    dem Armen und dem ‹Sohn des Weges›.
    Das ist für jene gut, die nach Gottes Wohlgefallen streben.
    Sie sind es, denen es wohlergeht.

39 Was ihr – gegründet auf Wucherzins – verleiht, damit es sich vermehre
        durch den Besitz der Menschen,
    das vermehrt sich nicht bei Gott.
    Und was ihr an Armensteuer gebt, im Bestreben nach Gottes Wohlgefallen –
    die werden doppelt belohnt.

40 Gott ist es, der euch schuf, euch dann versorgte,
    euch dann sterben lässt, euch dann wieder lebendig macht:
    Gibt es denn einen eurer Gesellen, der ebensolches machen könnte?
    Gepriesen sei er! Erhaben ist er über das, was sie da beigesellen.

41 Sichtbar geworden ist das Verderben auf dem Festland und im Meer
    ob dessen, was der Menschen Hände angerichtet,
    dass er sie einiges von dem, was sie getan, schmecken ließe.
    Vielleicht kehren sie ja um!

42 Sprich: «Zieht doch nur im Land umher,
    und schaut, wie es mit denen ausging, die vor euch lebten!
    Die meisten von ihnen waren Beigeseller.»

43 So richte nun dein Antlitz auf die Religion, die Bestand hat,
    bevor ein Tag kommt, den Gott nicht abwenden kann.
    An jenem Tage werden sie sich spalten:

44 Wer ungläubig war, dem wird sein Unglaube bleiben.
Die aber Gutes taten, die schufen selber schon ihr Ruhelager.

45 Er will denen, die glaubten und gute Werke taten, aus seiner Huld vergelten.
Siehe, die Ungläubigen liebt er nicht.

46 Zu seinen Zeichen gehört, dass er die Winde ausschickt
als Verkünder froher Botschaft
und um euch sein Erbarmen schmecken zu lassen
und damit die Schiffe fahren auf sein Geheiß
und ihr Huld von ihm zu gewinnen sucht.
Vielleicht seid ihr ja dankbar.

47 Schon vor dir sandten wir Gesandte zu ihrem Volk,
und sie brachten ihnen die Beweise.
Da übten wir an denen Rache, die Schlimmes taten,
und es war Pflicht für uns, den Gläubigen zu helfen.

48 Gott ist es, der die Winde ausschickt.
Dann bringen sie Wolken in Bewegung,
und er breitet sie am Himmel aus, wie es ihm beliebt,
und macht sie zu Fetzen.
Dann siehst du den Regen daraus kommen;
wenn er dann die seiner Knechte, die er will, damit trifft,
sind sie sogleich hocherfreut,

49 auch wenn sie vorher – noch bevor er auf sie niederging – verzweifelt waren.

50 Und schaue auf die Spuren von Gottes Barmherzigkeit,
wie er die Erde belebt nach ihrem Tod.
Siehe, dieser kann auch die Toten zum Leben bringen,
er ist aller Dinge mächtig!

51 Wenn wir einen Wind ausschicken und sie sehen, wie es gelb wird,
dann sind sie auch danach ungläubig.

52 Siehe, du kannst die Toten nicht hörend machen
und auch die Tauben nicht den Ruf hören lassen,
wenn sie sich abkehren.

53 Du vermagst die Blinden nicht aus ihrem Irrtum herauszuführen.
Nur den, der an unsere Zeichen glaubt, den kannst du hörend machen,
das sind dann die Gottergebenen.

¾ 54 Gott ist es, der euch erst schwach erschuf,
dann, nach der Schwachheit, euch stark machte,
dann, nach der Stärke, wieder Schwachheit machte und weißes Haar.
Er erschafft, was er will.
Er ist der Wissende, der Mächtige.

55 Am Tage, da ‹die Stunde› anbricht, schwören die Missetäter,

nur eine Stunde seien sie geblieben.
So wurden sie getäuscht.

56 Denen das Wissen und der Glaube gegeben wurde, die sprechen:
«Ihr bliebt, nach dem Beschluss Gottes, bis zum Tag der Auferweckung.
Dies hier ist der Tag der Auferweckung!
Ihr aber habt es nie gewusst.»

57 Und an jenem Tage nützt es den Frevlern nicht, sich zu entschuldigen,
und sie können nicht mehr verhandeln.

58 Gar manches Gleichnis haben wir den Menschen geprägt in dieser Lesung.
Doch wenn du mit einem Vers zu ihnen kommst,
dann sagen die Ungläubigen gewiss: «Ihr sagt nur Nichtiges.»

59 Auf diese Weise versiegelt Gott die Herzen derer, die nicht wissen.

60 So sei geduldig! Siehe, die Verheißung Gottes kommt gewiss!
Doch die keine Gewissheit haben, die können dich nicht wanken machen.

Sure 31 – Luqman – *Luqmān*

Mekkanisch, 34 Verse

Im Namen Gottes, des barmherzigen Erbarmers.

1 *Alif Lam Mim*

2 Dies sind die Zeichen des weisen Buchs

3 als rechte Leitung und Barmherzigkeit für die, die Gutes tun,

4 die das Gebet verrichten und die Armensteuer geben
und die Gewissheit haben übers Jenseits:

5 Die sind von ihrem Herrn geleitet, und sie sind die, denen es wohlergeht.

6 Manch einer kauft leichtfertiges Gerede ein,
um, ohne rechtes Wissen, vom Wege Gottes abzubringen
und über ihn zu spotten.
Für diese ist erniedrigende Strafe bestimmt.

7 Trägt man ihm unsere Zeichen vor,
dann wendet er sich ab – hochmütig,
als ob er sie nicht höre,
als ob in seinen Ohren Taubheit wäre.
So verkünde ihm schmerzhafte Strafe!

8 Siehe, denen, die glauben und Gutes tun,

sind Gärten der Glückseligkeit bestimmt.

9   Ewig weilen sie darin:
Verheißung Gottes, die in Erfüllung geht.
Er ist der Mächtige, der Weise.

10   Er schuf die Himmel
– ganz ohne Stützen, die ihr sehen könnt –,
ließ Berge, festgegründet, in die Erde ein,
dass sie mit euch nicht wanke,
und verteilte auf ihr Tiere aller Art.
Und Wasser sandten wir vom Himmel nieder
und ließen auf ihr Pflanzen wachsen jeglicher edlen Art.

11   Das ist die Schöpfung Gottes.
So zeigt mir nun, was ‹die neben ihm› erschaffen können!
Nein doch! Die Frevler sind in klarem Irrtum.

12   Weisheit gaben wir einst Luqman:
«Sei dankbar gegen Gott!»
Wer dankbar ist, tut sich das selbst zugute.
Doch wer undankbar ist –
siehe, Gott ist auf keinen angewiesen, er ist hoch zu rühmen.

13   Als Luqman zu seinem Sohne mahnend sprach:
«Mein lieber Sohn, geselle Gott nichts bei!
Siehe, Beigesellung ist ein schwerer Frevel.

14   Dem Menschen haben wir besonders seine Eltern anbefohlen –
mit ihm war seine Mutter schwanger – Mühsal über Mühsal –,
und seine Entwöhnung dauerte zwei Jahre:
‹Sei dankbar – gegen mich und deine Eltern!
Zu mir hin ist der Lebensgang.

15   Doch wenn dich deine Eltern drängen,
dass du mir etwas beigesellst,
wovon du gar kein Wissen hast – gehorche ihnen nicht!
Pflege mit ihnen Umgang in dieser Welt, wie es recht und billig ist!
Folge dem Wege derer, die sich zu mir kehrten!
Und wiederum: Zu mir ist eure Heimkehr.
Dann werde ich euch kundtun, was ihr je getan habt.›

16   Mein lieber Sohn, siehe, wenn es nur vom Gewicht eines Senfkorns wäre
und in einem Felsen wäre oder in den Himmeln oder auf der Erde,
Gott brächte es herbei.
Siehe, Gott ist sorgsam, kundig.

17   Mein lieber Sohn, verrichte das Gebet!
Und gebiete nur, was recht und billig ist,

doch das Verwerfliche verbiete!
Und sei geduldig, wenn dich Unglück trifft!
Das gehört zu der Absicht, die in den Dingen liegt.

18 Schaue nicht verächtlich auf die Menschen!
Und wandle nicht auf Erden voller Übermut!
Siehe, Gott liebt keinen Eingebildeten, Stolzen.

19 Und sei beim Gehen maßvoll,
und dämpfe deine Stimme!»
Siehe, am hässlichsten von allen ist des Esels Stimme.

20 Saht ihr denn nicht, dass Gott euch dienstbar machte,
was in den Himmeln und auf Erden ist?
Dass er euch bedachte mit seinen Gaben, im Offenen und Verborgenen?
Mancher Mensch streitet über Gott – ohne Wissen
und ohne Führung und ohne erleuchtendes Buch.

21 Sagt man zu ihnen: «Folgt dem, was Gott herabgesandt hat!»
Dann sagen sie: «Nein, wir folgen dem, was wir bei unseren Vätern fanden!»
Doch wäre es auch so,
wenn Satan sie zur Pein des Höllenbrands gerufen hätte?

h42 22 Und wer sich Gott ganz hingegeben hat und dabei Gutes tut,
der hat das feste Band ergriffen.
Zu Gott hin ist der Dinge Ausgang.

23 Doch wer ungläubig ist, dessen Unglaube soll dich nicht betrüben!
Zu uns ist ihre Heimkehr.
Wir werden ihnen kundtun, was sie taten.
Siehe, Gott kennt das Innere der Herzen.

24 Wenig nur lassen wir sie genießen,
dann zwingen wir sie in eine harte Strafe.

25 Wenn du sie dann fragst: «Wer schuf die Himmel und die Erde?»,
dann sagen sie gewiss: «Der *eine* Gott.»
Sprich: «Lobpreis sei Gott!»
Jedoch die meisten von ihnen wissen nicht.

26 Gott gehört, was in den Himmeln und auf Erden ist.
Siehe, Gott ist auf keinen angewiesen, er ist hoch zu rühmen.

27 Selbst wenn auf Erden alle Bäume Schreibrohre würden,
und wenn für das Meer, wenn es erschöpft ist,
sieben Meere Nachschub brächten,
so wären Gottes Worte unerschöpflich.
Siehe, Gott ist mächtig, weise.

28 Eure Erschaffung und eure Auferstehung sind nichts anderes
als die von einem einzigen Lebewesen.

Siehe, Gott ist hörend, sehend.

29 Sahst du denn nicht, dass Gott die Nacht in den Tag hinübergleiten lässt
und hinübergleiten lässt den Tag in die Nacht?

Dass er die Sonne dienstbar machte und den Mond
– alles läuft bis zu benannter Frist –
und dass Gott mit dem vertraut ist, was ihr tut?

30 Dies daher, weil Gott die Wahrheit ist
und weil das, was sie an seiner statt anrufen, nichtig ist.
Gott ist der Erhabene, der Große.

31 Sahst du denn nicht, dass die Schiffe auf dem Meer durch Gottes Gnade
fahren,
auf dass er euch einige von seinen Zeichen sehen lässt?
Siehe, darin liegen wahrlich Zeichen
für einen jeden, der sich standhaft zeigt und dankbar ist.

32 Und wenn eine Woge sie bedeckt wie Schattenlauben,
dann rufen sie Gott an, im Glauben ihm allein sich anvertrauend.
Doch wenn er sie aufs Festland gerettet hat,
dann ist von ihnen mancher hin- und hergerissen.
Doch unsere Zeichen bestreitet nur ein jeglicher Verräter und Undankbarer.

33 O ihr Menschen! Fürchtet euren Herrn,
und fürchtet einen Tag, an dem ein Vater nicht für sein Kind einstehen kann
und auch ein Kind für seinen Vater in keiner Weise einstehen kann!
Siehe, die Verheißung Gottes kommt gewiss.
So möge euch das Leben hier auf Erden nicht betören,
und auch der Verführer möge euch über Gott nicht täuschen.

34 Siehe, das Wissen um ‹die Stunde› liegt bei Gott.
Er schickt herab den Regen.
Er weiß, was im Mutterleibe ist,
doch keine Seele weiß genau, was sie am nächsten Tag erwirbt,
und keine Seele weiß, in welchem Land sie stirbt.
Siehe, Gott ist wissend, kundig.

Sure 32 – Das Niederfallen – as-saǧda

Mekkanisch, 30 Verse

Im Namen Gottes, des barmherzigen Erbarmers.

1 *Alif Lam Mim.*

2 Das Buch, worin kein Zweifel ist, es ist herabgesandt vom Herrn der
  Weltbewohner.

3 Oder sprechen sie: Er hat es sich erdacht?
  O nein, es ist die Wahrheit von deinem Herrn,
  auf dass du ein Volk warnst, zu welchem vorher noch kein Warner kam;
  vielleicht lassen sie sich leiten!

4 Gott ist es, der die Himmel und die Erde und was dazwischen ist erschuf –
  in sechs Tagen.
  Dann ließ er sich hoch oben nieder auf dem Thron.
  Gegen ihn habt ihr nicht Beistand noch Fürsprecher.
  Wollt ihr euch denn nicht mahnen lassen?

5 Er lenkt den Befehl, vom Himmel auf die Erde,
  dann steigt er hinauf zu ihm,
  an einem Tage, dessen Maß tausend Jahre sind,
  dem entsprechend, wie ihr zählt.

6　Jener ist der Kenner des Verborgenen und des Sichtbaren,
　　der Starke, der Barmherzige.

7　Er, der da alles, was er schuf, gut machte
　　und der mit Lehm begann des Menschen Schöpfung,

8　dann seine Nachkommenschaft machte
　　aus einem Extrakt jämmerlichen Wassers,

9　ihn dann ebenmäßig formte
　　und von seinem Geist in ihn blies
　　und euch Ohren, Augen, Herzen machte:
　　Wie wenig seid ihr dankbar!

10　Sie sprechen: «Wenn wir in der Erde verschwunden sind,
　　können wir dann wirklich zu einer neuen Schöpfung werden?»
　　Nein! Sie glauben nicht an die Begegnung mit ihrem Herrn.

¼　11　Sprich: «Der Todesengel wird euch zu sich nehmen,
　　der über euch bestellt ist:
　　Dann werdet ihr zu eurem Herrn zurückgebracht.»

12　Sähest du dann nur die Missetäter mit gesenktem Haupt vor ihrem
　　　　Herrn:
　　«Unser Herr! Wir sehen, und wir hören.
　　So bringe uns zurück, auf dass wir Gutes tun!
　　Wir sind überzeugt.»

13　Hätten wir gewollt, hätten wir einer jeden Seele Rechtleitung für sie
　　　　gegeben.
　　Doch das Wort von mir wurde wahr:
　　«Wahrlich, die Hölle werde ich anfüllen mit Dschinnen und mit Menschen
　　　　insgesamt!»

14　So schmeckt nun –
　　darum, dass ihr die Begegnung mit diesem eurem Tag vergessen habt!
　　Siehe, auch wir haben euch vergessen.
　　So schmeckt nun die ewige Strafe für das, was ihr getan habt!

15　Doch glauben nur die an unsere Zeichen,
　　die sich anbetend niederwerfen,
　　wenn sie daran erinnert werden,
　　und ihren Herrn lobpreisen
　　und dabei nicht hochmütig sind.

16　Sie vermeiden es, auf ihren Lagern zu ruhen,
　　beten zu ihrem Herrn, in Furcht und in Verlangen,
　　und spenden von dem, womit wir sie bedachten.

17　Niemand weiß, was für sie an Freude noch verborgen ist
　　als Lohn für das, was sie getan.

18 Ist denn einer, der gläubig war, wie einer, der verrucht war?
Sie sind einander nicht gleichzusetzen.

19 Was die angeht, die glaubten und gute Werke taten,
denen sind die Gärten der Zuflucht zur Wohnstatt bestimmt
für das, was sie getan.

20 Was aber die angeht, die ruchlos handelten,
deren Zufluchtsort ist das Höllenfeuer.
Immer, wenn sie ihm entkommen wollen,
werden sie dorthin zurückgebracht, und ihnen wird gesagt:
«Schmeckt die Qual des Höllenfeuers,
das ihr immer wieder geleugnet habt!»

21 Wahrlich, wir werden sie die Diesseitsstrafe schmecken lassen –
vor der großen Strafe:
Vielleicht kehren sie ja noch um!

22 Wer ist frevelhafter wohl als jener,
der, mit den Versen seines Herrn ermahnt,
sich von ihnen dann abwendet?
Siehe, wir werden an den Missetätern Rache nehmen.

23 Einst gaben wir Mose das Buch.
So zweifle nicht daran, ihm zu begegnen!
Wir machten es zur Richtschnur für die Kinder Israel.

24 Und wir machten einige von ihnen zu Vorbildern,
die führten entsprechend unserem Befehl,
nachdem sie standhaft waren und überzeugt von unseren Zeichen.

25 Siehe, dein Herr entscheidet am Tag der Auferstehung zwischen ihnen
in dem, worin sie uneins waren.

26 Kann es nicht eine Richtschnur für sie sein,
wie viele Generationen wir schon vor ihnen zugrunde richteten,
in deren Stätten sie herumziehen?
Siehe, darin sind wahrlich Zeichen.
Wollen sie denn nicht hören?

27 Sahen sie denn nicht, dass wir das Wasser auf die verdorrte Erde leiten
und wir dadurch dann Saat hervorgehen lassen,
wovon ihre Tiere und sie selber essen?
Wollen sie denn nicht sehen?

28 Sie sprechen: «Wann ist denn diese Entscheidung,
wenn ihr wahrhaftig seid?»

29 Sprich: «Am Tage der Entscheidung nützt denen,
die keinen Glauben hatten, ihr Glaube nichts,
und Aufschub wird ihnen nicht gewährt.»

30 So wende dich von ihnen ab und warte!
Siehe, auch sie warten.

Sure 33 – Die Gruppen – al-aḥzāb

Medinensisch, 73 Verse

Im Namen Gottes, des barmherzigen Erbarmers.

½ 1 Prophet! Fürchte Gott, und gehorche nicht den Ungläubigen und
          Heuchlern!
      Siehe, Gott ist wissend, weise.

   2 Folge dem, was dir von deinem Herrn eingegeben wird!
      Siehe, Gott ist vertraut mit dem, was ihr tut.

   3 Vertrau auf Gott, denn Gott genügt als Anwalt!

   4 Gott hat im Inneren *eines* Mannes ja nicht *zwei* Herzen gemacht.
      Er hat eure Gattinnen, von denen ihr euch scheiden lasset mit den Worten:
      «Du bist für mich wie der Rücken meiner Mutter!»,
      ja nicht zu euren Müttern gemacht.
      Und er hat die von euch Adoptierten nicht zu euren Söhnen gemacht.
      Das ist es, was ihr mit eurem Munde sprecht.
      Gott aber spricht die Wahrheit, *er* führt den Weg.

   5 Nennt sie nach ihren Vätern, das ist vor Gott gerechter.
      Wenn ihr ihre Väter nicht kennt,
      so seien sie euch Brüder in der Religion und Schutzbefohlene.

Für euch besteht keine Sünde, wenn ihr darin einen Fehltritt tut,
sondern nur in dem, was eure Herzen beabsichtigten.
Gott ist bereit zu vergeben, barmherzig.

6 Der Prophet ist den Gläubigen näher als diese sich selbst.
Seine Frauen sind ihre Mütter.
Und die Blutsverwandten sind nach dem Buch Gottes einander näher,
als es die Gläubigen und Ausgewanderten sind.
Jedoch könnt ihr gegenüber euren Freunden handeln nach Recht und
    Billigkeit.
Das ist im Buch Gottes niedergelegt.

7 Damals, als wir einen Bund mit den Propheten schlossen,
mit *dir*, mit Noah, Abraham und Mose und Jesus, Marias Sohn.
Wir schlossen mit ihnen einen festen Bund.

8 Auf dass er die Wahrhaftigen nach ihrer Wahrhaftigkeit frage.
Für die Ungläubigen hält er schmerzhafte Strafe bereit.

9 O ihr, die ihr glaubt! Gedenkt der Gnade Gottes an euch,
damals, als Heerscharen zu euch kamen.
Da schickten wir einen Wind gegen sie und Heerscharen,
die ihr nicht sehen konntet.
Gott sieht, was ihr tut.

10 Als sie von oben und von unten zu euch kamen
und als die Blicke abirrten,
die Herzen bis an die Kehlen kamen
und ihr über Gott nur Vermutungen hegtet.

11 Da wurden die Gläubigen geprüft und heftigst erschüttert.

12 Als die Heuchler, in deren Herzen Krankheit ist, sprachen:
«Was Gott und sein Gesandter uns versprachen, ist nichts als Trug!»

13 Und als eine Gruppe von ihnen sprach:
«Volk von Yathrib! Für euch gibt es kein Verweilen. So kehrt zurück!»
Da bat eine Gruppe von ihnen den Propheten um Erlaubnis, indem sie
    sprachen:
«Unsere Häuser sind eine offene Flanke!»
Doch sind sie keine offene Flanke, sie wollen ja nichts anderes als Flucht.

14 Wäre man zu ihnen eingedrungen von ihren äußeren Bezirken aus
und wären sie dann zum Abfallen aufgefordert worden,
sie wären dem ganz sicher nachgekommen und hätten nur leicht dabei
    gezögert.

15 Vorher hatten sie sich Gott verpflichtet, nicht den Rücken zu kehren.
Und die Verpflichtung gegen Gott wird eingefordert.

16 Sprich: «Die Flucht wird euch nichts nützen,

ob ihr vor dem Sterben flieht oder vor der Tötung.

Es wird euch dann nur wenig Lebensgenuss zukommen.»

17 Sprich: «Wer ist es denn, der euch vor Gott schützen könnte,

wenn er Schlimmes mit euch vorhat

oder euch Barmherzigkeit erzeigen will?»

Sie werden für sich weder Freund noch Helfer finden gegen Gott.

¾ 18 Gott kennt die Verhinderer unter euch

und die, die zu ihren Brüdern sagen: «Kommt her zu uns!»

Doch kommen sie nur selten zum Kampf,

19 ja, sie sind dabei auch noch geizig euch gegenüber.

Wenn sich Furcht einstellt, siehst du, wie sie dich anschauen,

die Augen wie jemand rollend,

der im Angesicht des Todes ohnmächtig wird.

Doch wenn die Furcht dann schwindet,

verletzen sie dich mit scharfen Zungen, mit dem Guten geizend.

Sie sind nicht gläubig, und Gott macht ihre Werke zuschanden.

Das ist für Gott ein Leichtes.

20 Sie glauben, die Gruppen seien nicht abgezogen,

und wenn die Gruppen kämen,

dann würden sie am liebsten in der Wüste bei den Beduinen sein

und danach fragen, wie es um euch steht.

Doch wenn sie unter euch wären, würden sie nur wenig kämpfen.

21 Ihr habt ja im Gesandten Gottes ein schönes Vorbild

für den, der Gott und den Jüngsten Tag erwartet

und der Gottes oft gedenkt.

22 Als die Gläubigen die Gruppen sahen, sprachen sie:

«Das ist es, was uns Gott und sein Gesandter verheißen haben.

Gott und sein Gesandter sprechen die Wahrheit.»

Das stärkte sie nur in ihrem Glauben und in ihrer Gottergebenheit.

23 Unter den Gläubigen gibt es Männer, die aufrichtig sind in dem, was sie mit

Gott vereinbart haben.

Mancher von ihnen wurde getötet, mancher hat zu warten.

Sie haben nichts abgeändert.

24 Die wahrhaftig sind, wird Gott für ihre Wahrhaftigkeit belohnen,

die Heuchler aber wird er bestrafen, wenn er will, oder sich wieder zu ihnen

kehren.

Siehe, Gott ist bereit zu vergeben, barmherzig.

25 Gott stieß die Ungläubigen in ihrer Zornesglut zurück,

nichts Gutes erreichten sie.

Gott ersparte den Gläubigen den Kampf.

Gott ist stark und mächtig.

26 Gott ließ die von den Buchbesitzern, die jenen geholfen hatten,
von ihren Festungsbauten herunterkommen
und warf in ihre Herzen Furcht und Schrecken,
so dass ihr einen Teil von ihnen getötet,
den anderen jedoch gefangengenommen habt.

27 Er gab euch ihr Land zum Erbe, ihre Häuser und ihr Gut,
Land, das ihr noch nicht betreten hattet.
Gott ist aller Dinge mächtig.

28 Prophet! Sprich zu deinen Gattinnen:
«Wenn ihr das Leben hier auf Erden und seinen schönen Schein begehrt,
dann kommt her, dass ich euch das genießen lasse
und euch auf eine geziemende Art freigebe.

29 Doch wenn ihr Gott und seinen Gesandten und das Jenseits begehrt –
siehe, Gott hält denen von euch, die schön handeln, reichen Lohn bereit.»

30 Ihr Frauen des Propheten!
Der von euch, die eine klare Schändlichkeit begeht, wird die Strafe
verdoppelt.
Das ist für Gott ein Leichtes.

ğ22ḥ43   31 Und der von euch, die sich Gott und seinem Gesandten in Demut hingibt
und Gutes tut,
werden wir ihren Lohn zweifach geben,
und großzügige Versorgung halten wir für sie bereit.

32 Ihr Frauen des Propheten! Ihr seid nicht wie die anderen Frauen.
Wenn ihr gottesfürchtig seid, dann redet nicht unterwürfig,
so dass nicht jemand, in dessen Herzen eine Krankheit ist, begehrlich wird.
Sprecht auf angemessene Weise!

33 Bleibt in euren Häusern wohnen,
und putzt euch nicht heraus nach Art der ‹Zeit der Unwissenheit› zuvor!
Verrichtet das Gebet,
entrichtet die Armensteuer,
und seid Gott und seinem Gesandten gehorsam!
Gott möchte ja die Unreinheit von euch nehmen,
ihr ‹Leute des Hauses›, und euch ganz und gar reinigen.

34 Gedenket dessen, was in euren Häusern vorgetragen wird
von den Versen Gottes und der Weisheit!
Siehe, Gott ist umsichtig, erfahren.

35 Siehe, den muslimischen Männern und muslimischen Frauen,
den gläubigen Männern und gläubigen Frauen,
den frommen Männern und frommen Frauen,

den Wahrheit sprechenden Männern und Wahrheit sprechenden Frauen,
den geduldigen Männern und geduldigen Frauen,
den demütigen Männern und demütigen Frauen,
den wohltätigen Männern und wohltätigen Frauen,
den fastenden Männern und fastenden Frauen,
den Männern und den Frauen, die ihre Scham bewahren,
den Männern und den Frauen, die Gottes oft gedenken,
all denen hält Gott Vergebung und reichen Lohn bereit.

36 Einem gläubigen Mann und einer gläubigen Frau steht es nicht zu,
eine freie Wahl in ihrer Angelegenheit zu treffen,
wenn Gott und sein Gesandter etwas schon entschieden haben.
Und wer sich Gott und seinem Gesandten widersetzt,
der befindet sich in offenkundigem Irrtum.

37 Damals, als du zu dem, welchem Gott und auch du Gnade erwiesen hatten,
   sagtest:
«Halte fest an deiner Frau, und fürchte Gott!»,
bei dir jedoch verborgen hieltest, was Gott offenbar macht,
und dich vor den Menschen fürchtetest, obwohl du eher Gott fürchten
   solltest –
nachdem Zaid sie nun entlassen hatte, verheirateten *wir* dich mit ihr,
damit für die Gläubigen darin kein Anstoß läge,
die Gattinnen ihrer Adoptivsöhne dann zur Frau zu nehmen,
wenn diese sie entlassen haben.
Gottes Befehl wird ausgeführt.

38 Für den Propheten liegt kein Anstoß in dem, was Gott ihm aufgetragen hat,
entsprechend der Gewohnheit Gottes mit denen, die früher dahingegangen
   sind
– Gottes Befehl ist verhängtes Geschick –,

39 die Botschaften von Gott ausgerichtet haben, ihn dabei fürchteten und
   keinen sonst.
Gott genügt als der, der abrechnet.

40 Mohammed ist nicht der Vater eines eurer Männer.
Er ist vielmehr Gesandter Gottes und Siegel der Propheten;
Gott hat über alles Wissen.

41 O ihr, die ihr glaubt, gedenket Gottes häufig!

42 Preist ihn am Morgen und am Abend!

43 Er ist es, der über euch und seine Engel den Segen spricht,
um euch aus der Finsternis ans Licht zu führen.
Barmherzig ist er zu den Gläubigen.

44 Am Tage, da sie ihm begegnen, lautet ihr Gruß: «Frieden!»

Und edlen Lohn hält er für sie bereit.

45   Prophet! Siehe, wir haben dich als Zeugen gesandt,
     als Künder froher Botschaft und als Warner,

46   als einen, der zu Gott aufruft – mit seiner Erlaubnis –,
     als eine Leuchte, die erstrahlt.

47   Verkündige den Gläubigen, dass ihnen große Huld von Gott zuteil wird.

48   Gehorche den Ungläubigen und Heuchlern nicht!
     Beachte ihre Kränkungen nicht!
     Vertrau auf Gott,
     denn Gott genügt als Anwalt!

49   O ihr, die ihr glaubt! Wenn ihr gläubige Frauen heiratet
     und sie dann entlasst, ehe ihr sie berührt habt,
     dann dürft ihr für sie keine Wartezeit ansetzen.
     Gewährt ihnen, was sie brauchen, und gebt sie auf schöne Weise frei!

50   Prophet! Wir haben dir erlaubt:
     Deine Frauen, denen du ihre Morgengabe gezahlt hast;
     deine Sklavinnen, die dir Gott als Beute zukommen ließ;
     die Töchter deines Vaterbruders und deiner Vaterschwestern;
     die Töchter deines Mutterbruders und deiner Mutterschwestern;
     die Frauen, die mit dir ausgewandert sind;
     eine gläubige Frau, wenn sie sich selbst dem Propheten schenkt,
     falls der Prophet sie zu heiraten wünscht.
     Dies ist für dich allein bestimmt, nicht für die Gläubigen.
     Wir wissen wohl, was wir ihnen für ihre Frauen und Sklavinnen verordnet
         haben,
     damit für dich kein Anstoß besteht.
     Gott ist bereit zu vergeben, barmherzig.

¼ 51   Du kannst von ihnen warten lassen, wen du willst, und zu dir nehmen,
         wen du willst.
     Wenn du eine Frau begehrst, von der du dich schon getrennt hast,
     so besteht darin für dich kein Vergehen.
     So ist es am wahrscheinlichsten, dass sie froh und nicht traurig sind,
     ja, dass sie alle zufrieden sind mit dem, was du ihnen gegeben hast.
     Gott weiß, was in euren Herzen ist.
     Gott ist wissend, milde.

52   Später sind dir keine Frauen mehr erlaubt,
     auch nicht, dass du sie gegen Frauen austauschst,
     selbst wenn dir ihre Schönheit gefällt,
     mit Ausnahme deiner Sklavinnen.
     Gott gibt auf alles acht.

53 O ihr, die ihr glaubt! Betretet nicht die Häuser des Propheten
    – es sei denn, ihr seid zum Essen eingeladen –,
    ohne den rechten Zeitpunkt abzuwarten; doch tretet ein, wenn ihr gerufen
        werdet!
    Und wenn ihr gegessen habt, geht fort, ohne euch in ein Gespräch zu
        verwickeln.
    Siehe, das könnte dem Propheten lästig sein, so dass er sich euch gegenüber
        schämt;
    Gott aber schämt sich nicht der Wahrheit.
    Und wenn ihr sie um eine Sache bittet, so tut das hinter einem Vorhang!
    Das ist für eure und für ihre Herzen reiner.
    Ihr sollt dem Gesandten Gottes nicht lästig fallen
    und auch niemals seine Frauen nach ihm ehelichen!
    Siehe, das wäre bei Gott ungeheuerlich.

54 Ob ihr etwas offenlegt oder es verbergt,
    siehe, Gott hat über alles Wissen.

55 Für sie besteht kein Vergehen im Hinblick auf ihre Väter, ihre Söhne,
        ihre Brüder,
    die Söhne ihrer Brüder und ihrer Schwestern, ihre Frauen und ihre
        Sklavinnen.
    Fürchtet Gott!
    Siehe, Gott ist über alles Zeuge.

56 Siehe, es sprechen Gott und seine Engel den Segen über den Propheten.
    Ihr, die ihr gläubig seid, sprecht über ihn den Segen,
    und grüßet mit dem Friedensgruß!

57 Siehe, die Gott und seinen Gesandten schmähen,
    die wird Gott im Diesseits und im Jenseits verfluchen.
    Erniedrigende Strafe hält er für sie bereit.

58 Wer die gläubigen Männer und Frauen wegen etwas schmäht,
    was sie nicht begangen haben,
    der lädt Verleumdung und klare Schuld auf sich.

59 Prophet! Sag deinen Gattinnen und deinen Töchtern und den Frauen der
        Gläubigen, sie mögen ihre Gewänder über sich schlagen;
    es ist dann leichter, dass man sie erkennt,
    auf dass sie nicht belästigt werden.
    Gott ist bereit zu vergeben, barmherzig.

½ 60 Wenn die Heuchler und die, in deren Herzen Krankheit ist,
    und die Unruhestifter in Medina nicht aufhören,
    werden wir dich dazu bringen, etwas gegen sie zu unternehmen.
    Dann werden sie darin nur noch kurz deine Nachbarn sein.

61 Verflucht sind sie, wo immer sie angetroffen werden;
   sie werden ergriffen und gnadenlos getötet werden,
62 entsprechend der Gewohnheit Gottes mit denen, die früher dahingegangen
        sind.
   An der Gewohnheit Gottes wirst du keine Änderung finden können.
63 Die Menschen fragen dich nach ‹der Stunde›.
   Sprich: «Das Wissen über sie liegt allein bei Gott.»
   Kannst du es wissen?
   Vielleicht ist die Stunde schon ganz nah!
64 Gott wird die Ungläubigen verfluchen.
   Er hält das Flammenmeer für sie bereit.
65 Ewig werden sie dort verweilen und weder Freund noch Helfer finden.
66 Am Tag, da ihre Angesichter im Feuer gewendet werden, da sprechen sie:
   «O wehe uns, hätten wir doch Gott gehorcht und dem Gesandten!»
67 Und sie werden sprechen: «Unser Herr,
   nur unseren Herrn und Würdenträgern haben wir gehorcht,
   doch haben die uns vom Wege abgebracht.
68 Unser Herr, gib ihnen doppelte Strafe,
   und verfluche sie nachdrücklich!»
69 O ihr, die ihr glaubt! Seid nicht wie die, die Mose schmähten.
   Doch Gott sprach ihn von dem frei, was sie behauptet hatten,
   er war bei Gott hoch angesehen.
70 O ihr, die ihr glaubt! Fürchtet Gott, und redet auf gerade Art und Weise.
71 Gott wird eure Werke gelingen lassen und euch eure Sünden vergeben.
   Wer Gott und seinem Gesandten gehorcht,
   der hat einen großen Gewinn erzielt.
72 Wir haben den Himmeln, der Erde und den Bergen das anvertraute Gut
        angeboten,
   doch sie weigerten sich, es auf sich zu nehmen, und fürchteten sich davor.
   Da nahm der Mensch es auf sich.
   Doch er ist frevlerisch und ignorant.
73 Gott wird die Heuchler und die Heuchlerinnen bestrafen,
   die Beigeseller und die Beigesellerinnen.
   Und Gott wird sich den gläubigen Männern und Frauen in Gnade
        zuwenden.
   Gott ist vergebend und barmherzig.

Sure 34 – Die Sabäer – Saba'

Mekkanisch, 54 Verse

Im Namen Gottes, des barmherzigen Erbarmers.

1 Lobpreis sei Gott!
Sein ist, was in den Himmeln und auf Erden ist.
Lobpreis sei ihm im Jenseits!
Er ist der Weise, der Erfahrene.

2 Er weiß, was in die Erde dringt und was aus ihr herauskommt
und was vom Himmel herniederkommt und was in ihn hinaufsteigt.
Er ist der Barmherzige, der bereit ist zu vergeben.

3 Die ungläubig sind, sagen: «‹Die Stunde› wird nicht zu uns kommen.»
Sprich: «O doch, sie wird ganz gewiss zu euch kommen,
bei meinem Herrn, der das Verborgene kennt!
Ihm entgeht nicht das Gewicht eines Stäubchens in den Himmeln
und auch nicht auf der Erde;
ja, es gibt nichts Kleineres und auch nichts Größeres,
das nicht in einem klaren Buche stünde,

4 auf dass er denen vergelte, die glaubten und gute Werke taten;
sie sind es, denen Vergebung zuteil wird und edler Lebensunterhalt.»

5   Die aber unseren Zeichen entgegenwirken und sie zu verhindern suchen,
     denen ist schmerzhafte Pein eines Strafgerichts bestimmt.

6   Es sehen die, denen das Wissen gegeben wurde:
     «Was auf dich von deinem Herrn herabgesandt worden ist,
     das ist die Wahrheit,
     und sie führt hin zum Weg des Mächtigen, des Rühmenswerten.»

7   Doch die nicht glauben, sprechen: «Sollen wir euch an einen Mann
         verweisen,
     der euch verkündigt: ‹Wenn ihr ganz und gar entzweigerissen seid,
     siehe, dann seid ihr wahrlich neu erschaffen!›?

8   Hat er sich gegen Gott eine Lüge ausgedacht,
     oder ist er gar besessen?»
     Nein, die nicht ans Jenseits glauben, die sind der Strafe anheimgefallen
     und sind in großem Irrtum.

9   Sehen sie denn nicht das, was von Himmel und Erde vor und hinter ihnen
         liegt?
     Wenn wir wollen, dann lassen wir die Erde sie verschlucken
     oder lassen Stückchen vom Himmel auf sie fallen.
     Siehe, darin liegt ein Zeichen für einen jeden Knecht,
     der sich, bereit zur Buße, Gott zuwendet.

¾   10   Einst erwiesen wir David von uns Huld:
     «Ihr Berge! Lasst das Lob widerhallen, zusammen mit den Vögeln!»
     Und wir erweichten ihm das Eisen:

11   «Mache Kettenhemden!
     Und finde das Maß beim Ineinanderfügen!»
     «Tut Gutes! Siehe, ich sehe, was ihr tut.»

12   Und Salomo – den Wind!
     Sein Morgenwehen währt einen Monat und ebenso sein Abendwehen.
     Wir ließen für ihn die Erzquelle fließen.
     Vor ihm arbeiten einige Dschinne, mit Erlaubnis Gottes.
     Wer von ihnen abweicht von unserem Befehl,
     den lassen wir etwas schmecken von der Feuerstrafe.

13   Sie machen für ihn, was er will: Paläste und Standbilder,
     Schüsseln, groß wie Bottiche, und Töpfe, fest verankert.
     «Tut eure Arbeit, Sippe Davids, in Dankbarkeit!»
     Doch nur selten ist jemand unter meinen Knechten,
     der aufrichtig dankbar ist.

14   Nachdem wir dann den Tod für ihn beschlossen hatten,
     wies sie nichts anderes auf seinen Tod hin als das Tier der Erde,
     indem es seinen Stock anfraß.

Und als er hingefallen war, wurde es den Dschinnen klar:
Hätten sie das Verborgene gewusst,
hätten sie in der erniedrigenden Strafe nicht verharren müssen.

15 Für die Sabäer lag einst ein Zeichen in ihrem Wohnort:
zwei Gärten, rechts und links.
«Esst von den Gaben eures Herrn! Und danket ihm!»
Ein gutes Land. Und ein Herr, der bereit ist zu vergeben.

16 Sie aber wendeten sich ab.
Da schickten wir gegen sie des Dammes Wassermassen
und tauschten ihnen ihre beiden Gärten ein gegen zwei andere
mit Dornbuschfrüchten, Tamarisken und wenig Lotosbäumen.

17 So vergalten wir ihnen, dass sie undankbar waren.
Bestrafen wir jemanden – außer den, der undankbar ist?

18 Wir machten zwischen ihnen und den Städten, die wir gesegnet hatten,
Städte, die deutlich sichtbar waren,
und machten die Reise zwischen ihnen abschätzbar:
«Reist umher zwischen ihnen in Sicherheit, bei Nacht und bei Tage!»

19 Da sprachen sie: «Unser Herr! Vergrößere die Strecken unserer Reisen!»
Und sie frevelten gegen sich selbst; da machten wir sie zur Legende
und rissen sie ganz und gar in Stücke.
Siehe, darin liegen wahrlich Zeichen
für einen jeden, der sich standhaft zeigt und dankbar ist.

20 Da fand Iblis seine Meinung über sie bestätigt,
und sie folgten ihm, bis auf eine Gruppe von den Gläubigen.

21 Doch über sie hatte er keine Macht –
wir wollten einzig wissen, wer an das Jenseits glaubt
und wer, im Unterschied zu jenen, daran zweifelt.
Dein Herr ist Hüter über alles.

22 Sprich: «Ruft doch die an, von denen ihr behauptet, es gäbe sie außer Gott!
Sie besitzen nicht das Gewicht eines Stäubchens,
sowohl in den Himmeln als auf Erden;
sie haben an beidem keinen Anteil,
und er hat an ihnen keinen Helfer.»

23 Fürsprache bei ihm hat keinen Nutzen –
es sei denn für den, dem er sie erlaubt,
bis sie schließlich sagen, wenn ihren Herzen der Schrecken genommen ist:
«Was hat denn euer Herr gesagt?»
Sie sagen: «Die Wahrheit.»
Er ist der Erhabene, der Große.

ḥ44 24 Sprich: «Wer versorgt euch denn von den Himmeln und aus der Erde?»

Sprich: «Gott! Ob *wir* nun oder *ihr* –
entweder rechtgeleitet oder in klarem Irrtum.»

25   Sprich: «*Ihr* werdet nicht danach gefragt, was *wir* verbrochen haben,
und *wir* auch nicht danach gefragt, was *ihr* getan habt.»

26   Sprich: «Unser Herr wird uns versammeln.
Dann richtet er zwischen uns nach der Wahrheit.»
Er ist der gerechte Richter, der Wissende.

27   Sprich: «Zeigt mir doch, wen ihr ihm als Gesellen beigegeben habt!»
O nein! Er ist doch Gott, der Mächtige, der Weise.

28   Wir sandten dich als Freudenboten und als Warner,
nur um den Menschen Einhalt zu gebieten.
Doch die meisten Menschen haben kein Wissen.

29   Sie sprechen: «Diese Verheißung – wann kommt sie denn,
wenn ihr wahrhaftig seid?»

30   Sprich: «Für euch ist als Zeitpunkt ein Tag bestimmt,
zu dem ihr euch auch nicht nur eine Stunde verspäten dürft
und zu dem ihr auch nicht zu früh kommen sollt.»

31   Die ungläubig sind, sprechen: «Wir werden nicht an diese Lesung glauben
und nicht an das, was vor ihr war!»
Sähest du dann die Frevler stehen bei ihrem Herrn,
wie sie sich miteinander Wortgefechte liefern!
Die Unterdrückten sprechen zu den Hochmütigen.
«Wäret ihr nicht gewesen, dann wären wir Gläubige geworden!»

32   Die Hochmütigen sprechen zu den Unterdrückten:
«Haben wir euch von der Rechtleitung etwa abgehalten,
als sie zu euch gekommen war?
O nein, *ihr* wart die Übeltäter.»

33   Und die Unterdrückten sprechen zu den Hochmütigen:
«O nein, Ränkespiele Tag und Nacht,
da ihr uns doch befohlen habt, nicht an Gott zu glauben
und Wesen zu machen, die ihm gleichen.»
Sie fühlen tiefe Reue, wenn sie die Strafe sehen.
Wir legen um die Hälse derer, die ungläubig waren, Ketten.
Wird ihnen für etwas anderes vergolten, als was sie immer wieder taten?

34   Stets, wenn wir einen Warner in eine Stadt entsandten,
sprachen die wohlhabenden Leute aus ihr:
«Siehe, wir glauben nicht an das, womit ihr ausgesandt seid!»

35   Und sie sprachen: «Wir haben mehr Besitz und auch mehr Kinder.
Man wird uns nicht bestrafen.»

¼   36   Sprich: «Siehe, mein Herr teilt die Lebensgüter reichlich aus, an wen er will,

und er beschränkt sie.»
Doch die meisten Menschen haben kein Wissen.

37 Weder euer Besitz noch eure Kinder können euch in besondere Nähe zu uns
    bringen,
mit Ausnahme derer, die glauben und Gutes tun.
Das sind die, denen der Lohn für das, was sie taten, verdoppelt wird.
Sie werden in den Gemächern sein, in Sicherheit und Frieden.

38 Die aber unseren Zeichen entgegenwirken und sie zu vereiteln suchen,
die werden zur Strafe vorgeführt.

39 Sprich: «Siehe, mein Herr teilt die Lebensgüter reichlich aus
an jene seiner Knechte, die er will, und er beschränkt sie.
Was irgend ihr gespendet habt, das wird er euch erstatten.
Er ist der beste Versorger.»

40 Am Tag, an dem er sie allesamt zusammenschart,
spricht er zu den Engeln: «Haben euch diese da verehrt?»

41 Sie sprechen: «Gepriesen seist du!
Du bist unser Beistand, nicht *sie.*
Nein, sie verehrten die Dschinne.
An *sie* glauben die meisten von ihnen.»

42 «Doch heute, da könnt ihr euch einander weder nützen noch auch
    schaden.»
Und wir sprechen zu denen, welche frevelten:
«Schmeckt die Qual des Höllenfeuers,
das ihr immer wieder geleugnet habt!»

43 Wenn ihnen unsere Zeichen als Beweise vorgetragen werden,
dann sprechen sie: «Was will denn dieser Mann da anderes,
als euch von dem abhalten, was eure Väter einst verehrten?»
Und sie sprechen: «Was ist denn das da anderes als selbsterdachte Lüge?»
Die nicht an die Wahrheit glaubten, als sie zu ihnen gekommen war,
die sprechen: «Das ist doch nichts als klare Zauberei!»

44 Wir hatten ihnen keine Bücher gebracht, in denen sie hätten forschen
    können,
und hatten zu ihnen, vor dir, niemanden als Warner gesandt.

45 Geleugnet hatten, die vor ihnen waren,
und sie hier erlangten nicht ein Zehntel dessen, was wir jenen gaben.
Da nannten sie meine Abgesandten Lügner –
und wie war da mein Tadel!

46 Sprich: «Ich ermahne euch nur zu *einem:*
Tretet vor Gott, zu zweit oder alleine, und dann bedenket gut:
Euer Gefährte ist nicht besessen!

Er ist nichts als ein klarer Warner für euch vor einer strengen Strafe.»

47   Sprich: «Ich habe keinen Lohn von euch verlangt – *euch* kommt er zu.
Meine Belohnung obliegt nur Gott allein.
Er ist über alle Dinge Zeuge.»

48   Sprich: «Siehe, mein Herr kommt plötzlich mit der Wahrheit.
Er kennt am besten die Verborgenheiten.»

49   Sprich: «Gekommen ist die Wahrheit.
Das Nichtige bringt nichts hervor und bringt nichts zurück.»

50   Sprich: «Wenn ich irre, dann irre ich zu meinem Schaden.
Und wenn ich rechtgeleitet bin, dann durch das, was mir mein Herr
      eingab.»
Siehe, er ist hörend, er ist nahe.

51   Und wenn du sehen würdest:
Wenn sie erschrecken, dann gibt es kein Entrinnen,
und man ergreift sie von einem nahen Ort.

52   Sie sprechen: «Wir glauben daran!»
Aber wie sollen sie denn suchen von einem weit entfernten Ort?

53   Sie glaubten vorher nicht daran
und rätselten nur über das Verborgene von einem weit entfernten Ort.

54   Das, was sie sich ersehnen, ist ihnen versperrt,
wie es früher schon geschah mit ihresgleichen.
Doch siehe, sie zweifelten voll Argwohn.

Sure 35 – Der Schöpfer – *fāṭir*
Mekkanisch, 45 Verse

Im Namen Gottes, des barmherzigen Erbarmers.

1 Lobpreis sei Gott, dem Schöpfer der Himmel und der Erde,
der die Engel zu Boten machte, mit Schwingen, zwei, drei oder vier!
Er fügt hinzu zur Schöpfung, was er will.
Gott ist aller Dinge mächtig.

2 Was Gott den Menschen an Barmherzigheit eröffnet,
das kann niemand zurückhalten,
und was er zurückhält, das kann später keiner mehr freilassen.
Er ist der Mächtige, der Weise.

3 O ihr Menschen! Gedenkt der Gnade Gottes, die er euch erwies!
Gibt es denn einen Schöpfer – außer Gott –,
der euch versorgen kann vom Himmel und der Erde?
Kein Gott ist außer ihm.
Wie könnt ihr nur so verblendet sein?

4 Wenn sie dich Lügner nennen –
schon vor dir wurden doch Gesandte Lügner genannt!
Zu Gott wird alles zurückgebracht.

5 O ihr Menschen! Siehe, die Verheißung Gottes ist wahr.
So möge euch das Leben hier auf Erden nicht betören,
und auch der Verführer möge euch über Gott nicht täuschen!

6 Siehe, der Satan ist für euch ein Feind,
so fasst ihn auch als Feind auf!
Zu seiner Gefolgschaft will er euch rufen,
auf dass ihr zu Bewohnern des Höllenfeuers werdet.

7 Denen, die ungläubig sind, ist strenge Strafe bestimmt,
doch denen, die glauben und gute Werke tun,
wird Vergebung und großer Lohn zuteil.

8 Ist denn einer, dem das Böse seines Handelns verlockend scheint,
so dass er es als gut ansieht ...
Siehe, Gott führt in die Irre, wen er will,
und er leitet recht, wen er will.
So zehre sich deine Seele ihretwegen nicht aus Kummer auf!
Siehe, Gott weiß, was sie tun.

9 Gott ist es, der die Winde sandte,
darauf bringen sie Wolken hervor.
Die lenken wir dann hin zu abgestorbenem Land
und bringen damit den Boden, nach seinem Tod, zu neuem Leben.
So ist die Auferstehung.

10 Wer die Macht will – bei Gott ist alle Macht!
Zu ihm steigt das gute Wort empor,
und die rechte Tat erhebt es noch.
Denen, die hinterhältig Böses planen, ist strenge Strafe bestimmt.
Und die Arglist dieser Leute, sie vergeht.

11 Aus Erde schuf euch Gott, dann aus einem Tropfen,
dann machte er euch zu Paaren.
Keine Frau wird schwanger und gebärt,
ohne dass er es weiß.
Und niemandem wird sein Leben verlängert
und keinem von seinem Alter etwas weggenommen,
ohne dass es in einem Buch stünde.
Siehe, das ist für Gott ein Leichtes.

12 Und die beiden Meere sind nicht gleich;
dieses ist süß und frisch, köstlich zu trinken,
jenes salzig und brennend.
Aus beiden verzehrt ihr frisches Fleisch
und gewinnt Schmuck daraus, den ihr euch anlegt.
Du siehst, dass Schiffe es durchfahren,

auf dass ihr von seiner Huld zu gewinnen sucht.

Vielleicht seid ihr ja dankbar.

13 Er lässt die Nacht hinübergleiten in den Tag und den Tag in die Nacht.

Er machte die Sonne dienstbar und den Mond.

Alles läuft bis zu benannter Frist.

So ist Gott, euer Herr.

Sein ist die Herrschaft.

Und die ihr da an seiner statt anruft,

die besitzen keine Macht über das Häutchen um den Dattelkern.

14 Wenn ihr sie anruft, dann hören sie euer Rufen nicht;

und sollten sie euch hören, dann geben sie euch keine Antwort.

Am Tag der Auferstehung, da leugnen sie eure Beigesellung,

und keiner wird dir Auskunft geben wie ein Kundiger.

½ 15 O ihr Menschen! Ihr seid die Armen gegenüber Gott,

und Gott ist der Reiche, der Rühmenswerte.

16 Wenn er will, nimmt er euch hinweg und bringt eine neue Schöpfung.

17 Das ist für Gott nicht schwer.

18 Keine lasttragende Seele trägt die Last einer anderen;

und wenn eine belastete Seele dazu aufruft, sie zu tragen,

dann wird nichts davon getragen,

und wenn es ein Verwandter wäre.

Du jedoch warnst diejenigen, die ihren Herrn im Verborgenen fürchten

und das Gebet verrichten.

Wer sich läutert, der läutert sich für sich selbst.

Zu Gott hin ist der Lebensgang.

19 Der Blinde ist mit dem Sehenden nicht gleichzusetzen,

20 die Finsternis nicht mit dem Licht

21 und der Schatten nicht mit dem heißen Wind.

22 Und die Lebenden sind nicht mit den Toten gleichzusetzen.

Siehe, Gott macht hörend, wen er will.

Du aber kannst die nicht hörend machen, die in den Gräbern sind.

23 Du bist nur ein Warner.

24 Siehe, wir sandten dich mit der Wahrheit,

als Künder froher Botschaft und als Warner.

Keine Gemeinschaft gibt es, in der nicht ein Warner auftrat.

25 Und wenn sie dich einen Lügner nennen,

so taten das auch die vor ihnen.

Zu ihnen kamen ihre Gesandten

mit den Beweisen und den Schriften und dem erleuchtenden Buch.

26 Dann raffte ich die Ungläubigen hinweg.

Wie war da mein Tadel!

27 Siehst du denn nicht, dass Gott vom Himmel Wasser herniedersendet?
Damit bringen wir Früchte von verschiedener Art hervor.
Und an den Bergen gibt es Streifen von verschiedener Farbe:
weiß und braun und rabenschwarz.

28 Und von Mensch und Tier und Vieh gibt es verschiedene Arten.
So ist es.
Gott fürchten nur die Wissenden unter seinen Knechten.
Siehe, Gott ist mächtig, bereit zu vergeben.

29 Siehe, die Gottes Buch vortragen und das Gebet verrichten
und von dem spenden, womit wir sie versorgten,
heimlich oder offen,
die erhoffen einen Handel, der besteht,

30 auf dass er ihnen ihren Lohn in vollem Maße gibt
und dazu noch von seiner Huld.
Siehe, er ist bereit zu vergeben, zu belohnen.

31 Was wir dir vom Buche eingegeben haben, das ist die Wahrheit:
bestätigend, was davor war.
Siehe, Gott kennt seine Knechte wohl, er schaut auf sie.

32 Dann vererbten wir das Buch denen unserer Knechte, die wir erwählten.
Manch einer von ihnen frevelt gegen sich selber,
und manch einer ist unentschieden,
und manch einer eilt voraus mit den guten Dingen, mit Erlaubnis Gottes.
Das ist die große Huld.

33 In die Gärten Eden gehen sie ein,
mit goldenen Armringen geschmückt und Perlen.
Ihre Gewänder sind dort aus Seide.

34 Sie sprechen: «Lobpreis sei Gott, der die Traurigkeit von uns nahm.
Siehe, unser Herr ist fürwahr bereit zu vergeben, zu belohnen.

35 Der uns aus seiner Huld im Hause der Beständigkeit wohnen lässt.
Keine Anstrengung fühlen wir dort
und auch keine Müdigkeit.»

36 Doch den Ungläubigen ist das Feuer der Hölle bestimmt.
Sie werden nicht zum Tod verurteilt, so dass sie sterben könnten,
und die Strafe wird ihnen nicht erleichtert.
So vergelten wir einem jeden, der im Unglauben verharrt.

37 Dort schreien sie: «Unser Herr, lass uns heraus,
auf dass wir rechtschaffen handeln –
anders, als wir das sonst immer taten!»
Haben wir euch nicht lange leben lassen?

Ließ sich denn keiner davor mahnen, der sich hätte mahnen lassen
  können?
Da doch ein Warner zu euch kam!
So schmeckt nun!
Für die Frevler gibt es keinen Helfer.

38 Siehe, Gott kennt das Verborgene der Himmel und der Erde.
Er kennt das Innere der Herzen.

39 Er ist es, der euch zu Nachfolgern auf Erden machte.
Und wer ungläubig ist, der ist es zum eigenen Nachteil.
Den Ungläubigen bringt ihr Unglaube bei ihrem Herrn nur noch mehr
  Abscheu ein
und bei ihnen selber nichts als Schaden.

40 Sprich: «Was denkt ihr denn von euren Gesellen, die ihr an Gottes statt
  anruft?
Zeigt mir doch, was sie von der Erde erschaffen haben!»
Oder haben sie einen Anteil an den Himmeln?
Oder haben wir ihnen ein Buch gebracht,
so dass sie einen Beweis daran hätten?
Nein! Die Frevler verheißen einander nichts als Trug!

¾ 41 Siehe, Gott hält die Himmel und die Erde fest, dass sie nicht weichen.
Würden sie weichen, könnte kein anderer nach ihm sie halten.
Siehe, er ist milde, bereit zu vergeben.

42 Sie haben bei Gott mit allem Nachdruck geschworen:
Käme ein Warner zu ihnen,
dann ließen sie sich eher leiten als eine der Gemeinschaften.
Doch als ein Warner zu ihnen kam,
bestärkte sie das nur in der Ablehnung,

43 im Hochmut auf der Erde und im bösen Ränkespiel.
Doch böses Ränkespiel trifft nur die eigenen Leute.
Erwarten sie denn etwas anderes als den Brauch der Altvorderen?
Doch wirst du keine Vertauschung finden in Gottes regelhaftem Tun
und auch keine Abänderung.

44 Zogen sie denn nicht durchs Land,
so dass sie sahen, wie das Ende derer, die vor ihnen lebten, war?
Die waren mächtiger als sie.
Es ist nicht möglich, Gott daran zu hindern,
etwas zu tun in den Himmeln und auf Erden.
Siehe, er ist wissend, mächtig.

45 Würde Gott die Menschen strafen für das, was sie begangen haben,
so beließe er kein Tier auf ihrer Oberfläche.

Doch gewährt er ihnen Aufschub bis zu einer festgelegten Frist.
Wenn ihre Frist dann kommt –
siehe, Gott schaut auf seine Knechte.

Sure 36 – Ya-Sin – Yā-Sīn

Mekkanisch, 83 Verse

Im Namen Gottes, des barmherzigen Erbarmers.

1 *Ya-Sin.*

2 Beim weisen Koran!

3 Siehe, du bist einer der Abgesandten

4 auf einem geraden Weg.

5 Herabgesandt ist er vom Mächtigen, Barmherzigen,

6 auf dass du mit ihm warnst ein Volk,
dessen Väter noch nicht gewarnt wurden:
Daher sind sie ahnungslos.

7 Wahr wurde das Wort über die meisten von ihnen:
Sie glauben nämlich nicht.

8 Siehe, wir machten ihnen Ketten an ihren Hälsen,
die reichten bis zum Kinn, so dass sie ihren Kopf hochrecken mussten.

9 Und wir errichteten einen Damm vor ihnen
und einen Damm hinter ihnen,
so dass wir sie abschirmten und sie nichts sehen konnten.

10 Für sie ist es gleich, ob du sie warnst oder nicht:

Sie glauben nicht!

11 Du kannst jedoch nur jemanden warnen, der der Mahnung folgt
und im Verborgenen den Erbarmer fürchtet.
Dann aber verkünde ihm Vergebung und edlen Lohn!

12 Siehe, wir erwecken die Toten wieder zum Leben
und schreiben auf, was sie früher taten und was sie hinterließen.
Und alles haben wir genau erfasst in einem klaren Hauptbuch.

13 Als Gleichnis präge ihnen die Bewohner der Stadt –
damals, als die Abgesandten zu ihnen kamen.

14 Damals, als wir zwei zu ihnen schickten,
nannten sie die beiden Lügner.
Da brachten wir einen dritten zur Verstärkung,
und sie sprachen: «Siehe, wir sind zu euch gesandt!»

15 Sie sprachen: «Ihr seid doch nur Menschen wie wir!»
Und: «Der Erbarmer hat nichts herabgesandt. Ihr lügt doch nur.»

16 Sie sprachen: «Unser Herr weiß es.
Siehe, wir sind zu euch gesandt.

17 Uns obliegt nichts als die klare Botschaft.»

18 Sie sprachen: «Siehe, wir sehen in euch ein böses Omen!
Wenn ihr nicht aufhört, so werden wir euch steinigen,
und eine schmerzhafte Strafe wird euch von uns ereilen!»

19 Sie sprachen: «Euer böses Omen ist in *euch*.
Und wenn ihr nun gemahnt werdet?
Nein, ihr seid ein maßloses Volk!»

20 Da kam, vom äußersten Ende der Stadt, ein Mann gelaufen.
Er sprach: «He, Leute! Folgt den Abgesandten!

21 Folgt denen, die keinen Lohn von euch verlangen und rechtgeleitet sind!

22 Warum soll ich denn dem nicht dienen, der mich erschuf?
Zu ihm werdet ihr zurückgebracht.

23 Soll ich mir neben ihm noch Götter nehmen?
Wenn der Erbarmer will, dass mich Unglück trifft,
nützt mir ihre Fürsprache nichts,
und sie können mich nicht retten.

24 Siehe, ich wäre dann in einem klaren Irrtum.

25 Siehe, ich glaube an euren Herrn, daher hört auf mich!»

26 Es wurde gesagt: «Tritt ein in den Paradiesesgarten!»
Er sprach: «O wüssten meine Leute doch darum,

27 wie mir mein Herr vergab und mich zu einem der Geehrten machte!»

28 Nach ihm sandten wir keine Heerscharen mehr vom Himmel auf sein
Volk herab,

ja, wir sandten überhaupt nichts herab.

29 Ein einziger Schrei nur war es, da waren sie erloschen.

30 O Jammer über die Knechte!
Kein Gesandter kam zu ihnen,
über den sie nicht gespottet hätten.

31 Sahen sie denn nicht, wie viele Geschlechter wir vor ihnen zugrunde
richteten?
Dass sie nie mehr zu ihnen zurückkehren?

32 Und alle, samt und sonders, werden uns vorgeführt.

33 Ein Zeichen ist für sie die tote Erde.
Wir belebten sie und ließen Korn aus ihr wachsen,
so dass sie davon essen können.

34 Wir machten auf ihr Gärten aus Palmen und Weinstöcken
und ließen Quellen auf ihr sprudeln:

35 auf dass sie von all ihren Früchten essen
und von dem, was ihre Hände machten:
Ja, wollen sie nicht dankbar sein?

36 Gepriesen sei, der alle Paare schuf –
von dem, was die Erde sprießen lässt,
von ihnen selber und von dem, was sie nicht kennen.

37 Ein Zeichen ist für sie die Nacht:
Wir ziehen den Tag weg von ihr, und plötzlich stehen sie im Dunkeln.

38 Die Sonne läuft zu einem ihr gesetzten Ort.
Das ist des Starken, Wissenden Vorherbestimmung.

39 Dem Mond bestimmten wir Stationen,
bis er zurückkehrt wie ein alter Dattelpalmenstiel.

40 Die Sonne darf niemals den Mond erreichen
und die Nacht den Tag nicht überholen:
Sie alle schweben auf einer Himmelsbahn.

41 Ein Zeichen ist für sie, dass wir ihre Nachkommenschaft
auf dem beladenen Schiffe trugen.

42 Wir schufen ihnen etwas gleicher Art, das sie besteigen können;

43 wenn wir wollen, lassen wir sie ertrinken:
Da gibt es keinen Hilfeschrei für sie.
Sie werden nicht gerettet –

44 außer aus Barmherzigkeit von uns
und zum Genuss des Lebens für eine Zeit.

45 Wenn man ihnen sagt: «Fürchtet, was vor euren Augen liegt
und was noch nach euch kommt, vielleicht findet ihr Erbarmen» …

46 Kein Zeichen ihres Herrn kam zu ihnen,

von dem sie sich nicht abgewendet hätten.

47 Wenn man ihnen sagt: «Spendet von dem, womit euch Gott versorgte!»,
so sagen die, die ungläubig sind, zu denen, welche glauben:
«Sollen wir denn einen speisen, den Gott, wenn er wollte, speisen würde?
Ihr seid in nichts als in klarem Irrtum!»

48 Und sie sprechen: «Diese Verheißung – wann kommt sie denn,
wenn ihr wahrhaftig seid?»

49 Sie haben nichts zu erwarten als einen einzigen Schrei,
der sie hinwegrafft, noch während sie miteinander streiten.

50 Sie können kein Testament mehr machen
und werden zu ihrer Familie nicht zurückgebracht.

51 Und geblasen wird in die Posaune,
und siehe, sie eilen aus den Grüften zu ihrem Herrn.

52 Sie sprechen: «O wehe uns! Wer hat uns aus unserer Ruhestätte
auferweckt?
Das ist es, was der Erbarmer verheißen hat –
und die Abgesandten haben die Wahrheit gesagt!»

53 Ein einziger Schrei nur ist es,
dann werden sie uns alle vorgeführt.

54 An dem Tag wird keiner Seele Unrecht angetan,
und euch wird nur für das vergolten, was ihr je getan habt.

55 Siehe, die Paradiesesbewohner sind an diesem Tag heiter bei der Sache;

56 sie und ihre Frauen liegen im Schatten, angelehnt an Ruhepolster.

57 Sie haben dort Früchte und alles, was sie wünschen.

58 «Friede!» heißt der Gruß von einem barmherzigen Herrn.

59 «Trennt euch heute, ihr Missetäter!

¼ 60 Habe ich euch nicht verpflichtet, ihr Menschenkinder,
dem Satan nicht zu dienen?
Siehe, er ist euch ein klarer Feind.

61 Sondern dienet mir! Das ist ein gerader Weg.

62 Er führte eine große Schar von euch in die Irre.
Wollt ihr denn nicht begreifen?

63 Das hier ist die Hölle, die euch verheißen ward!

64 Brennt in ihr an diesem Tag, dafür, dass ihr ungläubig wart!»

65 An diesem Tag versiegeln wir ihre Münder,
und zu uns sollen ihre Hände sprechen und ihre Füße das bezeugen,
was sie je begangen haben.

66 Wenn wir wollten, würden wir ihre Augen blenden,
so dass sie den Weg ertasten müssten.
Wie sollten sie sonst sehen?

67 Wenn wir wollten, würden wir sie an ihre Orte bannen,
so dass sie weder vorwärts gehen könnten noch zurück.

68 Und wessen Leben wir verlängern,
den schwächen wir in seiner Befindlichkeit.
Wollt ihr denn nicht begreifen?

69 Wir lehrten ihn nicht die Dichtung,
denn das gebührt ihm auch nicht.
Siehe, es ist nichts anderes als eine Mahnung und eine klare Lesung,

70 damit er jeden mahne, der lebendig ist,
und das Wort über die Ungläubigen Wahrheit werde.

71 Sahen sie denn nicht, dass wir ihnen, durch unserer Hände Arbeit,
Herdenvieh erschufen, so dass sie es nun besitzen?

72 Wir machten es ihnen fügsam.
Teils nutzen sie es zum Reiten,
teils essen sie davon.

73 In ihm liegt für sie vielfacher Nutzen,
auch gibt es zu trinken.
Wollt ihr denn nicht dankbar sein?

74 Und sie nahmen sich neben Gott noch Götter,
auf dass sie sich vielleicht als hilfreich erweisen könnten.

75 Sie können ihnen nicht helfen.
Sie sind nur eine Heerschar für sie, die vorgeführt wird.

76 Ihre Rede soll dich nicht traurig stimmen!
Siehe, wir wissen, was sie verbergen und was sie offenlegen.

77 Sah der Mensch denn nicht,
dass wir ihn aus einem Tropfen erschaffen haben?
Und schon ist er ein klarer Gegner.

78 Ein Gleichnis prägte er für uns,
vergaß dabei jedoch, dass er geschaffen ist.
Er sprach: «Wer kann die Gebeine lebendig machen,
wenn sie schon zerfallen sind?»

79 Sprich: «Der macht sie lebendig, der sie ein erstes Mal erschuf.
Wissen hat er von allem, was erschaffen ist.

80 Der euch vom grünen Baum Feuer machte,
und siehe da, ihr nehmt die Glut davon.

81 Ja, der die Himmel und die Erde schuf,
hat der nicht die Macht dazu, zu schaffen ihresgleichen?
O ja! Denn er ist der Schöpfer, der Wissende.

82 Wenn er eine Sache will, lautet sein Befehl doch nur,
dass er zu ihr sagt: ‹Sei!› Und dann ist sie.

83   Daher sei der gepriesen, in dessen Hand die Herrschaft über alle
     Dinge ist!
     Zu ihm werdet ihr zurückgebracht.»

Sure 37 – Die sich Reihenden – aṣ-ṣāffāt

Mekkanisch, 182 Verse

Im Namen Gottes, des barmherzigen Erbarmers.

1 Bei denen, die sich zur Reihe reihen,
2 dann lärmend schelten,
3 dann eine Mahnung vortragen!
4 Siehe, euer Gott ist wahrlich ein *Einziger*,
5 der Herr der Himmel und der Erde und dessen, was dazwischen ist,
der Herr der Aufgangsorte.
6 Siehe, wir verzierten den niedersten Himmel mit Schmuck, den Sternen,
7 und zum Schutz vor einem jeden aufrührerischen Satan:
8 Dem höchsten Rat vermögen sie nicht zuzuhören;
von jeder Seite werden sie beworfen,
9 um sie wegzujagen
– und ihnen ist immerwährende Strafe bestimmt –,
10 es sei denn, jemand schnappt etwas auf;
dann aber folgt ihm eine leuchtende Sternschnuppe.
11 So frage sie: «Waren sie schwerer zu erschaffen oder der, den wir erschufen?»
Siehe, wir schufen sie aus klebrigem Lehm.

12   Nein! Da wunderst du dich, derweil sie spotten.

13   Wenn sie gemahnt werden, beachten sie es nicht,

14   und wenn sie ein Zeichen sehen, spotten sie

15   und sprechen: «Das ist doch nichts als klarer Zauber!

16   Können wir denn, wenn wir gestorben
     und zu Staub und Gebein geworden sind,
     wieder auferweckt werden?

17   Und auch unsere Vorväter?»

18   Sprich: «Ja. Und demütig werdet ihr sein.»

19   Doch es ist ein einziger Aufschrei nur,
     und siehe da, sie werden sehen!

20   Und sie werden sprechen: «Wehe uns, das ist der Tag des Gerichts.»

21   «Das ist der Tag der Trennung,
     den ihr beständig Lüge nanntet.»

½ 22   «Versammelt die Frevler samt ihren Ehefrauen und was sie angebetet haben

23   außer Gott! Dann führt sie auf den Weg zur Feuerhölle,

24   und stellt sie auf! Siehe, sie sollen befragt werden.»

25   «Was ist mit euch? Helft ihr einander nicht?»

26   Nein, heute ergeben sie sich.

27   Sie werden aufeinander zugehen, einander fragend,

28   und werden sagen: «Siehe, ihr kamt stets von rechts zu uns.»

29   Sie werden sagen: «Nein, ihr wart nicht Gläubige!

30   Wir hatten keine Vollmacht über euch;
     ihr wart doch die Übertreter.

31   An uns wird sich das Wort unseres Herrn verwirklichen:
     Siehe, wir werden schmecken.

32   Wir verführten euch.
     Ja, Verführer waren wir!»

33   Siehe, an jenem Tage werden sie sich dann die Strafe teilen.

34   Siehe, so werden wir verfahren mit den Missetätern.

35   Siehe, wenn man zu ihnen sprach:
     «Kein Gott ist außer Gott!»,
     dann waren sie hochmütig

36   und sprachen: «Sollen wir wohl von unseren Göttern lassen
     zugunsten eines besessenen Dichters?»

37   Nein! Er kam mit der Wahrheit
     und bestätigte die Abgesandten.

38   Siehe, ihr werdet fürwahr die schmerzhafte Strafe schmecken.

39   Und euch wird nur das vergolten, was ihr je getan habt –

40   außer den auserwählten Knechten Gottes:

41　Für diese ist bestimmte Nahrung –
42　Früchte! Und sie sind geehrt
43　in Gärten der Glückseligkeit,
44　da sie auf Betten einander gegenüberliegen,
45　während ein Becher unter ihnen die Runde macht, gefüllt mit frischem
　　　Wasser,
46　der silbern ist, für die Trinkenden ein Genuss.
47　Kein Verderben liegt in ihm, und sie bekommen von ihm keinen Rausch.
48　Frauen mit großen Augen, die keusch blicken, sind bei ihnen,
49　ganz so, als ob sie wohlverwahrte Eier wären.
50　Sie werden aufeinander zugehen, einander fragend.
51　Einer von ihnen spricht: «Ich hatte einen Gefährten,
52　der sprach: ‹Bist du wohl einer derer, die dem Glauben schenken?
53　Können wir denn, wenn wir gestorben
　　　und zu Staub und Gebein geworden sind,
　　　wirklich gerichtet werden?›»
54　Er sprach: «Wollt ihr schauen?»
55　Da schaute er und sah ihn mitten in der Feuerhölle.
56　Er sprach: «Bei Gott, du hättest mich ja fast vernichtet!
57　Hätte es da nicht die Gnade meines Herrn gegeben,
　　　wäre ich wohl einer derer, die man vorführt.
58　Sind wir denn nicht gestorben
59　nur unseren ersten Tod?
　　　Wir werden nicht bestraft,
60　siehe, das ist der große Gewinn.»
61　Nach diesem Beispiel sollten alle handeln.
62　Ist das als Speisung besser oder der *Zaqqum*-Baum?
63　Siehe, wir machten ihn zu einer Prüfung für die Frevler.
64　Siehe, er ist ein Baum, der emporwächst aus dem Höllenfeuer.
65　Seine Dolden sehen aus wie Köpfe von Satanen.
66　Siehe, sie essen von ihm und füllen sich damit die Bäuche.
67　Dann gibt es für sie außerdem noch eine heiße Wassermischung.
68　Darauf erfolgt ihre Rückkehr in die Feuerhölle.
69　Siehe, sie fanden, dass schon ihre Väter irrten,
70　doch eilten sie in ihren Spuren.
71　Schon vor ihnen gingen die meisten Vorfahren in die Irre.
72　Und wir haben Warner zu ihnen gesandt.
73　So schau doch, wie das Ende der Gewarnten war –
74　bis auf die auserwählten Knechte Gottes.
75　Einst rief Noah zu uns.

Ja, wahrlich, wie vortrefflich ist es, wie wir erhören!

76 Wir erretteten ihn und die Seinen aus der großen Not.

77 Seine Nachkommenschaft machten wir zu Überlebenden.

78 Wir erhielten für ihn unter den Nachgeborenen:

79 Friede sei über Noah unter den Weltbewohnern!

80 Siehe, so belohnen wir die, die Gutes tun.

81 Ja, er war einer unserer gläubigen Knechte.

82 Danach ließen wir die anderen ertrinken.

¾   83 Siehe, zu seiner Gruppe zählte auch Abraham.

84 Damals, als er zu seinem Herrn mit lauterem Herzen kam,

85 als er zu seinem Vater und zu seinen Leuten sprach:
«Was betet ihr da an?

86 Strebt ihr aus lauter Lüge Götter an – außer dem *einen* Gott?

87 Was denkt ihr denn über den Herrn der Weltbewohner?»

88 Und er warf einen Blick auf die Sterne.

89 Dann sprach er: «Siehe, ich bin krank.»

90 Da kehrten sie ihm den Rücken zu,

91 und er wandte sich ihren Göttern zu und sprach:
«Wollt ihr nicht essen?

92 Warum sagt ihr denn nichts?»

93 Da wandte er sich, mit einem Schlag der Rechten, gegen sie.

94 Sie aber gingen eilends auf ihn los.

95 Er sprach: «Wollt ihr das anbeten, was ihr als Standbild macht?

96 Wo euch doch Gott erschaffen hat und das, was ihr tut?»

97 Sie sprachen: «Baut ihm einen Bau!
Dann werft ihn in das Höllenfeuer!»

98 Und sie planten für ihn eine List.
Doch wir machten sie zu Unterlegenen.

99 Er sprach: «Siehe, ich gehe hin zu meinem Herrn; er wird mich leiten.

100 Mein Herr! Schenk mir einen von den Frommen!»

101 Da verkündigten wir ihm einen sanftmütigen Knaben.

102 Als er mit ihm den Lauf erreichte, sprach er:
«Mein Sohn! Ich sah im Traum, dass ich dich opfern soll.
Nun sieh, was meinst du dazu?»
Er sprach: «Mein Vater, handle so, wie dir befohlen wird;
du wirst mich, so Gott will, geduldig finden.»

103 Als die beiden sich in ihr Geschick ergeben hatten
und er ihn auf die Stirn geworfen hatte,

104 da riefen wir ihm zu: «O Abraham!

105 Du hast das Traumgesicht für wahr gehalten.»

Siehe, so belohnen wir die, die Gutes tun.

106 Siehe, das war die klare Prüfung!

107 Durch ein herrliches Schlachtopfertier schafften wir Ersatz für ihn.

108 Wir erhielten für ihn unter den Nachgeborenen:

109 ‹Friede sei über Abraham!›

110 So belohnen wir die, die Gutes tun.

111 Er war von unseren gläubigen Knechten.

112 Und wir verkündeten ihm Isaak,
    einen Propheten von den Frommen.

113 Wir segneten ihn und Isaak;
    und unter ihren Kindeskindern ist mancher, der Gutes tut,
    und mancher, der offen frevelt gegen sich.

114 Mose und Aaron erwiesen wir Gnade

115 und erretteten sie und ihr Volk aus der großen Not

116 und halfen ihnen, so dass sie die Oberhand gewannen.

117 Wir gaben beiden das klare Buch

118 und leiteten beide auf den rechten Weg.

119 Wir erhielten für sie unter den Nachgeborenen:

120 ‹Friede sei über Mose und über Aaron!›

121 So belohnen wir die, die Gutes tun.

122 Siehe, beide gehörten zu unseren gläubigen Knechten.

123 Siehe, Elia war einer der Abgesandten.

124 Als er zu seinem Volk sprach: «Wollt ihr nicht gottesfürchtig sein?

125 Wollt ihr Baal anbeten und ablassen von dem besten Schöpfer,

126 Gott, eurem Herrn und dem Herrn eurer Vorväter?»

127 Doch sie nannten ihn einen Lügner.
    Dann werden sie wahrhaftig vorgeführt,

128 bis auf die auserwählten Knechte Gottes.

129 Wir erhielten für ihn unter den Nachgeborenen:

130 ‹Friede sei über Elia!›

131 So belohnen wir die, die Gutes tun.

132 Siehe, er gehörte zu unseren gläubigen Knechten.

133 Siehe, Lot gehörte wahrlich zu den Abgesandten.

134 Damals, als wir ihn mit den Seinen retteten, sie allesamt,

135 bis auf eine alte Frau unter den Zurückgelassenen.

136 Darauf vernichteten wir die anderen.

137 Ihr werdet wahrlich an ihnen vorüberziehen, des Morgens

138 und in der Nacht. Habt ihr denn keine Einsicht?

139 Siehe, Jona gehörte wahrlich zu den Abgesandten.

140 Damals, als er auf das beladene Schiff entfloh,

141 loste und einer der Verlierer war

142 und ihn der Fisch verschlang und er zu tadeln war.

143 Hätte er nicht zu den Lobpreisenden gehört,

144 dann wäre er in seinem Bauch geblieben –

bis zu dem Tag, an dem sie auferstehen.

♭46 145 Da warfen wir ihn krank aufs weite Land

146 und ließen über ihn eine Kürbispflanze wachsen.

147 Und wir sandten ihn zu Hunderttausend oder mehr.

148 Da glaubten sie, und wir verliehen ihnen für eine Weile Lebensgenuss.

149 So frage sie doch, ob dein Herr die Töchter hat und sie die Söhne.

150 Oder erschufen wir die Engel als weibliche Wesen,

wobei sie Zeugen waren?

151 Ist es nicht so, dass sie aus ihrer Lügenhaftigkeit heraus behaupten:

152 «Gott hat Kinder gezeugt.»

Doch siehe, sie sind wahrhaftig Lügner!

153 Hat er die Töchter vor den Söhnen auserwählt?

154 Was ist mit euch, dass ihr auf diese Weise urteilt?

155 Wollt ihr euch nicht mahnen lassen?

156 Oder habt ihr eine klare Vollmacht?

157 Dann bringt euer Buch herbei, wenn ihr wahrhaftig seid!

158 Und sie haben zwischen ihm und den Dschinnen Verwandtschaft
behauptet,

wo doch die Dschinne wissen, dass sie vorgeführt werden

159 – Gott sei gepriesen ob dessen, was sie da behaupten! –,

160 bis auf die auserwählten Knechte Gottes.

161 Doch ihr und was ihr da verehrt,

162 könnt niemanden dazu verführen,

163 bis auf den, der in der Feuerhölle brennen wird.

164 Von uns gibt es keinen, der nicht seinen bekannten Platz hätte.

165 Siehe, wir sind aufgestellt in einer Reihe,

166 und wir sind es, die lobpreisen.

167 Siehe, sie sprachen immer wieder:

168 «Wenn eine Mahnung von den Vorvätern bei uns wäre,

169 dann wären wir die auserwählten Knechte Gottes!»

170 Sie aber glaubten nicht daran, doch werden sie noch wissen.

171 Schon früher kam unser Wort zu unseren gesandten Knechten.

172 Siehe, ihnen wird geholfen werden,

173 und unsere Truppen, sie werden die Sieger sein.

174 So wende dich von ihnen ab für eine Zeit!

175 Schau auf sie! Auch sie werden schauen.

176 Sind sie denn darauf aus, dass unsere Strafe sie rasch ereilt?

177 Und wenn sie dann herabkommt in ihrer Gegend,
    wie schlimm ist dann der Morgen der Gewarnten!

178 Wende dich von ihnen ab für eine Zeit!

179 Schau auf sie! Auch sie werden schauen.

180 Dein Herr, der Herr der Stärke, sei gepriesen
    ob dessen, was sie da behaupten!

181 Friede sei über den Abgesandten,

182 und Lobpreis sei Gott, dem Herrn der Weltbewohner!

Sure 38 – Sad – Ṣād
Mekkanisch, 88 Verse

Im Namen Gottes, des barmherzigen Erbarmers.

1 *Sad.* Bei der Lesung mit der Mahnung!

2 Nein! Die ungläubig sind, haben Macht und betreiben Spaltung.

3 Wie viele Geschlechter vor ihnen richteten wir zugrunde,
da riefen sie, doch da war keine Zeit mehr, zu entkommen.

4 Sie sind erstaunt, dass ein Warner aus ihrer Mitte zu ihnen kam.
Die ungläubig sind, sprechen: «Das ist ein lügnerischer Zauberer!

5 Macht er die Götter zu *einem* Gott?
Siehe, das ist ja wirklich sehr verwunderlich!»

6 Die Ältesten von ihnen huben an:
«Wohlan, harrt bei euren Göttern aus!
Siehe, das ist wünschenswert!

7 Wir haben so etwas noch nicht gehört in der letzten Religion.
Das ist nichts als Erfindung.

8 Wurde etwa auf ihn, der aus unserer Mitte stammt, die Mahnung
herabgesandt?»
Nein, sie sind ja im Zweifel über meine Mahnung.

Nein, meine Strafe haben sie noch nicht geschmeckt.

9 Oder sind bei ihnen die Schätze des Erbarmens deines Herrn,
des Mächtigen, freigebig Schenkenden?

10 Oder haben sie die Herrschaft über die Himmel und die Erde und was
dazwischen ist?
So sollen sie doch mit Stricken hochsteigen!

11 Ein Heer von den Völkerschaften, das dort besiegt ist.

12 Schon vor ihnen leugneten das Volk von Noah und die ʿAd,
Pharao, der Herr der Pfähle,

13 die Thamud, das Volk von Lot und die ‹Leute des Dickichts›:
Das sind die Völkerschaften.

14 Da ist keines, das die Gesandten nicht Lügner nannte.
Da traf meine Strafe ein.

15 Diese hier haben nichts anderes zu erwarten
als einen einzigen, ununterbrochenen Schrei.

16 Sie sprechen: «Unser Herr, beeile dich, uns unser Buch zu bringen
noch vor dem Tag, da abgerechnet wird!»

17 Sei du geduldig gegenüber dem, was sie sagen!
Und denke an unseren kraftvollen Knecht David.
Siehe, er war bereit zur Buße.

18 Siehe, wir machten die Berge dienstbar,
dass sie mit ihm das Lob erschallen lassen, am Abend und am lichten
Morgen,

19 zusammen mit der Vögel Schar
– ein jeder kehrt zu ihm zurück –,

20 und stärkten seine Herrschaft und gaben ihm Weisheit und Urteilskraft.

¼ 21 Kam zu dir die Kunde der Streitenden?
Damals, als sie über die Mauer in den Palast eindrangen,

22 als sie zu David traten und er vor ihnen erschrak –
da sprachen sie: «Fürchte dich nicht! Wir sind zwei Streitende,
von denen der eine dem anderen Unrecht tat.
Entscheide du nun zwischen uns nach der Wahrheit,
sei nicht parteiisch, und führe uns auf den geraden Weg!»

23 «Siehe, dieser mein Bruder hat neunundneunzig Schafe,
ich aber habe nur ein Schaf. Da sprach er:
‹Vertraue es mir an!›
Und er überwältigte mich in der Rede.»

24 Da sprach er: «Er hat dir Unrecht angetan,
indem er zu dem seinen noch dein Schaf verlangt.
Siehe, bei vielen von denen, die als Partner handeln,

tut der eine dem anderen Unrecht.» –
Nur die nicht, welche glauben und gute Werke tun,
doch wie wenige sind das! –
David dachte, dass wir ihn auf die Probe stellen wollten.
So bat er seinen Herrn um Vergebung, fiel auf die Knie nieder
und kehrte sich ihm demütig zu.
25 Wir vergaben ihm das.
Siehe, er ist nahe bei uns und hat eine schöne Heimkehr.
26 «David! Siehe, wir haben dich zu einem Nachfolger im Lande gemacht.
So entscheide du zwischen den Menschen nach der Wahrheit!
Folge nicht Lust und Laune,
denn das führt dich ab von Gottes Weg!»
Siehe, die von Gottes Weg abweichen,
haben eine schwere Strafe zu erwarten
dafür, dass sie den Tag vergaßen, an dem abgerechnet wird.
27 Wir erschufen den Himmel und die Erde und was dazwischen ist nicht
umsonst:
Das denken die Ungläubigen.
Doch wehe den Ungläubigen vor dem Feuer!
28 Oder sollen wir diejenigen, die glauben und gute Werke tun,
so behandeln wie diejenigen, die Unheil auf der Erde stiften,
oder die Gottesfürchtigen so wie die Gottesfernen?
29 Ein Buch voll Segen, wir sandten es zu dir herab,
auf dass sie seine Verse recht bedenken
und die Einsichtsvollen sich mahnen lassen.
30 Wir schenkten David Salomo. Welch guter Knecht!
Siehe, er war bereit zur Buße.
31 Damals, als ihm am Abend die leichtfüßigen Rennpferde vorgeführt
wurden …
32 Da sprach er: «Siehe, aus Liebe zum irdischen Gut versäumte ich es,
meines Herrn zu gedenken,
bis sie hinter dem Vorhang verschwand.
33 Gebt sie mir nun zurück!»
Da begann er, über die Beine zu streichen und die Hälse.
34 Wir stellten Salomo auf die Probe
und ließen auf seinem Thron ein leibhaftig Abbild sitzen.
Dann kehrte er sich ihm demütig zu.
35 Er sprach: «Mein Herr, vergib mir!
Schenk mir eine Herrschaft, wie sie keinem nach mir zukommt!
Siehe, du bist der freigebig Schenkende.»

36 Und wir machten ihm den Wind zu Diensten
– der weht sacht auf sein Geheiß, wohin er will –

37 und die Satane, einen jeden als Baumeister und Taucher,

38 und andere, in Fesseln aneinandergebunden.

39 «Das ist unsere Gabe.
So schenke du nun, oder halte dich zurück,
ohne darüber abzurechnen.»

40 Siehe, er ist nahe bei uns und hat eine schöne Heimkehr.

41 Gedenke unseres Knechtes Hiob! Damals, als er zu seinem Herrn rief:
«Satan hat mich mit Übel und mit Pein geschlagen.»

42 «Stampf auf mit deinem Fuß!
Das hier ist ein kühler Badeplatz – und ein Getränk.»

43 Wir schenkten ihm seine Angehörigen wieder
und mit ihnen noch einmal so viel aus Barmherzigkeit von uns
und als Mahnung für die Einsichtsvollen.

44 «Nimm in deine Hand ein Bündel, dann schlag damit,
und sei nicht eidbrüchig!»
Wir fanden, dass er geduldig war. Was für ein guter Knecht!
Siehe, er war bereit zur Buße.

45 Gedenke unserer Knechte Abraham, Isaak und Jakob,
Männern voller Kraft und Klarsicht!

46 Siehe, wir haben sie besonders ausersehen
zur Mahnung an das Jenseits.

47 Siehe, sie gelten bei uns als die besonders Auserwählten.

48 Gedenke Ismaels, Elisas und des Dhu l-Kifl –
ein jeder gehörte zu den Frommen.

49 Das hier ist eine Mahnung.
Siehe, den Gottesfürchtigen ist eine schöne Heimkehr bestimmt:

50 Die Tore zu den Gärten Eden sind für sie geöffnet.

51 Sie liegen dort, angelehnt,
rufen dort nach viel Früchten und Getränk.

½ 52 Frauen gleichen Alters sind bei ihnen, die keusch blicken.

53 «Das ist es, was euch verheißen ward für den Tag, da abgerechnet wird!»

54 Siehe, das ist unsere Versorgung – niemals geht sie aus.

55 So ist das. Doch den Frevlern ist eine schlimme Heimkehr bestimmt,

56 die Hölle, in der sie brennen: welch schlimmer Ort!

57 Hier sind – und schmecken sollen sie es nur! – siedendes Wasser und
Eiterfluss

58 und vielfältig anderes von gleicher Art.

59 «Da bricht eine Schar mit euch herein.»

Ihnen gilt kein Willkommen.
Siehe, sie werden im Feuer brennen.

60   Sie werden sprechen: «Nein – *euch* gilt kein Willkommen.
Ihr seid es, die uns das hier verursacht habt.»
Welch schlimmer Aufenthaltsort!

61   Sie werden sprechen: «Unser Herr!
Dem, der uns dies verursacht hat,
dem verdoppele die Pein im Höllenfeuer!»

62   Sie werden sprechen: «Was hat es zu bedeuten,
dass wir keine Männer sehen, die wir immer zu den Bösen zählten?

63   Haben wir sie vielleicht zum Ziel des Spotts gemacht,
oder blieben sie dem Blick verborgen?»

64   Siehe, das ist die Wahrheit:
der Zank derer, die im Feuer wohnen.

65   Sprich: «Ich bin nur ein Warner.
Es gibt keine andere Gottheit außer Gott,
dem Einen, dem Bezwinger,

66   dem Herrn der Himmel und der Erde und was dazwischen ist,
dem Mächtigen, dem, der allezeit bereit ist zu vergeben.»

67   Sprich: «Es ist eine gewaltige Kunde,

68   von der ihr euch abwendet!

69   Ich hatte kein Wissen von der höchsten Ratsversammlung,
als sie miteinander stritten.

70   Mir wurde nur eingegeben, dass ich nichts als ein klarer Warner sei!»

71   Als dein Herr zu den Engeln sprach:
«Siehe, ich will aus Lehm einen Menschen schaffen.

72   Wenn ich ihn dann wohlgestaltet
und von meinem Geist in ihn geblasen habe –
dann fallt vor ihm anbetend nieder!»

73   Da warfen sich die Engel allesamt vor ihm nieder,

74   außer Iblis – er war voll Hochmut und einer von den Ungläubigen.

75   Er sprach: «Iblis! Was hat dich daran gehindert, vor dem niederzufallen,
was ich mit meinen eigenen Händen erschaffen habe?
Bist du voller Hochmut –
oder gehörst du zu denen von hohem Rang?»

76   Er sprach: «Ich bin besser als er.
Mich hast du aus Feuer erschaffen,
ihn jedoch aus Lehm!»

77   Er sprach: «Dann geh aus ihm hinaus!»
Und: «Gesteinigt sollst du werden!

78 Siehe, auf dir liegt mein Fluch bis zum Tage des Gerichts.»

79 Er sprach: «Mein Herr, dann gib mir Aufschub
bis zu dem Tag, an dem sie auferweckt werden!»

80 Er sprach: «Siehe, dann sollst du einer von denen sein, denen Aufschub
gewährt ist

81 bis zum Tag der festgesetzten Zeit.»

82 Er sprach: «Bei deiner Macht!
Ich will sie allesamt verleiten,

83 bis auf deine Knechte, die aus ihnen ausersehen sind.»

84 Er sprach: «Das ist ja die Wahrheit.
Ich sage die Wahrheit.

85 Wahrlich, ich will die Hölle mit dir füllen
und mit allen denen, die dir folgen!»

86 Sprich: «Ich bitte euch nicht um Lohn dafür,
und ich bin keiner von denen, denen etwas abverlangt wird.

87 Sie ist nichts als eine Mahnung für die Weltbewohner.

88 Nach einer Zeit werdet ihr die Kunde davon gewiss erfahren!»

Sure 39 – Die Scharen – *az-zumar*

Mekkanisch, 75 Verse

Im Namen Gottes, des barmherzigen Erbarmers.

1   Das Buch, es ist herabgesandt von Gott, dem Mächtigen, dem Weisen.

2   Siehe, wir sandten das Buch mit der Wahrheit auf dich herab.

So diene Gott, im Glauben ihm allein dich anvertrauend!

3   Steht es denn Gott nicht zu, allein verehrt zu werden?

Doch die sich außer ihm Vertraute nehmen:

«Wir dienen ihnen nur, damit sie uns in Gottes Nähe bringen.»

Siehe, Gott entscheidet zwischen ihnen, worin sie uneins waren.

Siehe, Gott leitet den nicht recht, der ein Lügner und Gottloser ist.

4   Hätte Gott einen Sohn annehmen wollen,

hätte er aus dem, was er erschaffen hat, sich das erwählt, was er will.

Gepriesen sei er!

Er ist Gott, der Eine, der Bezwinger.

5   Er schuf, in Wahrheit, die Himmel und die Erde.

Er windet die Nacht um den Tag und den Tag um die Nacht.

Er machte die Sonne und den Mond dienstbar.

Beide laufen bis zu benannter Frist.

Ist er denn nicht der Mächtige, der stets bereit ist zu vergeben?

6 Er erschuf euch aus einem einzigen Wesen,
dann machte er ihm daraus dessen Partner.
Er sandte euch hinab an Herdenvieh vier Paare;
er erschafft euch immer wieder neu im Leibe eurer Mütter in drei
   Finsternissen.
Das ist Gott, euer Herr.
Ihm gebührt die Herrschaft.
Kein Gott ist außer ihm.
Wie könnt ihr euch nur so verleiten lassen?

7 Wenn ihr undankbar seid, dann –
siehe, Gott ist nicht auf euch angewiesen
und billigt nicht, dass seine Knechte undankbar sind.
Und wenn ihr dankbar seid, billigt er das für euch.
Und keine lasttragende Seele trägt die Last einer anderen.
Dann kehrt ihr zu eurem Herrn zurück,
und er wird euch kundtun, was ihr je getan habt.
Siehe, er kennt das Innere der Herzen.

¾ 8 Und wenn der Mensch in Not gerät,
ruft er zu seinem Herrn, bereit zur Buße sich zu ihm kehrend;
dann aber, wenn er ihm Gnade von sich gewährt,
vergisst er das, worum er vorher zu ihm rief,
und stellt neben Gott Wesen, die ihm gleichen,
um von seinem Wege abzubringen.
Sprich: «Genieße deinen Undank eine Weile!
Siehe, du wirst unter den Bewohnern des Höllenfeuers sein.»

9 … oder einer, der gottergeben ist, indem er zu Zeiten der Nacht,
aus Furcht vorm Jenseits, sich niederwirft und aufsteht
und das Erbarmen seines Herrn erhofft?
Sprich: «Sind jene, welche wissen, wohl denen gleich, die nicht wissen?
Nein, mahnen lassen sich, die Einsicht haben.»

10 Sprich: «Meine Knechte, die ihr glaubt! Fürchtet euren Herrn!
Wer Gutes tut in dieser Welt, dem kommt Gutes zu.
Weit ist Gottes Erde.
Nein, den Geduldigen wird in vollem Maß ihr Lohn gegeben,
ohne dass er aufgerechnet wird.»

11 Sprich: «Siehe, befohlen wurde mir, Gott zu dienen,
im Glauben ihm allein mich anvertrauend.»

12 Und: «Befohlen wurde mir, Erster der Gottergebenen zu sein.»

13 Sprich: «Siehe, ich fürchte, wenn ich meinem Herrn ungehorsam bin,

die Strafe eines gewaltigen Tages.»

14 Sprich: «Gott diene ich, in meinem Glauben ihm allein mich anvertrauend.

15 So dienet, außer ihm, wem ihr wollt!»
Sprich: «Siehe, die sind Verlierer,
die am Tag der Auferstehung sich selbst und die Ihren verlieren.»
Ist das nicht der klar ersichtliche Verlust?

16 Feuerschwaden sind ihnen zugedacht, über ihnen und unter ihnen.
Damit flößt Gott seinen Knechten Furcht ein:
«Meine Knechte, fürchtet mich!»

17 Denen, die es meiden, Götzen zu dienen,
und sich dem *einen* Gott zukehren, ist frohe Botschaft bestimmt.
So verkünde meinen Knechten frohe Botschaft,

18 die auf das Wort hören und dem Guten von ihm folgen!
Sie sind es, die Gott leitet, und das sind die Verständigen.

19 Wenn an jemandem das Wort der Strafe wahr geworden ist –
kannst *du* dann den erretten, der im Höllenfeuer ist?

20 Die aber, die ihren Herrn fürchten, die haben Gemächer,
über die weitere Gemächer gebaut sind, unter denen Bäche fließen.
Verheißung Gottes! Gott bricht die Verheißung nicht.

21 Sahst du denn nicht, dass Gott herab vom Himmel Wasser sendet,
es zu Quellen in der Erde weiterleitet
und dann mit ihm Saaten unterschiedlicher Farben aussprießen lässt?
Dann trocknen sie aus, und du siehst sie gelb werden.
Darauf macht er sie zu kleinen Stückchen.
Siehe, darin ist wahrlich eine Mahnung für die, die Einsicht haben.

22 Ist wohl derjenige, dessen Brust Gott für die Gottergebenheit geöffnet hat,
so dass er nun im Lichte seines Herrn steht –
Doch wehe denen, deren Herz zu hart ist, Gottes zu gedenken!
Sie sind in klarem Irrtum.

23 Gott sandte den schönsten Bericht herab,
ein Buch voll Ähnlichkeit und Wiederholung;
seinetwegen kräuselt sich die Haut derer, die ihren Herrn fürchten.
Darauf wird ihre Haut geschmeidig,
während ihre Herzen sich dem Gedenken Gottes zuneigen.
Das ist die Leitung Gottes.
Er leitet mit ihr, wen er will.
Wen Gott abirren lässt, der hat keinen Führer.

24 Ist wohl derjenige, der mit seinem Angesicht
die schlimme Strafe fürchtet am Tag der Auferstehung …
Den Frevlern wird gesagt: «Schmeckt das, was ihr begangen habt!»

25 Die vor ihnen waren, leugneten.
Da erreichte sie die Strafe von dort, wo sie es nicht vermuteten.

26 Und Gott ließ sie schon im Leben hier auf Erden Erniedrigung schmecken,
doch, fürwahr, im Jenseits ist die Strafe noch viel größer,
wenn sie nur wüssten!

27 In dieser Lesung haben wir den Menschen Gleichnisse aller Art geprägt,
vielleicht lassen sie sich mahnen –

28 einer Lesung auf Arabisch, an der nichts Krummes ist.
Vielleicht sind sie gottesfürchtig.

29 Ein Gleichnis prägte Gott:
Ein Mann, der mehreren gehört,
die als Teilhaber beständig miteinander streiten;
und ein Mann, der ausschließlich einem Mann gehört.
Sind diese beiden als gleich anzusehen?
Lobpreis sei Gott!
Doch die meisten von ihnen haben kein Wissen.

30 Siehe, du musst sterben, und sie müssen sterben.

31 Dann aber, am Tag der Auferstehung, werdet ihr bei eurem Herrn
miteinander streiten.

ǧ24 ḥ47 32 Wer ist frevelhafter wohl als der, der Lügen gegen Gott vorbringt
und der die Wahrheit, wenn sie zu ihm kommt, Lüge nennt?
Ist nicht in der Hölle eine Wohnstatt für die Ungläubigen?

33 Doch wer die Wahrheit bringt und an sie glaubt,
das sind die Gottesfürchtigen.

34 Ihnen steht bei ihrem Herrn das zu, was sie wollen;
das ist der Lohn derer, die Gutes tun.

35 Gott will ihnen das Böse, was sie taten, tilgen
und ihnen ihren Lohn zukommen lassen für das Gute, das sie taten.

36 Genügt Gott denn seinem Knecht nicht?
Sie wollen dir Furcht einflößen mit jenen, die neben ihm sind.
Wen Gott abirren lässt, der hat keinen Führer.

37 Und wen Gott führt, der hat keinen, der ihn in die Irre führen könnte.
Ist Gott nicht mächtig, Herr der Vergeltung?

38 Fürwahr, wenn du sie fragst:
«Wer schuf die Himmel und die Erde?»
So sagen sie: «Der *eine* Gott!»
Sprich: «Was meint ihr wohl, was ihr außer dem einen Gott verehrt?
Wenn Gott mich in Bedrängnis bringen will,
können sie seine Bedrängnis dann abwenden?
Oder wenn er mir Erbarmen erzeigen will,

können sie seinem Erbarmen dann Einhalt gebieten?»
Sprich: «Der *eine* Gott genügt mir!
Auf ihn vertrauen die Vertrauenden.»

39 Sprich: «Ihr Menschen! Handelt ihr so, wie es euch gutdünkt!
Ich will genauso handeln. Dann werdet ihr erkennen,
40 zu wem eine Strafe kommt, die ihn erniedrigt,
und über wen endlose Pein hereinbricht.»
41 Siehe, auf dich sandten wir das Buch herab,
für die Menschen, mit der Wahrheit.
Wer sich führen lässt, tut es zu seinen Gunsten,
und wer vom Weg abweicht, tut es zu seinem Schaden.
Du bist nicht verantwortlich für sie.
42 Gott beruft die Menschen ab zum Zeitpunkt ihres Todes,
und die noch nicht gestorben sind, während ihres Schlafes.
Und er hält die zurück, für die er den Tod beschlossen hat,
und lässt die anderen bis zu einem genannten Zeitpunkt frei.
Siehe, darin liegen wahrlich Zeichen für Menschen, die sich Gedanken
        machen.
43 Oder haben sie sich gegen Gott Fürsprecher genommen?
Sprich: «Und was ist dann, wenn sie nichts können und begreifen?»
44 Sprich: «Alle Fürsprache kommt allein Gott zu.
Sein ist die Herrschaft über die Himmel und die Erde.
Dann werdet ihr zu ihm zurückgebracht.»
45 Wenn Gott für sich allein erwähnt wird, erschaudern die Herzen derer,
die nicht an das Jenseits glauben;
doch wenn man die *außer* ihm erwähnt, dann freuen sie sich.
46 Sprich: «O Gott! Schöpfer der Himmel und der Erde,
der das Verborgene und das Sichtbare kennt,
du wirst entscheiden zwischen deinen Knechten, worin sie uneins waren.»
47 Wenn diejenigen, die frevelten, alles besäßen, was auf Erden ist
und das Gleiche noch dazu,
dann würden sie am Tag der Auferstehung sich damit loskaufen wollen
vom Übel der Bestrafung.
Von Seiten Gottes wird ihnen sichtbar, womit sie nicht gerechnet hatten:
48 Denn erscheinen werden ihnen die bösen Taten, die sie begingen,
und ergreifen wird sie das, worüber sie einst spotteten.
49 Doch wenn der Mensch in Not gerät, dann ruft er zu uns;
und wenn wir ihm Gnade von uns erweisen, dann sagt er:
«Das wurde mir gegeben aufgrund von Wissen.»
O nein, es ist eine Prüfung,

doch die meisten von ihnen haben kein Wissen.

50 Schon die sprachen das, die vor ihnen lebten;
doch ihnen nützte das, was sie erworben hatten, nichts.

51 Da trafen sie die bösen Taten, die sie begangen hatten.
Und die Frevler unter diesen hier –
treffen werden sie die bösen Taten, die sie begingen,
und sie sind nicht in der Lage, es abzuwenden.

52 Wissen sie denn nicht, dass Gott den Lebensunterhalt reichlich austeilt,
an wen er will, und dass er ihn beschränkt?
Siehe, darin sind wahrlich Zeichen für Menschen, welche glauben.

¼ 53 Sprich: «Meine Knechte, die ihr euch zu eurem Schaden übernommen
habt:
Verzweifelt nicht an Gottes Barmherzigkeit!
Siehe, Gott vergibt die Missetaten allesamt,
siehe, er ist es, der bereit ist zu vergeben, der Barmherzige.

54 Wendet euch demütig eurem Herrn zu,
und ergebt euch ihm, ehe die Strafe über euch kommt!
Danach wird euch nicht geholfen.

55 Folgt dem Guten, was euch von eurem Herrn herabgesandt wurde,
bevor die Strafe plötzlich über euch kommt, ohne dass ihr es bemerkt.»

56 Und nicht ein Mensch sagt: «O Jammer über das,
was ich angesichts Gottes versäumte!
Ja, ich gehörte zu den Spöttern.»

57 Oder dass er sagt: «Hätte mich doch Gott geleitet,
dann hätte ich zu den Gottesfürchtigen gehört!»

58 Oder dass er sagt, wenn er die Strafe sieht:
«Gäbe es doch eine Umkehr für mich,
dann würde ich zu den Rechtschaffenen gehören!»

59 O nein! Meine Zeichen waren doch zu dir gekommen,
du hast sie jedoch geleugnet und Hochmut gezeigt
und gehörtest zu den Ungläubigen.

60 Am Tag der Auferstehung wirst du die sehen, die Lügen über Gott
vorbrachten;
schwarz sind ihre Gesichter.
Ist nicht in der Hölle eine Wohnstatt für die Hochmütigen?

61 Gott errettet die Gottesfürchtigen dort, wohin sie entkommen waren;
nichts Schlimmes rührt sie an, und traurig sind sie nicht.

62 Gott ist der Schöpfer aller Dinge,
und ihm sind alle Dinge anvertraut.

63 Sein sind die Schlüssel der Himmel und der Erde.

Die nicht an die Zeichen Gottes glauben, das sind die Verlierer.

64 Sprich: «Wollt ihr mir befehlen, dass ich einem anderen als Gott diene,
    o ihr Toren?»

65 Dir und denen vor dir wurde offenbart:
    «Wenn du beigesellst, dann ist dein Werk zuschanden,
    und dann gehörst du zu den Verlierern!»

66 Nein, diene Gott und sei einer derer, die dankbar sind!

67 Sie schätzten Gott nicht richtig ein,
    wo doch am Tag der Auferstehung die Erde ganz in seiner Hand ist
    und wo die Himmel in seiner Rechten gefaltet sind.
    Gelobt sei er und hoch erhaben über das, was sie beigesellen!

68 Und geblasen wird in die Posaune,
    so dass, wer in den Himmeln und auf Erden ist,
    vom Donnerschlag getroffen niederstürzt,
    nur die nicht, die Gott ausersehen hat.
    Dann wird in die Posaune ein zweites Mal geblasen,
    und siehe, da stehn sie auf und schauen.

69 Und die Erde wird erglänzen im Lichte ihres Herrn,
    und das Buch wird vorgelegt,
    und herbeigebracht werden Propheten und Zeugen,
    und zwischen ihnen wird entschieden nach der Wahrheit,
    und ihnen wird kein Unrecht angetan.

70 Jeder Seele wird zurückerstattet, was sie tat.
    Gott weiß am besten, was sie tun.

71 Die nicht glauben, führt man zur Hölle hin in Scharen.
    Sind sie dort angekommen, werden ihre Pforten aufgetan,
    und die Wärter sagen dort zu ihnen:
    «Kamen denn keine Gesandten zu euch von euren eigenen Leuten,
    um euch die Verse eures Herrn vorzutragen
    und euch zu warnen vor der Begegnung mit diesem eurem Tag?»
    Sie werden sprechen: «Ja doch!»
    Doch für die Ungläubigen ist das Wort der Strafe wahr geworden.

72 Man wird zu ihnen sagen:
    «So geht durch die Tore in die Hölle ein!
    Ewig sollt ihr darin bleiben.»
    Welch schlimme Bleibe für die Hochmütigen!

73 Die ihren Herrn fürchten, führt man zum Paradiesesgarten hin in Scharen.
    Sind sie dort angekommen, werden seine Pforten aufgetan,
    und die Wärter sagen dort zu ihnen:
    «Friede sei mit euch! Es soll euch wohlergehen.

So betretet ihn für ewig!»
74 Sie werden sagen: «Lobpreis sei Gott,
der sein Versprechen an uns wahr gemacht und uns die Erde erben ließ.
Nun können wir im Paradiesesgarten weilen, wo wir wollen.»
Wie schön ist doch der Lohn derer, die Gutes tun!
75 Du siehst die Engel dann den Thron umschweben,
wobei sie ihrem Herrn Lobpreis singen.
Zwischen ihnen wird entschieden nach der Wahrheit,
und es wird gesprochen:
«Lobpreis sei Gott, dem Herrn der Weltbewohner!»

Sure 40 – Der Vergebende – ġāfir

Mekkanisch, 85 Verse

Im Namen Gottes, des barmherzigen Erbarmers.

½   1   *IIa Mim.*

    2   Das Buch, es ist herabgesandt von Gott,
        dem Mächtigen, dem Wissenden,

    3   der Schuld vergibt und Buße annimmt,
        der streng ist im Bestrafen,
        der voller Macht ist.
        Kein Gott ist außer ihm.
        Zu ihm hin ist der Lebensgang.

    4   Nur die streiten über Gottes Zeichen, die ungläubig sind.
        So möge dich nicht täuschen, dass sie im Land umherziehn.

    5   Geleugnet hatte schon vor ihnen das Volk von Noah,
        nach ihnen dann die Völkerschaften.
        Jegliche Gemeinschaft trachtete danach, ihren Gesandten zu ergreifen,
        und sie stritten mit Trug, um damit die Wahrheit zu entkräften.
        Da ergriff ich sie.
        Wie war da meine Strafe!

6 So ist das Wort deines Herrn an denen wahr geworden, die ungläubig sind:
Siehe, sie werden Bewohner des Höllenfeuers sein.

7 Die den Thron tragen und die ihn umringen,
lobpreisen ihren Herrn und glauben an ihn
und bitten um Vergebung für die Gläubigen:
«Unser Herr! Alles hältst du umfangen, aus Barmherzigkeit und Wissen.
Vergib daher denen, die Buße taten und deinen Weg befolgten!
Bewahre sie vor der Strafe der Feuerhölle!

8 Unser Herr! Und führe sie in die Gärten Eden,
die du ihnen verheißen hattest,
zusammen mit jenen ihrer Väter, Frauen und Kindeskinder,
welche fromm gewesen!
Siehe, du bist der Mächtige, der Weise.

9 Bewahre sie vor dem Bösen!
Wen du an jenem Tage vor dem Bösen bewahrst,
dem schenkst du dein Erbarmen.
Das ist der große Gewinn.»

10 Siehe, denen, die ungläubig waren, wird man zurufen:
«Wahrlich, der Abscheu Gottes ist größer als euer Abscheu vor euch selbst,
da ihr zum Glauben aufgerufen wurdet, jedoch ungläubig bliebt.»

11 Sie sprechen: «Unser Herr!
Zweimal hast du uns dem Tod anheimgegeben, zweimal dem Leben.
Daher bekennen wir hiermit unsere Sünden.
Gibt es denn einen Weg, herauszukommen?»

12 «Dies darum: Wenn Gott alleine angerufen wurde, glaubtet ihr nicht.
Wenn ihm aber etwas beigesellt wurde, glaubtet ihr.
Doch das Urteil liegt bei Gott, dem Erhabenen, dem Großen.»

13 Er ist es, der euch seine Zeichen sehen lässt
und der euch vom Himmel Lebensgüter herniedersendet.
Doch ermahnen lässt sich nur, wer reumütig ist.

14 So ruft Gott an, im Glauben ihm allein euch anvertrauend,
auch wenn es den Ungläubigen zuwider ist!

15 Der an Rang Erhabene, der Herr des Thrones –
der da mit dem von ihm gegebenen Befehl den Geist ausschickt
zu jedem seiner Knechte, den er will,
auf dass er vor dem ‹Tag der Begegnung› warne,

16 dem Tag, an dem sie auferstehen
und nichts von ihnen Gott verborgen bleibt.
«Wer hat die Herrschaft heute inne?» –
«Gott, der Eine, der Bezwinger.

17 Heute wird jeder Seele das vergolten, was sie begangen hat.
Heute geschieht kein Frevel.
Siehe, Gott ist schnell mit der Abrechnung.»

18 Warne sie vor dem ‹Tag der Näherung›,
wenn das Herz in der Kehle steckt und sie ganz sprachlos sind!
Die Frevler haben dann weder Freund noch Fürsprecher,
dem Gehör geschenkt wird.

19 Er kennt den Trug der Augen und was die Herzen bergen.

20 Gott entscheidet nach der Wahrheit.
Die aber, zu denen sie statt seiner rufen, die können nichts entscheiden.
Siehe, Gott ist der Hörende, der Sehende.

¾ 21 Sind sie denn nicht durchs Land gezogen,
so dass sie sahen, wie das Ende derer, die vor ihnen lebten, war?
Sie aber waren mächtiger als sie, mit bleibenderen Spuren im Land,
doch Gott nahm sie hinweg wegen ihrer Sünden,
und niemanden gab es für sie, der sie vor Gott beschützte!

22 Dies, weil zu ihnen immer wieder ihre Gesandten mit den Beweisen kamen,
sie jedoch nicht glaubten.
Da nahm sie Gott hinweg.
Siehe, er ist mächtig, streng im Strafen.

23 Einst sandten wir Mose mit unseren Zeichen und einer klaren Vollmacht

24 zu Pharao, Haman und Korah.
Da sprachen sie: «Ein betrügerischer Zauberer.»

25 Und als er ihnen die Wahrheit von uns brachte, sprachen sie:
«Tötet die Söhne derer, die mit ihm glauben,
doch lasst ihre Frauen leben!»
Doch führt die List der Ungläubigen nur in die Irre.

26 Pharao sprach: «Lasst mich Mose töten!
Soll er dann doch seinen Herrn anrufen.
Ich fürchte, dass er eure Religion verändern
oder im Lande das Verderben obsiegen lassen wird!»

27 Mose sprach: «Siehe, ich nehme meine Zuflucht zu meinem und
deinem Herrn
vor einem jeden, der sich mächtig dünkt
und nicht an den ‹Tag der Abrechnung› glaubt.»

28 Da sprach ein gläubiger Mann aus dem Geschlecht Pharaos,
der seinen Glauben verborgen hielt:
«Wollt ihr denn einen Mann umbringen,
nur weil er sagt: ‹Gott ist mein Herr› –
wo er doch mit den Beweisen von eurem Herrn zu euch kam?

Wenn er nun ein Lügner ist, dann wendet sich sein Lügen gegen ihn.
Wenn er jedoch die Wahrheit spricht,
dann trifft euch einiges von dem, was er euch verheißt.
Siehe, Gott leitet keinen recht, der es zu weit treibt und verlogen ist.

29   Mein Volk! Heute habt ihr die Herrschaft inne,
da ihr im Land die Oberhand habt.
Doch wer kann uns helfen gegen Gottes Macht, wenn sie zu uns kommt?»
Pharao sprach: «Ich zeige euch nur das, was ich sehe.
Und ich führe euch nur hin zum geraden Weg.»

30   Da sprach derjenige, der glaubte:
«Mein Volk, siehe, ich befürchte für euch ein Gleiches wie den ‹Tag der
Völkerschaften›,

31   wie das, was einst geschah dem Volk von Noah,
den ʿAd, den Thamud und denen nach ihnen.
Gott will nicht, dass seinen Knechten Unrecht geschieht.»

32   Und: «Mein Volk, siehe, ich befürchte für euch den ‹Tag der
Zusammenrufung›,

33   den Tag, an dem ihr den Rücken kehrt,
an dem es keinen für euch gibt, der euch vor Gott beschützt.
Wen Gott abirren lässt, der hat keinen Führer.

34   Schon vorher war Joseph mit den Beweisen zu euch gekommen,
doch ihr bliebt im Zweifel über das, was er euch überbrachte;
und als er schließlich starb, spracht ihr:
‹Gott wird nach ihm keinen Gesandten mehr erstehen lassen.›
So führt Gott den in die Irre, der es zu weit treibt und Zweifel hegt.»

35   Siehe, diejenigen, die über Gottes Zeichen streiten,
ohne dass Vollmacht zu ihnen gekommen wäre:
Wie groß ist der Abscheu darüber bei Gott und den Gläubigen!
So versiegelt Gott das Herz eines jeden, der sich groß dünkt und der
mächtig ist.

36   Pharao sprach: «Haman! Baue mir ein Schloss,
dass ich vielleicht Zugänge erreiche –

37   die Zugänge zu den Himmeln, und dann weiter zum Gott von Mose steige!
Denn siehe, ich meine, dass er ein Lügner ist.»
Und so erschien Pharao die Bosheit seines Handelns im schönsten Licht,
und er wurde vom Weg abgehalten.
Aber die List Pharaos endete in nichts anderem als im Ruin.

38   Da sprach derjenige, der glaubte: «Mein Volk, folget mir!
Dann führe ich euch hin zum geraden Weg!

39   Mein Volk! Das Leben hier auf Erden ist nichts als Genuss auf Zeit,

denn siehe, das Jenseits ist die Wohnstatt der Beständigkeit.

40 Wer Böses tat, dem wird nur mit Gleichem vergolten;
wer jedoch Gutes tat, ob Mann, ob Frau, und dabei gläubig war:
Die gehen in den Paradiesesgarten ein,
wo sie versorgt werden – ohne Rechnung!

ḥ48 41 Mein Volk! Warum nur rufe *ich* euch zur Rettung auf,
derweilen *ihr* mich zum Höllenfeuer ruft?

42 Ihr ruft mich dazu auf, nicht an Gott zu glauben
und ihm etwas beizugesellen, worüber ich kein Wissen habe.
Doch ich rufe euch zu dem, der mächtig ist
und stets bereit ist zu vergeben.

43 Sicher ist: Wozu ihr mich da aufruft,
dazu kann man nicht aufrufen –
weder hier in dieser Welt noch im Jenseits.
Und sicher ist, dass wir zu Gott zurückkehren werden
und dass die, die es zu weit treiben, Bewohner des Höllenfeuers sein werden.

44 Dann werdet ihr euch an das erinnern, was ich euch sage.
Und ich vertraue meine Sache Gott an.
Siehe, Gott schaut auf seine Knechte.»

45 Da bewahrte Gott ihn vor allem Bösen, das sie planten,
und schlimme Strafe brach herein über Pharaos Geschlecht –

46 das Höllenfeuer, dem sie am Morgen und am Abend vorgeführt werden.
Und am Tag, an dem ‹die Stunde› anbricht:
«Führt Pharaos Geschlecht zur allerschlimmsten Strafe!»

47 Und dann, wenn sie sich im Höllenfeuer streiten,
sagen die Schwachen zu denen, die hochmütig waren:
«Siehe, Gefolgsleute waren wir für euch;
könnt ihr uns denn nun schützen vor einem Teil des Höllenfeuers?»

48 Die hochmütig waren, sagen:
«Siehe, wir *alle* sind darin.
Siehe, Gott hat zwischen den Knechten entschieden.»

49 Die im Höllenfeuer sind, sagen zu den Höllenwärtern:
«Ruft zu eurem Herrn, dass er uns die Strafe um einen Tag erleichtert!»

50 Sie sagen: «War es nicht so,
dass eure Gesandten immer wieder mit den Beweisen zu euch kamen?»
Sie sagen: «Ja!»
Sie sagen: «Dann ruft doch!»
Aber der Ruf der Ungläubigen geht nur in die Irre.

51 Siehe, wir werden unseren Gesandten und denen, die glauben, helfen –
im Leben hier auf Erden und am Tag, an dem die Zeugen auftreten,

52 am Tag, an dem den Frevlern ihre Entschuldigung nichts nützt,
    der Fluch sie trifft und die schlimme Wohnstatt ihnen bestimmt ist.

53 Einst gaben wir Mose die Rechtleitung
    und vererbten den Kindern Israel das Buch

54 als Rechtleitung und Ermahnung für die Einsichtsvollen.

55 So sei geduldig! Siehe, die Verheißung Gottes kommt gewiss.
    Bitte um Vergebung für deine Schuld!
    Und lobpreise deinen Herrn am Abend und am Morgen!

56 Siehe, diejenigen, die über Gottes Zeichen streiten,
    ohne dass Vollmacht zu ihnen gekommen wäre,
    in deren Herzen ist nichts als Sucht nach Größe.
    So nimm deine Zuflucht zu Gott!
    Denn siehe, er ist der Hörende, der Sehende.

57 Wahrlich, die Schöpfung der Himmel und der Erde ist bedeutender als die
        der Menschen.
    Doch die meisten Menschen haben kein Wissen.

58 Und der Blinde ist mit dem Sehenden nicht gleichzusetzen
    und die, die glauben und gute Werke tun, nicht mit dem, der Böses tut.
    Wie wenig nur lasst ihr euch mahnen!

59 Siehe, ‹die Stunde› wird wahrlich kommen, an ihr ist kein Zweifel,
    die meisten Menschen jedoch glauben nicht.

60 Euer Herr spricht: «Ruft mich an, so will ich euch erhören!
    Siehe, die sich zu erhaben dünken, mich anzubeten,
    werden erniedrigt in die Hölle eingehen.»

61 Er ist es, der die Nacht für euch gemacht hat, damit ihr darin ruht;
    und den Tag, damit man sieht.
    Siehe, dein Herr ist den Menschen gegenüber voller Huld;
    doch die meisten Menschen sind nicht dankbar.

62 So ist Gott, euer Herr, der Schöpfer aller Dinge.
    Kein Gott ist außer ihm.
    Wie könnt ihr nur so verblendet sein?

63 Genauso verblendet sind die, die Gottes Zeichen leugneten.

64 Gott ist es, der die Erde für euch zu einem festen Grund gemacht hat
    und den Himmel zu einem Bau.
    Er gestaltete euch und machte eure Gestalt schön,
    und er versorgte euch mit den guten Dingen.
    So ist Gott, euer Herr.
    Ja, reich an Segen ist Gott, der Herr der Weltbewohner.

65 Er ist der Lebendige.
    Kein Gott ist außer ihm.

So ruft ihn an, im Glauben ihm allein euch anvertrauend!

Lobpreis sei Gott, dem Herrn der Weltbewohner!

¼　66　Sprich: «Siehe, mir wurde untersagt, denen zu dienen, die ihr an Gottes
statt anruft,

nachdem ja die Beweise von meinem Herrn zu mir gekommen waren.

Und mir ward befohlen, mich dem Herrn der Weltbewohner zu ergeben.»

67　Er ist es, der euch erschuf aus Staub,

dann aus einem Tropfen,

dann aus einem Klumpen;

dann bringt er euch als Kind heraus,

auf dass ihr dann erreicht euer reifes Alter,

dann schließlich Greise werdet

– doch gibt es manchen unter euch, der vorher abberufen wird –,

bis ihr dann den festgelegten Zeitpunkt erreicht.

Vielleicht begreift ihr ja.

68　Er ist es, der lebendig macht und sterben lässt.

Beschließt er eine Sache, so spricht er nur zu ihr:

«Sei!» Und dann ist sie.

69　Sahst du denn die nicht, die über Gottes Zeichen streiten?

Wie können sie sich nur so verleiten lassen?

70　Sie, die das Buch Lüge nennen

und all das, womit wir unsere Gesandten ausgesandt haben.

Nur zu bald werden sie erkennen –

71　wenn sie Fesseln an ihren Hälsen haben und Ketten,

werden sie gezogen

72　in das siedend heiße Wasser,

dann wird das Höllenfeuer mit ihnen angefacht.

73　Dann wird zu ihnen gesagt: «Wo ist denn das, was ihr beigesellt habt

74　neben Gott?»

Sie sagen: «Sie sind uns verlorengegangen.

Nein, früher riefen wir nichts an.»

So führt Gott die Ungläubigen in die Irre.

75　«Dies, weil ihr euch zu Unrecht auf der Erde erfreut habt

und ausgelassen wart.

76　Geht durch die Tore in die Hölle ein!

Ewig sollt ihr darin bleiben.»

Welch schlimme Bleibe für die Hochmütigen!

77　So sei geduldig! Siehe, die Verheißung Gottes kommt gewiss.

Ob wir dich selber noch etwas sehen lassen

von dem, was wir ihnen verheißen haben,

oder ob wir dich abberufen,
zu *uns* werden sie zurückgebracht.

78 Schon vor dir hatten wir Gesandte ausgesandt;
von einigen von ihnen erzählten wir dir schon,
von anderen erzählten wir dir noch nicht.
Und keinem Gesandten steht es an, dass er ein Zeichen bringt,
es sei denn, mit Erlaubnis Gottes.
Und wenn der Befehl Gottes eintrifft,
dann wird er ausgeführt in Wahrheit,
und dann werden die verlieren, die Nichtiges sprechen.

79 Gott ist es, der das Vieh für euch machte, damit ihr auf ihm reiten
und von ihm essen könnt

80 – an ihm habt ihr Nutzen –
und etwas auf ihm erreichen könnt, was euch am Herzen liegt.
Und auf ihm und auf den Schiffen werdet ihr dahingetragen.

81 Er lässt euch seine Zeichen sehen.
Und welche Zeichen Gottes wollt ihr denn nicht anerkennen?

82 Sind sie denn nicht durchs Land gezogen,
so dass sie sahen, wie das Ende derer, die vor ihnen lebten, war?
Sie waren zahlreicher und mächtiger als sie
und hinterließen bleibendere Spuren im Land.
Doch nichts nützen konnte ihnen das, was sie erworben hatten.

83 Und als ihre Gesandten mit den Beweisen zu ihnen kamen,
da waren sie erfreut darüber, was sie an Wissen hatten,
und es kam über sie, worüber sie immer wieder gespottet hatten.

84 Und als sie unsere Gewalt sahen, sprachen sie:
«Wir glauben an Gott allein
und glauben nicht an das, was wir ihm immer wieder beigesellten.»

85 Doch ihr Glaube war ihnen zu nichts mehr nutze, als sie unsere Gewalt
sahen.
So ist die Handlungsweise Gottes,
die sich an seinen Knechten ereignete.
Und dann waren die Ungläubigen die Verlierer.

Sure 41 – Erläutert wurde – *fuṣṣilat*
Mekkanisch, 54 Verse

Im Namen Gottes, des barmherzigen Erbarmers.

1 *Ha Mim.*

2 Herniedersendung vom barmherzigen Erbarmer.

3 Ein Buch, dessen Verse erläutert wurden, als Vortrag auf Arabisch,
für Menschen, welche wissen,

4 als frohe Botschaft und als Warnung.
Doch die meisten von ihnen wenden sich ab
und hören nicht zu.

5 Sie sprechen: «Unsere Herzen sind in Hüllen,
die uns von dem abhalten, wozu du uns aufrufst.
Taubheit ist in unseren Ohren,
und zwischen dir und uns ist eine Trennwand.
So handle du, und auch wir werden handeln!»

6 Sprich: «Siehe, ich bin ein Mensch wie ihr;
mir wurde eingegeben, dass euer Gott *ein* Gott ist.
So richtet euch nach ihm aus,
und bittet ihn um Vergebung!»

Und wehe den Beigesellern,

7 die keine Armensteuer geben
und nicht ans Jenseits glauben!

8 Siehe, die glauben und gute Werke tun,
denen wird Lohn zuteil, nicht unverdient.

½ 9 Sprich: «Wollt ihr denn wirklich nicht an den glauben,
welcher die Erde in zwei Tagen schuf?
Und wollt ihr neben ihn Wesen, die ihm gleichen, stellen?»
Jener ist der Herr der Weltbewohner.

10 Er machte auf ihr Berge, festgegründet, die sich auf ihr erheben.
Und er segnete die Erde und bemaß auf ihr ihre Nahrung
in vier gleichen Tagen – für die, die danach fragen.

11 Darauf erhob er sich zum Himmel, der noch Rauch war,
und sprach zu ihm und zu der Erde:
«Kommt beide her zu mir, ob aus freien Stücken oder unter Zwang!»
Sie sprachen: «Wir kommen aus freien Stücken.»

12 Da vollendete er sie zu sieben Himmeln in zwei Tagen.
Und jedem Himmel gab er seine Weisung ein.
Den untersten der Himmel schmückten wir mit Leuchten
und auch zum Schutz.
Das ist die Bestimmung des Mächtigen, des Wissenden.

13 Doch wenn sie sich abwenden, so sprich:
«Ich warne euch hiermit vor einem Donnerschlag
wie dem Donnerschlag von den ʿAd und den Thamud.»

14 Und damals, als die Gesandten zu ihnen kamen, vor ihnen und nach ihnen:
«Dient keinem außer Gott!»
Da sprachen sie: «Hätte unser Herr gewollt, hätte er Engel gesandt.
Wir aber glauben nicht an das, womit *ihr* ausgesandt seid!»

15 Was die ʿAd angeht, so wurden sie im Lande überheblich, ohne Recht,
und sprachen: «Wer ist wohl mächtiger als wir?»
Sahen sie denn nicht, dass Gott, der euch erschuf, mächtiger ist als sie?
Doch leugneten sie unsere Zeichen.

16 Da sandten wir gegen sie einen eisig scharfen Wind an Unglückstagen,
um sie, schon im Leben hier auf Erden,
die Strafe der Erniedrigung schmecken zu lassen.
Fürwahr, die Strafe des Jenseits ist erniedrigender,
und ihnen wird nicht geholfen.

17 Was aber die Thamud angeht, die hatten wir rechtgeleitet.
Doch sie zogen die Blindheit der Rechtleitung vor.
Da erfasste sie der Donnerschlag der erniedrigenden Strafe

für das, was sie begangen hatten.

18   Und wir erretteten diejenigen, die glaubten und gottesfürchtig waren.

19   Am Tage, da die Feinde Gottes zum Höllenfeuer zusammengeschart
und dann in Reih und Glied aufgestellt werden:

20   Wenn sie zu ihm gekommen sind, dann legen ihre Ohren, ihre Augen und
ihre Haut
Zeugnis ab gegen sie über das, was sie immer wieder taten.

21   Zu ihrer Haut werden sie sprechen:
«Warum hast du Zeugnis gegen uns abgelegt?»
Sie wird sprechen: «Sprechen ließ uns Gott,
der alle Dinge sprechen machte.
Er schuf euch ein erstes Mal,
und zu ihm werdet ihr zurückgebracht.

22   Ihr konntet euch nicht so verbergen,
dass eure Ohren, eure Augen und auch eure Haut gegen euch nicht zeugen,
sondern ihr dachtet, dass Gott nicht viel darüber weiß, was ihr tut.

23   So ist nun euer Denken, das ihr über euren Herrn gehegt!
Es hat euch zu Fall gebracht,
so dass ihr zu Verlierern wurdet.»

24   Selbst wenn sie geduldig sind, ist das Höllenfeuer für sie Wohnstatt.
Und wenn sie feilschen wollen, wird man nicht mit ihnen feilschen.

¾   25   Und wir verschafften ihnen Weggefährten,
und diese ließen ihnen schön erscheinen, was vor und hinter ihnen war.
Und wahr wurde an ihnen das Wort
über die Völker von Menschen und Dschinnen, die vor ihnen hingegangen
waren.
Siehe, sie waren Verlierer!

26   Und die ungläubig sind, sprechen:
«Hört diesem Vortrag nicht zu, sondern schwatzt dabei!
Vielleicht tragt ihr ja den Sieg davon.»

27   Die ungläubig sind, lassen wir, fürwahr, eine strenge Strafe schmecken
und zahlen ihnen für das Böse, das sie immer wieder taten, heim.

28   Das ist die Vergeltung für die Feinde Gottes: das Höllenfeuer;
ewige Wohnung ist ihnen darin bestimmt.
als Vergeltung dafür, dass sie unsere Zeichen leugneten.

29   Die Ungläubigen sprechen:
«Unser Herr, zeige uns doch,
wer von den Dschinnen und den Menschen uns in die Irre führte,
damit wir beide unter unsere Füße bekommen können
und sie die Unterlegenen sind!»

30 Siehe, die sagen: «Unser Herr ist Gott»,
dann auf dem rechten Wege bleiben,
zu denen steigen die Engel herab:
«Fürchtet euch nicht, und seid nicht traurig,
sondern freut euch auf den Paradiesesgarten, der euch verheißen wurde!

31 Wir sind eure Beschützer im Leben hier auf Erden und im Jenseits,
und dort wird euch zuteil, was euer Herz begehrt,
und dort wird euch zuteil, was ihr erbittet –

32 ein gastlicher Ort von einem,
der bereit ist zu vergeben, einem, der barmherzig ist.»

33 Wer führt wohl eine schönere Rede als der,
welcher zu Gott aufruft und Gutes tut
und spricht: «Siehe, ich bin einer der Gottergebenen»?

34 Die gute und die schlechte Tat sind nicht einander gleichzusetzen.
Entgegne mit etwas Besserem!
Und wenn zwischen dir und ihm Feindschaft ist,
dann soll es sein, als wäre er ein enger Freund.

35 Doch das wird nur denen zuteil, die geduldig sind,
und nur dem, der sehr großes Glück hat.

36 Wenn dir vom Satan heftig zugesetzt wird,
dann nimm Zuflucht zu Gott!
Siehe, er ist der Hörende, der Wissende.

37 Zu seinen Zeichen gehören Nacht und Tag,
die Sonne und der Mond.
Fallt nicht vor der Sonne nieder und auch nicht vor dem Mond!
Fallt vor Gott nieder, der sie erschuf –
wenn ihr *ihm* dienen wollt!

38 Doch wenn sie zu hochmütig dazu sind –
es preisen ihn ja, die bei deinem Herrn sind, nachts und am Tage,
und werden dessen nicht überdrüssig.

39 Zu seinen Zeichen gehört, dass du die Erde ausgedörrt siehst,
und wenn wir auf sie Regen niedersenden, dann rührt sie sich und wächst.
Siehe, der sie zum Leben bringt, kann wahrlich auch die Toten lebendig
machen.
Siehe, er ist aller Dinge mächtig.

40 Siehe, die über unsere Zeichen Falsches reden, sind uns nicht verborgen.
Ist denn wer ins Höllenfeuer geworfen wird, besser
oder wer am Tag der Auferstehung wohlbehalten herkommt?
Tut, was immer ihr wollt!
Siehe, er sieht, was ihr tut.

41 Siehe, die nicht an die Mahnung glauben
nachdem sie zu ihnen kam ...
Siehe, es ist wahrlich ein machtvolles Buch.

42 Nichtiges kommt nicht zu ihm, weder von vorne noch von hinten.
Eine Herniedersendung ist es, von einem Weisen, einem Rühmenswerten.

43 Dir wird nur das gesagt, was den Gesandten vor dir schon gesagt ward.
Siehe, bei deinem Herrn ist Vergebung und schmerzhafte Strafe.

44 Hätten wir es zu einem Vortrag gemacht in fremder Sprache,
so hätten sie gesagt: «Warum wurden seine Verse denn nicht erläutert?
Wie? Fremdsprachig und arabisch?»
Sprich: «Rechtleitung und Heilung ist es für die, die glauben.
Die aber ungläubig sind, in deren Ohren ist Schwerhörigkeit,
und es bedeutet für sie Blindheit.
Diese werden von einem fernen Ort gerufen.»

45 Einst gaben wir Mose das Buch.
Da wurde man darüber uneins.
Und gäbe es nicht ein früheres Wort von deinem Herrn,
dann wäre zwischen ihnen schon entschieden.
Doch siehe, sie zweifeln daran, voll Argwohn.

46 Wer Rechtschaffenes tut, tut es zu seinem Vorteil.
Wer aber Böses tut, zu seinem Nachteil.
Und dein Herr tut seinen Knechten kein Unrecht an.

ǧ25 ḥ49   47 Ihm kommt das Wissen um ‹die Stunde› zu.
Keine Früchte kommen hervor aus ihren Hüllen,
und keine Frau wird schwanger und bekommt ein Kind,
es sei denn, mit seinem Wissen.
Und am Tag, da er zu ihnen ruft: «Wo sind meine Gesellen?»
Da werden sie sagen: «Hiermit geben wir dir kund: Niemand von uns
ist Zeuge.»

48 Entschwunden wird ihnen sein, was sie früher angebetet haben,
und sie werden denken, dass es für sie kein Entkommen gibt.

49 Der Mensch wird nicht überdrüssig, um Gutes zu bitten.
Wenn ihn aber Schlimmes trifft, dann ist er verzweifelt, ohne Hoffnung.

50 Wenn wir ihn Erbarmen von uns schmecken lassen
nach einem Schaden, der ihn traf,
dann sagt er ganz gewiss: «Das steht mir zu.»
Und: «Ich meine nicht, dass ‹die Stunde› bald bevorsteht.»
Und: «Wenn ich zu meinem Herrn zurückgebracht werde,
siehe, dann habe ich bei ihm nur das Beste.»
Ja, kundtun werden wir den Ungläubigen, was sie taten,

und werden sie, fürwahr, von unserer harten Strafe schmecken lassen.
51 Wenn wir dem Menschen Huld erweisen,
    dann wendet er sich ab und dreht sich zur Seite.
    Wenn Schlimmes über ihn kommt,
    dann ist er einer, der unermüdlich betet.
52 Sprich: «Was meint ihr? Wenn er nun von Gott ist
    und ihr dann an ihn nicht glaubt –
    wer ist wohl weiter abgeirrt als jemand,
    der sich in tiefgreifender Zwistigkeit befindet?»
53 Wir werden ihnen unsere Zeichen zeigen,
    überall in der Welt und in ihnen selbst,
    bis ihnen klar geworden ist, dass er die Wahrheit ist.
    Reicht es denn nicht aus für deinen Herrn,
    dass er über alle Dinge Zeuge ist?
54 Sind sie denn im Zweifel, dass sie ihrem Herrn begegnen?
    Und dass er alle Dinge umfasst?

Sure 42 – Die Beratung – aš-šūrā

Mekkanisch, 53 Verse

Im Namen Gottes, des barmherzigen Erbarmers.

1 *Ha Mim.*

2 *ʿAyn Sin Qaf.*

3 So offenbart dir und denen vor dir
Gott, der Mächtige, der Weise.

4 Sein ist, was in den Himmeln und auf Erden ist.
Er ist der Erhabene, der Gewaltige.

5 Es zerbersten fast die Himmel in der Höhe,
und die Engel singen den Lobpreis ihres Herrn
und bitten um Vergebung für die Erdbewohner.
Wahrlich, Gott ist es, der bereit ist zu vergeben, der Erbarmer.

6 Die sich Freunde nehmen neben ihm,
über die wacht Gott, und du bist nicht verantwortlich für sie.

7 So gaben wir dir, was vorzutragen ist, auf Arabisch ein,
auf dass du der Städte Mutter warnst und alle, die in ihrem Umkreis sind,
und dass du vor dem ‹Tag der Sammlung› warnst, an dem es keinen
Zweifel gibt:

Die eine Gruppe wird im Paradiesesgarten sein,
die andere im Höllenfeuer.

8 Hätte Gott gewollt, er hätte euch zu einer einzigen Gemeinde gemacht,
doch er führt in sein Erbarmen, wen er will.
Die Frevler aber haben weder Freund noch Helfer.

9 Oder nehmen sie sich Freunde neben ihm?
Gott ist der Freund, und er kann die Toten lebendig machen.
Er ist aller Dinge mächtig.

10 Über welche Frage ihr auch uneins seid:
Bei Gott liegt schließlich der Entscheid darüber.
Das ist Gott, mein Herr.
Auf ihn vertraue ich, und ihm wende ich mich zu.

11 Der Schöpfer der Himmel und der Erde.
Er machte Gattinnen für euch, aus euch selber,
und auch das Vieh schuf er in Paaren,
wodurch er euch vermehrte.
Es gibt nicht seinesgleichen.
Er ist der Hörende, der Sehende.

12 Sein sind die Schlüssel der Himmel und der Erde.
Er teilt die Lebensgüter reichlich aus, an wen er will,
und er beschränkt sie.
Siehe, er weiß alle Dinge.

¼ 13 Gott hat euch von der Religion nur das verordnet,
was er Noah geboten hatte und was wir dir eingaben
und was wir Abraham und Mose und Jesus geboten hatten:
«Haltet euch an die Religion, und spaltet euch ihretwegen nicht!»
Schwer ist für die Beigeseller, wozu du sie aufrufst.
Gott erwählt dazu, wen er will,
und leitet den dahin, der sich zu ihm kehrt.

14 Sie spalteten sich erst, nachdem das Wissen zu ihnen gekommen war,
aus Hass und Neid untereinander.
Gäbe es nicht ein früheres Wort von deinem Herrn,
für eine bestimmte Frist,
dann wäre zwischen ihnen schon entschieden.
Doch siehe, denen das Buch danach vererbt ward,
zweifeln daran voll Argwohn.

15 Deshalb predige, und wandle auf dem geraden Weg, wie dir geboten wurde,
und folge ihren Neigungen nicht, und sprich:
«Ich glaube an das, was Gott bisher vom Buch herniedersandte!
Mir ward geboten, zwischen euch Gerechtigkeit zu üben.

Gott ist unser Herr und euer Herr,
wir haben unsere Werke und ihr eure.
Zwischen uns und euch gibt es nichts zu streiten.
Gott vereinigt uns, zu *ihm* hin ist der Lebensgang.»

16 Die aber streiten über Gott, nachdem ihm schon Gehör geschenkt ward,
nichtig ist deren Streiten bei ihrem Herrn,
Zorn kommt über sie,
und strenge Strafe ist für sie bestimmt.

17 Gott ist es, der das Buch mit der Wahrheit und die Waage herniedersandte.
Was lässt dich wissen, ob ‹die Stunde› nicht doch schon nahe ist?

18 Die nicht an sie glauben, wünschen sie rasch herbei,
und die an sie glauben, die fürchten sie und wissen, dass sie wahr wird.
Die über ‹die Stunde› streiten –
sind sie nicht, fürwahr, in einem großen Irrtum?

19 Gott ist zu seinen Knechten gütig.
Er versorgt, wen er will.
Er ist der Starke, Mächtige.

20 Wer das Feld des Jenseits bestellen will, dem mehren wir sein Feld.
Und wer das Feld des Diesseits bestellen will, dem geben wir daraus,
doch am Jenseits hat er keinen Anteil.

21 Oder haben sie Gesellen, die ihnen etwas von der Religion verordneten,
wozu Gott nicht die Erlaubnis gab?
Und gäbe es nicht das Wort der Bestimmung,
dann wäre zwischen ihnen schon entschieden.
Siehe, den Frevlern ist schmerzhafte Strafe bestimmt.

22 Du siehst die Frevler voller Angst vor dem, was sie begangen haben:
hereinbrechen wird es über sie.
Die aber glauben und gute Werke tun,
die werden in den Gärten des Paradieses weilen.
Was immer sie begehren, erhalten sie bei ihrem Herrn.
Das ist die große Huld.

23 Das ist es, was Gott verkündet denen seiner Diener,
die glauben und gute Werke tun.
Sprich: «Ich verlange keinen Lohn von euch dafür,
bis auf die Liebe zu den Angehörigen.»
Und wer eine gute Tat begeht,
dem verschönern wir sie noch.
Siehe, Gott ist bereit, zu vergeben, zu belohnen.

24 Oder sagen sie: «Er erdachte Lügen gegen Gott?»
Doch wenn Gott will, versiegelt er dein Herz.

Gott wischt das Nichtige hinweg
und verhilft durch seine Worte der Wahrheit zum Sieg.
Siehe, er kennt das Innere der Herzen.

25 Er ist es, der die Reue seiner Knechte annimmt
und die bösen Taten verzeiht.
Und er weiß, was ihr tut.

26 Er schenkt denen, die glauben und gute Werke tun, Gehör
und verleiht ihnen noch mehr von seiner Huld.
Den Ungläubigen aber ist strenge Strafe bestimmt.

½ 27 Wenn Gott die Lebensgüter seinen Knechten reichlich zuteilen würde,
dann würden sie maßlos werden auf der Erde.
Er aber sendet, was er will, hernieder in beschränktem Maß.
Siehe, er kennt seine Knechte wohl, er sieht auf sie.

28 Er ist es, der den Regen herniedersendet,
wenn sie schon alle Hoffnung aufgegeben haben.
Er breitet sein Erbarmen aus.
Er ist der Schutzherr, der zu Rühmende.

29 Zu seinen Zeichen gehört die Erschaffung der Himmel und der Erde
und was er dort an Tieren verteilt hat.
Er hat die Macht, sie zu versammeln, wann er will.

30 Wenn euch ein Unglück trifft,
dann für das, was eure Hände taten.
Doch er verzeiht auch viel.

31 Ihr könnt auf der Erde nichts verhindern.
Gegen Gott habt ihr keinen Freund noch Helfer.

32 Und zu seinen Zeichen gehören die Schiffe auf dem Meer,
die wie Wegzeichen sind.

33 Wenn er will, bringt er den Wind zur Ruhe,
so dass sie bewegungslos auf seiner Oberfläche bleiben.
Siehe, darin liegen wahrlich Zeichen
für einen jeden, der sich standhaft zeigt und dankbar ist.

34 Oder lässt er sie versinken für das, was sie begangen haben?
Doch er verzeiht auch viel.

35 Diejenigen, die über unsere Zeichen streiten, sollen wissen:
Für sie gibt es nichts, wohin sie fliehen könnten.

36 Was immer euch gegeben wurde,
ist für die Nutzung hier in diesem Leben.
Was jedoch bei Gott ist, das ist besser und dauerhafter
für die, die glauben und auf ihren Herrn vertrauen,

37 die schwere Sünden und Schändlichkeiten zu vermeiden suchen

und die vergeben, wann immer sie in Zorn geraten,

38 die ihrem Herrn willfahren und das Gebet verrichten
und deren Richtschnur gegenseitige Beratung ist
und die von dem, womit wir sie versorgten, spenden

39 und die, wenn sie Gewalttat trifft, sich selber helfen.

40 Der Lohn für Böses ist Böses gleicher Art.
Wer jedoch verzeiht und die Dinge wieder bessert –
Gott obliegt es, ihn zu belohnen.
Siehe, er liebt die Frevler nicht.

41 Wer sich selber half, nachdem man ihm Unrecht tat,
den kann man nicht belangen.

42 Nur die kann man belangen, die den Menschen Unrecht taten
und Gewalt im Land verübten ohne Recht.
Ihnen ist schmerzhafte Strafe bestimmt.

43 Wer jedoch geduldig ist und vergibt –
das gehört zu den Dingen, die beschlossen sind.

44 Wen Gott in die Irre führt,
für den gibt es danach keinen Freund.
Du siehst die Frevler sagen, wenn sie die Strafe sehen:
«Gibt es einen Weg, sie abzuwenden?»

45 Du siehst, wie sie der Hölle vorgeführt werden,
gebeugt vor Demut und verstohlen blickend.
Die glaubten, sagen: «Siehe da, die Verlierer,
die sich selbst und ihre Angehörigen verloren haben am Tag der
          Auferstehung.»
Sind die Frevler nicht einer endlosen Pein ausgesetzt?

46 Sie haben keine Freunde, die ihnen helfen könnten gegen Gott.
Und wen Gott in die Irre führt, für den gibt es keinen Weg.

47 Schenkt eurem Herrn Gehör, bevor ein Tag kommt,
an dem es kein Zurück vor Gott mehr gibt!
An jenem Tage gibt es keinen Zufluchtsort für euch
und auch kein Leugnen.

48 Wenn sie sich abwenden –
wir sandten dich ja nicht als Hüter über sie.
Siehe, dir obliegt einzig die Verkündung.
Siehe, wenn wir die Menschen von uns Erbarmen schmecken lassen,
dann freut es sie.
Doch wenn sie Schlimmes trifft ob dessen, was sie früher taten,
siehe, dann sind die Menschen undankbar.

49 Gottes ist die Herrschaft über die Himmel und die Erde.

Er erschafft, was er will.

Er schenkt weibliche Wesen, wem er will,

und schenkt männliche Wesen, wem er will,

50 oder er macht sie zu Paaren – männlich und weiblich.

Und er macht unfruchtbar, wen er will.

Siehe, er ist wissend, mächtig.

¾ 51 Keinem Menschen steht es an, dass Gott mit ihm spricht,

es sei denn, durch Eingebung oder hinter einer Trennwand.

Oder er sendet einen Gesandten, dass der mit seiner Erlaubnis offenbart,

was er will.

Siehe, er ist erhaben, weise.

52 So gaben wir dir Geist ein, auf unser Geheiß.

Du wusstest weder, was das Buch ist noch der Glaube.

Wir aber machten es zu einem Licht,

mit dem wir die von unseren Knechten leiten, die wir leiten wollen.

Siehe, du leitest, fürwahr, auf einen geraden Weg,

53 den Weg Gottes.

Sein ist, was in den Himmeln und auf Erden ist.

Kehren denn nicht alle Dinge zu Gott zurück?

Sure 43 – Der Prunk – az-zuḥruf

Mekkanisch, 89 Verse

Im Namen Gottes, des barmherzigen Erbarmers.

1 *Ha Mim.*

2 Beim klaren Buch!

3 Siehe, wir machten es zu einer Lesung auf Arabisch,
vielleicht begreift ihr ja.

4 Siehe, es ist im Urbuch bei uns,
wahrhaft erhaben, weise.

5 Sollen wir euch die Mahnung denn verweigern,
weil ihr Menschen ohne jedes Maß seid?

6 Wie viele Propheten entsandten wir schon zu den Früheren!

7 Kein Prophet kam je zu ihnen,
ohne dass sie Spott mit ihm getrieben hätten.

8 So richteten wir die zugrunde, die noch schlimmere Gewalt als sie verübten,
und es ging wie mit den Früheren.

9 Fragst du sie: «Wer schuf die Himmel und die Erde?»,
dann sagen sie gewiss: «Der Mächtige, der Wissende erschuf sie.»

10 Der euch die Erde zu einem Lager machte

und der euch auf ihr Wege machte
– vielleicht lasst ihr euch leiten –

11 und der vom Himmel Wasser – in rechtem Maß – herniedersandte –
und damit belebten wir totes Land:
Genauso werdet ihr hervorgebracht. –

12 Und der die Arten alle schuf
und der für euch Schiffe und Tiere machte,
die ihr besteigen könnt,

13 damit ihr euch auf deren Rücken setzt
und dann der Gnade eures Herrn gedenkt,
wenn ihr auf ihnen Platz genommen habt,
und sprecht: «Preis sei dem, der uns dies dienstbar machte!
Wir hätten solches nicht vermocht.

14 Siehe, zu unserem Herrn kehren wir gewiss zurück.»

15 Von seinen Knechten machten sie etwas zu einem Teil von ihm.
Siehe, der Mensch ist offenkundig undankbar.

16 Nahm er denn von dem, was er schuf, für *sich* Töchter
und dachte *euch* die Söhne zu?

17 Und wenn einem von ihnen angekündigt wird,
was er als gleichwertig mit dem Erbarmer ansieht,
dann bleibt seine Miene finster, und er ist voller Gram und Groll.

18 Jemanden, der mit Schmuck aufgezogen wird
und der im Streit nicht klar und deutlich ist?

19 Sie machten die Engel, die Knechte des Erbarmers sind, zu weiblichen
Gestalten.
Ja, waren sie bei ihrer Schöpfung denn zugegen?
Ihr Zeugnis wird man niederschreiben und sie danach befragen.

20 Sie sprechen: «Hätte der Erbarmer es gewollt, hätten wir ihnen nicht
gedient.»
Kein Wissen haben sie davon.
Siehe, sie hegen nichts als nur Vermutungen.

21 Oder gaben wir ihnen schon ein Buch vor diesem,
an dem sie festhalten könnten?

22 Nein! Sie sprechen:
«Siehe, wir fanden schon unsere Väter in einer Gemeinschaft,
und auch wir lassen uns auf ihren Spuren leiten.»

23 Genauso sandten wir auch vor dir keinen Warner in eine Stadt,
deren Reiche nicht gesprochen hätten:
«Siehe, wir fanden schon unsere Väter in einer Gemeinschaft,
und auch wir lassen uns auf ihren Spuren führen.»

ḥ50 24 Er sprach: «Wenn ich nun mit etwas zu euch käme,
das zur Führung besser geeignet wäre als das, worin ihr eure Väter fandet?»
Sie sprachen: «Siehe, wir glauben nicht an das, wofür ihr ausgesandt seid.»

25 Da nahmen wir an ihnen Rache.
So sieh doch, wie das Ende der Leugner war!

26 Damals, als Abraham zu seinem Vater und zu seinem Volke sprach:
«Siehe, ich bin nicht verantwortlich für das, was ihr verehrt,

27 mit Ausnahme dessen, der mich erschuf.
Siehe, *er* wird mich leiten.»

28 Und er machte es zu einem bleibenden Wort bei seiner Nachkommenschaft.
Vielleicht kehren sie ja um.

29 Nein! Diesen hier und ihren Vätern gewährte ich Lebensgenuss,
bis die Wahrheit zu ihnen kam und ein Gesandter, der Klarheit brachte.

30 Doch als die Wahrheit zu ihnen kam, da sprachen sie:
«Das ist doch Zauberei.»
Und: «Siehe, wir glauben nicht daran.»

31 Und sie sprachen: «Warum ward diese Lesung denn nicht herabgesandt
auf einen Mann von Rang aus einer von den beiden Städten?»

32 Verteilen sie die Barmherzigkeit deines Herrn?
Wir verteilten unter ihnen ihren Lebensunterhalt hier in diesem Leben
und erhoben einige von ihnen über die anderen um Stufen,
um einige von ihnen den anderen dienstbar zu machen.
Und das Erbarmen deines Herrn ist besser als das, was sie anhäuften.

33 Und wenn die Menschen nicht eine einzige Gemeinschaft wären,
dann hätten wir denen, die nicht an den Erbarmer glauben,
Decken aus Silber gemacht für ihre Häuser
und Treppen, auf die sie steigen,

34 und Türen für ihre Häuser
und Ruhepolster, darauf sie sich stützen,

35 und Prunk. Doch all dies ist nichts als Genuss für das Leben hier auf Erden.
Für die Gottesfürchtigen ist das Jenseits bei deinem Herrn bestimmt.

36 Wer blind ist angesichts der Mahnung des Erbarmers,
dem bestimmen wir einen Satan, dass er ihm Gefährte sei.

37 Siehe, die halten sie vom Wege Gottes ab,
während sie doch meinen, sie seien rechtgeleitet.

38 Doch wenn er dann zu uns kommt, spricht er:
«O wäre es doch zwischen mir und dir so weit wie zwischen Ost und West!»
Was für ein schlimmer Gefährte!

39 Heute wird es euch nichts nützen – da ihr ja gefrevelt habt –,
dass ihr die Strafe miteinander teilt.

40 Willst du denn die Tauben hören machen
oder die Blinden führen
und jeden, der in klarem Irrtum ist?

41 Und sollten wir dich abberufen,
siehe, dann werden wir an ihnen Rache nehmen.

42 Oder wir lassen dich das sehen,
was wir ihnen angedroht haben.
Siehe, dann haben wir Macht über sie.

43 Halte daher an dem fest, was dir eingegeben wurde!
Siehe, du bist auf geradem Weg.

44 Siehe, das ist eine Mahnung für dich und für dein Volk.
Ihr werdet dereinst befragt.

45 Frage doch die von unseren Gesandten, die wir schon vor dir sandten,
ob wir – abgesehen vom Erbarmer – Götter machten, die zu verehren sind!

46 Einst sandten wir Mose mit unseren Zeichen zu Pharao und seinen
Ältesten,
und er sprach: «Siehe, ich bin der Gesandte des Herrn der Weltbewohner.»

47 Als er mit unseren Zeichen zu ihnen kam,
da lachten sie nur darüber.

48 Wir ließen sie nur solche Zeichen sehen,
von denen das eine größer war als das, was ihm vorausging.
Und wir bestraften sie,
vielleicht kehren sie ja um.

49 Sie sprachen: «He, du Zauberer! Rufe deinen Herrn für uns an
wegen des Bundes, den er mit dir schloss:
Siehe, wir werden uns leiten lassen!»

50 Nachdem wir die Strafe von ihnen genommen hatten,
siehe, da wurden sie wortbrüchig.

51 Und Pharao ließ unter seinem Volk verkünden:
«Mein Volk! Habe ich denn nicht die Herrschaft über Ägyptenland,
da doch diese Flüsse mir zu Füßen fließen?
Seht ihr das denn nicht?

52 Bin ich denn nicht besser als dieser da,
der verächtlich ist und kaum klar und deutlich reden kann?

53 Warum wurden ihm denn keine Armbänder aus Gold angelegt,
oder warum kamen mit ihm keine Engel – als Begleiter?»

54 Da machte er sich sein Volk gefügig, und es gehorchte ihm.
Siehe, sie waren ruchlose Leute.

55 Und als sie uns erzürnten, da nahmen wir an ihnen Rache,
und wir ließen sie ertrinken – allesamt.

56 Und wir machten sie zu Vorgängern
und zu einem Beispiel für die Späteren.

¼ 57 Als der Sohn Marias als Beispiel angeführt wurde,
siehe, da hob dein Volk Geschrei an über ihn,

58 und sie sprachen: «Sind unsere Götter besser oder er?»
Nur um zu streiten, führten sie dies an.
Nein, sie sind ein streitsüchtiges Volk.

59 Er ist nichts als ein Knecht, dem wir Huld erwiesen.
Und wir machten ihn zu einem Beispiel für die Kinder Israel.

60 Wenn wir wollten, würden wir Engel aus euch machen,
die auf der Erde die Nachfolge antreten.

61 Siehe, er ist – fürwahr – ein ‹Wissen› über ‹die Stunde›.
Zweifelt daher nicht an ihr, und folgt mir!
Das ist ein gerader Weg.

62 Der Satan soll euch nicht vom Weg abhalten.
Siehe, er ist für euch ein klarer Feind.

63 Als Jesus mit den Beweisen kam, sprach er:
«Ich bin zu euch gekommen mit der Weisheit
und um euch Klarheit über einiges von dem zu bringen, worin ihr uneins
wart.
So fürchtet Gott, und leistet mir Gehorsam!

64 Siehe, Gott ist mein Herr und euer Herr. So dienet ihm!
Das ist ein gerader Weg.»

65 Doch die Gruppen unter ihnen waren uneins.
Und wehe den Frevlern vor der Strafe eines schmerzlichen Tages!

66 Erwarten sie denn etwas anderes,
als dass ‹die Stunde› unversehens zu ihnen kommt,
ohne dass sie es bemerken?

67 An jenem Tage sind die Freunde einander feind,
nur nicht die Gottesfürchtigen.

68 «Ihr meine Knechte! Keine Furcht sei heute auf euch,
und ihr sollt nicht traurig sein!

69 Die ihr an unsere Zeichen glaubtet und gottergeben wart –

70 tretet in den Garten ein, ihr und eure Frauen, hoch beglückt!»

71 Man geht um sie herum mit Schalen aus Gold und Trinkgefäßen;
darin ist, was das Herz begehrt und was das Auge freut.
«Ewig werdet ihr dort sein.

72 Dies ist der Garten, den ihr zum Erbe bekommen habt
für das, was ihr getan.

73 Für euch sind Früchte dort bereit, in Fülle, wovon ihr essen könnt.»

74　Die Missetäter aber sind auf ewig in der Höllenpein.

75　Sie wird für sie nicht abgemildert,
　　auch wenn sie darin ganz verzweifelt sind.

76　Wir taten ihnen kein Unrecht an,
　　sondern sie waren es, die Unrecht taten.

77　Und sie rufen: «He, Malik, dein Herr soll doch ein Ende mit uns machen!»
　　Er sagt: «Siehe, ihr müsst bleiben.»

78　Wir kamen einst zu euch mit der Wahrheit,
　　aber den meisten von euch war die Wahrheit verhasst.

79　Führen sie denn etwas im Schilde?
　　Auch wir führen etwas im Schilde.

80　Oder meinen sie, dass wir nicht hören, was sie im Geheimen und
　　　　vertraulich reden?
　　O doch! Unsere Boten sind bei ihnen – sie schreiben alles auf.

81　Sprich: «Wenn der Erbarmer einen Sohn hat, bin ich der Erste, der ihm
　　　　dient.»

82　Gepriesen sei der Herr der Himmel und der Erde, der Herr des Thrones –
　　in Bezug auf das, was sie da beschreiben!

83　Doch lass sie nur schwatzen und tändeln,
　　bis sie dem ihnen angedrohten Tag begegnen!

84　Er ist es, der im Himmel Gott ist und der auf Erden Gott ist.
　　Er ist der Weise, der Wissende.

85　Voller Segen ist, der die Herrschaft hat
　　über die Himmel und die Erde und was dazwischen ist.
　　Bei *ihm* ist das Wissen über ‹die Stunde›,
　　und zu *ihm* werdet ihr zurückgebracht.

86　Die sie an seiner statt anrufen,
　　haben zur Fürsprache keine Macht,
　　außer denen, die für die Wahrheit zeugen –
　　und Wissen haben.

87　Fragst du sie, wer sie erschuf, sagen sie: «Gott.»
　　Wie können sie nur so verlogen sein!

88　Und über seinen Ausspruch:
　　«O Herr, siehe, das hier sind Menschen, die nicht glauben.»

89　So sieh es ihnen nach, und sprich: «Friede!»
　　Doch bald werden sie wissen.

Sure 44 – Der Rauch – ad-duḥān

Mekkanisch, 59 Verse

Im Namen Gottes, des barmherzigen Erbarmers.

1 *Ha Mim.*

2 Beim klaren Buch!

3 Siehe, wir sandten es herab in einer segensreichen Nacht.
Siehe, wir haben gewarnt.

4 In ihr wird entschieden jeder weise Bescheid

5 als Bescheid von uns.
Siehe, wir schickten Gesandte aus

6 als Barmherzigkeit von deinem Herrn
– siehe, er ist der Hörende, der Wissende –,

7 vom Herrn der Himmel und der Erde und dessen, was dazwischen ist,
wenn ihr überzeugt seid.

8 Keinen Gott gibt es außer ihm –
er macht lebendig und lässt sterben,
euer Herr und der Herr eurer Vorväter.

9 Doch sie sind im Zweifel, tändeln.

10 Nimm dich vor dem Tag in acht,

an dem der Himmel sichtbaren Rauch heranbringt,
11 der die Menschen einhüllt.
Das ist eine schmerzhafte Strafe.
12 «Unser Herr, nimm die Strafe von uns!
Siehe, wir sind Gläubige.»
13 Welchen Nutzen hat für sie die Mahnung,
wo doch zu ihnen schon ein Gesandter kam, der Klarheit brachte?
14 Da wandten sie sich von ihm ab und sprachen:
«Einer, den man es lehrte, ein Besessener.»
15 «Siehe, aussetzen werden wir die Strafe für eine Weile,
doch siehe, ihr werdet es wieder tun.»
16 Am Tag, da wir zum großen Schlag ausholen!
Siehe, da werden wir uns rächen.
½ 17 Schon vor ihnen hatten wir das Volk von Pharao geprüft.
Zu ihnen kam ein edler Gesandter:
18 «Liefert mir die Knechte Gottes aus!
Siehe, ich bin für euch ein redlicher Gesandter.»
19 Und: «Seid nicht überheblich gegen Gott!
Siehe, ich komme zu euch mit klarer Vollmacht.»
20 Und: «Siehe, ich nehme meine Zuflucht zu meinem und zu eurem Herrn,
davor, dass ihr mich steinigt.
21 Und wenn ihr mir nicht glaubt, dann trennt euch von mir!»
22 Dann rief er seinen Herrn an:
«Dies hier ist ein Volk von Missetätern.»
23 «Brich auf des Nachts mit meinen Knechten!
Doch wird man euch verfolgen.
24 Und lass das Meer gespalten bleiben!
Siehe, Heerscharen sind es, die man ertränken wird!»
25 Was alles ließen sie zurück – Gärten, Quellen,
26 Saatfelder, einen wunderbaren Ort
27 und ein angenehmes Leben, dessen sie sich erfreuen konnten!
28 So war es. Und wir gaben dies einem anderen Volk zum Erbe,
29 und Himmel und Erde weinten nicht um sie,
und Aufschub wurde ihnen nicht gewährt.
30 Wir erretteten die Kinder Israel vor der erniedrigenden Strafe –
31 vor Pharao. Siehe, er war hochmütig,
einer derer, die es zu weit treiben.
32 Wir hatten sie wohlweislich erwählt,
vor allen Weltbewohnern,
33 und gaben ihnen solche Zeichen,

in denen klärende Erprobung lag.

34 Siehe, diese hier sagen:

35 «Es gibt nichts als unseren ersten Tod.»

Und: «Wir werden nicht auferstehen.

36 So bringt doch unsere Väter herbei,

wenn *ihr* wahrhaftig seid!»

37 Sind *sie* besser oder das Volk des Tubbaʿ und die vor ihnen waren?

Wir ließen sie zugrunde gehen.

Siehe, sie waren Missetäter.

38 Wir erschufen die Himmel und die Erde und was dazwischen ist nicht aus

Spielerei –

39 nein, wir erschufen sie wirklich und wahrhaftig.

Doch die meisten von ihnen haben kein Wissen.

40 Siehe, der ‹Tag der Trennung› ist der festgelegte Zeitpunkt für sie alle:

41 Der Tag, an dem der Schutzherr seinem Schutzbefohlenen nichts nützen

kann

und ihnen nicht geholfen werden kann –

42 außer wem Gott Barmherzigkeit erweist.

Siehe, er ist der Mächtige, Barmherzige.

43 Siehe, der *Zaqqūm*-Baum

44 ist Nahrung für den Sünder –

45 wie flüssiges Öl, das in den Bäuchen kocht,

46 so wie siedendes Wasser kocht.

47 «Packt ihn, und schleppt ihn mitten in die Feuerhölle!

48 Dann schüttet über seinem Kopf als Strafe heißes Wasser aus!

49 ‹So schmecke! Du bist mir ja der Mächtige, der Edle!›»

50 Siehe, das ist es, woran ihr stets gezweifelt habt.

51 Siehe, die Gottesfürchtigen sind an sicherem Ort,

52 in Gärten und an Quellen,

53 gekleidet in Seide und Brokat, einander gegenüber.

54 So wird es sein.

Als Gattinnen geben wir ihnen Mädchen – mit großen schwarzen Augen.

55 Sie verlangen dort nach jeder Art von Früchten, sind in Sicherheit.

56 Sie erleiden dort nicht den Tod – außer dem ersten.

Und er wird sie bewahren vor der Qual der Feuerhölle –

57 als Huld von deinem Herrn.

Das ist der große Gewinn.

58 Ja, wahrlich, wir haben ihn in deiner Sprache leicht gemacht,

vielleicht lassen sie sich mahnen.

59 So nimm dich in acht! Siehe, auch sie geben acht.

Sure 45 – Das Niederknien – al-ǧāṯiya

Mekkanisch, 37 Verse

Im Namen Gottes, des barmherzigen Erbarmers.

1 *Ha Mim.*

2 Das Buch, es ist herabgesandt von Gott, dem Mächtigen, dem Weisen.

3 Siehe, in den Himmeln und auf Erden sind wahrlich Zeichen für die
Gläubigen.

4 Darin, dass er euch erschuf,
und darin, was er an Getier verteilte,
sind Zeichen für Menschen, die voll Gewissheit sind,

5 und im Wechsel von Tag und Nacht,
und darin, was Gott vom Himmel an Versorgung herniedersandte,
womit er dann die Erde nach ihrem Tod wieder zum Leben brachte,
und im freien Lauf der Winde sind Zeichen für Menschen, die begreifen.

6 Das sind die Verse Gottes.
Wir tragen sie dir vor, gemäß der Wahrheit.
An welchen Bericht wollen sie denn glauben –
nach Gott und seinen Zeichen?

7 Wehe jedem sündigen Lügner!

8 Er hört die Verse Gottes, während sie ihm verlesen werden,
und versteift sich dann hochmütig,
ganz so, als hätte er sie nicht gehört.
So verkünde ihm schmerzhafte Strafe!

9 Doch wenn er etwas von unseren Versen verstanden hat,
dann treibt er mit ihnen Spott.
Jenen ist erniedrigende Strafe bestimmt.

10 Vor ihnen liegt die Hölle.
Nichts nützt ihnen das, was sie erworben haben,
und nichts gibt es, was sie zu Helfern gegen Gott nehmen könnten.
Harte Strafe ist ihnen bestimmt.

11 Dies hier ist eine Rechtleitung.
Denen, die an die Zeichen ihres Herrn nicht glauben,
ist die schmerzhafte Pein eines Strafgerichts bestimmt.

¾ 12 Gott ist es, der euch das Meer dienstbar machte,
damit die Schiffe darauf fahren nach seinem Geheiß
und ihr Huld von ihm zu gewinnen sucht
– vielleicht seid ihr ja dankbar –,

13 und der euch dienstbar machte, was in den Himmeln und auf Erden ist,
da es alles von ihm ist.
Siehe, darin sind wahrlich Zeichen für Menschen, die sich Gedanken
machen.

14 Sag denen, die glauben, sie sollen denen vergeben,
die Gottes Tage nicht erwarten,
auf dass er einem Volk das vergelte, was es begangen hat!

15 Wer Rechtschaffenes tut, der tut es zu seinem Vorteil,
wer aber Böses tut, tut es zu seinem Nachteil.
Dann werdet ihr zu eurem Herrn zurückgebracht.

16 Wir gaben den Kindern Israel das Buch, die Weisheit und die Prophetie
und versorgten sie mit guten Dingen
und zeichneten sie vor den Weltbewohnern aus.

17 Wir gaben ihnen Beweise über die Angelegenheit.
Aber sie wurden erst uneins, nachdem das Wissen zu ihnen gekommen war,
aus Hass und Neid untereinander.
Siehe, dein Herr richtet zwischen ihnen am Tag der Auferstehung
über das, worin sie uneins waren.

18 Dann brachten wir dich, im Hinblick auf die Sache, auf einen gebahnten
Weg.
So folge ihm, und folge nicht den Neigungen derer, die kein Wissen haben.

19 Siehe, sie werden dir gegen Gott nichts nützen.

Siehe, die Frevler sind einer dem anderen Freund.
Doch Gott ist der Freund der Gottesfürchtigen.

20 Das hier sind Beweise für die Menschen,
ein Geleit und Barmherzigkeit für Menschen, die voll Gewissheit sind.

21 Oder denken die, die böse Taten begehen, dass wir sie genauso ansehen
wie die, die glauben und gute Werke tun,
gleich ob in ihrem Leben oder in ihrem Tod?
Wie schlecht urteilen sie doch!

22 Gott erschuf, in Wahrheit, die Himmel und die Erde.
Einem jeden wird das vergolten, was er begangen hat.
Ihnen wird kein Unrecht getan.

23 Was meinst du wohl von dem, der seine Neigungen zu seinem Gott macht
und den Gott wissentlich in die Irre führt,
dessen Ohren und Herz er versiegelt
und über dessen Augen er eine Bedeckung macht?
Wer soll ihn denn – nach Gott – rechtleiten?
Wollt ihr euch denn nicht mahnen lassen?

24 Sie sagen: «Es gibt nichts anderes als unser Leben hier in dieser Welt.
Wir sterben, und wir leben.
Es ist allein die Zeit, die uns zugrunde richtet.»
Doch haben sie kein Wissen darüber,
sie gehen allein Vermutungen nach.

25 Wenn ihnen unsere Verse als Beweise vorgetragen werden,
dann ist ihr einziges Argument:
«Bringt unsere Väter herbei, wenn ihr wahrhaftig seid.»

26 Sprich: «Gott gibt euch das Leben, dann lässt er euch sterben,
dann versammelt er euch zum Tag der Auferstehung,
über den kein Zweifel herrscht.»
Doch die meisten Menschen haben kein Wissen.

27 Gottes ist die Herrschaft über die Himmel und die Erde.
An dem Tag, an dem ‹die Stunde› anbricht,
an diesem Tag sind die Trugredner die Verlierer.

28 Jede Gemeinschaft siehst du niederknien;
jede Gemeinschaft wird zu ihrem Buch gerufen:
«Heute wird euch das vergolten, was ihr je getan habt.

29 Das hier ist unser Buch, das über euch die Wahrheit spricht.
Siehe, wir haben aufschreiben lassen, was ihr alles getan habt.»

30 Die nun, die glaubten und gute Werke taten,
die wird ihr Herr in sein Erbarmen führen.
Das ist der klare Gewinn.

31 Die aber ungläubig waren:
   «Wurden euch denn meine Verse nicht vorgetragen?
   Doch ihr zeigtet euch hochmütig und wart frevlerische Leute.»

32 Wenn gesprochen wurde:
   «Siehe, die Verheißung Gottes wird wahr!»
   Und: «An ‹der Stunde› besteht kein Zweifel!»,
   dann spracht ihr:
   «Wir wissen nicht, was ‹die Stunde› ist,
   wir haben darüber nur Vermutungen
   und sind nicht in der Lage, darüber Gewissheit zu bekommen.»

33 Erscheinen werden ihnen die bösen Taten, die sie begangen haben,
   und über sie wird hereinbrechen, worüber sie gespottet haben.

34 Und es wird gesagt:
   «Heute werden wir euch vergessen,
   so wie ihr das Eintreffen eures Tages vergessen habt.»
   So ist es. Und:
   «Euer Zufluchtsort ist das Höllenfeuer.
   Und ihr habt keine Helfer.

35 Dies darum, weil ihr mit den Zeichen Gottes Spott getrieben habt.
   Und weil euch das Leben hier in dieser Welt betört hat.»
   Doch heute werden sie hier nicht herausgeholt,
   und sie können nicht mehr verhandeln.

36 Gott gebührt der Lobpreis, dem Herrn der Himmel,
   dem Herrn der Erde und dem Herrn der Weltbewohner.

37 Ihm gebührt die Majestät in den Himmeln und auf Erden.
   Er ist der Mächtige, der Weise.

Sure 46 – Die Dünen – al-aḥqāf

Mekkanisch, 35 Verse

Im Namen Gottes, des barmherzigen Erbarmers.

ǧ26 ḫ51   1   *Ha Mim.*

2   Das Buch, es ist herabgesandt von Gott, dem Mächtigen, dem Weisen.

3   Wir erschufen die Himmel und die Erde und was dazwischen ist,
allein in Wahrheit, auf bestimmte Zeit.
Die aber ungläubig sind, wenden sich von dem ab, wovor sie gewarnt wurden.

4   Sprich: «Was meint ihr wohl von dem, was ihr an Gottes statt anruft?
Zeigt mir, was sie von der Erde schufen!
Oder gibt es für sie Teilhaberschaft in den Himmeln?
Bringt mir ein Buch, das *vor* dem hier war,
oder eine Spur von Wissen, wenn ihr wahrhaftig seid!»

5   Wer ist wohl mehr abgeirrt als jemand,
der an Gottes statt einen anruft,
der ihm keine Antwort geben wird bis zum Tag der Auferstehung?
Sie beachten ihr Rufen überhaupt nicht,

6   und wenn die Menschen zusammengeschart werden,
dann sind sie ihnen feind

und leugnen, dass man sie verehrte.

7   Wenn ihnen unsere Zeichen als Beweise vorgetragen werden,
    dann sagen die, die nicht an die Wahrheit glauben, nachdem sie zu
        ihnen kam:
    «Das ist klare Zauberei.»

8   Oder sie sagen: «Er hat es sich nur ausgedacht.»
    Sprich: «Hätte ich es mir nur ausgedacht,
    dann könntet ihr zu meinen Gunsten Gott gegenüber nichts tun.
    Er weiß genau, womit ihr euch beschäftigt.
    Er genügt als Zeuge zwischen mir und euch.»
    Er ist der, der bereit ist zur Vergebung, der Barmherzige.

9   Sprich: «Ich bin nichts Ungewöhnliches unter den Gesandten.
    Und ich weiß nicht, was mit mir und was mit euch geschehen wird.
    Ich folge nur dem, was mir eingegeben wird,
    und bin nichts als ein klarer Warner.»

10 Sprich: «Was meint ihr wohl, wenn er von Gott ist
    und ihr *nicht* an ihn glaubt,
    aber ein Zeuge von den Kindern Israel etwas ihm Gleiches bezeugt
        und glaubt,
    ihr euch jedoch erhaben dünkt?»
    Siehe, Gott leitet frevlerische Menschen nicht.

11 Die ungläubig sind, sprechen zu denen, die glauben:
    «Wäre er gut, dann wären sie uns darin nicht zuvorgekommen.»
    Da sie sich von ihm nicht leiten lassen,
    werden sie sagen: «Das ist eine alte Lüge.»

12 Vor ihm gab es das Buch Moses, als Richtschnur und Barmherzigkeit.
    Das hier aber ist ein Buch, das bestätigt – in arabischer Sprache,
    um diejenigen, die freveln, zu mahnen,
    und als frohe Botschaft für die, die Gutes tun.

13 Siehe, die sprechen: «Unser Herr ist Gott»,
    dann auf dem geraden Wege bleiben,
    die brauchen keine Furcht zu haben und sollen auch nicht traurig sein.

14 Sie sind die Bewohner des Paradiesesgartens,
    ewig weilen sie dort, als Belohnung für das, was sie taten.

15 Dem Menschen haben wir geboten, seine Eltern gut zu behandeln.
    Ungern war seine Mutter mit ihm schwanger,
    und ungern gebar sie ihn.
    Die Schwangerschaft mit ihm und die Entwöhnung dauern dreißig Monate.
    Wenn er dann seine Reife erlangt und vierzig Jahre alt ist,
    spricht er: «Mein Herr, sporne mich an, dass ich dir für die Gnade danke,

die du mir und meinen Eltern gewährt hast!
Und dass ich Frommes tue, woran du Wohlgefallen hast!
Und lass mich gedeihen in meiner Nachkommenschaft!
Siehe, ich wende mich dir reumütig zu
und bin einer der Gottergebenen.»

16 Sie, von denen wir das Gute, das sie taten, annehmen
und deren böse Taten übergehen,
sind unter den Bewohnern des Paradieses
als wahrhaftige Erfüllung dessen, was ihnen verheißen wurde.

17 Der zu seinen Eltern sagt: «Pfui über euch!
Habt ihr mir nicht versprochen, dass ich wieder herausgebracht werde,
wo doch Geschlechter vor mir vergangen sind?»
Beide rufen Gott um Hilfe an: «Wehe dir! Glaube doch!
Siehe, die Verheißung Gottes wird wahr.»
Dann sagt er: «Das sind ja nur Fabeln der Altvorderen.»

18 Das sind die, an denen der Spruch über die Gemeinschaften in Erfüllung
ging,
die schon vor ihnen vergingen, Gemeinschaften von Dschinnen und von
Menschen.
Siehe, sie waren Verlierer.

19 Für alle gibt es Stufen für das, was sie taten.
Allen will er das Gebührende für ihre Taten voll erstatten,
und niemandem wird Unrecht getan.

20 Am Tag, an dem die Ungläubigen dem Feuer vorgeführt werden:
«Ihr habt in eurem Erdenleben all das an Gutem, das euch zugedacht war,
schon aufgebraucht und genossen.
Doch heute wird euch mit erniedrigender Strafe dafür vergolten,
dass ihr auf der Erde – ohne Grund – hochmütig wart,
und dafür, dass ihr sündhaft wart.»

¼ 21 Gedenke des Bruders der ʿAd, als er in den Dünen sein Volk warnte!
Mahnungen gab es ja schon früher, vor ihm und auch nach ihm:
«Wollt ihr nicht Gott alleine dienen?
Siehe, ich fürchte für euch die Strafe eines gewaltigen Tages.»

22 Sie sprachen: «Kamst du zu uns, um uns von unseren Göttern
abzubringen?
Bring uns doch herbei, was du uns versprichst,
wenn du zu den Wahrhaftigen gehörst!»

23 Er sprach: «Siehe, das Wissen liegt bei Gott.
Ich überbringe euch nur, was mir aufgetragen wurde.
Doch ich sehe, dass ihr ein unwissendes Volk seid.»

24 Als sie es als Wolkenbank sahen, die ihren Tälern entgegenkam,
sprachen sie: «Das ist eine Wolkenwand, die uns Regen bringt.»
O nein: «Das ist das, dessen Kommen ihr ersehntet –
ein Wind, in dem schmerzhafte Strafe ist,

25 der alles zerstören wird auf seines Herrn Geheiß.»
Als es dann Morgen ward, sah man von ihnen nur noch die Wohnstätten.
Auf diese Weise vergelten wir dem Volk der Missetäter.

26 Wir hatten ihnen in einer Weise Macht verliehen,
wie wir sie euch nicht verliehen,
und machten ihnen Ohren und Augen und Herzen.
Doch ihre Ohren und Augen und Herzen nützten ihnen nichts,
da sie die Zeichen Gottes entschieden leugneten.
Da brach das über sie herein,
worüber sie sich lustig machten.

27 Wir vernichteten an Städten, was um euch herum war,
und wandelten die Zeichen ab.
Vielleicht kehren sie ja um.

28 Warum halfen ihnen denn nicht die,
die sie sich an Gottes statt als Götter nahmen – als Näherung?
Doch gingen sie ihnen verloren.
Das ist ihr Lügenwerk und was sie sich noch ersonnen haben.

29 Damals, als wir eine Schar von Dschinnen zu dir schickten,
um dem Vortrag des Korans zu lauschen.
Als sie zugegen waren, sprachen sie: «Hört gut zu!»,
und als es zu Ende war, kehrten sie zurück zu ihrem Volk, warnten

30 und sprachen: «O Volk, seht, wir hörten ein Buch
– *nach* Mose herabgesandt, um zu bestätigen, was vor ihm war –,
das zur Wahrheit führt und auf einen geraden Weg.

31 O Volk! Hört auf den Rufer Gottes, und glaubt an ihn,
dass er euch eure Schuld vergebe
und vor schmerzhafter Strafe euch bewahre!»

32 Wer dem Rufer Gottes nicht gehorcht,
der kann auf Erden nichts verhindern und hat keine Helfer gegen ihn.
Sie sind in klarem Irrtum.

33 Sahen sie denn nicht, dass Gott, der die Himmel und die Erde schuf
und bei ihrer Erschaffung nicht matt und müde wurde,
die Macht hat, die Toten wieder zu beleben?
Siehe, er ist aller Dinge mächtig.

34 Am Tag, an dem die Ungläubigen dem Feuer vorgeführt werden:
«Ist das nicht die Wahrheit?»

Sie sprechen: «O ja, bei unserem Herrn!»

Er spricht: «So schmeckt die Strafe dafür, dass ihr ungläubig wart!»

35 Und du sei geduldig, so geduldig wie die Gesandten mit festem Willen,
und fordere für sie keine Eile!

An dem Tag, an dem sie sehen werden, was ihnen verheißen wurde,
da kommt es ihnen vor, als seien sie nur eines Tages Stunde geblieben.

Es ist eine Botschaft.

Werden denn nicht einzig und allein ruchlose Menschen vernichtet?

Sure 47 – Mohammed – Muḥammad

Medinensisch, 38 Verse

Im Namen Gottes, des barmherzigen Erbarmers.

1 Die ungläubig sind und die andere von Gottes Weg abhalten,
  deren Werke lässt Gott verlorengehen.

2 Die aber gläubig sind und gute Werke tun
  und an das glauben, was auf Mohammed herabgesandt
  – es ist von ihrem Herrn die Wahrheit –,
  deren böse Taten tilgt er und schenkt ihnen Wohlergehen.

3 Dies, weil die Ungläubigen dem Nichtigen folgten,
  die Gläubigen jedoch der Wahrheit von ihrem Herrn.
  So prägt Gott für die Menschen ihre Gleichnisse.

4 Wenn ihr jedoch die trefft, die ungläubig sind,
  dann: Schlag auf den Nacken,
  bis ihr sie niedergemacht habt!
  Dann schnürt die Fesseln fest!
  Dann entweder Gnade oder Lösegeld – so lange, bis der Krieg ein
    Ende nimmt.
  So soll es sein.

Wenn Gott wollte, könnte er sich ihrer selbst erwehren.
Doch will er euch untereinander auf die Probe stellen.
Und die auf dem Wege Gottes getötet wurden,
deren Werke lässt er nicht verlorengehen.

5 Rechtleiten wird er sie und ihnen Wohlergehen schenken
6 und sie in den Paradiesesgarten führen, den er für sie ausersehen hat.
7 O ihr, die ihr glaubt! Wenn ihr Gott helft, wird er euch helfen
und eure Schritte festigen.
8 Die aber ungläubig sind: Verderben über sie!
Er lasse ihre Werke verlorengehen!
9 Dies, weil sie verabscheuen, was Gott herniedersandte.
So lässt er ihre Werke zuschanden werden.

½ 10 Sind sie denn nicht durchs Land gezogen,
so dass sie sahen, wie das Ende derer, die vor ihnen lebten, war?
Gott vernichtete sie –
und für die Ungläubigen wird ein Gleiches gelten.
11 Dies, weil Gott für die, die glauben, Schutzherr ist,
und es für die Ungläubigen keinen Schutzherrn gibt.
12 Siehe, Gott führt diejenigen, die glauben und gute Werke tun,
in Gärten, unter denen Bäche fließen.
Die aber ungläubig sind, die genießen
und essen, wie das Vieh frisst.
Das Feuer wird für sie Wohnstatt sein.
13 Wie viele Städte gibt es, die mächtiger sind als deine Stadt,
die dich vertrieb!
Ihre Bewohner ließen wir zugrunde gehen,
sie hatten keinen Helfer!
14 Ist wohl jemand, der sich über seinen Herrn im Klaren ist,
wie jemand, dem die Bosheit seines Tuns schön erscheint
und der seinen Gelüsten folgt?
15 Das Bild des Paradiesesgartens, der den Gottesfürchtigen verheißen ist:
In ihm sind Ströme von Wasser, das nicht faulig wird,
Ströme von Milch, die ihren Geschmack nicht ändert,
Ströme von Wein, süß für die Trinkenden,
und Ströme von ungetrübtem Honig.
Dort gibt es für sie Früchte aller Art
und Vergebung von ihrem Herrn.
… wie jemand, der ewig im Feuer bleibt
und heißes Wasser zu trinken bekommt,
das seine Eingeweide zerreißt?

16 Unter ihnen gibt es Leute, die auf dich hören,
   doch wenn sie dich verlassen, sagen sie zu denen,
   denen das Wissen gegeben wurde:
   «Was hat er eben gesagt?»
   Das sind die, denen Gott ihre Herzen versiegelt hat
   und die ihren Gelüsten folgen.

17 Die sich rechtleiten lassen, die bestärkte er noch darin
   und gab ihnen Gottesfurcht.

18 Erwarten sie denn etwas anderes,
   als dass ‹die Stunde› *plötzlich* über sie kommt?
   Wo doch die Vorzeichen für sie bereits eingetroffen sind?
   Welchen Nutzen hat die Mahnung denn für sie,
   wenn ‹die Stunde› bereits über sie gekommen ist?

19 So wisse, dass es keinen Gott gibt außer den *einen* Gott,
   und bitte um Vergebung für deine Schuld
   und für die gläubigen Männer und die gläubigen Frauen!
   Gott weiß, wo ihr euch bewegt und wo ihr Wohnung nehmt.

20 Die Gläubigen sprechen: «Warum wurde keine Sure herabgesandt?»
   Doch wenn eine eindeutige Sure herabgesandt würde
   und darin der Kampf Erwähnung fände,
   dann sähest du, wie die, in deren Herzen Krankheit ist,
   so zu dir schauen, als ob sie angesichts des Todes in Ohnmacht fielen.
   Wehe ihnen!

21 Gehorsam und angemessenes Reden.
   Doch wenn es ernst wird, so wäre es besser für sie,
   wenn sie Gott gegenüber aufrichtig wären.

22 Ob ihr wohl, wenn ihr euch abwendet,
   Unheil im Lande stiftet und eure verwandtschaftlichen Bande zerreißt?

23 Das sind die, welche Gott verflucht hat,
   so dass er sie hat taub werden und erblinden lassen.

24 Wollen sie denn den Koran nicht genau bedenken?
   Oder sind ihre Herzen verriegelt?

25 Diejenigen, die den Rücken kehren,
   nachdem ihnen die Rechtleitung klargemacht wurde –
   der Satan hat es ihnen eingeredet und diktiert.

26 Dies, weil sie zu denen, die abscheulich fanden,
   was Gott herabgesandt hatte, sagten:
   «Wir werden euch in einigem gehorchen.»
   Doch Gott weiß um ihr Heimlichtun.

27 Wie aber wird es, wenn die Engel sie abberufen

und sie ins Gesicht und auf den Rücken schlagen?

28 Dies, weil sie dem, was Gott erzürnte, folgten
und alles, was ihm wohlgefiel, abscheulich fanden.
Doch er ließ ihre Werke zuschanden werden.

29 Oder rechnen diejenigen, in deren Herzen Krankheit ist, damit,
dass Gott ihren Groll nicht offenlegen wird?

30 Und wenn wir wollten, würden wir sie dir zeigen,
so dass du sie an ihrem Zeichen erkennen könntest.
Gewiss würdest du sie am Tonfall ihrer Rede erkennen.
Gott kennt ihre Taten.

31 Wir werden euch ganz gewiss auf die Probe stellen,
um zu erfahren, wer unter euch die Kämpfer und Standhaften sind,
und um zu prüfen, was man über euch berichtet.

32 Siehe, die ungläubig sind und von Gottes Weg abhalten
und dem Gesandten zuwiderhandeln,
nachdem ihnen die Rechtleitung klar geworden war,
die können Gott keinerlei Schaden tun,
und er wird ihre Werke zuschanden werden lassen.

¾ 33 O ihr, die ihr glaubt! Gehorcht Gott, und gehorcht dem Gesandten!
Und macht eure Werke nicht unwirksam!

34 Siehe, die ungläubig sind und von Gottes Weg abhalten
und dann als Ungläubige sterben,
denen wird Gott nicht vergeben.

35 So werdet nicht matt, und ruft nicht dann zum Friedensschluss,
wenn *ihr* die Überlegenen seid!
Gott ist mit euch und lässt euch nicht um eure Werke kommen.

36 Jedoch das Leben hier auf Erden ist nur Spiel und Zeitvertreib.
Doch wenn ihr glaubt und gottesfürchtig seid,
dann wird er euch euren Lohn geben
und euch nicht nach eurem Besitz fragen.

37 Doch wenn er euch danach fragen und euch bedrängen würde,
dann wäret ihr geizig, und er würde euren Groll offenlegen.

38 Ihr aber seid nun die, die zum Spenden für Gottes Weg aufgerufen sind.
Unter euch gibt es manchen, der geizig ist.
Doch wer geizig ist, der ist es nur zu seinem Nachteil.
Gott ist der Reiche, und ihr seid die Armen.
Wenn ihr euch abwendet,
wird er euch durch ein anderes Volk ersetzen.
Und das wird dann nicht so sein wie ihr.

Sure 48 – Die Eroberung – al-fatḥ

Medinensisch, 29 Verse

Im Namen Gottes, des barmherzigen Erbarmers.

1 Siehe, wir verliehen dir einen klaren Erfolg,

2 auf dass dir Gott deine frühere und spätere Schuld vergebe
und seine Gnade an dir vollende
und dich führe auf einen geraden Weg,

3 und dass dir Gott mächtige Hilfe zuteil werden lasse.

4 Er ist es, der ‹die Ruhe› in die Herzen der Gläubigen niedersandte,
auf dass sie noch an Glauben zunähmen.
Gottes sind die Heerscharen der Himmel und der Erde.
Gott ist wissend, weise.

5 Er will die gläubigen Männer und Frauen in Gärten führen,
unter denen Bäche fließen, ewig weilen sie dort,
und will ihnen ihre bösen Taten tilgen.
Das ist ein großer Gewinn bei Gott.

6 Und die Heuchler und die Heuchlerinnen will er strafen
und die Beigeseller und die Beigesellerinnen,
die über Gott nur Böses denken.

Eine böse Schicksalswendung sei über sie verhängt,
Gott zürne über sie, verfluche sie
und bereite ihnen die Hölle!
Welch schlimmes Schicksal!

7 Gottes sind die Heerscharen der Himmel und der Erde.
Gott ist mächtig, weise.

8 Siehe, wir sandten dich herab als Zeugen,
als Freudenboten und als Warner,

9 dass ihr an Gott und seinen Gesandten glaubt,
ihm helft und ihn verehrt
und ihn preist am Morgen und am Abend.

10 Siehe, die dir Treue geloben, geloben sie auch Gott.
Gottes Hand ist über ihren Händen.
Wer wortbrüchig wird, der bricht sein Wort sich selber gegenüber.
Wer das erfüllt, was er Gott versprach,
dem wird er reichen Lohn geben.

11 Die von den Beduinen, die zurückgelassen wurden, werden sagen:
«Unser Besitz und unsere Familien haben uns ganz in Beschlag genommen.
So bitte für uns um Vergebung!»
Mit ihren Zungen sprechen sie aus, was nicht in ihren Herzen ist.
Sprich: «Wer kann – zu euren Gunsten – etwas gegen Gott tun,
wenn *er* euch schaden oder nutzen will?
Nein, Gott ist dessen kundig, was ihr tut.

12 Nein. Ihr dachtet, dass der Gesandte und die Gläubigen
niemals mehr zu den Ihren zurückkehren würden.
Das erschien euch schön in euren Herzen.
Böses dachtet ihr da.
Ihr seid verdorbene Menschen.»

13 Wer nicht an Gott und seinen Gesandten glaubt –
siehe, für die Ungläubigen halten wir ein Flammenmeer bereit.

14 Gottes ist die Herrschaft über die Himmel und die Erde.
Er vergibt, wem er will, und er bestraft, wen er will.
Gott ist bereit zu vergeben, barmherzig.

15 Die Zurückgelassenen werden sagen:
«Wenn ihr aufbrecht, um Beute zu machen, dann lasst uns euch folgen!»
Sie wollen Gottes Wort verändern.
Sprich: «Ihr werdet uns nicht folgen.
So sprach Gott schon vorher.»
Da werden sie sagen: «Ihr seid neidisch auf uns.»
Nein. Sie verstehen nur wenig.

16 Sprich zu den Beduinen, die zurückgelassen wurden:
«Ihr werdet gegen ein Volk von gewaltiger Macht gerufen werden,
gegen die ihr kämpfen müsst, wenn sie sich nicht ergeben.
Wenn ihr dann gehorcht, so wird euch Gott schönen Lohn geben.
Wenn ihr euch jedoch abwendet, wie ihr es schon früher tatet,
dann wird er euch schmerzhaft strafen.»

17 Für den Blinden besteht kein Anstoß
und auch nicht für den Lahmen und den Kranken.
Wer Gott und seinem Gesandten gehorcht,
den führt er in Gärten, unter denen Bäche fließen.
Wer sich jedoch abwendet, den wird er schmerzhaft strafen.

ḥ52 18 Gott hatte an den Gläubigen Wohlgefallen,
als sie dir unter dem Baum Treue gelobten,
und er wusste, was in ihren Herzen war,
und sandte ‹die Ruhe› auf sie nieder
und belohnte sie mit einer baldigen Eroberung

19 und viel Beute, die sie erringen würden.
Gott ist mächtig, weise.

20 Gott versprach euch viel Beute, die ihr erringen würdet,
und brachte diese auch rasch zu euch.
Die Hände der Leute hat er von euch abgehalten,
damit es für die Gläubigen ein Zeichen sei
und er euch leite auf den geraden Weg.

21 Und weitere Beute, über die ihr noch nicht verfügen konntet,
hat Gott bereits in Verfügung.
Gott hat über alles Macht.

22 Und hätten die Ungläubigen gegen euch gekämpft,
so hätten sie euch den Rücken gekehrt.
Dann finden sie keinen Schutzherrn und keinen Helfer.

23 Die Gewohnheit Gottes, wie sie schon früher war.
Und du findest keine Änderung in der Gewohnheit Gottes.

24 Er ist es, der ihre Hände von euch abhielt
und eure Hände von ihnen im Tal von Mekka,
nachdem er euch über sie den Sieg verlieh.
Gott sieht, was ihr tut.

25 Sie sind es, die ungläubig sind
und die euch von der heiligen Anbetungsstätte ferngehalten haben
und auch die Opfertiere, die ihre Opferstätte nicht erreichen konnten.
Hätte es nicht gläubige Männer und gläubige Frauen gegeben,
von denen ihr nicht wusstet, dass ihr sie niedertratet,

so dass euch von ihnen – unwissentlich – Ungemach erwachsen wäre
– Gott will in sein Erbarmen führen, wen er will –,
wenn sie getrennt gewesen wären,
dann hätten wir die Ungläubigen unter ihnen schmerzhaft bestraft.

26 Damals, als die Ungläubigen in ihren Herzen Kampfeslust entfachten
– Kampfeslust der ‹Zeit der Unwissenheit› –,
da sandte Gott auf seinen Gesandten und die Gläubigen seine ‹Ruhe› nieder,
und er verpflichtete sie auf das Wort der Gottesfurcht.
Sie hatten dazu alles Recht und waren seiner würdig.
Und Gott weiß alle Dinge.

27 Gott ließ für seinen Gesandten die Vision zur Wahrheit werden:
«Ihr sollt die heilige Anbetungsstätte – so Gott will – in Sicherheit betreten,
mit geschorenem oder gekürztem Haupthaar,
ohne euch zu fürchten.»
Er weiß, was ihr nicht wisst.
Doch außerdem hat er euch einen baldigen Erfolg beschieden.

28 Er ist es, der seinen Gesandten mit der rechten Leitung sandte
und mit der Religion der Wahrheit,
um ihr zum Siege zu verhelfen über alle Religion.
Und Gott genügt als Zeuge.

29 Mohammed ist der Gesandte Gottes.
Und diejenigen, die mit ihm sind – hart sind sie gegen die Leugner,
untereinander aber voll Erbarmen.
Du siehst sie knien, niederfallen
im Streben nach Gottes Gnade und Wohlgefallen.
Die Spuren ihres Niederfallens sind ihnen ins Gesicht gezeichnet.
Das ist im Gesetz ihr Gleichnis.
Im Evangelium ist ihr Gleichnis eine Saat,
die ihren Schössling sprießen lässt und stärkt,
ihn groß macht und auf seinen Halmen geraderichtet,
den Säern zu Gefallen und um die Leugner damit zu erzürnen.
Gott hat denen unter ihnen, die gläubig sind und gute Werke tun,
Vergebung und reichen Lohn verheißen.

Sure 49 – Die Gemächer – al-ḥuǧurāt
Medinensisch, 18 Verse

Im Namen Gottes, des barmherzigen Erbarmers.

¼   1   O ihr, die ihr glaubt, kommt Gott und seinem Gesandten nicht zuvor!
Und fürchtet Gott! Siehe, Gott ist hörend, wissend.

     2   O ihr, die ihr glaubt! Erhebt eure Stimmen nicht über des Propheten
Stimme!
Und sprecht nicht so laut zu ihm, wie ihr untereinander sprecht,
dass eure Werke nicht zuschanden werden, ohne dass ihr's merkt!

     3   Siehe, diejenigen, die beim Gesandten Gottes leise sprechen,
das sind die, deren Herzen Gott auf Gottesfurcht geprüft hat.
Vergebung ist ihnen zugedacht und reicher Lohn.

     4   Siehe, diejenigen, die zu dir rufen von draußen her in die Gemächer –
die meisten von ihnen begreifen nicht.

     5   Und wenn sie sich geduldeten, bis du heraus zu ihnen trätest,
dann wär' es für sie besser.
Gott aber ist vergebungsbereit, barmherzig.

     6   O ihr, die ihr glaubt! Wenn ein Lasterhafter mit einer Nachricht zu euch
kommt,

so sucht Klarheit zu gewinnen, dass ihr nicht Leute aus Unkenntnis
   verletzt
und dann das, was ihr tatet, bereuen müsst!

7 Und wisst, dass der Gesandte Gottes in eurer Mitte ist!
Wenn er in vielem *euch* gehorchte,
dann kämet ihr, fürwahr, in Schwierigkeiten.
Doch Gott hat euch den Glauben liebgemacht
und eure Herzen mit ihm ausgeschmückt.
Den Unglauben aber, Verderbtheit und Aufsässigkeit machte er euch verhasst.
Jene sind auf dem rechten Weg,

8 aus Huld von Gott und aus Gnade.
Gott ist ja wissend, weise.

9 Und wenn zwei Parteien von den Gläubigen miteinander kämpfen,
so schlichtet zwischen ihnen!
Und wenn die eine der anderen Unrecht tut,
so bekämpft die, die Unrecht tut, bis sie der Entscheidung Gottes
   nachkommt!
Und wenn sie dem nachgekommen ist,
dann schlichtet zwischen beiden in Gerechtigkeit
und tut das Rechte!
Siehe, Gott liebt diejenigen, die recht handeln.

10 Siehe, die Gläubigen sind ja doch Brüder.
So schlichtet zwischen euren beiden Brüdern!
Und fürchtet Gott! Vielleicht findet ihr Erbarmen.

11 O ihr, die ihr glaubt! Mannsvolk soll nicht spotten über Mannsvolk,
vielleicht sind diese ja besser als jene.
Und auch nicht Frauen über Frauen,
vielleicht sind diese ja besser als jene.
Krittelt untereinander nicht an euch herum!
Und gebt euch untereinander keine Schimpfnamen!
Wie schlimm ist es, lasterhaft genannt zu werden,
wenn man doch schon gläubig ist!
Wer nicht umkehrt, jene sind die Frevler.

12 O ihr, die ihr glaubt!
Vermeidet zu viel Argwohn!
Siehe, so mancher Argwohn ist Sünde.
Spioniert nicht!
Verleumdet einander nicht!
Liebt es denn von euch wohl einer, dass er das Fleisch seines toten
   Bruders esse?

Das fändet ihr gewiss abscheulich!

Fürchtet Gott!

Siehe, Gott ist gnädig zugekehrt, barmherzig.

13 Ihr Menschen! Siehe, wir erschufen euch als Mann und Frau
und machten euch zu Völkern und zu Stämmen, damit ihr einander
kennenlernt.

Siehe, *der* gilt bei Gott als edelster von euch, der Gott am meisten fürchtet.

Siehe, Gott ist wissend, kundig.

½ 14 Die Beduinen sagen: «Wir glauben.»

Sprich: «Ihr glaubt noch nicht! Sagt vielmehr: ‹Wir nahmen den Islam an!›
Denn noch drang der Glaube nicht in eure Herzen ein.

Wenn ihr aber Gott und seinem Gesandten Gehorsam leistet,
dann wird er euch nichts von euren Werken mindern.»

Siehe, Gott ist bereit zu vergeben, barmherzig.

15 Vielmehr sind die Gläubigen jene,
die an Gott und seinen Gesandten glauben,
dann nicht mehr daran zweifeln
und mit ihrem Besitz und Leben für Gott Krieg führen.

Das sind die Wahrhaftigen.

16 Sprich: «Wollt ihr denn Gott belehren über eure Religion?
Wo Gott doch weiß, was in den Himmeln und auf Erden ist.»

Ja, Gott weiß alle Dinge.

17 Sie rechnen es dir gegenüber sich zum Verdienste an, dass sie Muslime
wurden.

Sprich: «Rechnet mir gegenüber euren Islam nicht zum Verdienst euch an!
Nein, vielmehr verleiht es euch Gott, dass er euch zum Glauben führt,
wenn ihr wahrhaftig seid.»

18 Siehe, Gott kennt das Verborgene der Himmel und der Erde.

Ja, Gott sieht, was ihr tut.

Sure 50 – Qaf – Qāf
Mekkanisch, 45 Verse

Im Namen Gottes, des barmherzigen Erbarmers.

1 *Qaf.*
Beim ruhmreichen Koran!

2 Nein, sie sind erstaunt, dass ein Warner aus ihrer Mitte zu ihnen kam;
und die nicht glauben, sprechen: «Das ist eine wunderliche Sache!

3 Sollen wir, wenn wir gestorben und Staub geworden sind …?
Das ist doch eine abwegige Rückkehr!»

4 Wir wissen ganz genau, was die Erde von ihnen verwesen lässt.
Und bei *uns* ist eine wohlverwahrte Schrift.

5 Nein! Sie haben die Wahrheit zur Lüge erklärt, als sie zu ihnen kam,
und nun sind sie in Verwirrung.

6 Schauten sie denn nicht zum Himmel, der über ihnen ist, empor,
wie wir ihn erbauten und verzierten,
so dass er keine Spalten hat?

7 Und die Erde, wir breiteten sie aus
und ließen Berge, festgegründet, in sie ein
und ließen auf ihr Pflanzen sprießen von jeder prächtigen Art

8 als Erleuchtung und Ermahnung für einen jeden Knecht,
der sich zu Gott, bereit zur Buße, wendet.

9 Wir sandten vom Himmel segensreiches Wasser nieder,
und ließen mit ihm Gärten wachsen und Getreide, das geerntet wird,

10 und hochgewachsene Palmen mit dichten Dolden,

11 als Nahrung für die Knechte;
und wir belebten mit ihm totes Land.
Genauso ist die Auferstehung.

12 Vor ihnen leugneten Noahs Volk
und die ‹Leute des Brunnens› und die Thamud,

13 die ʿAd, Pharao und die Brüder Lots,

14 die ‹Leute des Dickichts› und das Volk von Tubbaʿ.
Sie alle nannten die Gesandten Lügner.
Doch meine Verheißung wurde wahr.

15 Waren wir vielleicht zu schwach für die erste Schöpfung?
Nein, sie sind im Unklaren über eine neue Schöpfung.

16 Wir schufen einst den Menschen und wissen ganz genau,
was seine Seele ihm einzuflüstern sucht:
Denn *wir* sind ihm viel näher noch als seine Halsschlagader.

17 Wenn nun zwei ‹Empfangsbereite› ihn empfangen,
einer zur Rechten und einer zur Linken sitzend,

18 so bringt er nicht *ein* Wort hervor,
ohne dass ein Wächter schon bereit steht.

19 Dann wird der Todesrausch die Wahrheit bringen:
«Das ist es, dem du zu entkommen suchtest.»

20 Und geblasen wird in die Posaune.
Das ist der Tag der Verheißung.

21 Eine jede Seele kommt, und bei ihr sind ein Treiber und ein Zeuge.

22 «Du hast darauf nicht geachtet.
Doch wir haben dir die Verhüllung abgenommen,
so dass dein Blick heute scharf ist.»

23 Und sein Gefährte wird sprechen: «Das ist es, was bei mir bereitsteht.»

24 «Werft in die Hölle jeden Gottlosen, Hartnäckigen,

25 der vom Guten abhält, Übertretungen begeht und Zweifel sät,

26 der eine andere Gottheit neben Gott stellt!
So übergebt ihn der strengen Strafe!»

¾ 27 Sein Gefährte wird sprechen:
«Unser Herr! Ich habe ihn nicht zum Ungehorsam aufgewiegelt,
sondern er war in einem Irrtum, der weitab liegt.»

28 Er wird sprechen: «Streitet nicht vor mir!

Ich habe die Verheißung ja schon vorausgeschickt für euch.

29 Bei mir wird kein Wort ausgetauscht.

Und *ich* bin keiner, der den Knechten Unrecht tut.»

30 Am Tag, da wir zur Hölle sagen: «Bist du schon voll?»,

und sie dann sagen wird: «Gibt's denn noch mehr?»

31 Der Paradiesesgarten wird in die Nähe der Gottesfürchtigen gebracht – nicht weit entfernt:

32 «Das ist es, was euch verheißen wurde,

einem jeden, der zurückkehrt und der wachsam ist,

33 der den Erbarmer im Verborgenen fürchtete

und der da kam mit einem Herzen, bereit zur Buße.

34 Betretet ihn in Frieden!»

Das ist der Tag der Ewigkeit.

35 Sie haben dort, was sie begehren,

und bei uns ist noch mehr.

36 Wie viele Geschlechter ließen wir schon vor ihnen zugrunde gehen!

Die verübten schlimmere Gewalt als sie und zogen durch das Land.

Gibt es einen Ausweg?

37 Siehe, darin liegt eine Mahnung für den, der ein Herz hat

oder aufmerksam hinhört und zugegen ist.

38 Wir erschufen in sechs Tagen die Himmel und die Erde und was

dazwischen ist,

und keine Erschöpfung überkam uns dabei.

39 Sei standhaft gegenüber dem, was sie sagen,

und lobpreise deinen Herrn vor dem Aufgang der Sonne

und vor ihrem Untergang!

40 Preise ihn auch nachts und nach dem Niederfallen!

41 Höre zu, am Tage, wenn der Rufer von einem nahen Orte ruft,

42 am Tag, da sie den Schrei in Wahrheit hören –

das ist der Tag der Auferstehung!

43 Siehe, wir machen lebendig, und wir lassen sterben.

Zu uns hin ist das Ziel.

44 Am Tag, da sich die Erde spaltet und sie eilends aus ihr kommen:

Das ist ein Zusammenscharen – leicht für uns!

45 Wir wissen ganz genau, was sie sagen.

Du bist kein Gewaltherrscher über sie.

So mahne mit der Lesung den, der meine Drohung fürchtet!

Sure 51 – Die Aufwirbelnden – aḏ-ḏāriyāt

Mekkanisch, 60 Verse

Im Namen Gottes, des barmherzigen Erbarmers.

1 Bei denen, die gewaltig Staub aufwirbeln,
2 die Lasten tragen,
3 die leicht dahineilen,
4 die etwas verteilen:
5 Siehe, was euch verheißen wird, ist wirklich wahr –
6 ja, wahrlich, das Gericht bricht herein!
7 Beim Himmel mit den Sternenbahnen:
8 Seht, ihr sprecht ganz unterschiedlich!
9 Wer sich abbringen lassen will von ihm, lässt sich abbringen.
10 Verflucht seien die, die immer nur mutmaßen
11 und die, wie überflutet, nicht aufmerken!
12 Sie fragen: «Wann ist denn der Tag des Gerichts?»
13 Am Tage, da sie angesichts des Feuers geprüft werden:
14 «Schmeckt diese eure Prüfung! Das ist es, dessen Kommen ihr ersehntet.»
15 Siehe, die Gottesfürchtigen, sie sind in Gärten und an Quellen,
16 sie empfangen, was ihr Herr ihnen gab.

Siehe, sie haben früher Gutes getan.

17 Nur einen kleinen Teil der Nacht verbrachten sie im Schlaf,

18 und zur Morgenfrühe baten sie um Vergebung,

19 und von ihrem Hab und Gut war ein Anteil
für Bettler und Bedürftige bestimmt.

20 Auf der Erde sind Zeichen für die Überzeugten

21 und auch in euch selber.
Könnt ihr denn nicht sehen?

22 Im Himmel liegt eure Versorgung und das, was euch verheißen wird.

23 Beim Herrn des Himmels und der Erde!
Siehe, das ist die Wahrheit –
genauso, wie ihr sprechen könnt.

24 Kam zu dir der Bericht von den geehrten Gästen Abrahams?

25 Als sie bei ihm eintraten, sprachen sie: «Friede!»
Er sprach: «Friede!» – Unbekannte Leute!

26 Da wandte er sich zu den Seinen,
brachte ein fettes Kalb herbei

27 und setzte es ihnen vor.
Er sprach: «Wollt ihr denn nicht essen?»

28 Da erfasste ihn Furcht vor ihnen.
Sie sprachen: «Fürchte dich nicht!» –
und verkündeten ihm einen klugen Knaben.

29 Da kam, schreiend, seine Frau herbei, schlug sich ins Gesicht
und sprach: «Eine unfruchtbare alte Frau!»

30 Sie sprachen: «Genau so! Gesprochen hat dein Herr.
Siehe, er ist der Weise, der Wissende.»

₡27h53 31 Er sprach: «Was ist mit euch, ihr Abgesandten?»

32 Sie sprachen: «Siehe, wir sind gesandt zu einem Volk von Missetätern,

33 um Steine aus gebranntem Lehm auf sie regnen zu lassen,

34 gekennzeichnet bei deinem Herrn für die, die es zu weit treiben.»

35 Wir führten die heraus, die dort zu den Gläubigen gehörten,

36 fanden aber nur *ein* Haus mit Gottergebenen dort

37 und hinterließen dort ein Zeichen für die,
welche die schmerzhafte Strafe fürchten.

38 Und in Mose.
Damals, als wir ihn zu Pharao mit klarer Vollmacht sandten,

39 doch der, sich seiner Stärke sicher, wandte sich ab
und sprach: «Ein Zauberer oder ein Besessener!»

40 Doch da ergriffen wir ihn und seine Heerscharen
und warfen sie ins Meer.

Er tat Tadelnswertes.

41 Und in den ʿAd.

Damals, als wir den verheerenden Wind gegen sie sandten,

42 der nichts zurückließ, wie es war, sondern es zerfallen ließ.

43 Und in den Thamud.

Damals, als zu ihnen gesagt wurde: «Genießt noch eine Weile!»

44 Da lehnten sie sich gegen ihres Herrn Befehl auf,
doch der Blitzschlag erfasste sie, während sie zusahen.

45 Aber sie vermochten nicht standzuhalten,
und ihnen wurde nicht geholfen.

46 Und früher das Volk Noahs.
Sie waren ruchlose Leute.

47 Den Himmel bauten wir mit Kraft,
und siehe, wir sind wahrlich mächtig!

48 Und die Erde breiteten wir aus.
Ja, wie herrlich haben wir sie ausgebreitet!

49 Und von allem schufen wir Paare –
vielleicht lasst ihr euch mahnen.

50 So flüchtet euch zu Gott!
Siehe, ich bin von ihm für euch ein klarer Warner!

51 Und setzt keinen anderen Gott neben Gott!
Siehe, ich bin von ihm für euch ein klarer Warner!

52 Genauso kam zu denen, die vor ihnen waren, kein Gesandter,
ohne dass sie gesprochen hätten:
«Ein Zauberer!» Oder: «Ein Besessener!»

53 Gaben sie das als Vermächtnis einander weiter?
Nein! Sie sind ein widerspenstiges Volk.

54 So wende dich von ihnen ab!
Dann bist du nicht zu tadeln.

55 Und mahne! Denn siehe, die Mahnung nützt den Gläubigen.

56 Ich schuf die Dschinne und die Menschen nur, damit sie mir dienen.

57 Ich will an Versorgung nichts von ihnen
und will nicht, dass sie mich speisen.

58 Siehe, Gott ist der Versorger, voll Kraft und Festigkeit.

59 Siehe, die freveln, haben einen Anteil wie ihresgleichen.
Sie sollen daher keine Eile von mir verlangen!

60 Wehe daher denen, die nicht glauben, vor ihrem Tag,
der ihnen verheißen ist.

Sure 52 – Der Berg – aṭ-ṭūr

Mekkanisch, 49 Verse

Im Namen Gottes, des barmherzigen Erbarmers.

1 Beim Berg!

2 Bei einem Buch, das aufgezeichnet

3 auf einem Pergament, das ausgebreitet!

4 Bei dem besuchten Haus!

5 Bei dem erhöhten Dach!

6 Bei dem gefüllten Meer!

7 Siehe, die Strafe deines Herrn wird wahrhaftig kommen,

8 und da ist keiner, der sie abwehrt.

9 Am Tage, da der Himmel wankt und schwankt

10 und die Berge sich eilends in Bewegung setzen –

11 wehe dann an jenem Tag den Leugnern,

12 die in leichtfertigem Gerede tändeln!

13 Am Tag, da sie mit Heftigkeit ins Höllenfeuer gestoßen werden:

14 «Das ist das Feuer, das ihr immer wieder geleugnet habt!

15 Ist das hier etwa Zauberspuk – oder könnt ihr nicht sehen?

16 Brennen sollt ihr in ihm!

Ob ihr es in Geduld ertragt oder nicht: Für euch ist es gleich!
Euch wird nur das vergolten, was ihr je getan habt.»

17 Siehe, die Gottesfürchtigen sind in Gärten und Glückseligkeit,

18 glücklich über das, was ihr Herr ihnen gab.
Ihr Herr bewahrt sie vor der Feuerhölle.

19 «Esst und trinkt zu eurem Wohlergehen, für das, was ihr getan habt,

20 gestützt auf Ruhepolster, in Reihen angeordnet!»
Als Gattinnen geben wir ihnen Mädchen – mit großen schwarzen Augen.

21 Denen, die glaubten und deren Nachkommen ihnen im Glauben folgten,
denen lassen wir ihre Nachkommenschaft nachfolgen.
Wir schmälern nichts von ihrem Werk –
jeder Mensch ist dem verpfändet, was er begangen hat.

22 Wir versorgen sie mit Früchten und mit Fleisch,
wonach es sie gelüstet.

23 Sie reichen dort einander einen Becher;
kein Geschwätz ist dort und auch keine Schmähung.

¼ 24 Um sie kreisen Knaben, die ihnen zugedacht sind,
als ob sie Perlen wären, die noch verborgen sind.

25 Sie gehen aufeinander zu, stellen einander Fragen,

26 sagen: «Siehe, wir waren früher, bei den Unseren, voller Angst.

27 Doch Gott erwies uns Gnade
und bewahrte uns vor der Strafe der Gluthitze.

28 Siehe, schon früher riefen wir zu ihm.
Siehe, er ist der Freundliche, der Barmherzige.»

29 Und mahne! Denn du bist, durch die Gnade deines Herrn,
weder ein Wahrsager noch ein Besessener.

30 Oder sagen sie: «Ein Dichter, dessen unsicheres Geschick wir abwarten
wollen?»

31 Sprich: «So wartet ab!
Siehe, dann bin *ich* mit euch unter den Wartenden.»

32 Oder befehlen ihnen ihre Träume dies?
Oder sind sie widerspenstige Leute?

33 Oder sagen sie: «Er hat es sich nur ausgedacht?»
Nein! Sie sind nicht gläubig.

34 So sollen sie doch kommen mit einer Rede gleicher Art,
wenn sie die Wahrheit sprechen!

35 Oder sind sie aus Nichts erschaffen?
Oder sind *sie* die Schöpfer?

36 Oder erschufen *sie* die Himmel und die Erde?
Nein! Sie sind nicht überzeugt.

37 Oder verfügen *sie* über die Schätze deines Herrn?
Oder sind *sie* die Machthaber?

38 Oder haben *sie* eine Himmelsleiter, von der aus sie hören können?
So bringe ihr Zuhörer doch eine klare Vollmacht!

39 Oder hat *er* die Töchter, und *ihr* habt die Söhne?

40 Oder forderst du von ihnen Lohn,
so dass sie mit einer Schuld belastet wären?

41 Oder besitzen sie das Verborgene,
so dass sie es aufschreiben könnten?

42 Oder wollen sie eine List?
Doch die ungläubig sind, das sind die Überlisteten.

43 Oder haben sie einen Gott außer Gott?
Gott sei gepriesen! Er ist erhaben über das, was sie beigesellen.

44 Und wenn sie ein Stück vom Himmel fallen sehen,
sprechen sie: «Aufgehäufte Wolken!»

45 So lass sie doch, bis sie ihrem Tag begegnen,
an dem sie vom Blitz erschlagen werden,

46 der Tag, an dem sie ihre List vor nichts bewahrt
und ihnen nicht geholfen wird.

47 Siehe, die da frevelten, die haben zusätzliche Strafe.
Doch die meisten von ihnen haben kein Wissen.

48 Harre der Entscheidung deines Herrn!
Siehe, du bist uns unter den Augen.
Lobpreise deinen Herrn, wenn du aufstehst,

49 und lobe ihn zur Nachtzeit
und wenn die Sterne untergehen!

Sure 53 – Der Stern – an-naǧm

Mekkanisch, 62 Verse

Im Namen Gottes, des barmherzigen Erbarmers.

1 Beim Stern, wenn er sich senkt!
2 Vom Wege wurde euer Freund nicht abgelenkt
und auch vom Irrtum nicht getrieben.
3 Und er spricht nicht aus eigenem Belieben,
4 es ist nur Eingebung, die ihm geschenkt.
5 Der stark an Kraft ist, hat ihn unterrichtet,
6 der Herr der Größe, sich dann aufgerichtet,
7 dieweil am höchsten Horizont er stand,
8 dann nahekam, ganz nah bei ihm sich fand,
9 zwei Bogenlängen oder näher noch war er bei ihm:
10 Da offenbart' er seinem Knechte, was er ihm offenbarte,
11 nicht trog das Herz in dem, was er gewahrte.
12 Wollt ihr mit ihm darüber streiten, was er schaute?
13 Ja, er erschaute ihn zum anderen Male auch,
14 am äußeren Ende, bei dem Lotosbaum,
15 dort, wo der Zufluchtsgarten sich erstreckt,

16 als den Lotosbaum bedeckte, was ihn bedeckt.

17 der Blick schweifte nicht ab und wollte nicht weichen,

18 er sah von seinem Herrn die großen Zeichen!

19 Was haltet ihr denn von al-Lat und von al-ʿUzza

20 und von Manat, der dritten dazu?

21 Gebührt denn *euch* das Männliche,
    das Weibliche hingegen *ihm?*

22 Das wäre eine ungerechte Teilungsart.

23 Siehe, das sind doch Namen nur,
    mit denen ihr und eure Väter sie benannten.
    Gott sandte keine Vollmacht für sie herab.
    Sie folgen Mutmaßungen nur
    und dem, wonach es sie gelüstet,
    obwohl die rechte Leitung von ihrem Herrn zu ihnen kam.

24 Kommt wohl dem Menschen zu, was immer er sich wünscht?

25 Doch Gottes ist das Jenseits und das Diesseits.

½ 26 Wie viele Engel gibt es in den Himmeln, deren Fürsprache nichts nützt,
    außer, nachdem Gott es erlaubte, wem er will
    und an welchem er Gefallen hat.

27 Siehe, die nicht ans Jenseits glauben,
    geben den Engeln weibliche Namen.

28 Sie haben kein Wissen darüber, sie folgen Mutmaßungen nur.
    Siehe, Mutmaßungen können die Wahrheit in nichts ersetzen.

29 So wende dich von jedem ab, der unserer Mahnung den Rücken kehrt
    und nichts anderes begehrt als nur das Leben hier auf Erden!

30 Das ist alles, was sie an Wissen erreichten.
    Siehe, dein Herr kennt den genau, der von seinem Weg abirrt,
    und genauso den, der sich rechtleiten lässt.

31 Gottes ist, was in den Himmeln und auf Erden ist,
    auf dass er denen, die Böses taten, mit dem vergelte, was sie taten,
    und mit Gutem denen, die Gutes taten.

32 Jene, die schwere Sünden und Schändliches vermeiden wollen,
    oder nur selten begehen …
    Siehe, die Vergebung deines Herrn ist umfassend.
    Er kennt euch sehr genau –
    als er euch aus der Erde erstehen ließ
    und ihr noch ungeboren wart im Leib eurer Mütter.
    Erklärt euch daher selber nicht für rein!
    Er weiß sehr genau, wer gottesfürchtig ist.

33 Sahst du denn den nicht, der sich abgewandt

34 und wenig gab und geizte?

35 Hat er denn Kenntnis vom Verborgenen,
    so dass er sieht,

36 oder bekam er keine Kunde von dem, was in den Blättern Moses steht

37 und Abrahams, der sein Versprechen einhielt?

38 Dass eine lasttragende Seele nicht die Last einer anderen trägt

39 und dass dem Menschen nur das zuteil wird, wonach er strebte,

40 und dass sein Streben schließlich sichtbar wird

41 und ihm dann in vollem Maß vergolten wird?

42 Und dass zu deinem Herrn der Dinge Ausgang ist,

43 dass *er* es ist, der lachen lässt und weinen,

44 dass *er* es ist, der sterben lässt und lebendig macht,

45 dass *er* die zwei Geschlechter schuf,
    das männliche und weibliche,

46 aus einem Samentropfen, wenn er vergossen wird,

47 und dass die neue Schöpfung ihm obliegt?

48 Dass *er* es ist, der Reichtum und Besitz verleiht?

49 Dass *er* der Herr des Sirius ist?

50 Dass *er* es ist, der in der Vorzeit die ʿAd vernichtete

51 und auch die Thamud und nichts verschonte,

52 auch Noahs Volk vordem
    – die Frevler und aufsässig waren –,

53 und der ‹die ganz Umgestürzte› zerstörte,

54 so dass sie bedeckte, was sie bedeckte.

55 Ja, welche Gnadengaben deines Herrn willst du denn leugnen?

56 Das ist eine von den früheren Warnungen.

57 Nahe gekommen ist ‹die Näherung›.

58 Niemand außer Gott kann sie vertreiben.

59 Seid ihr etwa froh über diesen Bericht?

60 Und lacht – und weint darüber nicht?

61 Und macht ein spöttisches Gesicht?

62 Doch werft euch nieder, und dient Gottes Angesicht!

Sure 54 – Der Mond – al-qamar

Mekkanisch, 55 Verse

Im Namen Gottes, des barmherzigen Erbarmers.

1 Genaht ist ‹die Stunde›, und der Mond hat sich gespalten.

2 Sehen sie ein Zeichen, so wenden sie sich ab und sprechen:
«Zauber, unaufhörlich!»

3 Sie leugneten und folgten ihren eigenen Gelüsten,
während doch eine jede Sache festgegründet steht.

4 Zu ihnen kamen doch schon einige Berichte,
in denen etwas liegt, das hindern könnte,

5 Weisheit, die ihr Ziel erreicht.
Doch die Warnungen helfen nichts.

6 So wende dich von ihnen ab!
Am Tage, da der Rufer zu etwas Entsetzlichem ruft

7 und sie, gesenkten Blickes, aus den Gräbern kommen,
als wären sie Heuschrecken, die ausschwärmen,

8 und sie zum Rufer eilen,
da sagen die Ungläubigen: «Das ist ein schwerer Tag!»

¾ 9 Schon vor ihnen leugnete das Volk von Noah.

Denn einen Lügner nannten sie unseren Knecht
und sprachen: «Ein Besessener!» Und er ward verjagt.

10 Da rief er zu seinem Herrn:
«Siehe, ich bin überwältigt, so komm zu Hilfe!»

11 Und wir öffneten die Himmelstore, wobei hervor das Wasser schoss,

12 und ließen aus der Erde Quellen sprudeln,
so dass das Wasser sich vereinte,
entsprechend einer Weisung, die bereits ergangen war.

13 Wir trugen ihn davon auf einem Bau aus Planken und aus Nägeln.

14 Es zog dahin vor unseren Augen
als Lohn für einen, dem man keinen Glauben schenkte.

15 Wir haben es zurückgelassen als ein Zeichen:
Doch ist da einer, der sich erinnern lässt?

16 Wie waren da meine Strafe und meine Warnungen!

17 Wir haben die Lesung leichtgemacht zur Mahnung:
Doch ist da einer, der sich mahnen lässt?

18 Es leugneten die ʿAd.
Und wie waren meine Strafe und meine Warnungen!

19 Siehe, wir sandten einen eisig kalten Wind auf sie
an einem Tage unaufhörlichen Unglücks.

20 Er raffte die Menschen hinweg wie Palmstümpfe, die herausgerissen wurden.

21 Wie waren meine Strafe und meine Warnungen!

22 Wir haben die Lesung leichtgemacht zur Mahnung:
Doch ist da einer, der sich mahnen lässt?

23 Es leugneten die Thamud die Warnungen

24 und sprachen: «Einem Menschen, einem einzigen von uns, sollten wir
folgen?
Siehe, dann befänden wir uns ja in Irrtum und in Tollheit.

25 Wurde die Mahnung denn *ihm*, in unserer Mitte, zuteil?
O nein, er ist ein unverschämter Lügenbold!»

26 «Sie werden morgen wissen, wer er ist, der unverschämte Lügenbold!

27 Siehe, wir werden ihnen, um sie zu prüfen, die Kamelin senden.
Darum gib acht auf sie, und sei geduldig!

28 Und tue ihnen kund, dass das Wasser zwischen ihnen zu teilen ist:
Zu einem jeden Trunk soll jemand zugegen sein!»

29 Da riefen sie ihren Gefährten, der nahm es in die Hand
und zerschnitt die Kniesehnen.

30 Wie waren meine Strafe und meine Warnungen!

31 Siehe, wir sandten einen einzigen Schrei herab zu ihnen –
da wurden sie wie dürres Holz des Gatterbauers.

32 Wir haben die Lesung leichtgemacht zur Mahnung:
Doch ist da einer, der sich mahnen lässt?

33 Es leugnete das Volk von Lot die Warnungen.

34 Siehe, wir sandten einen Kieselsturm auf sie herab –
nur zu Lots Familie nicht; vor Tagesanbruch retteten wir sie

35 aus Gnade unsererseits; so lohnen wir es dem, der dankbar ist.

36 Er hatte sie gewarnt vor unserer Gewalt,
doch sie bezweifelten die Warnungen.

37 Sie wollten seine Gäste ihm abspenstig machen,
doch da wischten wir ihre Augen aus:
«So kostet meine Strafe und meine Warnungen!»

38 Doch dann am frühen Morgen kam eine dauerhafte Strafe über sie.

39 «So kostet meine Strafe und meine Warnungen!»

40 Wir haben die Lesung leichtgemacht zur Mahnung:
Doch ist da einer, der sich mahnen lässt?

41 Zum Geschlecht Pharaos waren die Warnungen gekommen.

42 Sie leugneten all unsere Zeichen.
Doch da ergriffen wir sie mit dem Griffe eines Starken, Mächtigen.

43 Sind *eure* Ungläubigen besser wohl als jene,
oder gibt es für *euch* einen Freibrief in den Schriften?

44 Oder sagen sie: «Wir sind eine siegreiche Schar»?

45 Die Menge wird besiegt und wird den Rücken kehren.

46 Nein doch, ‹die Stunde›, die ist ihr Termin –
und furchtbar über alle Maßen ist ‹die Stunde› und voll von Bitternis.

47 Siehe, die Missetäter befinden sich in Irrtum und in Tollheit.

48 Am Tage, da man sie auf ihren Angesichtern ins Höllenfeuer zieht:
«Schmeckt die Berührung mit der Höllenglut!»

49 Siehe, alles, was wir erschufen, ist nach Bestimmung.

50 Der Befehl von uns ist nur einmalig, so wie ein rascher Blick.

51 Euresgleichen haben wir bereits zugrunde gehen lassen.
Doch ist da einer, der sich mahnen lässt?

52 Alles, was sie taten, steht in den Schriften,

53 und alles, Großes und Kleines, ist verzeichnet.

54 Siehe, die Gottesfürchtigen, sie sind in Gärten und an Bächen,

55 auf einem Sitz der Wahrhaftigkeit, bei einem machtvollen Herrscher.

Sure 55 – Der Barmherzige – ar-raḥmān

Mekkanisch, 78 Verse

Im Namen Gottes, des barmherzigen Erbarmers.

ḥ54 1 Der Barmherzige.

2 Er lehrte den Koran.

3 Er schuf den Menschen.

4 Er lehrte ihn die klare Rede.

5 Die Sonne und der Mond sind zur Berechnung da.

6 Die Sterne und die Bäume fallen nieder.

7 Den Himmel hob er in die Höhe
und stellte die Waage auf,

8 auf dass ihr beim Wiegen nicht übertretet!

9 So setzt das Gewicht in Gerechtigkeit,
und lasst die Waage nichts verlieren!

10 Die Erde machte er für die Geschöpfe.

11 Auf ihr sind Früchte und fruchtbeladene Palmen

12 und Korn auf Halmen und duftendes Gewürz.

13 Ja, welche Gnadengaben eures Herrn wollt ihr beide denn leugnen?

14 Aus Ton schuf er den Menschen, der Töpferware gleich,

15 und aus Gemisch von Feuer schuf er die Dschinne.

16 Ja, welche Gnadengaben eures Herrn wollt ihr beide denn leugnen?

17 Der Herr des Ostens und des Westens!

18 Ja, welche Gnadengaben eures Herrn wollt ihr beide denn leugnen?

19 Er ließ die beiden Ströme – bis zum Zusammentreffen – fließen,

20 zwischen ihnen ist ein Damm, so dass sie nicht zusammenfließen.

21 Ja, welche Gnadengaben eures Herrn wollt ihr beide denn leugnen?

22 Aus beiden kommen Perlen und Korallen.

23 Ja, welche Gnadengaben eures Herrn wollt ihr beide denn leugnen?

24 Sein sind die Schiffe, die auf dem Meer wie Zeichen ragen.

25 Ja, welche Gnadengaben eures Herrn wollt ihr beide denn leugnen?

26 Jeder, der auf ihr weilt, der muss vergehen,

27 und es bleibt das Antlitz deines Herrn,
des Herrn der Majestät und der Ehre.

28 Ja, welche Gnadengaben eures Herrn wollt ihr beide denn leugnen?

29 Ihn bittet, wer in den Himmeln und auf Erden ist.
Jeden Tag ist er am Wirken.

30 Ja, welche Gnadengaben eures Herrn wollt ihr beide denn leugnen?

31 Wir werden uns Zeit für euch nehmen, ihr Menschen und ihr Dschinne!

32 Ja, welche Gnadengaben eures Herrn wollt ihr beide denn leugnen?

33 Ihr Dschinnen- und ihr Menschenschar,
wenn ihr die Gefilde von Himmel und Erde durchstoßen könnt,
dann stoßt hindurch!
Nur mit einer Vollmacht könnt ihr hindurch.

34 Ja, welche Gnadengaben eures Herrn wollt ihr beide denn leugnen?

35 Feuerflammen und flüssiges Erz werden auf euch beide herabgesandt,
so dass euch nicht zu helfen ist.

36 Ja, welche Gnadengaben eures Herrn wollt ihr beide denn leugnen?

37 Wenn sich dann der Himmel spaltet und rot wird wie die Haut,

38 Ja, welche Gnadengaben eures Herrn wollt ihr beide denn leugnen?

39 an jenem Tag wird weder Mensch noch Dschinn nach seiner Schuld befragt,

40 Ja, welche Gnadengaben eures Herrn wollt ihr beide denn leugnen?

41 die Missetäter werden erkannt an ihren Zeichen
und dann gepackt an den Locken und den Füßen.

42 Ja, welche Gnadengaben eures Herrn wollt ihr beide denn leugnen?

43 Das ist die Hölle, die die Missetäter leugnen.

44 Sie kreisen zwischen ihr und siedend heißem Wasser.

45 Ja, welche Gnadengaben eures Herrn wollt ihr beide denn leugnen?

46 Zwei Gärten sind denen zugedacht, die den Auftritt ihres Herrn fürchten,

47 Ja, welche Gnadengaben eures Herrn wollt ihr beide denn leugnen?

48 die voller Arten sind,

49 Ja, welche Gnadengaben eures Herrn wollt ihr beide denn leugnen?

50 dort sind zwei Quellen, welche sprudeln,

51 Ja, welche Gnadengaben eures Herrn wollt ihr beide denn leugnen?

52 dort ist von allen Früchten, in Paaren.

53 Ja, welche Gnadengaben eures Herrn wollt ihr beide denn leugnen?

54 Auf Ruhepolstern lehnen sie, mit Decken aus Brokat;
und nahe sind der Gärten Früchte.

55 Ja, welche Gnadengaben eures Herrn wollt ihr beide denn leugnen?

56 Keusch blickende Frauen sind dort,
vorher weder von Mensch noch Dschinn berührt,

57 Ja, welche Gnadengaben eures Herrn wollt ihr beide denn leugnen?

58 als ob sie Hyazinthen wären und Korallen.

59 Ja, welche Gnadengaben eures Herrn wollt ihr beide denn leugnen?

60 Kann denn der Lohn für Wohltat anderes als Wohltat sein?

61 Ja, welche Gnadengaben eures Herrn wollt ihr beide denn leugnen?

62 Unter ihnen sind noch zwei Gärten

63 Ja, welche Gnadengaben eures Herrn wollt ihr beide denn leugnen?

64 von dunklem Grün,

65 Ja, welche Gnadengaben eures Herrn wollt ihr beide denn leugnen?

66 dort sind zwei Quellen, reichlich sprudelnd,

67 Ja, welche Gnadengaben eures Herrn wollt ihr beide denn leugnen?

68 dort sind Früchte, Palmen und Granatapfelbäum',

69 Ja, welche Gnadengaben eures Herrn wollt ihr beide denn leugnen?

70 darin sind gute, schöne Frauen

71 Ja, welche Gnadengaben eures Herrn wollt ihr beide denn leugnen?

72 mit schwarzen Augen, in Zelten abgesondert,

73 Ja, welche Gnadengaben eures Herrn wollt ihr beide denn leugnen?

74 vorher weder von Mensch noch Dschinn berührt,

75 Ja, welche Gnadengaben eures Herrn wollt ihr beide denn leugnen?

76 auf grünen Polstern und schönen Teppichen liegen sie.

77 Ja, welche Gnadengaben eures Herrn wollt ihr beide denn leugnen?

78 Voller Segen ist der Name deines Herrn,
des Herrn der Majestät und Ehre.

Sure 56 – Das Hereinbrechen – al-wāqiʿa

Mekkanisch, 96 Verse

Im Namen Gottes, des barmherzigen Erbarmers.

¼ 1 Wenn ‹das Hereinbrechen› hereinbricht

2 – nicht zu leugnen ist, dass es hereinbricht –,

3 das da erniedrigt und erhöht.

4 Wenn die Erde wird heftig erschüttert

5 und die Berge sind völlig zerschmettert,

6 so dass sie zu zerstobenem Staub geworden,

7 dann seid ihr drei Arten geworden:

8 die zur Rechten. Was sind ‹die zur Rechten›?

9 Und die zur Linken. Was sind ‹die zur Linken›?

10 Und die Vorauseilenden. ‹Die Vorauseilenden›?

11 Das sind ‹die Nahestehenden›,

12 in den Gärten der Wonne.

13 Eine Schar von den Früheren

14 und wenige von den Späteren,

15 auf golddurchwirkten Ruhepolstern

16 liegen sie, aufgestützt, einander gegenüber.

17   Ewig junge Knaben umkreisen sie
18   mit Gläsern, Krügen und mit einem Becher,
     aufgefüllt mit frischem Wasser
19   – Kopfschmerz befällt sie davon nicht und auch kein Rausch –,
20   mit Früchten, frei zu wählen,
21   und mit Fleisch von Vögeln, wie es sie gelüstet,
22   und Mädchen mit großen schwarzen Augen umkreisen sie,
23   die Perlen gleichen, die noch verborgen sind –
24   zum Lohn für das, was sie je getan.
25   Dort hören sie kein nichtiges Gerede und nichts Frevelndes,
26   sondern nur sprechen: «Friede! Friede!»
27   Und die zur Rechten.
     Was sind ‹die zur Rechten›?
28   Bei dornenlosen Lotosbäumen
29   und bei Akazien, reich an Blättern,
30   und ausgedehntem Schatten
31   und ausgegossenem Wasser
32   und vielen Früchten
33   ohne Ende, die nicht verboten sind,
34   und auf erhöhten Ruhekissen.
35   Siehe, wir haben ihnen vollendete Gestalt gegeben,
36   zu jungen Frauen sie gemacht,
37   zu Liebhaberinnen gleichen Alters
38   für ‹die zur Rechten›,
39   die sind eine Schar von den Früheren
40   und eine von den Späteren.
41   Und die zur Linken.
     Was sind ‹die zur Linken›?
42   In Glutwind und in siedend heißem Wasser
43   und Schatten von schwarzem Rauch,
44   weder kühl noch angenehm.
45   Siehe, sie lebten vordem im Überfluss,
46   sie verharrten in schwerer Sünde
47   und sagten immer wieder: «Sind wir erst gestorben
     und Gebein geworden, von Staub bedeckt,
     werden wir dann wieder auferweckt –
48   wir, unsere Väter und Vorfahren?»
49   Sprich: «Siehe, die Früheren und Späteren,
50   fürwahr, versammelt werden sie zum Zeitpunkt eines bekannten Tages!»
51   Dann, o ihr Irregehenden und Leugner,

52 müsst ihr von *Zaqqum*-Bäumen essen

53 und euch damit die Bäuche füllen

54 und siedend heißes Wasser dazu trinken

55 und saufen wie ein verdurstendes Kamel.

56 Das ist am Tage des Gerichts ihre Kost.

57 *Wir* haben euch erschaffen. Warum glaubt ihr das nicht?

58 Seht ihr denn nicht, wie euer Samen sich ergießt?

59 Erschafft *ihr* ihn, oder sind *wir* die Schöpfer?

60 *Wir* haben euch den Tod bestimmt,
und niemand kann uns daran hindern,

61 dass wir ersetzen euresgleichen
und euch in einer Weise neu erschaffen, die ihr nicht kennt.

62 Ihr wisst ja, wie die erste Schöpfung war!
Warum wollt ihr euch nicht mahnen lassen?

63 Seht ihr denn nicht, was ihr da pflügt?

64 Sät *ihr* es aus, oder sind *wir* die Säer?

65 Wenn wir wollten, könnten wir es verheeren,
so dass ihr euch darüber dauernd wundern würdet:

66 «Siehe, wir sind hochverschuldet,

67 nein, mehr: Wir sind ausgeraubt!»

68 Seht ihr denn nicht das Wasser, das ihr trinkt?

69 Habt *ihr* es aus den Regenwolken herabgesandt, oder waren *wir* es?

70 Wenn wir wollten, würden wir es bitter machen.
Warum seid ihr nicht dankbar?

71 Seht ihr denn nicht das Feuer, welches ihr zum Brennen bringt?

72 Habt *ihr* den Baum dafür wachsen lassen – oder waren *wir* es?

73 Wir machten es zur Mahnung und zum Gebrauch bei Wüstenreisen.

74 Preise darum den Namen deines mächtigen Herrn!

½ 75 Ich schwöre bei den Orten, wo die Sterne niederfallen!

76 Und das ist wahrlich, wenn ihr's wüsstet, ein gewaltiger Schwur!

77 Siehe, es ist ein edler Vortrag

78 in einem wohlverwahrten Buch,

79 das nur die Reinen berühren,

80 vom Herrn der Weltbewohner herabgesandt!

81 Wollt ihr von diesem Bericht denn niedrig denken?

82 Wollt ihr alleine davon leben, dass ihr leugnet?

83 Und wenn die Seele doch die Kehle erreicht hat?

84 Da schaut ihr dann,

85 doch wir sind ihm näher als ihr,
nichts könnt ihr sehen.

86 Und ihr, wenn über euch nicht gerichtet wird,

87 bringt ihr sie zurück, wenn ihr wahrhaftig seid?

88 Für die, die dann zu den ‹Nahestehenden› gehören:

89 leichter Windhauch, duftende Kräuter und der Garten der Glückseligkeit!

90 Für die jedoch, die zu denen ‹zur Rechten› gehören:

91 «Friede dir, der du zu denen ‹zur Rechten› gehörst!»

92 Wer dann zu den Leugnern gehört, die irregehen:

93 Da ist dann eine Bleibe von brodelnder Hitze

94 und ein Versengen durch die Feuerhölle.

95 Siehe, das ist die sichere Wahrheit.

96 Preise darum den Namen deines mächtigen Herrn!

Sure 57 – Das Eisen – al-ḥadīd

Medinensisch, 29 Verse

Im Namen Gottes, des barmherzigen Erbarmers.

1   Es preise Gott, was in den Himmeln und auf Erden ist!
Er ist der Mächtige, der Weise.

2   Sein ist die Herrschaft über die Himmel und die Erde;
er macht lebendig und lässt sterben,
er ist aller Dinge mächtig!

3   Er ist der Erste und der Letzte,
der Sichtbare und der Verborgene.
Er weiß alle Dinge.

4   Er ist es, der die Himmel und die Erde in sechs Tagen schuf
und sich dann hoch oben auf dem Throne niederließ.
Er weiß, was in die Erde dringt und was ihr entspringt
und was vom Himmel herniederkommt und wieder zu ihm aufsteigt.
Er ist bei euch, wo immer ihr auch seid.
Gott sieht, was ihr tut.

5   Sein ist die Herrschaft über die Himmel und die Erde;
zu Gott wird alles zurückgebracht.

6   Er lässt die Nacht hinübergleiten in den Tag
    und den Tag hinübergleiten in die Nacht.
    Er kennt das Innere der Herzen.

7   Glaubt an Gott und seinen Gesandten,
    und gebt von dem als Spende, wofür er euch zu Nachfolgern machte!
    Denen von euch, die glauben und Spenden geben,
    ist großer Lohn bestimmt.

8   Was ist mit euch, dass ihr an Gott nicht glaubt?
    Wo euch doch der Gesandte dazu aufruft, an euren Herrn zu glauben,
    nachdem *der* euren Bund entgegennahm –
    sofern ihr gläubig seid.

9   Er ist es, der auf seinen Knecht klare Verse herniedersandte,
    um euch herauszuführen aus der Finsternis zum Licht.
    Siehe, Gott ist zu euch wahrhaft gütig, barmherzig.

10 Was ist mit euch, dass ihr nicht für Gottes Weg Spenden gebt?
    Gottes ist das Erbe von Himmel und Erde.
    Diejenigen von euch, die noch vor dem Sieg Spenden gaben und
        kämpften,
    sind nicht denen gleichzusetzen, die erst danach Spenden gaben und
        kämpften.
    Jene haben einen höheren Rang als diese.
    Allen aber verheißt Gott ‹das Schöne›.
    Gott ist dessen kundig, was ihr tut.

11 Wer ist es, der Gott ein schönes Darlehen gibt,
    damit er es ihm verdoppele?
    Reicher Lohn ist ihm bestimmt.

12 Am Tag, an dem du die gläubigen Männer und Frauen siehst,
    wie ihr Licht vor ihnen her und zu ihrer Rechten eilt:
    «Frohe Botschaft für euch! Gärten, unter denen Bäche fließen.
    Ewig werdet ihr dort weilen!»
    Das ist der große Gewinn.

13 Am Tage, da die heuchlerischen Männer und Frauen zu den Gläubigen
        sprechen:
    «Wartet auf uns, dass wir von eurem Licht etwas Feuer nehmen!»
    Es wird gesagt: «Kehrt wieder um, nach hinten, und sucht dort Licht!»
    Dann wird eine Mauer zwischen ihnen aufgerichtet mit einem Tor.
    Darinnen ist die Barmherzigkeit,
    und draußen, vor ihm, ist die Strafe.

14 Sie rufen ihnen zu: «Waren wir denn nicht auf eurer Seite?»
    Sie sagen: «Gewiss! Doch habt ihr euch selbst in Versuchung geführt,

habt abgewartet und gezweifelt, und die Wünsche haben euch betört –
bis die Entscheidung Gottes kam!
Es täuschte euch der Verführer über Gott!

15 So wird heute kein Lösegeld angenommen,
weder von euch noch von den Ungläubigen.
Euer Zufluchtsort ist das Feuer; es ist Herr über euch.»
Welch schlimmes Schicksal!

¾ 16 Ist denn für die, die glauben, nicht die Zeit gekommen,
dass sich ihre Herzen vor der Mahnung Gottes demütig beugen
und vor dem, was an Wahrheit herabkam,
und dass sie nicht wie jene werden,
denen schon früher das Buch gegeben wurde –
denen es dann aber zu lange dauerte,
so dass sich ihre Herzen verhärteten.
Viele von ihnen sind ruchlos.

17 Wisst, dass Gott die Erde belebt nach ihrem Tod!
Wir haben euch die Zeichen klargemacht,
vielleicht begreift ihr!

18 Siehe, die Frauen und die Männer, die Almosen geben
und Gott ein schönes Darlehen gewährten,
denen wird doppelt gegeben,
und ihnen ist reicher Lohn bestimmt.

19 Die an Gott und seine Gesandten glauben,
das sind die wahrhaft Frommen und die Zeugen bei ihrem Herrn.
Sie bekommen ihren Lohn und ihr Licht.
Die aber ungläubig waren und unsere Zeichen Lüge nannten,
das sind die Bewohner der Feuerhölle.

20 Wisst, dass das Leben hier auf Erden nur Spiel und Zeitvertreib
und schöner Schein und ein Sich-Brüsten unter euch
und Gewinn an Reichtum und an Söhnen ist.
Es ist wie ein Regenguss,
der die Ungläubigen über die Pflanzen staunen lässt.
Dann aber trocknen sie aus, und du siehst sie gelb
und zu kleinen Stückchen werden.
Im Jenseits gibt es harte Strafe,
aber auch Vergebung von Gott und Wohlgefallen.
Das Leben hier im Diesseits ist nur betörender Genuss.

21 Strebt nach Vergebung von eurem Herrn und nach einem Garten,
dessen Breite wie die des Himmels und der Erde ist,
der bereitet ist für die, die an Gott und seine Abgesandten glauben!

Das ist Gottes Huld.
Er gewährt sie, wem er will.
Ja, Gott ist voll großer Huld.

22 Kein Unglück geschieht auf der Erde
– auch nicht an euch selbst –,
das nicht in einem Buch verzeichnet wäre,
noch bevor wir es geschaffen.
Siehe, das ist für Gott ein Leichtes –

23 damit ihr euch nicht darüber grämt, was euch entgangen ist,
und euch nicht darüber freut, was er euch gegeben hat.
Gott liebt keinen, der eingebildet ist und prahlerisch,

24 nicht die Geizigen und die den Menschen Geiz befehlen.
Wer sich abwendet …
Siehe, Gott ist auf keinen angewiesen, er ist hoch zu loben.

25 Wir sandten unsere Gesandten mit den klaren Beweisen
und sandten mit ihnen das Buch und die Waage,
damit die Menschen Gerechtigkeit schaffen sollten.
Wir sandten das Eisen herab
– in ihm steckt gewaltige Kraft, doch auch Nutzen für die Menschen –,
damit Gott erfahre, wer ihm und seinen Gesandten hilft im
        Verborgenen.
Siehe, Gott ist stark, mächtig.

26 Wir sandten Noah und Abraham
und stifteten in ihrer Nachkommenschaft die Prophetie und das Buch.
Unter ihnen gab es manche, die sich leiten ließen,
doch viele unter ihnen waren ruchlos.

27 Dann ließen wir in ihren Spuren unsere Gesandten folgen
und ließen Jesus, den Sohn Marias, folgen
und gaben ihm das Evangelium
und pflanzten in die Herzen derer, die ihm folgten,
Milde und Barmherzigkeit und Mönchtum
– *sie* schufen es, *wir* schrieben es ihnen nicht vor –,
und zwar im Bestreben, Gottes Wohlgefallen zu erlangen.
Aber sie bewahrten es nicht in der rechten Weise.
Und wir gaben denen von ihnen, die glaubten, ihren Lohn,
doch viele von ihnen waren ruchlos.

28 O ihr, die ihr glaubt!
Fürchtet Gott, und glaubt an seinen Gesandten,
auf dass er euch doppelten Anteil verleihe an seiner Barmherzigkeit
und euch ein Licht mache, in dem ihr wandeln könnt,

und euch vergebe!

Gott ist bereit zu vergeben, barmherzig.

29 Und auf dass die Buchbesitzer erfahren sollen,
dass sie gegen Gottes Huld nichts ausrichten können
und die Huld allein in Gottes Hand liegt.

Er gewährt sie, wem er will.

Ja, Gott ist Herr großer Huld.

Sure 58 – Der Streit – al-muǧādala

Medinensisch, 22 Verse

Im Namen Gottes, des barmherzigen Erbarmers.

ǧ28 ḥ55 1 Gott hat die Worte der Frau gehört, die mit dir über ihren Gatten stritt
und sich bei Gott beklagte.
Gott hörte das Gespräch zwischen euch beiden.
Siehe, Gott ist hörend, sehend.

2 Diejenigen von euch, die sich von ihren Frauen scheiden lassen
mit den Worten: «Du bist für mich wie der Rücken meiner Mutter!» –
diese Frauen sind nicht ihre Mütter.
Ihre Mütter sind nur die, welche sie geboren haben.
Siehe, sie gebrauchen verwerfliche und falsche Rede.
Siehe, Gott ist verzeihend, bereit zu vergeben.

3 Denen von euch, die sich von ihren Frauen scheiden lassen
mit den Worten: «Du bist für mich wie der Rücken meiner Mutter»,
dann aber wiederholen, was sie sagten,
obliegt die Freilassung eines Sklaven,
bevor sie wieder ehelichen Umgang miteinander haben.
Das ist es, wozu ihr ermahnt seid.

Gott ist dessen kundig, was ihr tut.

4 Wer keinen findet, dem obliegt Fasten für zwei aufeinanderfolgende Monate,
bevor sie wieder ehelichen Umgang miteinander haben.
Wer auch das nicht vermag, dem obliegt die Speisung von sechzig Armen.
Dies, auf dass ihr an Gott und seinen Gesandten glaubt.
Das sind die Gebote Gottes.
Den Ungläubigen ist schmerzhafte Strafe bestimmt.

5 Siehe, die gegen Gott und seinen Gesandten handeln,
die werden bezwungen, so wie schon die vor ihnen bezwungen wurden.
Wir sandten deutliche Zeichen herab.
Den Ungläubigen ist erniedrigende Strafe bestimmt.

6 An dem Tage, an dem Gott sie allesamt auferweckt
und ihnen kundtut, was sie taten –
Gott verzeichnete es genau, doch sie vergaßen es.
Gott ist über alle Dinge Zeuge.

7 Sahst du denn nicht, dass Gott weiß, was in den Himmeln und auf Erden ist?
Es gibt kein vertrauliches Gespräch unter dreien, wo er nicht der Vierte wäre,
und nicht unter fünfen, wo er nicht der Sechste wäre,
und auch nicht in dem, was darunter oder darüber liegt,
er ist bei ihnen, wo immer sie auch sind.
Dann, am Tag der Auferstehung, macht er ihnen kund, was sie taten.
Siehe, Gott weiß alle Dinge.

8 Sahst du denn nicht die, denen das vertrauliche Gespräch verboten wurde?
Dass sie nun wieder tun, was ihnen verboten wurde,
und miteinander vertraulich reden in Sünde und Feindschaft
und in Aufsässigkeit gegen den Gesandten?
Wenn sie zu dir kommen, dann begrüßen sie dich auf eine Weise,
in der dich Gott nicht begrüßt,
und sie sagen bei sich selbst:
«Warum bestraft uns Gott denn nicht dafür, was wir sagen?»
Die Hölle ist gut genug für sie, sie werden darin brennen.
Welch schlimmes Schicksal!

9 O ihr, die ihr glaubt!
Wenn ihr vertraulich miteinander redet, dann nicht in Sünde und
    Feindschaft
und in Aufsässigkeit gegen den Gesandten!
Redet vielmehr in Frömmigkeit und Gottesfurcht,
und fürchtet Gott, zu dem ihr einst zusammengeschart werdet!

10 Das vertrauliche Gespräch, es kommt vom Satan,
um die zu betrüben, die glauben.

Doch er kann ihnen nicht schaden, es sei denn mit Erlaubnis Gottes.
Auf Gott sollen die Gläubigen vertrauen.

11 O ihr, die ihr glaubt! Wenn zu euch gesagt wird:
«Macht Platz auf euren Sitzen!» – dann macht Platz!
Gott wird euch dann auch Platz machen.
Und wenn gesagt wird: «Steht auf!» – dann steht auf!
Gott wird dann die von euch, die glauben
      und denen das Wissen gegeben wurde,
um Stufen erhöhen.
Gott ist dessen kundig, was ihr tut.

12 O ihr, die ihr glaubt! Wenn ihr mit dem Gesandten vertraulich sprechen
      wollt,
dann gebt ein Almosen *vor* eurem Gespräch.
Das ist für euch besser und reiner.
Und wenn ihr nichts findet –
siehe, Gott ist bereit zu vergeben, barmherzig.

13 Habt ihr etwa Scheu, *vor* eurem Gespräch Almosen zu geben?
Wenn ihr es nun nicht tut, doch Gott sich wieder zu euch wendet,
dann verrichtet das Gebet, entrichtet die Armensteuer,
und gehorcht Gott und seinem Gesandten!
Gott ist dessen kundig, was ihr tut.

¼ 14 Sahst du jene nicht, die sich Leute zu Freunden nahmen, denen Gott zürnt?
Sie gehören nicht zu euch und nicht zu ihnen.
Sie legen falsche Eide ab, obwohl sie darum wissen.

15 Gott hält eine harte Strafe für sie bereit.
Siehe, wie übel ist das, was sie taten!

16 Sie nahmen ihre Eide als einen Schutzschild
und hielten vom Wege Gottes ab.
Doch erniedrigende Strafe ist ihnen bestimmt.

17 Ihnen wird gegen Gott nichts helfen,
weder ihre Güter noch ihre Kinder.
Die werden Bewohner des Feuers sein,
ewig werden sie darin bleiben.

18 Am Tag, an dem sie Gott allesamt auferweckt,
da leisten sie ihm Eide, wie sie euch Eide leisteten,
und denken, dass sie sich korrekt verhalten.
Sind *sie* denn nicht die Lügner?

19 Der Satan gewann Oberhand über sie;
da ließ er sie vergessen, Gottes zu gedenken.
Das ist die Partei des Satans.

Die Partei des Satans, sind das nicht die Verlierer?

20 Siehe, die gegen Gott und seinen Gesandten handeln,
die gehören zu den Geringsten.

21 Gott hat geschrieben:
«Ich werde mit meinen Gesandten die Oberhand gewinnen.»
Siehe, Gott ist stark, mächtig.

22 Du wirst keine Menschen finden, die an Gott glauben und an den
Jüngsten Tag,
die Zuneigung fassen zu jemandem, der gegen Gott und seinen Gesandten
handelt,
und wenn es ihre Väter wären, ihre Söhne oder Brüder oder ihr Stamm.
Diese sind es, denen er den Glauben in ihre Herzen eingeschrieben hat
und die er stärkt mit seinem Geist
und die er in Gärten führt, unter denen Bäche fließen.
Sie weilen darin ewig.
Gott wird an ihnen Wohlgefallen haben und sie an ihm.
Sie sind die Partei Gottes.
Die Partei Gottes – sind das nicht die, denen es wohlergeht?

Sure 59 – Das Zusammenscharen – al-ḥašr
Medinensisch, 24 Verse

Im Namen Gottes, des barmherzigen Erbarmers.

1 Es preiset Gott, was in den Himmeln und auf Erden ist.
Er ist der Mächtige, der Weise.

2 Er ist es, der die Ungläubigen unter den Buchbesitzern
aus ihren Häusern trieb zur ersten Zusammenscharung.
Ihr dachtet nicht, dass sie ausziehen würden,
und sie dachten, ihre Festungen wären für sie ihr Schutz vor Gott.
Da kam Gott über sie, von da, wo sie nicht damit rechneten,
und warf in ihre Herzen Schrecken,
so dass sie ihre Häuser zerstörten
mit ihren eigenen Händen und denen der Gläubigen.
So nehmt es euch zu Herzen, ihr Sehenden!

3 Hätte Gott nicht die Vertreibung für sie vorgeschrieben,
so hätte er sie in dieser Welt bestraft.
Im Jenseits ist die Strafe des Feuers für sie vorgesehen.

4 Dies darum, weil sie gegen Gott und seinen Gesandten Zwietracht säten.
Und wenn jemand gegen Gott Zwietracht sät –

siehe, dann ist Gott streng im Strafen.

5 Was ihr an Palmen abgeschlagen habt
oder stehen gelassen bis zu ihren Stümpfen,
das geschah mit Erlaubnis Gottes
und auf dass er die Ruchlosen beschäme.

6 Für das, was Gott seinem Gesandten als Beute von ihnen gab,
musstet ihr weder Pferde noch Kamele laufen lassen.
Doch Gott gibt seinen Gesandten Macht, über wen er will.
Gott ist aller Dinge mächtig.

7 Was Gott seinem Gesandten als Beute von den Stadtbewohnern gab,
das ist für Gott, für den Gesandten, für die Verwandten,
die Waisen, die Armen und den Kämpfer,
damit es nicht herumgereicht wird unter den Reichen von euch.
Was euch der Gesandte gibt, das nehmt!
Was er euch verweigert, davon nehmt Abstand!
Und fürchtet Gott!
Siehe, Gott ist streng im Strafen.

8 Es ist für die Armen unter den Auswanderern,
die aus ihren Häusern und Besitztümern vertrieben wurden –
sie streben nach Huld von Gott und Wohlgefallen
und helfen Gott und seinem Gesandten:
Sie sind die Wahrhaftigen.

9 Und die *vor* ihnen ‹im Hause› und im Glauben ihre Heimat fanden,
lieben die, die als Auswanderer zu ihnen kamen.
Sie finden in ihrem Inneren kein Bedürfnis nach dem,
was *jenen* gegeben wurde, und stellen sich selber hintan,
selbst wenn bei ihnen Kargheit herrscht.
Wer bewahrt wird vor seinem eigenen Geiz,
der gehört zu jenen, denen es wohlergeht.

10 Und die *nach* ihnen kamen, sprechen:
«Unser Herr, vergib uns und unseren Brüdern,
die uns im Glauben vorangegangen sind!
Und lege keinen Groll in unsere Herzen gegen die Gläubigen!
Unser Herr, du bist gütig, barmherzig.»

½   11 Sahst du nicht auf jene, die heucheln,
die zu ihren ungläubigen Brüdern unter den Buchbesitzern sprachen:
«Wenn ihr vertrieben werdet, werden wir mit euch ausziehen,
und niemals werden wir jemandem in etwas Gehorsam leisten, das euch
      angeht.
Und wenn man gegen euch kämpft, werden wir euch ganz bestimmt helfen.»

Gott ist Zeuge, dass sie wahrhaftig Lügner sind.

12 Wenn sie vertrieben werden, werden sie nicht mit ihnen ausziehen,
und wenn sie bekämpft werden, werden sie ihnen nicht helfen.
Und wenn sie ihnen dennoch helfen, dann kehren sie stracks den Rücken,
und darauf wird ihnen nicht geholfen.

13 *Ihr* erzeugt wahrlich mehr Schrecken in ihrem Inneren als Gott.
Das rührt daher, dass sie Menschen sind, die nichts verstehen.

14 Sie kämpfen nicht alle zusammen gegen euch,
sondern in verschanzten Städten oder hinter Mauern.
Ihre Kraft untereinander ist gewaltig.
Du glaubst, sie gehörten zusammen,
doch ihre Herzen sind verstreut.
Das rührt daher, dass sie Menschen sind, die nicht begreifen.

15 So wie die, welche kurz vor ihnen waren.
Zu schmecken bekamen sie die üblen Folgen ihrer Tat.
Schmerzhafte Strafe ist ihnen bestimmt.

16 So wie der Satan, als er zum Menschen sprach: «Sei ungläubig!»
Und als er ungläubig geworden war, sprach er:
«Siehe, ich bin nicht verantwortlich für dich.
Siehe, ich fürchte Gott, den Herrn der Weltbewohner.»

17 *Beider* Ende war, dass sie ins Höllenfeuer kamen.
Ewig werden sie darin bleiben.
Das ist der Lohn der Frevler.

18 O ihr, die ihr glaubt! Fürchtet Gott!
Ein jeder sehe auf das, was er für den morgigen Tag vorgesorgt hat.
Und fürchtet Gott!
Siehe, Gott sieht, was ihr tut.

19 Und seid nicht wie jene, welche Gott vergaßen,
da ließ er sie sich selbst vergessen!
Das sind die Ruchlosen.

20 Die Bewohner des Höllenfeuers sind nicht gleichzusetzen mit den
Bewohnern des Paradiesesgartens.
Die Bewohner des Paradiesesgartens sind die Gewinner.

21 Hätten wir diesen Koran herab auf einen Berg gesandt,
dann hättest du ihn demütig niedersinken sehen
und zerbersten aus Furcht vor Gott.
Diese Gleichnisse prägen wir für die Menschen.
Vielleicht denken sie ja nach.

22 Er ist Gott – der, außer dem es *keinen* gibt,
der das Offenbare und Verborgene kennt.

Er ist der barmherzige Erbarmer.

23 Er ist Gott – der, außer dem es *keinen* gibt.

Der König, der Heilige, der Heile,
der Sicherheit Verleihende, der Wächter,
der Mächtige, der Gewaltige,
der Hocherhabene.

Gott sei gepriesen; fern sei, was sie beigesellen!

24 Er, Gott, der Schöpfer, der Erschaffer, der Gestalter.

Sein sind die Schönen Namen.

Ihn preist, was in den Himmeln und auf Erden ist.

Er ist der Starke, der Weise.

Sure 60 – Die Geprüfte – al-mumtaḥana

Medinensisch, 13 Verse

Im Namen Gottes, des barmherzigen Erbarmers.

1 O ihr, die ihr glaubt! Nehmt euch meine und eure Feinde nicht zu Freunden!
Doch ihr bringt ihnen Zuneigung entgegen,
obgleich sie nicht an das glauben, was von der Wahrheit zu euch
      gekommen war,
und dabei den Gesandten und euch vertrieben haben,
da ihr an Gott glaubt, euren Herrn –,
wenn ihr auszieht, um auf meinem Weg zu kämpfen
und um mein Wohlgefallen zu erstreben.
Ihr haltet die Zuneigung zu ihnen geheim,
ich aber weiß sehr wohl, was ihr verborgen haltet und offenkundig macht.
Wer von euch das tut, der ist vom geraden Wege abgeirrt.

2 Wenn sie auf euch treffen, sind sie für euch Feinde.
Sie strecken Hand und Zunge nach euch aus in übler Absicht
und wollen gerne, dass ihr ungläubig seid.

3 Eure Blutsverwandten und eure Kinder können euch nichts nützen.
Am Tag der Auferstehung wird er euch voneinander trennen.

Gott sieht, was ihr tut.

4 Ein schönes Vorbild habt ihr an Abraham und an denen, die mit ihm waren.
Damals, als sie zu ihren Leuten sprachen:
«Wir sind nicht verantwortlich für euch
und nicht für das, was ihr noch außer Gott verehrt.
Wir wollen nichts von euch wissen.
Offenkundig wurden Feindschaft und Hass zwischen uns und euch für
  immer,
bis ihr einzig und allein an Gott glaubt.»
Doch Abrahams Wort an seinen Vater war:
«Um Verzeihung will ich für dich bitten,
doch kann ich – gegen Gott – nichts für dich tun!»
«Unser Herr, auf dich vertrauen wir, und dir wenden wir uns bußfertig zu!
Zu *dir* hin ist das Ziel.

5 Unser Herr! Mach uns nicht zu einer Versuchung für die Ungläubigen,
und vergib uns, unser Herr!
Siehe, du bist der Mächtige, der Weise.»

6 Ihr habt an ihnen ein schönes Vorbild –
und jeder, der auf Gott hofft und den Jüngsten Tag.
Doch wer sich abwendet –
siehe, Gott ist auf keinen angewiesen, er ist hoch zu rühmen.

¾ 7 Vielleicht stiftet Gott ja Liebe zwischen euch und zwischen denen,
die euch feindselig gesinnt sind unter ihnen –
Gott ist mächtig.
Gott ist bereit zu vergeben, barmherzig.

8 Gott verbietet euch nicht, freundlich zu sein zu denen,
die euch nicht der Religion wegen bekämpften
und nicht aus euren Häusern vertrieben,
und sie gerecht zu behandeln.
Siehe, Gott liebt die, die gerecht handeln.

9 Gott verbietet euch nur, *die* zum Freund zu nehmen,
die euch wegen eurer Religion bekämpften
und euch aus euren Häusern vertrieben
und anderen bei eurer Vertreibung halfen.
Wer sich *sie* zum Freund nimmt, der gehört zu den Frevlern.

10 O ihr, die ihr glaubt!
Wenn gläubige Frauen als Ausgewanderte zu euch kommen, so prüft sie!
Gott kennt ihren Glauben sehr genau.
Wenn ihr sie dann als Gläubige erkennt,
so schickt sie nicht zu den Ungläubigen zurück!

Sie sind den Ungläubigen nicht erlaubt
und die Ungläubigen nicht ihnen.
Und gebt ihren früheren Männern zurück, was sie ausgegeben haben,
und es ist kein Vergehen für euch, sie zu ehelichen,
wenn ihr ihnen ihre Brautgabe gebt!
Haltet aber nicht an den Verbindungen mit ungläubigen Frauen fest,
und fordert, was ihr ausgegeben habt!
Und die Ungläubigen sollen fordern, was sie ausgegeben haben.
Das ist die Entscheidung Gottes.
Er entscheidet zwischen euch.
Gott ist wissend, weise.

11   Wenn irgendwelche eurer Frauen zu den Ungläubigen überlaufen
und ihr dann einen Beutezug unternehmt,
so gebt denen, deren Frauen weggingen, so viel zurück, wie sie ausgegeben
        haben.
Fürchtet Gott, an den ihr glaubt!

12   O Prophet! Wenn gläubige Frauen zu dir kommen,
um dir den Treueeid zu leisten:
Gott nichts beizugesellen, nicht zu stehlen,
nicht Unzucht zu begehen, ihre Kinder nicht zu töten,
keine Verleumdung, die sie frei erfinden, auszusprechen,
und sich dir nicht zu widersetzen in dem, was recht und billig ist –
dann nimm ihren Treueeid an,
und bitte Gott um Vergebung für sie!
Siehe, Gott ist bereit zu vergeben, barmherzig.

13   O ihr, die ihr glaubt! Nehmt euch keine Menschen zu Freunden,
        denen Gott zürnt!
Sie haben die Hoffnung auf das Jenseits aufgegeben,
ebenso wie die Ungläubigen für die, die in den Gräbern sind.

Sure 61 – Die Reihe – aṣ-ṣaff
Medinensisch, 14 Verse

Im Namen Gottes, des barmherzigen Erbarmers.

1 Es preiset Gott, was in den Himmeln und auf Erden ist.
Ist er doch der Mächtige, der Weise.

2 O ihr, die ihr glaubt! Warum sagt ihr, was ihr nicht tut?

3 Großen Abscheu ruft es bei Gott hervor, dass ihr sagt, was ihr nicht tut.

4 Siehe, Gott liebt diejenigen, die auf seinem Weg in einer Reihe kämpfen,
als wären sie ein festgefügter Bau.

5 Damals, als Mose zu seinem Volke sprach:
«Mein Volk! Warum verletzt ihr mich,
wo ihr doch wisst, dass ich von Gott zu euch entsandt bin?»
Als sie dann abwichen, ließ Gott abweichen ihre Herzen.
Gott leitet kein ruchloses Volk.

6 Als Jesus, der Sohn Marias, sprach:
«Ihr Kinder Israel, siehe, ich bin von Gott zu euch gesandt,
um zu bestätigen, was mir schon vorliegt vom Gesetz,
und einen Gesandten anzukündigen, der nach mir kommt
und dessen Name *Ahmad* ist!»

Als er mit den Beweisen dann zu ihnen kam,
sprachen sie: «Das ist klare Zauberei.»

7   Wer ist frevelhafter wohl als jener, der Lügen gegen Gott ersinnt,
wo er zum Islam doch aufgerufen ist?
Gott leitet kein frevlerisches Volk.

8   Sie wollen Gottes Licht mit ihrem Munde zum Erlöschen bringen,
doch Gott ist es, der sein Licht vollkommen macht,
auch wenn es den Ungläubigen zuwider ist.

9   Er ist es, der seinen Gesandten mit der rechten Leitung sandte
und mit der Religion der Wahrheit,
um ihr zum Siege zu verhelfen über alle Religion,
auch wenn es den Beigesellern zuwider ist.

10 O ihr, die ihr glaubt! Soll ich euch zu einem Handel führen,
der euch errettet vor schmerzhafter Strafe?

11 Ihr sollt an Gott und seinen Gesandten glauben
und auf dem Wege Gottes kämpfen mit eurem Gut und eurem Leben,
das ist dann gut für euch, sofern ihr Wissen habt.

12 Vergeben wird er euch dann eure Sünden
und euch in Gärten führen, unter denen Bäche fließen,
und in schöne Wohnstätten in den Gärten Eden.
Das ist der große Gewinn.

13 Und anderes, was euch lieb ist:
Hilfe von Seiten Gottes und ein baldiger Sieg.
Verkünde frohe Botschaft den Gläubigen!

14 O ihr, die ihr glaubt!
Seid Helfer Gottes, so wie Jesus, der Sohn Marias, zu den Jüngern sprach:
«Wer sind meine Helfer hin zu Gott?»
Die Jünger sprachen: «Wir sind die Helfer Gottes!»
Und es glaubte eine Gruppe von den Kindern Israel,
und eine andere glaubte nicht.
Da stärkten wir diejenigen, die glaubten, gegen ihren Feind,
so dass sie den Sieg errangen.

Sure 62 – Der Versammlungstag – al-ǧumuʿa

Medinensisch, 11 Verse

Im Namen Gottes, des barmherzigen Erbarmers.

ḥ56   1   Es preiset Gott, was in den Himmeln ist und was auf Erden,
den König, den Heiligen, den Mächtigen und Weisen.

2   Er ist es, welcher unter den Schriftunkundigen erstehen ließ
einen Gesandten aus ihrer Mitte, dass er ihnen seine Zeichen verlese,
dass er sie läutere und lehre die Weisheit und das Buch:
Sie waren ja zuvor in klarem Irrtum

3   – und andere von ihnen, die sich ihnen noch nicht angeschlossen haben.
Ist er doch der Mächtige, der Weise.

4   Das ist Gottes Huld. Er gewährt sie, wem er will.
Gott ist Herr großer Huld.

5   Das Gleichnis derer, denen das Gesetz aufgebürdet wurde
und die es dann doch nicht mehr tragen konnten,
ist wie das Gleichnis vom Esel, der Bücher trägt.
Schlimm ist das Vorbild der Menschen, die die Zeichen Gottes leugnen.
Und Gott leitet kein frevlerisches Volk.

6   Sprich: «Ihr, die ihr Juden seid! Wenn ihr behauptet, dass nur ihr allein,

nicht andere Menschen, Freunde seid von Gott,
dann wünscht euch doch den Tod herbei,
wenn ihr wahrhaftig seid!»

7   Und niemals werden sie ihn wünschen
ob dessen, was ihre Hände zuvor getan.
Gott kennt genau die Frevler.

8   Sprich: «Siehe, der Tod, vor dem ihr flieht, wird euch doch erreichen.
Dann werdet ihr zurückgebracht
zu dem, der das Geheime und das Offenbare kennt,
und er wird euch kundtun, was ihr getan habt.»

9   Ihr Gläubigen! Wenn am Tag der Versammlung zum Gebet gerufen wird,
so macht euch auf, um Gottes zu gedenken, und lasst den Handel ruhen!
Das ist für euch das Beste, sofern ihr Wissen habt.

10   Wenn das Gebet dann abgeschlossen ist, zerstreut euch wieder überall,
und strebt nach Gottes guten Gaben, und gedenket seiner viel!
Vielleicht wird's euch dann wohlergehen.

11   Und wenn sie Handel sehen oder Zeitvertreib,
dann laufen sie dem nach und lassen dich stehn.
Sprich: «Was bei Gott ist, das ist besser als Zeitvertreib und Handel.»
Gott ist der Beste derer, die bescheren.

Sure 63 – Die Heuchler – al-munāfiqūn

Medinensisch, 11 Verse

Im Namen Gottes, des barmherzigen Erbarmers.

1 Wenn zu dir die Heuchler kommen, so sprechen sie:
«Wir bezeugen, dass du wahrlich der Gesandte Gottes bist.»
Gott weiß, dass du wahrlich sein Gesandter bist.
Und Gott bezeugt, dass die Heuchler wahrlich Lügner sind.

2 Sie haben ihre Eide zu einem Schutzschild genommen
und vom Wege Gottes abgehalten.
Siehe, wie übel ist das, was sie taten.

3 Dies, weil sie glaubten, dann aber ungläubig wurden.
Da wurden ihre Herzen versiegelt, so dass sie nicht verstehen.

¼ 4 Wenn du sie siehst, gefallen dir ihre Körper,
und reden sie, hörst du ihrer Rede zu.
Als ob sie Balken wären, nur abgestützt,
meinen sie, dass jeder Schrei gegen sie gerichtet sei.
Sie sind der Feind, so hüte dich vor ihnen!
Gott verfluche sie! Wie können sie nur so verblendet sein!

5 Sagt man zu ihnen: «Kommt doch herbei,

dass der Gesandte Gottes für euch um Vergebung bitte!»,
so drehen sie ihre Köpfe, und du siehst, wie sie sich abwenden
und sich dabei erhaben dünken.

6 Für sie ist es gleich, ob du für sie um Verzeihung bittest oder nicht:
Gott wird ihnen doch nicht verzeihen.
Siehe, Gott leitet kein ruchloses Volk.

7 Das sind die, welche sprechen:
«Spendet kein Geld für die, die auf Seiten des Gesandten Gottes sind,
ehe sie nicht auseinanderlaufen!»
Doch bei Gott sind die Schätze der Himmel und der Erde.
Aber die Heuchler verstehen nicht.

8 Sie sagen: «Wenn *wir* in die Stadt zurückkehren,
dann werden die Mächtigen in ihr die Schwächeren vertreiben.»
Doch bei Gott liegt die Macht, bei seinem Gesandten und den Gläubigen.
Aber die Heuchler haben kein Wissen.

9 O ihr, die ihr glaubt! Eure Reichtümer und eure Kinder
sollen euch nicht vergessen lassen, Gottes zu gedenken.
Doch die solches tun, sind die Verlierer!

10 Spendet von dem, womit wir euch bedachten,
bevor der Tod zu einem von euch kommt und er sagt:
«Mein Herr, warum gabst du mir nicht Aufschub bis zu einer nahen Frist?
Dann könnte ich noch Almosen geben und wäre unter den Frommen.»

11 Doch Gott gibt keinem Menschen Aufschub, wenn seine Frist
gekommen ist.
Gott ist dessen kundig, was ihr tut.

Sure 64 – Die Übervorteilung – at-taġābun

Medinensisch, 18 Verse

Im Namen Gottes, des barmherzigen Erbarmers.

1 Es preiset Gott, was in den Himmeln und auf Erden ist.
Ihm gebührt die Herrschaft, und ihm gebührt das Lob.
Er ist aller Dinge mächtig.

2 Er ist es, der euch erschuf.
Mancher von euch ist ungläubig und mancher gläubig.
Gott sieht, was ihr tut.

3 Er schuf, in Wahrheit, die Himmel und die Erde,
er gestaltete euch und machte schön eure Gestalt.
Zu ihm hin ist das Ziel.

4 Er weiß, was in den Himmeln und auf Erden ist,
und weiß, was ihr verbergt und was ihr offenlegt.
Gott kennt das Innere der Herzen.

5 Kam zu euch nicht die Kunde derer, die ungläubig waren?
Sie bekamen die üblen Folgen ihrer Tat zu schmecken.
Und schmerzhafte Strafe ist ihnen bestimmt.

6 Dies deshalb, weil zu ihnen ihre Gesandten mit den Beweisen kamen.

Sie aber sprachen: «Soll denn ein Mensch uns führen?»
Da wurden sie ungläubig und wandten sich ab.
Doch Gott ist sich selbst genug.
Gott ist auf keinen angewiesen, er ist hoch zu rühmen.

7   Die ungläubig sind, behaupten, sie würden nicht erweckt.
Sprich: «O nein, bei meinem Herrn! Ihr werdet ganz gewiss erweckt –
darauf wird man euch kundtun, was ihr getan habt.»
Denn das ist für Gott ein Leichtes.

8   So glaubt an Gott und seinen Gesandten und an das Licht, das wir
    herabgesandt.
Gott ist dessen kundig, was ihr tut.

9   An dem Tag, da er euch versammelt zum Tage der Zusammenkunft –
das ist der Tag der Übervorteilung.
Wer an Gott glaubt und Gutes tut, dem vergibt er seine bösen Taten
und führt ihn in Gärten, unter denen Bäche fließen.
Sie weilen dort für immer und ewig.
Das ist der große Gewinn.

10 Die aber ungläubig sind und unsere Zeichen Lüge nannten,
sie sind die Bewohner des Feuers.
Ewig bleiben sie darin –
welch schlimmes Schicksal!

11 Kein Unglück geschieht, es sei denn, mit Erlaubnis Gottes.
Wer an Gott glaubt, dessen Herz leitet er recht.
Gott weiß alle Dinge.

12 Gehorcht Gott, und gehorcht dem Gesandten!
Doch wenn ihr euch abwendet,
so obliegt unserem Gesandten nur die klare Botschaft.

13 Gott. Kein Gott ist außer ihm.
Auf Gott sollen die Gläubigen vertrauen.

14 O ihr, die ihr glaubt!
Siehe, unter euren Gattinnen und Kindern habt ihr Feinde.
So seid vor ihnen auf der Hut!
Doch wenn ihr nachsichtig seid, verzeiht und vergebt,
siehe, dann ist auch Gott bereit zu vergeben, barmherzig.

15 Eure Reichtümer und eure Kinder stellen eine Versuchung dar.
Doch bei Gott ist reicher Lohn.

16 So fürchtet Gott, so sehr ihr es vermögt!
Hört und gehorcht, und spendet Gutes um eurer selbst willen!
Wer bewahrt wird vor der eigenen Habgier –
die sind es, denen es wohlergeht.

17 Wenn ihr Gott ein schönes Darlehen gebt,
wird er es euch verdoppeln und wird euch vergeben.
Siehe, Gott ist voll des Dankes, milde,

18 er, der das Verborgene und das Offenbare kennt,
der Mächtige, der Weise.

Sure 65 – Die Entlassung – aṭ-ṭalāq

Medinensisch, 12 Verse

Im Namen Gottes, des barmherzigen Erbarmers.

½ 1 O Prophet! Wenn ihr die Frauen entlasst,
dann entlasst sie für ihre Wartezeit!
Und berechnet die Wartezeit genau!
Und fürchtet Gott, euren Herrn!
Und entfernt sie nicht aus ihren Wohngemächern!
Sie müssen sie nur dann verlassen,
wenn sie eine klar zutage liegende Schändlichkeit begangen haben.
Das sind die Schranken Gottes.
Wer die Schranken Gottes übertritt, der frevelt wider sich selbst.
Du kannst ja nicht wissen,
ob Gott danach vielleicht einen neuen Tatbestand schafft.

2 Wenn sie ihren Zeitpunkt dann erreichen,
dann haltet an ihnen fest, nach Billigkeit,
oder trennt euch von ihnen, nach dem Recht!
Und nehmt zwei gerechte Männer von euch als Zeugen,
und legt das Zeugnis ab vor Gott!

Auf diese Weise wird ermahnt, wer an Gott glaubt und an den Jüngsten Tag.
Wer Gott fürchtet, für den sieht er einen Ausweg vor

3 und sorgt für ihn auf eine Weise, mit welcher er nicht rechnet.
Wer auf Gott vertraut, der hat an ihm Genüge.
Siehe, Gott erreicht seine Absicht.
Gott machte für alles ein Maß.

4 Diejenigen eurer Frauen, die keine Hoffnung mehr auf die Blutung haben,
deren Wartezeit ist, wenn ihr im Zweifel seid, drei Monate –
so auch für die, die keine Blutung hatten.
Die aber schwanger sind, deren Frist läuft aus, wenn sie entbunden haben.
Wer Gott fürchtet, dem macht er seine Sache leicht.

5 Das ist die Weisung Gottes. Er sandte sie herab zu euch.
Wer Gott fürchtet, dem tilgt er seine bösen Taten
und gibt ihm großen Lohn.

6 Gebt ihnen dort eine Wohnung, wo ihr selber wohnt,
entsprechend eurer Befindlichkeit,
und fügt ihnen keinen Schaden zu, um sie zu beengen!
Wenn sie schwanger sind, dann kommt für sie auf,
bis sie entbunden haben!
Wenn sie für euch stillen, dann gebt ihnen dafür ihren Lohn,
und kommt darin überein nach dem Recht!
Wenn es aber Schwierigkeiten zwischen euch gibt,
dann soll eine andere für ihn stillen.

7 Wer es vermag, der soll bezahlen nach seinem Vermögen,
und wessen Versorgung eng bemessen ist,
der gebe von dem, was Gott ihm gab.
Gott bürdet keiner Seele mehr auf, als er ihr gab.
Gott wird nach einer Schwierigkeit Erleichterung verschaffen.

8 Wie viele Städte gibt es, die sich empört haben
gegen die Entscheidung ihres Herrn und seiner Gesandten.
Da zogen wir sie hart zur Rechenschaft
und bestraften sie entsetzlich.

9 Sie bekamen den Fluch ihres Tuns zu spüren,
und die Folge ihres Tuns war ein Verlust.

10 Gott verhängte über sie eine schwere Strafe.
So fürchtet Gott, ihr Einsichtsvollen, die ihr glaubt!
Gott sandte eine Mahnung zu euch herab,

11 einen Gesandten, der euch die Zeichen Gottes als Klärungen vorträgt,
um die, die glauben und gute Werke tun,
herauszuführen aus der Finsternis zum Licht.

Wer an Gott glaubt und Gutes tut,
den führt er in Gärten, unter denen Bäche fließen.
Er weilt darin für immer und ewig.
Gott hat ihm auf das Schönste Versorgung bereitet.

12   Gott ist es, der sieben Himmel schuf und von der Erde gleichermaßen.
Zwischen ihnen steigt herab der Befehl,
damit ihr wisst, dass Gott aller Dinge mächtig ist
und dass Gott von allen Dingen umfassendes Wissen hat.

Sure 66 – Das Verbot – at-taḥrīm

Medinensisch, 12 Verse

Im Namen Gottes, des barmherzigen Erbarmers.

¾ 1 O Prophet! Warum verbietest du, was dir Gott erlaubt hat,
derweil du die Zufriedenheit deiner Frauen wünschst?
Gott ist bereit zu vergeben, barmherzig.

2 Gott hat euch die Lösung eurer Eide auferlegt.
Gott ist euer Herr.
Er ist der Wissende, der Weise.

3 Damals, als der Prophet einer seiner Frauen etwas anvertraute.
Als die es kundtat und Gott ihm dies offenbar machte,
da gab er einiges davon bekannt, von einigem davon aber nahm er
　　　Abstand.
Und als er es *ihr* dann kundtat, sprach sie:
«Wer tat dir das kund?»
Er sprach: «Kund tat es mir der Wissende, der Kundige.»

4 Wenn ihr euch *beide* wieder zu Gott wendet,
da eure Herzen ja abgewichen waren …
Doch wenn ihr gemeinsame Sache gegen ihn macht,

siehe, Gott ist ja sein Schutzherr.
Und Gabriel und jeder fromme Gläubige und zudem die Engel,
sie sind Helfer.

5 Vielleicht tauscht ihm sein Herr, wenn er sich von euch scheiden lässt,
bessere Gattinnen ein, als ihr es seid:
die gottergebene Frauen sind und gläubig,
gehorsam und reumütig,
dienstbar und sich kasteiend,
vormals in Ehe lebend oder auch Jungfrauen.

6 O ihr, die ihr glaubt, nehmt euch in acht, euch und eure Angehörigen,
vor einem Feuer, dessen Brennstoff Menschen sind und Steine!
Über ihm sind grimmige und starke Engel,
die Gott in nichts trotzen, was er ihnen befohlen hat,
und die tun, was ihnen befohlen wird.

7 O ihr, die ihr ungläubig seid: Entschuldigt euch heute nicht,
euch wird nur das vergolten, was ihr je getan habt!

8 O ihr, die ihr glaubt, wendet euch Gott in echter Reue wieder zu,
vielleicht, dass euer Herr euch eure bösen Taten tilgt
und euch in Gärten führt, unter denen Bäche fließen!
An dem Tag, an dem Gott den Propheten
und die Gläubigen, die mit ihm sind, nicht beschämen wird.
Ihnen voraus und zu ihrer Rechten eilt dann ihr Licht,
und sie sprechen: «Unser Herr! Mach unser Licht vollkommen!
Und vergib uns! Siehe, du hast die Macht zu allem.»

9 O Prophet! Kämpfe gegen die Ungläubigen und die Heuchler,
und sei unnachgiebig gegen sie!
Denn ihr Zufluchtsort ist die Hölle,
welch schlimmes Schicksal!

10 Gott hat ein Gleichnis für die Ungläubigen geprägt:
Die Frau von Noah und die Frau von Lot.
Beide waren zweien von unseren frommen Knechten unterstellt –
und betrogen sie.
Da halfen ihnen beide nichts mehr gegen Gott.
Und es ward gesagt: «Geht ein ins Feuer, zusammen mit den anderen!»

11 Und Gott hat ein Gleichnis für die Gläubigen geprägt:
Pharaos Frau, als sie sprach: «Mein Herr, baue mir bei dir ein Haus,
        im Paradies,
und rette mich vor Pharao und seinem Tun,
und rette mich vor dem frevlerischen Volk!»

12 Und Maria, die Tochter von 'Imran, die ihre Scham hütete.

Da bliesen wir von unserem Geist in sie,
und sie glaubte an die Worte ihres Herrn und an seine Bücher.
Und sie war eine der demütig Ergebenen.

Sure 67 – Die Herrschaft – al-mulk

Mekkanisch, 30 Verse

Im Namen Gottes, des barmherzigen Erbarmers.

ǧ29 h57   1   Voller Segen ist, in dessen Hand die Herrschaft ruht –
er ist aller Dinge mächtig,

2   der den Tod schuf und das Leben,
um euch zu prüfen, wer von euch am besten handelt –
er ist der Mächtige, der bereit ist zu vergeben,

3   der sieben Himmel schuf in Schichten.
Du siehst im Schöpfungswerk des Erbarmers nichts an Unebenheit.
Schau noch einmal hin – siehst du irgendeinen Makel?

4   Dann schau noch zweimal hin –
dann wird der Blick sich wieder zu dir wenden, niedergeschlagen, müde!

5   Wir haben den untersten Himmel mit Leuchten geschmückt
und sie zu Wurfgeschossen gemacht – gegen die Satane;
für sie halten wir die Strafe des Flammenmeers bereit.

6   Denen, die gegenüber ihrem Herrn ungläubig waren,
ist die Strafe der Hölle zugedacht.

Welch schlimmes Schicksal!

7 Wenn man sie dort hineinwirft, hören sie ein Brüllen,
und sie brodelt

8 und zerplatzt nahezu vor Glut.
Jedes Mal, wenn ein Trupp in sie hineingeworfen wird,
befragen ihn die Höllenwärter:
«Kam denn zu euch kein Warner?»

9 Antworten werden sie: «O ja! Zu uns kam ein Warner,
doch wir nannten ihn einen Lügner
und sagten: ‹Nichts hat uns Gott herabgesandt.
Ihr seid doch nur gewaltig im Irrtum!›»

10 Sie werden sagen: «Hätten wir doch gehört oder begriffen,
wir wären keine Bewohner des Flammenmeers!»

11 Dann werden sie ihre Schuld bekennen.
Fort dann mit den Bewohnern des Flammenmeers!

12 Siehe, die ihren Herrn im Verborgenen fürchten,
denen wird Verzeihung und großer Lohn zuteil.

13 Ob ihr eure Rede geheimhaltet oder sie offenlegt,
siehe, er kennt das Innere der Herzen.

14 Sollte der, der erschuf, kein Wissen haben,
wo er doch der Beschlagene, Erfahrene ist?

15 Er ist es, der euch die Erde willfährig machte,
so geht umher auf ihrer Oberfläche,
und esst von dem, was er bescherte.
Zu ihm ist die Auferstehung.

16 Seid ihr denn davor sicher,
dass der im Himmel euch in der Erde versinken lässt
und sie dann plötzlich schwankt?

17 Oder seid ihr davor sicher,
dass der im Himmel einen Sturm über euch entfachen wird
und ihr dann erfahren werdet, wie meine Warnung aussieht?

18 Schon die, die vor ihnen waren, leugneten,
und wie war da mein Tadel!

19 Haben sie denn nicht die Vögel hoch über sich gesehen,
wie sie ihre Schwingen ausbreiten und anlegen?
Keiner hält sie außer dem Erbarmer.
Siehe, er sieht alle Dinge.

20 Oder wer ist es denn, der euch, wie eine Heerschar,
helfen könnte gegen den Erbarmer?
Nichts als einer Täuschung sind die Ungläubigen erlegen.

21 Oder wer ist der, der euch versorgen könnte,
    wenn *er* seine Versorgung zurückhält?
    Nein, sie verharren in Aufsässigkeit und Widerspenstigkeit.

22 Ist wohl einer, der sein Antlitz niedergebeugt hält, eher rechtgeleitet
    oder der, der auf dem rechten Wege aufrecht schreitet?

23 Sprich: «Er ist es, der euch entstehen ließ
    und der euch Gehör, Augenlicht und Herzen machte.»
    Wie wenig dankbar ihr seid!

24 Sprich: «Er ist es, der euch verteilte auf der Erde,
    und zu ihm werdet ihr wieder zusammengeschart.»

25 Sie sagen: «Wann ist denn diese Verheißung,
    wenn ihr wahrhaftig seid?»

26 Sprich: «Das Wissen ist allein bei Gott.
    Ich aber bin nur ein klarer Mahner.»

27 Nachdem sie es jedoch aus der Nähe gesehen haben,
    machen die Ungläubigen böse Gesichter, und es wird gesagt:
    «Das ist es doch, wonach ihr immer wieder gerufen habt!»

28 Sprich: «Was meint ihr wohl,
    wenn Gott mich und die bei mir sind zugrunde gehen lässt
    oder sich unser erbarmt,
    wer wird die Ungläubigen denn dann bewahren vor einer schmerzhaften
         Strafe?»

29 Sprich: «Er ist der Erbarmer.
    An ihn glauben wir, und ihm vertrauen wir.
    Ihr werdet noch erkennen, wer in einem klaren Irrtum ist!»

30 Sprich: «Was meint ihr wohl,
    wenn euer Wasser eines Morgens ganz versickert?
    Wer könnte euch dann Quellwasser bringen?»

Sure 68 – Das Schreibrohr – al-qalam

Mekkanisch, 52 Verse

Im Namen Gottes, des barmherzigen Erbarmers.

¼ 1 *Nun.*
Beim Schreibrohr und bei dem, was sie schreiben!

2 Du bist nicht besessen aufgrund der Gnade deines Herrn.

3 Siehe, dir wird wahrlich Lohn zuteil, nicht unverdient.

4 Du bist fürwahr von großer Tugend.

5 Und du wirst sehen, und auch sie werden sehen,

6 wer von euch zu prüfen sein wird.

7 Siehe, dein Herr weiß sehr wohl, wer von seinem Wege abgeirrt ist,
und er kennt am besten die Rechtgeleiteten.

8 So gehorche nicht den Leugnern!

9 Sie möchten, dass du ihnen entgegenkommst,
damit sie auch dir entgegenkommen.

10 Und gehorche nicht jedem verächtlichen Schwörer,

11 nicht jedem Hetzer, Ohrenbläser,

12 nicht jedem, der vom Guten abhält,
nicht jedem sündigen Gesetzesbrecher,

13 nicht jedem Grobian und Bastard noch dazu –

14 nur weil er Reichtum hat und Söhne!

15 Wenn ihm unsere Verse vorgetragen werden,
   sagt er: «Fabeln der Altvorderen.»

16 Am Rüssel werden wir ihn brandmarken.

17 Siehe, wir haben sie auf die Probe gestellt
   wie die Besitzer des Gartens, als sie schworen,
   dass sie ihn am Morgen abernten würden,

18 und dabei keine Vorbehalte machten.

19 Doch einer von deinem Herrn ging umher in ihm,
   während sie schliefen.

20 Da war er frühmorgens wie abgeerntet.

21 Sie aber riefen einander in der Morgenfrühe zu:

22 «Geht früh zu eurem Feld, wenn ihr ernten wollt!»

23 Da brachen sie auf und flüsterten einander zu:

24 «Heute soll keinesfalls ein Armer ihn betreten, um euch zu besuchen.»

25 Da machten sie sich früh auf, entschlossen, voller Kraft.

26 Und als sie ihn sahen, sagten sie: «Siehe, wir sind verloren.

27 Nein, man hat uns beraubt.»

28 Der Besonnenste unter ihnen sprach:
   «Sagte ich euch nicht: ‹Warum sprecht ihr kein Gotteslob?›»

29 Sie sprachen: «Gelobt sei unser Herr, siehe, wir haben Unrecht getan!»

30 Da gingen sie aufeinander los und beschimpften einander.

31 Sie sprachen: «O wehe uns, siehe, wir haben ruchlos gehandelt!

32 Vielleicht tauscht uns unser Herr ja Besseres dafür ein.
   Siehe, wir haben Verlangen nach unserem Herrn.»

33 So ist die Strafe. Doch fürwahr, noch größer ist die Strafe des Jenseits,
   wenn sie nur Wissen hätten.

34 Siehe, den Gottesfürchtigen sind bei ihrem Herrn die Gärten der
   Glückseligkeit bestimmt.

35 Sollen wir denn die Gottergebenen genauso behandeln wie die Missetäter?

36 Was ist mit euch? Wie würdet ihr entscheiden?

37 Oder habt ihr ein Buch, in welchem ihr studieren könnt?

38 Siehe, ihr habt ja darin, was ihr gutheißen könnt.

39 Oder habt ihr uns gegenüber Eide, die bis zum Tag der Auferstehung
   bindend sind?
   Siehe, ihr habt doch etwas, wonach ihr entscheiden könnt.

40 Frag sie doch, wer von ihnen dafür Bürge ist!

41 Oder haben sie Gesellen?
   Dann mögen sie doch ihre Gesellen bringen,

wenn sie die Wahrheit sagen.

42 An dem Tag, an dem es wirklich ernst wird
und sie aufgerufen werden, niederzufallen,
es aber nicht vermögen,

43 mit gesenktem Blick, derweil sie Schmach beschwert.
Sie waren doch schon aufgerufen, niederzufallen,
als sie noch gesund waren.

44 So lass mich allein mit dem, der diese Kunde leugnet!
Wir werden sie allmählich dorthin bringen, wovon sie kein Wissen haben,

45 und ich gewähre ihnen Aufschub.
Siehe, fest steht, was ich plane.

46 Oder forderst du von ihnen Lohn,
so dass sie mit einer Schuld belastet wären?

47 Oder besitzen sie das Verborgene,
so dass sie es aufschreiben könnten?

48 So harre der Entscheidung deines Herrn,
und sei nicht so, wie der mit dem Fisch,
als er rief, da er bedrängt war!

49 Wenn ihn nicht Gnade von seinem Herrn erreicht hätte,
dann wäre er aufs weite Land geworfen worden und verachtet.

50 Doch sein Herr erwählte ihn und machte ihn zu einem von den Frommen.

51 Ja, die ungläubig sind, die brächten dich fast zum Straucheln mit ihren
Blicken,
wenn sie die Mahnung hören.
Und sie sagen: «Siehe, er ist fürwahr besessen.»

52 Doch er ist nichts als eine Mahnung für die Weltbewohner.

Sure 69 – Das wahrhafte Eintreffen – al-ḥāqqa

Mekkanisch, 52 Verse

Im Namen Gottes, des barmherzigen Erbarmers.

½ 1 ‹Das wahrhafte Eintreffen›.

2 Was ist das ‹wahrhafte Eintreffen›?

3 Und was lässt dich wissen, was das ‹wahrhafte Eintreffen› ist?

4 Die Thamud und die ʿAd leugneten ‹das Pochen›.

5 Was nun die Thamud betrifft,
so wurden sie vernichtet durch den ‹Blitzschlag›.

6 Und was die ʿAd betrifft,
so wurden sie vernichtet durch heftigen, eiskalten Wind,

7 den er sieben Nächte und acht Tage gegen sie richtete, ohne Unterbrechung,
so dass man währenddessen die Menschen niedergestreckt liegen sah,
als ob sie Stümpfe niedergestürzter Palmen wären.

8 Kannst du sehen, dass von ihnen etwas blieb?

9 Sünden begingen Pharao und die, die vor ihm lebten,
und ‹die ganz Umgestürzten›.

10 Sie widersetzten sich dem Gesandten ihres Herrn,
doch da ergriff er sie mit immer festerem Zugriff.

11 Siehe, als das Wasser toste, da luden wir euch auf das Schiff,
12 um es zu einer Mahnung für euch zu machen,
 auf dass verständige Ohren sie verstünden.
13 Wenn dann *einmal* geblasen wird in die Posaune
14 und Erde und Berge hochgehoben werden
 und beide auf *einen* Schlag zermalmt –
15 an jenem Tage bricht ‹das Hereinbrechen› herein,
16 und der Himmel spaltet sich und ist an jenem Tag leicht zu zerreißen.
17 Die Engel stehen an seinem Rand,
 und acht tragen an jenem Tag hoch über sich den Thron deines Herrn.
18 An jenem Tage werdet ihr vorgeführt –
 nichts bleibt dabei von euch verborgen.
19 Wem nun sein Buch gegeben wird in die rechte Hand,
 der wird sagen: «Auf, lest mein Buch!
20 Siehe, ich glaube, dass ich meine Abrechnung bekommen werde.»
21 Der wird dann ein zufriedenes Leben führen
22 in einem hohen Garten,
23 dessen Früchte zum Greifen nahe sind:
24 «Esst und trinkt mit Genuss
 für das, was ihr getan habt an früheren Tagen!»
25 Was aber den angeht, der sein Buch in die linke Hand bekommt,
 der wird sagen: «O wäre mir doch mein Buch nicht übergeben worden!
26 Und wüsste ich bloß nicht, wie mit mir abgerechnet wird!
27 O wäre doch alles schon entschieden!
28 Nichts nützt mir mehr mein Reichtum,
29 und meine Macht ward zunichte.»
30 «Nehmt ihn, und fesselt ihn!
31 Dann lasst ihn in der Feuerhölle brennen,
32 dann in eine Kette legen, siebzig Ellen lang, und führt ihn ab!»
33 Siehe, niemals glaubte er an Gott, den Mächtigen,
34 und niemals spornte er dazu an, den Armen zu speisen.
35 So hat er heute hier auch keinen Freund
36 und keine Speise, außer solcher zum Ausspeien –
37 das essen nur die Sünder.
38 Ich schwöre bei dem, was ihr erblickt
39 und was ihr nicht erblickt!
40 Siehe, es ist wahrhaftig das Wort eines edlen Gesandten,
41 es ist nicht das Wort eines Dichters
 – wie wenig glaubt ihr doch! –
42 und nicht das Wort eines Wahrsagers

– wie wenig lasst ihr euch doch mahnen! –

43 Herabsendung ist es vom Herrn der Weltbewohner!

44 Doch hätte er gegen uns Sprüche ersonnen,

45 so hätten wir ihn an der Rechten gegriffen

46 und hätten ihm dann die Schlagader durchgeschnitten,

47 und kein einziger von euch hätte das verhindern können.

48 Siehe, es ist fürwahr eine Mahnung für die Gottesfürchtigen.

49 Ja, wir wissen ganz genau, dass Leugner unter euch sind.

50 Ja, er bedeutet Betrübnis für die Ungläubigen.

51 Doch siehe, er ist die sichere Wahrheit.

52 So preise den Namen deines Herrn, des Mächtigen!

Sure 70 – Die Stufen – al-maʿāriǧ

Mekkanisch, 44 Verse

Im Namen Gottes, des barmherzigen Erbarmers.

1   Einer fragte nach der Strafe, die hereinbricht

2   für die Ungläubigen – da ist keiner, der ihr wehrt –

3   von Gott, dem Herrn der Stufen.

4   Die Engel und der Geist steigen auf zu ihm
    an einem Tag, der fünfzigtausend Jahre währt.

5   Sei geduldig, schön geduldig!

6   Siehe doch, *sie* sehen sie weit entfernt,

7   *wir* aber sehen sie ganz nahe.

8   Am Tage, da der Himmel wie heißes Öl sein wird

9   und die Berge wie Wolle

10   und an dem kein Freund nach einem Freunde fragen wird,

11   derweilen sie einander sehen.
    Der Missetäter wünscht, sich von der Strafe jenes Tages freizukaufen
    durch seine Söhne,

12   seine Frau und seinen Bruder,

13   seine Sippe, die ihm Schutz gewährt,

14   und alle, die auf der Erde sind – dass ihn das alles rettet.
15   O nein! Sie ist das ‹Flammenmeer›,
16   die Haut abziehend,
17   das den ruft, der den Rücken kehrte und sich abwandte,
18   der sammelte, ja häufte.
¾ 19   Siehe, unruhig ist der Mensch erschaffen.
20   Wenn ihn Schlimmes trifft, ist er verzweifelt,
21   und wenn ihn Gutes trifft, ist er missgünstig –
22   nur nicht die Betenden,
23   die ständig ihr Gebet verrichten,
24   und die, in deren Gut ein bestimmter Anteil
25   dem Bettler und Bedürftigen zugedacht ist,
26   und die fest glauben an den Tag des Gerichts
27   und die sich ängstigen vor der Strafe ihres Herrn
28   – siehe, vor der Strafe ihres Herrn ist niemand sicher –,
29   und die sich des Verkehrs enthalten
30   – außer mit ihren Ehefrauen und ihren Sklavinnen –,
     dann sind sie nicht zu tadeln.
31   Wer jedoch darüber hinaus Begehrlichkeiten hat,
     das sind die Gesetzesbrecher –
32   und die das ihnen Anvertraute und ihre Pflicht bewahren
33   und die ihr Zeugnis abgeben
34   und die ihr Gebet einhalten:
35   die werden in Gärten sein, geehrt.
36   Was ist mit denen, die ungläubig sind,
     dass sie den Hals nach dir recken,
37   in Gruppen, von rechts und von links?
38   Erstrebt ein jeder denn von ihnen,
     dass er den Garten der Glückseligkeit betritt?
39   Nein doch! Wir erschufen sie aus etwas, wovon sie Wissen haben.
40   Doch ich schwöre beim Herrn des Ostens und des Westens:
     Wir sind wirklich dessen mächtig,
41   Besseres als sie einzutauschen.
     Hindern kann man uns daran nicht.
42   Doch lass sie nur leichtfertig reden und tändeln,
     bis sie ihrem Tag begegnen, der ihnen angedroht wurde,
43   dem Tag, an dem sie eilends aus den Gräbern kommen,
     als ob sie zu Opfersteinen liefen
44   mit gesenktem Blick, derweil sie Schmach beschwert.
     Das ist der Tag, der ihnen angedroht wurde.

Sure 71 – Noah – Nūḥ

Mekkanisch, 28 Verse

Im Namen Gottes, des barmherzigen Erbarmers.

1 Siehe, wir sandten Noah zu seinem Volk:
«Warne dein Volk, bevor schmerzhafte Strafe über es kommt!»

2 Er sprach: «Mein Volk! Siehe, ich bin für euch ein klarer Warner.

3 Dienet Gott, und fürchtet ihn! Und leistet mir Gehorsam,

4 damit er euch vergebe einige von euren Missetaten
und Aufschub euch gewähre bis zu benannter Frist!
Siehe Gottes Frist, wenn sie gekommen ist, wird nicht aufgeschoben.
Ach, wenn ihr es doch wüsstet!»

5 Er sprach: «Mein Herr! Ich habe meinem Volk Tag und Nacht gepredigt;

6 doch hat mein Predigen sie nur darin bestärkt zu fliehen.

7 Siehe, jedes Mal, wenn ich zu ihnen predigte,
dass du ihnen vergeben mögest,
dann steckten sie ihre Finger in die Ohren,
bedeckten sich mit ihren Kleidern,
blieben starr und dünkten sich erhaben über alle Maßen.

8 Dann predigte ich öffentlich zu ihnen.

9 Dann sprach ich offen zu ihnen
und sprach zu ihnen ganz vertraulich

10 und sprach: ‹Bittet um Vergebung euren Herrn
– siehe, er ist zur Vergebung stets bereit –,

11 dass er den Himmel über euch reichlich regnen lasse

12 und er mit Gütern und mit Söhnen euch versorge
und Gärten für euch mache
und Bäche für euch mache!

13 Was ist mit euch, dass ihr nicht auf Würde von Gott hofft?

14 Wo er euch doch erschuf in Phasen.

15 Saht ihr denn nicht, wie Gott sieben Himmel schuf,
in Schichten übereinander,

16 und den Mond zum Licht in ihnen machte
und die Sonne zu einer Leuchte?

17 Gott ließ euch aus der Erde wachsen, wie Pflanzen,

18 dann bringt er euch in sie zurück
und holt euch wiederum hervor.

19 Gott machte euch die Erde zu einem Teppich,

20 damit ihr auf ihr gehen könnt, auf Wegen und auf Bergespässen.›»

21 Noah sprach: «Mein Herr, siehe, sie waren widerspenstig gegen mich
und folgten einem, dem sein Gut und seine Kinder nur ein Mehr an
Schaden brachten.

22 Sie schmiedeten besonders böse Ränke

23 und sprachen: ‹Verlasst nur ja nicht eure Götter,
verlasst nicht Wadd und nicht Suwaʿ
und auch Yaghuth nicht und Yaʿuq und Nasr!›

24 Viele führten sie in die Irre.
So mehre du die Frevler in nichts anderem als nur im Irrtum!»

25 Ihrer Sünden wegen wurden sie ertränkt,
dann in ein Feuer geworfen.
Da fanden sie für sich keine Helfer gegen Gott.

26 Noah sprach: «Mein Herr!
Lass auf der Erde keinen wohnen bleiben von den Ungläubigen!

27 Siehe, wenn du sie übrig lässt,
führen sie deine Knechte in die Irre
und zeugen nichts als einen Sittenlosen, Gottlosen.

28 Mein Herr! Vergib mir und auch meinen Eltern
und dem, der in mein Haus tritt als ein Glaubender,
und den Männern und den Frauen, welche glauben!
Und lass den Zusammenbruch der Frevler nur noch schlimmer werden!»

Sure 72 – Die Dschinne – al-ǧinn

Mekkanisch, 28 Verse

Im Namen Gottes, des barmherzigen Erbarmers.

ḥ58 1 Sprich: «Bedeutet wurde mir, dass eine Schar von Dschinnen lauschte.
Sie sprachen: ‹Wir hörten einen wundersamen Vortrag,
2 der auf den rechten Weg führt.
An ihn glauben wir
und werden unserem Herrn keinen beigesellen.›
3 Und: ‹Hoch über allem steht die Macht unseres Herrn.
Er nahm sich weder Frau noch Sohn.›
4 Und: ‹Der Törichte von uns sprach Ungereimtes über Gott.›
5 Und: ‹Wir meinten, dass nicht Mensch noch Dschinn
über Gott jemals Lügen sagen.›
6 Und: ‹Männer von den Menschen
suchten ihre Zuflucht bei Männern von den Dschinnen
und bestärkten sie im Irrtum.›
7 Und: ‹Sie waren derselben Meinung wie auch ihr,
dass Gott keinen auferstehen lassen wird.›
8 Und: ‹Wir berührten den Himmel und fanden ihn

mit kräftigen Wärtern und Sternschnuppen gefüllt.›

9 Und: ‹Wir nahmen außen vor ihm Sitze ein, um zu lauschen,
und wer jetzt lauscht, findet eine Sternschnuppe, die auf ihn lauert.›

10 Und: ‹Wir wissen nicht, ob Böses gewollt wird für die auf der Erde
oder ob ihr Herr Rechtleitung für sie will.›

11 Und: ‹Unter uns sind Rechtschaffene und solche, die es nicht sind.
Wir wurden Gruppen auf verschiedenem Wege.›

12 Und: ‹Wir meinten, dass wir auf der Erde nichts vereiteln können,
was von Gott kommt, und es auch durch Flucht nicht vereiteln können.›

13 Und: ‹Als wir von der Rechtleitung hörten, da glaubten wir an sie.
Und wer an seinen Herrn glaubt, der fürchtet weder Lug noch Trug.›

14 Und: ‹Einige von uns sind Gottergebene, andere von uns Abweichler.
Doch die sich Gott ergeben, streben nach rechter Leitung.

15 Die Abweichler aber, die sollen Brennholz für die Hölle sein.›

16 Und: ‹Hätten sie den geraden Weg genommen,
wir hätten sie getränkt mit reichlich Wasser,

17 um sie damit zu prüfen.
Wer sich aber vom Gedenken seines Herrn abwendet,
den führt er hin zu strenger Strafe.›

18 Und: ‹Die Gebetsstätten gehören Gott.
Ruft keinen anderen mit Gott zusammen an!›

19 Und: ‹Als sich Gottes Knecht aufstellte, um ihn anzurufen,
da waren sie ihm gegenüber beinahe wie ein Schwarm.›»

20 Sprich: «Ich rufe meinen Herrn an und geselle ihm keinen bei.»

21 Sprich: «Ich vermag euch keinen Schaden zuzufügen
noch euch den rechten Weg zu weisen.»

22 Sprich: «Siehe, niemand kann mich vor Gott beschützen,
und vor ihm kann ich keinen Ort der Zuflucht finden.»

23 Nur, was von Gott und seinen Botschaften zu überbringen ist!
Wer sich jedoch Gott und seinem Gesandten widersetzt,
dem ist das Feuer der Hölle bestimmt.
Sie bleiben dort für immer und ewig.

24 Wenn sie dann sehen, was ihnen verheißen wurde,
so werden sie wissen, wer schwächere Helfer hat
und wessen Zahl geringer ist.

25 Sprich: «Ich weiß nicht, ob das, was euch verheißen wurde, nahe ist
oder ob mein Herr dem dann noch Zeit gibt.»

26 Er kennt das Verborgene,
und keinem offenbart er das Verborgene,

27 außer einem der Gesandten, an dem er Wohlgefallen hat.

Dann aber führt er einen Wächter vor und hinter ihm her,
28 um zu wissen, dass sie die Botschaften ihres Herrn überbringen.
Er erfasst, wie es um sie steht,
und alles zählt er genauestens ab.

Sure 73 – Der Eingewickelte – *al-muzzammil*

Mekkanisch, 20 Verse

Im Namen Gottes, des barmherzigen Erbarmers.

1 Du Eingewickelter!
2 Steh auf zur Nacht, nur eine kleine Weil',
3 die Hälfte von ihr, oder mindere sie um ein Teil,
4 oder verlängere sie! Trag die Lesung vor, getragen!
5 Siehe, wir werden dir auferlegen ein schweres Wort.
6 Siehe, der Nacht Beginn ist eindrucksvoller, klarer ihr Wort.
7 Siehe, des Tages Mühe währt für dich fort und fort.
8 Gedenke deines Herrn, und widme dich ihm immerfort,
9 dem Herrn des Ostens und des Westens
   – kein Gott ist außer ihm!
   So nimm ihn dir zum Hort!
10 Sei geduldig dem gegenüber, was sie sagen,
   und meide sie in schöner Weise!
11 Lass mich alleine mit den Leugnern,
   die ein angenehmes Leben pflegen,
   und gib ihnen noch ein wenig Aufschub!

12 Wir verfügen über Fesseln und die Feuerhölle
13 und über Speise, die zum Würgen führt,
      und über schmerzhafte Strafe,
14 am Tage, wenn die Erde und die Berge beben
      und die Berge zu rieselnden Sandhügeln werden.
15 Siehe, wir sandten einen Gesandten zu euch aus
      als einen, der unter euch weilt,
      genauso wie auch zu Pharao.
16 Doch Pharao war gegen den Gesandten widerspenstig.
      Da ergriffen wir ihn auf unheilvolle Weise.
17 Wie wollt ihr nur, solange ihr ungläubig seid,
      euch vor einem Tage hüten, der Kinder zu Greisen macht?
18 An ihm wird dann der Himmel zerborsten sein.
      Seine Drohung wird ausgeführt.
19 Siehe, das ist eine Mahnung.
      Und wer will, der nehme einen Weg zu seinem Herrn!
¼ 20 Siehe, dein Herr weiß, dass du weniger als zwei Drittel von der Nacht
      sowie die Hälfte von ihr und ein Drittel stehend verbringst,
      und eine Gruppe derer, die bei dir sind.
      Gott bestimmt die Nacht und den Tag.
      Er weiß, dass ihr sie nicht bemessen könnt.
      So wandte er sich euch voller Gnade wieder zu.
      Tragt daher, was euch leichtfällt, aus der Lesung vor!
      Er weiß, dass Kranke unter euch sind
      und andere, die im Lande unterwegs sind
      – auf der Suche nach Gottes Huld –,
      und andere, die auf dem Wege Gottes kämpfen.
      Tragt daher, was euch davon leichtfällt, vor,
      und verrichtet das Gebet, und gebt die Armensteuer,
      und gebt Gott ein schönes Darlehen!
      Was ihr jetzt schon an Gutem für euch selber tut,
      das findet ihr bei Gott als Lohn, der besser ist und größer.
      Bittet Gott um Vergebung!
      Siehe, Gott ist bereit zu vergeben, barmherzig.

Sure 74 – Der Eingehüllte – al-muddaṯṯir

Mekkanisch, 56 Verse

Im Namen Gottes, des barmherzigen Erbarmers.

1 Du Eingehüllter!
2 Steh auf und warne,
3 und deinen Herrn, den preise,
4 und deine Kleider, die reinige,
5 und Unreinheit, die meide,
6 und sei nicht mildtätig, auf Gegengaben hoffend,
7 und harre deines Herrn!
8 Und wenn dann geblasen wird in die Posaune,
9 so wird das dann ein schwerer Tag,
10 für die Ungläubigen kein leichter.
11 Lass mich allein mit dem, dem ich verlieh das Leben!
12 Ich habe ihm reichlich Gut gegeben
13 und Söhne, die ihn umgeben,
14 und machte die Bahn ihm eben.
15 Doch nach Mehr ist dann sein Streben.
16 O nein! Gegen unsere Zeichen war sein Widerstreben.

17 Ich werde ihm Beschwernis geben.
18 Siehe, er dachte und entschied.
19 Doch verflucht sei, wie er entschied!
20 Und nochmals: Verflucht sei, wie er entschied!
21 Dann schaute er,
22 dann runzelte er die Stirn und blickte starr umher,
23 dann wandte er sich um, hochmütig,
24 und sprach: «Das hier ist nichts als Zauber, wie gewohnt.
25 Das hier ist nichts als Menschenwort.»
26 Ich werde ihn in der ‹Gluthölle› brennen lassen.
27 Und was lässt dich wissen, was die ‹Gluthölle› ist?
28 Sie lässt ganz und gar nichts übrig,
29 da sie die Haut versengt.
30 Über ihr sind neunzehn.
31 Und nur Engel machten wir zu Hütern des Höllenfeuers,
   und ihre Anzahl machten wir nur zur Versuchung für die, die nicht glauben,
   damit Gewissheit die erlangen, denen das Buch gegeben wurde,
   und die, die glauben, in ihrem Glauben gestärkt werden
   und kein Zweifel die überkomme, denen das Buch gegeben wurde,
   und die Gläubigen.
   Und damit diejenigen, die krank in ihren Herzen sind, und die
      Ungläubigen sagen:
   «Was wollte Gott mit einem solchen Gleichnis?»
   Auf diese Weise führt Gott in die Irre, wen er will,
   und er führt auf den rechten Weg, wen er will.
   Die Heerscharen deines Herrn kennt nur er selbst.
   Und es ist nichts als eine Mahnung für die Menschen.
32 O nein! Beim Mond!
33 Bei der Nacht, wenn sie weicht,
34 beim Morgen, wenn er aufscheint!
35 Siehe, sie ist eines der größten Übel,
36 als Warnung für die Menschen,
37 für den von euch, der vorausgehen oder nachkommen will.
38 Jede Seele ist dem verpfändet, was sie begangen hat,
39 mit Ausnahme derer zur Rechten.
40 In Gärten weilend, fragen sie einander
41 nach den Missetätern:
42 «Was führte euch in die Höllenglut?»
43 Sie sprechen: «Wir waren nicht unter den Betenden
44 und speisten nicht den Armen,

45 sondern führten mit den Schwätzern lose Reden

46 und nannten den Gerichtstag Lüge,

47 bis die Gewissheit zu uns kam.»

48 So nützt ihnen Fürsprache von Fürsprechern nichts.

49 Was ist denn nur in sie gefahren, sich von der Mahnung abzuwenden?

50 Ganz so, als ob sie scheue Wildesel wären,

51 die vor einem Löwen fliehen?

52 Doch ein jeder von ihnen möchte,
    dass man ihm ausgebreitete Blätter bringt.

53 O nein! Doch fürchten sie das Jenseits nicht.

54 O nein! Siehe, das ist eine Mahnung,

55 wer will, der ruft sie in Erinnerung.

56 Nur, wenn Gott es will, denken sie daran.
    Er ist es, den man fürchten muss,
    und er ist fähig zu vergeben.

Sure 75 – Die Auferstehung – al-qiyāma

Mekkanisch, 40 Verse

Im Namen Gottes, des barmherzigen Erbarmers.

½ 1 Ich schwöre beim Tag der Auferstehung!

2 Ich schwöre bei der stets anklagenden Seele!

3 Ist denn der Mensch der Meinung,
wir könnten sein Gebein nicht wieder zusammenfügen?

4 O doch! Weil wir auch seine Finger ebenmäßig formen können.

5 Nein, der Mensch will auch künftig sündigen.

6 Er fragt: «Wann ist er denn, der Tag der Auferstehung?»

7 Doch wenn der Blick geblendet wird

8 und sich der Mond verfinstert

9 und sich die Sonne mit dem Mond vereint,

10 dann spricht der Mensch an jenem Tag: «Wohin nur fliehen?»

11 O nein! Da ist kein Zufluchtsort.

12 Bei deinem Herrn ist an jenem Tag der Bleibeort.

13 An jenem Tag wird dem Menschen kundgetan,
was er schon zuvor und was er zu spät getan.

14 Doch der Mensch ist gegen sich selber Augenzeuge,

15 brächte er auch seine Entschuldigungen vor.

16 Bewege deine Zunge nicht mit ihm,
damit du dich mit ihm nicht übereilst!

17 An uns ist nämlich seine Sammlung und dann seine Lesung,

18 und wenn wir ihn gelesen, so setz du seine Lesung fort!

19 Und uns obliegt es dann, ihn zu erklären.

20 O nein! Ihr liebt doch nur das Flüchtige

21 und vernachlässigt das Jenseitige.

22 An jenem Tage: glänzende Gesichter,

23 die zu ihrem Herrn aufschauen.

24 An jenem Tage: finstere Gesichter,

25 man denkt, man hätte sie durchbohrt.

26 Doch nein! Wenn sie erreicht die Schlüsselbeine

27 und gesagt wird: «Wer ist Beschwörer?»,

28 und er denkt, dass es der Abschied ist,

29 und sich Bein mit Bein verfängt –

30 an jenem Tag ist zu deinem Herrn der Heimgang.

31 Er aber glaubte nicht und nahm nicht Anteil am Gebet,

32 sondern leugnete und wandte sich ab,

33 ging dann zu seinen Leuten, stolz einherschreitend.

34 Wehe dir, o wehe!

35 Und nochmals: Wehe dir, o wehe!

36 Meint der Mensch denn, dass er alleingelassen wird?

37 War er nicht ein Tropfen Samen, der sich ergoss?

38 Darauf ward er ein Klumpen,
den er dann schuf und ebenmäßig formte

39 und dann ein Paar daraus machte, Mann und Frau.

40 Ist nicht jener auch imstande, die Toten lebendig zu machen?

Sure 76 – Der Mensch – al-insān

Mekkanisch, 31 Verse

Im Namen Gottes, des barmherzigen Erbarmers.

1 Gab es für den Menschen denn eine Zeit,
in der er nichts Nennenswertes war?

2 Siehe, wir erschufen den Menschen aus einem Tropfen,
einem Gemisch, um ihn zu prüfen,
und schufen ihn hörend, sehend.

3 Siehe, wir leiteten ihn auf den Weg, ob dankbar oder undankbar.

4 Siehe, den Ungläubigen bereiteten wir Ketten, Fesseln und das
Flammenmeer.

5 Siehe, die Frommen trinken aus einem Becher,
dem Kampfer beigemischt ist,

6 aus einer Quelle, daraus die Gottesknechte trinken
und die sie reichlich sprudeln lassen.

7 Sie erfüllten das Gelübde und fürchteten einen Tag,
dessen Übel sich ausbreiten sollte.

8 Ihr Essen gaben sie – obgleich sie es selber mochten –
dem Armen, der Waise und dem Gefangenen zur Speisung.

9 «Nur um Gottes willen geben wir euch zu speisen.
Wir fordern kein Entgelt und keinen Dank.

10 Siehe, wir befürchten von unserem Herrn einen grimmigen,
fürchterlichen Tag.»

11 Doch ihr Herr bewahrte sie vor dem Übel eines solchen Tages
und ließ sie auf Seligkeit und Freude treffen.

12 Er belohnte sie dafür, dass sie geduldig waren,
mit einem Garten und seidenen Gewändern.

13 Sie liegen dort, an Ruhepolster angelehnt,
wo sie weder Sonne sehen noch grimmigen Frost,

14 indem sich seine Schatten auf sie niedersenken
und seine reifen Früchte weit herunterhängen.

15 Gefäße aus Silber kreisen zwischen ihnen
und Becher, die wie Flaschen sind,

16 Flaschen aus Silber, die man wohlabgemessen hat;

17 zu trinken gibt man ihnen dort in einem Becher,
dem Ingwer beigemischt ist,

18 aus einer Quelle dort, die ‹Salsabil› genannt wird.

¾ 19 Jünglinge, die ewig leben, umkreisen sie.
Wenn du sie siehst, hältst du sie für verstreute Perlen.

20 Und wenn du dich dort umblickst,
siehst du nur Glückseligkeit und große Pracht.

21 Sie sind mit grünen Gewändern angetan aus Seide und Brokat
und mit Armringen aus Silber geschmückt.
Ihr Herr reicht ihnen einen reinen Trank:

22 «Siehe, das hier habt zum Lohn!
Dank findet euer Streben.»

23 Siehe, wir sandten die Lesung wirklich und wahrhaftig auf dich herab.

24 So harre der Entscheidung deines Herrn,
und gehorche keinem Sünder unter ihnen oder Ungläubigen!

25 Gedenke des Namens deines Herrn am Morgen und am Abend

26 und einen Teil der Nacht!
Wirf dich vor ihm nieder,
und preise ihn eine Nacht lang!

27 Siehe, diese dort lieben das Flüchtige
und lassen einen schweren Tag außer acht.

28 Wir erschufen sie und machten sie stark.
Und wenn wir wollen, so tauschen wir sie gegen ihresgleichen aus.

29 Siehe, das hier ist eine Ermahnung.
Doch wer nun will, der schlägt den Weg zu seinem Herrn ein.

30 Aber ihr werdet es nicht wollen – außer, dass Gott es will.
   Siehe, Gott ist wissend, weise.

31 Er führt, wen er will, in sein Erbarmen ein,
   doch für die Frevler hält er schmerzhafte Strafe bereit.

Sure 77 – Die Ausgesandten – al-mursalāt

Mekkanisch, 50 Verse

Im Namen Gottes, des barmherzigen Erbarmers.

1 Bei den nacheinander Ausgesandten,
2 dann heftig Stürmenden,
3 bei den rasch Zerstiebenden,
4 dann sich Trennenden
5 und dann Ermahnung Bringenden,
6 Verzeihung oder Warnung:
7 Siehe, was euch verheißen wird, wird tatsächlich kommen.
8 Dann, wenn die Sterne ausgewischt sind,
9 wenn der Himmel zerrissen ist,
10 wenn die Berge zerstäubt sind
11 und wenn den Gesandten eine Zeit bestimmt wird –
12 auf welchen Tag sind sie befristet?
13 Auf den ‹Tag der Trennung›.
14 Was lässt dich wissen, was das heißt: der ‹Tag der Trennung›?
15 Wehe an jenem Tag den Leugnern!
16 Ließen wir denn nicht die Früheren zugrunde gehen?

17 Dann werden wir ihnen die Späteren folgen lassen.

18 So machen wir es mit den Missetätern.

19 Wehe an jenem Tag den Leugnern!

20 Schufen wir euch nicht aus verächtlichem Wasser

21 und brachten es dann zu einem sicheren Platz

22 in einem festgesetzten Maß?

23 Dann haben wir bemessen: Wie trefflich sind, die es bemessen!

24 Wehe an jenem Tag den Leugnern!

25 Machten wir denn nicht die Erde zu einem Grab

26 für Lebende und Tote

27 und machten auf ihr festgegründete, hochragende,
und gaben euch zu trinken frisches Wasser?

28 Wehe an jenem Tag den Leugnern!

29 «Brecht auf zu dem, was ihr geleugnet,

30 brecht auf zum Schattenplatz mit den drei Teilen,

31 der weder Schatten wirft noch vor den Flammen schützt!»

32 Siehe, wie ein Heerlager sprüht sie Funken,

33 als bestünde es aus gelben Kamelen.

34 Wehe an jenem Tag den Leugnern!

35 Das ist der Tag, an dem ihre Sprache versagt

36 und es ihnen nicht erlaubt wird, sich zu entschuldigen.

37 Wehe an jenem Tag den Leugnern!

38 Das ist der ‹Tag der Trennung›:
«Euch und die Früheren haben wir jetzt versammelt.

39 Wenn ihr eine List plant, dann überlistet mich!»

40 Wehe an jenem Tag den Leugnern!

41 Siehe, die Gottesfürchtigen, sie sind im Schatten und an Quellen,

42 an Früchten haben sie, was immer sie begehren:

43 «Esst und trinkt zu eurem Wohlergehen, für das, was ihr getan habt!»

44 Siehe, so belohnen wir die, welche Gutes tun.

45 Wehe an jenem Tag den Leugnern!

46 «Esst und genießt nur wenig! Siehe, ihr seid Missetäter.»

47 Wehe an jenem Tag den Leugnern!

48 Wenn man ihnen sagt: «Verneigt euch!»,
so verneigen sie sich nicht.

49 Wehe an jenem Tag den Leugnern!

50 Und an welchen Bericht, nach diesem, wollen sie denn noch glauben?

Sure 78 – Die Kunde – an-naba'

Mekkanisch, 40 Verse

Im Namen Gottes, des barmherzigen Erbarmers.

ǧ30 ḥ59 1 Wonach befragen sie einander?
2 Nach der gewaltigen Kunde,
3 über die sie uneins sind.
4 Doch nein! Sie werden es erfahren!
5 Und nochmals nein! Sie werden es erfahren!
6 Machten wir die Erde nicht zu einer Ruhestatt,
7 zu Pflöcken die Berge?
8 Und schufen euch als Paare,
9 und machten euch den Schlaf zu einer Ruhepause?
10 Und machten die Nacht zu einem Kleid,
11 den Tag zum Lebensunterhalt?
12 Und bauten sieben Festen über euch
13 und machten eine Leuchte, hell erglühend,
14 und sandten aus den Regenwolken reichlich Wasser,
15 um mit ihm Korn und Grün hervorzubringen
16 und dichtbewachsene Gärten?

17 Siehe, der ‹Tag der Trennung› ist festgelegt;

18 am Tag, da geblasen wird in die Posaune, kommt ihr in Scharen:

19 Und der Himmel wird geöffnet, so dass er wird zu Toren,

20 und die Berge werden weggeführt, so dass sie zu einem Trugbild werden.

21 Siehe, die Hölle wird zu einem Hinterhalt,

22 für die Aufsässigen ein Einkehrort.

23 Sie werden darin Ewigkeiten bleiben

24 und dort nicht kosten Kühle noch Getränk,

25 nur siedend heißes Wasser und nur Eiter

26 als angemessene Vergeltung.

27 Siehe, sie hatten keine Rechenschaft erwartet

28 und unsere Zeichen ganz und gar geleugnet.

29 Doch alles haben wir in einem Buch verzeichnet.

30 Kostet also, doch wir werden eure Pein nur noch vermehren!

31 Siehe, für die Gottesfürchtigen gibt es Gewinn:

32 Obstgärten und Weinstöcke,

33 und gleichaltrige Frauen mit schwellenden Brüsten,

34 und Becher, bis zum Rand gefüllt.

35 Weder Geschwätz noch Lüge hören sie dort –

36 als Lohn von deinem Herrn, als Gabe, als Entgelt

37 vom Herrn der Himmel und der Erde

und dessen, was dazwischen ist, vom Erbarmer.

Sie können vor ihm keine Worte finden.

38 Am Tage, da der Geist und auch die Engel in einer Reihe stehn,

da wird nur reden, wem der Erbarmer es erlaubt

und wer Treffendes sagt.

39 Jener Tag ist die Wahrheit.

Und wer da will, der halte Einkehr bei seinem Herrn.

40 Siehe, wir haben euch gewarnt vor naher Strafe

am Tage, da der Mensch zu sehen bekommt,

was seine Hände früher taten,

und der Ungläubige spricht: «O wehe mir, o wäre ich doch Staub!»

Sure 79 – Die Entreißenden – an-nāziʿāt

Mekkanisch, 46 Verse

Im Namen Gottes, des barmherzigen Erbarmers.

1 Bei den heftig Entreißenden,
2 bei den lebhaft Strebenden,
3 bei den leicht Dahinschwebenden,
4 dann eilig Voraneilenden
5 und einen Befehl Ausführenden:
6 Am Tage, da das Beben anhebt,
7 worauf es ein zweites Mal bebt,
8 an jenem Tage klopfen Herzen,
9 gesenkt sind ihre Blicke.
10 Sie sagen: «Sind wir denn in den Urzustand zurückgeführt,
11 wo wir schon vermoderndes Gebein gewesen?»
12 Sie sagen: «Das wäre eine verlustreiche Wiederkehr!»
13 Doch es ist nur ein einziger Aufschrei,
14 dann sind sie hellwach.
15 Kam zu dir der Bericht von Mose,
16 als sein Herr ihn rief im heiligen Tale Tuwa?

17 «Geh hin zu Pharao! Siehe, er ist aufsässig!

18 Und sprich: ‹Willst du, dass du dich läuterst

19 und ich dich geleite zu deinem Herrn,
     dass du ihn fürchtest?›»

20 Da ließ er ihn das gar große Zeichen sehen.

21 Doch er erklärte es für eine Lüge und blieb verhärtet.

22 Dann wandte er sich eilends ab,

23 ließ versammeln und ausrufen

24 und sprach: «Ich bin euer höchster Herr!»

25 Da ergriff ihn Gott
     als warnendes Exempel für das Jenseits und das Diesseits.

26 Siehe, darin ist gewiss eine Lehre für jeden, der ihn fürchtet.

27 Seid ihr schwerer zu erschaffen als der Himmel?
     Denn den hat er erbaut.

28 Sein Dach machte er hoch und gab ihm rechte Form.

29 Bei Nacht ließ er ihn dunkel werden und am Morgen hell.

30 Die Erde, hernach breitete er sie aus;

31 Wasser und Weideland ließ er aus ihr hervorgehen.

32 Die Berge, die verankerte er auf ihr,

33 zum Gebrauch für euch und euer Vieh.

34 Doch wenn das große Unheil kommt,

35 am Tage, da der Mensch sich ins Gedächtnis ruft, wonach er strebte,

36 und sich die Feuerhölle deutlich zeigt für den, der sieht.

37 Was nun den betrifft, der aufsässig war

38 und das Leben hier im Diesseits vorzog:

39 Siehe, dann wird die Feuerhölle Wohnstatt sein.

40 Was aber den betrifft, der den Platz seines Herrn fürchtete
     und sich die Lust versagte:

41 Siehe, dann wird der Paradiesesgarten Wohnstatt sein.

42 Sie fragen dich nach ‹der Stunde›: «Wann trifft sie ein?»

43 Warum denn solltest *du* daran erinnern?

44 Zu deinem Herrn hin ist ihr Ausgang.

45 Siehe, du bist nur für den ein Warner, der sie fürchtet.

46 Es ist, als wären sie am Tag, da sie sie sehen,
     nur einen Abend oder Morgen geblieben.

Sure 80 – Er blickte finster drein – ʿabasa

Mekkanisch, 42 Verse

Im Namen Gottes, des barmherzigen Erbarmers.

¼   1   Er blickte finster drein und wandte sich ab,

2   dass der Blinde sich an ihn gewandt.

3   Was lässt dich wissen, ob er sich vielleicht noch läutere

4   oder sich mahnen lasse, dass ihm die Mahnung nütze?

5   Wer aber sich auf seinen Reichtum stützt,

6   dem schenkst du Beachtung,

7   und es stört dich nicht, dass er sich nicht läutert.

8   Der aber, der eilends zu dir kommt

9   und der Gott fürchtet,

10   dem schenkst du keine Aufmerksamkeit.

11   Mitnichten! Siehe, es ist eine Mahnung

12   – und wer will, gedenket seiner –

13   auf geehrten Blättern,

14   erhöhten und gereinigten,

15   in Händen von Schreibern,

16   edlen, frommen.

17 Verflucht sei der Mensch, wie ist er undankbar!
18 Aus welchem Stoff erschuf er ihn?
19 Aus einem Tropfen schuf er ihn und setzte ihm ein Ziel,
20 dann erleichterte er ihm den Weg,
21 dann ließ er ihn sterben und begraben,
22 dann, wenn er will, wird er ihn auferstehen lassen!
23 O nein doch! Er brachte nicht zu Ende, was er ihm befahl.
24 Auf seine Nahrung schaue doch der Mensch,
25 dass wir das Wasser reichlich fließen lassen,
26 dann die Erde aufbrechen lassen,
27 dann auf ihr Korn wachsen lassen,
28 Weinstöcke und Futterpflanzen,
29 Ölbäume und Palmen
30 und Gärten, reich bepflanzt,
31 und Früchte und Kräuter
32 zum Genuss für euch und euer Vieh.
33 Wenn der Donnerschlag kommt
34 am Tag, an dem der Mensch vor seinem Bruder flieht,
35 seiner Mutter, seinem Vater,
36 seiner Frau und seinen Söhnen:
37 An jenem Tage ist ein jeder auf sich selbst gestellt.
38 An jenem Tage gibt es strahlende Gesichter,
39 lachende, ausgelassene.
40 An jenem Tage auch Gesichter, von Staub bedeckt,
41 die Staubgewölk bedrückt.
42 Das sind die Ungläubigen, die Gottesfernen.

Sure 81 – Das Zusammenrollen – al-takwīr

Mekkanisch, 29 Verse

Im Namen Gottes, des barmherzigen Erbarmers.

1 Wenn die Sonne wird zusammengerollt,
2 wenn das Gestirn herniederfällt,
3 wenn die Berge werden bewegt,
4 wenn hochträchtige Kamele nicht mehr gepflegt,
5 wenn die wilden Tiere zusammenlaufen,
6 wenn die Meere überlaufen,
7 wenn die Seelen werden gepaart,
8 wenn die lebendig Begrabene wird gefragt,
9 um welcher Schuld sie ward umgebracht;
10 wenn die Bücher werden aufgeschlagen,
11 wenn der Himmel wird abgetragen,
12 wenn das Höllenfeuer wird angefacht,
13 wenn der Garten wird nahgebracht:
14 Dann weiß die Seele, was sie vollbracht.
15 Wahrlich, ich schwöre bei den zurücklaufenden Gestirnen,
16 den vorwärtslaufenden, die sich verbergen,

17 und bei der Nacht, wenn sie dunkelt,

18 und beim Morgen, wenn er atmet:

19 Wahrlich, das ist die Rede eines edlen Gesandten,

20 voller Kraft und beim Herrn des Throns hoch angesehen,

21 dem man gehorcht, dem man vertraut.

22 Euer Gefährte, er ist nicht besessen.

23 Am klaren Horizont, da hat er *ihn* gesehen.

24 Er geizt mit dem Verborgenen nicht.

25 Es ist nicht die Rede eines verfluchten Satans.

26 Wohin wollt ihr noch gehen?

27 Er ist nur eine Mahnung für die Weltbewohner,

28 für den von euch, der auf dem geraden Wege gehen will,

29 doch ihr wollt nicht –
außer Gott, der Herr der Weltbewohner, wollte es!

Sure 82 – Das Zerbersten – al-infiṭār

Mekkanisch, 19 Verse

Im Namen Gottes, des barmherzigen Erbarmers.

½ 1 Wenn zerborsten ist der Himmel,
2 wenn zerstreut das Sternengewimmel,
3 wenn die Meere über die Ufer schwellen,
4 wenn die Gräber rücken von ihren Stellen,
5 dann weiß die Seele, was zuvor sie dargebracht
und was sie vorher nicht gemacht.
6 O Mensch, was hat von deinem edlen Herrn dich abgebracht,
7 der dich erschaffen, feingebildet und ins Gleichgewicht gebracht,
8 ja, dich in jene Form, wie er sie wollte, hat gebracht?
9 O nein! Ihr leugnet das Gericht!
10 Doch wahrlich, über euch sind Engel auf der Wacht,
11 Schreibende, voll edlem Mut,
12 die wissen, was ihr tut.
13 Siehe, die Frommen weilen in Freudenfülle,
14 die Gottesfernen aber in der Feuerhölle,
15 am Tage des Gerichtes werden sie dort brennen

16 und können von dort nicht entrinnen.

17 Was lässt dich wissen, was der Tag des Gerichtes ist?

18 Und wiederum: Was lässt dich wissen, was der Tag des Gerichtes ist?

19 Am Tag, da keine Seele für die andere etwas tun kann –
an jenem Tage hat Gott das Sagen.

Sure 83 – Die Knauserer – al-muṭaffifīn

Mekkanisch, 36 Verse

Im Namen Gottes, des barmherzigen Erbarmers.

1 Wehe den Knauserern,
2 die selber volles Maß verlangen,
   wenn sie sich von anderen zumessen lassen,
3 die aber sparen, wenn sie selber zumessen oder wiegen!
4 Sind jene denn nicht der Ansicht, auferweckt zu werden
5 zu einem großen Tag?
6 Am Tage, da die Menschen dem Herrn der Weltbewohner gegenüberstehen?
7 O nein! Siehe, die Gottesfernen stehen geschrieben in ‹Sidschin›.
8 Was lässt dich wissen, was das ist: ‹Sidschin›?
9 Ein Buch, mit Sorgfalt geschrieben.
10 Wehe an jenem Tage den Leugnenden,
11 die den Tag des Gerichtes leugnen!
12 Doch jeder sündige Gesetzesbrecher leugnet ihn!
13 Wenn ihm unsere Zeichen vorgetragen werden,
   spricht er: «Fabeln der Altvorderen!»
14 O nein! Vielmehr, was sie erwarben, verkrustet ihre Herzen.

15 O nein! An jenem Tag sind sie von ihrem Herrn getrennt.

16 Dann werden sie im Höllenfeuer brennen.

17 Dann wird gesagt: «Das ist es, was ihr immer wieder geleugnet habt.»

18 O nein! Siehe, die Frommen stehen geschrieben in ‹'Illiyun›.

19 Was lässt dich wissen, was das ist: ‹'Illiyun›?

20 Ein Buch, mit Sorgfalt geschrieben,

21 das ‹die Nahestehenden› bezeugen.

22 Siehe, die Frommen sind, fürwahr, in Freudenfülle,

23 auf Ruhebetten liegend schauen sie umher.

24 Du siehst auf ihrem Antlitz Wonneglanz.

25 Erlesener Wein wird ihnen ausgeschenkt,

26 dessen Siegel Moschus ist –
    und um das mögen sie wetteifern!

27 Das ihm beigemischte Wasser ist aus ‹Tasnim›,

28 einer Quelle, aus der ‹die Nahestehenden› trinken.

29 Siehe, die Missetäter verlachten die Gläubigen.

30 Wenn sie an ihnen vorübergingen, zwinkerten sie sich zu,

31 und wenn sie zu den Ihren kamen, wurden sie wieder frohgemut.

32 Sahen sie die Gläubigen, sprachen sie:
    «Siehe, diese hier irren ab vom Weg!»

33 Doch sie wurden nicht als Hüter über sie gesandt.

34 Heute aber lachen die, die glauben, über die Ungläubigen.

35 Sie liegen auf Ruhepolstern, sie schauen umher:

36 «Wird den Ungläubigen vergolten, was sie taten?»

Sure 84 – *Die Spaltung* – *al-inšiqāq*

Mekkanisch, 25 Verse

Im Namen Gottes, des barmherzigen Erbarmers.

¾ 1 Wenn sich der Himmel spaltet,

2 auf seinen Herrn hört und sich gefügig zeigt,

3 und wenn die Erde ausgebreitet wird,

4 herauswirft, was in ihr ist, und sich leert,

5 auf ihren Herrn hört und sich gefügig zeigt –

6 o Mensch, zu deinem Herrn hin mühst und mühst du dich
   und wirst ihm begegnen.

7 Was nun den angeht, der sein Buch in die rechte Hand bekommt,

8 so wird mit ihm auf leichte Weise abgerechnet,

9 und er kehrt erfreut zurück zu den Seinen.

10 Doch was den angeht, der sein Buch hinter seinem Rücken bekommt,

11 der wird rufen: «Verderben!»

12 und im Flammenmeer brennen.

13 Siehe, bei den Seinen war er erfreut.

14 Ja, er dachte, er kehre niemals heim zu Gott.

15 Doch nein! Sein Herr hatte ihn im Blick.

16 Doch ich schwöre bei der Dämmerung
17 und bei der Nacht und dem, was sie mit sich bringt,
18 und beim Mond, wenn er sich rundet:
19 Ihr werdet Schicht um Schicht durchschreiten.
20 Was ist mit ihnen denn, dass sie nicht glauben?
21 Wenn ihnen die Lesung vorgetragen wird, so fallen sie nicht nieder.
22 Nein, die ungläubig sind, leugnen.
23 Doch Gott weiß sehr wohl, was sie bergen.
24 So verkünde ihnen schmerzhafte Strafe!
25 Die jedoch glauben und gute Werke tun,
     denen wird Lohn zuteil, nicht unverdient.

Sure 85 – Die Sternbilder – al-burūǧ

Mekkanisch, 22 Verse

Im Namen Gottes, des barmherzigen Erbarmers.

1 Beim Himmel mit den Sternbildern!

2 Beim verheißenen Tag!

3 Bei einem, der bezeugt, und bei etwas, das bezeugt wird!

4 Verflucht seien die Leute des Grabens,

5 des glühenden Feuers,

6 wenn sie dort sitzen

7 und bezeugen, was sie den Gläubigen angetan!

8 Sie ärgerten sich über sie nur darum, dass sie an Gott glaubten, den Mächtigen, den Rühmenswerten,

9 der die Herrschaft über die Himmel und die Erde hat. Gott ist über alles Zeuge.

10 Siehe, die da die Gläubigen, Männer wie Frauen, auf die Probe stellten, dann aber nicht umkehrten, denen ist die Strafe der Hölle bestimmt, ja, denen ist die Strafe des Feuerbrands bestimmt.

11 Siehe, die glauben und gute Werke tun,

für die sind Gärten, unter denen Bäche fließen.

Das ist der große Gewinn.

12 Siehe, die Gewalt deines Herrn ist wahrlich hart.

13 Siehe, er erschafft, und er lässt wiederkehren.

14 Er ist der Vergebungsbereite, der Liebevolle,

15 der Herr des Thrones, der Ruhmreiche,

16 der tun kann, was er will.

17 Kam zu dir der Bericht über die Heerscharen,

18 über Pharao und die Thamud?

19 O nein, die ungläubig sind, verharren im Leugnen,

20 Gott aber hält sie, von hinten her, umfangen.

21 O nein, es ist eine ruhmreiche Lesung

22 auf einer Tafel, wohlverwahrt.

Sure 86 – Der nächtliche Besucher – aṭ-ṭāriq

Mekkanisch, 17 Verse

Im Namen Gottes, des barmherzigen Erbarmers.

1 Beim Himmel und beim nächtlichen Besucher!
2 Was lässt dich wissen, was ‹der nächtliche Besucher› ist?
3 Der leuchtende Stern.
4 Es gibt keinen Menschen, für den es keinen Wächter gäbe.
5 Der Mensch sehe doch, woraus er erschaffen wurde:
6 Erschaffen wurde er aus Wasser, das hervorströmt,
7 das zwischen Rückgrat und Rippen herauskommt.
8 Siehe, er hat die Macht, ihn zurückzuholen,
9 am Tag, da die geheimen Gedanken geprüft werden.
10 Dann hat er weder Kraft noch einen Helfer.
11 Beim Himmel, der kreisen lässt,
12 bei der Erde, die sprießen lässt!
13 Siehe, das ist ein letztes Wort,
14 es ist nicht bloß ein Scherz.
15 Siehe, sie planen eine List,
16 und auch ich plane eine List.

17 So gib den Ungläubigen Aufschub,
gib ihnen ein Weilchen Aufschub!

Sure 87 – Der Höchste – al-aʿlā

Mekkanisch, 19 Verse

Im Namen Gottes, des barmherzigen Erbarmers.

1 Preise den Namen deines höchsten Herrn,
2 der erschuf und ebenmäßig formte,
3 der ein Ziel setzte und dann führte,
4 der das Weideland wachsen ließ
5 und es dann zu verdorrtem Grasland machte!
6 Wir werden dich vortragen lassen,
   und du wirst nicht vergessen –
7 außer dem, was Gott will.
   Siehe, er kennt das Offenbare und was verborgen ist.
8 Wir bereiten dir ein leichtes Los.
9 So mahne – wenn die Mahnung nützt!
10 Sich mahnen lässt, wer gottesfürchtig ist,
11 doch der Gottlose sucht das zu vermeiden –
12 der im ‹Großen Feuer› brennen wird,
13 dann dort nicht sterben kann und auch nicht leben.
14 Wohl ergeht es dem, der sich geläutert hat,

15 den Namen seines Herrn erwähnt und betet.

16 Doch nein, ihr zieht das Leben hier im Diesseits vor,

17 wo doch das Jenseits besser ist und bleibender.

18 Siehe, das stand fürwahr schon in den ersten Schriften,

19 den Schriften Abrahams und Moses.

Sure 88 – Die Heimsuchung – al-ġāšiya
Mekkanisch, 26 Verse

Im Namen Gottes, des barmherzigen Erbarmers.
1 Kam der Bericht von ‹der Heimsuchung› zu dir?
2 An jenem Tage: demutsvolle Angesichter,
3 sich plagende, abmühende,
4 die brennen im lohenden Feuer der Hölle,
5 getränkt von einer siedend heißen Quelle.
6 Sie haben keine Nahrung, außer von Dorngestrüpp,
7 was weder nährt noch den Hunger stillt.
8 An jenem Tage: selige Angesichter,
9 mit ihrem Streben zufriedene,
10 in einem hochgelegenen Garten.
11 Du hörst darin kein nichtiges Geschwätz,
12 Sprudelnde Quellen sind in ihm,
13 erhöhte Ruhepolster sind in ihm
14 und einladende Kelche
15 und aufgereihte Kissen
16 und aufgefaltete Teppiche.

17 Schauen sie denn nicht zu den Kamelen, wie sie geschaffen wurden?

18 Und zum Himmel, wie er hochgehoben wurde?

19 Und zu den Bergen, wie sie aufgerichtet wurden?

20 . Und zur Erde, wie sie geebnet wurde?

21 So mahne, denn du bist ein Mahner,

22 bist keiner, der über sie Gewalt hat!

23 Nur wer sich abwendet und nicht glaubt,

24 den wird Gott strengstens strafen.

25 Siehe, zu uns ist ihre Rückkehr,

26 dann obliegt es uns, mit ihnen abzurechnen.

Sure 89 – Die Morgendämmerung – al-faǧr

Mekkanisch, 30 Verse

Im Namen Gottes, des barmherzigen Erbarmers.

1 Bei der Morgendämmerung,
2 bei zehn Nächten,
3 bei geraden und ungeraden,
4 und bei der Nacht, wenn sie schwindet!
5 Liegt darin nicht ein Schwur für den Verständigen?
6 Sahst du denn nicht, was dein Herr den ʿAd antat,
7 Iram ‹mit der Säule›,
8 deren keine wie sie im Land geschaffen ward?
9 Und den Thamud, die in den Fels im Tal Höhlen trieben?
10 Und Pharao, dem Herrn der Pfähle?
11 Die alle tyrannisch im Lande herrschten
12 und das Verderben in ihm mehrten?
13 Doch dein Herr ließ zur Strafe Peitschen auf sie niedergehen.
14 Siehe, dein Herr ist auf der Wacht.
15 Der Mensch, wenn Gott ihn auf die Probe stellt,
   ihn ehrt und Wohltaten auf ihn häuft,

dann spricht er: «Mein Herr behandelte mich ehrenvoll.»
16 Doch wenn Gott ihn auf die Probe stellt
und ihm seinen Unterhalt knapp zumisst,
dann spricht er: «Mein Herr demütigte mich.»
17 O nein! Ihr beschenkt die Waise nicht.
18 Und ihr spornt einander nicht an, den Armen zu speisen,
19 und verzehrt das Erbe ganz und gar
20 und liebt den Besitz gar sehr.
21 O nein! Wenn die Erde zerschmettert wird und zu Staub zermahlen
22 und dein Herr mit den Engeln, Reihe auf Reihe, kommt
23 und die Hölle an jenem Tage bringt –
an jenem Tage lässt der Mensch sich mahnen.
Doch was nützt ihm dann noch die Mahnung?
24 Er spricht: «Ach hätte ich doch für mein Leben vorgesorgt!»
25 An jenem Tag straft keiner so wie er,
26 und es legt keiner Fesseln an wie er.
27 «O du befriedete Seele,
28 kehre heim zu deinem Herrn, glücklich und zufrieden,
29 und tritt ein zu meinen Knechten,
30 und tritt ein in meinen Garten!»

Sure 90 – Der Ort – al-balad
Mekkanisch, 20 Verse

Im Namen Gottes, des barmherzigen Erbarmers.

¼ 1 Ich schwöre bei diesem Ort
2 – und dir ist es gestattet, an diesem Ort zu sein –
3 und bei einem Vater und dem, was er zeugte.
4 Wir erschufen den Menschen zur Mühsal.
5 Meint er, dass niemand etwas gegen ihn vermag?
6 Er spricht: «Reichtum vernichtete ich in Mengen.»
7 Meint er, dass ihn niemand sah?
8 Machten wir ihm denn nicht Augen,
9 eine Zunge und zwei Lippen?
10 Und führten ihn die zwei Wege?
11 Doch ‹den steilen Weg› schlug er nicht ein.
12 Und was lässt dich wissen, was ‹der steile Weg› ist?
13 Freilassung eines Sklaven
14 oder dass man Speise gibt an einem Hungertag
15 an eine nahverwandte Waise
16 oder an einen Armen in Bedürftigkeit –

17 dann einer derer ist, die glauben
    und sich ermuntern gegenseitig zu Geduld und zu Erbarmen –
18 das sind ‹die zur Rechten›.
19 Die aber nicht an unsere Zeichen glauben,
    das sind ‹die zur Linken›.
20 Sie sind von Feuer ganz umschlossen.

Sure 91 – Die Sonne – aš-šams
Mekkanisch, 15 Verse

Im Namen Gottes, des barmherzigen Erbarmers.

1 Bei der Sonne und ihrem Morgenlicht,
2 beim Mond, wenn er ihr folgt,
3 beim Tage, wenn er sie erstrahlen lässt,
4 bei der Nacht, wenn diese sie bedeckt,
5 beim Himmel und dem, der ihn erbaute,
6 bei der Erde und dem, der sie ausbreitete,
7 bei einer Seele und dem, der sie gestaltete
8 und ihr Gottesferne und Gottesfurcht einpflanzte!
9 Wohl ergeht es dem, der sie reinhält,
10 doch gescheitert ist, wer sie beschmutzt.
11 Die Thamud leugneten in ihrer Widerspenstigkeit,
12 als unter ihnen der Unselige auftrat.
13 Da sprach zu ihnen der Gesandte Gottes:
    «Gottes Kamelin und sie zu tränken …»
14 Da nannten sie ihn Lügner und zerschnitten ihre Sehnen.
    Da suchte ihr Herr sie heim wegen ihrer Schuld,

und ebnete sie ein,

15 ohne dessen Folgen zu fürchten.

Sure 92 – *Die Nacht* – al-lail

Mekkanisch, 21 Verse

Im Namen Gottes, des barmherzigen Erbarmers.

1 Bei der Nacht, wenn sie sich ausbreitet,
2 beim Tage, wenn sein Licht sich weitet,
3 bei dem, der erschuf, was männlich ist und weiblich!
4 Siehe, euer Streben ist wahrlich mannigfach.
5 Wer nun gibt und gottesfürchtig ist
6 und an ‹das Schönste› glaubt,
7 dem werden wir ein leichtes Los bereiten.
8 Doch wer da geizt und reich sich dünkt
9 und ‹das Schönste› leugnet,
10 dem werden wir ein schweres Los bereiten.
11 Sein Reichtum hilft ihm nicht, wenn er zugrunde geht.
12 Siehe, uns obliegt die Leitung.
13 Bei uns ist das Jenseits und das Diesseits.
14 So warne ich euch vor einem Feuer, das lodert,
15 in dem nur der Unselige brennt,
16 der leugnet und sich abkehrt.

17   Der Gottesfürchtige wird vor ihm verschont,

18   der sein Gut dahingibt, auf dass er sich läutert.

19   Es gibt bei ihm für keinen eine Wohltat, die vergolten werden müsste,

20   es sei denn, im Trachten nach dem Wohlgefallen seines höchsten Herrn.

21   Dann wird er gewiss zufrieden sein.

Sure 93 – Der lichte Morgen – aḍ-ḍuḥā

Mekkanisch, 11 Verse

Im Namen Gottes, des barmherzigen Erbarmers.

1 Beim lichten Morgen
2 und bei der Nacht, wenn sie still ist!
3 Dein Herr hat dich nicht aufgegeben noch verschmäht.
4 Wahrlich, das Jenseits ist besser für dich als das Diesseits.
5 Dein Herr wird dir geben, dass du zufrieden bist.
6 Hat er dich nicht als Waise gefunden und Zuflucht gewährt?
7 Hat er dich nicht als Irrenden gefunden und auf den rechten Weg geführt?
8 Hat er dich nicht als Armen gefunden und reich gemacht?
9 Die Waise also bedrücke nicht!
10 Den Bettler also schelte nicht!
11 Doch von der Gnade deines Herrn berichte!

Sure 94 – Die Weitung – aš-šarḥ

Mekkanisch, 8 Verse

Im Namen Gottes, des barmherzigen Erbarmers.

½ 1 Haben wir dir nicht die Brust geweitet,
2 dir nicht abgenommen deine Last,
3 die schwer auf deinem Rücken lag,
4 und haben wir nicht deinen Ruf erhöht?
5 Darum siehe, mit dem Schweren kommt auch Leichtes
6 Siehe, mit dem Schweren kommt auch Leichtes.
7 Wenn du frei bist, dann bemühe dich
8 und richte dein Begehren auf deinen Herrn!

Sure 95 – Die Feigenbäume – at-tīn

Mekkanisch, 8 Verse

Im Namen Gottes, des barmherzigen Erbarmers.

1 Bei den Feigenbäumen! Bei den Olivenbäumen!

2 Beim Berge Sinai!

3 Bei diesem sicheren Ort!

4 Wir erschufen den Menschen in vollendeter Gestalt,

5 alsdann machten wir ihn zum Niedrigsten der Niedrigen –

6 außer denen, die glauben und gute Werke tun,
   denen wird Lohn zuteil, nicht unverdient –

7 was lässt dich also das Gericht noch leugnen?

8 Ist Gott denn nicht der weiseste der Richter?

Sure 96 – Das Geronnene – al-ʿalaq

Mekkanisch, 19 Verse

Im Namen Gottes, des barmherzigen Erbarmers.

1 Trag vor im Namen deines Herrn, der schuf,

2 den Menschen aus Geronnenem schuf!

3 Trag vor! Denn dein Herr ist's, der hochgeehrte,

4 der mit dem Schreibrohr lehrte,

5 den Menschen, was er nicht wusste, lehrte.

6 Doch nein! Siehe, aufsässig ist der Mensch fürwahr,

7 dass er meint, er sei sich selbst genug.

8 Siehe, zu deinem Herrn ist die Rückkehr.

9 Sahst du denn den, der behindert

10 einen Knecht, wenn er betet?

11 Sahst du denn, ob er rechtgeleitet ist

12 oder Gottesfurcht befiehlt?

13 Sahst du denn, ob er leugnet und sich abkehrt?

14 Weiß er denn nicht, dass Gott sieht?

15 Doch nein! Wahrlich, wenn er nicht davon ablässt,
dann werden wir ihn an der Stirnlocke packen,

16 einer lügenhaften, sündigen Stirnlocke!
17 Soll er doch seine Spießgesellen rufen! –
18 Wir werden dann die Höllenwächter rufen!
19 Doch nein! Gehorch ihm nicht!
    Und wirf dich nieder, und nahe dich!

Sure 97 – *Die Bestimmung – al-qadr*

Mekkanisch, 5 Verse

Im Namen Gottes, des barmherzigen Erbarmers.

1 Siehe, wir sandten ihn hernieder in der ‹Nacht der Bestimmung›.

2 Und was lässt dich wissen, was die ‹Nacht der Bestimmung› ist?

3 Die ‹Nacht der Bestimmung› ist besser als tausend Monate

4 Es steigen in ihr nieder die Engel und der Geist –
   mit der Erlaubnis ihres Herrn zu jeglichem Geheiß.

5 Friede ist sie, bis zum Anbruch der Morgendämmerung.

Sure 98 – Der klare Beweis – al-bayyina

Medinensisch, 8 Verse

Im Namen Gottes, des barmherzigen Erbarmers.

1 Die von den Buchbesitzern und den Beigesellern,
die ungläubig sind, können sich nicht eher davon lösen,
als bis der klare Beweis zu ihnen kommt:

2 ein von Gott Gesandter,
der gereinigte Blätter vorträgt,

3 auf denen beständige Schriften stehen.

4 Die Buchbesitzer teilten sich erst dann in Gruppen auf,
nachdem der klare Beweis zu ihnen gekommen war.

5 Ihnen wurde nichts anderes befohlen, als Gott zu verehren,
rechtgläubig, im Glauben ihm allein sich anvertrauend,
das Gebet zu verrichten
und die Armensteuer zu entrichten.
Das ist die Religion, die Bestand hat.

6 Siehe, jene von den Buchbesitzern und den Beigesellern,
die nicht glauben, sind im Feuer der Hölle.
Ewig bleiben sie darin.

Sie sind die schlimmsten Geschöpfe.

7 Siehe, die glauben und gute Werke tun,
sie sind die besten Geschöpfe.

8 Ihr Lohn bei ihrem Herrn sind die Gärten Eden,
unter denen Bäche fließen.
Sie weilen dort für immer und ewig.
Gott wird an ihnen Wohlgefallen haben und sie an ihm.
Das ist für den, der Furcht vor seinem Herrn empfindet.

Sure 99 – Das Beben – az-zalzala

Mekkanisch, 8 Verse

Im Namen Gottes, des barmherzigen Erbarmers.
1 Wenn die Erde geschüttelt wird in ihrem Beben,
2 und die Erde ihre Lasten muss von sich geben,
3 und der Mensch sagt: «Was musste sie erleben?»
4 An jenem Tage wird sie Kunde über sich abgeben,
5 da dein Herr ihr diese eingegeben.
6 An jenem Tage werden die Menschen getrennt hervorkommen,
   damit sie ihre Taten zu sehen bekommen.
7 Wer Gutes tat, vom Gewichte eines Stäubchens, wird es sehen.
8 Und wer Böses tat, vom Gewichte eines Stäubchens, wird es sehen.

Sure 100 – Die Laufenden – al-ʿādiyāt

Mekkanisch, 11 Verse

Im Namen Gottes, des barmherzigen Erbarmers.

1 Bei den Laufenden, wenn sie schnauben!

2 Bei den Ausschlagenden, dass die Funken stauben!

3 Bei den Angreifenden im Morgengrauen,

4 die damit Staub aufwirbeln,

5 dann vordringen in die Feindeshaufen!

6 Siehe, der Mensch ist seinem Herrn nicht dankbar –

7 denn dafür zeugt er ja selbst.

8 Siehe, der Liebe zum Besitz ist er, fürwahr, stark zugeneigt.

¾ 9 Hat er denn kein Wissen?

Wenn verstreut wird, was in den Gräbern war,

10 und gesammelt wird, was in den Herzen war:

11 Siehe, an jenem Tag ist sich ihr Herr über sie klar!

Sure 101 – Das Pochen – al-qāriʿa

Mekkanisch, 11 Verse

Im Namen Gottes, des barmherzigen Erbarmers.

1 Das Pochen.

2 Was ist ‹das Pochen›?

3 Und was lässt dich wissen, was ‹das Pochen› ist?

4 Am Tage, da die Menschen zerstreuten Motten gleichen

5 und die Berge zerzauster Wolle:

6 Wessen Waagschalen sich dann senken,

7 der wird ein zufriedenes Leben haben;

8 und wessen Waagschalen sich dann heben,

9 dessen Mutter wird der Abgrund sein.

10 Und was lässt dich wissen, was das ist?

11 Glühendes Feuer.

Sure 102 – Das Streben nach mehr – at-takāṯur

Mekkanisch, 8 Verse

Im Namen Gottes, des barmherzigen Erbarmers.

1 Abgelenkt hat euch das Streben nach mehr.
2 Sogar die Gräber habt ihr aufgesucht.
3 Nein! Ihr werdet's schon bald wissen.
4 Und nochmals: Nein! Ihr werdet's schon bald wissen.
5 Nein! Wenn ihr's ganz sicher wüsstet,
6 dann würdet ihr die Feuerhölle sehen.
7 Und nochmals: Ihr würdet sie ganz sicher sehen.
8 Und nochmals:
Ihr werdet ganz bestimmt an jenem Tage nach der Glückseligkeit gefragt.

Sure 103 – Der Nachmittag – al-ʿaṣr

Mekkanisch, 3 Verse

Im Namen Gottes, des barmherzigen Erbarmers.

1 Beim Nachmittag!

2 Siehe, der Mensch ist wahrlich in Verlorenheit,

3 nur die nicht, welche glauben und gute Werke tun,
einander zur Wahrheit ermuntern
und zum Geduldigsein ermuntern.

Sure 104 – Der Stichler – al-humaza

Mekkanisch, 9 Verse

Im Namen Gottes, des barmherzigen Erbarmers.

1 Wehe jedem Stichler, Lästerer,
2 der Reichtum sammelte und zählte!
3 Er denkt, sein Reichtum mache ihn unsterblich.
4 O nein! Hinabgestoßen wird er in den Trümmergrund.
5 Und was lässt dich wissen, was das ist: ‹der Trümmergrund›?
6 Das Feuer Gottes, angezündet,
7 das tief in die Herzen dringt.
8 Siehe, es umschließt sie ganz und gar,
9 in einer hohen Feuersäule.

Sure 105 – Der Elefant – al-fil

Mekkanisch, 5 Verse

Im Namen Gottes, des barmherzigen Erbarmers.

1 Sahst du denn nicht, was dein Herr den Leuten des Elefanten antat?

2 Ließ er nicht ihre List das Ziel verfehlen

3 und sandte auf sie nieder Vogelscharen,

4 die sie mit Steinen aus gebranntem Ton bewarfen,

5 und ließ sie wie abgefressene Stengel werden?

Sure 106 – Quraisch – Quraiš

Mekkanisch, 4 Verse

Im Namen Gottes, des barmherzigen Erbarmers.

1 Dass die Quraisch zusammenführen,

2 dass sie die Winter- und die Sommerkarawane zusammenführen,

3 dass sie den Herrn von diesem Haus verehren,

4 der ihnen Speise gab, so dass sie keinen Hunger leiden,
und ihnen Sicherheit verlieh, so dass sie keine Furcht empfinden.

Sure 107 – Die Hilfeleistung – al-māʿūn
Mekkanisch, 7 Verse

Im Namen Gottes, des barmherzigen Erbarmers.
1 Sahst du wohl den, der das Gericht zur Lüge erklärt?
2 Ja, das ist der, der mit der Waise hart verfährt
3 und der nicht zu spenden anspornt, was den Armen nährt.
4 Ja, wehe den Betern,
5 die ihr Gebet nicht ehren,
6 die nur gesehen zu werden begehren,
7 die Hilfeleistung aber verwehren!

Sure 108 – Die Fülle – al-kauṯar

Mekkanisch, 3 Verse

Im Namen Gottes, des barmherzigen Erbarmers.
1 Siehe, wir verliehen dir die Fülle,
2 so bete für deinen Herrn und opfere!
3 Siehe, dein Hasser ist der Kinderlose.

Sure 109 – Die Ungläubigen – al-kāfirūn

Mekkanisch, 6 Verse

Im Namen Gottes, des barmherzigen Erbarmers.

1 Sprich: «O ihr Ungläubigen!

2 Ich verehre nicht, was ihr verehrt,

3 und ihr verehrt nicht, was ich verehre,

4 und nicht verehre ich, was ihr verehrt habt,

5 und ihr verehrt nicht, was ich verehre.

6 Euch eure Religion und mir die meine!»

Sure 110 – Die Hilfe – an-naṣr

Medinensisch, 3 Verse

Im Namen Gottes, des barmherzigen Erbarmers.

1 Wenn der Sieg Gottes kommt und die Eroberung
2 und du die Menschen siehst,
wie sie in Gottes Religion eintreten – in Scharen,
3 dann lobpreise deinen Herrn, und bitte ihn um Vergebung!
Siehe, er ist gnädig zugewandt.

Sure 111 – Die Palmfaser – al-masad

Mekkanisch, 5 Verse

Im Namen Gottes, des barmherzigen Erbarmers.

1 Verdorren sollen Abu Lahabs Hände, und abermals – verdorren!

2 Sein Gut soll ihm nichts nützen, und was er erworben!

3 Brennen wird er in einem Feuer, das Flammen schlägt,

4 samt seiner Frau, die das Brennholz trägt –

5 um ihren Hals einen Palmfaserstrick gelegt.

Sure 112 – Die treue Hingabe – al-iḫlāṣ

Mekkanisch, 4 Verse

Im Namen Gottes, des barmherzigen Erbarmers.

1 Sprich: «Er ist Gott, der Eine,
2 Gott, der Beständige,
3 er zeugte nicht und wurde nicht gezeugt,
4 und keiner ist ihm ebenbürtig.»

Sure 113 – Das Frühlicht – al-falaq

Mekkanisch, 5 Verse

Im Namen Gottes, des barmherzigen Erbarmers.
1 Sprich: «Ich nehme meine Zuflucht zum Herrn des Frühlichts
2 vor dem Bösen, das er schuf,
3 und vor dem Bösen des Dunkels, wenn es hereinbricht,
4 und vor dem Bösen der Knotenspuckerinnen
5 und vor dem Bösen eines Neiders, wenn er neidet.»

Sure 114 – Die Menschen – an-nās

Mekkanisch, 6 Verse

Im Namen Gottes, des barmherzigen Erbarmers.

1 Sprich: «Ich nehme meine Zuflucht zum Herrn der Menschen,
2 dem König der Menschen,
3 dem Gott der Menschen,
4 vor dem Bösen des Einflüsterers, des Verleumders,
5 der einflüstert in die Herzen der Menschen –
6 ob Dschinne oder Menschen.»

Gott der Erhabene spricht die Wahrheit

NACHWORT

Schon als Student der Theologie und Religionswissenschaften faszinierte mich die Beschäftigung mit den Originalsprachen heiliger Schriften. Zunächst waren das Griechisch, Hebräisch und Aramäisch (die Sprachen des Neuen bzw. des Alten Testaments), dann Sanskrit, die Sprache der indischen heiligen Bücher, der Veden, schließlich aber Arabisch, die Sprache des Korans. Über das heilige Buch der Muslime war in den siebziger und achtziger Jahren des vergangenen Jahrhunderts in Deutschland – außerhalb der Fachwissenschaft – nur wenig bekannt, ungeachtet der deutlich angewachsenen Zahl muslimischer Mitbürger. Um deren religiösen Hintergrund einer breiteren Öffentlichkeit besser verständlich zu machen, bot ich mehrfach Kurse mit dem Titel «Christen lesen im Koran» an. Immer wieder wurde ich von Teilnehmern gefragt: «Welche Koranübersetzung soll ich benutzen?» Diese Frage war angesichts der damals auf dem Markt vorhandenen Übersetzungen nicht leicht zu beantworten. Denn eine gute Übersetzung sollte ja nicht nur Inhalte vermitteln, sondern auch etwas von der Faszination sichtbar machen, die von der unnachahmlichen Schönheit der arabischen Sprache des Korans ausgeht.[1] Das bestärkte mich in der Überlegung, die unvollendet gebliebene Übersetzung des zu seiner Zeit hochgeschätzten Dichters und Orientalisten Friedrich Rückert (1788–1866, von 1826 bis 1841 Professor für Orientalische Sprachen in Erlangen), an deren Neuherausgabe ich ab 1988 arbeitete, zu vervollständigen, zumal sie wegen ihres poetischen Charakters bis heute von großem Wert ist. Doch erwies sich ein solches Vorhaben als schwierig, denn der sprachliche Stil eines Friedrich Rückert würde nur schwer mit dem heutigen Deutsch in Einklang zu bringen sein. Zahlreiche der von Rückert benutzten Wörter und Wendungen sind heute nur noch schwer oder gar nicht mehr verständlich. Auch hätten wohl – aufgrund neuerer Erkenntnisse in den Wissenschaften, die sich mit dem Koran befassen – einige Eingriffe in Friedrich Rückerts Text vorgenommen werden müssen – Eingriffe, die sicherlich nicht ohne Folgen für den sprachlichen

---

1 Vgl. dazu Navid Kermani, *Gott ist schön. Das ästhetische Erleben des Koran*, München (1999) ³2007.

Gesamteindruck geblieben wären. So war es für mich bald klar, dass nur eine vollständige Neuübertragung in Frage kam. Dabei kam es mir neben dem Streben nach philologischer Genauigkeit vor allem auch auf das Bemühen an, eine dem arabischen Original angemessene sprachliche Form zu finden. Der Koran *(al-qurʾān)*, auf Deutsch am besten mit «Lesung» oder «Rezitation» bzw. «Vortrag» wiederzugeben,[2] enthält die Offenbarungen, die Mohammed zunächst in Mekka, wo er um 570 n. Chr. geboren wurde, und ab 622 n. Chr., dem Jahr seiner «Auswanderung» *(hiǧra)*, in Medina zuteil wurden. An mehreren Stellen im Koran finden sich Hinweise auf die von Mohammed geäußerte Überzeugung, dass es ihm bestimmt sei, den Arabern – nach dem Vorbild der «Buchbesitzer» *(ahl al-kitāb)*, nämlich Juden und Christen – ein in ihrer Sprache (dem Arabischen) verfasstes Offenbarungsbuch zu bringen.[3] Denn die Offenbarungen selbst wurden zu Lebzeiten Mohammeds zunächst mündlich vorgetragen, eine schriftliche Fixierung geschah nur sporadisch und auszugsweise. Gesammelt und zu einem «Buch» *(kitāb)* zusammengestellt – darin sind sich die muslimischen Korangelehrten einig – wurden die Offenbarungen erst nach Mohammeds Tod (632 n. Chr.). Einigkeit besteht in der islamischen Überlieferung auch darin, dass es erst unter dem dritten Kalifen, ʿUṯmān ibn ʿAffān (reg. 644–656 n. Chr.), zu einer verbindlichen Sammlung der Suren, das heißt der «Kapitel» des Korans, und der Festlegung eines Konsonantentextes *(rasm)*[4] kam. Die von diesem sogenannten «ʿuṯmānischen Konsonantentext» abweichenden Varianten, die auf den mündlichen Vortrag bedeutender «Koranleser» *(qāriʾ* pl. *qurrāʾ)* zurückgehen, werden in zahlreichen Werken islamischer Korangelehrter nach wie vor angeführt und bewertet. Von Bedeutung ist dabei, dass sich die arabische Schrift bei der Festlegung des Konsonantentextes noch in einem Frühstadium der Entwicklung befand: Für die insgesamt 28 Konsonanten gab es zunächst nur 18 Schriftzeichen. Die Festlegung des Konsonantentextes konnte also nur im Zusammenhang mit der mündlichen «Lesung» geschehen, und es ist bemerkenswert, dass es von Anfang an unterschiedliche Fassungen gab. Erst durch die Arbeit des Gelehrten Ibn Muǧāhid (gest. 936 n. Chr.) wurden sieben Lesetraditionen als «kanonisch» anerkannt, und zwar jeweils eine aus Mekka, Medina, Damaskus und Basra sowie drei Lesetraditionen aus Kufa (Irak), einem damals bedeutenden Zentrum arabischer Sprachgelehrsam-

---

2 Vgl. dazu Hartmut Bobzin, *Der Koran. Eine Einführung,* München (1999) [10]2018, S. 18 ff. Auf dieses Buch sei hier nachdrücklich als geeignete Einführung in die vorliegende Koranübersetzung hingewiesen.

3 Vgl. z. B. Sure 19:16.41.51.54.56.

4 In der arabischen Schrift wurden zunächst nur die Konsonanten dargestellt, erst später kamen die langen Vokale hinzu. Für die kurzen Vokale gibt es bis heute keine Buchstaben.

keit. In Arabien, in der Levante und in Ägypten sowie im Osten der islamischen Welt war die auf ʿĀsim (gest. 745 n. Chr.) aus Kufa zurückgehende Lesetradition weit verbreitet und allgemein anerkannt; im Westen, das heißt im heutigen Maghreb und in Spanien, war es die von Nāfiʿ (gest. 785 n. Chr.) aus Medina. Beide Lesetraditionen haben aber niemals den Rang eines «textus receptus», des *einzig* verbindlichen Textes, erreicht. Dass die Lesetradition von ʿĀsim aus Kufa heutzutage wohl die am weitesten verbreitete ist, liegt sicherlich an der 1924 in Kairo gedruckten ersten «amtlichen» Koranausgabe: Die Gelehrten der Azhar-Universität hatten dafür die Lesetradition von ʿĀsim als Grundlage genommen.[5] Dieser sogenannte Kairiner Koran (der auch unserer Übersetzung zugrunde liegt) diente seither ungezählten Korandrucken als Vorlage. Daneben gibt es aber – vor allem in Nordafrika – weiterhin eine Vielzahl von Koranausgaben, die der Lesetradition des Nāfiʿ aus Medina folgen.[6]

Der Koran, wie er uns heute vorliegt, ist in 114 Suren (*sūra* pl. *suwar*[7]) unterteilt. Die Anordnung dieser Suren folgt – mit einigen Ausnahmen – dem Prinzip der abnehmenden Länge.[8] Eine Sonderstellung hat Sure 1 (*al-fātiḥa* «Die Eröffnung»), die nur sieben Verse umfasst und stets auf einer eigenen, besonders prachtvoll ausgeschmückten Seite steht. Sie ist für Muslime das mit Abstand wichtigste Gebet.[9] Jede Sure hat einen Titel, mit dem sie gewöhnlich zitiert wird. Häufig besteht ein Zusammenhang zwischen dem Wortlaut des Anfangs der Sure und ihrem Namen. Oft bezieht sich dieser Name aber auch auf eine wichtige Person, von der die Sure handelt, oder auf ein besonders markantes Wort, das in der Sure genannt wird und an das man sich deshalb besonders gut erinnern kann. Es gibt allerdings auch Suren, die zwei oder mehrere Namen haben.[10] In vielen Koranhandschriften und -drucken wird – direkt nach dem Titel der Sure – angegeben, ob diese «mekka-

5 Die beste Einführung in diese Ausgabe gibt Gotthelf Bergsträsser, *Koranlesung in Kairo,* in: Der Islam 20, 1932, S. 1–42.

6 Als Beispiele für unterschiedliche Textfassungen vgl. Sure 1:4 und Sure 85:22. Es gibt auch moderne autorisierte Koranausgaben, welche den Text des Kairiner Korans zusammen mit den Abweichungen anderer Lesetraditionen bieten.

7 Das Wort *sūra* kommt zehnmal im Koran vor, jedoch nicht in der technischen Bedeutung «Korankapitel». Vielmehr bezeichnet *sūra* einen in besonderer Weise autorisierten bzw. ausgezeichneten Text. Vgl. Arne A. Ambros, *A Concise Dictionary of Koranic Arabic,* Wiesbaden 2004, S. 141.

8 Vgl. dazu Theodor Nöldeke und Friedrich Schwally, *Geschichte des Qorāns,* 2. Auflage, Bd. II, Leipzig 1919, S. 63–68. Nach einem ähnlichen Prinzip sind übrigens die Paulus-Briefe im Neuen Testament angeordnet.

9 Zur Bedeutung von Sure 1 für das religiöse Leben im Islam vgl. Bobzin, *Koran,* S. 94.

10 So ist z. B. für Sure 17 neben dem Titel «Die Nachtreise» (*al-isrāʾ*, vgl. Vers 1) auch «Die Kinder Israel» (*Banū Isrāʾīl*, vgl. Vers 2) verbreitet.

nisch» oder «medinensisch» ist, das heißt, ob sie Mohammed in Mekka oder in Medina offenbart wurde. Dies ist insofern bedeutsam, als damit – jedenfalls implizit – die Voraussetzung für eine historische Interpretation gegeben ist. Im oben erwähnten Kairiner Koran von 1924 wird für jede Sure neben dem Offenbarungsort (d. h. Mekka oder Medina) auch der Zeitpunkt der Offenbarung genannt, Letzteres allerdings nur in Form einer relativen Chronologie, und zwar in der Weise, dass für jede Sure angegeben wird, *nach* welcher anderen Sure sie jeweils offenbart wurde.[11] So wird es möglich, das «Frühere» im Koran vom «Späteren» zu unterscheiden, und diese Unterscheidung ist für verschiedene Lebensbereiche, in die der Koran hineinwirkt, von großer Bedeutung.

Betrachtet man zunächst die mekkanischen Suren, so sind sie beherrscht von der Thematik des nahenden Weltendes, der Auferweckung der Toten und des Weltgerichts. Mit dem Aufruf zur Umkehr verbindet sich die immer eindringlicher formulierte Botschaft vom *einen* Gott, dem Schöpfer und Richter.[12] Diese Suren sind in einer packenden, spannungsgeladenen Sprachform gehalten; seltene, rätselhafte oder auch vieldeutige Wörter, Bilder und Andeutungen gehören zu ihren Merkmalen. Dabei spielt der außerordentlich vielgestaltige Reim eine wichtige Rolle. Im Unterschied zur altarabischen Dichtung, die zur Zeit Mohammeds eine hochentwickelte literarische Gattung darstellte, weist der Koran jedoch keine festen Metren auf.

Die medinensischen Suren hingegen haben einen stärker gesetzlichen, regulativen, aber auch mehr formelhaften Charakter. Sie spiegeln das Leben in einer neu sich konstituierenden Gemeinde. Dabei wird hauptsächlich das thematisiert, was «neu» ist oder einer Neuregelung oder Neubegründung bedarf. In vielen Versen finden sich gleichsam Ergänzungen zur gängigen Lebenspraxis, wobei Selbstverständliches nicht eigens erwähnt wird. In den medinensischen Suren herrscht eine «prosaische» Ausdrucksweise vor: Die Sätze sind länger und häufig ineinander verschachtelt, der Reim beschränkt

---

11 Diese relative Chronologie entstammt einem Werk des Gelehrten ʿAbd al-Kāfī (11. Jahrhundert). Vgl. zu ihm Tilman Nagel, *Medinensische Einschübe in mekkanischen Suren*, Göttingen 1995, S. 14 (mit Anm. 18). Für den interessierten Leser sei diese Reihung im Folgenden angegeben. Mekkanisch sind die Suren 96; 68; 73; 74; 111; 81; 87; 92; 89; 93; 94; 103; 100; 108; 102; 107; 109; 105; 113; 114; 112; 53; 80; 97; 91; 85; 95; 106; 101; 75; 104; 77; 50; 90; 86; 54; 38; 7; 72; 36; 25; 35; 19; 20; 56; 26; 27; 28; 17; 10; 11; 12; 15; 6; 37; 31; 34; 39; 40; 41; 42; 43; 44, 45; 46; 51; 88; 18; 16;71; 14; 21; 23; 32; 52; 67; 69; 70; 78; 79; 82; 84; 30; 29; 83. Medinensisch sind die Suren 2; 8; 3; 33; 60; 4; 99; 57; 47; 13; 55; 76; 65; 98; 59; 110; 24; 22; 63; 58; 49; 66; 62; 64; 61; 48; 5; 9. Sure 1 wird sowohl als mekkanisch als auch medinensisch aufgefasst. Für die von der modernen westlichen Koranforschung weitgehend akzeptierte Chronologie von Theodor Nöldeke vgl. Bobzin, *Koran*, S. 123.

12 Vgl. dazu Bobzin, *Koran*, S. 36 ff.

sich auf wenige Grundtypen. Gleichwohl enthält auch die koranische «Prosa» gewisse rhythmische Elemente, gelegentlich sind auch Reime zu finden. Beides trägt zum eigenen, unverwechselbaren Charakter der medinensischen Suren bei.

An dieser Stelle möchte ich noch etwas ausführlicher auf die Prinzipien eingehen, von denen ich mich bei der Neuübertragung leiten ließ. Die Knappheit des arabischen Ausdrucks habe ich – wo immer es mir möglich schien – beibehalten. Den Reim, der im Arabischen – aufgrund der Wortstruktur – wesentlich leichter zu realisieren ist als im Deutschen, habe ich nur dort nachgeahmt, wo es mir ohne größere Eingriffe in die Bedeutung möglich war.

Während die Suren in arabischsprachigen Ausgaben des Korans fortlaufend geschrieben bzw. gedruckt werden, das heißt ohne Berücksichtigung von Satz-, Reim- oder Versstruktur, habe ich den Text – der besseren Lesbarkeit wegen – in der deutschen Übertragung in Zeilen untergliedert, die je für sich Sinneinheiten ergeben. Dass man bei dieser Untergliederung auch von Fall zu Fall anders hätte entscheiden können, räume ich gerne ein. Übrigens ist die Unterteilung der mekkanischen Suren wegen der meist kürzeren Sätze bzw. Satzfolgen viel unproblematischer als die der medinensischen Suren, da Letztere – vor allem, wenn sie Texte gesetzlichen Inhalts enthalten – oft aus langen und ineinander verschachtelten Sätzen bestehen. Stets stand für mich das Bestreben im Vordergrund, dem deutschsprachigen Benutzer durch die zeilenweise Anordnung des Korantextes das Lesen und Verstehen so leicht wie möglich zu machen.

Dazu gehört auch mein Versuch, den deutschen Text zu rhythmisieren, und zwar in der Weise, dass Wortakzent und Satzakzent ein möglichst harmonisches Miteinander bilden. Dies ist mitunter auch der Grund dafür, dass wortgleiche Parallelen, die im arabischen Text zu finden sind, nicht immer völlig gleich übersetzt werden, weil – beispielsweise – durch wechselnde satzeinleitende Partikel oder durch die vom Sinnzusammenhang her gebotene besondere Betonung eines Wortes eine andere Anordnung der Wörter im Satz oder auch eine andere Wortwahl nötig machte. Nicht immer war es leicht, für die stilistischen Besonderheiten des koranischen Stils im Deutschen eine angemessene Form zu finden. So mag es beispielsweise etwas altertümlich erscheinen, dass die arabische Hervorhebungspartikel *inna* meistens mit «siehe» übersetzt wird oder *la-* mit «wahrlich» oder «fürwahr». Gerade der häufige Gebrauch dieser Partikel verleiht der koranischen Sprache jedoch ihre besondere, von der Alltagssprache abgehobene «feierliche» Form, für deren Wiedergabe im Deutschen es kaum eine andere Möglichkeit gibt.

Die Vieldeutigkeit zahlreicher Wörter und Wendungen wurde schon erwähnt. In der Übersetzung habe ich mich stets für *eine* Deutung – ohne Hinzufügung von Klammern oder Anmerkungen – entschieden.[13] Neben den üblichen Hilfsmitteln der Koranphilologie (Wörterbüchern, Konkordanzen, Grammatiken) habe ich immer auch die einschlägigen Werke der islamischen Auslegungstradition zu Rate gezogen. Bei der ungeheuren Fülle des vorliegenden Materials konnte dabei natürlich nur eine Auswahl getroffen werden. Durchgehend berücksichtigt habe ich den umfangreichen Kommentar von aṭ-Ṭabarī (gest. 923 n. Chr.) und den knappen und handlichen *Tafsīr al-Dschalālain* (Ende des fünfzehnten Jahrhunderts)[14] sowie den noch jüngeren, sehr materialreichen Kommentar des jemenitischen Gelehrten Schaukānī (gest. 1832). Andere, vor allem frühe Kommentare und weitere Werke zu den Lesarten und zur Grammatik wurden sporadisch herangezogen.

Eine besondere Schwierigkeit für die Übertragung ergibt sich daraus, dass der Koran als «Gottesrede» aufzufassen ist, in die jedoch weitere Reden eingewoben sind. Viele davon beginnen mit «Sprich!» (*qul*), einer Aufforderung, die sich stets an Mohammed richtet. Die dem «Sprich!» folgende Rede wird in der vorliegenden Übersetzung stets in Anführungszeichen gesetzt, ebenso alle anderen dialogischen Textabschnitte. Dabei ist die Abgrenzung der direkten Rede vom «normalen» Text nicht immer leicht und auch nicht immer eindeutig.

Ebenso ist oft unklar, *wer* spricht bzw. *von wem* oder *wovon* die Rede ist, das heißt, auf *wen* oder *worauf* sich ein Pronomen bezieht. Erschwerend kommt hinzu, dass die deutschen Pronomina «sie» und «ihr» ebenfalls mehrdeutig sind, während die ihnen entsprechenden arabischen Pronomina durchaus eindeutig sein können. In solchen Fällen wurde – wenn mit anderen Mitteln keine Eindeutigkeit zu schaffen war – gelegentlich das mit dem Pronomen gemeinte Wort eingesetzt.

Das scheinbar zum koranischen Stil gehörende satzeinleitende «und» *(wa-)* ist ein Merkmal vieler semitischer Sprachen und dient oft nur der Markierung des Satzanfangs. In solchen Fällen habe ich es oft unübersetzt gelassen. Ein besonderes Problem stellen die Tempora (Zeitformen) der Verben dar. Schon unter den frühen arabischen Grammatikern und Korankommentatoren gab es mancherlei Meinungsverschiedenheiten darüber, wie die

---

13 Andere ebenfalls mögliche Übersetzungen findet der Leser in den «Erläuterungen» der gebundenen Ausgabe. Eine Diskussion des Für und Wider der einen oder anderen Auffassung wird in einem geplanten Kommentarband zu finden sein, auf den stellenweise in den Erläuterungen verwiesen wird.

14 Vgl. zu diesem Kommentar Bobzin, *Koran*, S. 116.

einzelnen Tempora aufzufassen sind. Manchmal kann ein Tempus, das der Form nach die Vergangenheit zu bezeichnen scheint, auch zum Ausdruck der Zukunft verwendet werden.

Die Verszählung folgt der vom Kairiner Koran vorgegebenen sogenannten Kufischen Zähltradition, der heute allgemein üblichen Zählung.[15] Am Seitenrand wird außerdem die am weitesten verbreitete liturgische Aufteilung angegeben. Man unterteilt den Koran in dreißig ungefähr gleichgroße Leseabschnitte. Jeder dieser dreißig Teile besteht aus zwei Unterabschnitten. Letztere werden – unabhängig von der Zählung der Leseabschnitte – bis 60 durchnummeriert. Jeder dieser insgesamt sechzig Unterabschnitte ist wiederum in vier Viertel unterteilt. So bedeutet beispielsweise das in Sure 2 links neben Vers 142 stehende «ǧ2 ḫ3»: «Hier *beginnt* der zweite Leseabschnitt (*ǧuz*' 2) und gleichzeitig auch der dritte Unterabschnitt (*ḥizb* 3). Das links neben Vers 158 derselben Sure stehende «¼» bedeutet: «Hier *endet* das erste Viertel des dritten Unterabschnitts (*ḥizb* 3).» Die Angabe «¼», «½» oder «¾» bezieht sich also stets auf den *vorhergehenden* Unterabschnitt (*ḥizb*) und bezeichnet somit das *Ende* des entsprechenden Viertels. Diese liturgische Einteilung, die sich in den meisten arabischen Koranausgaben findet, ist vor allem für muslimische Leser gedacht – als Hilfe zum Auffinden der beispielsweise im Ramadan üblichen Leseabschnitte.

Wenn deutsche Wörter *kursiv* gesetzt sind, so heißt das, dass sie besonders betont werden müssen. Ebenfalls *kursiv* sind alle in wissenschaftlicher Umschrift wiedergegebenen arabischen Wörter oder Buchstaben, vor allem bei den Surentiteln. Jedoch wird in der Übersetzung – im Interesse einer guten Lesbarkeit – auf Sonderzeichen, die zur Wiedergabe der im Deutschen nicht vorhandenen arabischen Laute dienen, weitgehend verzichtet. Erläuterungen zur Umschrift sind auf Seite 609 zu finden. Wenn drei Punkte gesetzt sind (…), handelt es sich um eine im arabischen Text vorhandene Auslassung oder eine unvollständige (sog. elliptische) Satzkonstruktion.

Das nach dem deutschen Alphabet angeordnete Stellenverzeichnis enthält eine Auswahl wichtiger Stichwörter; es soll sowohl das Auffinden von Eigennamen als auch von bestimmten Begriffen erleichtern und dabei auch sachliche Zusammenhänge aufzeigen. Allerdings kann und soll das Stellenverzeichnis keine Konkordanz ersetzen.

---

15 A. Spitaler, *Die Verszählung des Koran nach islamischer Überlieferung*, München 1935. Eine Ausnahme stellt die Gruppe der Aḥmadīya dar, bei der in allen Suren die sonst nur in Sure 1 als eigener Vers gezählte sog. *Basmala* (d. h. die Einleitungsformel «Im Namen Gottes, des barmherzigen Erbarmers») als Vers mitgezählt wird.

Dank

Wenn ein Buch wie die vorliegende Koranübersetzung über viele Jahre hinweg mehr oder weniger intensiv gewachsen ist, dann gibt es viele, denen Dank gebührt. In erster Linie möchte ich meiner Frau Katharina danken, denn sie hat die gesamte Rohübersetzung mit kritischem Blick durchgesehen, immer wieder Vorschläge gemacht und am angemessenen sprachlichen Ausdruck gefeilt. Ihre Beharrlichkeit und Geduld war für mich, vor allem in der Endphase der Übersetzung, ein starker Rückhalt.

Ausgewählte Teile der Schlussfassung hat Frau Dr. Claudia Ott gelesen und dazu, aus ihrer Erfahrung als Übersetzerin, eine Reihe willkommener Verbesserungsvorschläge gemacht. Auch Frau Studiendirektorin Dr. Irmgard Haimerl († 2017), Lehrerin für Chemie, Biologie und Geographie, hat mir eine Reihe wertvoller Anregungen gegeben und damit zu größerer Verständlichkeit beigetragen. Frau Dr. Melanie Hanitsch und Frau Dr. Berenike Metzler, geb. Aschoff haben mit großem Engagement das Stellenverzeichnis angefertigt. Für die vorliegende Taschenbuchausgabe habe ich es allerdings wegen des Verzichts auf den Anmerkungsteil in einigen Punkten überarbeitet. Beim Korrekturlesen wurde ich tatkräftig von Frau Herta Hafenrichter, M. A. († 2012), unterstützt. Ihnen allen sei für ihre Mühe gedankt.

Zu großem Dank bin ich auch dem Alfried-Krupp-Wissenschaftskolleg Greifswald verpflichtet. Dort konnte ich als «senior fellow» während des akademischen Jahres 2007/08 ungestört an einer ersten Fassung meiner Übersetzung arbeiten. Mit meinem Kollegen Prof. Dr. Tilman Seidensticker (Jena) habe ich während seiner Anwesenheit in Greifswald im Sommer 2008 manches anregende Gespräch geführt, wofür ich ihm herzlich danke.

Schließlich ist es mir ein besonderes Anliegen, meinem Lektor, Herrn Dr. Ulrich Nolte, und seiner Mitarbeiterin, Frau Angelika von der Lahr, meinen herzlichen Dank für gute Zusammenarbeit und ausgezeichnete Betreuung des Manuskripts auszusprechen. Ulrich Nolte hatte stets ein offenes Ohr für die zahlreichen, nicht immer einfachen Fragen der Manuskriptgestaltung. Angelika von der Lahr hat mich durch ihre sorgfältige Lektüre vor mancher Inkonsequenz bewahrt.

Besonderer Dank gilt schließlich dem Gestalter der Kalligraphien, Shahid Alam (Aachen). Nachdem wir uns das erste Mal getroffen hatten und ich seine kalligraphische Kunst kennenlernen durfte, dauerte es nicht lange, bis der Gedanke an eine Zusammenarbeit entstand und für die vorliegende Koranübersetzung Gestalt annahm.

Dem Verlag, insbesondere Herrn Dr. h.c. Wolfgang Beck, bin ich zu großem Dank verpflichtet, dass unser Vorschlag, die Übersetzung mit Kalligraphien auszuschmücken, sofort auf große Resonanz stieß. Nach dem Erscheinen der gebundenen Ausgabe hat mir Prof. Dr. Manfred Ullmann (Tübingen) liebenswürdigerweise eine Reihe von Verbesserungsvorschlägen gemacht, wofür ich ihm zu besonderem Dank verpflichtet bin. Ebenso gilt mein Dank Prof. Dr. Felix Körner (Rom) für einige wertvolle Hinweise.

Dankenswerterweise habe ich inzwischen von Professor Manfred Ullmann noch eine Fülle weiterer Verbesserungsvorschläge erhalten, und auch eine erneute Durchsicht seiner zahlreichen Arbeiten zur arabischen Phraseologie, darunter der erste Teil in seinem Sammelband «Beiträge zur arabischen Grammatik» (Wiesbaden: Harrassowitz, 2013), ließ mich eine Reihe von unterschiedlich zu interpretierenden Stellen (so z. B. die Surennamen) neu durchdenken.

Verweisen möchte ich an dieser Stelle auch auf das 2015 im Verlag C.H.Beck erschienene Taschenbuch «Der Koran. Die wichtigsten Texte ausgewählt und erklärt von Hartmut und Katharina Bobzin» (2. Auflage 2017). Es bildet insofern eine wichtige Ergänzung zur vorliegenden Neuausgabe, als die dafür ausgewählten Korantexte *thematisch* geordnet sind und somit einen schnellen Überblick über bestimmte Fragestellungen ermöglichen.

Ein besonderer Dank gebührt meiner Frau, die aufgrund ihrer fachlichen und sprachlichen Kompetenz sowie ihrer liebevollen Hartnäckigkeit vielfach zu dieser Neubearbeitung beigetragen hat.

Ich hoffe, dass die vorliegende Koranübersetzung möglichst viel von der sprachlichen Schönheit des arabischen Originals sichtbar und auch hörbar macht, denn der Koran war und ist vor allem für den *mündlichen* Gebrauch bestimmt, also als Vorlesebuch bzw. Rezitationstext zu begreifen.

ZU DEN KALLIGRAPHIEN

Der aus Pakistan stammende Künstler Shahid Alam hat für diese Ausgabe die arabischen Überschriften aller 114 Suren, den Titel («Der edle Koran», Seite 3), die Basmala (Seite 5), den Text der ersten Sure (Seite 7), die Schlussformel nach der letzten Sure («Gott der Erhabene spricht die Wahrheit», Seite 597) sowie das Schmuckelement am Ende einiger Suren (mit dem Schriftzug «Allah») kalligraphisch gestaltet. Für den Umschlag hat er den Anfang von Sure 16, Vers 125 geschrieben: «Rufe auf zum Wege deines Herrn» (Vorderseite) «mit Weisheit und mit schöner Predigt» (Rückseite).

Shahid Alam entwickelt auf einzigartige Weise klassische arabische Stile weiter. Ausgangspunkt der vorliegenden Kalligraphien war der persische Stil Nastaliq, eine Mischung aus Nashki und Taliq. Die Buchstaben «Alif» und «Laam» stellen die vertikale Form in allen Kalligraphien dar. Diese Buchstaben haben in der islamischen Mystik einen besonderen Stellenwert. Die Vokalisierungszeichen der Kalligraphien wurden dem von dem Kalligraphen Usman Taha aus Saudi-Arabien geschriebenen Koran entnommen.

Shahid Alam, geboren 1952 in Lahore, Pakistan, lebt seit 1973 in Deutschland. Seit 1996 arbeitet er als freischaffender Kalligraph, Maler und Bildhauer in Aachen. Die arabische Kalligraphie nimmt in seiner künstlerischen Tätigkeit einen besondern Platz ein. Zahlreiche Ausstellungen im In- und Ausland.

HINWEISE ZU TRANSKRIPTION
UND AUSSPRACHE

Die Transkription folgt im Wesentlichen den Regeln der Deutschen Morgenländischen Gesellschaft e.V.

Zur Aussprache arabischer Laute

ā	langes «a» wie in «lahm»	a	kurzes «a» wie in «Lamm»
ī	langes «i» wie in «schief»	i	kurzes «i» wie in «Schiff»
ū	langes «u» wie in «Ruhm»	u	kurzes «u» wie in «Rum»

ʾ Stimmabsatz («glottal stop») wie in «beehren»
ʿ kehliger Stimmabsatz (arab. *kaʿba* «Kaaba»)
ḏ stimmhaftes engl. «th» wie in «mother»
ḍ verdumpftes «d» (arab. *ramaḍān* «Ramadan»)
ǧ stimmhaftes «dsch» wie in «Jeans»
ġ Gaumen-r, nicht gerollt, wie in franz. «merci»
h dt. «h», jedoch stets hörbar
ḥ stark gehauchtes «h» (arab. *Muḥammad* «Mohammed»)
ḫ dt. «ch» wie in Bach (nie wie in «ich»)
q kehlig gesprochenes «k» (arab. *qurʾān* «Koran»)
r Zungen-r, gerollt, wie in ital. «pronto»
s stimmloses «s» wie in «reißen»
ṣ verdumpftes stimmloses «s» (arab. *ṣalāt* «Gebet»)
š dt. «sch» wie in «Schiff»
ṯ stimmloses engl. «th» wie in «three»
ṭ verdumpftes «t» (arab. *sulṭān* «Vollmacht»)
w engl. «w» wie in «we» (nicht wie in dt. «wie»)
y dt. «j» wie in «jagen»
z stimmhaftes «s» wie in «reisen»
ẓ verdumpftes stimmhaftes «s» (arab. *niẓām* «System»)

STELLENVERZEICHNIS

Namen und Attribute Gottes

Personen- und Ortsnamen, wichtige Sachbegriffe

INHALT

Anhang